国家社会科学基金项目资助

社会主义改革总论

郑新立　等著

中国财经出版传媒集团
中国财政经济出版社

图书在版编目（CIP）数据

社会主义改革总论 / 郑新立等著 . -- 北京 : 中国财政经济出版社，2021. 11

国家社会科学基金项目资助

ISBN 978 - 7 - 5223 - 0818 - 0

Ⅰ. ①社…　Ⅱ. ①郑…　Ⅲ. ①改革开放 - 研究 - 中国　Ⅳ. ①D61

中国版本图书馆 CIP 数据核字（2021）第 207650 号

责任编辑：付克华　孙　琛　　　责任校对：张　凡

封面设计：华乐功　　　责任印制：党　辉

社会主义改革总论

SHEHUIZHUYI GAIGE ZONGLUN

中国财政经济出版社 出版

URL：http：//www. cfeph. cn

E - mail：cfeph@ cfeph. cn

社址：北京市海淀区阜成路甲 28 号　邮政编码：100142

营销中心电话：010 - 88191522

天猫网店：中国财政经济出版社旗舰店

网址：https：//zgczjjcbs. tmall. com

北京时捷印刷有限公司印刷　各地新华书店经销

成品尺寸：185mm × 260mm　16 开　38. 5 印张　750 000 字

2021 年 11 月第 1 版　2021 年 11 月北京第 1 次印刷

定价：168. 00 元

ISBN 978 - 7 - 5223 - 0818 - 0

（图书出现印装问题，本社负责调换，电话：010 - 88190548）

本社质量投诉电话：010 - 88190744

打击盗版举报热线：010 - 88191661　QQ：2242791300

序　言

从1978年开始的改革开放，已经历了42个年头。42年来，中国发生了巨大的历史性变化，创造了举世瞩目的发展奇迹。中国的改革发展不但改变了中国，使14亿中国人民逐步走上富裕的道路，而且成为世界历史上百年未有之大变局中的突出亮点，深刻影响着人类社会发展的进程。习近平总书记在庆祝中国共产党成立100周年大会上的讲话中指出："一百年来，中国共产党团结带领中国人民进行的一切奋斗、一切牺牲、一切创造，归结起来就是一个主题：实现中华民族伟大复兴"，"书写了中华民族几千年历史上最恢宏的史诗"。

改革是中国共产党人的又一次伟大觉醒。1921年中国共产党成立，是中国共产党人的第一次觉醒。面对半封建半殖民地的旧中国，靠君主立宪、建立共和，都救不了中国，唯有引进马克思主义，建立中国共产党，武装夺取政权，建立社会主义新中国，才能拯救苦难的中华民族。这个理想，经过28年的浴血奋战，取得了胜利。但是，如何在一个落后农业国的基础上建设社会主义现代化国家，世界上没有先例可循。经过30年的艰辛探索，付出了不小的代价，终于悟出了唯有改革开放才能发展社会主义。42年来我们对改革开放路径的不懈探索，就是把马克思主义普遍真理与中国新的社会主义建设实际相结合、不断创新的过程，是解放思想、实事求是、不断解决新问题的过程。中国共产党之所以能够不断地探索和追求真理，不断地觉醒，是因为中国共产党没有自己的私利，代表着最广大人民的根本利益，并始终为最广大人民的根本利益而不懈奋斗。正如习近平总书记所指出的："中国共产党始终代表最广大人民根本利益，与人民休戚与共、生死相依，没有任何自己特殊的利益，从来不代表任何利益集团、任何权势团体、任何特权阶层的利益。"为人民的利益而奋斗成为改革的强大动力。

42年来的改革是一个循序渐进、逐步深化的过程，也是一个不断同旧的习惯势力和思维定式斗争的过程。改革从农村开始，并逐步转向城市，从微观经济主体的改革转向宏观经济管理体制改革，从对内搞活转向对外开放，从经济体制改革逐步推向政治体制、文化体制、社会体制、生态文明体制和党的建设制度改革。改革每前进一步，都要进行总结，看看是否促进了生产力发展，是否有利于综合国力的增强，是否改善了人民生活。坚持大胆改、大胆试，把正确的改革坚持和推广下去，对改革错了的予以纠正，充分体现出彻底唯物主义者的立场和态度。

改革需要理论指导和理论突破。在改革的不同时期，党中央都从实际出发，及时提出新的理论，充分体现出中国共产党作为一个成熟的马克思主义政党的理论创新能力。"中国仍处于社会主义初级阶段理论的提出，为改革界定了社会发展阶段，奠定了改革的基础理论和前提条件。"以公有制为主体、多种所有制并存理论的提出，打开了非公有制经济发展的闸门，为经济发展注入活力。"以按劳分配为主与按要素分配相结合"的理论，激发了各类要素的潜力，形成了经济发展的强大动力机制。确立社会主义市场经济体制的改革目标，把市场经济的充分发展作为人类社会进步不可逾越的历史阶段，从而使改革迈入正确轨道。农村土地家庭联产承包责任制的提出和实施，调动了家庭作为基本生产经营单位的积极性，解决了困扰我们多年的吃饭问题。国有企业建立现代企业制度，犹如放出"笼中之虎"，为国有企业做大做强提供了体制条件。提出"三个代表"重要思想，为新时期党的建设指明了方向。提出构建社会主义和谐社会，描绘出美好的社会发展前景，增强了社会主义的凝聚力和吸引力。提出转变经济发展方式的战略性任务，把扩大消费、加快发展第三产业、强化技术创新作为重点，为调整优化经济结构明确了新的任务。提出"以人为本"的科学发展观，标志着我们党对发展理论认识的飞跃。提出城乡融合发展战略，成为新时代实现乡村振兴目标，解决发展不平衡、不充分的社会主要矛盾的重大举措。提出“创新、协调、绿色、开放、共享”发展新理念，成为新时代引导经济社会全面发展的正确指导思想。适应新时代新形势新任务，提出以国内大循环为主体、国内国际双循环相互促进的新发展格局，为应对外部冲击，保持经济持续健康高质量发展提供保障。提出实现国家治理体系和治理能力现代化的目标和任务，是坚持系统观念，实现国家长治久安、民富国强的根本举措。中国共产党之所以具有很强的理论创新能力，根本原因在于我们党始终坚持以马克思主义理论为指导，坚持理论联系实际的优良作风。面对新时代改革发展的艰巨任务，我们要牢记习近平总书记在庆祝中国共产党成立100周年大会上的讲话所指出的：“坚持把马克思主义基本原理同中国具体实际相结合、同中华优秀传统文化相结合，用马克思主义观察时代、把握时代、引领时代，继续发展当代中国马克思主义、21世纪马克思主义！”

制定和实施对外开放政策，是改革的重要组成部分。我们坚持以开放促改革、促发展，对取得改革与发展两个方面的成功至关重要。开放使我们打开了眼界，能够学习和借鉴世界各国的经验。社会主义是迄今为止人类社会最先进的社会制度，应当建立在吸收人类社会的一切文明成果的基础之上，特别是发达国家的文明成果，不仅包括科学技术，而且包括管理经验、文化艺术、社会保障等。哪个国家在哪些方面有好的经验，不管国家大小，我们都虚心考察学习，并根据中国的实际情况，创造性地加以利用。我们通过利用外资、引进技术、发展对外贸易，充分利用国外的市场和资源来加快中国的发展。随着外汇储备的增加，我们又逐步加大海外投资，年度利用外资额已居世界第一位，对外直接投资居世界第二位。目前，我们正致力于建设更高水平的开放型经济体系，并按照“开放、合作、共赢”的原则，向着构建人类命运共同体的目标前进。

42年的改革，我们积累了一些成功的经验。坚持实事求是、理论联系实际的思想路线，是改革取得成功的首要保证。坚持“三个有利于”的改革评判标准，使改革始终保持正确的方向并很快见到实效。坚持渐进式改革，降低了新旧体制转换过程中的摩擦和震荡，使改革能够行稳致远。基层干部群众对旧体制的弊端了解最深，改革的办法最多，鼓励基层干部群众的首创精神，充分发挥他们的积极性、创造性，是改革符合实际要求、得到群众支持的关键。改革是前无古人的伟大事业，新的改革措施是否正确，只能通过实践来检验。坚持一切改革先试验后推广，才能有效避免走弯路。改革是发展的动力并需要稳定的环境，发展是改革的目的并为稳定创造条件。保持稳定的政治环境和社会环境，是改革和发展的重要前提，同时，革除经济社会体制弊端，实现经济的持续较快发展，又会促进政治和社会的稳定。保持改革、发展和稳定的统一，是42年中国改革取得成功的重要经验。坚持以人民为中心，是党的群众路线和"以人为本"的科学发展观的继承和发展，是马克思主义人民思想与中国实际相结合的最新成果，是习近平新时代中国特色社会主义思想的重要组成部分。把人民对美好生活的向往作为我们党的奋斗目标，作为改革的出发点和落脚点，使改革的成功具有了必然性。东西南北中，党是领导一切的。面对纷繁复杂的改革任务，要确保各项改革的协调有序进行，必须坚持系统观念，总体谋划，统筹协调，同步推进。改革在某种程度上是对利益关系的调整，会遇到这样或那样的阻力。只有坚持和加强党对改革的领导，才能站在全局利益、长远利益的高度，通过不断增强各级党组织的执行力，确保改革的顺利推进。当改革遇到挫折或停顿时，我们会总结经验，坚定信心，以理论的创新带动改革的突破，不断把改革引向深入。

中国的改革具有鲜明的人民特色、国家特色、国际特色、融合特色、实践特色。所谓人民特色，就是改革为了人民，改革依靠人民，改革成果由人民共享。所谓国家特色，就是我们的改革是中国特色社会主义的改革，我们依据中国现阶段仍处于社会主义初级阶段这一判断，按照生产关系必须适应生产力发展要求、上层建筑必须适应经济基础的历史唯物主义原理，探索建立中国特色社会主义的经济体制、政治体制、文化体制、社会体制、生态文明体制。所谓国际特色，就是我们的改革汲取了世界各国的文化和体制精粹，适应了当今经济全球化的趋势，适应了解决当今世界消除贫困、推进社会发展、应对气候变化、维护人类健康等共同课题的需求，通过推动世界各国的合作、共赢，构建人类命运共同体。所谓融合特色，就是根据一切事物都是相互依存、相互转化的对立统一体的原理，探索对立双方相互结合的统一性和可能性，把看似对立的双方融合在一起，产生出 1 +1 >2 的效果。如计划与市场、公有制与私有制、按劳分配与按资分配、效率与公平、内循环与外循环、工业化与信息化、城市与农村等有机结合起来，创造出富有生机和活力的新体制。所谓实践特色，就是通过实践来积极探索新体制、新理论，并用实践来检验新体制、新理论，而不是用空洞的本本主义和教条主义来裁剪和评判新体制、新理论，不搞“姓资”还是“姓社”的争论，最终用实践的效果来证明好坏真伪。

1992 年，邓小平同志提出：“恐怕再有 30 年的时间，我们才会在各方面形成一整套更加成熟、更加定型的制度。”弹指一挥间，明年就是小平同志这一著名预言的 30 周年。经过 42 年的改革，我们已经在经济、政治、文化、社会、生态文明等方面形成了一整套成熟、定型的制度，其中大部分已经通过立法的形式固定下来。当然，改革的任务并没有最终完成，还要继续深化。但是，目前已经形成的主要的制度、体制、法规、政策，是适应现阶段生产力发展要求的，应当相对稳定一个时期，以保护和发展生产力。改革以来，我们在立法方面做了大量工作，取得了巨大成就，对推进改革、保护改革成果发挥了重要作用。今后这方面的工作还应继续努力。特别是在严格执法方面，应加大力度。要努力使中国成为法治国家，通过加强法制建设，实现国家治理体系和治理能力现代化。

中国的改革目前是否已经尽善尽美了呢？答案是否定的。在体制方面，还存在着不少不尽人意之处，有些改革的任务虽然已经写入党的全会决议，但仍需继续努力才能完成。特别是一些发展中的问题，一些由于改革强调了某些方面而新产生的另一方面的问题，需要通过全面深化改革来逐步解决。

譬如，收入分配差距拉大的问题，是鼓励一部分人、一部分地区先富起来之后出现的新问题。邓小平同志讲，到实现小康之后，先富帮后富，实现共同富裕的问题应当突出提出来。改革 42 年，我们已经把蛋糕做大了，如何切好这块“蛋糕”，应当逐步成为改革的重要议题。当然，处理好效率与公平的关系，始终是收入分配的核心问题。这是一把“双刃剑”，过分强调哪一方面，失之偏颇，都会带来副作用。阿根廷为什么长期陷入中等收入陷阱？一个重要原因就是社会福利超过了经济的负担能力，并降低了劳动积极性。中国目前正处于跨越中等收入陷阱的关键阶段，在处理效率与公平的关系上，既要持积极态度，同时又要把握好分寸。

又譬如，城乡差距拉大问题，是工业化、城市化过程中出现的问题。目前，我们的城市建设得很漂亮，但农村和农业的发展明显滞后。导致城乡差距拉大的根本原因，是城乡市场的发展不平衡，以致农村的生产要素源源不断流向城市，而城市的要素很难流入农村。党的十九大提出乡村振兴的战略目标，同时提出了城乡融合发展的重要战略举措。未来十几年，落实党的十九大的部署，推动农村生产要素的市场化、商品化，发挥市场对土地、资本、劳动力等要素配置的决定性作用，形成乡村振兴的强大市场机制，同时，发挥我们的制度优势和政治优势，是加快农业农村现代化的必由之路。

再譬如，房地产泡沫问题。目前，少数热点城市房价过高，已经积累了一定程度的泡沫。如何解决这个问题，既要正视这个矛盾的存在，采取积极稳妥的办法加以解决，又不能操之过急，避免把泡沫捅破。因为房地产占压的大量资金中大部分是银行贷款，如果泡沫破裂，导致金融危机，银行资产大量缩水，会对整个国民经济带来沉重打击。20 世纪 80 年代日本和中国香港出现的金融危机，就是由房地产泡沫破裂引起的。由此带来的灾难历历在目，至今不少日本居民在高房价时借银行的房贷仍没有还完。这个教训是深刻的。正确的解决办法应当是增加房地产供给，缓解供需矛盾，使房价上涨的压力逐步得到释放，最终达到房地产市场的供需平衡和房价稳定。2020 年政府土地出让金收入创造新纪录，达到 8.4 万亿元，其中 80% 以上来自房地产企业。政府支出过度依赖土地财政的状况必须改变。允许和鼓励集体经营性建设用地入市，建立城乡一体化的建设用地市场，是解决这一矛盾的根本举措。允许集体经营性建设用地入市，可起到“一箭三雕”之功效：一是可满足城市新增建设用地需求，抑制城市房价上涨；二是把政府土地出让金收入转变为撬动乡村振兴的有效杠杆，可为乡村振兴提供强大资金支持；三是可使农民增加财产性收入，有助于缩小城乡收入差距。

此外，加快教育、医疗、社会保障等社会事业发展，加大科技研发投入，治理生态环境，缩小区域发展差距等，也都亟待通过改革建立有效的市场机制。多年的经验证明，如果我们希望解决哪一方面的结构性问题，必须形成有利于解决这一问题的市场机制，仅靠政府号召和政府投入，必然事倍功半。利用市场机制，引导要素自动向薄弱环节集聚，就能取得事半功倍的效果。

总之，我们的改革已经取得无可争议的成功，但是，改革的任务并没有完成，新的矛盾和问题等待我们通过继续深化改革来解决。展望未来，到2035年，我们将基本实现现代化。到21世纪中叶，我们将建成富强民主文明和谐美丽的社会主义现代化强国。中国人民创造自己美好生活的强大行动是任何人阻挡不了的。美国一小撮反华分子纠集世界反华势力诋毁、包围、打压中国，妄图剥夺14亿中国人民的发展权，不仅是徒劳的，而且最终被孤立的必将是他们自己。他们的狂妄和卑劣行径，只能激发中国人民的反抗和斗志，并遭到全世界正义人士的唾弃。我们要按照习近平总书记在庆祝中国共产党成立100周年大会上的讲话所提出的要求：“以实现中华民族伟大复兴为己任，增强做中国人的志气、骨气、底气，不负时代，不负韶华，不负党和人民的殷切期望。”

我有幸参加了党的十七大、十八大报告的起草工作，参加了党的十四届三中全会、十六届三中全会、十七届三中全会、十八届三中全会四个全会重要改革文件的起草工作。在退休之后，有时间静下心来对整个42年来的改革进行系统的梳理和思考。感谢国家社会科学基金的支持，使我有可能组织一个课题组，对“社会主义改革总论”这样一个大的题目进行系统研究和撰写①。在充分讨论和研究的基础上，由我提出写作提纲，由课题组

① 本课题研究为2019年度国家社会科学基金特别委托项目。项目名称：“社会主义改革总论”研究，批准号为19@ZH001，责任单位：中国政策科学研究会，项目负责人：郑新立。

成员分头研究和撰写。再经过反复讨论和修改，并听取出版社负责同志和编辑的意见，最后由我统改定稿。徐伟对文稿的统一汇总做了大量工作。全书各部分的撰稿人分别为：序言，郑新立；第一章，綦鲁明；第二章，徐伟；第三章，刘森；第四章，郑新立；第五章，李健；第六章，郑新立；第七章，杨子健；第八章，李健；第九章，唐元；附件，顾雪濛。

由于我们知识和水平的局限，书中难免有疏漏和错误之处，敬请读者批评指正。

郑新立

2021 年 7 月 1 日

目 录

第一章

改革是中国共产党人的又一次伟大觉醒

1840年鸦片战争爆发后，中国陷入内忧外患的黑暗境地，中国人民经历了战乱频仍、山河破碎、民不聊生的深重苦难。这极大地促进了中国人民的思考、探索和奋起，无数仁人志士不屈不挠、前仆后继，进行了可歌可泣的斗争，进行了各式各样的尝试，经过了洋务运动、戊戌变法、辛亥革命、新文化运动等一系列救亡图存的改革探索，但终究未能改变旧中国的社会性质和中国人民的悲惨命运。俄国十月革命一声炮响，给迷惘中的中国人民送来了马克思列宁主义。这对“五四”运动的爆发和中国共产党的诞生具有重大的指导意义和推动作用。在“五四”运动中，一批先进知识分子高高举起“民主”和“科学”的大旗，中国人从此走上了一条凝聚民族力量、捍卫民族尊严、拯救民族危亡的正确道路。在中国人民和中华民族的伟大觉醒中，在马克思列宁主义同中国工人运动的紧密结合中，中国共产党应运而生[①]。从此，中国共产党带领中国人民走上推翻“三座大山”压迫、探索社会主义建设的伟大征程。可以说，自鸦片战争以来，为了民族复兴，中国人民脑海中时时都充满着强烈的变革意识，并将之付诸艰辛的革命实践。这形成了新中国改革的强大历史基因。

---

① 参见习近平总书记在庆祝中国共产党成立100周年大会上的讲话。

社会主义是人类社会的一个伟大实践。中国共产党自诞生那一天起，就致力于在中国建立一种没有阶级压迫和剥削、人人都能过上幸福生活的社会主义制度，并为此整整奋斗了近百年[①]。新中国成立使社会主义在中国大地上得以真正确立，全国上下也开始走上规模浩大的社会主义建设道路。1978 年党的十一届三中全会开启了改革开放的新时代，并成功开辟了中国特色社会主义道路。如果把中国共产党成立及为创立社会主义新中国所进行的革命斗争看作是一次伟大觉醒[②]，那么，改革开放是我们党的又一次伟大觉醒。正如习近平同志在庆祝改革开放 40 周年大会上所说："改革开放是我们党的一次伟大觉醒，正是这个伟大觉醒孕育了我们党从理论到实践的伟大创造。"觉醒是认知上的飞跃，是由懵懂到醒悟、由困惑到清楚的过程。改革开放伟大觉醒是对改革开放之前社会主义建设自觉反思的惊醒，是坚持问题导向、推进社会主义事业继续前行的必经关节，是我党成熟和具备强大领导力的重要标志。

① 参见郑新立：《改革开放是中国共产党人新的伟大觉醒》，载《改革与开放》2011 年第 7 期。
② 同上。

第一节 新中国成立后中国共产党人对社会主义道路的艰辛探索

新中国成立伊始，全国各族人民在以毛泽东同志为核心的党的第一代中央领导集体的带领下，以积极饱满的主人翁精神，在全国范围内掀起了社会主义建设的高潮。由此，满目疮痍的国民经济得到迅速恢复。与此同时，中国开始探索建立社会主义基本制度，并取得了独创性理论成果和巨大成就。这不仅为中国特色社会主义的开创提供了宝贵的实践经验和充足的理论准备，也为其发展提供了坚实的物质基础。但社会主义建设是一件“前无古人”的伟大事业，中国共产党过去长期处于激烈的军事斗争和阶级斗争的状态，对迅速迎来的新生社会主义国家和伟大的社会主义建设事业，缺乏充分的思想准备和足够的建设经验。同时，受限于把马克思主义经典理论的某些结论当成现成的标准答案，在探索实践中我们党也犯了错误。在后来的实践中，党的指导思想上受“左”的思想的干扰，犯了“大跃进”“人民公社化”的错误，甚至发生“文化大革命”这样的全局性、长时间的错误。正如邓小平指出，“到了一九五七年，我们又犯错误了，反右扩大化。一九五八年，要求过急，搞‘大跃进’，搞人民公社，不对头了，给我们带来很大灾难。我们花三年时间，纠正错误，才使情况又好起来。经济情况有好转，但指导思想上没有解决问题，这就是为什么一九六六年又开始了‘文化大革命’”①。邓小平还指出，“总结这段历史才能弄清楚十一届三中全会后的路线、方针、政策是在总结成功时期的经验、失败时期的经验和遭受挫折时期的经验后制定的。历史上成功的经验是宝贵财富，错误的经验、失败的经验也是宝贵财富”②。

一、社会主义制度的基本建立

新中国成立后，全党全国各族人民迅速摆脱战争创伤，把时间精力投入到国民经济的建设和恢复上来，并计划用 10 年到 15 年的时间基本完成到社会主义的过

① 参见邓小平：《邓小平文选》第 3 卷，人民出版社 1993 年版，第 234 页。
② 参见李天华：《邓小平经济思想与发展经济学的复兴》，载《毛泽东思想研究》2005 年第 1 期。

渡。1953 年 6 月，中共中央公布了过渡时期的总路线，包括两方面内容：一是逐步实现社会主义工业化，这是总路线的主体；二是逐步实现对农业、手工业和资本主义工商业的社会主义改造，这是总路线的两翼。1952 年下半年至 1956 年，新中国仅仅用了 4 年左右的时间，就完成了对农业、手工业和资本主义工商业的社会主义改造，实现了生产资料私有制向生产资料公有制的历史转变，使社会主义制度得以基本确立。

（一）农业的社会主义改造

新中国刚成立时，还是一个小农经济占绝对优势的国家。土地制度改革使广大农民真正成为土地和部分生产资料的主人，农业生产得到了较快的恢复和发展。但由于生产的个体性、分散性以及生产能力的落后，农业经济发展缓慢，难以满足社会主义工业化对农业及农产品的需求。为改变这种情况，中国共产党及时采取措施，引导农民个体组织联合起来，走合作化生产的道路，小农经济被逐步改造成社会主义集体经济。过渡时期总路线和“一五”计划公布后，全国农民踊跃参加农业生产合作社。1955 年，全国掀起了农业合作化的高潮。1956 年，全国 90% 以上的农户参加了农业生产合作社。到 1956 年年底，全国完成了对农业的社会主义改造。

（二）手工业的社会主义改造

自 1953 年年底，在过渡时期总路线的指导下，在农业合作化广泛开展的同时，我党开始了对手工业的社会主义改造。个体手工业作为一种个体经济，以私有制和个体劳动为基础，为广大居民提供了大量的生产和生活资料。1952 年，中国手工业产值占工业总产值的 21%，在国民经济中占有一定比重。我党对手工业的社会主义改造，采取了把个体生产组织起来，并逐步过渡到合作化生产的路径，即从手工业的个体到生产合作小组、供销合作社，再发展到生产合作社。由此，手工业个体所有制逐步转变为社会主义集体所有制。1956 年年底，手工业合作组织人数占全国手工业从业人数已超 90%，基本上完成了手工业的社会主义改造。

（三）资本主义工商业的社会主义改造

对资本主义工商业而言，只有消灭资本主义私有制，代之以社会主义全民所有制，才能完成过渡时期的任务。从 1954 年到 1956 年年底，我们党对资本主义工商业进行全面改造，改造的途径是以加工订货为主逐步向公私合营过渡。期间，采取了“和平赎买”的政策，通过委托加工、计划订货、统购包销、委托经销代销等一系列国家资本主义形式，逐步将资本主义工商业改造成社会主义公有制企业。1956年年初，资本主义工商业的社会主义改造出现了一波公私合营的高潮。公私合营后，私股与生产资料的使用权相分离，企业的生产资料由国家统一管理和运用，并采用定息方式，按照合营企业的私股股额每年发给资本家5%的股息，共发10年。定息停付后，企业就完全成为全民所有制企业。至1956年年底，资本主义工商业改造基本完成，公私合营的工业企业已占原有资本主义工业总户数和职工人数的99%。由此，资产阶级作为一个阶级被消灭了。

到1956年年底，国家对农业、手工业和资本主义工商业的社会主义“三大改造”的完成，标志着中国生产资料私有制转变为社会主义公有制，统治中国几千年的剥削制度基本结束。由此，中国建立起社会主义的基本制度，并进入社会主义初级阶段。

（四）社会主义基本制度得以确立的标志

在中国共产党的领导下，经过“三大改造”，中国开启了实现富民强国和中华民族复兴的社会主义道路。社会主义制度在中国的建立主要表现在如下两个方面：

首先，公有制经济在国民经济中占统治地位。经过社会主义改造后，农民和手工业者的个体所有制经济基本转变成了集体所有制经济，资本主义私有制经济基本转变成了全民所有制经济。因此，在所有制结构中，各种类型的私有制基本被消灭，公有制已经成为所有制结构的主体。最终，中国的公有制与苏联的公有制一样，都包括集体所有制和全民所有制两种形式。到社会主义改造完成时，公有制经济已经在国民经济中占统治地位。从国民收入结构看，1956年，国营经济、合作社经济、公私合营经济占国民收入总量的92.9%①。从工业产值的结构看，社会主义工业和国家资本主义工业创造了几乎全部的工业产值。从商品零售额看，1956年，国营商业、供销合作社、合作化商业占商品零售总额的95.8%②。

其次，计划经济体制建立起来了。在经济体制上，中国建立了高度集中的计划经济体制。早在新民主主义时期，中国就开始学习苏联经验建设计划经济体制。新

---

① 参见胡绳：《中国共产党的七十年》，中共党史出版社1991年版，第359页。

② 参见胡绳：《中国共产党的七十年》，中共党史出版社1991年版，第360页。

中国成立前后，毛泽东、刘少奇等领导人都主张新民主主义经济应该是有计划的经济。毛泽东 1949 年 1 月在中央政治局会议上的讲话中强调：“不要以为新民主主义经济不是计划经济，不是向社会主义发展，而认为是自由贸易、自由竞争，向资本主义发展，那是极端错误的。”[①]《中国人民政治协商会议共同纲领》也指出：“中央人民政府应争取早日制定恢复和发展全国公私经济各主要部门的总计划，规定中央和地方在经济建设上分工合作的范围，统一调剂中央各经济部门和地方各经济部门的相互联系。”[②] 这实际上是正式表明新民主主义阶段将以建立计划经济体制为目标。新民主主义经济建设为建立计划经济体制奠定了基础。到社会主义改造结束，中国初步建立了计划经济体制。这主要表现为集中统一的全国财政管理体制的建立、统购统销制度的建立和集中统一的计划经济管理体制的建立三个方面[③]。

二、“一五”时期经济建设取得重要成就

新中国经济基础落后。旧中国给我们留下的是一个烂摊子，毛泽东用“一穷二白”来概括，他在 1956 年说过，“现在我们能造什么？能造桌子椅子，能造茶碗茶壶，能种粮食，还能磨成面粉，还能造纸，但是，一辆汽车、一架飞机、一辆坦克、一辆拖拉机都不能造”[④]。但这一时期我们党艰辛探索社会主义建设，中国第一个五年计划的经济建设，依靠我们自己的努力，加上苏联和其他友好国家的支援，取得了重大成就。一批为国家工业化所必需而过去又非常薄弱的基础工业建立起来。经济发展比较快，经济效果比较好，重要经济部门之间的比例比较协调；市场繁荣、物价稳定；人民生活显著改善。

“一五”时期，中国生产资料公有制社会主义改造的基本完成，使社会主义经济成分在国民经济中占了绝对的优势。在国民收入中，同 1952 年相比，1957 年国营经济所占比重由 19% 提高到 33%，合作社经济由 1.5% 提高到 56%，公私合营经济由 0.7% 提高到 8%，个体经济则由 71.8% 降低到 3%，资本主义经济由 7% 降低到 1% 以下。

---

① 参见薄一波：《若干重大决策与事件的回顾》，中共党史出版社 2008 年版，第 17 页。

② 参见《当代中国的统一战线》编辑委员会：《当代中国的统一战线（下）》，当代中国出版社 2009 年版，第 291 页。

③ 参见张淑珍：《从苏联模式到建设中国特色社会主义——中国共产党对社会主义道路的探索》，2016 年山东师范大学论文，第 56 页。

④ 参见《毛泽东著作选读》下册，人民出版社 1986 年版，第 712 页。

基本建设方面。5 年内全国完成投资总额 550 亿元，其中国家对经济和文教部门的基本投资总额为 493 亿元，比原计划 427.4 亿元超出了 15.3%。5 年新增加固定资产 460 亿元，相当于 1952 年年底全国固定资产原值的 1.9 倍。5 年内施工的工矿建设项目达 1 万多个，其中大中型项目有 921 个，比计划规定的项目增加 227 个，到 1957 年年底，建成全部投入生产的有 428 个，部分投入生产的有 109 个；苏联帮助中国建设的 156 个项目，有 135 个已施工建设，有 68 个已全部建成和部分建成投入生产。中国过去没有的一些工业，包括飞机、汽车、发电设备、重型机器、新式机床、精密仪表、电解铝、无缝钢管、合金钢、塑料、无线电等，从无到有地建设起来，从而改变了中国工业残缺不全的状况，增加了基础工业实力。

工业发展方面。1957 年工农业总产值达到 1241 亿元，比 1952 年增长 67.8%。1957 年的国民收入比 1952 年增长 53%。1957 年工业总产值超过原计划 21%，比 1952 年增长 128.5%。原定五年计划工业总产值平均每年增长 14.7%，实际达到 18%。1957 年手工业总产值比 1952 年增长 83%，平均每年增长 12.8%。1957 年的钢产量为 535 万吨，比 1952 年增长近 3 倍；原煤为 1.31 亿吨，比 1952 年增长 98.5%；发电量为 193 亿度，比 1952 年增长 164.4%；机床产量达 2.8 万台，比 1949 年增长 17.7 倍；棉布为 50.6 亿尺，比 1952 年增长 32%；糖 86 万吨，比 1952 年增长 92%。

农业生产方面。农业生产获得较大的发展。1957 年农业总产值完成原计划 101%，比 1952 年增长 25%，平均每年增长 4.5%。1957 年，粮食产量达到 3900 亿斤，比 1952 年增长 19%；棉花产量为 3280 万担，比 1952 年增长 25.8%。粮食和棉花年平均增长速度分别为 3.7% 和 4.7%。5 年内全国扩大耕地面积 5867 万亩。1957 年全国耕地面积达到 16.745 万亩，完成原定计划 101%。5 年内全国新增灌溉面积 21.810 万亩，相当于 1952 年全部灌溉面积的 69%。

交通运输方面。到 1957 年年底，全国铁路通车里程达到 29862 公里，比 1952 年增加 22%。5 年内，新建铁路 33 条，恢复铁路 3 条，新建、修复铁路干线、复线、支线共约 10000 公里。先后建成宝成铁路、鹰厦铁路、武汉长江大桥。到 1957 年年底，全国公路通车里程达到 25 万多公里，比 1952 年增加 1 倍。川藏、青藏、新藏公路相继通车。

民生改善方面。1957 年全国职工的平均工资达到 637 元，比 1952 年增长 42.8%，农民的收入比 1952 年增加近 30%。人民平均消费水平，1957 年达到 102

元，比1952年的76元提高34.2%。文教、卫生、科学、艺术事业也有很大发展。第一个五年计划的超额完成，奠定了中国社会主义工业化的初步基础，提高了人民生活水平，显示了社会主义制度的优越性，并初步积累了社会主义建设的经验。

三、违背经济规律的“大跃进”导致严重后果

“一五”时期取得的成就令人鼓舞，全国上下建设社会主义的热情空前高涨。但受此影响和推动，中国出现了“大跃进”的激进冒险行为。

（一）中国共产党历史上发生的两次跃进

所谓“跃进”是指“跳跃式前进”或“快速前进”的意思。“大跃进”就是比平时速度更快地推进。这首先是军事上的术语，即跳跃式前进，并与常规的逐城逐地推进相区别。“大跃进”战略如果运用妥当的话，可以大大加快前进的速度，推动战争迅速取得胜利，但是肯定要冒一定的风险。

中国共产党历史上发生过一次众所周知的“大跃进”，即解放战争时期的刘邓大军挺进大别山。那是1947年7月，中国人民解放军刚刚打破蒋介石的重点进攻，为了迅速转入反攻，由党中央决策，刘伯承与邓小平领导晋冀鲁豫野战军奋力挺进中原，千里跃进大别山。这次跃进尽管付出了沉重的代价，但从全局看它扭转了整个战局。当时中央的战略部署是刘邓当先，三军配合。跟在刘邓背后的是陈赓领导的陈谢兵团与陈毅、粟裕领导的华东野战军，随着刘邓兵团挺进到江河淮汉地区。当国民党军被刘邓大军死死缠在大别山的时候，其他两路大军乘势展开，大大拓展了中原解放区。将国民党进攻华北华东的后方基地变成了中国人民解放军进军江南的前进基地，大大缩短了解放战争的时间。因此，这次“大跃进”是成功的。

反过来看20世纪50年代的“大跃进”，则是我们党探索建设社会主义道路中的一次严重失误。这次“大跃进”以全民“大炼钢铁”运动为中心。1957年11月，毛泽东提出要用15年左右的时间在钢铁等主要工业品的产量方面赶上和超过英国的口号。在“以钢为纲，全面跃进”的口号下，钢铁生产指标越提越高。北戴河会议正式决定并公开宣布1958年钢产量为1070万吨，比1957年翻一番，号召全党全民为此奋斗，开展空前规模的大炼钢铁运动。

按照一般经济发展规律，任何产业的发展都要取决于其下层产业链对于这一产业的接受程度，也就是说，产业的发展是由需求拉动的。离开这一基本经济规律，

只能自食其果。“大跃进”运动思想认为，钢铁是英美经济的命脉，我们要单独发展钢铁生产，以超过他们。但是这样的想法没有考虑到钢铁产量上去了之后，有什么样的产业能够接纳多余的钢铁，换言之，增加钢铁的产量是为了什么？钢铁主要有机器、建筑、运输车辆、船舶、桥梁、民用和军火等几方面的用途。然而，这几个行业在当时的发展并不快，难以消化利用如此大量的钢铁产品。而且，钢铁生产需要从采矿、选矿、烧结、炼焦到炼铁、炼钢等一整套工艺过程和技术装备，形成全套生产能力需要一定的人力物力财力投入，更需要一定的时间。在根本不具备条件的情况下，提出不切实际的高指标，只能劳民伤财，造成巨大损失，严重挫伤广大干部群众的积极性。因此，这次是违背经济规律的，是不成功的。

（二）20 世纪 50 年代后期“大跃进”的主要表现

1958 年，受片面追求高指标的盲目冒进倾向影响，全国各地逐步展开了“大跃进”运动，主要表现为以下三个方面：

第一，以“鼓足干劲，力争上游，多快好省地建设社会主义总路线”取代了八大正确路线。新中国成立伊始，“一五”计划的高效实施和社会主义三大改造的顺利完成，是经济领域的骄人成就。然而在重大成就背后，我们党却忽视了对改造过程中所出现问题的回顾及系统总结，在大规模开展社会主义建设后仍习惯于用革命年代“大兵团作战”“群众运动”等战斗性思维对待社会主义建设这一崭新课题。随着社会主义建设的全面展开，党中央认为，广大人民群众高涨的建设热情是一股不能忽视的力量。凭借这股力量，中国完全能够把经济建设搞得更快更好。在迫切希望国家富强的主观愿望推动下，我们党在领导国家的经济建设上，开始出现违背客观经济规律的苗头，更多地强调主观意志的作用，否定了中共八大提出的“综合平稳、稳步前进”的经济建设方针，提出了带有浓厚“左倾”色彩的社会主义建设总路线。这一总路线的提出，表明党在经济建设指导方针上出现严重偏差。

第二，以“大跃进”取代了正常的国民经济发展计划。“多快好省”总路线的提出，使盲目求快的思想打破了中国经济建设正常发展的步骤。在“左倾”思想的逐渐膨胀中，中国的社会主义建设开始一味追求大干快上，高指标、瞎指挥、浮夸风比比皆是，实事求是的原则被束之高阁。在这种不正常的建设氛围中，中国的生产、建设正常秩序被打乱，农、轻、重比例严重失调，农村青壮年劳动力几乎都被抽调去捞铁砂、挖铁矿、炼钢铁，一些粮食、棉花烂在地里没人收，造成农业丰产不丰收。没有现代炼铁炉就用泥土糊成小高炉代替，没有焦炭就把大树锯掉投入炉中，许多村庄的树木几乎被砍光，没有铁矿石就动员农民把门和箱柜上的铁制配件甚至把铁锅砸碎用作原料，结果把好铁炼成废铁，生产出大量无用的废品。“大跃进”给中国经济建设造成了严重损失，直接导致1959年之后的食物短缺，人口减少。党中央开始清醒头脑，认识到经济建设不能脱离实际，刻意追求高速度、高指标，而应该尊重客观规律，否则就会适得其反，“图虚名而招实祸”。此后，中央决定用三年时间来贯彻“调整、巩固、充实、提高”的方针，才走出困境，恢复了经济正常运行。总结“大跃进”的教训，正如陈云同志所说，必须遵照“一要吃饭，二要建设”的原则，按农、轻、重的次序安排生产建设，首先保证人民吃穿用的基本所需，搞好综合平衡。

第三，以人民公社的兴办取代了对经济管理体制的正常变革。1957年下半年以后，随着“左倾”思潮的逐渐膨胀，以分权为主要形式的社会主义经济体制改革设想被人民公社的兴办替代。之所以兴办人民公社，是基于我们党在所有制变革上的两点考虑：一是寄希望于人民公社短时间内在全国范围的兴办，实现“一大二公”。二是将长期以来所提倡的按劳分配原则束之高阁，转而希望以“一平二调”跑步进入共产主义。可以说，人民公社的兴办，否认了按劳分配和等价交换的原则，否认了人民公社之间、特别是公社内部原来各个高级农业生产合作社之间的经济差别，无偿调拨各集体经济组织的生产资料、产品、劳动力和资金；在个人消费品的分配上实行绝对平均主义。这种做法使广大人民群众的劳动积极性大受打击，破坏了集体所有制的巩固和发展。尽管在兴办人民公社的早期营造出全国经济一片繁荣的假象，但不久之后，中国的农业生产便出现急速下滑。毛泽东和党中央虽一度积极予以纠正，但纠正的势头并未持续太久，1959年开展的反右倾斗争，使正确的纠正势头再度翻转，“左”的错误愈发严重，中国国民经济一度陷入空前困难。在严峻的形势下，中国于1962年提出并积极贯彻实施“调整、巩固、充实、提高”的方针，基本刹住和纠正了“共产风”和“急于过渡”的做法，把所有制关系稳定在生产范围内的集体所有制上。通过这些调整措施，小商品经济得到恢复，整个工农业生产有所提高。但在“文化大革命”开始以后，中国在所有制方面进一步贯彻了极左的政策和做法。截至改革开放前，中国的经济基本上没有非公有制经济的立足之地，经济发展极度缺乏活力。

（三）“大跃进”带来的严重后果

“大跃进”忽视了客观的经济发展规律，过分夸大了主观意志和主观努力的作用，使高指标、瞎指挥、浮夸风、“共产风”等错误泛滥，破坏了国民经济秩序，浪费了大量人力物力，造成了积累与消费、生产资料产业与消费资料产业的严重失衡，给社会主义建设事业造成了巨大损失。全民大炼钢铁运动造成人力、物力、财力的极大浪费，工业生产遭到极大破坏，农业、轻工业和其他事业受到巨大冲击，人民生活发生严重困难，挫伤了群众的生产积极性。

四、以阶级斗争为纲导致十年内乱

刚刚成立的新中国拥有众多人口，但经济却十分落后。为解决这一困境，中国开始实施大规模的社会主义工业化，走现代化经济建设的道路。从世界经济发展看，自20世纪50年代到70年代是世界各国经济发展的黄金时期。中国香港、中国台湾和周边韩国、新加坡抓住发达国家产业转移的机遇，继日本之后，迅速实现了现代化，被称为亚洲“四小龙”。到20世纪60年代末70年代初，印度尼西亚、泰国、马来西亚等东南亚国家，抓住新一轮国际产业转移的机遇，相继进入了经济起飞阶段。这个时候，日本仍保持高速增长。

就在中国经济面临着难得的国际产业转移的机遇期时，我们的主要注意力却偏离了经济建设这个中心，转向以阶级斗争为纲的大规模政治革命，进行“反修防修”的政治大演习。这出乎绝大多数中国人的意料，也为世界所惊异。在当时经济全球化的背景下，面对各国经济的激烈竞争，中国国民经济不进则退，在纠正“大跃进”带来的经济困难，经济刚刚得到恢复，人民刚刚能吃饱饭的时候，一场新的疾风暴雨式的政治斗争即以阶级斗争为纲的“文化大革命”即将开始。

随着阶级斗争的剧烈演化，中国制度变迁被锁定在阶级斗争的路上，形成了严重的“路径依赖”。这场长达10年的政治斗争不断摧毁现代国家机器，破坏国家制度①。由其直接导致的不良后果是多重的。在政治上，“文化大革命”严重冲击和破坏社会主义民主与法制，造成冤假错案堆积如山。同时，党和政府的各级机构、各级人民代表大会、政协长期陷入瘫痪和不正常状态，公安、检察、司法等专政机关

① 参见胡鞍钢：《“文化大革命时期“（一）》，国情报告（第七卷 2004 年（下））。

与维护社会秩序的机关都乱了套。在经济上，以阶级斗争为纲给经济带来严重损害。十年内乱期间，有5年的时间国民经济增长不超过4%，而且，其中有3年是负增长：1967年增长是－5.7%，1968年增长是－4.1%，1976年增长是－1.6%。从1957年至1976年，全国职工在长达20年的时间里几乎没有涨过工资。1957年全国职工的平均货币工资是624元，1976年却下降到575元，不进反退，少了49元。生活消费品也是供给不足。1975年的粮食生产水平还没达到1957年的粮食生产水平，全国人民温饱不足。有2.5亿农村人口处于饥饿或半饥饿状态；购买所有东西几乎都要票，人民生活十分困难，很多农村地区民不聊生。全国职工住房相当困难和紧张。据原农业部人民公社管理局统计的数据：1978年，全国农民每人年均收入只有74.67元，其中有两亿农民的年均收入低于50元，有1.12亿人每天只能挣到1角1分钱，1.9亿人每天能挣到1角3分钱，有2.7亿人每天能挣到1角4分钱。相当多的农民辛辛苦苦一年到头不仅挣不到钱，反而倒欠生产队的钱。在文化上，这场由文化领域肇始的“大革命”，使教、科、文领域的大批专家受到残酷迫害[①]。全国高等院校停课并停止招生，大批高中、初中学生下乡插队，失去继续接受教育的机会，整整耽误了一代人。以阶级斗争为纲带来的灾难是十分明显的。

第二节　生产关系不能超越生产力发展阶段性要求

生产关系不适应生产力发展要求，历来大多表现为生产关系处于落后状态。但是人类历史进入社会主义社会后，社会主义国家在一定时期和范围内却出现了生产关系超越生产力的现象。过犹不及，超越是生产关系不适应生产力发展阶段性要求的又一种形式。穿大鞋和穿小鞋都是不合脚的，超越和落后是两种不适合的形式。

一、单一公有制使经济增长缺乏活力

1956年，中国基本完成了对农业、手工业和资本主义工商业的社会主义改造。1956年年底，全国96%以上的农户参加了农业生产合作社。除西藏和其他少数民族地区以外，农业个体户所剩无几。在全国机器工业总产值中，私营工业占的比重

① 参见袁媛淑：《社会主义国家宪法发展探讨》，2012年中南大学论文。

不到1‰。在商业企业商品零售总额中，私营商业只占4.2%。91.7%的手工业者参加了手工业生产合作社。个体手工业从业人员只剩下54.4万人。1956年，国民收入中国营经济占32%，合作社经济占54%，公私合营经济占7%，个体经济占7%。单一的公有制结构已经基本形成[①]。

1956年9月20日，陈云在党的第八次全国代表大会上做了题为“关于资本主义工商业改造高潮以后的新问题”的报告，在这个报告中，提出了著名的“三个主体、三个补充”的经济思想：“我们的社会主义经济的情况将是这样：在工商业经营方面，国家经济和集体经济是工商业的主体，但是附有一定数量的个体经营。这种个体经营是国家经营和集体经营的补充。在生产计划方面，全国工农业产品的主要部分是按照计划生产的，但是同时有一部分产品是按照市场变化而在国家计划许可范围内自由生产的。计划生产是工农业生产的主体，按照市场变化而在国家计划许可范围内的自由生产是计划生产的补充。在市场方面，国家市场是主体，但附有一定范围内国家领导的自由市场作为国家市场的补充。”陈云“三个主体、三个补充”经济思想是对马克思关于社会主义社会经济发展理论的丰富和发展。这个思想表明，计划经济和市场相排斥的观念是一种根本的误解。

尽管陈云在八大上提出的“三个主体、三个补充”的经济思想是正确的，也是一种创新，但是这一真知灼见并没在当时贯彻下去。中国仍然把单一纯粹的社会主义作为奋斗目标，并且在公有制内部追求公有化程度的不断提高，追求集体所有制向全民所有制的过渡（1958年武昌会议，把中国下一步的目标规定为“过渡到全面的全民所有制”）。最终，过分单一的公有制经济特别是国有（营）经济成为国民经济的唯一基础[②][③]。单一公有制下，各种经济主体缺乏自主权，各类公有制经济内部及相互间的利益关系不合理，经济活力不足问题十分突出。

从微观经济主体的关系看，由于经济成分的单一性，导致竞争机制缺乏。在公有制经济内部即国营经济和集体经济之间，以及在国营经济内部和集体经济内部，都不可能形成真正的竞争。这样，就使整个经济发展不能形成应有的活力。可以

---

① 参见赵德馨：《中国近现代经济史（1949—1991）》，河南人民出版社2003年版，第135页。

② 参见汪强：《论中国社会主义市场经济》，2012年中共中央党校论文，第31—37页。

③ 尽管在社会主义改造基本完成后，城镇还存在着或保留着极少量的个体经济，主要是个体服务业，如修鞋、理发、服装等方面的个体经营，但是就城镇个体经济在中国社会经济中的地位，中央并未给予明确说明，也未曾积极鼓励提倡要发展个体经济。这些个体经济在很大程度上是为了维持和解决营业者的生活问题而保留下来或允许开业的。也就是说，并未把个体经济纳入基本经济制度的框架。至于私人资本主义经济，在随着社会主义改造的完成就已经消失了。

说，单一公有制的经济制度脱离了中国国情，束缚了生产力的发展，制约了经济的发展①。

二、平均主义分配制度挫伤了劳动者积极性

从新中国成立到党的十一届三中全会召开前，中国收入分配制度改革的思想是有差别的平均主义思想，并最终陷入了单一的按劳分配形式。全国统一工资标准，统一工资增加时间；企业吃国家大锅饭，职工吃企业大锅饭。这主要缘于新中国成立初期对马克思关于社会主义按劳分配论述存在教条式理解。

新中国成立初期，由于国民经济生产力水平低下，为了巩固无产阶级政权和恢复国民经济，中国暂时允许国营经济、合作社经济、个体经济、私人资本主义经济和国家资本主义等多种经济成分存在。由于多种经济成分并存，出现了多种分配制度并存的局面。在老解放区，实行供给制、部分供给部分工资制或工资制；在新解放区，被接管的企业中大多数职工实行按原工资等级制度和工资标准支付工资的“原职原薪”政策。随着社会主义改造的开展和社会主义公有制的不断完善，社会生产力和国民经济逐渐恢复，供给制以及旧的工资制度已经不适应经济工作开展的需要。1952 年前后，全国以各大行政区为单位，分别进行工资改革，建立全国统一的工资制度并适当提升全国人民的工资水平。从此，中国工资收入分配中的多种工资形式转变为单一的工资制度。

在“大跃进”和人民公社的催化下，中国在收入分配制度的调整上，倾向于“共产主义”的“按需分配”原则，又出现供给制的强势反弹。这主要表现为粮食供给、伙食供给以及基本生活供给，供给制反弹还被认为是“开始带有共产主义按需分配原则的萌芽”。此后，中国对人民公社分配制度进行调整，将适应“一大二公”的分配制度修正为适应“三级所有，队为基础”的单一按劳分配制度。

“文化大革命”期间，中国按劳分配的收入分配制度遭到了全面否定，这是新中国成立以来按劳分配制度原则遭受最严重破坏的时期，使收入分配平均主义呈现长期固化状态。期间，计件工资和奖励制度被当作是“资本主义”属性而被全盘否定，全面实行平均主义分配，进一步削弱了企业尤其是国有企业生产和盈利的积极性，从而导致企业生产率水平和收入水平低下，最终使职工工资收入水平处于“寒

① 参见赵学军：《中国基本经济制度的演变逻辑与经验启示》，载《国家治理》2020 年第 4 期。

冬”期，甚至出现下降。据有关学者研究，1976 年全民职工平均工资比 1965 年下降了 7%[①]。

新中国成立后，中国收入分配制度几经周折，但高度集中的计划分配机制的运行结果，体现出了严重的平均主义。在战争等特殊时期依靠统一供给统一分配的方式，激发大家的政治热情是可行的、有效的，但在正常经济生活中，如果使人们的收入与其劳动多少、好坏并没有关系，按劳分配原则得不到真正的贯彻和实施，将对社会生产力的发展形成严重阻碍。

三、高度集中的计划体制阻碍了各经济主体的主动性

新中国成立后，中国实施的是计划经济体制，这主要是由当时中国自身经济条件及所面临的外部政治经济环境决定的。新中国成立之初，中国经济相当落后，发展极不平衡，人民生活水平十分低下；同时，面临以美国为代表的西方国家的政治孤立和经济封锁，只有苏联有条件地对我国进行一些经济援助。为了快速提高经济发展水平，增强国力，抵御可能的武装入侵，中国强化国家对有限经济资源的集中动员与统筹利用能力，重点发展国有经济，推进工业化进程，建设伟大的社会主义国家。计划经济体制成为当时中国获得生存和发展机会的必然选择。据统计，自 1953 年至 1978 年，中国的年平均积累率将近 30%，社会总产值、工农业总产值和国内生产总值分别以 7.9%、8.2% 和 6% 的速度递增[②]。但是，随着经济的发展，经济规模的不断扩张，社会分工的不断深化，计划经济体制僵化、效率低下的弊端逐渐展现出来，给经济的进一步发展带来了巨大的障碍。随着经济水平的提升和国际环境的平稳发展，计划体制不适应生产力发展需要的状况日益暴露，同时也孕育了改革的初始条件。

在典型的集中计划经济体制下，经济计划安排一般是首先由中央计划部门收集有关资源的状况、生产能力与消费需求的各种信息，然后计算稀缺资源应当怎样在不同部门、不同地区和不同生产单位之间配置，以期获得最大的产出，最后根据计算的结果，编制统一的国民经济计划，并把这个计划层层分解下达，直到基层单位执行。由于各方面经济因素的复杂性和多变性，中央计划部门不可能掌握社会一切

---

① 参见张宝英：《新中国 70 年收入分配制度改革回眸与展望》，载《经济研究参考》2019 年第 18 期。

② 参见黄新华：《中国经济体制改革的制度分析》，中国文史出版社 2005 年版，第 63 页。

经济活动的全部信息，全社会也不可能做到一丝不苟地执行中央制订的经济计划。因此，计划经济阻碍各经济主体的主动性是势所必然。

（一）计划经济下企业生产动力和创新动力严重不足

在计划经济体制下，生产资料的所有权属于国家，经济资源的占有、支配、收益、处置等权力高度集中于国家，政府则作为国家的代表实际行使各项经济权力，经济决策权实际上变成了政府组织的行政权力。因为没有独立的产权，企业实际上变成政府的一级基层机构，成为贯彻执行政府指令计划的有限生产管理者，企业实际上变成了社会经济的生产车间。企业生产的产品的品种、数量都是通过政府指令性计划自上而下逐层确定下来。

作为政府一级基层组织的企业无须直接面向自己的用户和消费者，只需完成上级主管部门下达的任务。因此，企业关心的只是如何完成上级主管部门下达的任务，其产品是否符合需求就不是企业自身考虑的问题，企业往往安于现状，对社会需求信息、突然变化无动于衷，不作出任何反应。而要作出与需求相适应的反应，就要修改上级计划指标，这因涉及许多部门，既耗时又费力。这种情况下，对企业而言，最有效的策略是保持现状，漠视社会需求的变化，按时完成上级下达的计划指标。

众所周知，创新是企业追求质量和效益、谋求长远发展的原动力。但在计划经济体制下，企业目标在于按时完成上级下达的指令性计划指标，不用追求创新进取。一方面，指令性计划就能保证企业获得完成计划所必需的经济资源，创新毫无必要；另一方面，企业负责人带有行政级别，一般相当于国家行政人员，在其职位升迁过程中，企业创新成长并不是关键考核因素。在计划经济体制下，企业创新的意愿不强、动力不足，甚至尽量避免创新，这是计划经济体制下企业经营的一种难以根治的“怪病”，这也是技术进步迟缓、经济效率低下的重要原因之一①。

（二）计划经济导致企业和职工的行为短期化

国家对于经济活动的管理势必要求建立严格的等级管理体制。伴随着等级管理系统的固化，各层级、各部门都有了自己独立的经济利益和效用函数，形成所谓的

---

① 参见桂大一：《中国经济体制模式转换研究》，2011 年武汉大学论文，第 19—31 页。

“部门主义”和“地方主义”。面对无所不在的计划指令和计划规制，一方面，企业为完成高额生产指标，用技术相对落后的生产设备进行生产，不光忽视技术升级改造，还大搞掠夺式生产，出现企业行为的短期化；另一方面，职工虽是名义上的财产所有者，但企业效益的好坏与职工没有直接利益关系，职工行为存在着短期化。加之计划经济实行的是平均主义分配制度和“铁饭碗”的就业制度，更加剧了职工生产活动的短期化行为。在此种环境下，企业经营面临各种各样的困难，职工的工作积极性不高，经济活动缺乏效率。

（三）计划容易脱离实际，造成浪费

计划经济体制下，在大多数年份中，中央计划往往都是根据国家的政治需要制定的，很难符合客观现实的基础，甚至经常把计划指标的高低同阶级斗争、路线斗争联系起来。例如，在制订第二个五年计划前夕，苏联提出了“15 年超过美国”，中国也不甘示弱，就提出“15 年赶上和超过英国”，从而带来了“大跃进”和高指标。在第三个五年计划的制订过程中，国家提出了“备战、备荒、为人民”的方针，整个“三五”计划的重点随即从首先解决吃、穿、用转向了以备战为中心，大搞三线建设，造成了极大的资源浪费。“四五”计划仍然是在“用战备的观点观察一切、检查一切、落实一切”的指导方针下制订的，不但继续追求生产上的高指标，而且进一步突出重工业和国防工业的发展，真正的四个现代化建设难以有效展开。

从以上特征可以看出，中国原来实行的计划经济体制，不但不符合客观经济规律，而且难以做到从实际出发，经常处于变动之中。这不仅大大增加了改革传统经济体制的难度和复杂性，而且决定了要彻底解决体制问题，中国必须走出一条新的道路。

四、急于求成搞建设压低了居民消费

新中国成立后，经过短暂的恢复时期，中国从 1953 年开始在极低收入水平上推行重工业化道路。源于生产资料优先增长理论，中国在经济上“重重轻轻”，即重视重工业，轻视轻工业。重视重工业导致“重工业自我循环”。每年围绕钢铁产量搞煤、电、油、运平衡，生产出来的产品大量沉淀在中间生产环节，进不到老百

姓的日常生活中去，造成日用消费品严重匮乏，产品结构极度不合理，宏观效益低下①。同时，中国以苏联模式为蓝本，为了工业化和独立国民经济体系的建立，实行了低收入、低消费、低物价的配套政策，使居民收入增长缓慢、消费能力低下。

中国经济处于定量配给的短缺经济下，投资挤消费、积累压消费的现象成为经济的常态。仅以 1954 年为例，该年份国民收入增长率为 5.8%，但该年份积累增长率达到 18.8%，消费增长率只有 1.4%。而 1958 年、1959 年、1960 年的积累增长率大大超过同期国民收入增长率，分别为 57.2%、24.7%、14.6%。政府对消费基金的控制，严重地挤压了消费份额，使这 3 年的消费增长率分别只达到 3.9%、-4.7% 和 4.6%②。由于供给缺乏弹性，消费品处于短缺状态，因此，大部分生活必需品被迫以配给方式供给。

"文化大革命"时期，人民生活长期得不到改善。由于国民经济的剧烈动荡和发展缓慢，加上人口剧增，1976 年全国总人口达到 9.37 亿，比 1966 年的 7.45 亿增加近 1.92 亿。"文化大革命"十年人民生活水平基本上没有提高，有些方面甚至有所下降。从吃的方面看，粮食人均消费量 1976 年为 380.56 斤，比 1966 年的 379.14 斤仅多 1.42 斤，比 1956 年的 408.58 斤反而减少 28.02 斤；食用植物油人均消费量 1976 年为 3.19 斤，比 1966 年的 3.52 斤少了 0.33 斤，比 1956 年的 5.13 斤甚至少了 1.94 斤。从穿的方面看，各种布的人均消费量 1976 年为 23.55 尺，比 1966 年的 19.89 尺略高一点，但比 1959 年的 29.17 尺减少了 5.62 尺，1968 年甚至平均每人只发了 15.52 尺布票。从住的方面看，第一个五年计划期间住宅建设投资占非生产性投资的 9.1%，而在"文化大革命"头 5 年的第三个五年计划期间仅占 4%，后 5 年的第四个五年计划期间也只占 5.7%，加上人口的过快增长，造成城市居民住房十分拥挤。"文化大革命"十年中，全民所有制各部门职工仅在 1971 年调整过一次工资，全民所有制单位职工平均实际工资的年均增长速度均为负增长，其中"三五"时期为 -1.2%，"四五"时期为 -0.1%。从 1966 年到 1976 年，全民所有制单位职工历年的平均货币工资和实际工资指数均低于"一五"时期末的 1957 年和"二五"时期末的 1965 年。农村经济人均增长缓慢。1976 年，全国平均每个农业劳动力创造的农业净产值为 319 元，仅比 1965 年增长 7.4%，甚至低于 1952 年 323 元的水平；虽然 1973 年中国在世界上首次培育成功强优势的籼型杂交

① 参见郑新立：《郑新立文集》第一卷，中国社会科学出版社 2016 年版，编者的话。

② 转引自黄家弊：《居民经济学》，福建人民出版 2006 年版，第 149 页。

水稻，但平均每个农业劳动力生产的粮食为972公斤，仅比1965年增长15.4%，也低于1957年1031公斤的水平；每个农民年平均纯收入为113元，仅比1965年增加6元，平均每年仅增加0.55元。邓小平总结道：“农民和工人的收入增加很少，生活水平很低，生产力没有多大发展。”①

1950—1978年，工农业总产值年平均增长速度为9.5%。其中，农业为4.3%、工业为13.5%，主要产品产量，如煤炭、石油、钢铁、机床等成几倍、几十倍地增长。而同时期，中国国民收入年平均增长7.3%，全民所有制职工实际工资，1978年与1952年相比，年平均增长不到1%；与1957年相比，则下降了0.25%。人民基本的生活资料，如粮食、布匹、住宅等，还满足不了需要；其他日用消费品，如自行车、缝纫机、电视机等，始终供不应求。经济发展速度同宏观经济效果之间出现了尖锐的矛盾②。

五、以“剪刀差”为主的筹资方式使城乡差距不断拉大

新中国刚刚成立时，中国经济基础薄弱。在经济建设起步阶段，基本上没有外部资金注入，国际贸易往来规模很小，要完成工业化的资本积累，只能靠国民经济自我积累、自力更生。1953年，国家开始实行农产品统购统销政策，用低价购进农产品、高价卖出工业品的办法为国家积累建设资金。另外，长期以来，中国一直实行低利率、低汇率、低能源与原材料价格、低工资及福利政策，人为压低重工业发展的成本，使重工业拥有超额垄断利润。这种扩大“剪刀差”的扭曲的宏观政策，通过垄断抬高价格使工业部门获得超额利润和高额积累，同时以牺牲农业为代价，不但很难实现经济结构的优化，而且造成人民生活水平长期没有大的改善。社会主义改造后，随着从城乡兼顾互助下的重工业优先发展向“以钢为纲”的超高速赶超战略转变，城乡之间平等交流的政策逐步被“农哺工、乡养城”的制度替代，城乡经济关系逐步陷入产业发展失调、产业联系松散、劳动力流通不顺畅、商品交换不平等、互促互进尽失的城乡分隔对立的二元格局。

有资料显示，新中国成立后，农业部门每创造100元价值，通过价格机制转移到工商部门的比例，1952年为17.9元，1957年为23元，到1978年则达到25.5

① 参见邓小平：《邓小平文选》第3卷，人民出版社1993年版，第115页。
② 参见郑新立：《郑新立文集》第一卷，中国社会科学出版社2016年版，第1页。

元。1958 年以后开始实行的人民公社制度，更从制度上保证了国家的控制能力有效地渗入农村的基层组织，从而使国家在整个工业化进程中能够源源不断地从农业中获取支持。

在资源条件欠缺的情况下，优先发展重工业必然会形成重工业对农业和轻工业发展资源的侵占，导致农业与轻工业发展滞后，农轻重比例严重失调。在改革开放前的五个五年计划期间，国家的基建资金对重工业的投入比重平均保持在 45% 以上，而对农业的投入年均不超过 12%，对轻工业的投入年均不超过 6%。1978 年，工业产业增加值上升至 1607 亿元，是 1952 年的 13. 41 倍。而同期的农业产业增加值仅为 1379 亿元，是 1952 年的 3. 53 倍。

第三节 思想解放孕育改革动力

党的十一届三中全会是改革的起点，但真正的改革应该开始于“真理标准”问题的大讨论。正是这一次大讨论揭开了中国社会意识形态回归实事求是的进程，否定了“两个凡是”思想禁锢，及时果断停止“无产阶级专政下继续革命”“以阶级斗争为纲”等口号。社会意识形态重新回归到正常的生活中来，重新确立了唯物主义思想路线，为经济体制变革奠定了重要的思想基础，打开了通往变革的大门。党的十二届三中全会正式提出“公有制基础上的有计划的商品经济”概念。“社会主义商品经济”这一概念对于推动中国以市场为取向的经济改革起了非常重要的作用。至此，改革共识形成。也就是在这一年，城市改革破冰，价格双轨制、承包制等具体的政策措施不断被制定出来。由此，在党的十三大上形成了“社会主义初级阶段”理论，确立了党的“一个中心、两个基本点”的思想路线。

一、对“两个凡是”的批判与拨乱反正

中国在实行了 30 年的计划经济体制之后，并没有真正走上强国富民的道路，在经济技术上不但与西方发达国家的差距拉大了，甚至还落后于与中国几乎同时起步的新兴工业国家。对此，我党进行了深刻的历史反思。对“两个凡是”的批判与拨乱反正，就是我们党在当时历史条件下从政治上、思想上深刻反思的具体表现。

“文化大革命”结束后，党内主张继续坚持毛泽东晚年思想的力量提出了“两

个凡是”原则。“两个凡是”强调，毛泽东的决策和指示都不得违背，都必须继续执行下去。如果遵循“两个凡是”原则，毛泽东晚年的错误将无法得到纠正，包括邓小平问题在内的大批冤假错案都将无法得到平反。这就意味着思想解放将会半途而废，中国社会仍然有可能沿着“文化大革命”的轨迹继续发展。

邓小平、陈云、聂荣臻等老一辈革命家对“两个凡是”进行了坚决抵制。1977年4月，邓小平在给华国锋、叶剑英的信中提出，不能对毛泽东思想断章取义，必须用准确的、完整的毛泽东思想指导全党、全军和全国的建设。1977年7月，小平同志针对“两个凡是”的错误方针，在党的十届三中全会上明确指出，要对毛泽东思想有一个准确的认识，只有这样，才不至于割裂、歪曲毛泽东思想，损害毛泽东思想。1977年9月，在毛泽东逝世一周年之际，《人民日报》先后发表了聂荣臻、徐向前、陈云的文章，纪念、宣传毛泽东曾经长期提倡的理论联系实际、一切从实际出发、实事求是的优良传统，不点名地批判“两个凡是”。其中陈云的“坚持实事求是的革命作风——纪念伟大的领袖和导师毛泽东逝世一周年”一文，把“实事求是”提高到了党的根本思想路线的高度。1977年年底，中央党校根据中央负责同志的意见，明确规定研究历史要遵守两条原则，一条是完整地、准确地理解毛泽东的有关指示，一条是以实践为检验路线是非的标准，率先提出了判断路线是非、思想是非、理论是非究竟以什么为标准的问题。

在邓小平、陈云等老一辈革命家的激励下，理论界也加入了对“两个凡是”的批评与拨乱反正。如孙冶方提出“把计划和统计放在价值规律的基础上”的观点，卓炯提出社会主义条件下“商品经济的特点是计划商品经济”的观点，等等。这些理论战线上的拨乱反正，集中在对一些非马克思主义经济理论、反经济规律要求的极“左”观点进行批判和清理上，它为改革理论的探讨提供了有益的准备，打下了良好的基础。

二、“实践是检验真理的唯一标准”大讨论

“文化大革命”结束后，思想闸门在逐步打开。在邓小平等领导人的推动下，关于检验真理标准问题的大讨论发展成了全国性的思想解放运动。这次大讨论所涉及的不是简单的哲学问题，而是一个重大的政治理论问题。其实质是“文革”内乱后的中国社会主义道路的发展方向问题：是沿着苏联模式走下去，还是对原来的社会主义道路进行改革。越来越多的人因为意识到了这场争论的政治意义而参与讨

论。这场思想解放运动说明中国已不可能重回苏联模式的老路，在新的时代背景下探索出一条更加适合中国的社会主义道路已经成为不可逆转的趋势。

这场讨论的直接起因，是由于各条战线的拨乱反正，特别是在解放老干部和平反冤假错案问题上遇到了阻力。正是由于这场舆论战，突破了许多重大禁区，推动了全国范围的平反和解决一系列历史遗留问题的进程。而数以千万计的人获得了政治上和身份上的解放，也改变了党的内部权力结构①。

1978 年 10 月，中央党校内部刊物发表了“实践是检验真理的唯一标准”一文，11 月又以特约评论员署名在《光明日报》发表。这篇文章阐明了检验真理的标准只能是社会实践，理论与实践的统一是马克思主义最基本的原则，任何理论要不断地接受实践的检验等马克思主义的基本原理。这篇文章发表后，在党内外引起了强烈反响。但在当时的情况下，这样一些本来属于理论常识范围的观点，却遭到了一些人的非议和谴责。由此，一场关系到党的思想路线的原则争论就显得十分重要和突出了。

1978 年 11 月，邓小平出访新加坡。新加坡的变化给他带来深刻印象。此次出访使他更加坚信中国需要进行根本性的变革。

1978 年 11 月召开的中央工作会议闭幕式上，邓小平做了“解放思想，实事求是，团结一致向前看”的讲话，不仅正面肯定了讨论的重大意义，更为当下的形势、改革的思路、发展方针等问题指明了方向。这篇历史性的讲话，可谓中国改革开放的开篇之作，讲话对发展经济民主和生产责任制的论述，成为当代中国经济体制改革的指针。

大会明确肯定了真理标准问题大讨论的重大意义，将党的思想路线问题上升到党和国家生死攸关的高度。邓小平分析，之所以思想僵化，主要是四个历史因素的结果：其一，受林彪、“四人帮”的思想禁锢，人们不敢开动脑筋、不愿想问题，生怕被扣上各式各样的帽子。其二，官僚主义和权力过分集中的弊端，破坏了党的民主集中制。其三，奖惩机制不力，削弱了人们开动脑筋的积极性。其四，小生产因循守旧、安于现状的习惯势力影响。正是因为思想僵化，所以才会出现“本本主义”、“随风倒”等问题，严重阻碍着国家现代化进程。正因如此，关于真理标准的大讨论，实际上就是回答要不要解放思想。邓小平振聋发聩地指出，“一个党，

① 参见萧冬连：《中国改革开放的缘起》，载《中共党史研究》2017 年第 12 期。

一个国家，一个民族，如果一切从本本出发，思想僵化，迷信盛行，那它就不能前进，它的生机就停止了，就要亡党亡国”[①]。因此，这场讨论关系到能否确立实事求是的思想路线，关系到党和国家的前途和命运，具有重大历史意义。

关于真理标准的大讨论，为在当时进行政治上、思想上的拨乱反正，并由此确立党的解放思想、实事求是的思想路线，起到了巨大的推动作用，最终为党的十一届三中全会的顺利召开，为中国经济体制改革的启动以至全面展开，奠定了正确的思想理论基础。

三、超越发展阶段的“穷过渡”是“左”的思想根源

新中国成立后，在“穷过渡”“共产风”等极“左”思潮影响下，只讲个人对社会的责任而不讲个人的利益需要，出现了“只言义不言利”的情况，致使人们觉得求利可耻，生产力滞后，经济不景气，严重影响人们生活水平的提高。在完成社会主义改造后，中国特殊的国情决定了中国不可能立即进入合格的社会主义社会，只能在现实的状况下按照生产力发展的规律处在相应的发展阶段。这个阶段是历史发展的必然，必须历经数代人的接续奋斗，才能结束初级阶段，达到发达的社会主义水平。历史定位的错误会带来空前的灾难。超越历史阶段的“左”的立场和观点，必然导致超越历史阶段的“左”的判断和决策。基于这样的历史定位，在所有制结构上，追求“一大二公”，确立全民所有制与集体所有制的地位；在社会生产力发展水平上，制定超英赶美的错误策略，认为可以实现钢铁产量一年翻一番的“大跃进”速度；在相互关系和分配关系上，把商品、货币、按劳分配看成资本主义的产物加以排斥，在“无产阶级专政下加以限制”；在社会主要矛盾认识上，把阶级矛盾上升为主要矛盾，醉心于阶级斗争，把一切与超阶段观点不一致的统统归因于“右”，在知识分子队伍中、在共产党内、在党中央内部，到处寻找资产阶级。中国自 1957 年起，在政治经济上不断地折腾，国民经济处于崩溃的边缘。正如邓小平所说：“中国吃苦头，不只‘文革’十年，自 1957 年始，不断呈现‘左’的错误。”[②]

1976 年 10 月，党中央采取果断措施粉碎“四人帮”，结束了“文化大革命”

---

① 参见邓小平：《解放思想，实事求是，团结一致向前看》，载《邓小平文选》第 2 卷，人民出版社 1994 年版，第 143 页。

② 参见邓小平：《邓小平文选》第 3 卷，人民出版社版 1993 年版，第 269 页。

这场灾难。但在此后的两年里，没人敢突破“禁区”纠正过去错误的路线，“左”的错误指导思想仍在继续。在经济工作方面也是如此，在经济建设上急于求成，盲目追求高速度、高指标。1977 年党中央提出两个“大办”，多地又刮起“穷过渡”之风。国民经济徘徊不前，主要原因是党尚未完全从“左倾”思潮的束缚中解脱出来。彻底摆脱“左倾”思潮的影响，改变僵化的传统经济制度，才能保证社会主义现代化建设走向正轨。必须对当前过分集中的计划经济体制进行改革，这是彻底摆脱二十多年来占统治地位的“左倾”指导思想，真正做到拨乱反正的现实需求①。

四、解放思想、实事求是是改革开放的原动力

肯定“实践是检验真理的唯一标准”的观点和否定“两个凡是”的看法，使全党全国摆脱了“两个凡是”的束缚，真正解放思想、实事求是地思考问题、解决问题。

（一）关于真理标准的大讨论，是解放思想、实事求是的开端，也是改革开放的先声和原动力

解放思想的重要前提是民主，包括政治民主、经济民主和法制。这实际上是后来经济体制改革和政治体制改革的理论原型。邓小平强调，过去一段时期的一个突出问题是讲集中多，讲民主少，就是因为好的意见不敢表达，坏人坏事不敢反对，才会导致思想僵化。所以，要创造民主条件，在政治生活中采取民主手段。特别地，由于权力过于集中，当前的经济管理体制影响了国家、地方、企业和劳动者个人的积极性。经济体制改革的方向，应该是扩大生产自主权，让企业和生产队自主经营，提高个人收入，并保证职工选举、管理和监督的民主权利。同时，为了使民主制度化、法律化，必须加强法制，“使这种制度和法律不因领导人的改变而改变，不因领导人的看法和注意力的改变而改变”②。从这段讲话中可以看出，旧体制最大的弊端可以归结为一个问题：权力过分集中。经济管理权力过分集中的后果就是挫伤企业和职工生产积极性，政治权力过分集中的后果就是破坏民主集中制，而为了保证好的措施不受领导人主观意志而改变、长期有效地遏制权力过分集中的弊

① 参见薛暮桥：《薛暮桥回忆录》，天津出版社 1999 年版，第 320 页。

② 参见邓小平：《解放思想，实事求是，团结一致向前看》，载《邓小平文选》第 2 卷，人民出版社 1994 年版，第 146 页。

端，就要将这些好的措施以法律条文的形式加以制度化，固定下来。

（二）思想解放推动了经济领域的拨乱反正

1977 年和 1978 年经济领域拨乱反正涉及的重大问题有四个：一是纠正否定商品生产和商品交换的错误观点，重新肯定社会主义必须大力发展商品生产和商品交换，重视价值规律的作用；二是批判对所谓“资产阶级法权”和按劳分配原则的错误批判，重新强调按劳分配和物质利益原则；三是批判对“唯生产力论”的错误批判，强调生产力发展在社会主义发展中的重要地位，事实上提出了体制评价的生产力标准；四是提出按经济规律办事，提高经济管理水平。这些问题的讨论受到华国锋、邓小平、李先念等领导人的重视和肯定，特别是邓小平直接推动了这一讨论的开展①。1978 年 5 月 5 日，《人民日报》特约评论员文章《贯彻执行社会主义按劳分配原则》发表前，邓小平就看了两遍，并两次找起草者胡乔木、于光远、邓力群谈意见②。另一本影响很大的著作，即林子力、有林的《批判“四人帮”对“唯生产力论”的“批判”》，最后也是因邓小平批示“可以出版”才得以正式出版③。这一时期，邓小平讲的最多的是按劳分配问题。在他看来，物质利益原则仍然是调动积极性以加快发展的最直接有效的手段。1977 年和 1978 年期间，部分职工工资的调整、计件工资和奖金制度的恢复，都体现了这种思路。

当时，有些经济学家已对整个计划体制进行思考。例如，薛暮桥 1978 年 4 月给邓小平、李先念写信，就提出研究计划管理体制问题。6 月，他还通过对江苏和北京的调查，得出一个基本的看法：现在管理体制的根本缺点是，不管是条条管还是块块管，都是按行政系统管，既割断了各行业之间的经济联系，也割断了地方与地方之间的经济联系。这种条块分割体制的典型弊端是：两个企业能商量解决的问题必须层层上报，由上级领导机关协商解决；一天能办成的事，往往要拖上几个月。他举例说，常州东风印染厂的灯芯绒是国际市场的畅销品，为增加生产，需要多进口染料，而因为没有外汇，需要向香港中国银行贷款。银行完全同意，但必须层层上报到中国银行北京总行，盖了十几个图章才办完手续，而增加染料进口又要

---

① 参见韩钢《最初的突破——1977、1978 年经济理论大讨论述评》，载《中共党史研究》1998 年第 6 期；李正华：《中国改革开放的酝酿与起步》，当代中国出版社 2002 年版。

② 参见李正华：《中国改革开放的酝酿与起步》，第 102—104 页。

③ 参见陈敬编：《经济理论 20 年——著名经济学家访谈录》，湖南人民出版社 1999 年版，第 379 页。

外贸部批准，又得层层上报盖了8个图章。办完两项手续，共花了8个月时间，如果准许该厂直接向香港中国银行贷款，直接在香港自己购买染料，只要半天时间就够了。他还看到：江苏国营企业的发展速度不如地方五小工业，地方工业的发展速度又不如社队工业。因为地方工业留利比例（60%）超过国营企业（利润全部上交）；而社队工业的留利比例（80%）又超过地方工业①。因此，他认为：经济管理体制的根本问题，不仅是解决条条与块块之间的矛盾，而且要解决行政管理与经济发展的客观规律之间的矛盾②。拨乱反正不止回到“文化大革命”前，积极投入拨乱反正的不少人已经具备了改革意识。由拨乱反正走向改革是很自然的，是思想的自然深化。正如于光远所说：“从‘拨乱反正’到改革的一个重要环节是明确体制评价的生产力标准。”③ 许多人认为中国的改革是先经济后政治，或者说是只搞经济改革不搞政治改革。但邓小平说：“我们提出改革时，就包括政治体制改革。”④中国改革的真正起点，恰恰发生在思想政治领域。一个是人的政治解放，全面平反历史错案，解决各领域的历史遗留问题；另一个是人的思想解放，对历史的全面反思和总结。如果没有政治、思想领域的变革为前导，经济改革是不可能推动的⑤。

只有解放思想，实事求是，才能真正解放和发展社会生产力。只有解放思想，实事求是，才能真正解放和增强社会活力。

第四节　社会主义现代化建设提出改革要求

改革开放，起始于社会主义现代化建设的重新启动，以及为实现这一宏大目标寻找新的资源和方式。中国共产党肩负有带领中国人民走向现代化的历史使命，有实现经济增长、人民致富的现实要求。因此，在现阶段，理性构建更为有效的制度去实现潜在的经济收益成为改革的直接动力。

---

① 参见薛暮桥：《对于计划管理体制的一些意见》，载《经济研究参考资料》1979年第71期。
② 参见薛暮桥：《对于计划管理体制的一些意见》，载《经济研究参考资料》1979年第71期。
③ 参见陈敬编：《经济理论20年——著名经济学家访谈录》，湖南人民出版社1999年版，第12页。
④ 参见《邓小平年谱（1975—1998）》下卷，第1134页。
⑤ 参见萧冬连：《中国改革开放的缘起》，载《中共党史研究》2017年第12期。

一、“文化大革命”导致国民经济濒临崩溃

从 1957 年反右扩大化开始，“左”的思潮开始在党内占据主导地位。之后，虽然有过纠正“左”的错误的努力，但没有从根本上解决问题，以致愈演愈烈，最终酿成“文化大革命”的灾难。“左”的思潮有多种表现，总的看来，就是不顾国情，超越历史阶段，急躁冒进，以为单纯靠生产关系纯而又纯的革命，以为依靠以阶级斗争为纲与大规模的群众运动，就能促进生产力的快速发展，就能实现某种带有空想色彩的社会主义，结果是事与愿违。“左”的思想及行为是中国一定历史条件下的特殊产物，它在中国存在时间之长、危害程度之深是其他任何党和国家无法比拟的。“左”的危害与苏联模式的弊端相互影响，使中国社会从 1958 年到 1978 年这 20 年时间，实际上处于停滞和徘徊的状态。尽管 1957 年之后的 20 年中“我们并不是什么好事都没有做，我们做了许多工作，也取得了一些重大成就，比如搞出了原子弹、氢弹、导弹等。但就整个政治局面来说，是一个混乱状态；就整个经济情况来说，实际上是处于缓慢发展和停滞状态”①。

而“文化大革命”对国家、民族和党造成的危害是严重的、全局性的，在政治、经济、文化、社会各方面都产生了灾难性的后果。在经济上，经济发展损失严重，遭受重创。1977 年 12 月，李先念在全国计划会议上指出：“文化大革命”十年在经济上仅国民收入就损失人民币 5000 亿元。这个数字相当于新中国成立 30 年全部基本建设投资的 80%，超过了新中国成立 30 年全国固定资产的总和。1978 年 2 月，华国锋在五届全国人大一次会议上所作的《政府工作报告》中指出：“从一九七四年到一九七六年，由于‘四人帮’的干扰破坏，全国大约损失工业总产值一千亿元，钢产量二千八百万吨，财政收入四百亿元，整个国民经济几乎到了崩溃的边缘。”② 曾任国家统计局局长的李成瑞发表文章指出：统计数字是基本可靠的，“文化大革命”期间 6.8% 的社会总产值年均增长率，分别低于 1953 年至 1966 年的 8.2%，以及 1977 年至 1982 年的 8.9%；“文化大革命”期间 4.9% 的国民收入年均增长率，也分别低于前者的 6.2% 和后者的 7.5%③。邓小平 1978 年 3 月在全国科

---

① 参见《邓小平文选》第 3 卷，人民出版社版 1993 年版。

② 参见全国人民代表大会常务委员会办公厅：《中华人民共和国第五届全国人民代表大会第一次会议文件汇编》，五届人大一次会议秘书处 1978 年 2 月 25 日印制，第 20 页。

③ 参见李成瑞：《十年内乱期间中国经济情况分析——兼论这一期间统计数字的可靠性》，载《经济研究》1984 年第 1 期。

学大会开幕词中的说法比较合适，他说：“‘四人帮’胡说什么‘四个现代化实现之日，就是资本主义复辟之时’，疯狂进行破坏，使中国国民经济一度濒于崩溃的边缘，科学技术与世界先进水平的差距愈拉愈大。”薄一波也曾指出：“1967 年工业总产值比上年减少 13. 8%，1968 年又比上年续减 5%。1967 年财政出现 22. 5 亿元赤字。就当年各地生产、流通、分配秩序混乱的情况来看，说‘文化大革命’把国民经济推向崩溃的边缘，并不过分。”①

更为根本的是，“文化大革命”对经济的破坏，不能只用统计数字来评价，必须从整体经济运转状况、世界经济发展形势、国民经济的结构和管理等方面全面考察。一是错失发展良机，拉开与世界各主要国家和地区的差距。20 世纪 50 年代到 70 年代是世界经济发展的黄金时期，许多国家和地区在这一时期实现经济起飞或持续发展。中国周边的许多国家和地区正是在此期间实现国民经济快速发展，一跃成为新兴工业化国家和地区。例如，作为“二战”战败国的邻国日本，就在这一时期实现了奇迹般的崛起。1965 年中国台湾与大陆人均 GDP 相差 2. 9 倍，但到 1975 年差距变成了 4. 5 倍。正如邓小平所说：“中国六十年代同世界上有差距，但不太大。六十年代末期到七十年代这十一二年，我们同世界的差距拉得太大了。”② 中国“五十年代在技术方面与日本差距也不是那么大”，“而日本却在此期间变成了经济大国”。二是降低经济效益。根据有关统计结果显示，每百元积累增加的国民收入，第一个五年计划（1953—1957 年）时期为 32 元，而第三个五年计划（1966—1970 年）、第四个五年计划（1971—1975 年）时期分别降低到 26 元、16 元。在工业上，每百元实现利润由 1966 年的 34. 5 元降低到 1976 年的 20. 4 元。在商业方面，每百元资金实现的利润，由 1957 年的 20 元降低到 1976 年的 9. 7 元。三是国民经济结构失调。农业、轻工业、重工业比例关系失调进一步加剧。农业的比重从 1966 年的 43. 6% 降低到 1976 年的 41%；工业的比重从 1966 年的 38. 2% 上升到 1976 年的 43. 3%。如果把工业净产值作为 100，轻工业净产值所占比重由 1966 年的 47. 2% 下降到 1976 年的 40. 4%；重工业净产值所占比重由 1966 年的 52. 8% 上升到 1976 年的 59. 6%。四是积累与消费比例失调。除了 1966 年、1967 年、1968 年，因为到处“夺权”，大搞武斗，许多工程建设陷于停顿，积累率从 1966 年的 30. 6% 非正常降低到 21. 3%、21. 1%、23. 2%。1970—1976 年，除了 1976 年积累

① 参见薄一波：《若干重大决策与事件的回顾》下，中共党史出版社 1993 年版，第 853 页。
② 参见邓小平：《邓小平文选》第 2 卷，人民出版社 1994 年版，第 231—232 页。

率为 30.9%，其余年份都在 31.6% 至 34.1% 之间，积累率显然过高。不仅积累率过高，而且积累资金的投资也一边倒，“文化大革命”十年生产性建设投资高达 82.2%，非生产性建设投资仅占 17.2%，事关民生的住宅、医疗、教育等投资严重欠账。五是经济增长过度依赖能源增长。回到争论的关键，“文化大革命”期间社会总产值每年增长 6.8%、工业总产值每年增长 8.5%，它主要靠什么增长？主要是能源工业。原油产量在 1966 年 1455 万吨的基础上增加到 1976 年的 8716 万吨，年增长率 19.6%；原油、原煤、石油、天然气和水电等能源合计一次性能源（折合标准煤）由 1966 年的 20833 万吨增加到 1976 年的 50340 万吨，平均每年增长 9.2%。所以，说“文化大革命”使国民经济发展损失严重、遭受重创，毫不为过。

二、20 世纪末实现“四个现代化”目标的提出

实现现代化，是近代以来中国人矢志奋斗的梦想，也是新中国成立后党的重要的执政目标，但此后走过一段艰辛曲折的历程。“文化大革命”以后，中国共产党重新将 20 世纪实现“四个现代化”作为奋斗的目标，中长期规划都围绕着四个现代化而展开。

1979 年 1 月，邓小平谈及科学研究和“四个现代化”、引进和创新的关系时，就提出要“搞出中国式的更好更新的东西”[①]。3 月 21 日，邓小平在会见英中文化协会执行委员会代表团时，明确提出“中国式的四个现代化”概念。他说：“我们定的目标是在本世纪末实现四个现代化。我们的概念与西方不同，我姑且用个新说法，叫做中国式的四个现代化。”为什么要重新定义“四个现代化”？邓小平说得很清楚，就是中国的条件只能达到那样一个目标。“现在我们的技术水平还是你们五十年代的水平。如果本世纪末能达到你们七十年代的水平，那就很了不起。”“就是达到这个水平，也还要做许多努力。由于缺乏经验，实现四个现代化可能比想像的还要困难些。”邓小平认为要实现这样的目标，中国要引进西方的先进技术和资金，并且“要善于吸收，善于使用，善于管理”，关键是要善于学习[②]。

1979 年 3 月 23 日，在中央政治局讨论国家计委 1979 年计划和国民经济调整时，邓小平在党内正式提出“中国式的现代化”，并对为什么提出“中国式的现代

---

① 参见中共中央文献研究室编：《邓小平年谱（1975—1997）》上，中央文献出版社 2004 年版，第 473 页。
② 参见中共中央文献研究室编：《邓小平年谱（1975—1997）》上，中央文献出版社 2004 年版，第 496 页。

化”作了一番阐述。他说：“我同外国人谈话，用了一个新名词：中国式的现代化。到本世纪末，我们大概只能达到七十年代的水平，平均收入不可能很高。人口太多，每人一辆汽车，我们不能那么搞。新加坡国民平均收入每人二千七百美元，我们达不到。每个人二十平米住宅，我们也达不到”①。

1977 年 8 月召开的党的十一大和 1978 年 2 月召开的全国人大五届一次会议，正式提出在 20 世纪末实现社会主义的“四个现代化”的伟大目标。

1978 年 10 月，邓小平在中国工会第九次全国代表大会上的致辞中提出，工人阶级要为实现“四个现代化”作出优异贡献。在这篇重要讲话中，他首次提出实现现代化是“一场根本改变中国经济和技术落后面貌，进一步巩固无产阶级专政的伟大革命”。这就把实现现代化的重要性提到了前所未有的高度。那么，如何实现“四个现代化”的目标呢？邓小平的回答就是要改革开放。他在中国工会第九次全国代表大会上的致辞中指出，实现“四个现代化”是一场伟大革命。这场革命“既要大幅度地改变目前落后的生产力，就必然要多方面地改变生产关系，改变上层建筑，改变工农业企业的管理方式和国家对工农业企业的管理方式，使之适应于现代化大经济的需要”。因此，“各个经济战线不仅需要进行技术上的重大改革，而且需要进行制度上、组织上的重大改革。进行这些改革，是全国人民的长远利益所在，否则，我们不能摆脱目前生产技术和生产管理的落后状态”。可以说，邓小平的这篇讲话首次论证了现代化与改革之间的必然联系。

1982 年 1 月 1 日，邓小平为党的十二大致开幕词，在改革开放实践的基础上，对“中国式的现代化”进一步提炼升华，提出“有中国特色的社会主义”理论。邓小平这个开幕词并不长，但对历史经验作了深刻总结，指出：“我们的现代化建设，必须从中国的实际出发。无论是革命还是建设，都要注意学习和借鉴外国经验。但是，照抄照搬别国经验、别国模式，从来不能得到成功。这方面我们有过不少教训。把马克思主义的普遍真理同中国的具体实际结合起来，走自己的道路，建设有中国特色的社会主义，这就是我们总结长期历史经验得出的基本结论。”②

1988 年 8 月 26 日，邓小平会见日本首相竹下登，在回答为什么会向大平正芳提出 800 美元的“中国式的现代化”标准时，对“中国式的现代化”作了回顾。

---

① 参见《邓小平在中央政治局会议上的发言》，引自房维中编：《在风浪中前进——中国发展与改革编年纪事（1977—1989）》（1979 年卷），内部资料，2004 年。

② 参见邓小平：《邓小平文选》第 3 卷，人民出版社 1993 年，第 2—3 页。

他说，十一届三中全会以后重点搞经济建设，一心一意搞“四化”，但是实际达到什么程度，步子怎么走，心中还没有数。大平正芳首相提出现代化的目标时，他有一分钟没有答复。后来他考虑，到20世纪末有20年，每10年翻一番，就可以从人均250美元达到800—1000美元。为什么由1000美元改为800美元呢？邓小平指出，后来在其他场合，我讲过考虑到中国那时人口有12亿，现在看来12亿打不住，可能是12.5亿，因此可能800美元比较靠得住。他还表示，目标定低一点是为了防止产生急躁情绪，避免又回到“左倾”上去①。从“中国式的现代化”提出的脉络看，邓小平这一回顾基本符合历史原貌，但将标准由1000美元降到800美元，不仅是因为人口增长的问题，还包括当时国民经济调整以及经济发展的实际情况等现实依据。

邓小平“中国式的现代化”的提出，还是对借鉴境外发展经验从战略层面的总结提升，提高了借鉴境外发展经济经验的格局，从政治高度、理论高度给学习借鉴和改革试点松绑。“中国式的现代化”，意味着中国的现代化不是东欧式的，也不是西欧式的，或者美日式的，但是东欧、西欧、美日甚至是苏联以及其他国家和地区的经验，只要符合中国的国情和实际，都可以学习借鉴，都可以拿来为我所用。1980年12月，邓小平在中共中央工作会议上明确指出要打破框框、突破禁区。“走什么样的路子，采取什么样的步骤来实现现代化，这要继续摆脱一切老的和新的框框的束缚，真正摸准、摸清我们的国情和经济活动中各种因素的相互关系，据以正确决定我们的长远规划的原则。”②

邓小平“中国式的现代化”提出后，得到党的高层其他领导人的认同。中央财经领导小组组长在长期计划座谈会上谈的第一个要点就是，“制定长期计划要认真研究中国式现代化这个重要课题”。他指出：“中央领导同志提出要搞中国式的现代化，真正抓住了问题的本质，抓住了要害。我们应当花大力气去研究、探索、认识这个课题。”③ 各经济部门和理论研究机构以邓小平“中国式的现代化”为指导，抓紧推动学习借鉴境外发展经验和结合中国实际的试点和探索，注重吸收和创造，

---

① 参见《邓小平会见日本首相竹下登时的谈话》，引自房维中编：《在风浪中前进——中国发展与改革编年纪事（1977—1989）》（1979年卷），内部资料，2004年；中共中央文献研究室编：《邓小平年谱（1977—1989）》下，中央文献出版社2004年版，第1243页。《在风浪中前进——中国发展与改革编年纪事（1977—1989）》将时间记录为8月23日，根据《邓小平年谱（1977—1989）》应为8月26日。

② 参见邓小平：《邓小平文选》第2卷，人民出版社1994年版，第356页。

③ 参见《在长期计划座谈会上讲话记录》（1980年4月22日），引自房维中编：《在风浪中前进——中国发展与改革编年纪事（1977—1989）》（1980年卷），内部资料，2004年。

有力推进了改革开放的历史进程。

三、两次国际产业转移机遇的丧失与第三次机遇

自第二次世界大战以来，世界范围内发生了多次国际产业转移，其中第一次产业转移造就了日本成为世界制造大国，第二次产业转移，被韩国、新加坡、中国台湾、中国香港抓住了机会并获得快速发展。第三次产业转移被东盟和中国抓住了机遇。

从19世纪后期到20世纪中叶，美国以其技术创新、间接的大量国际投资以及安定的政治经济环境等各种因素优势，取代英国，成为世界产业转移的理想高地，并最终成为世界工业强国，也成为名副其实的世界制造中心。

“二战”以后，美国通过强权政治、操纵国际组织来推广其世界霸权主义。同时，通过扶持欧洲、拉美、日本等国家和地区企图达到维护其在世界范围的利益和世界霸主地位的目的。

20世纪七八十年代以来，日本在美国的扶持下，制造业迅猛发展，并形成对美国制造业的激烈竞争和强大挑战。但是，美国迅速通过信息技术革命，提升与改造传统工业，创新发展新兴产业，重新振兴制造业，促使美国跨入经济持续高速增长的“黄金时代”。美国是20世纪名副其实的世界霸主。

日本抓住第三次科技革命浪潮的机遇，凭借其良好的人力资本优势和美国强大的资金技术支持，迅速形成世界制造业转移的又一个高地，并逐步成为第三个世界制造业中心。日本在战争的废墟上创造了经济快速增长、制造业迅速崛起的世界奇迹。“二战”后，日本经济迅猛增长，并遥遥领先于其他国家。日本的国民生产总值先后超过了英国、法国和联邦德国，成为仅次于美国的资本主义世界第二经济强国。世界银行统计资料表明，1965—1980年，日本的年平均经济增长率为6.3%，1980—1991年日本的年平均经济增长率为4.2%，而经合组织国家分别只有3.6%和2.9%。1992年，日本的国民生产总值折合36709.8亿美元，相当于美国的62%。2007年日本的国内生产总值稳居世界第二，为52900亿美元，美国为139800亿美元。在产业结构中，制造业成为日本经济的重要支柱，日本制成品在世界中的地位不断上升。

20世纪60—80年代以来又发生了战后第二次较大的产业转移，但在产业转移过程中没有形成新的世界制造中心。产业转移的直接原因是科技革命推动了欧、

美、日等发达国家和地区产业的升级，这些国家集中力量发展汽车、化工等资本密集型产业及电子信息、航空航天、生物医药等技术密集型产业，将劳动密集型产业向东亚、拉美等发展中国家转移。与此同时，东亚各国以出口导向模式，努力发展劳动密集型产业，实现了本国加工制造业的迅速发展，以此带动了本国经济的高速增长。其中，韩国、新加坡、中国台湾、中国香港赢得了“亚洲四小龙”的称号。

20 世纪 80 年代后期和 90 年代初期，伴随着知识经济的出现和经济全球化的持续深入推进，世界范围内的产业重组转移步伐加快。美国、日本、欧洲等发达国家和地区，连同先期发展起来的亚洲“四小龙”，开始将劳动密集型及部分低技术密集型产业向东盟及中国东南沿海地区转移①。

中国错过了前两次国际产业转移的机遇，改革开放后，中国抓住了第三次机遇，快速融入世界经济和全球产业链，成为“世界工厂”。产业转移是动态的过程。可以预见，随着世界范围内各国影响因素的相对变化，产业转移还有可能会继续在世界范围内发生。对此，中国应当引起足够重视，努力维护全球产业链稳定，确保自身世界制造大国地位。

四、没有体制改革就不可能加快现代化建设

1978 年 12 月 13 日，在后来被誉为改革开放宣言书的《解放思想，实事求是，团结一致向前看》的这篇重要讲话中，邓小平再次谈到改革与现代化之间的关系。他认为：“如果现在再不实行改革，我们的现代化事业和社会主义事业就会被葬送。”在这篇重要讲话中，邓小平还着重谈到了解放思想与改革、现代化之间的关系。他说：“只有思想解放了，我们才能正确地以马列主义、毛泽东思想为指导，解决过去遗留的问题，解决新出现的一系列问题，正确地改革同生产力迅速发展不相适应的生产关系和上层建筑，根据中国的实际情况，确定实现四个现代化的具体道路、方针、方法和措施。”同时，他还指出实现现代化与进行改革事业的艰巨性。“在实现四个现代化的进程中，必然会出现许多我们不熟悉的、预想不到的新情况和新问题。尤其是生产关系和上层建筑的改革，不会是一帆风顺的，它涉及的面很广，涉及一大批人的切身利益，一定会出现各种各样的复杂情况和问题，一定会遇

---

① 参见崔海潮：《产业转移、世界制造中心变迁与中国制造业发展研究》，2009 年西北大学论文，第 26—29 页。

到重重障碍。”这篇讲话实际上为党的十一届三中全会提出了基本的指导思想。随后不久召开的党的十一届三中全会，提出要把全党的工作中心转移到现代化建设上来。会议公报指出，实现“四个现代化”，要求大幅度地提高生产力，也就必然要求多方面地改变同生产力发展不相适应的生产关系和上层建筑，改变一切不适应的管理方式、活动方式和思想方式，因而是一场广泛、深刻的革命。此次会议拉开了中国改革开放的序幕。

第五节　国际环境变化带来改革机遇

马克思主义认为：“每一个时代的理论思维，包括我们这个时代的理论思维，都是一种历史的产物，它在不同的时代具有完全不同的形式，同时具有完全不同的内容。”① “从历史的观点来看……我们只能在我们时代的条件下去认识，而且这些条件达到什么程度，我们就认识到什么程度。”这样，“永恒的自然规律也越来越变成历史的自然规律”②。20 世纪后半期的国际环境给我们的改革提供了机遇。

一、和平与发展是时代主题

一个国家的发展不仅需要有稳定的国内环境，同时也需要相对和平的国际环境。改革是一项充满风险的艰巨的社会工程，更需要有和平的国际环境。

（一）对和平环境的判断

新中国成立后，当时我们党认为，虽然世界局势中和平的因素和力量有所增长，但战争的因素、世界大战的危险性也在增长。中国在相当长的时期内面临着非常险恶的国际环境。新中国成立后不久，以美国为首的西方国家就对中国实行敌视、封锁的政策，干涉中国内政，甚至还发生了军事冲突。

20 世纪 70 年代末 80 年代初，世界形势发生了重大变化，总体上形成了维护世界和平、促进世界发展的趋势。20 世纪 70 年代后，世界的政治经济形势发生了重

---

① 参见《马克思恩格斯文集》（第 9 卷），人民出版社 2009 年版，第 436 页。
② 参见《马克思恩格斯文集》（第 9 卷），人民出版社 2009 年版，第 494—495 页。

大变化，维护和平的力量不断增强，战争的因素不断下降。邓小平以宽阔的世界眼光和高超的战略思维，最早察觉并指出了这一重大变化，指出了维护世界和平力量在增加，制约战争的力量有发展，日本、欧洲、发展中国家都不希望发生战争。他说："总起来说，世界和平的力量在发展，战争的危险还存在。核武器谈判，外层空间武器谈判，看不出有什么进展。所以，我们多年来一直强调战争的危险。后来我们的观点有点变化。我们感到，虽然战争的危险还存在，但是制约战争的力量有了可喜的发展。日本人民不希望有战争。欧洲人民也不希望有战争。第三世界，包括中国，希望自己发展起来，而战争对他们毫无好处。"①邓小平还指出："很可能在将来的很长时间内，大规模的世界战争不会出现，维护世界和平是可以实现的。"② 20 世纪 80 年代中期，他正式提出"现在在这个世界上，和平和发展的问题是全球性战略的问题"③。总的来说，和平和稳定的国际环境是世界各国发展的前提条件，在这样的环境下，各国才能专心致力于本国经济的发展。

（二）对发展环境的判断

发展是时代潮流。1986 年，联合国通过的《发展权利宣言》强调指出："发展是经济、社会、文化和政治的全面进程，其目的是在全体人民和所有个人积极、自由和有意义地参与发展及其带来的利益的公平分配的基础上，不断改善全体人民和所有个人的福利。"④ 世界上各类国家都面临着发展的问题。邓小平从全人类共同责任的高度来认识发展问题，明确提出发展是世界各国的共同责任。他指出："应当把发展问题提到全人类的高度来认识，要从这个高度去观察问题和解决问题。只有这样，才会明了发展问题既是发展中国家自己的责任，也是发达国家的责任。"⑤南北问题的解决需要发展。邓小平在南方谈话中提出和平与发展，一个问题都没有解决，所讲的发展问题没有解决，主要是指的南北问题没有解决，而南北问题的最终解决主要还是靠发展。发展也是资本主义发达国家面临的问题，其主要问题是发展的速度和再发展问题。邓小平深刻地指出："南方要改变贫困和落后，北方也需要南方发展，南方不发展，北方还有什么市场？资本主义发达国家遇到的最大问题

---

① 参见邓小平：《邓小平文选》第 3 卷，人民出版社 1993 年版，第 105 页。
② 参见邓小平：《邓小平文选》第 3 卷，人民出版社 1993 年版，第 125 页。
③ 参见邓小平：《邓小平文选》第 3 卷，人民出版社 1993 年版，第 126 页。
④ 参见联合国：《发展权利宣言》，http：//www. un. org/zh/events/righttodevelopment/declaration. shtml。
⑤ 参见邓小平：《邓小平文选》第 3 卷，人民出版社 1993 年版，第 282 页。

是发展速度问题，再发展问题”①；“欧美国家和日本是发达国家，继续发展下去，面临的是什么问题？你们的资本要找出路，贸易要找出路，市场要找出路，不解决这个问题，你们的发展总是要受到限制的”；“总之，南方得不到适当的发展，北方的资本和商品出路就有限得很，如果南方继续贫困下去，北方就可能没有出路”。②

（三）时代主题的提出

邓小平多次回顾并阐述了我们党对国际形势以及世界战争的看法，明确提出和平与发展是时代的新主题。党的十三大报告提出：“关于和平与发展是当代世界的主题的观点，等等。这些观点，构成了建设有中国特色的社会主义理论的轮廓，初步回答了中国社会主义建设的阶段、任务、动力、条件、布局和国际环境等基本问题，规划了我们前进的科学轨道。”③

时代主题的转换对中国特色社会主义提出新要求，为中国特色社会主义道路的探索和开辟提供了时代依据。中国特色社会主义建设面临着和平与发展两大任务。正是基于以上对国际形势的正确判断，我们党才能提出党和国家工作中心转移的问题，才能作出改革开放的伟大决策。

二、当今世界是开放的世界

开放是当今的时代特征。经济全球化势不可挡，任何一个国家都不可能在封闭中进行本国建设。开放是一个经济社会系统的生命力所在，不开放就意味着衰退。“实行对外开放是我们党深刻总结关门搞建设的严重教训，深入研究中国基本国情、当今时代和世界的新变化作出的重大而长远的决策。”④

第二次世界大战结束后，随着科学技术的进步以及由之带来的生产力的发展，社会分工与协作关系不断扩大深化。随着这种分工与协作关系超出国家的界限，生产的社会化以及生产要素配置日益发展成为生产的国际化，使国与国之间在经济、政治、科技、文化等方面的联系越来越密切，整个世界的开放程度随之日益增强。经济落后的国家更需要加强与发达国家的经济联系，学习并利用对自己有用的先进

---

① 参见邓小平：《邓小平文选》第3卷，人民出版社1993年版，第95页。
② 参见邓小平：《邓小平文选》第3卷，人民出版社1993年版，第105—106页。
③ 参见《十三大以来重要文献选编（上）》，人民出版社1991年版，第57页。
④ 参见高继文：《论中国特色社会主义的开放性特征》，载《当代世界与社会主义》2011年第4期。

技术与管理经验。中国必须走开放发展的道路，有其客观必然性。

首先，在国际贸易方面，据有关资料介绍，从1950年到1982年，世界出口总额从603亿美元猛增到18483亿美元，增长了30倍，年平均增长率为11.3%。对外贸易在世界各国经济中所占的地位呈现出日益提高的趋势。1960年世界出口值占世界生产总值的比重为9.2%，到了1982年，世界出口值占世界生产总值的比重上升为17.1%。这种情况表明，世界各国经济发展对国际经济的依赖性在日益增强，而国际贸易的发展和国际市场的扩大又有力地促进了世界各国经济的发展，这是当今世界经济发展的新格局①。

其次，在资本交流方面，即在资本国际化上，1945年主要西方发达国家对外投资额为510亿美元，1979年达到3925亿美元，34年间增长了近7倍。对外投资不仅增长速度大大超过了战前，而且直接投资比重大。1975年，发达资本主义国家之间的相互直接投资占总投资的3/4。

最后，在国际性生产方面，跨国公司出现大发展。据联合国统计，1969年，世界上的跨国公司为7276家，其海外分（支）公司为72300家；而到20世纪80年代初跨国公司达到11000家，其海外分（支）公司达112000家。随着跨国公司的发展，发达资本主义国家的国外产值不断增加。1971年，资本主义世界各国的“国际生产”额为3300亿美元，约占当年资本主义世界生产总值的1/3②。

战后，许多国家经济发展的事实充分地表明：经济越是发达的国家，在世界贸易、技术转让、对外投资等方面的进展就越迅速、越广泛；经济越是发展得快的国家，它在吸收外资、引进外国技术和发展对外贸易等方面迈的步子就越大③。

从上述商品国际化、资本国际化、生产国际化的大发展和变化上，我们清楚地看到，当今各国在经济上的相互渗透和相互依存，已经达到了空前的深度和高度，孤立于世界之外的国家，不仅是不存在的，而且也是不可能发展的④。

三、中国的发展离不开世界

中国曾经取得辉煌的成就，为人类做出过巨大的贡献。马克思以中国的科技发

① 参见阮方确：《浅论当今世界是开放的世界》，载《江西社会科学》1988年第2期，第46—47页。
② 参见池元吉：《当今世界是开放的世界》，载《吉林大学社会科学学报》1985年第3期，第38—39页。
③ 参见阮方确：《浅论当今世界是开放的世界》，载《江西社会科学》1988年第2期，第46—47页。
④ 参见池元吉：《当今世界是开放的世界》，载《吉林大学社会科学学报》1985年第3期，第38—39页。

明对人类的贡献进行了精辟的分析："火药、指南针、印刷术——这是预告资产阶级社会到来的三大发明。火药把骑士阶层炸得粉碎，指南针打开了世界市场并建立了殖民地，而印刷术则变成新教的工具，总的来说变成科学复兴的手段，变成对精神发展创造必要前提的最强大的杠杆。"① "恐怕明朝明成祖时候，郑和下西洋还算是开放的。明成祖死后，明朝逐渐衰落。以后清朝康乾时代，不能说是开放。如果从明朝中叶算起，到鸦片战争，有三百多年的闭关自守，如果从康熙算起，也有近二百年。长期闭关自守，把中国搞得贫穷落后，愚昧无知。"② 中国到了近代，在西方产业革命兴起的同时，清廷夜郎自大、不谙世事、昧于世情、闭关自守，再加上内部的社会制度腐败和经济技术落后，最后陷入半殖民地半封建社会的悲惨境地。

在新中国成立后的相当长一段时间内，由于社会制度、意识形态等方面的差异，以美国为首的西方国家对新中国采取敌视、封锁、孤立的"冷战"政策，企图干扰、破坏乃至颠覆新生的社会主义政权。中国与西方国家几乎没有多少联系，更谈不上对西方国家的开放。邓小平总结指出："中华人民共和国建立以后，第一个五年计划时期是对外开放的，不过那时只能是对苏联东欧开放。以后关起门来，成就也有一些，总的说来没有多大发展。当然这有内外许多因素，包括我们的错误。历史经验教训说明，不开放不行。"③ 尽管在20世纪70年代，中国与美国等西方国家的关系有所改善，但是受极"左"思潮的影响，我们并没有利用好有利的国际形势促进国内的发展。

邓小平在总结中国近现代史基础上，提出中国不能闭关自守、关起门来搞建设，同时总结了新中国成立以来的成败得失，提出中国必须善于利用国际条件，进行改革开放。邓小平说，中国"五十年代在技术方面与日本差距也不是那么大。但是我们封闭了二十年，没有把国际市场竞争摆在议事日程上，而日本却在这个时期变成了经济大国。"④ "六十年代前期我们同国际上科学技术水平有差距，但不很大，而这十几年来，世界有了突飞猛进的发展，差距就拉得很大了。同发达国家相比较，经济上的差距不止是十年了，可能是二十年、三十年，有的方面甚至可能是五十年。……所以，要实现四个现代化，就要善于学习，大量取得国际上的帮助。

---

① 参见《马克思恩格斯文集》第8卷，人民出版社2009年版，第338页。
② 参见邓小平：《邓小平文选》第3卷，人民出版社1993年版，第90页。
③ 参见邓小平：《邓小平文选》第3卷，人民出版社1993年版，第90页。
④ 参见邓小平：《邓小平文选》第3卷，人民出版社1993年版，第273页。

要引进国际上的先进技术、先进装备，作为我们发展的起点。”[①]

经济全球化浪潮席卷世界，把中国特色社会主义的前途命运客观地、不以人的主观意志为转移地与世界的前途命运紧密联系在一起。中国地大物博、人口众多，也并不拥有发展现代经济所必需的一切，因此不能拒绝国际分工和脱离世界市场，也不能关起门来发展自己。邓小平曾指出：“总结历史经验，中国长期处于停滞和落后状态的一个重要原因是闭关自守。经验证明，关起门来搞建设是不能成功的，中国的发展离不开世界。”[②]

既然经济全球化作为时代特征不能回避，中国只能采取对外开放，积极参与到世界经济发展中去，坚决走开放发展的道路。我们党和国家在社会主义初级阶段的奋斗目标是：到本世纪中叶，把中国建设成为富强民主文明和谐美丽的社会主义现代化国家。要想实现这一宏伟目标，就必须对外开放，以积极的态度学习和吸收人类文明的一切优秀成果，吸收和借鉴当今世界各国包括资本主义发达国家的一切反映现代社会化生产规律的先进经营方式、管理方式，只有在继承和利用资本主义社会已经创造出来的全部社会生产力和全部优秀文化成果的基础上，并结合中国实际进行新的创造，才能实现中国的社会主义现代化。

中国只有积极地、以敢于担当的勇气把中国特色社会主义建设与经济全球化结合起来，融入经济全球化的浪潮中开放发展，才能在世界发展中赶上时代，同时，趋利避害，不断增强抵御风险的能力，“推动经济全球化朝着均衡、普惠、共赢方向发展”[③]。“实行对外开放，是推进现代化建设的一项重大决策，也是中国一项长期的基本国策。”

四、美苏争霸与中美关系改善

在 20 世纪七八十年代的国际形势中，美苏争霸制约着全球安全，是国际格局变化的决定性因素，因而也是影响中国改革开放的重要外部变量。

（一）美苏争霸中的军事较量

20 世纪 70 年代中后期，苏联利用急剧膨胀的军事力量，趁美国在越战之后力

① 参见邓小平：《邓小平文选》第 3 卷，人民出版社 1993 年版，第 264 页。
② 参见邓小平：《我们的宏伟目标和根本政策》（1984 年 10 月 6 日）。
③ 参见《十七大以来重要文献选编（上）》，中央文献出版社 2009 年版，第 36 页。

量削弱之机，采取了战略进攻态势，在全球全面扩张。1975—1979 年的几年时间内，苏联军事基地和设施遍布于东欧、蒙古、古巴以及非洲、亚洲、地中海、印度洋，境外驻军 70 万人，远远超过美国 40 万人的海外驻军。面对苏联咄咄逼人的攻势，美国在卡特总统执政后期开始调整全球战略部署，一方面，积极扩军备战，加紧研制新型武器；另一方面，加紧对苏联的围堵和牵制。然而就在美苏两国激烈争夺世界霸权、战争危险存在的背后，美苏两国不仅军备竞赛的规模日益扩大，而且对势力范围的争夺也更加激烈，互不相让。在当时频繁发生的地区冲突中，几乎都有两个超级大国的操纵和影响。

但和平与发展的趋势也在这一时期孕育和发展起来。这种趋势的出现，不仅是由于世界各国人民反对战争和霸权斗争，更主要和更深刻的是经济对战争起着制约作用。苏联为了争霸世界，军费开支日益庞大，成为经济的沉重负担。与此同时，其经济体制的弊端日益暴露，越来越不适应经济发展的需要。到 20 世纪 70 年代，苏联的经济增长率下降到大约只有 50 年代的一半。1970 年苏联的经济增长率还在以 9% 的速度增长，但之后就持续下降，1975 年到 1978 年一直在 4%—5% 之间徘徊①。为了同美国争霸权，不得不维持庞大的军费开支，1975 年到 1978 年的军费开支增长率每年超过 10%，军事工业增长率则高达 16%。为了支撑这种畸形发展的国民经济，弥补资金的不足，苏联不得不向西方国家举借外债。由于经济力量越来越难以支撑军事上的角逐，在 20 世纪 70 年代后期不得不和美国进行裁军谈判。

（二）美苏争霸中的美国经济出现“滞胀”危机

美国由于长期的国际收支赤字和财政赤字，黄金储备急剧下降，美元信用严重受损，1960—1973 年期间相继发生 4 次美元危机。面对国内经济困境和长期陷入越战的困境，尼克松政府不得不在外交上实行战略收缩，在国内实行新经济政策，终止各国政府或中央银行用美元兑换黄金，割断美元与黄金的直接联系。

这意味着以美元为中心的资本主义国际货币体系——布雷顿森林体系的解体，标志着美国世界经济霸主地位的衰落。布雷顿森林体系解体之后，一时还无法建立一个新的相对稳定和统一的体系代替它。在生产和资本越来越国际化的现代经济中，国际金融领域的这种变化，使各国发展经济的环境趋于恶化。货币汇率剧烈动

① 参见《世界主要国家和地区社会发展比较统计资料》，中国统计出版社 1991 年版，第 27—28 页。

荡，国际贸易发展速度减慢，国际贸易和国际收支出现日益严重的不平衡，各国经济发展遇到越来越大的困难。与此同时，以 1973 年第四次中东战争中阿拉伯石油输出国用石油武器打击以色列和美国等西方国家为契机，发展中国家以原料和能源为武器在经济领域发起反对国际经济旧秩序的斗争，使发达资本主义国家廉价而稳定的能源和原料来源受到了冲击；而资本主义国家在战后长期实行的凯恩斯主义扩张性的财政、货币政策，使资本主义连年出现庞大的财政赤字、巨额的货币供应和日益增加的公私债务。这引起了日益严重的通货膨胀，物价大幅上涨。因此，世界经济发展在 70 年代发生重大转折，发达资本主义国家战后持续了二十多年的高速增长“黄金时期”结束，取而代之的是经济的“滞胀”。资本主义国家无不陷入低增长、高通胀、高物价、高失业率的困境之中。

由于通货膨胀的压力和自身市场的萎缩，资本主义国家虽然在扩大国内市场方面采取了多种措施，但效果都不理想，因而只能向国外市场寻找出路。这一时期由于经济危机的影响，世界市场同样不景气。世界贸易增长率从 1975 年的 11.5%，依次下降为 1976 年的 11%、1977 年的 6%、1978 年的 4%①。世界市场扩张速度减慢，阻碍了资本主义国家经济的回升，延长了危机后的萧条。在这种情况下，西方资本主义各国不能不更多地考虑如何调整经济结构，开辟新的市场，以摆脱经济困境。经济困境不仅使美苏两国的军备竞赛受到了严重制约，而且使其他西方资本主义国家不得不联合起来反对和制止霸权主义的战争威胁，从而使霸权主义者受到了进一步的制约。

（三）美苏争霸导致广大发展中国家联合反霸，追求和平

与此同时，广大发展中国家虽然在 50—60 年代获得了政治上的独立，但并未在经济上摆脱帝国主义的剥削和控制。西方发达国家为了摆脱经济困境，纷纷向发展中国家转嫁经济危机，更加重了对发展中国家的剥削。发展中国家普遍面临着摆脱贫困、发展经济的严峻任务，并为此进行了长期的持续斗争，导致联合国终于在 1974 年通过了《建立国际经济新秩序宣言》和《建立国际经济新秩序行动纲领》。经济上的共同目标又必然促成政治上的联合斗争，发展中国家政治上联合反霸的斗争也不断高涨。

---

① 参见宦乡：《世界纵横》，世界知识出版社 1984 年版，第 22、66、68、205 页。

总之，在70年代后期，尽管美苏两国争霸造成的战争危险严重，尽管一些地区战火不断，但摆在世界各国人民面前的主要任务是恢复或发展经济。发展经济需要以和平的环境为前提，和平的维护又需要有经济的实力作保证，经济成为制约战争爆发、促进和平发展的重要因素。

（四）美苏争霸为中美建交及中国改革开放创造了条件

新中国成立后的30年间，在中美一直无正式的外交关系，并且在前20年中处于敌对状态。但令人惊奇的是，当新一轮经济全球化于20世纪70年代中后期开始启动时，中美建交与改变中国命运的党的十一届三中全会几乎同时发生，而且80年代中美关系平稳顺利的发展与中国改革开放的第一个高潮也几乎同步进行。

在20世纪70年代中期以后，国际形势的变化蕴涵着和平与发展因素的背景下，顺应国内改革的强烈呼唤，中国共产党十一届三中全会做出把工作重心转移到经济建设上来的战略决策。这次战略转移标志着中国对社会主义的认识发生了大的飞跃，确立了社会主义的基本任务是发展生产力的观点，把改革开放看作是社会主义建设的一项基本国策，打破了闭关锁国的社会主义建设模式。“以经济建设为中心”的发展问题成为中国最大的政治问题，从政治的、战略的和宏观的高度肯定了中国经济发展的极端重要性。中国最高的国家利益是中国的现代化，这就决定着中国的外交必须以此为中心，争取一个和平的外部环境，不能再像过去那样为“反帝反修”的革命斗争服务。生产力标准成为制定中国对外政策与发展中国对外关系的最基本准则。1982年9月，邓小平在党的十二大的开幕词中提出：“加紧社会主义现代化建设，争取实现包括台湾在内的祖国统一，反对霸权主义，维护世界和平，是中国人民在80年代的三大任务。这三大任务中，核心是经济建设，它是解决国际国内问题的基础。”和平与发展成为中国在一个很长时期内最大、最根本的国家利益。

改革是对外开放的前提，开放进一步推动改革的深化，两者之间互为补充。粉碎“四人帮”之后，经济上的拨乱反正首先是从引进外国先进技术和设备开始的。这样的结果是，在一定程度上既打开了长期封闭的国门，同时也改变了对资本主义国家的看法。虽然都是极为有限的，但意味着中国开始走向对外开放。由于用现汇买技术和设备的能力不够，难以满足经济发展的需要，于是进一步扩大对外开放、利用外资的问题逐步提上日程。于1978年5月开始的全国范围关于真理标准的大讨论，破除了“两个凡是”的思想禁锢，主张利用外资的思路越来越显现出来。正是在这样的背景下，1978 年年底中国正式向外公布了利用外资的政策并在 12 月召开的十一届三中全会得到确定。1980 年 12 月，邓小平在中央工作会议的讲话中明确使用了“对外开放”这一概念，指出：开放是“一个战略问题”，是在和平共处五项原则基础上，“同世界一切国家建立、发展外交关系和经济文化关系”[①]。对外开放构成了中国外交政策的重要组成部分。1982 年对外开放作为一项基本国策被写入了中国《宪法》而获得了法律保证。对外开放与对内改革是一种互为补充、相互促进的关系。对外开放表明中国需要学习、利用和借鉴国外一切有用的东西，以此完善社会主义。从这一点来说，对外开放是国内改革的一个基本前提，或者说，国内的改革也是一种开放，正如邓小平所说：“一个对外经济开放，一个对内经济搞活。改革也就是搞活。对内搞活也就是对内开放，实际上都叫开放政策。对外是开放，对内也是开放。”[②] 对外开放的社会主义，相对于过去封闭、半封闭的社会主义模式来说，其核心内容在于能进行国际交换、部分参与国际分工、在世界经济之中进行活动的开放经济。这种开放的社会主义要求对政治、文化和经济制度进行重大的改变，以适应对外开放的需要。作为政治的一个有机组成部分，服务于建设有中国特色的社会主义的对外关系就有了新特征，即在互惠互利的基础上进行对外开放，最大限度地消除不利于国内经济建设的一切外部环境。

经济全球化从 20 世纪 70 年代中后期开始启动，中国的对外开放从 70 年代末开始。对外开放不再是一个次要的辅助的策略性问题，而是事关社会主义现代化建设的成败，影响整个社会主义经济发展，对推动生产力发展具有关键性和突破性意义的全局性的战略问题。不同于以往的是，中国把对外开放作为基本国策的侧重点开始发生转变，探索立足于经济角度的对外开放。在新中国成立后的一段时间，由于泛政治主义的盛行以及两极结构的冷战格局，中国的对外开放主要是从政治角度出发，以意识形态和社会制度为标准来确定合作的伙伴。这在一定程度上限制了对外开放的进程和深度。而从 1978 年开始，中国反复强调和肯定的是与经济紧密联系在一起的对外开放，明确地提出对外开放的目的是为了国内的经济，而不是为了促进世界革命。中国把对外开放牢固地建立在和平共处五项原则基础之上，把发展对外关系与意识形态的斗争区别开来，也不把利用国家之间的矛盾作为对外开放的

① 参见邓小平：《邓小平文选》第三卷，人民出版社 1993 年版，第 32、70 页。
② 参见邓小平：《建设有中国特色的社会主义》（增订本），人民出版社 1987 年版，第 70 页。

基础和主要策略；不搞对外输出革命，不把西方国家视为反社会主义的一个阵营，也不把社会主义看作反对西方的一个阵营，而是始终把国家利益放在首位，把不同社会制度的国家之间的互利和合作视为对外开放的基本原则之一。在国际国内形势发生变化的背景下，中国对外开放的这种新特点，蕴涵着中美关系向协调与合作、彼此利益相互交织的方向发展的内在要求。

中国改革开放路线的确立，为中美关系的发展奠定了新的政治基础，成为推动中美关系发展的源源不断的动力。

第二章

中国改革的辉煌历程

1978 年 12 月 18 日到 22 日举行的党的十一届三中全会，是中国共产党历史上具有深远意义的伟大转折，全会作出把党和国家的工作重点转移到社会主义现代化建设上来和实行改革开放的历史性决策。中国从此进入了改革开放和社会主义现代化建设的历史新时期，中国共产党从此开始了建设中国特色社会主义的新探索。

党的十一届三中全会以农村改革为开端，开启了中国改革开放的历史进程。中国改革采取的是重点突破、单项推进、分批操作的战略，在经济发展薄弱环节和改革阻力相对小的领域，寻找改革的突破口。在党的十一届三中全会确立解放思想、实事求是的思想路线指引下，中国人民冲破了长期禁锢人们思想的许多旧观念，摆脱了许多思想上的枷锁，积极性、主动性、创造性被空前地激发出来。在确立社会主义市场经济体制根本目标后，随着社会、经济、政治、文化等各个领域改革的不断推进，中国进入全面深化改革的新时代。

中国改革的实质和目标，是要从根本上改变束缚中国生产力发展的经济体制，建立充满生机活力的社会主义新经济体制，同时相应地改革政治体制和其他方面的体制，以实现中国的社会主义现代化①。我们实现了从高度集中的计划经济体制到充满活力的社会主义市场经济体制、从封闭半封闭到全方位开放的历史性转变，实现了从生产力相对落后的状况到经济总量跃居世界第二的历史性突破，实现了人民生活从温饱不足到总体小康、奔向全面小康的历史性跨越，为实现中华民族伟大复兴提供了充满活力的体制保证和快速发展的物质条件。改革开放以来，我们通过不断深化改革，推动经济结构不断转换，释放了经济增长的新动能，促进了经济持续快速健康发展，创造了经济发展的奇迹。回顾改革开放的光辉历程，党领导人民绘就了一幅波澜壮阔、气势恢宏的历史画卷。总结改革开放的伟大成就和宝贵经验，在新时代继续把改革开放推向前进，实现中华民族伟大复兴。

① 参见《将全面深化改革进行到底（习近平新时代中国特色社会主义思想学习纲要）——关于新时代坚持和发展中国特色社会主义的根本动力》，载《人民日报》2019 年 7 月 31 日第 7 版。

第一节　党的十一届三中全会开启了改革进程

党的十一届三中全会之前，由于片面强调重工业的优先增长，忽视农业和轻工业，中国国民经济出现了农轻重比例失调。由于高度集中的计划经济体制和“一大二公”的人民公社体制严重阻碍了生产力的发展，农民的生产积极性调动不起来，从而导致农业生产力无法提高，农业生产始终上不去，由于生产停滞造成的生存危机日益严重。改革之初，中国被长期存在的商品匮乏困扰：食品供给不足，不得不长期实行粮食统购统销政策；工业消费品短缺，不得不凭票供应，票证多达几十种。中国的改革围绕着解决短缺问题开始了。改革首先在农村取得突破，农村从解决人民生活需要的基本问题开始了以“联产承包责任制”为主要形式的经济改革。通过改革农村的土地制度，实行家庭联产承包责任制，允许发展乡镇企业，促进了农产品和轻工产品的大发展。十年时间，中国解决了消费品供应短缺问题。实行家庭联产承包和发展乡镇企业，是中国农民的伟大创造。

一、土地家庭联产承包责任制是中国农民的伟大创造

党的十一届三中全会以来，中国农村发生了许多重大变化。其中影响最深远的是普遍实行了多种形式的农业生产责任制，而联产承包制是主要形式。农村改革初期主要是解决农业经营制度、推行生产责任制问题。通过改革，形成了以家庭承包经营为基础、统分结合的双层经营体制，扫除了发展社会生产力的障碍，农业生产力得到解放和发展。

（一）土地家庭联产承包的发展过程

中国农村经济体制改革率先展开。为了突破“一大二公”人民公社体制的制约，在农业经济体制改革的实践探索中，中国安徽农民先后创造出“一组四定”“包产到组”“包产到户”“包干到组”“包干到户”五种责任制形式。

安徽农民首先实行的是“一组四定”责任制。1977 年 11 月，中共安徽省委制定了《关于当前农村经济政策几个问题的决定》，明确规定尊重生产队自主权，划分作业组，给每个作业组定任务、定时间、定质量、定工分，简称“一组四定”。

这种责任制是为了克服生产队干活“大呼隆”和分配平均主义的弊端而设计的。但这种形式的缺陷仍很大，表现在分配上的平均主义、生产上不去等问题依旧没有得到解决。二是“包产到组”，也称“包产到组、联产计酬”，即“分组作业，包产到组，以产记工，统一分配”的具体做法，这种形式取得了较好的效果，农民的生产积极性进一步得到调动。“包产到组”这一形式的出现，其意义重大，影响深远，它不仅有效促进生产发展，也使承包责任制向联产承包转变，让农民得到了实惠，看到了希望并受到鼓舞。三是“包产到户”，也称“包产到户、联产计酬”，即农户生产的产品全部上交生产队，并据此计工分，最后由生产队统一分配。“包产到户”比“包产到组”的承包主体更小、更具体，利益主体更加明确清晰，利益与生产劳动的关系更加直接和紧密。四是“包干到组”，就是将生产小队细分成若干个作业组，进行生产和分配，但是“包干到组”并没有解决平均主义问题。

1978 年夏秋，安徽遭遇百年罕见的特大旱灾，许多地方的农民被迫外出讨饭，以度荒年。1978 年 12 月，安徽省凤阳县小岗村 18 户村民，冒着极大的风险，在土地承包责任书上按下红手印，连夜将生产队的土地、耕牛、农具等按人头分到各家各户，农户自行安排各项生产活动，搞起了“大包干”。“大包干”，即“包干到户”，作为中国农村家庭联产承包责任制的主要形式，表现在农户承包集体的基本生产资料（主要指土地），自主经营，向国家和集体交够规定的农产品数量，其余产品或收入归承包户所有。“大包干”彻底打破了农业生产劳动中的平均主义，农民完全拥有了劳动作业的自主权和剩余农产品的支配权，也就是“保证国家的，留够集体的，剩下的都是自己的”。1979 年实践的结果，小岗村生产队粮食产量达到 13 万多斤，相当于 1966—1970 年 5 年粮食产量的总和，油料产量超过合作化以来 20 年的总和，社员人均收入增长 6 倍。昔日“吃粮靠返销、用钱靠救济、生产靠贷款”的小岗村第一次向国家交了公粮，还了贷款。安徽小岗村在全国率先推行“大包干”，拉开了波澜壮阔的改革序幕，成为中国改革的标志。在安徽的带动下，全国各地跟上来，落实土地家庭联产承包政策的做法在全国逐渐形成潮流。

（二）双层经营体制的形成和意义

随着家庭联产承包责任制的深入实施，中国农村经营体制发生了根本性变化。农村经营体制从集体拥有土地并实施统一经营的单一方式，转变为集体统一经营和农户分散经营相结合的方式，即双层经营体制。集体拥有土地、农户承包土地是农村实施双层经营体制的制度基础。这一制度安排在1982年中央一号文件《全国农村工作会议纪要》中被表述为“使集体统一经营和劳动者自主经营两个积极性同时得到发挥”。在1983年的中央一号文件《当前农村经济政策的若干问题》中被表述为“联产承包制采取了统一经营与分散经营相结合的原则”。在1984年的中央一号文件《中共中央关于一九八四年农村工作的通知》中被表述为“继续稳定和完善联产承包责任制”“完善统一经营和分散经营相结合的体制”。在1986年的中央一号文件《关于一九八六年农村工作的部署》中被表述为“进一步完善统一经营与分散经营相结合的双层经营体制”。经过多年的发展，这一制度安排以法律的形式确定下来，1999年《宪法修正案》明确规定“农村集体经济组织实行家庭承包经营为基础、统分结合的双层经营体制”。

集体统一经营主要是增强生产服务、协调管理、资产积累等功能，这种社会化服务体系把农户的分散经营与市场联系起来。随着农村商品经济的发展，农户对社会化服务的依赖性越来越大，迫切需要提供生产技术措施的服务，提供农产品储存、运输、销售、加工增值和市场信息的服务，提供经营管理以及其他方面的服务。针对农民生产经营中的需求，集体经济组织对一些不适合农户承包经营或农户不愿承包经营的生产项目和经济活动，诸如一些农田水利和其他公共设施的建设，大型农机具的管理使用，各种产前、产后等生产环节的服务等，由集体统一经营和统一管理，从而建立起一个统一经营层次。

家庭分散经营和集体统一经营相结合的双层经营体制，是一种适合中国农村改革之需，推动中国农村经济大发展的经营体制。这种经营体制打破了原来的集体所有、集体集中统一经营的体制。家庭分散经营体现为农户以家庭为单位承包土地并直接经营土地，主要从事种植业和养殖业等生产活动。农民可以根据市场的供求关系，选择效益最好的农作物进行种植，打破了过去那种统一计划的经营模式，农民的收益都归自己所有，由自己支配，打破了过去“大锅饭”式的分配方式。这种模式克服了长期存在的管理过分集中、经营方式过分单一的弊端，扩大了农民的经营自主权，调动了农民的积极性。

进入21世纪，中国工业化、城市化已经取得巨大进步，补上“统”的短板，条件已经具备。在统分结合的双层经营体制中，革除了过去统得过多过死的弊端，做好了“分”的文章，农民的积极性得到充分调动。但是，统分结合的双层经营制度在实践中往往只重视家庭承包经营，统一经营受到忽视，以致在许多地方出现集体经济空白。党的十九大提出实施乡村振兴战略，实现这一目标，落实习近平总书记关于发展农民合作社和家庭农场两类农业经营主体的重要指示，突出抓好农民合作社和家庭农场两类农业经营主体发展，发展新型集体经济和赋予双层经营体制新的内涵，不断提高农业经营效率。抓好农民合作社和家庭农场两类经营主体发展，对于解决集体经济薄弱问题，完善农村双层经营体制，具有很强的针对性和重大意义。积极实施城乡融合发展战略，走集体化、集约化发展道路，以城市带动农村，在坚持统分结合的农村基本经营制度中，补上“统”的短板，加快乡村振兴步伐①。

（三）家庭联产承包责任制的意义

以家庭联产承包制为主要内容的农村经济体制改革其意义极为重大。家庭联产承包责任制打破了人民公社体制下土地集体所有、集体经营的旧农业耕作模式，实现了土地集体所有权与经营权的分离，确立了土地集体所有制基础上以户为单位的家庭承包经营的新型农业耕作模式。

1. 突破了僵化的经营体制

从人民公社时期“一大二公”的集体主义生产形式，到改革初期的“分田到户”的家庭联产承包，是一种突破体制的创新。人民公社体制的产权制度是三级所有，即队为基础、政社合一、集中经营、统一分配，其特点是“一大二公”。而“包干到户”则不同，它将公有土地长期租赁给农民经营，实行以家庭联产承包经营责任制为主要内容的双层（集体和家庭）经营体制，实行家庭联产承包为主，统分结合、双层经营，解决了中国社会主义农村体制的重大问题。

以家庭联产承包为主的责任制、统分结合的双层经营体制作为中国乡村集体经济组织的一项基本制度被稳定下来。党的十一届三中全会提出了要注意解决好国民经济重大比例严重失调的要求，作出了加快农业发展的决定，同意将《中共中央关于加快农业发展若干问题的决定（草案）》和《农村人民公社工作条例（试行草案）》发到省、自治区、直辖市讨论和试行。1980 年 5 月，邓小平对包产到户给予明确肯定，有力地推动了以家庭联产承包责任制为主要内容的农村改革。1982 年中央“一号文件”《全国农村工作会议纪要》对具有划时代意义的农村改革进行了总

① 参见郑新立和刘森：《学习习近平关于完善农村双层经营体制重要论述的几点思考》，载《农村工作通讯》2020 年第 7 期。

结，并对当年和此后一个时期农村改革和农业发展作出了具体部署。《纪要》肯定了农村实行的包括联产承包责任制在内的各种责任制，明确指出包产到户、包干到户都是社会主义集体经济的生产责任制。1983 年第二个中央“一号文件”《当前农村经济政策的若干问题》从理论上说明了家庭联产承包责任制是在党的领导下中国农民的伟大创造，是马克思主义农业合作化理论在中国实践中的新发展。1984 年，第三个中央“一号文件”《关于一九八四年农村工作的通知》，强调要继续稳定和完善联产承包责任制，规定土地承包期一般应在 15 年以上，生产周期长的和开发性的项目，承包期应当更长一些。从 1982 年到 1984 年，中央连续三年以“一号文件”的形式，对包产到户和包干到户的生产责任制给予充分肯定，并在政策上积极引导，从而使包产到户和包干到户的责任制迅速在全国广泛推行。农村改革在推行家庭联产承包责任制的基础上继续深入，1991 年 11 月 25 — 29 日，党的十三届八中全会通过的《中共中央关于进一步加强农业和农村工作的决定》提出，把以家庭联产承包为主的责任制、统分结合的双层经营体制作为中国乡村集体经济组织的一项基本制度长期稳定下来，并不断充实完善。

所有权和经营权分离。家庭联产承包责任制、统分结合的双层经营体制区分了土地产权的所有权和经营权两种形式，把土地使用权从所有权中分离出来，在保持所有权归集体的前提下，产权主体不断具体化和清晰化，农户产权主体地位逐步得到确立，农民由人民公社体制下被动的劳动力变成有生产经营自主权的商品生产者，获得了对土地的经营自主权。农民个人在“包干到户”时就已经获得了自由安排自己的劳动作业的自由权和自主权，上交规定的国家和集体的农产品数量，剩下的产品全部由农户自己支配，即农户获得了农产品剩余支配权，本质上改变了生产的激励机制，极大地增强了农民的生产积极性，纠正了长期集体主义生产形势下的管理高度集中与平均分配的体制弊端，使集体经济中的农民由单纯的劳动者变成生产主体和经营主体，有效地激发了劳动者和资源结合的发展潜力，极大地提高了经济效率。农户分散经营与集体统一经营相结合的双层经营责任制，很好地协调了集体利益与个人利益，集体和劳动者两个主体积极性同时得到发挥，使集体优越性和个人积极性也同时得到发挥。农村双层经营体制完全保留了土地为集体所有的性质，它不仅没有脱离社会主义方向，而且使已经建立起来的农村社会主义经济制度得到了自我完善。它不仅解放和发展了农村生产力，也为更大范围的改革提供了稳定的社会基础。

2. 农民的生产积极性得到激发，农业生产力得到解放和发展

“包干到户”这种极具吸引力和生命力的以土地承包为主要内容的农村改革，开始在全国农村普遍实行。到1984年，全国范围内都实行了家庭联产承包责任制。这种责任制形式成为全国主要的家庭联产承包责任制形式，它在农业和农村中作为最基本的经济体制被定型化并一直稳定下来，极大地激发了农民群众发展生产的积极性和主动性，有力地促进了农业和农村经济的发展，极大地解放了中国农业生产力，长期贫穷落后的中国农村突然迸发出前所未有的生机与活力。1979—1984年是中国历史上农业发展最快的时期，与1978年比，1984年农业总产值增长55.4%，年均增长7.6%，大大超过改革开放前28年年均增长2.8%的速度，其中粮食增长33.6%，年均增长4.95%，棉花增长近1.9倍，年均增长19.4%，都创造了历史的最高水平。农民的生产积极性被调动起来，从此过上了“手中有粮，心中不慌”的日子。此后，中国政府不断稳固和完善家庭联产承包责任制，鼓励农民发展多种经营，广大农村地区逐步走上富裕的道路，中国用世界上7%的土地养活了世界上22%人口，创造了令世人瞩目的奇迹。

家庭联产承包责任制的推行，既发挥了集体统一经营的优越性，又调动了农民生产积极性，纠正了长期存在的管理过分集中、经营方式过于单一的缺点，使之更加适合中国农村的经济状况，使农民在集体经济中由单纯的劳动者变成既是生产者又是经营者，劳动和土地的潜力得到了极大的激发。实践证明，以家庭承包为主的联产承包责任制，适合绝大多数地区农村生产力的水平和发展要求，深受广大农民的拥护。

3. 农村土地承包制是一种产权制度改革，适应了市场经济发展的需要

农村土地承包制改革不仅是为了“分田到户，吃饱肚子，交了国家都是自己的”，更是一种产权制度的改革，适应了市场经济发展的需要。农村土地承包制在保持农村土地公有制不改变的前提下，通过所有权和承包权的分离，使农村集体拥有所有权，农户拥有承包权。承包权又派生出经营权，承包经营权在法律上属于用益物权或财产权。农户凭借承包权，可以转让经营权，把经营权流转起来。农村改革开始是分田到户，随着现代化的发展，需要把分散经营的土地再集中起来经营，由所有权和承包权的两权分离，发展到农村土地所有权、承包权和经营权的三权分置，为农业现代化提供体制保障。一家一户的家庭承包制是一个过渡形态，要实现现代化、集约化的大农业，需要通过产权制度的改革，为农业现代化提供条件，而

经营权可转让为土地的规模化经营和经营权的流转提供了前提条件。如果说第一轮的改革把“大锅饭”变成了使农户有了经营自主权，下一轮改革的任务就是通过三权分置的改革，把土地的承包经营权流转起来，使农民获得更多的财产性收入。通过不改变所有制的前提下，确保农户对承包地拥有长久不变的使用权、受益权、转让权等，使农户对土地的用益物权成为其财产性收入的来源及致富的手段。

（四）中国的改革开放得益于“农民首创精神”

农民的首创精神贯穿在农村改革发展的每一个阶段。“大包干”是农民的首创，乡镇企业是农民的首创，到城市务工是农民的首创，“村民自治”也是农民的首创。我们党尊重农民首创精神，率先在农村发起改革，并向全国推广，使中国农村发生了翻天覆地的巨大变化。邓小平说：“农村搞家庭联产承包，这个发明权是农民的。农村改革中的好多东西，都是基层创造出来，我们把它拿来加工提高作为全国的指导。”农村改革发展的伟大实践，极大调动了亿万农民的积极性，极大解放和发展了农村社会生产力，极大改善了广大农民的物质文化生活。农村改革发展的实践证明，农民是农村发展的主体，是充满活力和创造力的群体。坚持尊重农民群众首创精神，依靠广大农民推进农村改革和发展，是我们从农村改革实践中得出的宝贵经验。

二、乡镇企业异军突起

乡镇企业在人民公社前叫“社办工业”，在人民公社初期叫“公社工业”，20世纪60年代到1984年叫“社队企业”，从1984年3月才开始叫“乡镇企业”。从20世纪80年代中期开始，乡镇企业发展迅速，异军突起，成为国民经济的主要组成部分。

（一）社队企业的发展

社队企业，或称社办企业，是在乡村地域内或是农民兴办的企业，即在农业合作化和集体化过程中，由农村人民公社和生产大队、生产队办企业，农民自筹资金办企业，农村各种经济成分间的联办企业等集体所有制企业。社队企业兴起于20世纪50年代的农业合作化运动中，在“人民公社化”运动中正式登上历史舞台。改革开放以后，农村社队企业迎来了新的发展机遇。1979年7月，国务院颁布了

《关于发展社队企业若干问题的规定（试行草案）》，阐明了发展社队企业的重大意义，对社队企业如何发展作了明确规定。1979 年 9 月，党的十一届四中全会通过的《中共中央关于加快农业发展若干问题的决定》明确指出“社队企业要有一个大发展”。1983 年，第二个中央“一号文件”《当前农村经济政策的若干问题》指出：“社队企业也是合作经济”，对社队企业的合作经济性质作了进一步肯定，解决了社队企业发展的理论问题。在农业实行联产承包以后，社队企业在全国各地广泛地兴办起来，涉及工业、农业（种植、养殖场）、交通运输、建筑和商业服务五大行业，成为当时农村经济的重要支柱。

（二）乡镇企业的崛起

1983 年 10 月 12 日，中共中央、国务院发出《关于实行政社分开建立乡政府的通知》，要求在 1984 年年底以前大体上完成建立乡政府的工作。此后，建立乡镇政府和各种合作经济形式的工作在全国展开，人民公社体制废除。为了适应中央决定取消人民公社，建立乡镇政府这一新情况的需要，1984 年 3 月 1 日，中共中央、国务院转发农牧渔业部《关于开创社队企业新局面的报告》，将社队企业、部分社员联营的合作企业、其他形式的合作工业和个体企业，正式统称为“乡镇企业”。从此，农村工业出现了一次性质上的大变化，乡镇企业突破了社队企业的集体所有制形式，正式将家庭工业列入发展范畴。

一系列重大政策措施的陆续制定和实施，推动和促进了乡镇企业的发展。在农村经营组织逐步放松管制的情况下，乡镇企业像雨后春笋般地涌现出来，并且快速成长壮大，成为中国农村经济增长的主体和中国经济保持高速增长的重要支撑力量。乡办、村办、联户办和户办四种形式共同发展，直接激励着乡镇企业的崛起，乡镇企业逐渐成为国民经济的一支重要力量，也成为国营企业的重要补充。

1984—1988 年，乡镇企业进入一个全面发展的高峰期。为了鼓励和扶持乡镇企业发展，国家和地方政府制定了一系列政策措施。1984 年是乡镇企业发展的转折点。1984 年 3 月 1 日发布的《中共中央、国务院转发农牧渔业部和部党组〈关于开创社队企业新局面的报告〉的通知》对家庭办和联户办企业及时给予了充分的肯定并提出发展乡镇企业的若干政策。该《通知》指出，乡镇企业是多种经营的重要组成部分，是农业生产的重要支柱，是广大农民群众走向共同富裕的重要途径，是国家财政收入新的重要来源，并要求各级政府对乡镇企业要和国营企业一样，一视同仁，给予必要的扶持。1984 年乡镇企业的数量从上一年的 134.64 万户，猛增到 606.52 万户。

1985 年 9 月，《中共中央关于制订国民经济和社会发展第七个五年计划的建议》指出，发展乡镇企业是振兴中国农村经济的必由之路，要积极地鼓励农民兴办乡镇企业。为了顺应全国经济体制改革的形势和农村生产力发展的需要，1986 年，国家开始实施“星火计划”。“星火计划”是经中国政府批准实施的第一个依靠科学技术促进农村经济发展的计划，通过引导乡镇企业科技进步，进而推动农业和农村经济持续、快速、健康发展。

农村改革实验区的建立为探索乡镇企业发展积累了经验。农村改革试验区是根据 1987 年中央 5 号文件《把农村改革引向深入》关于有计划地建立改革试验区的精神建立起来的。这些试验区的主要试验内容有：粮食购销体制和农村流通体制改革，土地制度建设和土地适度规模经营经验，基层合作经济组织建设，乡镇企业制度建设，农村金融体制改革，以及林、牧、渔业、国营农场和扶贫体制改革等。在乡镇企业制度建设方面，第一批试验区选择了安徽省阜阳地区、浙江省温州市和山东省淄博市周村区，其中安徽阜阳作为首个试验区，在乡镇企业特别是民营中小企业制度创新方面开创了先河。农村改革试验区的建设在改善企业外部环境、建立企业组织和制度规范、推动乡镇企业发展等方面取得了积极成效。

一系列政策措施直接改善了乡镇企业发展的环境，乡镇企业进入高速增长阶段。在国家更加积极的扶持政策的支持下，乡镇企业在组织生产、产品销售等方面获得了较大的自主权。1986 年、1987 年仅用两年时间，就超额完成了“七五”计划的产值目标。1987 年乡镇企业产值占农村社会总产值的 50.4%，第一次超过了农业总产值，达到 4764 亿元。到 1988 年，乡镇企业数量达 1888 万个，从业人数达 9546 万人，总收入达 4232 亿元。1984—1988 年，乡镇企业数平均每年增长 52.8%，从业人数平均每年增长 20.8%，总收入平均每年增长 58.4%。1978—1988 年成为乡镇企业第一个全面发展高峰期。1989—1991 年进入治理整顿阶段①。这一时期由于国民经济结构矛盾加剧，社会供求总量失衡，不得不进行治理整顿。国家控制了乡镇企业贷款，压缩了基建规模，关、停、并、转了一批经济效益差、浪费能源原材料、污染严重的乡镇企业。尽管如此，乡镇企业的总体增长率仍然高于国

① 参见国家统计局：《新中国 50 年系列分析报告之六：乡镇企业异军突起》，http：//www.stats.gov.cn/ztjc/ztfx/xzg50nxlfxbg/200206/t20020605_35964.html。

有企业。1991 年，乡镇企业总产值占工业总产值的比重从 1988 年的 24% 提高到了 30.83%。在治理整顿期间，乡镇企业苦练内功，调整结构，为 90 年代乡镇企业的快速发展奠定了基础。1996 年，《中华人民共和国乡镇企业法》颁布，标志着中国对乡镇企业的规范和管理逐步进入法制化轨道。

（三）发展乡镇企业的意义

中国农村改革的率先突破，给农村经济带来的一大历史性变化就是乡镇企业的异军突起。乡镇企业的兴办，成为 20 世纪 80 年代带动中国经济增长加速的引擎。乡镇企业初期发展阶段的基本目标是开辟农村就业门路和提高国民收入，随着乡镇企业不断成长壮大，乡镇企业已成为农村经济的重要支柱和国民经济的重要组成部分，其作用和意义远远超出预期的范围。乡镇企业的发展深刻改变了农村经济单纯依靠农业发展的格局，对促进国民经济增长和支持农业发展，增加农民收入和吸纳农村剩余劳动力，壮大农村集体经济实力和支持农村社会事业，逐步实现农村城镇化等都有重大意义。乡镇企业异军突起，是中国农民的又一个伟大创造。

1. 推进农村经济结构变革

乡镇企业在市场条件下和农村范围内崛起，成为市场经济、以工补农和城乡一体化的先导力量。乡镇企业的迅猛发展大大加快了农村经济、城乡建设和农民致富的步伐，成为国民经济的重要支柱和发展社会主义市场经济的重要力量。1978 年，社队企业总产值只相当于当年农业总产值的 37% 左右。1987 年，全国乡镇企业产值占农村社会总产值的 50.4%，首次超过了农业总产值，标志着中国农村经济已经进入一个新的历史时期。在 1987 年，邓小平同志热情赞扬乡镇企业是农村改革中完全没有预料到的最大收获，异军突起。从 1984 年《中共中央、国务院转发农牧渔业部和部党组〈关于开创社队企业新局面的报告〉的通知》正式提出发展乡镇企业的概念，到 90 年代初，在长三角和珠三角地区，乡镇企业产值已经占当地 GDP 的 1/3。1991 年，中国乡镇企业总产值突破 1 万亿元大关，与当年的国营企业平分秋色，成为中国经济的半壁江山、农村经济的主体。

乡镇企业开创了农民在农村就地就近就业的新路子。改革开放以后，家庭联产承包责任制的全面推行使农业劳动生产率迅速提高，大量农村劳动力从土地的束缚中解放出来，迫切需要大力发展非农产业予以吸收。而农村经济体制改革将大量的农业人口从土地上解放出来，为乡镇企业发展以及大规模的工业化进程提供了充足的劳动力。乡镇企业很好地承接了农村剩余劳动力的转移。1978—1991 年乡镇企业每年吸纳就业农民 600 多万人，农业劳动力离土不离乡，进厂不进城，实现了产业劳动力的就地转化，激发了农村新的经济活力。乡镇企业使数亿农民脱贫致富，闯出了一条依靠农村自身力量转移剩余劳动力的新路子，探索了一条具有中国特色的实现农村工业化的可行途径。

乡镇企业的发展促进了小城镇的形成。小城镇是在乡镇企业发展的基础上出现和发展壮大的。乡镇企业在发展过程中逐步变成农民集体或个体兴办工厂、商店、服务业的中心，同时，在乡镇企业周边与人民群众生活密切相关的城乡集贸市场也迅速发展。以乡镇企业为核心的区域已经具备了一定程度的城市功能。可以说乡镇企业的兴起，促进形成了一大批具有商品交换特色的新的农村集镇和小城市。

2. 推进工业结构变革

乡镇企业的发展冲破了中国城市搞工业、农村搞农业的二元经济格局，为农村致富和逐步实现现代化，为促进工业和整个经济的改革和发展，开辟了一条新路，使中国走出了一条城市工业与农村工业相互依托、相互融合、相互促进的有中国特色的工业化道路，加快了中国工业化的进程。从企业结构看，乡镇工业主要是中小企业，与国有大中型企业一起形成了大中小相结合的较为合理的工业企业结构。乡镇企业与国有企业形成了互为市场、相互依存、相互补充的关系，有力推动了中国工业发展，衣食住行等各方面的工业品，如自行车、电视机、缝纫机、洗衣机、手表、收音机等商品进入寻常百姓家。从产业结构看，农作物大幅度增产，农副产品大量增加，提供了工业发展需要的原材料。乡镇工业以农副产品加工、资源开发、劳动密集型、轻型加工企业为主，所生产的产品涉及社会经济的各个方面和门类。具体来说，乡镇企业的工业产品包括直接为城市大工业配套服务的产品，利用当地原材料加工的农副产品和建筑材料，利用当地传统工艺和劳动密集优势生产的产品，外向型企业的出口产品，以及在合理规划与开发的前提下开采当地资源的采矿产品。乡镇企业对农村产业结构调整的贡献，为中国社会主义市场经济体制的创立做出了非常有利的探索。从所有制结构看，乡镇企业等非国有企业的发展，优化了所有制结构，逐步形成了以公有制为主体、多种所有制经济共同发展的所有制结构。乡镇企业的迅猛发展还对国有企业形成竞争态势，乡镇企业灵活的内外机制使它具有比国有企业更强的竞争力和自生能力，迫使国有企业趋向市场化改革。同时，国有企业改革下岗分流的几千万职工大部分到民营企业就业，为国企改革创造了条件①。

3. 催生了股份合作制企业

1981 年，浙江省台州市温岭县牧屿公社青年农民陈华根和几个合伙人来到温岭县工商局，找到分管工商企业登记人员要求办理集体企业的执照。1982 年 12 月 18 日，温岭县工商局颁发了〔1982〕74 号文件，同意建办温岭牧屿牧南工艺美术厂，企业性质属社员联营（集体）。1983 年 1 月，温岭牧屿牧南工艺美术厂注册成立。1986 年 10 月 23 日，中共黄岩县委〔1986〕69 号文件《关于合股企业的若干政策意见》正式出台，成为全国第一个鼓励、支持股份合作经济发展的官方文件。接着，黄岩县委、县政府、台州地委相继出台了一系列政策措施，有力地推动了台州股份合作制企业的蓬勃发展。到 1988 年年底，台州这类企业已有 9000 多家，创产值 37 亿多元。温岭牧屿牧南工艺美术厂成为全国第一家有据可查、经过工商注册的股份合作企业，这本营业执照也成为全国第一家有据可查、由工商行政管理部门批准的股份合作制企业营业执照。

1997 年 9 月党的十五大召开，江泽民同志在报告中指出："公有制实现形式可以而且应当多样化"，"目前城乡大量出现的多种多样的股份合作制经济，是改革中的新事物，要支持和引导，不断总结经验，使之逐步完善"。股份合作制第一次写进全国党代会报告，从此正式载入史册。

专栏 2－1　20 世纪 80 年代乡镇企业类型的典型代表

以乡村集体企业兴旺发达为标志的苏南模式、以农民个体私营企业蓬勃发展的温州模式、以外向型经济为主的珠江模式、以侨资为依托的晋江模式等发展范例，是乡镇企业发展过程中的典型代表，是中国乡镇企业发展的成功范例。

1. 苏南模式

苏南是指江苏南部的苏州、无锡、常州三市所辖的地区，是中国乡镇企业的发源地。"苏南模式"是对江苏南部地区最早发展起来的集体所有制的乡镇企业模式的统称。

苏南模式的特点：一是农民依靠自己的力量发展乡镇企业。通过资金自筹、

① 参见樊纲：《两种改革成本和两种改革路径》，载《经济研究》，1993 年第 1 期；林毅夫、蔡昉、李周：《中国的奇迹：发展战略与经济改革》，上海人民出版社 2002 年版。

劳力自招、原料自找、产品自销、决策自主、风险自担的方式发展商品经济，面向市场、参与竞争。二是乡镇政府主导乡镇企业的发展。乡镇或村政府掌握企业发展初期的所有权，以乡镇政府为主组织资源，政府出面组织土地、资本和劳动力等生产资料，出资办企业，并由政府指派能人（企业家）来担任企业负责人，企业经营者在其后的发展过程中逐步接管企业的实际控制权。乡镇企业集体经济所有制的企业组织形式体现在乡镇政府直接参与企业经营，不仅节约了要素成本支出，降低了交易成本，而且强化了监督和激励的有效性，将能人（企业家）和社会闲散资本结合起来，很快跨越资本原始积累阶段，推动了乡镇企业在早期的飞速发展，实现了苏南乡镇企业在全国的领先发展。三是乡镇企业的所有制结构以集体经济为主，通过大力发展乡村集体企业而使县域经济社会全面进步，是一种重点探索农村工业化道路的县域经济发展模式。四是企业生产多依附于国有企业而生存。五是推动了苏南农村小城镇化。由于乡镇工业带动，苏南农村小城镇对劳动力需求快速增长，吸收和消化了大量农村剩余劳动力，大大减轻了大中城市的人口压力。乡镇企业在带动苏南城乡经济蓬勃发展的同时，开辟了中国城乡二元格局下城市化发展的新路。

2. 温州模式

温州模式是中国在改革开放以后，以浙江东南部的温州地区为代表，涵盖台州地区在内的一种经济发展模式。

温州模式的基本特点是以家庭工业、个体经济为主和专业化市场的发展方式。具体表现为：一是经济形式家庭化，以私营个体的乡村企业为主，家庭、联户企业是温州农村非农经营的主要方式，小商品大都是以家庭为单位进行生产。温州的产业载体发展依托的是本地的产业资源，是一种“内生”为主导的模式。二是生产要素市场化，乡镇企业通过市场体系来配置生产要素，温州的乡镇企业是在消费品市场、生产资料市场、资金市场、劳务市场、技术市场等民间市场体系中发展起来的。要素市场的形成为乡镇企业乃至整个温州农村商品经济运行提供了可靠的保证。经营方式专业化、专业生产系列化、服务环节社会化等促进了乡镇企业在社会化协作中提高专业化水平，形成既有分工又有协作的商品生产企业群体。三是该模式是一种放手发展民营经济、市场经济，政府在经济发展中“无为”的模式。四是要素流动与小城镇发展相互促进。乡镇企业依靠本地资源发展起来，初步形成了小城镇，小城镇的出现又进一步吸引更多的企业向小城镇及周边地区聚集，要素自由流动并向小城镇相对集中。随着乡镇企业的发展，带动了小城镇的发展，也促进了乡镇企业的外部环境的改善。

3. 珠江模式

珠江模式是广东珠江三角洲区域以出口加工、“三来一补”为主的发展模式，是引进外资和发展外向型经济为主的一种经济模式。

珠江模式最显著的特征是外向型经济。发展模式上，普遍发展“三来一补”企业，并引进外资和技术设备，以外资企业和中外合资企业为主体，充分利用外来直接投资和国际市场，形成外向型乡镇企业体系。在所有制形式上，以乡村集体经济为主，乡、村、组、联户和个体各层次间相互竞争，相互促进。在经营形式上，以镇办、村办、联户办和股份合作等集体所有制企业为主，以个体和私营企业（包括三资企业）为补充，个体、租赁、“三来一补”、中外合资和合作等多种经营形式相结合，这是有别于其他模式的重要特色之一。在产业结构上，以第二产业为主，注重新兴产业与第一、二、三产业间的协调发展。

4. 晋江模式

晋江是福建东南沿海的一个县级市。晋江模式是指一种以市场调节为主，以外向型经济为主，以股份合作制为主，多种经济成分共同发展的经济发展模式。晋江模式是唯一以县域经济形成的模式。

晋江模式的第一个显著特征是以小经济带动大发展。晋江经济主要起步于消费品工业，如纺织服装、陶瓷建材、制鞋、食品等传统产业，这些产业附加值低、竞争激烈。小经济适应了经济发展，成为晋江在发展初期的主要特征，具体体现为“五小”，即小目标、小资本、小规模、小商品、小利润。第二个特点是独特的社会资本优势。晋江是著名的侨乡，这一优势为晋江带来了资金、先进技术和管理经验，独特的社会资本优势，不仅奠定了晋江模式的根基，也培育了晋江以外向型经济为主的经济模式。第三个特点是联户集资的创业模式。晋江的民营企业基本上是从乡办、村办、联户和个体四种企业形态发展而来的，而这四种企业形态基本上是以联户集资形式为主。晋江模式的最大特色是晋江的企业采取了联户集资股份合作的形式，并逐渐扩大规模，结合当地特定的资源和条件，形成了专业市场，进而推动了产业集群的形成以及构建了地方生产系统。

三、农村改革成功的重大意义

农村改革发展的伟大实践，为建立和完善中国社会主义初级阶段基本经济制度和社会主义市场经济体制进行了创造性探索，为实现人民生活从温饱不足到总体小康的历史性跨越、推进社会主义现代化作出巨大贡献，为战胜各种困难和风险、保持社会大局稳定奠定了坚实基础，为成功开辟中国特色社会主义道路、形成中国特色社会主义理论体系积累了宝贵经验①。中国农村改革的成功使整个国民经济上了一个新台阶，对于全面开创中国社会主义现代化建设的新局面，对于证明中国共产党改革开放路线方针的正确性，充分显示社会主义制度的优越性，都具有极为重要的现实意义和深远的历史意义。

（一）农村改革从根本上解决了广大农民的温饱问题

党的十一届三中全会以前，人民的温饱问题始终未能得到切实的解决。农村经济体制改革给农村经济注入了新的活力，充分调动了亿万农民的积极性，解放和发展了农村社会生产力，扭转了中国农业长期徘徊的局面，带来了农村经济的繁荣。粮食生产不断跃上新台阶。1984 年，中国粮食总产量登上 4 亿吨台阶，解决了当时十分紧迫的粮食紧缺问题。1984 年甚至出现农民“卖粮难”的问题。1990 年同 1978 年相比，中国人均粮食消费量由 195 公斤增加到 250 公斤，人均食用植物油消费量由 1.5 公斤增加到 5.7 公斤。农村改革促进了农副产品产量提高，城乡市场供应的农副产品日益丰富。1987 年，中国的粮食、棉花、猪牛羊肉产量上升到世界第一位，1990，年大豆、油菜籽等作物产量也跃居世界首位。农副产品产量大幅度增加，为解决人民的温饱问题提供了物质保障。我们依靠自己的力量解决了中国十多亿人的吃饭问题，此后中国改革过程中再也没有发生过粮食短缺。

（二）凝聚了改革共识

农业增产增收，使家庭承包经营的新体制以事实胜于雄辩的力量赢得越来越多人的信服。1990 年同 1980 年相比，农业总产值增长 84.6%，平均每年增长 6.3%；

---

① 参见《中共中央关于推进农村改革发展若干重大问题的决定》，2008 年 10 月 12 日中国共产党第十七届中央委员会第三次全体会议通过。

扣除物价上涨因素，1990年农民人均纯收入比1980年增长123.9%，农村面貌发生了明显改变，农业劳动生产率大幅度提高。全国绝大多数地区解决了温饱问题，人民生活也有不同程度的改善，农村贫困人口大幅度减少。农村改革给农民带来增产增收的好处，又解决了困扰已久的粮食紧缺问题，这大大提高了改革的声誉。

1978年以后，通过推行以家庭联产承包为主的农业生产责任制，提高农副产品收购价格，积极推广应用农业科技成果等一系列措施，广大农民群众的积极性和创造性得到极大的调动和提高。特别是1982年到1986年中央颁布的关于农业问题的五个“一号文件”，使农村改革大踏步地向前推进。1982年的中央“一号文件”《全国农村工作会议纪要》，肯定包产到户、包干到户都是社会主义集体经济的生产责任制，解决了姓“资”姓“社”的争论。1983年，中央“一号文件”《当前农村经济政策的若干问题的通知》进一步肯定家庭经营联产承包制具有广泛的适应性。包干到户在全国各省市得到了共识。1983年以后，多数人开始以欣喜的心情拥抱农村改革，原因是农村改革促进了农产品的超常规增长。对争议了几年的“有计划的商品经济”的观点达成共识，被写进了党的十二届三中全会做出的《关于经济体制改革的决定》里。1984年10月，党的十二届三中全会做出的《关于经济体制改革的决定》指出，“中国经济体制改革首先在农村取得了巨大成就”，“农村改革的成功经验，农村经济发展对城市的要求，为以城市为重点的整个经济体制的改革提供了极为有利的条件”。

农村改革率先突破，农村改革的成就有目共睹，进一步凝聚了党内和社会对全面改革的共识。通过改革，农业经济发展了，农民生活改善了，有力地证明了党的十一届三中全会以来的路线方针政策是正确的，中国走社会主义道路是正确的，农村改革的成功对此起到了很重要的作用。

（三）推动了城市经济体制改革

党的十一届三中全会后，我们党打破所有制问题上的传统观念束缚，为非公有制经济发展打开了大门。这种着眼于解放和发展生产力的改革，逐渐从农村推向城市。但是城市改革还只是初步的，城市经济体制中严重妨碍生产力发展的种种弊端还没有从根本上消除。城市企业经济效益还很低，城市经济的巨大潜力还远远没有挖掘出来，生产、建设和流通领域中的种种损失和浪费还很严重，加快改革是城市经济进一步发展的内在要求。在农村改革的影响和推动下，城市经济体制改革开始试点和启动。十二届三中全会通过的《中共中央关于经济体制改革的决定》，是一个推进经济体制全面改革的纲领性文件，中国经济体制改革进入全面展开阶段。这一阶段改革的重点开始由农村转向城市，以增强企业活力为中心，进行城市综合配套改革。随着农村改革的发展，农村经济开始向专业化、商品化、现代化转变，这种形势迫切要求疏通城乡流通渠道，为日益增多的农产品开拓市场，同时满足农民对工业品、科学技术和文化教育的不断增长的需求。农村改革的成功经验，农村经济发展对城市的要求，为以城市为重点的整个经济体制的改革提供了极为有利的条件，以城市为重点的经济体制改革就此展开。

（四）坚持以市场化为改革取向

农村改革正是由于坚持市场化的改革方向，广大农民的积极性、主动性和创造性得以充分的调动和发挥。农村经济体制改革是在保持所有权归集体的前提下，产权主体不断具体化和清晰化，农户产权主体地位逐步得到确立，通过建立农村基本经济制度和市场机制，保障农民生产经营自主权，从而农民的主体性得到发挥，农民的生产积极性得到激发，农业生产力得到解放和发展。

在农村经济体制改革过程中，运用经济杠杆和法律手段改善对农村经济的管理，大幅度调整主要农产品的价格，同时，废除了对农产品的统购统销制度，陆续减少农产品统派购的品种和数量，只对粮食等极少数最重要的农副产品实行合同定购制度。越来越多的农产品被推向市场，农产品供应日益丰富，农民收入大幅增加，有力地推动了全国农村经济的发展。

正是由于坚持市场化的改革方向，促进了乡镇企业异军突起，乡镇企业以市场为导向，其产品由市场调节生产和交换。鼓励发展多种经营，开放城乡农贸市场，实行统派购定基数政策，为农民释放出一定的市场空间。农村改革极大地解放了农村生产力，放活了商品和要素的流通，促进了农村经济向专业化、大规模商品化转变，有力地推动了农村社会分工的深化和商品化程度的提高，带来了农村经济的大发展。

（五）用 10 年时间结束了短缺时代

中国的改革是围绕着解决短缺问题开始的。改革之初，面对长期存在的商品匮乏的状况，我们调整了发展战略，重视发展农业和轻纺工业，由过去过分偏重于重工业，向重视消费品工业发展的转变。改革首先在农业和消费品工业上发力，主要在于它们所提供的产品属于最终消费品，距离市场最近，人民受益最快。

土地家庭联产承包责任制的推行，调动了家庭的积极性，激发了蕴藏在几亿农民中的发展经济、摆脱贫穷的巨大潜能，农业劳动生产率和土地产出率大幅提高，全国粮食和各种农产品连年大幅度增产，很快满足了市场需要。到1992年，各地粮食库存增多，占压了大量资金，从1993年开始，全国多数地区放开了粮食价格，实行了39年的粮食统购统销政策退出历史舞台。

党的十一届三中全会以来，围绕增加短缺工业品，国家调整了重化工业优先发展战略，对发展轻纺工业实施“六个优先”政策，即在原材料和能源供应、银行贷款、技术改造、基本建设、利用外汇和引进技术、交通运输等六个方面实施优先政策，这些优先政策的实施，使中国消费品工业出现了高速发展局面。1979—1988年，中国轻工业的年均增长速度高达15%，比同期重工业增长速度高出近4个百分点，在工业产值中所占比重也从1973年的43.1%上升到1988年的49.3%。由于放开了工业消费品价格，轻纺工业领域引进外资和技术，使轻纺工业保持了高速增长，这一阶段的标志是轻纺工业全面转入买方市场。在这一时期，市场还放开了价格，这激发了人们的生产积极性，粮食、副食品、纺织、服装和耐用消费品大幅度增产，吃穿用等商品绝大部分实现供求平衡甚至供过于求。在迅速消除长期存在的大范围的短缺之后，中国经济中几乎大部分消费品都进入饱和期。针对工业消费品极度匮乏的状况，通过发展乡镇企业，满足市场需求，仅用十几年时间，我们解决了工业消费品短缺的问题，结束了工业品的“票证供应”时代，摆脱了困扰我们几十年的短缺经济。

20世纪80年代推行土地家庭联产承包责任制并伴随乡镇企业崛起，带动了国民经济的起飞，实现了改革开放后第一次结构转换。这次结构转换的特征是农产品、轻纺工业产品供给的大幅度增加，使最终消费品在社会总产品中的比重迅速提高，改变了长期以来经济结构“重重轻轻”和农业发展滞后的扭曲状态，从而释放出巨大的发展动能，既满足了市场需求，又拉动了经济快速增长。农轻重之间、消费品与生产资料之间的比例协调了，农业和轻纺工业成为这一时期的增长点，拉动了整个国民经济的起飞。

第二节 党的十四届三中全会提出社会主义市场经济体制的基本框架

1992 年初，邓小平在南方谈话中提出“计划多一点还是市场多一点，不是社会主义与资本主义的本质区别。计划经济不等于社会主义，资本主义也有计划；市场经济不等于资本主义，社会主义也有市场”等重要论断，从根本上破除了市场经济姓“资”、计划经济姓“社”的传统观念，解除了把计划经济和市场经济看作属于社会基本制度范畴的思想束缚，为社会主义市场经济理论的提出和社会主义市场经济体制的建立指明了方向，打破了长期以来禁锢人们头脑的传统观念，丰富和发展了马克思主义理论。

一、社会主义市场经济体制的提出和基本框架的确立

党的十四大报告明确了建立社会主义市场经济体制的改革目标。十四届三中全会指出，建立社会主义市场经济体制，就是要使市场在国家宏观调控下对资源配置起基础性作用。

（一）社会主义市场经济体制改革目标

1992 年 10 月党的十四大召开，十四大报告《加快改革开放和现代化建设步伐夺取有中国特色社会主义事业的更大胜利》正式明确建立社会主义市场经济体制的改革目标，指出“经济体制改革的目标，是在坚持公有制和按劳分配为主体、其他经济成分和分配方式为补充的基础上，建立和完善社会主义市场经济体制”，并且强调社会主义市场经济体制是同社会主义基本制度结合在一起的，要建立社会主义市场经济体制，就是要使市场在社会主义国家宏观调控下对资源配置起基础性作用。这是中国经济体制改革目标的重大突破，解决了中国改革发展中的一个关键性问题，是对马克思主义经济理论的创造性发展。

（二）社会主义市场经济体制的基本框架

改革开放以来，中国经济体制发生了巨大变化。以公有制为主体的多种经济成

分共同发展的格局初步形成，农村经济体制改革不断深入，国有企业经营机制正在转换，市场在资源配置中的作用迅速扩大，对外经济技术交流与合作广泛展开，计划经济体制逐步向社会主义市场经济体制过渡。我们紧紧抓住国内国际的有利时机，加快建立社会市场经济体制的进程。1993 年 11 月，党的十四届三中全会通过的《关于建立社会主义市场经济体制若干问题的决定》把党的十四大确定的经济体制改革的目标和基本原则加以系统化、具体化，设计了社会主义市场经济体制的基本框架，确立了社会主义市场经济体制改革的各项任务。《决定》指出，为实现建立社会主义市场经济体制这个目标，必须坚持以公有制为主体、多种经济成分共同发展的方针，进一步转换国有企业经营机制，建立适应市场经济要求，产权清晰、权责明确、政企分开、管理科学的现代企业制度；建立全国统一开放的市场体系，实现城乡市场紧密结合，国内市场与国际市场相互衔接，促进资源的优化配置；转变政府管理经济的职能，建立以间接手段为主的完善的宏观调控体系，保证国民经济的健康运行；建立以按劳分配为主体，效率优先、兼顾公平的收入分配制度，鼓励一部分地区一部分人先富起来，走共同富裕的道路；建立多层次的社会保障制度，为城乡居民提供同中国国情相适应的社会保障，促进经济发展和社会稳定。这些主要环节是相互联系和相互制约的有机整体，构成社会主义市场经济体制的基本框架。《决定》是中国建立社会主义市场经济体制的总体规划，是 20 世纪 90 年代进行经济体制改革的行动纲领。

以邓小平 1992 年年初重要谈话和党的十四大为标志，中国改革开放和现代化建设事业进入一个新的发展阶段。经济体制改革目标的提出和社会主义市场经济体制基本框架的确立，从长期实行的计划经济体制向社会主义市场经济体制过渡，把社会主义市场经济体制同社会主义基本制度结合在一起，是一项开创性的事业，是中国社会主义发展史上一次具有深远意义的战略性转移。这是重大的理论突破，也是中国经济体制改革和中国特色社会主义道路探索中的一个正确选择。

二、在实践中完善宏观调控体系

20 世纪 80 年代，中国经济处于周期性的大起大落，因为还没有找到一个更有效的调控手段，当时应对的办法就是综合运用各种杠杆来进行调控。进入 90 年代，在继续搞活微观经济主体的同时，如何避免经济大起大落，就需要建立一套完善的与市场经济相适应的宏观调控体系。改革宏观经济管理体制，建立和完善宏观调控体系成为改革的重要内容。

（一）建立宏观调控体系的提出

党的十三届五中全会做出了关于进一步治理整顿和深化改革的重要决定，提出了治理整顿的六项目标，其中包括建立宏观调控体系。1992 年，党的十四大提出了建立社会主义市场经济体制的改革目标，提出要使市场在国家宏观调控下对资源配置起基础性作用。1993 年，党的十四届三中全会通过了《中共中央关于建立社会主义市场经济体制若干问题的决定》，全面规划了建立社会主义市场经济体制的框架体系，明确了市场经济要建立现代企业制度，建立全要素市场体系，建立完善的宏观调控体系，建立完善的法律体系。《决定》指出社会主义市场经济必须有健全的宏观调控体系，宏观调控的主要任务是保持经济总量的基本平衡，促进经济结构的优化，引导国民经济持续、快速、健康发展，推动社会全面进步。《决定》首次提出了建立计划、财税、金融三者之间相互协调的宏观调控体系。

建立完善的宏观经济调控体系，是现代市场经济健康运行的前提条件。从传统计划经济体制过渡到社会主义市场经济体制，要求建立新型的宏观调控体系。在市场经济条件下，价值规律是各类经济活动必然遵循的规则。但是，市场经济有着自发性、盲目性的缺点，存在市场失灵问题。有关宏观经济总量、经济结构、收入分配、社会保障等方面的问题，是无法依靠市场解决的，必须通过宏观调控来弥补市场失灵，克服市场自身的缺陷。宏观调控的主要任务应当是保持经济总量的平衡，优化产业结构和地区生产力布局，培育具有国际竞争能力的企业集团，在国际交流中保护国家和企业的利益。市场经济需要宏观调控，这是由市场经济自身的规律决定的。社会主义市场经济需要强有力的宏观调控体系，通过宏观调控体系，从总体上对国民经济各部门、各地区、各企业和社会再生产各个环节进行规划、协调、服务和监督，使市场竞争的活力得以正确发挥。建立完善的宏观调控体系，协调经济发展中各种矛盾关系，保证国民经济健康运行，保持宏观经济稳定，是建立中国市场经济体制的措施之一。

（二）在实践中探索宏观调控方法

1. 通过宏观调控和政策引导，充分利用市场机制对资源配置的基础性作用，振兴了四大支柱产业，实现了第二次经济结构大转换

20世纪80年代，中国经济的发展主要依靠农业、轻纺工业和建材工业的迅速增长。20世纪90年代，中国经济再上新台阶，为适应工业化和现代化的发展阶段的需要，就必须寻找新的增长点。党的十四大报告在科学分析中国经济发展现状和规律的基础上，提出20世纪90年代要振兴机械电子、石油化工、汽车制造和建筑业，使它们成为国民经济的支柱产业。这是在经济发展阶段转换时期提出的重大战略任务，抓住了新的国民经济发展阶段的关键，反映了中国经济发展的客观趋势和要求。90年代，中国在转变经济增长方式上取得了重大进展，具有标志意义的成果就是我们用10年时间将电子机械、石油化工、汽车制造和建筑业四大支柱产业产值在国内生产总值中的比重由不足8%提高至25%以上。四大支柱产业的崛起，标志着中国工业化进程由发展轻纺工业为主转向以重化工业为主的新阶段。四大支柱产业的振兴，带动了产业结构的转换、升级和整个国民经济的高速增长，并引起中国城乡结构、经济结构和社会面貌的深刻变化，对90年代的经济腾飞和国民经济的持续快速增长发挥了重要支撑作用①。

2. 通过加强和改善宏观调控，成功抑制了经济过热和通过膨胀，实现了经济软着陆

进入20世纪90年代，随着市场化改革的推进，经济发展和改革开放的步伐明显加快，经济生活出现了过热的现象。具体表现为：一是总量失控。总需求增长过快，大大超过总供给能力。二是结构失衡。股票、期货、房地产等迅速膨胀，而基础设施、基础产业发展相对滞后，特别是交通运输对经济发展的“瓶颈”制约矛盾突出。三是金融秩序混乱。乱集资、乱拆借、乱设金融机构，开发区热、房地产热相互推动，加剧了总供求关系失衡和结构扭曲。同时，各种不合理的减免税和偷漏税使正常财政收支大量流失。

针对经济生活中出现的问题，为了制止整个经济状况的进一步恶化，党中央国务院采取了一系列宏观调控措施。1993年6月下旬，党中央及时发出了《中共中央关于加强和改善宏观调控措施的通知》，1993年12月15日、12月25日和1994年1月11日，国务院分别发布《关于实行分税制财政管理体制的决定》《关于金融体制改革的决定》和《关于进一步深化对外贸易体制改革的决定》。在金融方面，制止各种违反国家规定的集资，严格控制各项债券和货币的发行。在财税管理方面，

① 参见郑新立主编：《中国支柱产业振兴方略》，中国计划出版社1995年版。

强化税收征管。同时严格外汇管理和控制固定资产投资，控制物价上涨。通过实施一系列宏观调控政策措施，经济过热的状况得到抑制，金融秩序明显好转，乱集资、乱拆借、乱设金融机构等混乱现象基本得到控制，股票市场趋于稳定，房地产热降温，开发区热被清理整顿，投机和泡沫经济得到了有效抑制，宏观调控取得了明显效果。

为了巩固宏观调控的成果，使宏观经济管理适应社会主义市场经济体制的要求，1994 年，党中央、国务院果断推出了财税、金融、外汇、价格等宏观经济管理体制的重大改革。1995 年，又进一步将抑制通货膨胀作为宏观调控的重要任务，并以此为中心，相应采取了一系列措施，主要有：实行适度从紧的财政货币政策，继续严格控制固定资产投资规模，控制消费基金的过快增长，整顿流通秩序，加强对市场价格的调控和监管，稳定市场、平抑物价，加强价格监管。从 1993 年到 1997 年，针对经济过热、通货膨胀，实施适度从紧的财政、货币政策，从整顿金融秩序入手采取了加强和改善宏观调控的一系列措施。经过连续几年的宏观调控，中国经济实现了软着陆，有力地促进了国民经济持续、快速、健康发展，保证了“八五”计划的顺利完成，整个经济开始进入适度快速和相对平稳的发展轨道。

3. 通过宏观调控，实施扩大内需战略，成功应对亚洲金融危机

1997 年下半年，亚洲金融危机爆发，受亚洲金融危机冲击，中国投资、消费和出口都受到影响。此时，中国经济面对的主要矛盾不再是通货膨胀，而是需求不足。为了应对亚洲金融危机给中国经济发展带来的严重影响，扩大内需成为中国长期坚持的战略选择。针对亚洲金融危机的冲击和国内有效需求不足的影响，为了保持经济的持续快速增长，1998 年 4 月，按照党中央提出的扩大内需战略，国务院决定增发 1000 亿元 10 年期长期建设债券，在实际执行中按 1250 亿元掌握，同时银行配套贷款 1000 亿元，集中用于交通通信、农田水利、城市基础设施和环保、城乡电网改造、国家直属储备粮库、经济适用房、生态环境和扩大大学生招生等领域的建设。国债连续发行了 5 年。这项政策的及时出台，解决了需求不足的矛盾，不仅办了多年想办而未能办成的事，支持了当期经济平稳较快发展，而且为之后 10 年出现高增长、低通胀的黄金发展期奠定了坚实的基础，有力地扭转了通货紧缩趋势[①]。通过坚持扩大内需方针，实行积极的财政政策和稳健的货币政策，中国经济

① 参见郑新立：《确保今年 8% 增长速度存在的问题和建议》，载《郑新立文集》第七卷，中国社会科学出版社 2016 年版，第 253—255 页。

发展取得了很好的效果，成功地把亚洲金融危机带来的挑战变成了发展机遇。

（三）中国宏观调控体制和运行机制的特点

宏观调控体系是社会主义市场经济体制的重要组成部分。为了避免经济大起大落，就要建立与市场经济相适应的宏观调控体系。从抑制通货膨胀到扩大内需，中国建立起了以经济、法律手段为主的宏观经济调控体系，政府主要通过中长期发展规划和年度宏观调控目标，运用财税、金融等调控手段引导经济运行。

1. 通过年度计划确定宏观调控目标体系

根据计划期限来划分，中国实行的计划分为两类。一类是具有发展战略性质的中长期计划。长期计划以十年和十年以上为期限，主要提出国民经济和社会发展的方向、战略、指导思想和重要目标。中期计划一般为五年计划，以长期计划为指导，确定国民经济和社会发展的主要目标、战略重点、指导方针、重大项目和主要政策措施。另一类是具有总量调控性质的年度计划。年度计划是根据中期计划的要求而制订的一年期计划。年度计划的宏观调控目标主要是经济增长速度、全社会固定资产投资、价格上涨幅度、进出口总额、财政收支、货币发行量、城镇登记失业率、人口自然增长率。这些指标全面反映着经济运行的状况。每年年底，中央提出新一年经济发展的目标及政策措施，形成年度计划草案，提交全国人大会议讨论。经过全国人大审议批准后，它就具有了法律效力，便成为国务院有关部门和地方政府制定各自计划、政策和措施的依据，政府各部门将全力保证各项目标的实现。

2. 计划、财政、金融三大调控手段密切配合

中国的宏观调控体系既不同于以美、英为代表的分散型市场经济国家，也不同于以德、日、韩为代表的协调型市场经济国家。主要体现在计划、财税、金融三大调控杠杆的运用上，从中国的生产力发展水平、市场发育程度和追赶发达国家的要求出发，形成高效、灵活、具有中国特色的调控体系。计划是宏观调控的基本依据，财政是结构调整的重要手段，金融调控的作用主要在总量平衡。计划、财政、金融三大调控手段围绕同一调控目标，配合协调，联合行动，形成合力，构成经济运行的动力机制和平衡机制。在经济运行过程中，根据出现的新情况，及时调整政策方向和力度，以实现宏观调控目标。在1993—1996年抑制通货膨胀的过程中，在财政政策与货币政策的配合上，货币政策发挥了较大的作用。1997年下半年爆发的亚洲金融危机，对中国出口产生了严重影响，1998年开始，国家采取了一系列宏

观调控措施扩大内需，在启动扩大内需的过程中，财政政策发挥了较大的作用，削弱了亚洲金融危机对中国经济的不利影响。在经济运行中，计划、财政、金融三大调控手段互相配合，协调运作，为国民经济的持续、快速、健康发展创造了条件，提高了宏观调控的效率。

（四）健全社会主义市场经济宏观调控运行机制①

适应社会主义市场经济体制的宏观调控运行机制，要求宏观调控过程中“决策—实施—反馈—再决策”的各个环节能够紧密衔接，构成一个有机的循环，并在监督机制和保障机制共同作用下，做到决策科学、协调默契、监督完备、保障有力、修复及时。

第一，要建立科学的决策机制。只有建立起科学规范的决策机制，才能保持宏观政策的正确性和连续性。通过建立规范的宏观决策制订程序，为科学决策提供制度保证。通过提高宏观决策的社会参与度，为科学决策创造良好的群众基础。

第二，建立协调机制。在宏观调控体系中，计划、金融、财政之间，既各有分工，又互相联系。在调控部门之间建立起目标一致、职责明确、分工合理、配合协调、相互制约的运行机制。

第三，建立监督机制。通过建立监督机制，防止宏观调控结果与目标发生偏离，保证国民经济的健康运行。监督的方式包括：人大、政协对行政部门执行宏观调控政策的监督，宏观调控部门和政府职能部门对各类经济行为的监督，微观经济主体通过社会会计审计进行的互相监督等。

第四，建立保障机制。通过国家经济信息系统建设、加强对经济形势的跟踪监测和预警分析、健全国民经济信息发布制度等方式，形成有助于宏观决策部门正确把握形势的信息采集和传递机制，满足决策信息需求的完整性、正确性和及时性，使各类信息系统的功能随着宏观决策重心的变化能够进行动态调整。在宏观调控的每一个环节上，实现各类经济主体对信息资源的共享。

第五，建立修复机制。通过建立政策效果反馈系统，进行政策效果的预评估和后评估。通过充分依靠行政系统、市场中介组织系统、学术研究系统和民间组织系统，组成新的宏观调控政策依托体系，使决策部门能够随时调整政策的方向和力

---

① 参见郑新立：《学习邓小平思想健全宏观管理体制》，载《郑新立文集》第七卷，中国社会科学出版社2016年版，第102—108页。

度，保证国民经济平稳发展。

（五）加强宏观调控政策相关学科的研究

随着经济的发展，中国迫切需要新的理论体系进行支撑，需要适应市场经济的新学科。20 世纪 90 年代，《现代政策研究全书》和《发展计划学》的出版创立了两个新学科，为中国宏观调控和政策研究进行了总结和探索，为宏观调控的科学运行提供了智力支持。前者从政策研究基本理论、政策研究方法论、政策研究基础、政策研究层次论、政策研究部门论、国内外政策研究机构概述、国内外政策研究的实践等方面进行了全方位的研究，使中国第一次有了完整的政策研究理论体系，为之后中国的政策研究奠定了坚实的理论基础。后者是一门研究如何提高全社会的组织程度，加快经济发展，提高全社会劳动生产率的学科，是一门研究如何富民强国的学科。它反映发展社会主义市场经济的要求，阐述社会主义市场经济体制下经济社会发展的客观规律，论述社会主义市场经济条件下计划与市场的关系。该学科建立了中长期计划、年度计划和专项计划这一完整学科体系，特别是提出计划与市场相辅相成，以更好地发挥市场配置资源的作用和政府的作用，使“看得见的手”和“看不见的手”在经济社会发展中共同发挥作用，体现了发展计划的宏观性、战略性、政策性。

三、改革计划体制，发展市场经济

从改革开放开始，在之后的 20 年时间里，中国的计划体制改革取得了重大进展。这一阶段的计划体制改革可分为两个阶段，一是从 1978 年到 1993 年，为改革高度集中的计划管理体制时期；二是从 1993 年到 20 世纪 90 年代末，为进一步巩固改革成果，建立适应社会主义市场经济要求的新型计划体制、计划内容和计划方法的制度创新时期①。

（一）1993 年以前中国计划体制改革的主要内容

党的十一届三中全会到 1993 年，计划体制改革的过程中，曾有过指令性计划、

① 参见郑新立：《中国宏观经济管理体制的改革》，载《郑新立文集》第七卷，中国社会科学出版社 2016 年版，第 359—366 页。

指导性计划和市场调节并存的三种计划管理形式。尽管当时指令性计划的实施范围日益缩小，但指令性计划在一个时期里仍在计划管理中发挥主导作用。即使是指导性计划，虽然不具有强制性，国家也通过经济政策等措施促其实现，但按照规定，执行单位应当以指导性计划为依据，安排自己的活动，如有调整，要报上级备案①。中国计划体制改革的进展主要体现在大幅度缩小和改进指令性计划，使指导性计划逐步成为计划的主要形式，并在广泛的领域和较大的程度上发挥市场机制的作用。

生产方面的体制改革。在农业生产领域，到 1985 年，已全部取消农业生产领域指令性计划。1993 年年底，国家仅对粮食、棉花、油料、糖料、烤烟、肉类总产量、水产品、造林面积、天然橡胶 9 种主要农产品实行指导性计划管理。在工业生产领域，1979 年，国家计划收购和调度的商品为 65 种（一类商品），1987 年减少到 23 种，1993 年进一步减少到 15 种，其中 13 种实行指令性计划，2 种实行指导性计划。

商品流通方面的体制改革。改革的成效体现在国家计委②负责平衡、分配的统配物资数量的变化方面，1979 年为 256 种，1985 年减少到 20 多种，1990 年减少到 19 种，1993 年进一步减少到 12 种。

价格管理方面的体制改革。1992 年，国家物价局共放开了 571 种产品价格，下放省管 22 种，到 1992 年，又放开了大部分钢材和统配煤的价格，全国也已基本放开粮食购销价。在价格形成中，发挥市场的作用得到体现。

在外贸方面，国家计委负责平衡协调的出口供货商品，在 1980 年为 900 多种，1991 年减少到 29 种。

在教育、卫生、文化、广播影视、体育、社会保障等方面，将全国总数列入国民经济和社会发展计划，作为指导性计划。在国家直接计划管理范围大幅度缩小的同时，地方直接计划管理也明显减少。

这一阶段的计划体制改革取得了重大进展，原有高度集中的计划体制已经发生了多方面的深刻变化。计划管理从过去偏重于实物量的平衡，主要是定指标、分投资、批项目、分物资，转向偏重于价值量的平衡。同时，在加强和改善宏观调控

---

① 参见郑新立主编：《发展计划学》，中国计划出版社 1999 年版。

② 国家计委的前身是 1952 年成立的中央人民政府国家计划委员会，1954 年，中央人民政府国家计划委员会改为中华人民共和国国家计划委员会，简称“国家计委”，曾是主管国民经济规划和市场宏观管理的国务院原有组成部门之一。1998 年 6 月 22 日，《国务院办公厅关于印发国家发展计划委员会职能配置内设机构和人员编制规定的通知》（国办发〔1998〕69 号）明确，国家计划委员会更名为国家发展计划委员会，为国务院组成部门。国家发展计划委员会是负责研究提出国民经济和社会发展战略、规划、总量平衡、结构调整的宏观调控部门。2003 年，国务院机构改革，国家发展计划委员会改组为国家发展和改革委员会，简称“发展改革委”。

中，新的计划管理职能逐步确定，计划突出了宏观性、战略性和政策性，增强了预测性和导向性，越来越多地运用经济手段、经济政策、经济法规和必要的行政手段进行间接管理，较好地发挥了计划的总体指导作用和综合协调功能。

（二）1993 年以来计划体制改革的主要内容

经过 80 年代的经济体制改革，计划体制改革对改革开放和经济发展起到了重要的推动作用，但是，还不完全适应发展社会主义市场经济的要求。主要体现在：在新的宏观调控体系中，计划、金融、财政之间相互配合和制约的机制尚未形成，影响计划制订和实施的统一性和有效性；在资源配置上，市场的基础性作用和国家计划的指导作用未能很好发挥，二者有机结合的机制没有完全建立；在投资体制上，适应不同类型的规范化的投融资方式还没有形成，投资主体的风险约束机制还不健全；在计划管理上，中央和地方的关系还没有理顺，计划调控手段乏力，计划的法制化建设滞后。

进入 90 年代，计划体制改革进入以建立社会主义市场经济新型计划体制为主要内容的制度创新阶段。在这一时期，计划体制改革不断深化①。

继续缩减指令性计划管理的范围。生产方面。农业生产领域：在 1985 年全部取消指令性计划的基础上，国家仅对粮食、棉花、油料、糖料、烤烟、肉类总产量、水产品、造林合格面积和天然橡胶 9 种主要农产品生产实行指导性计划管理。工业生产领域：国家计委管理的指令性计划产品又从 1993 年的 36 种，减少到 1998 年的 12 种。商品流通方面：对国家计委负责平衡、分配的统配物资，到 1998 年，国家计委只对原油、成品油、煤炭、天然气和汽车 5 种生产资料中的部分产品实行统一配置。价格管理方面：建立主要由市场形成价格的机制，除对极少数垄断性的公用事业和关系国计民生、不适宜竞争的重要商品继续由政府定价外，绝大多数商品和服务价格都由市场形成。固定资产投资方面：企业和地方的投资决策权进一步扩大，国家负责安排的投资资金占全社会固定资产投资的比重已降低为 20% 左右。外贸外汇方面：从 1994 年开始，完全取消了进出口总额的指令性计划，同时，进一步扩大企业外贸自主权，缩减配额、许可证管理的商品品种。1994 年，中国成功地实行了汇率并轨。

---

① 参见郑新立主编：《发展计划学》，中国计划出版社 1999 年版。

改革计划指标体系。从 1995 年起，按照计划指标的性质和功能，将计划指标大体划分为“宏观调控目标”“预期指标”和“国家公共资金和资源配置指标”三类。只有极少数计划指标仍采取指令性方式。

建立和完善了国家计划报告和信息发布制度。从 1993 年开始，试编了年度计划报告。1995 年，国家对计划报告的性质、种类、内容、形式及编写、发布、实施等进一步规范，形成了比较完整的年度计划报告系列。同时，提出一些专题计划报告。从 1995 年开始，国家建立了计划报告公开发布制度。

在加强宏观经济和市场运行跟踪监测、预测、预警的基础上，在计划实施过程中，适时适度地进行即期调控。在强化产业政策引导经济结构调整和优化升级的重要作用的同时，进一步改进中长期计划方法，适应发展社会主义市场经济的要求。

通过对计划原有的模式、观念、职能、内容和形式的改革，计划调节成为中国实现宏观调控目标的重要手段之一。指导性、宏观性、战略性、政策性，是中国这个阶段发展计划的四个基本特点，区别于中国传统体制下国民经济计划的特点，是市场经济条件下的计划。国家发展计划的重点不再是安排各个层次、特别是企业的生产经营活动，而是合理确定宏观调控目标和产业政策、搞好宏观经济预测、制定国民经济和社会发展战略、规划重大经济结构和生产力布局、保障国家重点建设，促进国民经济持续、快速、健康发展和社会全面进步。

四、改革投资体制，扩大企业投资自主权

在从高度集中的计划经济体制向社会主义市场经济体制的转轨过程中，改变传统的计划投资方式，改革投资体制，培育市场投资主体对于提高国民经济的整体素质和效益具有重要意义。

（一）与市场经济相适应的投资体制改革进程

改革开放以来，国家对原有投资体制进行了一系列改革，初步形成了投资主体多元化、资金来源多渠道、投资方式多样化、项目建设市场化的新格局。

从 1979 年 8 月国务院批准《关于基本建设投资试行贷款办法的报告》开始，中国投资体制改革进入探索阶段，一系列投资体制改革措施陆续出台。1984 年 8 月，国家计委发出《关于简化基本建设项目审批手续的通知》，提出将需要国务院审批的基本建设大中型项目审批程序，由原来的 5 个减少到 2 个。同年 9 月，国务

院颁布了《关于改革建筑业和基本建设管理体制的若干问题的暂行规定》，同年10月，批转了国家计委《关于改进计划体制的若干暂行规定》，这两个文件主要是对政府投资进行了改革。1985年，国家计委和建设部联合颁发了《工程设计招标投标暂行办法》（2004年8月30日已失效），开启了政府投资建设领域进行招投标。1986年7月，国务院发布《关于控制固定资产投资规模的若干规定》，规定全社会固定资产投资，包括全民所有制单位投资、集体所有制单位投资、个体投资以及中外合资企业中的中方投资和其他经济形式投资，均须纳入全国和分部门、分地区的固定资产投资计划，根据不同情况，分别实行指令性计划和指导性计划。1987年3月，国务院批转国家计委《关于大型工业联营企业在国家计划中实行单列的暂行规定》。1988年6月，国家计委发布《国家基本建设基金管理办法》，确定国家基本建设基金在当年开始启动，同年7月，国务院转发国家计委提出的《关于印发投资管理体制近期改革方案》，这个方案是改革开放之后第一个较为系统的投资体制改革方案，方案中的各项改革从1988年开始试行，并逐步得到完善。方案的内容包括要对重大的、长期的建设投资实行分层次管理，加重地方的重点建设责任；扩大企业的投资决策权，使企业成为一般性建设的投资主体；建立基本建设基金制，保证重点建设有稳定的资金来源；成立投资公司，用经济办法对投资进行管理；简政放权，改进投资计划管理；强化投资自我约束机制，改善宏观调控体系；实行招标投标制，充分发挥市场和竞争机制的作用。上述计划体制改革方案的推行，促进了简政放权，较大幅度地缩小了指令性计划，扩大了地方尤其是企业的自主权，进一步发挥了市场机制的作用，有力地推动了经济体制的全面改革。

进入90年代，为了适应社会主义市场经济的发展，投资体制改革不断推进。1993年，党的十四届三中全会通过的《关于建立社会主义市场经济体制若干问题的决定》提出，要逐步建立法人投资和银行信贷的风险责任。竞争性项目投资由企业自主决策，自担风险，所需贷款由商业银行自主决定，自负盈亏。逐步建立法人投资和银行信贷的风险责任，把固定资产投资分为竞争性项目、基础性项目和公益性项目三类，分别实行不同的管理方式，为建立适应市场经济要求的投资体制指出了明确的方向。针对投资领域存在的问题，投资体制改革的任务和重点涉及：建立能够对资源配置起基础性作用的市场竞争机制；建立法人投资和银行信贷的风险责任；建立能够有效融通资金、保证国家重点建设的政策性投融资体系；建立能够保持合理的投资规模和投资结构的宏观调控体系。1994年4月，国务院发布《关于印发〈90年代国家产业政策纲要〉的通知》，这是指导企业投资方向的重要政策文件，也是产业政策工作的指导性文件。在投资项目管理体制的改革方面，改革创新的步伐更大。1996年，国务院颁布了《关于固定资产投资项目试行资本金制度的投资》，对各种经营性投资项目的资金进行规范。通过长期的改革和探索，到2000年左右，中国确立了以项目法人责任制、招标投标制、建设监理制和合同管理制等“四制”为核心的相对完善的建设管理体制。

（二）进一步确立企业的投资主体地位

为了充分调动和发挥民间投资者的积极性，支持民间投资健康发展，2001年12月，国家计委发布《关于印发促进和引导民间投资的若干意见的通知》。2003年10月，党的十六届三中全会审议通过的《中共中央关于完善社会主义市场经济体制若干问题的决定》指出要深化投资体制改革。进一步确立企业的投资主体地位，实行谁投资、谁决策、谁收益、谁承担风险。国家只审批关系经济安全、影响环境资源、涉及整体布局的重大项目和政府投资项目及限制类项目，其他项目由审批制改为备案制，由投资主体自行决策，依法办理用地、资源、环保、安全等许可手续。对必须审批的项目，合理划分中央和地方权限，扩大大型企业集团投资决策权，完善咨询论证制度，减少环节，提高效率。健全政府投资决策和项目法人约束机制。国家主要通过规划和政策指导、信息发布以及规范市场准入，引导社会投资方向，抑制无序竞争和盲目重复建设。

2004年，《国务院关于投资体制改革的决定》颁布实施，《决定》明确指出，改革政府对企业投资的管理制度，按照“谁投资、谁决策、谁收益、谁承担风险”的原则，落实企业投资自主权；合理界定政府投资职能，建立投资决策责任追究制度；进一步拓宽项目融资渠道，发展多种融资方式；健全投资宏观调控体系，最终建立起市场引导投资、企业自主决策、银行独立审贷、融资方式多样、中介服务规范、宏观调控有效的新型投资体制。把政府对投资项目的管理办法划分为审批制、核准制和备案制三类。这种划分确立了企业的投资主体地位，明确了政府和企业的投资范围，规范了政府投资行为，减少了政府对企业投资活动的干预，使各类投资主体能够根据市场的需要自主进行投资决策。这是中国改革开放以来投资领域最全面、系统的改革方案，对中国投资领域需要改革的各方面都给以明确的规定，为中国投资领域的改革和发展指明了方向，对加强和改善宏观调控具有重要意义。面对经济活动中“一管就死，一放就乱”问题，在宏观调控的关键阶段和关键时期，《国务院关于投资体制改革的决定》的实施正当其时。投资领域的改革创新，完善了投资运行的内在机制和体制政策环境，调动了各类投资主体的积极性，发挥了市场在资源配置中的基础性作用，有力地推动了投资的快速增长和经济社会的持续稳定发展。

（三）改进了政府对投资宏观调控的手段

从20世纪80年代，投资宏观调控是以计划和行政手段为主的直接调控方式，进入90年代，投资宏观调控改革不断弱化对企业和投资项目直接的、微观的行政干预，更加注重综合运用经济的、法律的和必要的行政手段，对全社会投资进行以间接调控方式为主的有效调控。协调投资宏观调控手段，通过灵活运用投资补助、贴息、价格、利率、税收等多种手段，引导社会投资，优化投资的产业结构和地区结构。通过改革和完善计划、投资、财税、金融、外汇、价格等相关措施，逐步形成国家计划、财政和金融相互配合的宏观调控体系。政府对投资宏观调控更加强调经济社会发展规划、产业发展规划、产业政策、投资信息发布等对引导社会投资的作用，通过更多地采用政策、规划、经济和法律等手段对全社会投资进行引导和规范，实现以间接调控方式为主的有效调控。

（四）建立和完善政府投资监管体系

针对投资领域中存在和出现的问题，建立和完善对各类投资者进行监管的体系。不断强化政府投资项目的社会监督机制，投资调控本身逐渐转为服务于经济发展、物价稳定、扩大就业等更高层次的调控目标。建立健全协同配合的企业投资监管体系，更加注重审计、稽查、财政、监察等监管部门的分工与协作，更加强调政府对建设项目实施全过程的监管。建立和完善投资中介服务机构的责任约束机制与激励机制，进一步加强对项目的执法监督力度。

五、改革财税体制，实行分税制和增值税

新中国成立后，中国确立了“统收统支”的计划经济体制。改革开放之后，为了进一步理顺中央与地方的财政分配关系，更好地发挥国家财政的职能作用，增强中央的宏观调控能力，促进社会主义市场经济体制的建立和国民经济持续、快速、

健康的发展，宏观上的改革是通过分配权下放来调动地方和微观主体的积极性。由于高度集中的财政体制使大部分资源的分配权主要集中在中央政府，因此，改革政府间的财政分配关系被提上日程。

（一）“利改税”——分税制的早期探索

改革开放以来，为适应改革开放的需要，针对过去高度集中的统收统支体制，中国从下放财权和财力入手，对财政体制进行了改革。1980 年 2 月，国务院颁发了《关于实行“划分收支、分级包干”的财政管理体制的暂行规定》，从 1980 年起实行财政管理体制改革。“划分收支，分级包干”俗称“分灶吃饭”的财政体制。这次财政体制改革，改变了计划经济时期长期实施的“统收统支”体制，是实施财政分权体制的开端。国家同国营企业实行不同形式的利润分成制度，这极大地激发了国营企业的生产积极性，企业上缴的利润和留利都大幅增加。“分灶吃饭”的财政体制虽然扩大了企业自主权，但没有实现国家财政收入的稳定增长，不利于国家对宏观经济的控制和重点建设的发展。鉴于此，国家决定实行“利改税”的改革。

“利改税”是 1983 年启动的，当年 4 月 29 日，财政部发布《关于对国营企业征收所得税的暂行规定》，自当年 6 月 1 日起，国营企业普遍推行“利改税”制度。这是“利改税”的第一步，重点是调整收入分配关系，虽然企业上缴收入中税收增加了，但仍是税利并存。1984 年开始第二步“利改税”。1984 年 9 月，国务院发出通知，同意财政部报送的《关于在国营企业推行利改税第二步的报告》和《国营企业第二步利改税试行办法》，其内容是将国营企业上缴国家财政收入分别按照 11 个税种向国家缴税，由“利税并存”过渡到完全的“以税代利”，税后利润留给企业使用。经过 1983—1984 年的两步“利改税”，中国的原工商税分解为产品税、增值税、营业税和盐税四个部分，国家对一些采掘企业还开征了资源税。城市维护建设税、房产税、车船使用税和城镇土地使用税等地方税种也陆续开征。为了适应中国经济体制改革的需要，还开征了一些其他新税种。1985 年，实行“利改税”的企业占全部企业的比重达到 81%。中国实行“划分税种、核定收支、分级包干”的财政体制改革，这是中国第一次按税种来划分收支。两步“利改税”不同于 1980 年国家实行的“分灶吃饭”、按不同隶属关系参与国营企业利润分配的体制。“利改税”的成功，从理论上和实践上突破了国营企业只能向国家缴纳利润，国家不能向国营企业征收所得税的禁区。这是国家与国营企业分配关系改革的一个历史性转变。

随着经济的发展和改革的深入，中国对税制改革进行了全面的探索，改革逐步深入。财税体制改革取得了相当大的突破，初步建成了一套内外有别、城乡不同，以货物和劳务税、所得税为主体，财产税和其他税收相配合的新的税制体系，大体适应了中国经济体制改革起步阶段的经济状况，并为以后税制改革的深入打下了重要的基础。但在一些方面，当时的财税体制仍不能适应社会主义市场经济体制的要求。主要表现在：一是税负不均，对企业之间的平等竞争很不利。二是国家与企业之间的分配关系错综复杂，非常不规范，使国家财政收入缺乏稳定的财源保障。三是中央财政收入占国家财政收入的比重越来越低，导致中央掌握的财力与所承担的任务不相适应，国家调控经济的能力下降。四是税收调节的范围和程度都不够，对土地和资金市场的调节远未到位。五是对内资与外资企业实行不同税制，矛盾日益突出。在财税运行机制上，也出现一些紊乱现象。为了解决上述问题，中央决定深化财税体制改革。

（二）1994 年分税制改革

20 世纪 80 年代后期，为消除财政包干制的缺陷，分税制被提出，并在实践层面进行了一些尝试。1987 年，党的十三大报告提出在合理划分中央和地方财政收支范围的前提下实行分税制。1990 年中央“八五”计划建议提出有计划地实施分税制。财政部在 1990 年设计了分税制财政体制试点改革初步方案，形成了“分税包干”体制改革方案。1992 年 6 月，财政部颁布《关于实行“分税制”财政体制试点办法》，选择天津、辽宁、沈阳、大连、浙江、武汉、重庆、青岛、新疆 9 个地方进行分税制试点。这次改革也被称为“分税包干制”，由于没有在税制改革基础上进行，并不是真正意义上的分税制。1992 年 10 月，党的十四大报告中提出了建立社会主义市场经济体制的战略目标，其中包括税制改革的任务。中国进入了建立社会主义市场经济体制时期，社会主义经济理论和实践取得了重大进展，税制改革随之深化。

从 20 世纪 80 年代末期到 90 年代初期，全国财政收入占 GDP 的比重和中央财政收入占全国财政收入的比重，即“两个比重”不断下降。为了扭转“两个比重”不断下降的局面，党的十四届三中全会通过的《中共中央关于建立社会主义市场经济体制若干问题的决定》确定了税制改革的基本原则和主要内容。1993 年 12 月 15

日，《国务院关于实行分税制财政管理体制的决定》发布，从 1994 年 1 月 1 日起改革现行地方财政包干体制，对各省、自治区、直辖市以及计划单列市实行分税制财政管理体制。分税制改革的原则和主要内容是：按照中央与地方政府的事权划分，合理确定各级财政的支出范围；根据事权与财权相结合原则，将税种统一划分为中央税、地方税和中央地方共享税，并建立中央税收和地方税收体系，设中央与地方两套税务机构分别征管；科学核定地方收支数额，逐步实行比较规范的中央财政对地方的税收返还和转移支付制度；建立和健全分级预算制度，硬化各级预算约束。

1994 年国家推行分税制改革，财政体制改革的核心问题是，妥善处理中央与地方政府财力分配和事权划分的关系。这次税制改革，是新中国成立以来规模最大、范围最广泛、内容最深刻的一次税制改革，初步构建了社会主义市场经济的税制总体框架。分税制改革是中国改革开放进程中具有里程碑意义的一项重大改革。分税制对处理好中央与地方关系、调动各方面发展经济的积极性起到了极其重要的作用，为规范中央与地方的分配关系开拓了新路径，开创了新中国财政发展史上的新纪元。

1994 年以来，中国致力于建设公共财政体系，在税收制度、财政体制、预算管理等方面进行了一系列重大改革，形成的财政体制框架体现在：在财政体制上，突破了过去高度集中、统收统支的管理模式，成功地实现了财政包干制向分税制的转变，初步建立起以分税制为基础的分级财政体制，建立了分税制这一与市场经济相适应的新型财政体制。在税收制度上，打破了计划经济条件下过于单一的税制结构，拓宽了税收调节领域，建立了以增值税为主体、消费税和营业税为补充的新型流转税制度，同时建立和完善了所得税制度，包括增值税、消费税、营业税、企业所得税等 25 个税种。在预算编制上，相继进行了一系列重大预算制度改革，改革了传统的单式预算制度，初步实行了由经常性预算和建设性预算构成的复式预算制度。从 1995 年开始，中国对政府间财政转移支付制度进行了改革，逐步建立了较为规范的政府间财政转移支付体系，加之 2002 年的所得税收入分配改革，中国基本上建立起了适应社会主义市场经济要求的财政体制框架。

六、改革金融体制，发展银行、证券、保险业

改革开放初期，在计划经济的背景下，全国只有中国人民银行一家金融机构，中国人民银行同时承担中央银行与商业银行的职能，并与计划经济体制相适应，金

融的作用尚未凸显，重构市场化的金融体系成为改革的重点。1979 年为配合实施“拨改贷”，国家陆续成立和建立各类国有专业银行。随着市场经济的发展，国有专业银行进行了商业化改革，其原有分工被打破，政策性业务被剥离，改革后的商业银行逐步转变为市场竞争主体。中国金融市场改革的方向是建立统一开放、有序竞争、严格管理的金融市场体系。通过一系列市场化改革，金融机构种类日益健全，规模实力逐步壮大，逐步形成了与市场经济相适应的竞争性金融机构体系。

（一）金融机构改革

1. 设立专业银行，建立中央银行制度

1978—1984 年，中国人民保险公司、中国人民建设银行（后改名为“中国建设银行”）和中国农业银行相继恢复和建立。中国的金融机构从中国人民银行一家独大，发展成为包括中央银行、（全国性和区域性）商业银行、保险公司、财务公司、城乡信用社、非银行金融机构（证券、信托、租赁、基金等）和政策性银行等在内的门类齐全的现代金融机构体系，并通过扩大基层银行经营自主权，提高银行的经营活力。

2. 设立政策性银行

1993 年 11 月，党的十四届三中全会通过的《中共中央关于建立社会主义市场经济若干问题的决定》提出要建立政策性银行，实行政策性业务与商业性业务分离，这是金融体制改革的一项重大突破。1978—1994 年，国家的政策性业务主要由中国工商银行、中国农业银行、中国银行和中国建设银行承担。根据政策性业务和商业性业务相分离，以及银行业、信托业和证券业分业经营、分业管理的原则，对中国的金融机构体系进行了大规模的改组。为填补专业银行向竞争性机构转型而出现的职能空缺，1993 年 12 月 25 日，国务院发布《国务院关于金融体制改革的决定》及其他文件，提出从四大行中剥离出政策性业务，组建了专门承担政策性业务的专业银行，也就是政策性银行，即国家开发银行、中国进出口银行和中国农业发展银行三家政策性银行。从此，工农中建四大行由专业银行转型为国有商业银行，不再承担政策性金融业务。政策性银行的组建，初步实现了政策性金融业务和商业性金融业务的分离，为国有专业银行向国有商业银行转化创造了有利的条件。

3. 银行的“商业化”改革

国有专业银行按照商业银行的方向开始了新一轮“商业化”改革。

政策性银行的“商业化”改革尝试。按照政策性银行组建方案，三家政策性银行开展政策性业务的分工是，国家开发银行主要服务对象是集中资金支持基础设施、基础产业和支柱产业大中型基本建设。中国进出口银行主要任务是为扩大出口和引进外资提供政策性金融支持。中国农业发展银行主要办理粮棉油收储金融业务，代理财政支农资金的拨付，为农业和农村经济发展服务。政策性银行为中国经济发展发挥重要作用的同时，在建立和发展中也暴露出很多矛盾和问题：由于政策性银行业务模式单一，业务边界模糊，出现了明显的商业化趋势；资本金不足，资产负债规模过大；部分银行经营管理缺少成本核算和效益观念，导致亏损严重、存在风险隐患等问题日益突出。2007 年年末，政策性银行启动了一轮商业化改革。国家开发银行先行一步，设计了完整详细的上市方案。2008 年 12 月，国家开发银行改制为国家开发银行股份有限公司，成为商业性银行。改革刚刚启动，由于美国次贷危机爆发，以及国家开发银行股份有限公司自身内部运行也遇到问题，使商业化很难继续推进。为了发挥政策性银行应有的功能和作用，2015 年 3 月，国务院批复国家开发银行股份有限公司深化改革方案及相关政策支持和制度安排，明确了其定位为开发性金融机构，深化改革的目标是紧紧围绕服务国家经济重大中长期发展战略，建立市场化运行、约束机制，进一步发挥开发性金融在重点领域、薄弱环节、关键时期的功能和作用，促进国民经济持续健康发展。国务院批复还明确了政策性金融机构的业务边界，改革后的国家开发银行要坚持开发性金融机构定位，适应市场化、国际化新形势，充分利用服务国家战略、依托信用支持、市场运作、保本微利的优势，进一步完善开发性金融运作模式，业务分为开发性业务（含政策性）和商业性业务。中国进出口银行和中国农业发展银行定位为政策性金融机构，实行政策性业务和商业性业务两种业务并存，二者的改革核心是强化政策性功能定位，改善此前过度商业化的倾向。此次国务院批复的改革方案，对三家政策性银行明确开发性金融定位，并重申政策性金融要义，既吸纳了前期改革的探索经验，也对问题进行了纠偏。

2017 年 4 月，国家开发银行股份有限公司名称变更为国家开发银行，组织形式由股份有限公司变更为有限责任公司。国家开发银行主要从事开发性业务，如新型城镇化、保障性安居工程、“两基一支”、支持“走出去”、科技、文化和人文交流等。作为政策性银行的国家开发银行在应对全球金融危机、城镇化建设、棚户区改造、大学生贷款、战略性新兴产业、民营企业发展、投资境外资源项目等领域，给予了重要支持。伴随中国经济的快速发展，国家开发银行资产早已超过世界银行与亚洲开发银行的总和成为全球最大的开发性金融机构。国家开发银行的体制在改革过程中也有过动摇，但是实践证明，政策性银行在进行产业结构调整、执行国家产业政策、落实国家发展战略等方面发挥了举足轻重且不可替代的作用。

4. 设立资产管理公司

受1997年亚洲金融危机的冲击，中国银行业积累了大量不良贷款，1999年，国家通过发行特别国债，设立中国华融资产管理公司、中国长城资产管理公司、中国东方资产管理公司、中国信达资产管理公司四家金融资产管理公司，并规定存续期为10年，专门负责收购、管理、处置中国工商银行、中国农业银行、中国银行、中国建设银行和政策性银行剥离出来的不良资产。

5. 把商业银行改制为上市金融机构，实现国有金融机构转型

2001年12月，中国成为WTO正式成员，在约定的过渡期于2006年年底结束之后，中国银行业将全面对外开放，国有商业银行将面临严峻的经营考验。2002年2月，第二次全国金融工作会议明确提出，要对国有大型商业银行进行股份制改造，条件成熟的可以上市。2003年9月，中央和国务院原则通过了《中国人民银行关于加快国有独资商业银行股份制改革的汇报》，决定选择中国银行、中国建设银行作为试点银行，运用450亿美元国家外汇储备和黄金储备补充资本金，进一步加快国有独资商业银行股份制改革进程。按照国有大型商业银行股份制改革的总体方案要求，交通银行、建设银行、中国银行、工商银行、农业银行陆续进行股份制改革，剥离不良资产，大幅充实资本金，并成功上市。2003年12月，《中国银行、中国建设银行股份制改革实施总体方案》经国务院原则通过，国有商业银行股份制改革正式付诸实施。

（二）完善和规范金融市场

从20世纪80年代初，中国金融市场开始发展。在金融市场建设方面，中国金融市场从无到有稳步发展，逐步建立了功能相互补充、交易场所多层次、交易产品多样化、种类丰富的金融市场体系。

在债券市场方面，1981年，中国债券市场恢复发行国债，开始了国债市场的曲折探索。为满足信贷资金之外的生产资金需求，企业债券在1982年开始发行。1991年，在已有相当程度发展的国债市场基础上，国债回购业务开始试点。1997

年第一次全国金融工作会议后，商业银行全部退出交易所债券市场，转为在银行间拆借市场办理银行间债券回购和现券交易，从此开启了中国债券市场以场外大宗市场（银行间债券市场）为主导，包括交易所市场和场外零售市场（商业银行柜台市场）的多元化、分层次的债券市场体系。2000 年以后，中国人民银行积极推动债券市场定位和市场结构的改革发展。

在货币市场方面，中国同业拆借市场起步于 1984 年，武汉、广州、西安等大城市率先建立同业拆借网络，随后形成各地的同业拆借市场。到 1987 年，中国初步形成了一个以大中城市为依托的、多层次的、纵横交错的同业拆借网络。1994 年，为适应市场经济发展的需要，建立了全国统一的同业拆借市场，并不断扩大同业拆借市场参与主体，成为金融机构调剂头寸余缺、中央银行实行公开市场操作的重要场所。

在股票市场方面，上海和深圳两地的证券交易所分别于 1990 年年底和 1991 年年初开业，标志着中国股票集中交易市场正式形成，股票市场正式成为中国社会主义市场经济体系的有机组成部分。

在保险市场方面，1979 年 4 月，国务院作出重大决策，逐步恢复国内保险业务。当时市场经营主体只有中国人民保险公司一家公司，保险业务也只有企财险、货运险、家财险、汽车险等几个保险业务种类。80 年代后期，保险业独家垄断的格局被打破，中外保险公司多家竞争、共同发展的多元化格局开始形成。1988 年 3 月，平安保险成立，成为中国第一家股份制保险企业。1995 年，正式颁布和实施了新中国成立以来的第一部《中华人民共和国保险法》，1996 年，建立了保险分业经营体制，对产险、寿险等业务领域探索实行专业化经营，为了提升保险业服务经济社会的能力与水平，对农业保险、健康保险、养老保险等业务领域探索实行专业化经营，专业性保险公司开始逐渐成立。保险市场不断发展壮大，逐步建立了由保险公司、保险中介机构等市场主体组成的保险市场体系，形成了覆盖人寿保险、财产保险、医疗保险等多领域的产品体系。2000 年 6 月，中保国际控股有限公司在香港联交所挂牌上市，这是第一家在境外上市的中资保险企业。中国加入 WTO 后，保险业在金融业中率先开放，中国保险业进入全面发展的阶段。2018 年 3 月，根据国务院机构改革方案，中国保监会和银监会职责整合，组建中国银行保险监督管理委员会，中国保险业开启新的监管历程。

在外汇市场方面，改革开放以前，中国实行统收统支的外汇管理体制，改革开放后，开始实行外汇留存制度，逐步产生了外汇调剂市场。1994 年进行外汇管理体制改革，外汇流程制度取消，开始实行银行结售汇制度，建立了全国统一的银行间外汇市场，但此时市场化程度不高。

（三）金融体制改革

1993 年 12 月 25 日，国务院发布《关于金融体制改革的决定》，提出金融体制改革的目标是建立在国务院领导下，独立执行货币政策的中央银行宏观调控体系；建立政策性金融与商业性金融分离，以国有商业银行为主体、多种金融机构并存的金融组织体系；建立统一开放、有序竞争、严格管理的金融市场体系。实行政策性银行与商业银行分离的金融组织体系。从 1994 年起实行汇率并轨。

1994 年以来，金融体制改革取得了重大进展。第八届全国人大三次会议通过的《中华人民共和国中国人民银行法》明确从 1996 年 12 月 1 日起，中国实现人民币在经常项目下的可兑换。根据中共中央、国务院决定，从 1997 年 10 月开始，中国人民银行进行管理体制改革。改革的主要内容是，撤销 31 个省、直辖市、自治区分行，建立 9 个跨省区分行，在不设分行的省会城市设立金融监管办事处，撤销在同一城市重复设置的分支机构，并明确了总行、分行、中心支行、支行在金融监管方面的权利和责任，强化了分支机构的金融监管职责。建立全国统一的证券期货监管体系，由中国证监会统一负责对全国证券、期货业的监管。这是对证券监管体制进行的重大改革。

建立多元化银行体系，正确引导非银行金融机构稳健发展。改革开放以来，中国的银行体制已从“单一银行”制，发展成一个以中央银行为领导，国有独资商业银行为主体，股份制和区域性商业银行及多种金融机构并存的多元化体制，并与逐步发展的各种非银行金融机构——保险公司、证券公司、信托投资公司和企业集团财务公司共同构成了中国金融体系。

（四）外汇管理体制改革

从 1978 年改革开放到 1993 年，是中国改革开放后经济转型时期的外汇管理阶段。在这一时期，中国逐步在外汇分配领域引入市场机制，实行计划分配与市场调节并存的双轨制原则，在保留原有的计划收支制度的基础上，引入市场分配机制。但在很长时期内对外开放并非中国金融政策的重点，政府第一次开始集中关注金融开放问题是在20世纪90年代初期，主要采取了两大举措，一是1994年年初汇率双轨并轨并从此开始实行有管理的浮动汇率体系；二是1993年实施“以市场换技术”的外国直接投资政策。

保持人民币汇率稳定，逐步使人民币成为可兑换货币是中国外汇体制改革的目标。党的十四届三中全会通过的《中共中央关于建立社会主义市场经济体制若干问题的决定》明确要求改革外汇管理体制，建立以市场供求为基础的、有管理的浮动汇率制度和统一规范的外汇市场，逐步使人民币成为可兑换货币。1993年12月28日，《中国人民银行关于进一步改革外汇管理体制的公告》发布，决定从1994年1月1日起，进一步改革中国的外汇管理体制。1994年中国外汇管理体制进行了重大改革，汇率顺利实现了并轨，在贸易项下人民币可自由兑换。建立银行间外汇市场，实行银行结售汇制，取消外汇留成和上缴，取消外汇收支的指令性计划。国家主要运用经济、法律手段实现对外汇国际收支的宏观调控。停止发行和使用外汇券。同时，对资本项目外汇收支实行严格的管理。1996年12月，提前实现了人民币在经常项目下的可兑换。这一系列的改革使中国的外汇管理体制进入一个新的历史阶段。1997年亚洲金融危机后，亚洲国家的货币竞相贬值，金融形势动荡。针对当时的国际、国内形势，中国作出人民币不贬值的决定。随后，中国采取一系列稳定汇率的金融措施，直到2005年，中国汇率浮动一直不大。

七、改革就业制度，鼓励劳动力流动和自主择业

新中国成立后，中国实行的是城乡分割的二元就业制度，农民被严格限制在农村，无法自由流向城市就业。伴随着市场化改革，中国的就业体制由计划管理向市场化转变。20世纪80年代初，国家实行劳动部门介绍就业、自愿组织起来就业和自谋职业相结合的“三结合”就业方针，确立了劳动者就业的主体地位。随着农村家庭联产承包责任制的实施，农村劳动生产率大幅提高，出现了大量农村富余劳动力，而乡镇企业的崛起吸纳了大量农村富余劳动力，农村劳动力开始向乡镇企业和城镇流动，城乡劳动力分割的局面被打破。20世纪90年代，劳动力市场的发展为农民进入城市就业创造了条件，政府开始引导农村劳动力实现有序流动。同时，随着市场经济体制的确立，国有企业改革也已拉开序幕，国有企业用工制度改革也随之开始。

（一）20世纪80年代，形成双轨制的就业制度

20世纪70年代末，中国出现了上山下乡知识青年回城潮，由于就业制度的

“统分统配”，造成大量回城知青无法就业。为缓解就业压力，1980 年 8 月，政府提出实行“三结合”的就业方针，基本解决了就业问题。集体经济和个体经济的企业用人主体地位得到确认，集体经济和个体经济多种渠道就业大门随之打开，劳动力市场开始发育。1984 年以国企改革为主要内容的经济体制改革全面展开，伴随着国有企业改革的深入推进，1986 年 7 月 12 日，《国务院关于发布改革劳动制度的四个规定的通知》发布了《国营企业实行劳动合同制暂行规定》《国营企业招用工人暂行规定》《国营企业辞退违纪职工暂行规定》和《国营企业职工待业保险暂行规定》四个劳动管理规定，核心内容是新职工实行劳动合同制，老职工仍然保留固定工制度，中国的就业制度自此进入“双轨”阶段，体制内计划调控与体制外市场调节相结合的就业制度应运而生，其主要内容包括：“三结合”就业方针、劳动合同制、农业富余劳动力就业政策等。就业“双轨制”标志着城镇就业体制改革全面展开，为市场化的就业制度改革奠定了基础，但“双轨制”并没有从根本上改革计划就业制度。

（二）20 世纪 90 年代，逐步建立市场导向就业机制

1992 年，党的十四大提出中国经济体制改革的目标是建立社会主义市场经济体制，推进建设全国统一开放的市场体系和现代企业制度，加速农村剩余劳动力向城镇转移就业。这表明中国就业制度开始进入市场导向型就业机制阶段。党的十四届三中全会通过的《中共中央关于建立社会主义市场经济体制若干问题的决定》强调“当前要着重发展生产要素市场，”“尽快取消生产资料价格双轨制，”“当前培育市场体系的着重点是，发展金融市场、劳动力市场、房地产市场、技术市场和信息市场等。”“改革劳动制度，逐步形成劳动力市场。”“鼓励和引导农村剩余劳动力逐步向非农产业转移和在地区间有序流动”。“劳动力市场”的提法首次被提出。1993 年 12 月，劳动制度改革要求推行全员劳动合同制。1995 年 1 月开始实施的《中华人民共和国劳动法》，其核心内容是全面实行劳动合同制，打破以行政方式配置劳动力资源的格局，初步形成了企业自主用工、职工自主择业的机制。针对国企改革出现的下岗问题，党中央、国务院明确提出了要建立和完善市场就业机制的目标，实行劳动者自主择业、市场调节就业和政府促进就业的方针，成为培育和发展劳动力市场机制的市场就业新方针。1998 年，国务院开始实施的再就业工程，构筑以“三条社会保障线”为主要内容的国企职工基本生活保障制度，以此来保障职工

基本生活，促进下岗职工再就业。随着全面推行劳动合同制，建立劳动力市场，实施再就业工程，建立市场导向的就业体制逐步形成。1999 年 9 月，《中共中央关于国有企业改革和发展若干重大问题的决定》提出要积极发展和规范劳动力市场，形成市场导向的就业机制。中国就业体制变革随着社会主义市场经济体制改革逐步推进，企业作为劳动力市场的用人主体、劳动者作为就业主体的地位逐步形成。从 80 年代和 90 年代的历程来看，从政府统分统配到“双轨”就业再到劳动力市场全面启动，充分反映了中国就业制度变迁过程。

（三）进入 21 世纪，完善市场就业机制

这一时期，中国市场就业机制不断完善。2002 年，党的十六大将社会就业比较充分作为全面建设小康社会的一个重要目标纳入国家发展战略。2003 年出台的《中共中央关于完善社会主义市场经济体制若干问题的决定》，第一次将实施积极的就业政策写进党的文件。之后着眼于稳定就业，积极就业政策不断丰富和完善。2005 年年底，市场导向就业机制基本确立。党的十六届六中全会提出实施积极的就业政策，发展和谐劳动关系，同时，要求健全再就业援助制度，全面实行劳动合同制度和集体协商制度，完善劳动关系协调机制。2007 年 8 月 30 日，第十届全国人民代表大会常务委员会第二十九次会议通过的《中华人民共和国就业促进法》，确立了市场化就业方针的法律地位，形成了较为完整的就业促进工作体系，成为中国就业制度变迁的一个重要里程碑。党的十七大提出要建立促进就业的长效机制，在就业战略上，十七大报告提出“以创业带动就业”的新举措、新思路。这表明国家鼓励以创业带动就业的模式，就业特别是创业型就业将获更大的支持力度。2011 年“十二五”规划正式提出实施就业优先战略。这一时期的就业体制发生了深刻变革，建立了市场导向的就业机制，确立了就业优先战略，形成了积极就业政策体系。党的十八大提出劳动者自主就业、市场调节就业、政府促进就业和鼓励创业的新时代就业方针。党的十八届三中全会提出要发挥市场在资源配置中的决定性作用，强调要健全促进就业创业的体制机制。党的十九大进一步明确提出要鼓励创业带动就业。从计划就业体制向市场化就业体制的转变，其最显著的标志是市场机制在劳动力资源配置中的作用越来越明显。中国就业市场机制的不断完善，使用人单位实现了自主用人，劳动者实现了自主择业、就业和创业。通过劳动者自主创业带动就业，采取市场化手段促进就业创业，调动数亿人的创业积极性，解决了大学生、农

民工等重点群体的就业问题，就业与创业相结合共同促进就业得到了很好的体现。

八、改革工资制度，打破“铁饭碗”和“大锅饭”

1956年6月，中国进行了第一次工资制度改革，国务院通过了《关于工资改革的决定》。这次工资制度改革，初步建立了职务等级工资制度，同时也奠定了中国工资制度的基础。

1985年，中国进行了第二次工资制度改革。为适应改革需求，增强企业的活力，充分发挥企业和职工的主动性、积极性和创造性、克服企业工资分配中的平均主义、打破“铁饭碗”和“大锅饭”、科学调整分配关系，中国开启了对劳动、人事和工资制度的“三大制度改革”。针对这次改革，《国务院关于国营企业工资改革问题的通知》《中共中央、国务院关于国家机关和事业单位工作人员的工资制度改革问题的通知》等文件陆续出台，其主要内容有：扩大企业工资分配的自主权，企业内部分配逐步拉开档次；着手理顺工资关系；在机关、事业单位实行以职务工资为主的结构工资制，在企业实行工资总额与经济效益挂钩。1985年的工资改革，在当时起到了积极作用，但是，由于未能建立正常的晋级增资制度，加之工资制度本身也存在一些不足，这次工资改革没有达到预期效果。

第三次工资制度改革是在1993年。党的十四大明确提出建立社会主义市场经济体制的目标后，工资制度与国民经济发展和经济体制改革不相适应的缺陷更为突出。为此，1993年10月，结合机构改革和公务员制度的推行，党中央、国务院决定改革机关和事业单位现行工资制度，建立符合各自特点的工资制度与正常的工资增长机制。《国务院关于机关和事业单位工作人员工资制度改革问题的通知》和《国务院办公厅关于印发机关、事业单位工资制度改革三个实施办法的通知》相继发布。机关工作人员实行以职务和级别为主的职级工资制，工资按不同职能分为职务工资、级别工资、基础工资和工龄工资四个部分。事业单位则建立不同类型、不同行业自身特点的分类工资制度，与国家机关的工资制度脱钩。事业单位工资制包括专业技术职务等级工资制、专业技术职务岗位工资制、艺术结构工资制、体育津贴与奖金制和工人工资制等五种类型。根据事业单位特点和经费来源的不同，对全额拨款、差额拨款、自收自支三种不同类型的事业单位实行不同的管理办法。这次工资制度改革的特点主要表现在：一是国家机关、事业单位分别执行了不同的工资制度；二是引入竞争激励机制，工资的增长与年度考核挂钩；三是机关事业单位工作人员工资随着国民经济的发展有计划地增长，随着生活费用价格指数的变动而调整，并在此基础上建立了正常的增资制度。这次改革对调动工作人员积极性，理顺工资关系，加快建立社会主义市场经济体制，促进社会主义现代化建设起到了重要的作用。此后，中国工资制度逐渐走向正规化的轨道，并随着国民经济的发展逐步完善。

1999 年 9 月 22 日，党的十五届四中全会通过了《中共中央关于国有企业改革和发展若干重大问题的决定》，提出建立与现代企业制度相适应的收入分配制度，允许和鼓励资本、技术等生产要素参与收益分配，根据这一精神，确立了“市场机制决定、企业自主分配、职工民主参与，政府监控指导”这一现代企业工资收入分配制度改革目标。可以说，“九五”后期，企业工资由市场决定机制的改革基本完成。

九、围绕建立现代企业制度改革国有企业管理体制

改革开放以来，国有企业改革作为整个经济体制改革的中心环节，经历了从承包制到“利改税”、从厂长负责制到建立现代公司治理结构等过程。1993 年，党的十四届三中全会提出建立现代企业制度，国企改革进入快速推进阶段。

（一）以放权让利为主要内容的国企改革

针对国有企业缺乏经营自主权和低效率运行的弊端，党的十一届三中全会确立了以扩大企业自主权为主要形式，调整国家与企业之间利益关系的国有企业改革方针，在企业内部建立各种形式的经济责任制，在企业领导体制上实行厂长（经理）负责制。党的十一届三中全会后，国务院颁布了《关于扩大国营工业企业经营管理自主权的若干规定》等一系列扩大企业自主权的文件，发给各省、直辖市、自治区和有关部门，并在少数国营工业企业组织试点。改革的主要内容是将国营企业部分经营权、自主权、支配权以及分配权等权利让渡给企业，即“放权让利”。1979 年，国务院颁布《关于国营企业实行利润留成的规定》，其主要改革内容为放权让利和承包制。此后，国务院先后在全国各地实行了放权让利试点工作，并且开始实施国有企业经济责任制和企业内部经济责任制，将国营企业原来上缴的利润改为所得税，并明确了承包经营责任制的内容和形式、承包经营合同双方的权利和义务、承包者和承包企业管理方案等。这些措施推动了国有企业经营权层面的改革，向企

业让渡了多项经营权和剩余产品索取权。此后至 1992 年党的十四大召开，中国国有企业改革都处于放权让利阶段。

在放权让利阶段，国有企业改革主要从以下几个方面进行推进：第一，改革赋予了企业更多的自主权。1984 年 5 月 10 日，国务院发出《关于进一步扩大国营工业企业自主权的暂行规定》，进一步下放了生产经营计划、产品销售、产品价格、物资设置、人事劳动管理、工资奖金、联合经营等 10 个方面的权力。企业也可以留用一部分利润用于职工奖励、职工福利和生产发展，“利改税”在一定程度上增强了员工和国有企业的积极性。第二，将改善企业内部管理机制提上日程。国务院要求在国有企业内部逐步实行分级分权管理，鼓励企业研究开发新产品，企业不再只是单纯生产，还要具有自我发展、自我改造的能力，逐渐向生产经营型企业转变。这期间，企业改革是在企业恢复性整顿和建设性整顿的基础上，从调整和改革国家与企业之间的分配关系入手，从政府层面的放权让利改革开始，即政府主管部门一方面向国有企业下放部分权利，给予企业更大的自主经营权；另一方面通过减少企业税额等措施，提高企业利润的获得比例，从而间接给予企业更多的财力支持，通过实行多种形式的利润留成和盈亏包干，进而扩大企业的经营管理自主权，增强企业生产积极性。通过改革，企业有了一定的生产自主权，开始成为独立的经济利益主体。

以放权让利为核心内容的第一轮国企改革虽然是一种浅层次的、过渡性的制度安排，但由于改革只涉及企业经营权，不改变原有的所有权框架，改革阻力相对较小。同时，放权让利改革虽然可能使政府利益有所损失，但由于企业经营积极性明显提高，经济总量大幅增加，政府收益反而有所改善，企业职工收入明显增长。社会绝大多数成员都获得了收益，使第一轮国有企业改革成效显著。然而，放权让利的改革措施并没有改变计划经济体制仍居主导地位的基本格局，企业还是政府行政部门的附属物而不是独立的经济实体，政府在国有企业亏损时依旧追加投资，一些赋予企业的权利也没有落实。大部分商品的价格和企业的生产经营活动仍受指令性计划的控制，市场体系尚属萌芽状态。

（二）国营企业“利改税”

改革开放之后，经过几年的企业财务体制改革和以税代利试点，在此基础上经过充分酝酿，国务院批准财政部《关于国营企业利改税试行办法》，决定于 1983 年

7 月在国营企业中普遍推行“利改税”，这是国营企业实行“利改税”的第一步改革。国营企业利改税是处理国家与企业之间分配关系上的方向性改革，这次改革扩大了企业的自主权，调动了企业和职工的生产积极性，促进了增产增收。1984 年 9 月，第二步“利改税”启动，其内容是将国营企业上缴的国家财政收入分别按照 11 个税种向国家缴税，由利税并存过渡到完全的以税代利，税后利润留给企业使用。通过这次改革，保证了国家财政收入的稳定增长，也维护了企业的合法权益，使企业能够更加充分地行使自主权，进一步增强企业活力。利改税后，国有企业和其他非国有企业一样，平等纳税，公平竞争，不但释放了企业活力，而且初步建立和完善了与市场经济相适应的税收制度，意义重大。但是，利改税后，国有企业的利润分配问题依然没有得到妥善解决。

（三）以承包经营责任制为主要形式的国企改革

从 1987 年到 1991 年，是探索两权分离和实施承包经营责任制的阶段，在积极推进企业所有权和企业经营权的分离、资本和管理者分离的同时，不断完善和改革承包、租赁等各种经营责任制形式。实现所有权和经营权的分离，对应的制度设计是承包制或租赁制，这个吸收和借鉴了中国农村联产承包责任制的合理内核，主要是根据所有权和经营权分离的原则，根据不同行业和不同企业的特点，确定了不同的经营方式。其中多数大中型企业实行了承包经营责任制，小型企业以实行租赁经营责任制为主，还有少数企业试行了股份制和资产经营责任制。这些经营方式，运用法律手段，以签订合同或契约的办法，进一步扩大了企业的经营自主权。

虽然承包制仍属于放权让利的范畴，但承包制的普遍实行是计划经济下的国营企业向市场经济下的国有企业转化迈出的第一步，使企业初步完成了从面向计划到面向市场的转变。以两权分离为主要内容的第二轮国企改革虽然在承包制推行伊始调动了企业和职工的积极性，推动了国有经济的发展，但承包制所存在的体制缺陷并未消除政企不分的问题。而且，由于企业只负盈不负亏，不仅使国家财政收入下降，还造成承包或租赁者只追求自身利益的最大化，使许多国有企业包括大中型企业陷于经营困境，甚至导致国有资产流失。承包制的最大弊端，是不能形成企业之间的公平竞争机制。由于每个企业通过与政府的讨价还价，确定不同的承包指标，企业之间不可能形成统一的起跑线，常常导致“鞭打快牛”和保护落后。从根本上说，承包制是排斥价值规律的计划经济的产物。

（四）大力推进现代企业制度改革

党的十四大以前，国企改革是以放权让利、承包责任制、两权分离等为主要内容的政策性调整阶段，十四大后，特别是党的十四届三中全会通过的《中共中央关于建立社会主义市场经济体制若干问题的决定》，标志着国企改革转入以产权制度改革为主要内容的现代企业制度创新阶段。

该《决定》指出，在所有制结构上，以公有制包括全民所有制和集体所有制经济为主体，个体经济、私营经济、外资经济为补充，多种经济成分长期共同发展，不同经济成分还可以自愿实行多种形式的联合经营。国有企业、集体企业和其他企业都进入市场，通过平等竞争发挥国有企业的主导作用。转换国有企业特别是大中型企业的经营机制，把企业推向市场，增强它们的活力，提高它们的素质。这是建立社会主义市场经济体制的中心环节，是巩固社会主义制度和发挥社会主义优越性的关键所在。通过理顺产权关系，实行政企分开，落实企业自主权，使企业真正成为自主经营、自负盈亏、自我发展、自我约束的法人实体和市场竞争的主体，并承担国有资产保值增值的责任。

该《决定》提出中国国有企业改革的目标是建立现代企业制度，并把现代企业制度概括为适应市场经济和社会化大生产要求的产权明晰、权责明确、政企分开、管理科学的企业制度，要求通过建立现代企业制度，使企业成为自主经营、自负盈亏、自我发展、自我约束的法人实体和市场竞争主体。国有企业实行公司制是建立现代企业制度的有益探索，具备条件的国有大中型企业要根据自己的不同情况，分别改组成国有独资公司、有限责任公司或股份有限公司。1994 年年初，国务院要求按《公司法》进行建立现代企业制度的试点，以便在取得经验后全面推广。1994 年 7 月开始实施的《公司法》规定股份有限公司的设立，必须经过国务院授权的部门或者省级人民政府批准。之后，《关于深化企业改革搞好国有大中型企业的规范意见》和《关于选取一批国有大中型企业进行现代企业制度试点的方案（草案）》等文件的出台，标志着中国大型国有企业公司化改革试点工作正式开始。从 1995 年开始，先后进行了百户国有企业建立现代企业制度试点工作、111 个城市“优化企业资本结构”试点工作、120 户企业集团试点工作等。

党的十五大报告提出的非公有制经济是中国社会主义市场经济的重要组成部分，写入了 1999 年修订的《中华人民共和国宪法》。非国有经济尤其是私有经济在中国经济结构中的地位和作用得到正式肯定。公有制为主体、多种所有制经济共同发展，是中国社会主义初级阶段的一项基本经济制度。这个阶段，中国国有企业改革步伐加快。1997 年以后，中央政府明确了加快国有企业改革，对国有企业实施战略性改组的方针。按照“产权清晰、权责明确、政企分开、管理科学”的要求，对国有大中型企业实行规范的公司制改革，对国有企业进行“抓大放小”的工作。改革的具体措施是对国有企业分类分批指导，一方面，集中力量抓好国有大型企业和企业集团推进和规范企业的股份制改革，对关系国计民生的少数国有企业进行宏观调控；另一方面，对那些一般性竞争领域里的企业适当放任自由，进一步放活国有小企业，以联合、兼并、租赁、承包经营和出售等多种方式，对全国 24 万多户国有小企业进行改制。同时，规范破产，鼓励兼并，推进再就业，进行企业资本结构的优化。大型国有企业实行“公司化”和中小国有企业实行“民营化”的“抓大放小”的改革与重组策略初步形成。特别是 1998 年开始进行了国有企业 3 年脱困工作，有力地深化了国有企业的改革，推动了国有企业的发展。1999 年 9 月，党的十五届四中全会通过的《中共中央关于国有企业改革和发展若干重大问题的决定》是加快国有企业改革和发展的纲领性文件，提出了今后一段时期国有企业改革和发展的目标，提出要在战略上调整国有经济布局，有进有退，有所为有所不为，通过“抓大放小”，推进国有企业战略性改组，国有企业要实现股权多元化，规范公司制改革。指出要从战略上调整国有经济布局，推进国有企业战略性改组，建立和完善现代企业制度，加强和改善企业管理，提高国有经济的控制力，使国有经济在关系国民经济命脉的重要行业和关键领域占支配地位。国有企业通过改革，经营行为发生了很大的改变，素质得到很大的提高，提高了国有经济的控制力，对宏观经济发挥了稳定作用，对经济体制改革发挥了强有力的支撑作用。

第三节　党的十六届三中全会提出完善社会主义市场经济体制的任务

党的十四大提出了中国经济体制改革的目标是建立社会主义市场经济体制。经过 10 年的改革实践，社会主义市场经济体制初步建立。党的十六届三中全会通过的《中共中央关于完善社会主义市场经济体制若干问题的决定》明确提出要更大程度发挥市场在资源配置中的基础性作用。

一、改革社会管理体制，改变社会事业发展滞后局面

改革开放之后的20年，随着改革开放的不断深入和社会主义市场经济的建立与完善，中国经济发展成效显著。但是社会事业领域的改革开放相对滞后，市场机制、社会资本和民间组织的作用发挥不够，教育、医疗、公共卫生等基本公共服务供给不足，公共服务的资源配置不合理、不公平的问题凸显。一方面，政府包揽过多，许多应由市场和社会承担的、按照市场规律来运行的社会事务却由政府部门依靠行政权力来管理，既造成了政府负担沉重，又带来社会管理效率低下；另一方面，政府责任不到位，许多本应由政府重点管理的领域和环节却因措施不到位而得不到有效解决。由于调动各方面积极性的体制机制不健全，社会事业发展的活力不足，社会事业发展滞后严重制约了经济发展。

进入21世纪，为了给经济发展创造良好的社会环境，与经济体制改革相适应，中国社会事业领域的改革也在大力推进。2002年11月，党的十六大第一次将社会更加和谐作为全面建设小康社会的重要奋斗目标，强调了政府的社会管理和公共服务职能，要在服务中实施管理，在管理中体现服务，明确了社会体制改革的方向。2004年9月，党的十六届四中全会进一步提出构建和谐社会的任务，要加强社会建设和管理，推进社会管理体制创新，建立健全党委领导、政府负责、社会协同、公众参与的社会管理格局。2006年，党的十六届六中全会通过《中共中央关于构建社会主义和谐社会若干重大问题的决定》，对构建社会主义和谐社会作出部署，指出构建社会主义和谐社会是从中国特色社会主义总体布局和全面建设小康社会全局出发提出的重大战略任务。《决定》对完善社会管理做出了具体规划，提出要推进社会管理体制的改革和创新。2007年10月，党的十七大提出加快推进以改善民生为重点的社会建设，强调要按照民主法治、公平正义、诚信友爱、充满活力、安定有序、人与自然和谐相处的总要求和共同建设、共同享有的原则，着力解决人民群众最关心、最直接、最现实的利益问题，为发展提供良好的社会环境。

伴随着社会管理体制改革的推进，社会事业领域的改革也在快速进行。首先，政府职能进一步转变，维护社会事业的公益性、保障人民群众基本公共服务需求成为政府的主要职责。在社会事业特别是涉及基本民生方面，包括扩大就业、完善社会保障体系、教育、文化、医药卫生等，建立健全了保障人民基本需求的制度。通

过加快健全覆盖全民的基本公共服务体系，基本公共服务均等化在不断向前推进。其次，建立和完善以政府为主体，其他社会力量广泛参与的社会事业发展体制。明确政府和社会的责任分工，维护和确保公众和社会组织对社会管理的参与权，加快转变政府职能，推进服务型政府建设，重视发挥市场机制作用，创新公共服务供给体制，降低民间资本的准入门槛，调动社会各方面力量参与社会事业发展的积极性。创新政府公共服务的提供方式，努力实现社会管理的科学化。再次，鼓励社会资本进入基本公共服务领域。在社会事业领域，进一步放宽准入，调动全社会参与的积极性。利用社会资源，建立购买服务的机制。鼓励社会资本投资建立非营利性公益服务机构。有效动员和综合利用社会资源来加强和改善基本公共服务，提高服务质量和效率。最后，坚持社会管理技术创新与社会管理制度创新相互促进。现代科学技术推动社会管理制度创新，社会管理制度创新要求有相应的技术手段作为支撑。社会管理体制和社会事业领域改革的逐步推进表明我们社会管理理念已经发生深刻变化，标志着中国已经进入了一个以构建社会主义和谐社会为总体目标、全面推动社会管理体制改革和社会组织建设的新的历史时期。

二、改革科技管理体制，鼓励自主创新

从20世纪80年代起，中国对科学技术体制的改革从自发进行、探索试点的阶段进入有领导的、全面展开的阶段。1985年3月，中共中央发出《关于科学技术体制改革的决定》之后，开始依据科技活动特点与分工对各类科研机构的科研事业费实行分类管理，以改革拨款制度、开拓技术市场为突破口，全面启动了科技体制改革。主要内容有：引导科技工作服务经济建设。改革科研机构的管理模式。国家对科研机构的管理由直接控制为主转变为间接管理；扩大研究机构的自主权，实行院所长负责制并引导科研机构创办科技企业；鼓励研究、教育、设计机构与生产单位的联合。强化企业的研究开发能力，支持和鼓励民营科技企业发展。

1995年5月，中共中央、国务院做出《关于加速科学技术进步的决定》，确立了“科教兴国”战略，提出“稳住一头，放开一片”的改革方针，开展了科研院所结构调整的试点工作。1999年8月，中共中央、国务院发布《关于加强技术创新，发展高科技，实现产业化的决定》，新的政策包括4个方面15项内容。主要内容有：一是加强技术创新，发展高科技，实现产业化，推动社会生产力跨越发展。二是深化体制改革，促进技术创新和高科技成果商品化、产业化；三是采取有效措

施，营造有利于技术创新和发展高科技、实现产业化的政策环境；四是加强党和政府的领导，全面推进技术创新，发展高科技，实现产业化。这一时期，中国对科技发展战略和科技体制改革进行了实质性调整，加强国家创新体系建设、加速科技成果产业化成为主要政策走向。政策供给集中在促进科研机构转制、提高企业和产业创新能力、大力发展科技中介服务机构等方面。80 年代，当时国家的科研资金分散在多个部门，没有形成合力。后来，大家形成共识，要使企业成为研发投入的主体，国家科研资金应当用于鼓励企业增加研发投入。90 年代出台的相关政策措施对建设国家创新体系，促进科技创新与产业化，促进中国科技自主创新能力的提高，实现跨越式发展具有重要作用。

进入新世纪，科技体制改革不断深化，国家创新体系建设全面推进，科技结构体系不断优化，以企业为主体、产学研结合的技术创新体系建设取得新的突破，企业作为创新主体的内在动力与活力得到了进一步的释放。同时，科技发展对科技体制改革也提出了更加紧迫的要求，需要科技体制改革有新的突破，为科技进步和创新提供良好的体制机制保障。2005 年 12 月，《国家中长期科学和技术发展规划纲要（2006—2020）》发布，这是新时期指导中国科学和技术发展的纲领性文件。《纲要》提出了进一步明确中国科技体制改革与建设创新型国家的要求，以增强自主创新能力为主线，以建设创新型国家为奋斗目标，对中国未来 15 年科学和技术发展作出了全面规划与部署。《纲要》指出中国科技体制改革的主要任务是：支持鼓励企业成为技术创新主体；深化科研机构改革，建立现代科研院所制度；推进科技管理体制改革；全面推进中国特色国家创新体系建设。围绕组织实施《纲要》，2006 年 1 月，《中共中央、国务院关于实施科技规划纲要增强自主创新能力的决定》发布，强调要增强自主创新能力，关键是强化企业在技术创新中的主体地位，建立以企业为主体、市场为导向、产学研相结合的技术创新体系。2006 年 2 月，国务院发布了《国务院关于实施〈国家中长期科学和技术发展规划纲要（2006—2020 年）〉若干配套政策的通知》，配套政策内容涉及财政、税收、金融、政府采购、知识产权、人才、教育、基本建设等许多方面，旨在营造激励自主创新的环境，推动企业成为技术创新的主体，努力建设创新型国家。随着国家一系列鼓励创新的政策逐渐得到实施，许多企业开始走上创新驱动的发展轨道，企业技术创新的积极性得到了明显提高。

中国科技体制改革最大成就之一就是企业成为研发投入和技术创新的主体。党的十七大报告提出要把提高自主创新能力、建设创新型国家作为国家发展战略的核心。明确要求坚持走中国特色自主创新道路，把增强自主创新能力贯彻到现代化建设各个方面。从此，中国政府和企业以及科研单位加大了研发的投入，广大科研人员的积极性大大提高，科研投入连续较大幅度地增加，科研成果开始涌现。鼓励企业自主创新的政策实施之后，成效开始显现，特别是在促进民营企业成为研发投入的主体方面更为明显。民营企业研发投入的资金和研发成果在全部研发投入和研发成果的比例不断提高，其中专利形成量占70%左右，涌现了像华为这样具有超强创新能力的民营企业，这是科技体制改革的一个重大成果。使企业成为投资主体和研发主体在工业上取得了很大成就，但是在农业领域，企业成为研发投入的主体还没有实现。例如，国家用于种子研发投入的资金，基本投给了公共科研机构，但是没有达到预期要求，农作物良种主要是由民营种子公司研发出来的。中国要培养出全球领先的种子企业，除了基础研究需要由科研机构和大学承担外，重点应扶持国内的种子公司，提升它们的研发能力，使它们成为研发主体。

提高自主创新能力具有重要和深远的意义。党的十七大报告提出要把提高自主创新能力、建设创新型国家作为国家发展战略的核心。“十二五”规划提出要以转变经济发展方式为主线，自主创新是推动发展方式转变的中心环节，是推动产业升级的中心环节，也是实现经济平稳较快增长的重要途径。只有把增强自主创新能力作为国家战略，作为发展科学技术的战略基点，实现科学技术的跨越式发展，才能避免低水平重复建设，缓解经济增长对资源环境的压力，从而避免经济的大起大落，实现经济的平稳较快增长。

三、改革教育体制，扩大大学招生规模

（一）中国高等教育事业规模稳步扩大，1999年是中国高等教育和高考制度一个转折点

从1978年到1998年的20年，是中国高等教育事业规模稳步扩大的时期，中国普通高校从598所增加到1022所，普通高等教育在校生规模从86万人增加到341万人。其间，1985年，中共中央、国务院召开改革开放以来第一次全国教育工作会议。会议的主要议题是讨论《中共中央关于教育体制改革的决定（草案）》，并结合各地各部门实际情况，研究贯彻执行的步骤和措施。这次会议和《决定》对于促

进教育适应社会主义建设以及经济、科技体制改革的迫切需求起到了极大的推动作用，对中国教育的改革和发展产生了重要影响。《中共中央关于教育体制改革的决定（草案）》拉开了探索高等教育体制改革的序幕，改善和强化了政府对高等学校的宏观管理职能，扩大了高校办学自主权。

1993 年，中共中央、国务院印发《中国教育改革和发展纲要》，这是中国改革开放时期最有指导意义的教育改革与发展的决策性文件。90 年代中后期以来，根据《中国教育改革和发展纲要》要求，调整了计划经济体制下形成的高校布局结构，逐步建立了中央和省两级管理、以省级政府统筹管理为主的新体制，扩建形成了一批综合性大学和多学科性大学。同期，高校招生、收费、毕业生就业制度及后勤社会化制度改革也逐步推进并取得重要进展。90 年代，国家实施了面向 21 世纪重点建设 100 所左右的高等学校和一批重点学科的“211 工程”，实施了推进世界一流大学和高水平大学建设的“985 工程”。为了进一步提升高等院校的高水平建设和国民的受教育程度，1998 年，中国发行国债用于的重点领域之一就是扩大大学招生规模所需要的基础设施投资。1999 年，中共中央、国务院召开改革开放以来第三次全国教育工作会议，颁布《关于深化教育改革全面推进素质教育的决定》，作出了扩大高等教育规模的重大决策，同年，教育部出台《面向 21 世纪教育振兴行动计划》。根据第三次全国教育工作会议精神，教育部进一步扩大了当年全国高校的招生规模。对于中国高等教育和高考制度来说，1999 年是一个转折点。自 1999 年开始，高等教育（包括大学本科、研究生）不断扩大招生人数。

（二）进入新世纪，中国的教育体制改革进一步深化

突破教育体制性障碍已成为教育改革的重要着力点。在管理体制方面，中国教育实行中央、省、市、县四级管理体制，随着中央政府进一步简政放权，加大了地方政府对本地区教育统筹管理的权限：基础教育实行由地方负责、分级管理的体制；职业教育逐步建立在国务院领导下，分级管理、地方为主、政府统筹、社会参与的管理体制；高等教育实行中央和省级政府两级管理、以省级政府管理为主的管理体制。2003 年，教育部决定进行高校自主选拔录取改革试点工作，22 所高等学校开展自主选拔录取新生的改革试点。到 2007 年，试点学校已经扩大到 59 所高校，高校自主招生制度开始成为中国高校统一招生考试制度的完善补充制度。党的十七大提出优先发展教育，建设人力资源强国，为进一步深化教育体制改革，促进

教育科学发展指明了方向。2010年7月，《国家中长期教育改革和发展规划纲要(2010—2020年)》正式发布，这是中国进入21世纪之后的第一个教育规划，是之后一个时期指导全国教育改革和发展的纲领性文件。《教育规划纲要》指出，到2020年，基本实现教育现代化，基本形成学习型社会，进入人力资源强国行列。提出开展人才培养体制、考试招生制度、办学体制、管理体制等方面的改革，建设现代学校制度，扩大教育开放。在考试招生制度改革方面，《教育规划纲要》提出以考试招生制度改革为突破口，克服一考定终身的弊端，推进素质教育实施和创新人才培养。在办学体制改革方面，《教育规划纲要》提出坚持教育公益性原则，健全政府主导、社会参与、办学主体多元、办学形式多样、充满生机活力的办学体制，形成以政府办学为主体、全社会积极参与、公办教育和民办教育共同发展的格局。

（三）教育制度改革使中国基本进入教育大众化阶段

从招生数量变化来看，2001年，全国普通高校录取260万人，录取率首次突破50%。之后，高校录取人数逐年递增。2010年，录取657万人，考生957万人，录取率达到69%。到了2020年，全国高考报名人数是1071万人，普通本专科招生967.5万人，高考录取率达到90.33%。高校扩招较大程度上满足了广大考生和家长对教育的需求，使更多学生圆了大学梦。全国普通、成人高等学校本科生、高职在校生、研究生从数量上持续增加，使更多的适龄青年有接受教育的机会。中国高等教育大规模扩招，提升了教育发展阶段，提高了国民素质，为加速培养人才、储备人才，提高综合国力和增强国际竞争力，提供了坚实的人才基础。

四、改革社会保障制度，建立多层次社会安全网

（一）20世纪90年代社会保障体制探索

改革开放以来，中国从探索企业职工退休费用社会统筹起步，相继建立养老、医疗、失业、工伤、生育保险制度，现代社会保障的框架体系基本形成。为适应从计划经济体制向社会主义市场经济体制转轨要求，中国稳步推进各项社会保障制度改革，社会保障在党和国家事业发展全局中的地位不断强化，逐步发展成为一项重要的社会经济制度。1984年，中国开启了养老保险制度和医疗保险制度的改革，之

后陆续开始了失业保险制度、工伤保险制度和生育保险制度的改革。1987年,《关于建立统一的企业职工基本养老保险制度的决定》颁布,标志着全国统一的统账结合城镇企业职工基本养老保险制度正式建立。90年代,有关中国养老保险制度改革出台了三份重要文件。第一份是1991年6月国务院下发的《关于企业职工养老保险制度改革的决定》,这是改革开放以来国家就养老保险问题第一次作出重大决策,明确了基本养老保险费实行国家、企业、个人三方共同负担。第二份是1995年3月国务院下发的《关于深化企业职工养老保险制度改革的通知》,确立了社会统筹与个人账户相结合的养老保险制度模式。第三份是1997年7月国务院下发的《关于建立统一的企业职工基本养老保险制度的决定》,规范了企业和职工个人缴纳基本养老保险费的比例,养老保险统账结合模式走向统一。1998年,劳动和社会保障部成立,统一管理各项社会保障事务,社会保障制度建设稳步快速推进。1998年12月,国务院下发《关于建立城镇职工基本医疗保险制度的决定》,职工医疗费用由国家和单位包揽转向国家、单位和个人共同负担。《关于建立城镇职工基本医疗保险制度的决定》的颁布标志着统账结合的城镇企业职工基本医疗保险制度在中国正式确立。

(二)城镇社会保障体系从试点先行到“全覆盖”改革

2000年12月,国务院颁布《关于完善城镇社会保障体系的试点方案》,决定选择辽宁省在全省范围内进行完善城镇社会保障体系试点。按照《国务院办公厅关于在吉林和黑龙江进行完善城镇社会保障体系试点工作的通知》规定,借鉴辽宁省试点经验,2004年起,在黑龙江和吉林两省进行扩大完善城镇社会保障体系试点工作。在充分调查研究和总结东北三省完善城镇社会保障体系试点经验的基础上,2005年12月,国务院发布《关于完善企业职工基本养老保险制度的决定》,这次改革的主要任务是:确保基本养老金按时足额发放,保障离退休人员基本生活;逐步做实个人账户,完善社会统筹与个人账户相结合的基本制度;统一城镇个体工商户和灵活就业人员参保缴费政策,扩大覆盖范围;改革基本养老金计发办法,建立参保缴费的激励约束机制;根据经济发展水平和各方面承受能力,合理确定基本养老金水平;建立多层次养老保险体系,划清中央与地方、政府与企业及个人的责任;加强基本养老保险基金征缴和监管,完善多渠道筹资机制;进一步做好退休人员社会化管理工作,提高服务水平。党的第十六届六中全会提出基本建立覆盖城乡居民的社会保障体系，党的十七大报告再次提出加快建立覆盖城乡居民的社会保障体系，这标志着中国社会保障制度建设进入了一个新的历史阶段。

随着一系列社会保障领域政策法规的出台及实施，中国社会保障体系建设步伐明显加快、公共投入力度持续加大、社会保障惠及全民的广度显著扩张，加之城乡居民养老保险、医疗保险及社会救助制度等的整合，各项社会保障制度走向全国统一，中国现代社会保障制度已经形成。

（三）推动社会保障制度建设，统筹城乡社保

1. 覆盖城乡居民的社会保障体系基本建立

社会保障制度建设逐步推进，覆盖城乡居民的社会保障体系基本建立，居民享有基本生活保障的局面基本形成。

在失业保险领域，1999 年 1 月，《失业保险条例》发布实施，形成了再就业中心、失业保险、城市居民最低生活保障构成的“三条保障线”。

在工伤保险领域，2003 年 4 月，国务院颁布《工伤保险条例》，确定了工伤保险制度基本的法律框架。

在养老保险领域，2005 年 12 月，国务院发布《关于完善企业职工基本养老保险制度的决定》，提出要尽快提高统筹层次，实现省级统筹，为构建全国统一的劳动力市场和促进人员合理流动创造条件。在医疗保险领域，2007 年 7 月，《国务院关于开展城镇居民基本医疗保险试点的指导意见》发布，国务院正式开展城镇居民医疗保险试点，88 个城市被列入试点范围。在农村社会养老保险领域，2009 年 9 月，《国务院关于开展新型农村社会养老保险试点的指导意见》发布，国务院决定从 2009 年起开展新型农村社会养老保险试点，探索建立个人缴费、集体补助、政府补贴相结合的新农保制度，实行社会统筹与个人账户相结合，与家庭养老、土地保障、社会救助等其他社会保障政策措施相配套，保障农村居民老年基本生活。《指导意见》宣布中国农民在 60 岁后将能享受国家普惠式的养老保障。对于亿万农民来说，这是一个具有里程碑意义的日子。

2. 不断完善社会保障制度建设

2011 年 6 月 7 日，国务院以国发〔2011〕18 号印发《关于开展城镇居民社会养老保险试点的指导意见》，开始在一部分地区开展城镇居民社会养老保险制度的试点工作。一年后，新农保、城居保基本实现制度全覆盖。2011 年 7 月 1 日，《中

华人民共和国社会保险法》正式实施，这是中国第一部社会保险综合性法律，是中国社会保障法制建设的一个里程碑，对于建立覆盖城乡居民的社会保障体系，具有十分重要的意义。

进入新世纪以来，各项社会保障改革与制度建设取得实质性进展，实现了从自下而上到自上而下、从自发变革到自觉变革、从被动配套到主动建设、从单项推进到综合推进、从双轨并存到全面建设新制度的转变。尤其是党的十八大以来，社会保障制度建设取得突破性进展，全面建立统一的城乡居民基本养老保险制度，推进机关事业单位养老保险制度改革，建立企业职工基本养老保险基金中央调剂制度，启动养老保险基金投资运营。社会保障法治化进程持续推进，各项法律法规不断健全完善。国家陆续颁布实施了《劳动法》《社会保险法》《失业保险条例》《工伤保险条例》《社会保险费征缴暂行条例》，出台了一系列行政法规和配套规章。在社会保障建设坚持以人民为中心发展思想的指导下，落实全面深化改革的总要求，中国社会保险制度不断完善，已建立起世界上覆盖人群最多的社会保障安全网。

五、改革医疗卫生体制，保障人民健康

（一）医疗卫生体制改革的前期探索

1985 年，中国正式启动医改。当年国务院批转了卫生部 1984 年 8 月起草的《关于卫生工作改革若干政策问题的报告》，其中提出必须进行改革，放宽政策，简政放权，多方集资，放开搞活，开阔发展卫生事业的路子。由此，中国的全面医改正式启动，基本做法则是“只给政策不给钱”。80 年代的医疗卫生体制改革处在初级阶段，改革主要关注管理体制、运行机制方面的问题，核心思想是放权让利，扩大医院自主权，政府直接投入逐步减少，市场化逐步进入医疗机构。

进入 90 年代，党的十四大确立了建立社会主义市场经济体制的改革目标，掀起了新一轮的改革浪潮。1992 年 9 月，国务院下发的《关于深化卫生医疗体制改革的几点意见》指出，卫生事业是公益性的福利事业，支持有条件的单位办成经济实体或实行企业化管理，做到自主经营、自负盈亏。《意见》要求改革卫生管理体制，拓宽卫生筹资渠道，完善补偿机制。转换运行机制，推进劳动人事及工资制度改革。进一步扩大医疗卫生单位的自主权，使单位真正拥有劳动人事安排权、业务建设决策权、经营开发管理权和工资奖金分配权。这项卫生政策刺激了医院创收的动

力，但是也影响了医疗机构公益性的发挥。1994 年，国家体改委、财政部、劳动部、卫生部共同制定了《关于职工医疗制度改革的试点意见》，启动城镇职工医疗保障制度改革。1996 年 12 月 9—12 日，中共中央、国务院召开了新中国成立以来第一次全国卫生工作会议。会议明确了“卫生工作要为人民健康服务，为社会主义现代化建设服务”的共识。

（二）深化医疗卫生体制改革

2000 年 2 月，国务院公布《关于城镇医疗卫生体制改革的指导意见》，全面启动医改。此次医改主要措施包括：将医疗机构分为非营利性和营利性两类进行管理，营利性医疗机构医疗服务价格放开，扩大基本医疗保险制度覆盖面；卫生行政部门转变职能，政事分开，实行医疗机构分类管理，公立医疗机构内部引入竞争机制，放开管制，规范运营，改革药品流通体制，实行医药分家等。

2002 年 10 月公布的《中共中央、国务院关于进一步加强农村卫生工作的决定》明确指出，要逐步建立新型农村合作医疗制度，各级政府要积极组织引导农民建立以大病统筹为主的新型农村合作医疗制度，到 2010 年，新型农村合作医疗制度要基本覆盖农村居民。从 2003 年起，中央财政对中西部地区除市区以外的参加新型合作医疗的农民每年按人均 10 元安排合作医疗补助资金，地方财政对参加新型合作医疗的农民补助每年不低于人均 10 元，农民为参加合作医疗、抵御疾病风险而履行缴费义务不能视为增加农民负担。这是中国政府历史上第一次为解决农民的基本医疗卫生问题进行的大规模投入。2003 年 1 月 16 日，国务院办公厅以国办发〔2003〕3 号转发卫生部、财政部、农业部《关于建立新型农村合作医疗制度的意见》，指出建立新型农村合作医疗制度是帮助农民抵御重大疾病风险的有效途径，是推进农村卫生改革与发展的重要举措，要求从当年开始新农合试点。随着医疗卫生领域市场化的不断演进，市场化在发挥了很大作用的同时，诸多弊端也暴露出来，“看病难”“看病贵”状况更加凸显。2003 年 SARS 疫情的暴发更是直接暴露出了公共卫生领域的问题，在抗击 SARS 疫情的同时，也引发了对医疗服务公平性的反思和讨论，客观上影响和推动了卫生体制的改革。

针对医疗卫生领域改革的状况，党的十七大报告明确了医改的指导原则，即人人享有基本医疗卫生服务、坚持公共医疗卫生的公益性质、强化政府责任和投入。报告首次完整提出中国特色卫生医疗体制的制度框架包括公共卫生服务体系、医疗

服务体系、医疗保障体系、药品供应保障体系四个重要组成部分，这是在新时期对卫生医疗体系构成的全面概括。

2008年10月，《关于深化医药卫生体制改革的意见（征求意见稿）》开始在网络上征求意见，各方积极分析准备，医改的具体方案也在一次次协调和调研中得到了细化。2009年中共中央、国务院发布《关于深化医药卫生体制改革的意见》（简称“新医改方案”），中国作出深化医药卫生体制改革的重要战略部署，建立覆盖城乡居民的基本医疗保障体系，确立新农合作为农村基本医疗保障制度的地位。新医改方案标志着新一轮医改开始，医改目标是到2020年覆盖城乡居民的基本医疗卫生制度基本建立。医改所需投入主要用于完善新型农村医疗制度、初步建立国家基本医药制度、健全基层医疗卫生服务体系、全面建立城镇居民医疗保险制度，强化公共卫生制度、推进医药改革试点等。在机构改革上，2018年3月，国务院大部制改革方案出炉。根据方案，组建国家卫生健康委员会，不再保留国家卫生和计划生育委员会，不再设立国务院深化医疗卫生体制改革领导小组办公室；组建国家医疗保障局；单独组建国家药品监督管理局，不再保留国家食品药品监督管理总局。组建国家卫生健康委员会，是党中央着眼不断满足人民健康需求作出的重大决策，体现了国家卫生健康工作理念的重大转变。

六、取消农业税，统筹城乡发展

进入新世纪以来，中国进入了加快推进工业化、城镇化的新阶段，国民经济保持了持续稳定较快发展的势头。在推进工业化和城镇化的同时，中央开始把更多的目光投向农村，加速补齐“三农”这块短板。随着农村经济社会的发展和改革的深入，农村的收入分配方式逐渐暴露出诸多弊端。农民不仅要缴纳农业税，还要承担许多农村公共事业发展的费用，再加上各种乱收费、乱罚款、乱集资，造成农民负担不断加重，“三农”问题日益严重，农村税费改革变得更为迫切。

（一）农村税费改革由试点到取消农业税

针对农村基层税费制度、粮食购销体制及农民负担监督管理等方面存在的突出问题，从1993年开始，在安徽太和县、河北正定县和湖南新晃县等7省40多个县，进行了以“税费统筹、折实征收、财政结算、税费分流”为主要内容的农村税费改革探索和实践。在1994年的全国农村改革试验区第八次工作会议上，明确将农村税费制度改革列为全国重点试验项目。这表明，为探索减轻农民负担的治本之策，中央已将工作重心转向农村税费改革。1998 年 11 月，国务院下发了《关于制定农村税费改革方案有关问题的通知》，成立了农村税费改革工作小组，负责制定农村税费改革方案并组织实施。2000 年 1 月，国务院原则通过了工作小组提出的关于农村税费改革试点工作若干问题的意见，并决定开展农村税费改革试点。同年 3 月，中共中央、国务院联合印发《关于进行农村税费改革试点工作的通知》（中发〔2000〕7 号），也称“7 号令”，中央确定在安徽省以省为单位进行农村税费改革试点。其他省、自治区、直辖市可根据实际情况选择少数县（市）试点，试点方案报中央备案。国务院批准在试点地区的政府要专门成立农村税费改革工作领导小组及其办公室，以“三取消、两调整、一改革”为农村税费改革试点的主要内容①。

2001 年，国务院印发《关于进一步做好农村税费改革试点工作的通知》，围绕着取消积累工和义务工的步骤，进一步调整完善农村税费改革政策。2002 年 3 月，国务院办公厅发布《关于做好 2002 年扩大农村税费改革试点的通知》，确定除安徽、江苏之外的河北等 16 个省份为试点省份。2003 年 3 月，全国全面推开了农村税费改革试点工作。农业税税率总体降低 1 个百分点，取消除烟叶外的农业特产税，并选择吉林、黑龙江两个省实行全部免征农业税试点。在国家扶贫开发工作重点县实行免征农业税试点，在其他地区进一步降低农业税率，在牧区开展取消牧业税试点，28 个省（自治区、直辖市）全部免征农业税。通过对前期税费改革的实践探索和经验积累，2005 年 12 月，第十届全国人大常委会第十九次会议通过决定，2006 年 1 月 1 日起废止《中华人民共和国农业税条例》，延续了 2600 年的农业税从此退出历史舞台。取消农业税是中国农村税收制度改革的一大飞跃，它标志着国家、集体和农民之间的分配关系发生了历史性的重大变化。

（二）全面取消农业税，标志着中国城乡二元税收制度的终结，有利于促进城乡统筹发展

农村税费改革是新中国成立以来继农村土地改革、实行家庭承包经营后的又一

① “三取消”是指取消乡统筹费、农村教育集资等专门面向农民征收的行政事业性收费和政府性基金、集资，取消屠宰税，取消统一规定的劳动积累工和义务工；“两调整”是指调整农业税和农业特产税政策；“一改革”是指改革村提留征收使用办法。

重大改革。全面取消农业税，极大地调动了农民积极性，又一次解放了农村生产力，开启了统筹城乡发展新纪元，加快了全面建设小康社会的进程。

农村税费改革以减轻农民负担为出发点，从正税清费，到减免农业税直至全面取消农业税，对增加农民收入，调动农民生产积极性，巩固农业基础地位，具有重大的现实意义和深远的历史影响。这项改革依法调整和规范国家、集体和农民的利益关系，全面取消了农业税、“三提五统”和农村教育集资等专门面向农民征收的各项税费，清理整顿了各种摊派和达标升级活动，有效遏制了曾经一度屡禁不止的农村“三乱”现象，初步建立了农民减负增收的长效机制，大幅度减轻了农民的负担。通过配套推进乡镇机构、农村义务教育管理体制和县乡财政管理体制改革，从对农民“少取”到全方位的“多予”，从根本上消除了农民负担反弹的隐患。农村税费改革，明确了农民的权利和义务，规范了基层干部行政行为，干群关系明显改善，促进了农村经济发展和农村社会稳定。

第四节　党的十八届三中全会提出全面深化改革

党的十八大以来，中国特色社会主义进入新时代，我们坚持和加强党的全面领导，统筹推进“五位一体”总体布局、协调推进“四个全面”战略布局，坚持和完善中国特色社会主义制度、推进国家治理体系和治理能力现代化，坚持依规治党、形成比较完善的党内法规体系，战胜一系列重大风险挑战，实现第一个百年奋斗目标，明确实现第二个百年奋斗目标的战略安排，党和国家事业取得历史性成就，发生历史性变革，为实现中华民族伟大复兴提供了更为完善的制度保证、更为坚实的物质基础、更为主动的精神力量。

一、把实现国家治理体系和治理能力现代化作为改革目标

国家治理体系和治理能力，是一个国家制度和制度执行能力的集中体现。国家治理体系和治理能力是一个相辅相成的有机整体，有了好的国家治理体系才能提高治理能力，提高国家治理能力才能充分发挥国家治理体系的效能。

党的十八大以来，以习近平同志为核心的党中央统筹推进“五位一体”总体布局、协调推进“四个全面”战略布局，推动中国特色社会主义制度更加完善、国家

治理体系和治理能力现代化水平明显提高，为政治稳定、经济发展、文化繁荣、民族团结、社会安宁、国家统一提供了有力保障，为坚定制度自信奠定了坚实基础。2013 年 11 月召开的党的十八届三中全会，是新时代改革再出发的重要里程碑。全会通过了《中共中央关于全面深化改革若干重大问题的决定》，提出“完善和发展中国特色社会主义制度，推进国家治理体系和治理能力现代化”作为全面深化改革的总目标，这是在党的文件中首次提出推进国家治理体系和治理能力现代化的观点，是全面深化改革的又一次总部署、总动员，在中国现代化建设进程中具有里程碑意义，是新的历史起点上全面推进中国特色社会主义伟大事业的行动纲领。《决定》对新的历史条件下中国经济体制、政治体制、文化体制、社会体制、生态文明体制和党的建设制度改革作出全面部署，在改革理论和政策上形成一系列新的重大突破，是新时代改革再出发的顶层设计。我们党从过去“国家管理”到现在的“国家治理”，是一次伟大的变革，也是完善和发展中国特色社会主义制度的必然要求。

党的十九届四中全会，是我们党第一次以研究坚持和完善中国国家制度和国家治理体系为主题的中央全会，全会审议通过的《中共中央关于坚持和完善中国特色社会主义制度　推进国家治理体系和治理能力现代化若干重大问题的决定》提出，到 2035 年，各方面制度更加完善，基本实现国家治理体系和治理能力现代化，到新中国成立 100 年时，全面实现国家治理体系和治理能力现代化，使中国特色社会主义制度更加巩固、优越性充分展现。习近平总书记在庆祝中国共产党成立 100 周年大会上的讲话中，庄严宣告全面建成小康社会，经过全党全国各族人民持续奋斗，我们实现了第一个百年奋斗目标，在中华大地上全面建成了小康社会，历史性地解决了绝对贫困问题，正在意气风发向着全面建成社会主义现代化强国的第二个百年奋斗目标迈进。体现了中国对改革开放经验的深刻总结，是对各领域改革的高度提炼，深刻反映了改革发展的总趋势和新要求，为在新的历史起点上全面深化改革指明了总的方向。

进入新时代，中国处于实现中华民族伟大复兴关键时期，也面临着前所未有的改革发展稳定任务和各种风险挑战。全面深化改革，解决中国发展过程中面临的矛盾和挑战，关键要靠治理体系和治理能力的现代化，使国家治理体系规范化、科学化、程序化，实现国家、社会、市场三者良性互动。只有不断推进国家治理体系和治理能力现代化，中国特色社会主义制度的优势才能得到充分发挥。把改革全面落实到位，增强改革的系统性、整体性、协同性，是实现国家治理体系和治理能力现代化的根本要求。这是一项极其复杂、难度很大的巨型系统工程。党的十八届三中全会后，中央全面深化改革领导小组迅速成立，党的十九届三中全会后又改为中央全面深化改革委员会，习近平同志亲自领导全面深化改革工作。从改革方案设计到具体实施，从总结改革试点经验到面上推广，从统一思想认识到准确把握改革的力度和时机，党中央都进行了认真缜密的研究和细致周全的组织。党的十八届三中全会提出的336项重大改革举措中已出台实施方案的超过95%，党的十八届四中、五中、六中全会和十九大及十九届二中、三中全会部署的改革任务也在按计划进度扎实推进，主要领域改革主体框架基本确立，重点领域和关键环节改革取得突破性进展，国家治理体系和治理能力现代化水平全面提高，中国特色社会主义事业展现出更加广阔的发展前景。

二、统筹推进经济、政治、文化、社会、生态文明体制和党的建设制度改革

党的十八届三中全会提出了全面深化改革的总目标，以及在总目标统领下明确了经济体制、政治体制、文化体制、社会体制、生态文明体制和党的建设制度等方面深化改革的具体目标和任务，在改革理论和政策上形成一系列新的重大突破，突出体现了改革的系统性、整体性、协同性，是新时代改革再出发的顶层设计，是新的历史起点上全面推进中国特色社会主义伟大事业的行动纲领。

（一）围绕使市场在资源配置中起决定性作用深化经济体制改革

进入新时代，中国仍将长期处于社会主义初级阶段，发展仍是解决中国所有问题的关键。人民日益增长的美好生活需要和不平衡不充分的发展之间的矛盾是中国社会发展的主要矛盾，把解决主要矛盾作为全面深化改革的主攻方向，消除实现平衡而充分的发展的制约因素，消除满足人民美好生活需要的体制机制障碍。这就要贯彻新发展理念，按照高质量发展的要求建设现代化经济体系，以经济建设为中心进行全面深化改革。经济体制改革的核心问题是处理好政府与市场的关系，《中共中央关于全面深化改革若干重大问题的决定》首次提出使市场在资源配置中起决定性作用和更好发挥政府作用这一重大理论观点。围绕这一理论突破，通过深化改革，推动资源配置依据市场规则、市场价格、市场竞争实现效益最大化和效率最优化，使市场在资源配置中起决定性作用，更好发挥政府作用，为经济持续健康发展

提供体制机制保障。

（二）围绕坚持党的领导、人民当家做主、依法治国有机统一深化政治体制改革

党的十八届三中全会的《决定》确定了紧紧围绕坚持党的领导、人民当家做主、依法治国有机统一深化政治体制改革的目标任务、主攻方向和根本原则。《决定》在政治体制改革方面作出全面部署，具体体现在：通过深化政治体制改革，坚持走中国特色社会主义政治发展道路不动摇，确保各项事业发展都始终坚持走中国特色社会主义道路。应坚持和完善人民代表大会制度。社会主义协商民主是中国社会主义民主政治的特有形式和独特优势，坚持中国共产党领导的多党合作和政治协商制度，健全民主制度，丰富民主形式，拓宽民主渠道，保证人民当家做主落实到国家政治生活和社会生活之中。坚持民族区域自治制度以及基层群众自治制度，健全人民当家做主的制度体系。政治体制改革是全面改革的重要组成部分，通过积极稳妥推进政治体制改革，对经济社会发展发挥保障和促进作用。

（三）围绕建设社会主义核心价值体系、社会主义文化强国深化文化体制改革

文化是一个国家、一个民族的灵魂，是国家凝聚力的黏合剂，能产生激励全党全国各族人民奋勇前进的强大精神力量。面对中国文化领域发展中存在的问题，党的十八届三中全会的《决定》提出要按照政企分开、政事分开原则，推动政府部门由办文化向管文化转变，推动党政部门与其所属的文化企事业单位进一步理顺关系，并提出建立健全现代文化市场体系，鼓励各类市场主体公平竞争、优胜劣汰。通过深化文化体制改革，为社会主义文化强国建设奠定制度基础，具体体现在：推进国有经营性文化单位转企改制，加快公司制、股份制改造；推动文化企业跨地区、跨行业、跨所有制兼并重组，提高文化产业规模化、集约化、专业化水平；构建现代公共文化服务体系，明确不同文化事业单位功能定位，建立法人治理结构，完善绩效考核机制。通过文化体制改革的新突破，解放文化生产力，实现把社会主义核心价值观转化为人们的情感认同和行为习惯，推进国际传播能力建设，讲好中国故事，提高国家文化软实力，繁荣中国特色社会主义文化等。

（四）围绕更好保障和改善民生、促进社会公平正义深化社会体制改革

党的十八大首次提出深化社会体制改革的命题，党的十八届三中全会的《决定》进一步强调，必须以促进社会公平正义、增进人民福祉为出发点和落脚点全面深化改革，必须紧紧围绕更好保障和改善民生、促进社会公平正义深化社会体制改革。党的十八大以来，按照中国特色社会主义总体布局和“四个全面”战略布局要求，全面深化社会体制改革，有力地推进了民生改善和社会进步。教育、就业创业、收入分配、社会保障、医药卫生等民生领域体制机制改革和社会治理制度建设得到全面部署，而且鼓励社会资金投入社会建设领域。在保障和改善民生促进社会公平正义方面取得了显著成效：持续加大民生领域财政投入，各级政府部门通过设立 PPP 项目库、购买公共服务等方式，鼓励社会投资进入社会建设领域，加快补齐公共服务供给短板；全面深化社会体制改革，一大批惠民举措落地实施，不断满足不同层次的多样化需求，人民群众的获得感、幸福感、安全感持续增强，人民安居乐业，社会安定有序，社会治理体系更加完善。通过加快社会事业改革，人民群众最关心最直接最现实的利益问题得到了解决，人民需求得到了更好的满足，实现了发展成果更多更公平惠及全体人民。

（五）围绕建设美丽中国深化生态文明体制改革

围绕建设美丽中国，对生态文明制度建设部署在不断加快，包括健全自然资源资产产权制度和用途管制制度、划定生态保护红线、实行资源有偿使用制度和生态补偿制度、改革生态环境保护管理体制等。在全社会确立绿色发展理念，建立激励与约束相结合的生态文明体制。多年来，我们坚持人与自然和谐共生，坚持良好生态环境是最普惠的民生福祉，推动“绿水青山就是金山银山”理念逐步深入人心，“四梁八柱”性质的生态文明制度体系基本形成，生态环境治理力度不断加大，生态环境质量持续改善，人与自然和谐发展的现代化建设新格局加快形成。在解决国内环境问题的同时，中国还深度参与全球生态环境治理，成为全球生态文明建设的重要参与者、贡献者、引领者。

（六）围绕提高科学执政、民主执政、依法执政水平深化党的建设制度改革

加强和改善党的领导是全面深化改革取得成功的根本保证。党的十八大、十八

届三中全会把党的建设制度改革与经济体制、政治体制、文化体制、社会体制、生态文明体制改革一道作出重要部署。党的十八届四中全会明确提出形成完善的党内法规体系，并作为全面推进依法治国总目标的重要内容。我们坚持和加强党的全面领导，全面推进党的政治建设、思想建设、组织建设、作风建设、纪律建设，把制度建设贯穿其中，深入推进反腐败斗争，全面从严治党实现制度化、规范化，党的创造力、凝聚力、战斗力显著增强，为党和国家事业发展提供了坚强政治保证。党的十八届三中全会以来各项改革的顺利推进，主要得益于充分发挥了党总揽全局、协调各方的领导核心作用，得益于学习型、服务型、创新型马克思主义执政党建设，得益于不断提高党的领导水平和执政能力。

三、发挥市场对资源配置的决定性作用和更好发挥政府的作用

经过市场化改革，中国社会主义市场经济体制已建立起来，但市场体系还不健全，市场发育还不充分，特别是政府与市场的关系还没有理顺，市场在资源配置中的作用发挥受到诸多因素制约。准确定位和把握使市场在资源配置中起决定性作用和更好发挥政府作用，必须正确认识市场作用和政府作用的关系。党的十八届三中全会提出，经济体制改革的核心问题是处理好政府和市场的关系，使市场在资源配置中起决定性作用和更好发挥政府作用。这是理论上的重大突破和实践上的重大创新。

（一）充分发挥市场在资源配置中的决定性作用

《中共中央关于全面深化改革若干重大问题的决定》提出使市场在资源配置中起决定性作用，用决定性代替基础性，这是我们党对市场规律认识的又一次升华。作出“使市场在资源配置中起决定性作用”的定位，有利于在全党全社会树立关于政府和市场关系的正确观念，有利于转变经济发展方式，有利于转变政府职能，有利于抑制消极腐败现象①。中国仍存在市场体系不完善、市场规则不统一、市场秩序不规范、市场竞争不充分等问题，影响了经济发展活力和资源配置效率。通过深化改革，坚持社会主义市场经济改革方向，减少政府对资源的直接配置，转变经济

---

① 参见《关于〈中共中央关于全面深化改革若干重大问题的决定〉的说明》（2013 年 11 月 9 日），载《十八大以来重要文献选编》（上），中央文献出版社 2014 年版。

发展方式，发挥市场决定资源配置的作用，把市场机制能有效调节的经济活动交给市场，实现资源配置效率最优化和效益最大化。

（二）更好发挥政府作用

更好发挥政府作用，就是强调科学的宏观调控、有效的政府治理，这是发挥社会主义市场经济体制优势的内在要求。强调政府的职责和作用主要是保持宏观经济稳定，弥补市场失灵，减缓经济周期波动影响。市场作为资源配置的一种手段，有其自身无法克服的缺陷，只有借助政府的力量，才能实现经济的良好发展。在更好发挥政府作用上，我们把促进社会公平正义、增进民生福祉作为出发点和落脚点，加强和优化公共服务，使广大群众共享改革发展成果，促进共同富裕。加强市场体系建设，进一步完善社会主义市场经济体制，在保证市场发挥决定性作用的前提下，对市场进行积极有效的引导、调控和规制。保障公平竞争，加强市场监管，维护市场秩序，创造市场机制正常发挥作用的条件和环境，让市场主体有更多的活力，推动经济社会可持续发展。

（三）推动有效市场和有为政府更好结合

发展社会主义市场经济，既要发挥市场作用，也要发挥政府作用。在现代市场经济条件下，政府和市场的作用不是对立的，而是相辅相成、相互促进、互为补充的。划清政府和市场的边界，坚持使市场在资源配置中起决定性作用，完善市场机制，打破行业垄断、进入壁垒、地方保护，增强企业对市场需求变化的反应和调整能力，提高企业资源要素配置效率和竞争力。凡属市场不能有效发挥作用的，政府主动补位，发挥政府作用，在尊重市场规律的基础上，用改革激发市场活力，用政策引导市场预期，用规划明确投资方向，用法治规范市场行为。正是在对政府和市场关系的持续探索中，通过加强协调配合，发挥好政府和市场的作用，中国的经济体制改革不断深化，也正是发挥了政府强有力的宏观调控作用，我们才克服了一个又一个困难，赢得了一个又一个挑战，国民经济不断向着健康、持续、协调的方向发展。

四、改革政治体制，充分发挥制度优势

中国共产党坚持从中国国情出发，独立探索自己的政治发展道路，建立了人民

民主专政的国体、人民代表大会制度的政体、中国共产党领导的多党合作和政治协商制度、民族区域自治制度、基层群众自治制度。改革开放以来，我们在坚持根本政治制度、基本政治制度的基础上，不断深化政治体制改革，推进制度体系完善和发展。

（一）当今世界正经历百年未有之大变局，中国正处于实现中华民族伟大复兴关键时期，发展的内部条件和外部环境正在发生深刻复杂变化

中国经济已由高速增长阶段转向高质量发展阶段。社会主要矛盾发生变化，人民对美好生活的要求不断提高，经济长期向好，市场空间广阔，发展韧性强大，正在形成以国内大循环为主体、国内国际双循环相互促进的新发展格局。同时，中国经济正处在转变发展方式、优化经济结构、转换增长动力的攻关期，实现高质量发展还有许多短板弱项。中国发展的外部环境发生了深刻复杂变化，国际竞争日趋激烈，经济全球化、多边主义受到挑战，经济全球化遭遇逆流，保护主义、单边主义上升，霸权主义、强权政治依然存在，国际经济、科技、文化、安全、政治等格局都在发生深刻调整，国际形势中的不稳定不确定因素增加。

（二）坚定不移走中国特色社会主义发展道路

中国共产党依据马克思主义基本原理和中国社会历史发展的内在逻辑，经过几十年艰苦曲折探索，终于找到了符合中国国情和顺应时代要求的中国特色社会主义道路。党的十八大报告提出坚定不移走中国特色社会主义道路。中国已经成为世界第二大经济体，中国特色社会主义道路已经展现出巨大优越性。

中国特色社会主义政治制度是中国特色社会主义制度的重要组成部分，也是国家治理体系的重要组成部分。党的十九届四中全会通过的《中共中央关于坚持和完善中国特色社会主义制度、推进国家治理体系和治理能力现代化若干重大问题的决定》，着眼于充分发挥中国特色社会主义制度优越性、推进国家治理体系和治理能力现代化，聚焦坚持和完善支撑中国特色社会主义制度的根本制度、基本制度、重要制度，明确了各项制度必须坚持的根本点、完善和发展的方向，体现了高度的制度自信和能力自信。通过全面深化改革，我们积极稳妥推进政治体制改革，把坚定制度自信和不断改革创新统一起来，坚持和完善中国特色社会主义制度，制度建设的科学性、系统性、整体性、协同性不断增强，中国特色社会主义制度的显著优势

在各个方面都得到充分发挥。我们坚持和发展中国特色社会主义，推动物质文明、政治文明、精神文明、社会文明、生态文明协调发展，创造了中国式现代化新道路，创造了人类文明新形态。

（三）全面推进依法治国是政治体制改革的重要部分

依法治国是党领导人民治理国家的基本方式。党的十八大报告强调指出，坚持走中国特色社会主义政治发展道路，必须积极稳妥推进政治体制改革，全面推进依法治国，加快建设社会主义法治国家。党的十八届四中全会明确提出了全面推进依法治国的总目标、重大任务。全会提出，全面推进依法治国，总目标是建设中国特色社会主义法治体系，建设社会主义法治国家，在中国社会主义法治史上具有里程碑意义。党的十九大对新时代全面推进依法治国提出了新任务，描绘了到 2035 年基本建成法治国家、法治政府、法治社会的宏伟蓝图。

全面依法治国是坚持和发展中国特色社会主义的本质要求和重要保障，事关我们党执政兴国，事关人民幸福安康，事关党和国家事业发展。全面推进依法治国是中国政治体制在新形势下主动适应经济社会发展和全面深化改革的需要，是实现政治体制机制的自我完善和优化发展。在发挥法治在国家治理体系和治理能力现代化中的积极作用过程中，我们不断完善顶层设计，不断创新和深化依法治国实践。坚持依法治国、依法执政、依法行政共同推进，坚持法治国家、法治政府、法治社会一体建设，实现科学立法、严格执法、公正司法、全民守法，不断把法治中国建设推向前进。坚定不移走中国特色社会主义法治道路，建设中国特色社会主义法治体系，推进社会主义政治建设。坚持党的领导、人民当家做主、依法治国有机统一，推进中国特色社会主义政治制度自我完善和发展。

五、改革文化体制，建立文化自信

党的十六大提出要抓紧制定文化体制改革的总体方案，第一次将文化分成为文化事业和文化产业，强调要积极发展文化事业和文化产业，这明确了整个文化体制改革的方向和目标。党的十六大以后，中国文化体制改革的步伐明显加快，文化体制改革的目的、任务和意义更明确、更清楚、更明晰。在党中央直接领导下，对文化体制改革试点工作进行了大胆试点，积极探索，稳步推进。文化体制改革的理论也进一步深化，改革的思路进一步清晰，改革的方向进一步明确。

（一）深化文化体制改革

随着文化建设的深入发展，一些体制性、结构性矛盾日益突出，亟须文化体制改革。党的十六届四中全会提出，“深化文化体制改革，解放和发展文化生产力”。党的十七届六中全会通过的《中共中央关于深化文化体制改革、推动社会主义文化大发展大繁荣若干重大问题的决定》，全面总结了党的十六大以来文化改革发展的实践经验，提出建设社会主义文化强国的战略目标。党的十八大报告强调，要“建设社会主义文化强国，关键是增强全民族文化创造活力”，这一重要论断为坚持中国特色社会主义文化发展道路，深入推进文化体制改革，建设社会主义文化强国指明了方向。党的十八届三中全会进一步明确要求以激发全民族文化创造活力为中心环节，进一步深化文化体制改革。党的十八届五中全会通过的《中共中央关于制定国民经济和社会发展第十三个五年规划的建议》提出，要坚定文化自信，增强文化自觉，加快文化改革发展。推进新时期文化建设，加强党对文化工作的领导，是新时期文化体制机制改革的出发点和根本点。进一步深化文化体制机制改革，既要忠实传承和弘扬中华优秀传统文化，又要积极引领和践行社会主义先进文化，抓住重点，全面推进。

（二）加强文化建设

在文化体制改革过程中，我们坚持处理好意识形态属性和产业属性、社会效益和经济效益的关系，始终坚持社会主义先进文化前进方向，始终把社会效益放在首位。在深化文化体制改革的实践中，以“改什么、怎么改必须以是否符合完善和发展中国特色社会主义制度、推进国家治理体系和治理能力现代化的总目标为根本尺度，该改的、能改的我们坚决改，不该改的、不能改的坚决不改”为引领，在深刻认识中国特色社会主义文化基本属性基础上，切实把握深化文化体制改革的基本遵循。

1. 传承弘扬中华优秀传统文化，繁荣文化精品创作生产

在实施中华文化传承工程中，坚持保护利用、普及弘扬并重，广泛开展中华优秀传统文化宣传普及。坚持以社会主义核心价值观为引领，加强对文化产品创作生产的引导，大力扶持优秀文化产品创作生产，推动文化产品思想性、艺术性、观赏性有机统一。

2. 完善文化管理体制

切实转变政府职能，深入推动政府由办文化向管文化转变。在转变政府职能的基础上，继续深化文化事业单位改革，强化公益属性。进一步完善国有文化资产管理体制，建立符合文化企业特点的现代企业制度，探索国有传媒企业特殊管理制度，管住管好文化事业和文化产业的导向。

3. 完善现代文化市场体系

完善文化市场准入和退出机制，深化文化要素市场改革，激发市场活力和社会创新创造能力，完善文化生产经营机制。充分发挥市场作用解决文化产品和服务不平衡不充分的矛盾。推动各类文化市场主体发展壮大，鼓励各类市场主体公平竞争、优胜劣汰，培育新型文化业态，扩大和引导文化消费。充分发挥国有文化资本的控制力和引导力，并努力激活民间资本参与文化市场的竞争与合作。推动文化产业结构优化升级，完善社会效益和经济效益相统一的体制机制。

4. 推动基本公共文化服务标准化、均等化发展

坚持政府主导、社会参与、重心下移、共建共享，引导文化资源向城乡基层倾斜。创新公共文化服务方式，积极探索“互联网＋公共文化服务”的有效模式，推进公共文化服务数字化网络化建设，提高基本公共文化服务的覆盖面和适用性。

5. 提高文化开放水平

通过多种形式，提高中国文化开放水平。加强中外文化交流，提高国家文化软实力，拓展中国文化走出去的空间和思路。深化人文交流，把政府交流与民间交流结合起来，把双边交流与多边交流结合起来。加快发展文化贸易，把加强中外文化交流同发展对外文化贸易和投资结合起来。加强对外话语渠道和内容建设、国际传播能力和对外话语体系建设，讲好中国故事，把中国道路、中国理论、中国制度、中国精神、中国力量寓于其中，更好地塑造国家形象。

6. 坚定文化自信，建设新时代社会主义文化强国

实现中华民族伟大复兴，不但要有坚定的道路、理论、制度自信，而且要有坚定的文化自信。文化的影响力是价值观念的影响力。我们立足中华优秀传统文化，培育和弘扬核心价值观，加强社会主义核心价值体系建设。中国社会主义先进文化的建立，本身就是创新与改革的成果，更是一种文化自信的表现。

六、改革生态文明体制，建设美丽中国

党的十八大将生态文明建设纳入“五位一体”总体布局，从十个方面描绘了相

当长一个时期中国生态文明建设的宏伟蓝图。党的十八届三中全会《中共中央关于全面深化改革若干重大问题的决定》首次提出要深化生态文明体制改革，加快建立生态文明制度。2015 年，《关于加快推进生态文明建设的意见》和《生态文明体制改革总体方案》相继颁布，要求构建产权清晰、多元参与、激励约束并重、系统完整的生态文明制度体系。党的十九大报告将“生态文明”列为社会主义现代化新征程的重要组成部分，要求加快生态文明体制改革，建设美丽中国，中国就此开启了生态文明建设的新篇章。

（一）多主体共同参与生态文明建设

在生态文明建设中，构建了政府为主导、企业为主体、社会组织和公众共同参与的生态文明治理体系和运行机制。通过发挥政府的主导和监管作用、企业的环保积极性和自我约束作用、社会组织和公众的参与和监督作用，实现从生态治理到生态预防、从政府管制到多元共治的转变。建立了行之有效的宣教和舆论引导工作体系，引导社会公众客观认识中国生态环境保护所处的发展阶段，深刻认识生态文明建设与体制改革的重要性复杂性系统性。

改革生态环境监管体制。加强对生态文明建设的总体设计和组织领导，设立自然资源资产管理和自然生态监管机构，完善生态环境管理制度。鼓励公众及社会团体、公益组织参与环境公共事务的决策、管理和监督，逐步构筑起全社会积极参与生态文明建设和体制改革的大格局。

（二）以完善的制度体系推动生态文明建设

按照生态文明体制改革总体要求，中国加快建立健全自然资源资产产权制度、建立国土空间开发保护制度、建立空间规划体系、完善资源总量管理和全面节约制度、健全资源有偿使用和生态补偿制度、建立健全环境治理体系、健全环境治理和生态保护市场体系、完善生态文明绩效评价考核和责任追究制度等八项制度，构建产权清晰、多元参与、激励约束并重、系统完整的生态文明制度体系。加快制度改革创新，不断增强制度的系统性、整体性、协同性，推动生态文明建设走上制度化、规范化、常态化轨道。通过实行最严格的生态环境保护制度，全面建立资源高效利用制度，健全生态保护和修复制度，严明生态环境保护责任制度，把“绿水青山就是金山银山”的理念贯穿于生态文明建设过程中。坚持和完善生态文明制度体系，建设人与自然和谐共生的现代化，提供更多优质生态产品以满足人民日益增长的优美生态环境需要。

（三）推动形成绿色发展方式

加快建立健全绿色低碳循环发展的经济体系。通过不断提高绿色发展关键因素的识别能力、节约资源和保护环境的投入能力、环境承载和资源可持续利用的评估能力等，增强绿色发展能力。构建起了市场导向的绿色技术创新体系，壮大节能环保产业、清洁生产产业、清洁能源产业。推进能源生产和消费革命，构建清洁低碳、安全高效的能源体系。推进资源全面节约和循环利用。形成了绿色发展战略，制定和完善合理的战略规划、可靠的金融机制、持续的财税政策，绿色发展理念已贯彻到各领域、各方面、各环节。

（四）着力解决突出环境问题

为了满足人民日益增长的优美生态环境需要，围绕环境保护重点领域、关键环节和薄弱环节，坚持做好空气污染治理、水污染治理、垃圾处理和土地面源污染治理，打赢蓝天、碧水、净土保卫战。具体来说，采取的措施涉及持续实施大气污染防治行动，通过实施“液态阳光”计划等项目，发展改性甲醇燃料等清洁能源替代汽柴油，防治空气污染。加快水污染防治，实施流域环境和近岸海域综合治理。强化土壤污染管控和修复，加强农业面源污染防治，开展农村人居环境整治行动。加强固体废弃物和垃圾处置，推动各种废弃物和垃圾集中处理和资源化利用。提高污染排放标准，强化排污者责任。树立节约集约循环利用的资源观，实行最严格的耕地保护、水资源管理制度。发展环保产业，建立环保产业中公共产品的价值补偿机制。中国还积极参与全球环境治理，推动《联合国 2030 年可持续发展议程》和《巴黎协定》的落实，落实减排承诺。

七、建立城乡融合发展体制机制和政策体系

改革开放特别是党的十八大以来，中国在统筹城乡发展、推进新型城镇化方面取得了显著进展，但城乡要素流动不顺畅、公共资源配置不合理等问题依然突出，影响城乡融合发展的体制机制障碍尚未根本消除。为重塑新型城乡关系，走城乡融合发展之路，促进乡村振兴和农业农村现代化，党的十九大报告提出乡村振兴的战

略目标，同时提出建立健全城乡融合发展体制机制和政策体系。通过建立城乡融合发展的体制机制和政策体系，形成以工促农、以城带乡、工农互惠、城乡一体的新型工农城乡关系，逐步实现城乡居民基本权益平等化、城乡居民收入均衡化、城乡公共服务均等化、城乡要素配置合理化、城乡产业发展融合化。2019年4月，《中共中央、国务院关于建立健全城乡融合发展体制机制和政策体系的意见》对城乡融合发展提出了系统解决方案，提出要通过建立健全有利于城乡要素合理配置的体制机制，推动各类要素在城乡间双向流动和平等交换。通过建立城乡融合的市场体系，建立城乡一体化的市场体系，充分发挥市场在城乡要素资源配置中的决定性作用，破除妨碍城乡要素自由流动和平等交换的体制机制壁垒，促进各类要素更多地向乡村流动。

（一）激活农村土地资本

党的十八届三中全会关于农村土地制度的改革有三大突破：第一个突破是赋予农民对承包地占有、使用、收益、流转及承包经营权抵押、担保权能，允许农民以承包经营权入股发展农业产业化经营。第二个突破是保障农户宅基地用益物权，改革完善农村宅基地制度，选择若干试点，慎重稳妥推进农民住房财产权抵押、担保、转让，探索农民增加财产性收入渠道。第三个突破是建立城乡统一的建设用地市场。在符合规划和用途管制前提下，允许农村集体经营性建设用地出让、租赁、入股，实行与国有土地同等入市、同权同价。认真落实上述三大突破性改革，有利于加快推进农业现代化，有利于实现农民工的市民化，推动新型城镇化发展。农民通过转让集体经营性建设用地指标，就可获得财产性收益，农村集体经营性建设用地的市场化是一个必然趋势。在土地政策上，《中共中央、国务院关于建立健全城乡融合发展体制机制和政策体系的意见》提出了三个“允许入市”：“允许农村集体经营性建设用地入市，允许就地入市或异地调整入市；允许村集体在农民自愿前提下，依法把有偿收回的闲置宅基地、废弃的集体公益性建设用地转变为集体经营性建设用地入市。”通过农村土地制度改革，以土地的用益物权作为质押，撬动城市资本下乡，通过城市资本下乡带动生产要素向农村集聚，支持农业现代化、新农村建设、农民工市民化和特色小镇建设。通过全面深化农村体制改革，促进生产要素在城乡之间双向自由流动，促进农业劳动生产率和农民收入提高，加快补齐农业农村发展短板。农村土地制度改革是激活农村蛰伏发展潜能的关键。通过积极主动地进行改革，激活农村土地这个蛰伏的巨量资本，使之资本化，为城乡融合发展提供资金支持。

（二）促进人力资源要素自由流动

中国正处在人类历史上规模最大的城市化过程中，大批劳动力从农业转移到第二、三产业，大批人口从农村转移到城镇，在中国城镇化达到80%这一发达国家平均水平前，人口的流动不可能停止，这是历史趋势。我们的体制和政策顺应和推动这一趋势，资源配置、基础设施建设、产业发展、公共服务等都在积极适应这一要求。为了促进人力资源要素自由流动，我们制定和实施各种政策措施，包括健全农业转移人口市民化机制，深化户籍制度改革，加快实现城镇基本公共服务常住人口全覆盖，建立健全有利于农业转移人口市民化的财政政策。2019 年 12 月，中共中央办公厅、国务院办公厅印发《关于促进劳动力和人才社会性流动体制机制改革的意见》，首次构建了促进劳动力和人才社会性流动的政策体系框架。2020 年 4 月，国家发改委发布《2020 年新型城镇化建设和城乡融合发展重点任务》，明确督促城区常住人口 300 万以下城市全面取消落户限制，城区常住人口 300 万到 500 万的 I 型大城市要全面放开放宽落户条件，并全面取消重点群体落户限制。超大特大城市取消郊区新区落户限制。政策的导向和力度，体现了中央加快劳动力要素市场化改革的决心。消除劳动力和人才社会性流动的体制机制障碍，将进一步激发社会发展活力。

（三）畅通城乡资本要素流动

资本流通是促进城乡要素双向流动的先导，资本流向哪里，其他要素就会跟着流向哪里。通过农村土地制度改革，以土地的用益物权作为质押，撬动城市资本下乡，通过城市资本下乡带动生产要素向农村集聚，支持农业现代化、新农村建设、农民工市民化和特色小镇建设。完善乡村金融服务体系，健全农村金融市场，建立工商资本入乡促进机制，为乡村振兴和农业农村发展提供金融支持。健全财政投入保障机制，发挥财政引领作用，以财政直接投入为基础，弥补乡村经济短板；通过减税降费、政策补贴等方式优化营商环境，为社会资本进入乡村铺就道路；鼓励各级财政支持城乡融合发展及相关平台和载体建设，带动社会资金投入乡村建设。

（四）通过改革破除制约乡村振兴的制度障碍

实现城乡市场之间要素的平等交换、自由流动，是完善社会主义市场经济体制的一项重要任务。要破除城乡融合发展的障碍，就必须完善农村要素市场体系，发挥市场对城乡要素配置的决定性作用，重塑新型城乡关系。按照《中共中央、国务院关于建立健全城乡融合发展体制机制和政策体系的意见》，大力提高农村公共服务水平，加快农村基础设施建设，促进城乡教育资源均衡配置，加强农村医疗卫生、公共文化、社会保险、社会救助体系建设。通过农业现代化、乡村建设行动、特色小镇建设和农民工市民化，拓宽农民增收渠道，促进农民收入持续增长，尽快缩小城乡居民收入差距。乡村振兴必将迅速扩大农村消费市场，释放经济增长的最大新动能，为实现“十四五”和到 2035 年的发展目标提供强有力支撑。

第三章

中国改革的巨大成就

改革开放40多年来，改革从点到面，从农村到城市，从沿海到内地，从兴办特区到加入世贸组织、设立自由贸易港，从经济领域到政治、文化、社会、生态文明体制和党的建设领域等一系列改革系统推进。使改革开放成为当代中国最显著的特征、最壮丽的气象[①]，改革开放促进了发展，取得了举世瞩目的成就。

---

① 参见《习近平总书记在庆祝改革开放40周年大会上的讲话》（2018年12月18日），载新华网 http：//www.xinhuanet.com/2018-12/18/c_1123872025.htm。

第一节 经济领域改革成就

40多年来，我党在经济领域改革逐步推进深入，确立了在社会主义初级阶段的基本路线，坚定不移推进改革开放，战胜来自各方面的风险挑战，开创、坚持、捍卫、发展中国特色社会主义，实现了从高度集中的计划经济体制到充满活力的社会主义市场经济体制、从封闭半封闭到全方位开放的历史性转变，实现了从生产力相对落后的状况到经济总量跃居世界第二的历史性突破，实现了人民生活从温饱不足到总体小康、奔向全面小康的历史性跨越，为实现中华民族伟大复兴提供了充满新的活力的体制保证和快速发展的物质条件①。

一、建立了中国特色社会主义市场经济体制，现代经济体系逐步健全

40多年来，我们围绕解放和发展社会生产力、解放和增强社会活力，鲜明提出了建立社会主义市场经济体制的改革目标，从“建立”到“完善”再到“加快完善”，理论和实践不断创新突破，为中国从站起来到富起来再到强起来提供了强大动力和体制保障，推动中国特色社会主义进入新时代。

（一）所有制结构不断优化，社会主义基本经济制度持续巩固和完善

我们不断探索基本经济制度的有效实现形式，从最初的单一公有制，到个体经济是公有制经济的补充，再到非公有制经济是社会主义市场经济的重要组成部分，并强调坚持“两个毫不动摇”，非公有制经济在国民经济中的比重和作用日益提高，所有制结构发生重大变化。党的十八大以来，我们又提出积极发展混合所有制经济，强调这是基本经济制度的重要实现形式。40多年来，中国各种所有制经济优势互补、相互促进、共同发展的格局逐步形成，非公有制经济从无到有、从小到大、从弱到强。据统计，非公有制企业对国家税收贡献超过50%，生产总值、固定资产投资、对外直接投资占比均超过60%，技术创新和新产品占比超过70%，城

① 参见《习近平总书记在庆祝中国共产党成立100周年大会上的讲话》（2021年7月1日），载新华网 http：//www.xinhuanet.com/2021-07/01/c_1127615334.htm。

镇就业占比超过80%，每年新增城镇就业超过90%，一批民营企业进入世界500强。

（二）现代市场体系逐步健全，使市场在资源配置中起决定性作用，更好发挥政府作用

改革开放以来，我们一直在实践中不断拓展和深化对政府和市场关系的认识，从计划经济为主、市场调节为辅，到计划与市场内在统一，再到市场发挥基础性作用，特别是党的十八届三中全会取得重大理论突破，明确提出使市场在资源配置中起决定性作用和更好发挥政府作用。党的十八大以来，我们大力推进价格改革和土地、资本、劳动力、科技等重要生产要素市场化改革，现代市场体系逐步建立并不断完善。中央政府和地方政府定价目录大幅缩减，全面完成全国省级电网输配电价改革，全面推开公立医院医疗服务价格改革，目前97%以上的商品和服务价格实现市场调节。中国科技创新水平加速迈向国际第一方阵，2017年科技进步对经济增长的贡献率达到57.5%，国际专利申请量跃居世界第一。全面推行国有土地资源有偿使用制度，探索建立城乡统一的建设用地市场。沪港通、深港通先后开通，内地与香港“债券通”正式上线，A股被纳入MSCI新兴市场指数。

党的十九大提出建立“市场机制有效、微观主体有活力、宏观调控有度”的经济体制，我们建立和完善社会主义市场经济体制的认识不断深化，实践探索不断深入，社会主义市场经济体制更加完善和成熟。大会提出坚持社会主义市场经济改革方向，加快完善社会主义市场经济体制，强调经济体制改革必须以完善产权制度和要素市场化配置为重点，实现产权有效激励、要素自由流动、价格反应灵活、竞争公平有序、企业优胜劣汰。这些论述在“使市场在资源配置中起决定性作用和更好发挥政府作用”的基础上更进一步，深化了对社会主义市场经济规律的认识，坚定了社会主义市场经济改革方向，明确了加快完善社会主义市场经济体制的重点任务。纵览这一阶段社会主义市场经济体制的发展，更加完善的社会主义市场经济体制已经呼之欲出①。

（三）国有企业改革向纵深推进，国有经济战略性调整取得重大进展

改革开放以来，我们从扩大企业经营自主权，到建立现代企业制度，再到推进

---

① 参见桑田：《探索建立和完善社会主义市场经济体制的光辉历程》，载《湘潮》2019年第9期。

国资管理体制改革，国有企业改革不断向纵深推进。党的十八大以来，全面深化国资国企改革，扎实推进战略性重组，中央企业数量从117家调整到96家；中央企业集团层面公司制改制全面完成，各级子企业改制面达到97.8%；国有企业混合所有制改革深入推进，50家试点企业改革成效正在显现；铁路、电力、石油天然气、盐业等行业改革取得实质性进展；以管资本为主加强国资监管迈出新步伐，国有企业发展取得重大成就，为促进经济社会发展作出了历史性贡献。

（四）农业农村改革全面深化，城乡发展一体化体制机制不断健全

农村改革波澜壮阔，适应国情农情、符合社会主义市场经济要求的农业农村经济体制逐步建立并不断走向成熟。党的十八大以来，我们进一步提升农村改革广度和深度，农业农村基础性关键性制度加快构建，农业农村现代化加快推进。稳定和完善农村基本经营制度，保持土地承包关系稳定并长久不变，完善农村承包地“三权”分置制度，大力培育新型职业农民。稳步推进农村集体产权制度改革。完善重要农产品价格形成机制和收储制度。完善城乡发展一体化体制机制，加快推动以人为核心的新型城镇化，5年城镇新增就业6609万人，8000多万农业转移人口成为城镇居民。40多年的农业农村改革解放和发展了农村社会生产力，繁荣了农村经济，改善了农民生活，有力支撑了国民经济持续快速发展。

（五）行政体制改革不断深化，政府职能加快转变

40多年来，我们在多轮机构改革的基础上，紧紧围绕处理好“有为政府”和“有效市场”的关系，持续加大政府职能转变力度，不断推进国家治理体系和治理能力现代化。党的十八大以来，我们持续放权减权、制权限权、晒权督权，坚定不移地将简政放权、放管结合、优化服务改革引向深入，国务院部门行政审批事项削减44%，彻底取消非行政许可审批类别，大力推进商事制度改革。中央层面核准项目累计削减90%，进一步确立企业投资主体地位。结束了66年的营业税征收历史，推动建立权责清晰、财力协调、区域均衡的中央和地方财政关系，健全货币政策和宏观审慎政策双支柱调控框架，利率市场化改革取得历史性突破，金融监管改革扎实推进，人民币加入国际货币基金组织特别提款权货币篮子。更好发挥战略规划导向作用，创新完善调控方式，着力加强预期管理，增强宏观调控前瞻性、针对性、协同性。

（六）对外开放水平不断提高，开放型经济新体制加快构建

40多年来，我们始终坚持对外开放的基本国策，以加入世界贸易组织为契机，逐步构建形成了以沿海开放地带、沿江开放地带、沿边开放地带和内陆省会城市为代表的全方位、多层次的对外开放格局。党的十八大以来，以“一带一路”建设为统领，着力提高“引进来”水平，持续改善“走出去”结构，更深层次、更高水平的全方位开放格局正在形成。“一带一路”建设顶层设计和政策框架体系不断完善，国际产能合作成效显著。批准设立11个自贸试验区。扩大服务业和一般制造业对外开放，深化外商投资和境外投资管理制度改革，成为经济全球化和完善全球经济治理的重要引领者、推动者①。

改革开放40多年，中国在党的坚强领导下已经从僵化的计划经济体制，逐步平稳过渡到中国特色社会主义市场经济体制。经济体制的改革，强力带动中国的整个经济的快速发展，由改革前的吃不饱、穿不暖的局面，发展为全面迈入小康阶段，为实现整个中华民族的复兴提供了坚实的基础。

二、经济总量跃居世界第二，综合国力显著提升

改革开放给中华大地带来蓬勃生机和活力，中国经济社会发生了翻天覆地的变化，国家综合经济实力不断增强，取得了一个又一个历史性成就。

（一）经济总量不断迈上新台阶

国内生产总值由1978年的3679亿元迅速跃升至2020年的1010986亿元，规模增长了近30倍，占世界经济的比重从1.8%提升至17%左右。

经济增速在全球范围内名列前茅，40多年来的年均经济增速达到9.5%，远高于同期世界经济2.9%的年均增速；2018年（改革开放40周年）前几年，在经济保持中高速增长的同时，发展稳定性不断增强②。2018年达6.6%，2019年为6.1%，2020年受疫情影响，世界经济增速为-4.4%的情况下，仍然达2.3%的正增长。

---

① 参见中共国家发展改革委党组：《承前启后 坚定方向 开启中国经济体制改革新征程》，载《求是》2018年第17期。

② 参见《中国GDP增速连续12个季度保持在6.7%—6.9%区间》，载《经济日报》2018年7月16日。

（二）人均国内生产总值不断提高

人均国内生产总值2020年达72447元，扣除价格因素，比1978年增长20多倍；人均国民总收入从1978年的200美元提高到2019年的10410美元，高于中等偏上收入国家平均水平。

（三）经济发展效益持续向好

1978年国家财政收入仅有1132亿元，1999年跨上1万亿元台阶，2003年超过2万亿元，2007年超过5万亿元，2011年超过10万亿元，2017年已经达到17.3万亿元，2020年约18万亿元，年均增长13%以上，"真金白银"的国家财政实力明显增强。

（四）外汇储备大幅增长

随着中国对外开放程度持续提升，经常项目盈余快速积累，吸引外资不断增加，中国外汇储备经历了从紧缺到富足的历史性转变。外汇储备规模从1978年的1.67亿美元提升至2020年年末的32165亿美元。

（五）货物进出口总量跃居世界第一

货物进出口总额1982—2018年平均增速13.4%，其中1981年货物进出口总额440亿美元，占世界贸易比重为1.1%，进出口总额在世界贸易中列第21位，改革开放以后特别是2001年正式加入世界贸易组织以来，中国货物进出口总额持续增长，占世界比重不断提高。2018年中国对外货物贸易进出口总额4.62万亿美元，占世界贸易比重为11.8%，进出口总额在世界贸易中跃居第一；2020年货物进出口总额321557亿元人民币，折合46670亿美元，占全球14.7%，达全球最高。

从国际视角看，中国的国际地位显著提高，已成为世界第二大经济体、第一大工业国、第一大货物贸易国、第一大外汇储备国。中国经济的增速在全球主要经济体中一枝独秀，对世界经济增长的贡献率超过30%，是全球经济发展举足轻重的稳定器和压舱石。

三、经济结构优化升级，发展协调性显著增强

改革开放以来，中国坚持巩固和加强第一产业，提升和改造第二产业，大力发

展第三产业，供给能力迅速提高，供给质量不断提升，供给结构持续优化，经济增长由主要依靠第二产业带动转向依靠三次产业共同带动，现代化的供给体系正在加速形成。

（一）农业基础地位更加巩固

农业综合生产能力实现质的飞跃。主要农产品产量跃居世界前列。近年来，中国粮食总产量稳定在1.3万亿斤以上，比1978年翻一番。中国谷物、肉类、花生、茶叶产量稳居世界第一位，油菜籽产量稳居世界第二位，甘蔗产量稳居世界第三位。农业现代化水平不断提高。2018年，农业科技进步贡献率已超过58%，全国农作物耕种收综合机械化率超过65%[①]。2020年全国粮食总产量66949万吨（13390亿斤），比2019年增加565万吨（113亿斤），增长0.9%。其中谷物产量61674万吨（12335亿斤），比2019年增加304万吨（61亿斤），增长0.5%。

结构调整持续推进。改革开放前，中国农业生产结构长期处于“农业以种植业为主、种植业以粮食生产为主”的状况。改革开放后，国家鼓励和引导农民积极调整农业结构，大力发展多种经营，由单一以种植业为主的传统农业向农、林、牧、渔业全面发展的现代农业转变。农林牧渔业总产值中，农业比重由1978年的80%下降至2019年的53%左右。

近年来，农产品生产不断向优势产区集中，种植业的区域化生产格局基本形成，粮食主产区稳产增产作用日益显现。粮食主产区产量占全国粮食总产量的比重提高到78%以上，比1978年提高8个百分点。

（二）工业实现跨越式发展

生产规模成倍增长，国际竞争力显著提升。2020年，中国工业增加值达31.31万亿元，按可比价计算，比1978年增长50多倍，年均增长10%以上。工业生产能力大幅提高，原煤、发电量等能源产品产量2017年比1978年分别增长4.7倍和24.3倍；乙烯、粗钢、水泥等原材料产品产量分别增长46.9倍、25.2倍和34.8倍；汽车产量已达2900多万辆，连续9年蝉联世界第一。因为产业结构调整原因，2018年以来汽车产量有所下降。很多产品生产从无到有，直至蓬勃发展。空调、冰

① 参见《农业科技进步贡献率2018年达到58.3%》，来源于新华社北京2019年4月30日电。

箱、彩电、洗衣机、微型计算机、平板电脑、智能手机等一大批家电通信产品产量均居世界首位。制造业大国地位日益巩固，制造业占全球的比重自 2010 年起稳居世界第一。

工业结构加快调整优化，中国从制造大国开始向制造强国迈进。传统行业改造升级步伐加快，特别是党的十八大以来，更多运用市场机制和经济手段大力破除无效供给。2013—2015 年，全国共计淘汰落后炼铁产能 4800 万吨、炼钢 5700 万吨、电解铝 110 万吨、水泥（熟料和粉磨能力）2.4 亿吨、平板玻璃 8000 万重量箱。在此基础上，2016 年、2017 年两年又化解钢铁产能 1.2 亿吨、煤炭产能 5 亿吨，全面取缔 1.4 亿吨“地条钢”，淘汰停建缓建煤电产能 6500 万千瓦以上，有效改善了市场供求关系，提高了优质产能利用效率，工业经济效益明显好转。企业技术改造投资快速增长，2013—2016 年，制造业技术改造投资年均增长 14.3%，2017 年技改投资依然保持较高增长水平，增长 16.3%，占全部制造业投资比重达 48.5%，成为促进制造业转型升级的主要力量。

高技术产业和战略性新兴产业迅猛发展，2017 年，高技术制造业、装备制造业增加值分别比上年增长 13.4%、11.3%，增速快于规模以上工业 6.8 个和 4.7 个百分点，占规模以上工业增加值比重分别为 12.7% 和 32.7%；与 2012 年相比，高技术制造业、装备制造业比重分别上升了 3.3 个和 4.5 个百分点。

新能源汽车等产品呈爆发式增长，2020 年，中国新能源汽车产量达到 136.7 万辆，连续 6 年位居世界第一，中国已经成为全球最大的动力电池生产国；民用无人机、工业机器人保持高速增长；光伏产业链各环节生产规模全球占比均超过 50%。高铁、核电等重大装备竞争力居世界前列。据联合国工业发展组织工业竞争力指数最新结果，中国已经成为全球最具工业竞争力的五个国家之一。

（三）服务业快速发展壮大

改革开放以来，中国服务业发展水平显著提高，对扩大就业、缓解资源环境压力、提高城乡居民生活质量发挥了重要作用。服务业成长为经济增长新引擎。2012 年第三产业增加值占 GDP 比重首次超过第二产业，成为国民经济第一大产业。2020 年，服务业比重提升至 55% 以上，比 1978 年上升 31 个百分点。

服务业层次不断提升。现代服务业、新兴服务业迅猛发展，深刻改变人民群众生产生活方式。2016—2017 年，规模以上战略性新兴服务业营业收入年均增长

16.2%，旅游、文化、体育、健康、养老等幸福产业发展方兴未艾。2013—2016年，文化及相关产业增加值年均名义增长13.7%。2017年，国内旅游人数和旅游收入分别达到50亿人次和45661亿元，比1994年增长8.5倍和43.6倍[①]。

2019年，旅游经济继续保持高于GDP增速的较快增长。国内旅游市场和出境旅游市场稳步增长，入境旅游市场基础更加稳固。全年国内旅游人数60.06亿人次，比上年同期增长8.4%；入出境旅游总人数3.0亿人次，同比增长3.1%；全年实现旅游总收入6.63万亿元，同比增长11%。旅游业对GDP的综合贡献为10.94万亿元，占GDP总量的11.05%。旅游直接就业2825万人，旅游直接和间接就业7987万人，占全国就业总人口的10.31%[②]。

四、工业化、城镇化有序推进，城镇化率已近60%

改革开放以来，中国经历了世界历史上规模最大、速度最快的城镇化进程，城镇人口、城镇化率、城市宜居性快速提高，城乡一体化新格局逐渐形成。这充分体现，党中央提出的以人为核心的新发展理念，在改革开放中贯彻执行。

（一）农业人口市民化进程加快

改革开放前，由于中国工业底子薄，城市经济发展滞后，主要人口都沉淀在农村；改革开放后，优先发展工业、重点发展城市的战略，导致产业发展向城市集中，城镇吸纳就业能力逐步增强，大量农村人口迁移到城镇，形成了人口在农村和城市之间单向流动的局面。

2019年年末，全国就业人数为77471万人，比上年略减115万人。其中，乡村就业人数为33224万人，比上年减少943万人；城镇就业人数为44247万人，比上年增加828万人。城镇就业人数占城乡就业总量的比重达到57.1%，比上年提高1.1个百分点。2020年年末中国常住人口城镇化率超过60%[③]。

---

① 参见丛亮：《前所未有的发展奇迹 经济史册的壮丽篇章——改革开放40年来中国经济社会发展成就》，载《宏观经济》2018年第11期。

② 参见文旅部：《2019年国内旅游收入超6万亿元》，载人民网2020年3月10日。

③ 参见《中华人民共和国2020年国民经济和社会发展统计公报》，国家统计局网站（http://www.stats.gov.cn），2021年2月28日发布。

（二）城市数量和规模快速增长

城镇化率提高体现在中国城市数量、规模明显增长，城镇网络体系不断完善。改革开放以来，随着中国对人口迁移的放松管制，大量的劳动力从农村流向城市，在建设城市的同时，这些劳动力自身也转变为城市居民。中国开启了城镇扩容的步伐，随着城市的扩容，又吸引更多的农村居民成为城市居民，城镇化的步伐随着改革开放，不断加快。1978—2018 年，城市数量由 193 个发展到 673 个，其中，地级以上城市由 101 个增加到 298 个，县级市由 92 个增加到 375 个，建制镇数量由 2176 个增加到 21297 个。

随着城镇化进程提速，以城市群为主体的空间格局不断完善，形成了以北京、上海、广州、深圳等特大城市为龙头，以省会城市和地级市等大型中心城市为主体，以中小城市和小城镇为补充，以广大乡镇为底基的多层次、广覆盖的城镇网络体系。

（三）基础设施建设大大加强，城镇宜居性显著提高

改革开放以来，随着城市经济的快速发展，城市建设力度不断加大，投入持续增加，基础设施明显改善，配套资源逐步完善，精神文明、人民群众生活水平得到显著提高。

基础设施建设力度不断加大。根据 2016 年的统计数据，中国城市维护建设资金支出就已达 13833 亿元，而 1978 年仅有 17 亿元；城市市政公用设施建设固定资产投资 17460 亿元，而 1978 年仅有 12 亿元；地级以上城市交通运输支出达 3672 亿元，比 2012 年增加 1423 亿元，增长 38.8%。公共交通建设成就卓著。2016 年年末，中国城市道路长度 38.2 万千米，而 1978 年年末只有 2.7 万千米；城市道路面积 75.4 亿平方米，而 1978 年年末仅有 2.3 亿平方米。轨道交通建设有了突飞猛进的发展。1978 年年末，中国仅北京有轨道交通，线路总长度 23.6 千米。到 2017 年年末，有 32 个城市开通了轨道交通，车站 3040 个，运营线路达 149 条，运营线路总长度达 4484 千米。传统公共交通和智能交通融合发展。2016 年年末，地级以上城市实有公共汽（电）车营运车辆 47.7 万辆，出租车 95.4 万辆，而 1978 年年末中国城市公共汽（电）车拥有量只有 1.7 万辆。2016 年，地级以上城市公共汽（电）车客运总量 627 亿人次，而 1978 年全国城市客运人数只有 132 亿人次。

信息网络迅猛发展。随着网络强国战略的实施，网络覆盖率迅速提升，提速降费改革持续推进，“互联网+”广泛融入各行各业。2020年电信业务收入累计完成1.36万亿元，比上年增长3.6%，增速同比提高2.9个百分点。按照上年价格计算的电信业务总量1.5万亿元，同比增长20.6%。固定通信业务实现收入4673亿元，比上年增长12%，在电信业务收入中占比达34.5%，占比较上年提高2.8个百分点，占比连续三年提高。固定数据及互联网业务实现收入2376亿元，比上年增长9.2%，在电信业务收入中占比由上年的16.6%提升至17.5%，拉动电信业务收入增长1.53个百分点，对全行业电信业务收入增长贡献率达42.9%；固定增值业务实现收入1743亿元，比上年增长26.9%，在电信业务收入中占比由上年的10.5%提升至12.9%，拉动电信业务收入增长2.82个百分点，对收入增长贡献率达79.1%。其中，数据中心业务、云计算、大数据以及物联网业务收入比上年分别增长22.2%、85.8%、35.2%和17.7%；IPTV（网络电视）业务收入335亿元，比上年增长13.6%。移动通信业务实现收入8891亿元，比上年下降0.4%，在电信业务收入中占比降至65.5%，比2017年峰值时回落6.4个百分点。其中，移动数据及互联网业务实现收入6204亿元，比上年增长1.7%，在电信业务收入中占比由上年的46.6%下滑到45.7%，拉动电信业务收入增长0.79个百分点，对收入增长贡献率为22.3%。全国电话用户净减1640万户，总数回落至17.76亿户。其中，移动电话用户总数15.94亿户，全年净减728万户，普及率为113.9部/百人，比上年末回落0.5部/百人。4G用户总数达到12.89亿户，全年净增679万户，占移动电话用户数的80.8%。固定电话用户总数1.82亿户，全年净减913万户，普及率降至13部/百人。截至2020年年底，三家基础电信企业的固定互联网宽带接入用户总数达4.84亿户，全年净增3427万户。其中，100Mbps及以上接入速率的固定互联网宽带接入用户总数达4.35亿户，全年净增5074万户，占固定宽带用户总数的89.9%，占比较上年末提高4.5个百分点；1000Mbps及以上接入速率的用户数达640万户，比上年末净增553万户①。

水、电、气等生活资料供应充足。2019年，中国城市用水普及率98%以上，比1978年年末提高16.4个百分点；燃气普及率97.29%，提高82.9个百分点。全

① 参见工业和信息化部运行监测协调局：《2020年通信业统计公报》，2021年1月23日。

年城市供水总量628.3亿立方米[①]，比1978年增加549.3亿立方米，增长7倍；供气总量（人工煤气和天然气）1636.24亿立方米、液化石油气1040.81万吨，而1978年仅有（人工煤气和天然气）24亿立方米[②]。2020年，全社会用电量75110亿千瓦时，同比增长3.1%。分产业看，第一产业用电量859亿千瓦时，同比增长10.2%；第二产业用电量51215亿千瓦时，同比增长2.5%；第三产业用电量12087亿千瓦时，同比增长1.9%；城乡居民生活用电量10949亿千瓦时，同比增长6.9%。

（四）逐步形成城乡一体化发展新格局

经过全党全国各族人民持续奋斗，2020年年底我党实现了第一个百年奋斗目标，在中华大地上全面建成了小康社会，历史性地解决了绝对贫困问题，正在意气风发向着全面建成社会主义现代化强国的第二个百年奋斗目标迈进[③]。

改革开放以来，我党认识到农村与城市的差距不断拉大，不符合我党执政宗旨和执政为民的初心，在历届重要会议上强调农村发展的重要性，相继出台了一系列文件促进农村发展、农村和城市共同发展，特别是在党的十八大以后，我党更加重视“三农”问题，提出城乡一体化发展的战略，极大地促进了城乡一体化发展、融合发展，迎来了农村发展的春天。

1978年，党的十一届三中全会通过了《中共中央关于加快农业发展若干问题的决定（草案）》，开启了以城乡之间健康互动为切入点的改革，标志着中国进入了农村改革的新阶段。1984年的中央一号文件《中共中央关于一九八四年农村工作的通知》肯定了农民在小城镇中进入小工业和小集镇服务业是必然的历史性进步，为打破城乡二元结构提供了支撑，为城乡共同发展注入了新的活力，促进了农业生产力的较快发展。

1984年，中国改革的重心从农村转移到城市，工农“剪刀差”没有得到控制反而有所扩大，出现了生产要素单方面流向城市的现象，与城市的高速发展相对的

---

① 参见《深度解析！2020年中国自来水生产和供应行业市场现状及竞争格局分析》，东方财富网2021年3月9日发布，https：//baijiahao.baidu.com/s?id=1693742399587470558&wfr=spider&for=pc。

② 参见国家统计局：《城镇化水平显著提高 城市面貌焕然一新——改革开放40年经济社会发展成就系列报告之十一》，发布时间：2018年9月10日。

③ 参见：《习近平总书记在庆祝中国共产党成立100周年大会上的讲话》，载新华网http：//www.xinhuanet.com/2021-07/01/c_1127615334.htm。

是农业发展开始放缓，亟须市场在城乡资源配置中发挥重要作用。在这样的背景下，20世纪90年代以来，党以建立社会主义市场经济体制为目标，不断推进城乡经济体制改革，进一步打破了城乡二元体制机制，城乡交流开始明显增多①。

2002年党的十六大提出“统筹城乡经济社会发展。建设现代农业，发展农村经济，增加农民收入，是全面建设小康社会的重大任务”。明确了统筹城乡经济社会发展的要求，将城市和农村纳入统盘筹划发展战略，是对“城乡二元结构”的破解，标志着城乡发展进入新阶段。党的十七大指出，坚持科学发展观必须坚持统筹兼顾，其中首要的就是坚持统筹城乡发展。在这一战略指导下，中国城乡各项经济指标的差距明显缩小。

党的十八大以来，以习近平为核心的中共中央，更加重视“三农”问题，先后提出“加快完善城乡发展一体化体制机制”，建设现代化经济体系要实施乡村振兴战略，“始终把解决好‘三农’问题作为全党工作重中之重。要坚持农业农村优先发展，按照产业兴旺、生态宜居、乡风文明、治理有效、生活富裕的总要求，建立健全城乡融合发展体制机制和政策体系，加快推进农业农村现代化”。城乡发展一体化机制体制逐步建立，全面脱贫战略取得了阶段性成果，农村的发展进入新篇章。

五、对外贸易和投资大幅度增长，形成开放型经济体系

改革开放以来，中国从封闭半封闭的计划经济走向开放型的社会主义市场经济，对外贸易作为连接国内外经济的桥梁，出现了快速增长的局面。对外贸易的快速增长，不但体现在数量上的增长，更体现在贸易标的、贸易方式、贸易关系等方面的质的飞跃，一举成为世界贸易大国。对外贸易快速发展，区域经贸合作持续推进，中国成功实现了从封闭半封闭到全方位开放的伟大转折，形成了全方位、多层次、宽领域的全面开放新格局。

（一）货物贸易跨越发展，国际影响力不断增强

改革开放以来，中国不断推进外贸体制改革创新，重视对外贸易、鼓励外资进

① 参见蒋永穆和周宇晗：《改革开放40年城乡一体化发展：历史变迁与逻辑主线》，载《贵州财经大学学报》2018年第5期总第196期。

入，以加入 WTO 为契机，紧抓全球贸易快速发展的历史机遇，实现中国货物贸易飞跃式发展，贸易结构得到健康有序的提升，贸易伙伴遍布全世界，为中国经济社会发展作出了巨大贡献。

第一，进出口规模不断迈上新台阶，总量跃居世界第一。改革开放前，中国经济处于封闭半封闭状态，货物贸易主要是按照国家的计划安排，进出口水平始终较低。1950 年中国货物进出口额为 11.3 亿美元，1977 年为 148 亿美元，28 年间货物进出口累计 1487 亿美元，年均增长不足 10%。改革开放以来，随着外贸管理体制改革和对外开放水平提升，对外贸易迅速发展。1978—2019 年，中国货物进出口增长 223 倍，年均增速 14.5% 左右，高出同期全球货物贸易平均增速 7.5 个百分点。2001 年中国加入世界贸易组织，对外贸易进入新阶段。中国积极参与多边贸易体制下的经贸合作，规范对外贸易秩序，推进贸易便利化，贸易规模不断取得新突破。2004 年货物进出口规模突破 1 万亿美元，2007 年和 2011 年分别突破 2 万亿美元和 3 万亿美元，2013 年再突破 4 万亿美元，中国超越美国成为全球货物贸易第一大国。2020 年中国货物进出口规模达 4.66 万亿美元（321557 亿元人民币，按照 2020 年全年人民币平均汇率为 1 美元兑 6.8974 元人民币计算）①。

党的十八大以来，中国积极应对错综复杂的国际形势，努力适应外贸发展新常态，加快培育外贸竞争新优势，货物贸易规模实现新发展。2018 年中国货物进出口规模超过 4.6 万亿美元，以人民币计价首次突破 30 万亿元大关。中国继续保持全球货物贸易第一大国地位。2018 年，中国货物进出口占全球份额为 11.8%，其中出口占 12.8%，进口占 10.8%②。

第二，对外贸易结构逐步优化，效益稳步提升。商品结构优化升级。改革开放前，中国货物贸易是以大量出口初级产品来换取工业制品，进口以工业制品为主。改革开放后，工业制品在商品出口中逐步占据绝对主导地位。1978—2020 年，中国出口商品中工业制品所占比重由 46.5% 提升至 95.5%③。90 年代以来，随着制造业转型升级，工业制品出口主力也由轻纺产品等劳动密集型产品转向机电产品等资金

---

① 参见新浪财经：《统计局：2020 年中国货物进出口总额 321557 亿元 比上年增长 1.9%》，https://baijiahao.baidu.com/s?id=1692904147326357201&wfr=spider&for=pc。

② 参见《对外经贸开启新征程 全面开放构建新格局——新中国成立 70 周年经济社会发展成就系列报告之二十二》，载国家统计局网站（http://www.stats.gov.cn/tjsj/zxfb/201908/t20190827_1693665.html），发布时间：2019 年 8 月 27 日。

③ 参见《2020 年中国对外贸易分析》，来源：亚布力中国企业家论坛，中国一带一路网，2021 年 2 月 3 日发布。

技术密集型产品。1990—2020 年，中国机电产品出口从 111 亿美元增加到 1.55 万亿美元（按照出口额 106607.7 亿元人民币，2020 年全年人民币平均汇率为 1 美元兑 6.8974 元人民币计算）[①]，年均增速达 19%，高于同期出口总额增速 4.9 个百分点，占出口总额的比重从 17.9% 提升至 58.7%。1999 年中国实施“科技兴贸”战略，鼓励具有自主知识产权及高附加值的高新技术产品出口，高新技术产品出口实现快速发展。2018 年中国出口商品中高新技术产品所占比重为 30.0%，较 1999 年提升 17.3 个百分点。出口商品结构的优化有力地提升了货物贸易发展的质量和效益。

贸易方式创新发展。20 世纪 50—60 年代，中国货物贸易的主要方式是通过签订政府间协定、进行记账结算的易货贸易。改革开放以来，中国充分利用劳动力等资源的比较优势，积极承接国际产业转移，大力发展来料加工、进料加工，加工贸易占进出口总额的比重由 1981 年的 6.0% 提升至 1998 年的 53.4%，有力促进了这一阶段货物贸易的发展。一般贸易作为直接进出口的贸易方式，能更真实地体现中国外贸主体的实际获利、更直接地反映中国制造业发展水平。加入世界贸易组织以来，一般贸易占比逐渐提升，2010 年中国一般贸易进出口占总额的比重超过 50%。党的十八大以来，中国加快产业结构转型升级，不断提高在全球产业链中的地位，一般贸易占比迅速提升。2020 年，中国一般贸易进出口 2.8 万亿美元，占进出口总额的 57.8%，较 2012 年提升 5.9 个百分点[②]。

第三，贸易伙伴日益多元，市场布局更趋平衡。遍布全球的多元化贸易格局逐步形成。20 世纪 50—60 年代，中国对外贸易的主要伙伴是苏联、东欧等社会主义国家。改革开放初期，中国对外贸易伙伴相对集中，欧盟、美国、日本和中国香港等市场货物进出口占总额的比重较高。加入世界贸易组织后，中国不断开拓新市场，与新兴市场和发展中国家贸易持续较快增长，份额显著提升。2020 年，中国贸易伙伴数量由 1978 年的 40 多个发展到 230 多个。特别是党的十八大以来，中国实施“一带一路”倡议，成绩斐然。2020 年，中国前五大贸易伙伴依次为东盟、欧盟、美国、日本和韩国，对上述贸易伙伴进出口分别为 4.74 万亿元、4.5 万亿元、

① 参见国家发改委经贸司：《2020 年中国机电产品进出口情况》，https：//www.ndrc.gov.cn/fggz/jjmy/dwjm-jzcfx/202102/t20210225_1267937.html。

② 参见《创历史新高！2020 年中国货物贸易进出口总值 32.16 万亿元》，载光明网 https：//m.gmw.cn/baijia/2021-01/14/1302036430.html，2021 年 1 月 14 日。

4.06 万亿元、2.2 万亿元和 1.97 万亿元，分别增长 7%、5.3%、8.8%、1.2% 和 0.7%。此外，中国对"一带一路"沿线国家进出口 9.37 万亿元，增长 1%①。

（二）服务贸易创新发展，重要作用日益凸显

服务贸易是对外贸易的重要组成部分，优先发展服务贸易是促进经济转型升级和高质量发展的重要举措。党的十八大以来，中国加快建立开放型经济新体制，深入推进服务业改革开放，服务贸易实现快速发展，规模快速增长，新兴服务蓬勃发展，质量效益不断提升，服务贸易正日益成为对外贸易发展和对外开放深化的新引擎。

第一，规模快速攀升，居世界位次显著提高。服务贸易快速增长，在对外贸易中的重要性不断增强。改革开放前，中国仅有少量的对外援建和入境旅游等服务贸易。改革开放以来，服务贸易发展进入快车道。1982—2018 年，服务进出口总额从 46.9 亿美元提高到 7919 亿美元，年均增长 15.3%。其中，服务出口从 26.7 亿美元提高到 2668 亿美元，年均增长 13.6%；服务进口从 20.2 亿美元提高到 5250 亿美元，年均增长 16.7%。附属机构服务贸易发展态势良好，2017 年中国附属机构服务贸易规模 12.6 万亿元，是当年服务进出口总额的 2.7 倍。党的十八大以来，中国不断加快服务业开放步伐，积极推动服务贸易自由化和便利化，服务贸易在对外贸易中的地位明显提高。2018 年，中国服务进出口占货物和服务进出口总额的比重为 14.6%，较 2012 年提高 3.5 个百分点，服务贸易成为对外贸易发展的重要引擎。

国际位次显著提升。据世界贸易组织统计，中国服务进出口居世界位次由 1982 年的第 34 位上升至 2014 年的第 2 位，并连续 5 年保持这一地位。1982 年到 2018 年，中国服务进出口占世界的比重由 0.6% 上升至 6.9%，其中出口占比由 0.7% 上升至 4.6%，进口占比由 0.4% 上升至 9.4%。

第二，各领域稳步增长，发展动力不断增强。传统服务取得长足发展。改革开放以来，旅行、运输、建筑等三大传统服务快速发展。1982—2018 年，旅行服务进出口从 9.1 亿美元增至 3163 亿美元，年均增长 17.7%；运输服务进出口从 24.2 亿美元增至 1506 亿美元，年均增长 12.2%；建筑服务进出口从 0.8 亿美元增至 352 亿美元，年均增长 18.6%。旅行等传统服务贸易的发展极大地促进了中国同国际社

---

① 参见《2020 年中国前五大贸易伙伴为东盟、欧盟、美日韩》，载《北京商报》，https://baijiahao.baidu.com/s?id=1688829801577023630&wfr=spider&for=pc。

会的人员往来和经济合作。

新兴服务亮点纷呈。随着中国服务业转型升级和服务领域开放的持续深入，保险服务、金融服务、电信计算机和信息服务、知识产权使用费等知识密集型的新兴服务贸易加速发展，成为服务贸易快速发展的新增长点。1982—2018 年，中国知识密集型服务进出口从 10.1 亿美元增长到 2562 亿美元，年均增长 16.6%，高出服务进出口总额增速 1.3 个百分点，占总额的比重由 21.6% 提升至 32.4%。

（三）利用外资稳步增长，质量效益显著提升

20 世纪 50—60 年代，中国利用外资主要来源为苏联等国家。随着改革开放的不断深入和投资环境的不断改善，中国利用外资的规模和领域持续扩大，特别是 2001 年加入世贸组织以来，中国积极放宽市场准入，优化投资环境，利用外资进入高速发展期。党的十八大以来，面对复杂严峻的国际形势，中国政府全面落实外商投资企业的国民待遇，努力营造公平、透明、可预期的营商环境。截至 2018 年年底，中国累计设立外商投资企业 960725 家，实际使用外商直接投资 21492 亿美元。

第一，引进外资规模不断扩大。改革开放初期，中国确立以利用外资和建立涉外企业为主要内容的对外开放方针，先后建立了深圳、珠海、厦门和汕头四个经济特区，引进和利用外资迈出了实质性的一步。1983—1991 年，中国实际使用外资由 22.6 亿美元增长至 116 亿美元，主要以对外借款为主，期间外商直接投资从 9.2 亿美元增长至 43.7 亿美元。1992 年起，中国逐步发展社会主义市场经济，当年新设立外商投资企业 48764 家，超过改革开放初期 13 年的总和，实际使用外资金额开始稳居发展中国家首位，对外开放和利用外资的实践进入快速发展轨道。1992—1997 年，中国实际使用外商直接投资由 110 亿美元增长至 453 亿美元，年均增速达 32.7%。加入世贸组织后，中国实施互利共赢的开放战略，加快与国际市场接轨。党的十八大以来，中国积极营造更加公平透明便利、更有吸引力的投资环境，优化区域开放布局，利用外资进入高速发展时期。2012 年，中国实际使用外商直接投资 1444 亿美元，规模为 1983 年的 158 倍，年均增长 15% 以上。中国已连续多年成为全球第一大外资流入国[①]，连续 30 年成为外资流入最多的发展中经济体。

第二，利用外资结构更趋合理。改革开放以来，中国利用外资质量和水平逐步

---

① 参见《中国成为 2020 年全球最大外资流入国》，载商务部网站（http：//asean. mofcom. gov. cn/article/jmxw/202101/20210103033654. shtml），2021 年 1 月 25 日。

提高，投资来源地更加多元，产业结构持续优化，区域布局更加合理。

从投资来源地来看，改革开放之初，中国外商投资主要来源于中国港澳地区，90 年代扩展到亚洲国家，随着对外开放的逐步深入和经济全球化的不断发展，投资来源地已遍及全球 200 多个国家和地区。

从投资领域来看，中国利用外资质量逐步提升，从最初的制造业逐步扩展到信息、金融、批发零售、住宿餐饮等第三产业，目前第三产业已占据主导地位。2018 年，中国服务业新设立外商投资企业 53696 家，占比为 88.7%；实际使用外商直接投资 919 亿美元，占比为 68.1%。

从区域布局来看，中国利用外资从东南沿海的经济特区逐步向沿边、沿江重要城市以及内陆地区推进。2018 年，东部地区仍为外商投资的重点区域，实际使用外商直接投资 1154 亿美元，占比为 85.5%；中、西部地区实际使用外商直接投资金额基本持平，占比均进一步提升，增速分别为 17.9% 和 20.4%，分别高出总体增速 14.9 个和 17.4 个百分点。

第三，营商环境持续改善。营商环境是改革开放以来大力建设的重要领域，近年来中国不断改善营商环境，打造更具吸引力的外商投资环境，特别是党的十八大以来，中国坚持以深化“放管服”改革优化营商环境，政务服务水平不断提升，简政放权持续深化，外资市场准入大幅放宽，市场活力明显增强。作为中国第一部外商投资领域统一的基础性法律，《中华人民共和国外商投资法》已于 2019 年 3 月通过审议，并于 2020 年 1 月 1 日起施行，这体现了中国坚定维护经济全球化和自由贸易的决心，有利于推动中国形成对外开放的新格局。根据世界银行发布的《营商环境报告》，中国营商环境在全球 190 个经济体中的排名由 2013 年的 96 位跃升至 2019 年的 31 位，跻身全球前 40 位，连续两年入列全球优化营商环境改善幅度最大的十大经济体，实现“二级跳”。

（四）对外投资合作快速发展，市场主体更加多元

对外投资合作是中国开放型经济的重要内容，也是中国经济与世界经济融合的重要方式。随着综合国力不断提升，政策体系不断完善，多边、双边务实合作深入推进，中国对外投资合作不断实现新的突破。特别是党的十八大以来，中国企业紧抓市场机遇，不断开拓创新，对外直接投资流量累计超过 8600 亿美元，对外承包工程完成营业额累计超过 9300 亿美元。截至 2018 年年底，中国对外直接投资存量

1.9 万亿美元，对外承包工程累计签订合同额 2.3 万亿美元，完成营业额 1.6 万亿美元，对外劳务合作累计派出各类劳务人员 951 万人。

第一，对外投资取得积极成效，全球资源配置能力增强。对外直接投资规模不断攀升。20 世纪 50—60 年代，中国对外投资主要是带有国际援助性质的经济交流，没有资本的双向流动。改革开放后，中国明确了“出国办企业”的经济改革措施，但对外投资规模较小，主要是少数企业在国外设立代表处或开办企业。1982—2001 年，中国累计实现对外直接投资 347 亿美元，年均投资额仅 17.3 亿美元。2002 年党的十六大明确提出“走出去”战略，中国对外开放进入“引进来”和“走出去”并重阶段，对外投资步伐加快，2014 年中国对外直接投资 1231 亿美元，双向直接投资首次接近平衡。2002—2018 年，中国年均对外直接投资额 750 亿美元，为 1982—2001 年年均投资额的 43.3 倍，其中 2003—2016 年对外直接投资额连续 14 年保持增长。2017 年，中国境内投资者对外直接投资 1583 亿美元，规模为 2002 年的 58.6 倍，年均增长 31.2%。2018 年，中国对外直接投资较上年增长 4.2%。联合国贸发会议《世界投资报告》显示，中国对外直接投资存量由 2002 年的全球第 25 位跃升至 2018 年的第 3 位，流量由第 26 位跃升至第 2 位。2020 年中国对外直接投资 1329 亿美元，位居全球前列，实现规模总体稳定、结构更加优化；截至 2020 年年底，中国对外直接投资存量超 2.3 万亿美元，比 2015 年年末翻一番，对外投资大国地位稳定，在全球外国直接投资中的地位和作用日益凸显。

对外投资领域逐步拓宽。2018 年，中国对外直接投资已涵盖了国民经济的 18 个行业大类，主要流向租赁和商务服务业、制造业、批发和零售业、采矿业，占对外直接投资的比重分别为 37.0%、15.6%、8.8% 和 7.7%；流向第三产业的对外直接投资 842 亿美元，占比为 69.9%。

对外投资方式不断创新。中国企业对外投资并购较为活跃，同时实物投资、股权置换、联合投资、特许经营、投建营一体化等对外投资方式也呈现出良好的发展态势。2018 年，中国共实施完成并购项目 405 起，实际交易总额 703 亿美元，其中境内出资 274 亿美元，占同期对外直接投资总额的 22.8%。

对外投资伙伴区域广泛。中国对外直接投资企业分布的国家和地区由 2003 年的 139 个扩展到 2018 年的 190 个。2018 年，中国对中国香港、开曼群岛、美国、英属维尔京群岛、新加坡等 14 个国家和地区的直接投资流量超过 10 亿美元，流向中国香港、东盟、欧盟、美国、澳大利亚、俄罗斯和日本的投资占比达 80% 以上。

从区域分布来看，中国对亚洲、拉丁美洲、欧洲、北美洲、非洲、大洋洲直接投资占比分别为70.9%、11.3%、7.7%、5.0%、2.6%和2.5%。

第二，对外经济合作从无到有，迈出新步伐。中国对外经济合作事业始于20世纪50—60年代，主要形式是对外经济援助，改革开放为中国企业进入国际工程承包领域与劳务合作市场开启了大门。40多年来，中国充分发挥比较优势，深层次参与国际分工合作，对外承包工程和劳务合作逐步扩展，中国对外经济合作业务从广度和深度都得到很快的提升，对促进东道国经济和社会发展发挥了积极作用。

2018年，中国对外承包工程完成营业额1690亿美元，规模为1982年的896倍，年均增长20.8%；新签合同额2418亿美元，其中新签合同额在5000万美元以上的项目847个，占总额的84.0%。中国对外承包工程主要集中在交通运输、一般建筑和电力工程建设等领域，有效改善了东道国基础设施条件。

对外劳务合作是中国最早走出国门的服务行业之一，近年来，业务规模稳步增长。2018年，中国共派出各类劳务人员49.2万人，2018年年末在外各类劳务人员99.7万人，当年劳务人员实际收入376亿元。

（五）区域经贸合作持续推进，推动建设开放型世界经济

新中国成立以来，特别是改革开放以来，中国和世界各国积极发展经贸关系，合作的形式和内容不断深化，有力地促进了多双边关系稳定健康发展，实现了互利共赢。

“一带一路”建设取得丰硕成果。自2013年提出“一带一路”倡议以来，中国坚持“共商、共建、共享”的基本原则和“和平合作、开放包容、互学互鉴、互利共赢”的丝路精神，与“一带一路”相关国家和地区合作行动计划稳步推进，经贸合作领域不断拓宽，贸易投资方式不断创新，贸易畅通取得积极进展，为各参与方的经济发展注入了新活力。“一带一路”正在成为中国参与全球开放合作、改善全球经济治理体系、促进全球共同发展繁荣、推动构建人类命运共同体的中国方案。2018年，中国与“一带一路”沿线国家货物贸易进出口额8.4万亿元，同比增长13.3%，占全部外贸的比重达27.4%；沿线国家对华直接投资60.8亿美元，增长11.9%；2020年中国对“一带一路”沿线国家进出口9.37万亿元，增幅略有下降。2020年中国对外非金融类直接投资1101.5亿美元，同比下降0.4%，但对“一带一路”沿线国家投资大增18.3%，占同期总额比重达16.2%。

自贸区网络加快建设。经济全球化、贸易自由化是世界经济发展的大趋势，商签自贸协定是各国推进贸易投资自由化、便利化，促进经济增长的重要工具。据世贸组织统计，截至2018年10月，全球实际生效的自贸协定或优惠贸易协定有284个，正在谈判过程中的有385个。推动与有关国家的自贸区建设，是中国扩大对外开放、建设开放型世界经济的重要内容。中国把自由贸易区建设上升为国家战略，提出了建设立足周边，辐射“一带一路”，面向全球的高标准自由贸易区网络，自由贸易区建设不断加速发展，布局逐步完善。截至2020年年底，中国已与26个经济体达成了19个自贸协定，未来也将继续积极推进实施自由贸易区战略，不断提升对外开放水平。

新中国成立以来，中国对外经贸走过了波澜壮阔的70年，取得历史性成就，经贸规模不断扩展，质量效益持续提高，开放举措不断突破，经贸大国地位进一步巩固，正在朝着经贸强国的奋斗目标不断迈进①。

改革开放40多年来，中国在经济领域取得了令世界瞩目的成就，从计划经济逐步走向中国特色社会主义市场经济，从贫穷走上小康，从对外封闭的经济体发展为世界第一贸易大国、第二大经济体。特别是党的十八大以来，中国稳步推进经济领域改革开放，着力优化营商环境，加快实施自由贸易区战略，积极促进“一带一路”国际合作，中国正以更加开放的心态、更加自信的步伐融入世界经济。

第二节　政治领域改革成就

在政治领域改革方面，改革成就可以概括为发展社会主义民主政治，党和国家领导体制日益完善，全面依法治国深入推进，中国特色社会主义法律体系日益健全，人民当家做主的制度保障和法治保障更加有力，人权事业全面发展，爱国统一战线更加巩固，人民依法享有和行使民主权利的内容更加丰富、渠道更加便捷、形式更加多样，掌握着自己命运的中国人民焕发出前所未有的积极性、主动性、创造

① 参见《对外经贸开启新征程　全面开放构建新格局——新中国成立70周年经济社会发展成就系列报告之二十二》，载国家统计局网站（http：//www. stats. gov. cn/tjsj/zxfb/201908/t20190827_1693665. html），2019年8月27日。

性，在改革开放和社会主义现代化建设中展现出气吞山河的强大力量①！

一、发展社会主义民主政治

发展社会主义民主政治是中国共产党始终不渝的奋斗目标，社会主义民主政治的本质和核心是人民真正当家做主，党领导人民在长期革命斗争和社会主义建设中形成了符合中国国情的政治制度。改革开放以来，中国经济社会发展迅速，人民政治参与积极性不断提高，逐步形成了中国特色的民主政治模式。

（一）坚持和完善人民代表大会制度

新中国成立初期，以中国人民政治协商会议和地方各级人民代表会议为基础，建立起来的全国人民代表大会制度，从 1957 年下半年反右斗争开始到改革开放前，人民代表大会基本处于停滞状态，人民代表大会制度遭到严重破坏。

改革开放以来，人民代表大会制度逐步恢复并得到日益完善和发展，人民代表大会的地位和作用逐步增强。1978 年召开第五届人大第一次会议，制定了中国第三部宪法，1982 年五届人大五次会议制定了第四部宪法。第四部宪法（八二宪法）总结了中国社会主义建设正反两方面经验，深刻吸取“文化大革命”的沉痛教训，借鉴世界社会主义成败得失，适应中国改革开放和社会主义现代化建设、加强社会主义民主法制建设的新要求，进行了全面修改制定。并历经 1988 年、1993 年、1999 年、2004 年、2018 年五次与时俱进的修订。八二宪法及修正案，更好地实现了人民当家做主、发展社会主义民主政治。特别是 2018 年宪法修正案是党中央从新时代坚持和发展中国特色社会主义全局和战略高度作出的重大决策，是推进全面依法治国、推进国家治理体系和治理能力现代化的重大举措，是党领导人民建设社会主义现代化强国的必然要求，是中华民族迈向强起来的根本法律引领和法治保障，具有十分重大的现实意义和深远的历史意义②。

人民代表大会制度进入新的历史发展阶段。我们党把社会主义民主法治建设摆在极端重要的位置，推动人民代表大会制度不断得到巩固、完善和发展，为改革开

---

① 参见《习近平总书记在庆祝改革开放 40 周年大会上的讲话》（2018 年 12 月 18 日），载新华网 http：//www. xinhuanet. com/2018 - 12/18/c_1123872025. htm。

② 参见全国法治宣传教育咨询组成员、中国社会科学院学部委员李林：《新中国 70 年奋斗历程与宪法》，载《法制日报》2019 年 10 月 21 日。

放和社会主义现代化建设提供了有力的根本政治制度保障，取得了巨大成就：保证了党领导人民有效治理国家；夯实了中国特色社会主义制度的根基；支持和保证了人民当家做主；推动法治中国建设取得巨大成就；人民代表大会制度理论与实践创新取得重大成果①。

（二）中国共产党领导的多党合作和政治协商制度

“中国共产党领导的多党合作和政治协商制度作为中国一项基本政治制度，是中国共产党、中国人民和各民主党派、无党派人士的伟大政治创造，是从中国土壤中生长出来的新型政党制度。”② 中国共产党领导的多党合作和政治协商制度，是马克思主义政党理论和统一战线学说与中国实际相结合的产物，是符合中国国情的社会主义政党制度，是中国的一项基本政治制度。

改革开放确立了人民政协的法律地位，八二宪法首次把人民政协的性质、地位和作用写入了序言，在随后的宪法修正案中也理顺和加强了政协的地位和工作，开启了政协事业的新境界，也夯实了政协工作的法制化基础。

改革开放完善了人民政协的性质定位。人民政协基本性质由最初的“中国人民政治协商会议是中国人民爱国统一战线组织，是中国政治生活中发扬社会主义民主的一种重要形式”经过在改革开放中不同阶段的逐渐深化，习近平总书记创造性地提出人民政协“是社会主义协商民主的重要渠道”，“要发挥作为专门协商机构的作用”，从而赋予了人民政协新的定位和使命，并且再次强调，人民政协“是实现国家富强、民族振兴、人民幸福的重要力量”③，这是对人民政协性质的最恰当定位。

改革开放拓展了人民政协的基本职能。人民政协是中国社会主义民主政治的重要组成部分，通过其基本职能的拓展和完善，体现了中国民主政治在不同历史时期的进程。从成立之始的政治协商职能，到改革开放初期的民主监督职能、参政议政职能，到2006年的“人民政协的参政议政是对政治、经济、文化和社会生活中的

---

① 参见全国人大常委会机关党组：《长期坚持、不断完善人民代表大会制度——改革开放40年坚持和完善人民代表大会制度的成就和经验》，载《中国人大》2019年2月5日。

② 2018年3月4日，习近平总书记在看望参加全国政协十三届一次会议的民盟、致公党、无党派人士、侨联界委员时发表重要讲话时指出，载《团结报》2018年8月28日。

③ 参见王翔：《人民政协在改革开放中实现自我发展》，载民革中央网站（http：//www. minge. gov. cn/n1/2019/0326/c425804 –30996575. html）2019年3月26日。

重要问题以及人民群众普遍关心的问题，开展调查研究，反映社情民意，进行协商讨论，通过调研报告、提案、建议案或其他形式，向党和国家机关提出意见和建议”。这一过程，充分显示出改革开放在人民政协方面对社会主义民主政治的完善和发展。

改革开放强化了人民政协的政治功能。人民政协在中国社会主义民主政治生活中发挥了重要作用，改革开放过程中把“团结和民主”作为人民政协的两大政治功能，政协组织的政治地位和作用也随着改革开放后中国政治体制的日益成熟和自信而不断强化。从最初的统一战线组织，到“中国政治生活中发扬社会主义民主的一种重要形式”，再到“人民政协是中国政治体制的重要组成部分，在中国的政治生活中具有不可替代作用”，直到党的十八大以后提出人民政协“是人民民主的重要形式”“是适合中国国情、具有鲜明中国特色的制度安排”“是社会主义协商民主的重要渠道”“是国家治理体系的重要组成部分”“是推进依法治国的重要力量”，这一系列政治功能的新概括，反映了改革开放后对人民政协这一政治组织认识的新飞跃，是中共中央对人民政协的新期待新要求，也是人民政协发扬新作为、发挥新作用的政治动力①。

坚持和完善人民政协制度，对于巩固和发展社会主义民主政治制度，挫败西方敌对势力利用人权、民主等对我们进行的挑战，面向新世纪推进建设有中国特色社会主义事业，具有重要的战略意义。

（三）民族区域自治制度

民族区域自治制度是指在国家的统一领导下，以少数民族聚居区为基础，建立相应的自治地方，设立自治机关，行使自治权。这是我党在长期的革命实践中探索出来解决民族问题的正确道路，是中国社会主义民主政治的重要组成部分。中国1949年的《中国人民政治协商会议共同纲领》和五四宪法都对民族区域自治作了规定，但是该制度实施不久就受到政治运动的冲击，尤其在“文化大革命”期间遭到严重破坏，改革开放后，这一制度受到党和国家的高度重视，对这一政治制度进行了恢复、发展和完善，在社会主义民主政治方面取得重大成就。

民族区域自治制度法制化取得重要进展。改革开放以来，逐步形成以现行宪法

---

① 参见王翔：《人民政协在改革开放中实现自我发展》，载民革中央网站（http://www.minge.gov.cn/n1/2019/0326/c425804-30996575.html）2019年3月26日。

为核心，以民族区域自治法为骨干，以国务院及其职能部门制定的关于民族区域自治的行政法规和部门规章以及民族自治地方制定的自治条例和单行条例，自治区和辖有民族自治地方的省（市）制定的地方性法规为主要内容的中国特色民族区域自治制度法规体系。

民族区域自治执行的体制机制逐步完善。中央领导与决策机制加强，党的十一届三中全会以来，历届中央领导集体都高度重视民族区域自治制度的实施，特别是以习近平同志为核心的党中央，更是强化党委的领导，提出党委担负起民族区域自治制度实施的责任，将民族区域自治制度执行落到实处。

自治机关数量稳步提升，已基本完成建立民族自治地方的任务。自治机关建设取得显著成效，民族自治地方都按照规定落实了“由实行区域自治的民族的公民担任相应职务和具有一定数量的民族干部”的政策。自治机关领导干部和一般公职人员的素质明显提高，执行能力显著提高。上级国家机关十分重视民族区域自治制度，工作中依法履职，加强对民族区域自治制度贯彻执行的监督，使民族区域自治制度得到发展与完善，促进了民族地区经济社会发展和民生改善，促进了平等团结互助和谐民族关系的形成与巩固。

（四）扩大基层民主

新中国成立之初，我党依靠人民进行了政权建设，基本建立了农村的基层民主和城市以居民委员会等为主体的基础民主体系制度，在“文化大革命”期间变为群众运动式的“大民主”，不仅严重影响了基层民主建设，还引起了社会动乱[①]。

改革开放后，迎来了基层民主政治的快速发展时期，基层民主得以广泛开展，形成了以村民自治为主的村民委员会组织法（试行）、全民所有制工业企业法、城市居民委员会组织法等为法律基础，基层自治组织得以蓬勃发展。基层群众进行了丰富多彩的民主探索，创新发展出各种各样的民主形式，形成了民主协商、民主选举、民主管理、民主决策、民主监督五大民主形式，有力补充了中国社会主义民主政治。截至 2017 年，全国 95% 的村实现村务公开，94% 以上的县制订村务公开目录，91% 的村设立村务公开栏，定期、及时公布村庄事务，公民享有越来越广泛的知情权[②]。

---

① 参见佟德志：《70 年基层民主建设的历史与逻辑》，载《人民论坛》2019 年 9 月下。

② 同上。

改革开放以来，基层民主得到空前的发展，特别是党的十八大后，以习近平总书记为核心的党中央，对基层民主的发展、成效非常关心和支持，习总书记曾指出，“人民群众的素质觉悟越高，民主素养越好，基层民主机制越健全，社会就越和谐稳定”。

二、党的执政能力得到显著的提高

改革开放 40 多年来，中国共产党高度重视党的执政能力建设。我党执政经验不断丰富，执政能力不断增强，在执政党执政能力建设理论和实践上取得了巨大成就。主要体现在以下几个方面。

（一）理论创新能力不断提高，形成执政能力体系性成果

党的执政能力的不断提升和发展，首先体现在党的理论创新能力不断提高上。中国共产党在执政过程中不断进行理论创新，从党的执政理念、执政基础、执政方略、执政体制、执政方式、执政资源和执政环境等方面继续努力，全面加强和改进党的思想、组织、作风和制度建设。

改革开放以来，中国共产党总结发展经验，1997 年党的十五大把邓小平“建设有中国特色的社会主义理论”简称为邓小平理论，并将邓小平理论写入《中国共产党党章》，作为党的指导思想。党的十三届四中全会以后，以江泽民同志为核心的第三代中央领导集体在深刻认识和准确把握世情、国情、党情发展变化的基础上，创立了“三个代表”重要思想。2002 年，党的十六大把“三个代表”重要思想同马克思列宁主义、毛泽东思想、邓小平理论一道确立为我们党必须长期坚持的指导思想，实现了我们党指导思想的又一次与时俱进。党的十六大以后，以胡锦涛同志为总书记的党中央，勇于推进实践基础上的理论创新，围绕坚持和发展中国特色社会主义形成了科学发展观思想。2012 年党的十八大把科学发展观同马列主义、毛泽东思想、邓小平理论、“三个代表”重要思想一道，确立为党必须长期坚持的指导思想，进一步丰富了党的指导思想的内涵①。

习近平总书记在党的十九大报告中将十八大以来党的理论创新成果概括为新时代中国特色社会主义思想，党的十九大通过的党章修正案把习近平新时代中国特色

---

① 参见李德和天羽：《改革开放以来的党的执政能力建设问题研究》，载《祖国》2018 年第 19 期。

社会主义思想确立为我们党的行动指南。这是党的指导思想的又一次与时俱进，也是党的十九大的一个重大历史贡献。习近平新时代中国特色社会主义思想，以新的历史站位、宏阔视野、战略眼光反映了时代发展变化的丰富内涵，以逻辑严密、系统完整、相互贯通的思想体系回应了坚持和发展中国特色社会主义的实践要求，为在新时代推进党和国家事业提供了思想指南①。

（二）自我净化能力提升，党风廉政建设和反腐败斗争成效明显

党的执政能力的不断提升和发展，还体现在党的自我净化能力、党风廉政建设和反腐败斗争成效明显上。

改革开放以来，针对党内存在歪风邪气，特别是个别党员领导干部的腐败问题，党的几代领导人高度重视，不断强化党的先进性建设。特别是党的十八大以来，党中央先后部署开展了党的群众路线教育实践活动、“三严三实”专题教育、“两学一做”学习教育等三个主题教育，推动党内教育从“关键少数”向广大党员延伸，推动全面从严治党向基层延伸。以习近平同志为核心的党中央，以强烈的历史责任感、深沉的使命忧患感、顽强的意志品质，铁腕惩治腐败，强化监督执纪问责，夯实制度体系，着力构建不敢腐、不能腐、不想腐的体制机制，推动形成了反腐败斗争压倒性态势，凝聚了党心，赢得了民心。一个个“大老虎”被揪出充分说明，反腐面前无特权、反腐面前无特例、反腐面前无特区，伸手必被抓，无论贪腐者多么“位高权重”，只要违反了党纪国法，都要被一查到底、依法惩处②。

（三）动员和组织人民依法管理国家和社会事务、经济和文化事业，有效治党治国治军，建设社会主义现代化国家的本领不断加强

改革开放以来，中国共产党注重加强执政能力建设，树立执政为民、立党为公的信念，强化在管理国家事务方面的能力，在军队建设方面也取得显著的成就。

（四）实现党的两个一百年目标的战略安排

党的十八大以来，中国特色社会主义进入新时代，我党坚持和加强党的全面领导，统筹推进“五位一体”总体布局、协调推进“四个全面”战略布局，坚持和

① 参见李德和天羽：《改革开放以来的党的执政能力建设问题研究》，载《祖国》2018 年第 19 期。
② 同上。

完善中国特色社会主义制度、推进国家治理体系和治理能力现代化，坚持依规治党、形成比较完善的党内法规体系，战胜一系列重大风险挑战，实现第一个百年奋斗目标，明确实现第二个百年奋斗目标的战略安排，党和国家事业取得历史性成就、发生历史性变革，为实现中华民族伟大复兴提供了更为完善的制度保证、更为坚实的物质基础、更为主动的精神力量①。

三、法治建设成就斐然

法治建设是社会主义民主的重要内容，民主需要法治保障，法治化水平也是社会主义民主的重要标志。改革开放以来，我党十分重视法治建设，党的十五大明确提出依法治国是中国的基本方略；党的十六大将依法治国基本方略得到全面落实，并把全面建设小康社会作为重要奋斗目标；党的十七大明确提出全面落实依法治国基本方略，加快建设社会主义法治国家；党的十八大强调，坚持科学立法、严格执法、公正司法、全民守法，全面推进依法治国。

（一）改革开放以来，法治建设成就在立法层面上，体现为以宪法为统帅的中国特色社会主义法律体系得以完善

强调依法治国应该依照宪法治理国家，建立宪法宣誓制度，设立国家宪法日，强化宪法的权威，颁布了《中华人民共和国民法总则》《中华人民共和国立法法》，修订了《中华人民共和国行政诉讼法》，有效破解了“民告官”的难题。

（二）改革开放以来，法治建设成就在执法层面上，体现为依法行政、依法制权方面

依法建立了政府权力清单制度，限制和约束政府的权力，构建法治政府，简化行政审批，权力下放。

（三）改革开放以来，法治建设成就在司法层面，体现在强调司法公正和司法为民方面

完善司法救助、法律援助、人民陪审员、人民监督员制度，开启检察院公益诉

① 参见习近平：《在庆祝中国共产党成立 100 周年大会上的讲话》，载新华网 http：//www.xinhuanet.com/2021－07/01/c_1127615334.htm。

讼制度。

（四）改革开放以来，法治建设成就在全民守法层面，体现在逐步提高广大领导干部和公民的法律素养方面

古罗马法学家西塞罗说过，“人民的福祉是最高的法律”，这句话表明了法治的最高价值取向，就是实现人民的福祉。新时代全面推进法治中国建设，必须坚持人民的福祉这一根本价值取向，强调法治政府、法治社会、法治国家协同推进①。

（五）中国特色社会主义进入新时代，习近平同志高度重视法治建设，强调走中国特色的法治道路，建设法治中国

新时代法治建设总目标是建设法治体系和法治国家。法治国家的基本特征是“国家依法治理，国家的公权力受法律的约束，人民的私权利受法律的保护，社会在法律的规范下有序运行”②。党的十九大报告中习近平强调，五年来，“科学立法、严格执法、公正司法、全民守法深入推进，法治国家、法治政府、法治社会建设相互促进，中国特色社会主义法治体系日益完善，全社会法治观念明显增强”③。

四、行政管理体制和政府机构改革取得巨大进展

改革开放以来，中国行政管理体制和政府机构改革，随着经济领域的改革逐步推进，经历了不断完善和变革，取得了巨大进展。这一过程，印证了经济基础与上层建筑之间决定与适应的关系。中国行政管理体制和政府机构改革，经过了1982年、1988年、1993年、1998年、2003年、2008年、2013年、2018年等8次较大规模的政府机构系统改革，形成了具有中国特色与社会主义市场经济相匹配的行政管理体制，这些系统和局部的行政管理体制和政府机构改革可以概括分为如下三个阶段。

---

① 参见陶林和孙汉侣：《改革开放四十年中国特色社会主义政治发展道路——基于历程、成就、基本经验三个维度》，载《青岛科技大学学报（社会科学版）》2019年3月，第35卷第1期。

② 参见韩大元：《中国宪法文本中“法治国家”规范分析》，载《吉林大学社会科学学报》2014年第3期，第67—74页。

③ 参见习近平：《决胜全面建成小康社会夺取新时代中国特色社会主义伟大胜利——在中国共产党第十九次全国代表大会上的报告》，载《人民日报》，2017年10月28日第1版。

（一）第一阶段：改革开放伊始的体制探索阶段（1982—1992 年），涵盖了 1982 年和 1988 年两次系统改革

1982 年改革从撤并机构、精简人员入手，还对干部制度进行改革，提出了干部革命化、年轻化、知识化、专业化的“四化”原则，对《中华人民共和国国务院组织法》也进行了修改。1988 年改革首次提出转变政府职能，下放权力，提出了政企分开、政事分开，实施“三定”（定职能、定机构、定编制）方案等。除了两次比较大规模的政府机构改革外，还有许多分散的改革。

第一阶段改革围绕两大主线进行，一个主线就是要推动和服务经济改革，寻找经济发展的动力机制，促进经济发展；另一个主线就是提高管理效能，精简机构，减少人员，减轻政府负担，建立公务员制度，为下一步的改革开放打下基础。

（二）第二阶段：与社会主义市场经济相适应的体制建构阶段（1993—2007 年），经历了 1993 年、1998 年、2003 年三次大的改革

1993 年改革以 1992 年邓小平同志南方谈话拉开序幕，首次明确提出了“政府机构改革的目的是适应建设社会主义市场经济体制的需要”这一要求。1993 年的改革主要围绕适应经济体制改革的要求而展开；转变政府职能，实现政企分开是本次改革的一大重点。1998 年的改革仍然是以转变政府职能为主要目标。此次改革的力度很大，范围也很广，加强了宏观调控部门，调整和减少了专业经济部门，撤销了几乎所有的行业经济部门，适当调整了社会服务部门，加强了执法监督部门，发展了社会中介组织，并精简了公务员队伍。经过 1998 年的政府机构改革，政府的宏观经济调控功能加强，微观管理削减，政府对经济的管理地位变得比较明确，但政府如何作为公共资源的看护人，如何管理国有企业和国有资源并不清晰。2003 年政府机构改革的重要目的之一就是要实现政资分开，建立了国资委。

此外，中国于 2001 年加入了世界贸易组织，中国经济进一步融入世界经济体系之中，需要适应世界贸易组织的有关规则；为加强市场监管，成立了银监会、商务部、国家食品药品监督管理局等重要市场监管机构。这一阶段的行政管理体制改革还包括中央与地方的分税制改革、国企改革、加入 WTO 后的行政审批制度改革以及社会管理体制创新等。

第二阶段改革，服务于社会主义市场经济的行政管理体制开始形成。着眼于宏

观经济调节和市场监管的机构及职责逐步明确，但社会主义市场经济体制下，政府的身份定位并没有完全清晰。在社会主义市场经济条件下到底该如何定位政府职能，需要什么样的权力结构和管理手段，仍然需要继续改革实践。

（三）第三阶段改革：全面回应改革和管理理性需求的体制发展阶段（2008—2018 年）

相比之前的几次改革，2008 年改革除了要继续转变政府职能和理顺部门职责关系外，最为突出的特点在于对行政管理体制自身的优化，强调改革要符合管理自身规律。探索实行职能有机统一的大部门体制，组建了工业和信息化部、交通运输部、人力资源和社会保障部等“大部”。

2013 年的改革在 2008 年改革的基础上，继续以转变职能和简政放权为重点，继续稳步推进大部制改革，组建了国家卫生和计划生育委员会、国家食品药品监督管理总局、国家新闻出版广电总局等机构。本次改革的另外一个亮点是，实现了铁路领域的政企分开，不再保留铁道部，新设了中国铁路总公司。党的十八大以来提出要全面深化改革，推动国家治理体系和治理能力的现代化。

2018 年进行了最新一轮改革，本次改革的范围和力度远超过以往，提出了许多创造性的改革措施，不再局限于政府机构领域，而是以整个国家治理体系作为改革对象，将“政府机构改革”深化为“党和国家机构改革”。这体现在两个方面，一是加强党的领导地位，坚持党和国家机构改革同步推进和协调配合，并实行党政合署办公。二是对其他国家机构也进行了重大改革，组建了国家监察委员会，将监察部、国家预防腐败局、最高检察院查处贪污贿赂、失职渎职以及预防职务犯罪等反腐败相关职责整合在一起，同中央纪律检查委员会合署办公，履行纪检、监察两项职责，实行一套工作机构、两个机关名称。此外，改革还涉及党政军群机构的统筹协调。

本次改革还合并组建或新建了自然资源部、生态环境部、农业农村部，加强对自然资源的统一管理，组建国家卫生健康委员会、退役军人事务部、应急管理部等机构，以回应社会变革的需要。另外，改革了国税地税征管体制，构建起统一的税收征管体系；还对以往职能交叉的部门进行了合并，以避免职能权限争议。

此外，经济领域供给侧的改革、社会治理创新、省管县的改革、区域合作的加强、PPP 制度的快速推进以及电子政务的发展等，都对行政管理体制的完善作出了贡献。

与以往的改革相比，这一阶段的改革呈现出对经济社会转型的全面回应，也更重视管理自身的规律及管理系统性的要求。最有特色的是根据自己的国情和实践，开始形成一套与社会主义市场经济相适应、个人自由与国家整体利益并重的行政管理体制[①]。

五、建立健全了社会主义的权力运行制约和监督体系

对公权力运行的制约和监督体系，是政治文明的重要标志。改革开放以来，我党坚持用制度管权管事管人，在权力运行制约和监督体系方面，保障人民知情权、参与权、表达权、监督权，保证行政权力正常运行。特别是党的十八大以来，为确保决策权、执行权、监督权既相互制约又相互协调，确保国家机关按照法定权限和程序行使权力，建立和完善了权力运行制约和监督体系。

（一）进一步完善了决策机制

改革开放以来的 8 次政府机构改革，每一次改革都使机构设置不断完善、职能配置更加科学合理，更有利于规范公共决策程序，优化公共决策机制的结构要素，基本顺应了公共决策机制现代化的趋势。

政府机构改革经历了从单纯精简机构数量到注重政府职能转变、从严格划分政府职能权限到注重机构职能协同高效、从主要侧重政府机构的经济职能到注重其适应经济社会协调发展的需要。中国特色社会主义进入新时代开启了新一轮机构改革，《中共中央关于深化党和国家机构改革的决定》中指出："深化党和国家机构改革是推进国家治理体系和治理能力现代化的一场深刻变革。"此次改革，是从政党和国家层面，注重加强其决策能力，同时注重坚持以人民为中心推进改革，依法规范机构权责。此次改革，着眼于转变政府职能，坚决破除制约使市场在资源配置中起决定性作用、更好发挥政府作用的体制机制弊端，围绕推动高质量发展，建设现代化经济体系，加强和完善政府经济调节、市场监管、社会管理、公共服务、生态环境保护职能，结合新的时代条件和实践要求，着力推进重点领域和关键环节的

---

① 参见薛刚凌：《行政管理体制改革四十年：成就与展望》，载《中国发展观察》"中国样本——改革开放 40 周年系列报道" 2018 年第 15 期，第 5—8 页，第 21 页。

机构职能优化和调整，构建起职责明确、依法行政的政府治理体系，提高政府执行力，建设人民满意的服务型政府。

（二）权力运行公开化、规范化方面，不断推进。权力运行公开化、规范化是防止权力腐败的最有效手段

公开的目的在于使权力的运行路线图更加明晰，权力的行使受到更多的制约和监督，保障人民群众的知情权、参与权、表达权、监督权，防止权力滥用错用。权力公开，不仅是向部门或单位内部公开，也要向社会公开，接受本单位干部职工和社会公众的监督。

改革开放以来，我党注重完善权力运行公开化、规范化方面建设，特别是党的十八大后，大力推进党务公开、政务公开、厂务公开、村务公开和公共事业单位办事制度公开，完善了权力公开的机制，明确权力的幅度和依据，明确公开的内容、范围、形式、载体和时间，逐步提高了权力运行的透明度和公信力。

（三）健全了公权力监督体系

不受监督的权力，必然导致滥用和腐败。加强对权力的监督，必须构建完善的监督体系，充分发挥各方面监督的作用，使监督覆盖到权力行使的各个环节和各个方面①。

改革开放以来，我党在加强党内监督、落实党内监督条例、加强民主监督、健全和完善民主党派监督机制、拓宽民主监督渠道方面取得成效。逐步形成了定期听取民主党派负责人和无党派人士对领导班子和领导成员的意见，每年就党风廉政建设和反腐败等工作向民主党派通报情况，邀请民主党派负责人参加党风廉政建设情况介绍，充分发挥各党派、各团体、各阶层、各界人士的民主监督作用。加强了法律监督，支持人民代表大会及其常委会通过询问、质询、执法检查、听取和审议有关部门工作报告以及预算审查等监督职权，加强对“一府一委两院”的监督，加强对政府全口径预算决算的审查和监督。

完善了监督的法律制度，确保人大监督有法可依。完善宪法和法律监督制度，确保了国家宪法和法律的贯彻实施。完善司法监督机制，加强了对行政机关、司法

---

① 参见《新思想·新观点·新举措》，学习出版社、红旗出版社2012年11月版。

机关及其工作人员的司法活动的合法性监督，确保行政机关依法行政，司法机关依法独立行使审判权、检察权。这一系列监督体系的逐步健全，有力地保障了中国特色社会主义建设顺利进行，有力保障了我党执政为民的根本宗旨的落实。

第三节　文化领域改革成就

40 多年来，我们始终坚持发展社会主义先进文化，加强社会主义精神文明建设，培育和践行社会主义核心价值观，传承和弘扬中华优秀传统文化，坚持以科学理论引路指向，以正确舆论凝心聚力，以先进文化塑造灵魂，以优秀作品鼓舞斗志，爱国主义、集体主义、社会主义精神广为弘扬，时代楷模、英雄模范不断涌现，文化艺术日益繁荣，网信事业快速发展，全民族理想信念和文化自信不断增强，国家文化软实力和中华文化影响力大幅提升。改革开放铸就的伟大改革开放精神，极大丰富了民族精神内涵，成为当代中国人民最鲜明的精神标识[①]！

一、开启了文化事业发展的新篇章

“文化大革命”中，社会主义文化事业遭到严重破坏，被置于从属于阶级斗争的地位；本应成为重要依靠力量的知识分子，长期受到歧视，文化事业遭受重大挫折。党的十一届三中全会的召开，实现了新中国成立以来具有深远意义的伟大转折，文化建设也开始摆脱“左”的思想的影响，实现了适应社会主义现代化要求的历史性转变[②]。文化事业发展迎来春天，开启了新篇章。

（一）从强调“尊重知识，尊重人才”开始，重视教育科学文化和知识分子的地位作用，重视文化事业发展

1978 年 3 月，邓小平在全国科学大会开幕式上提出“科技是生产力”，知识分子“已经是工人阶级自己的一部分”[③]。《关于建国以来党的若干历史问题的决议》

① 参见习近平：《在庆祝改革开放 40 周年大会上的讲话》(2018 年 12 月 18 日)，载新华网 http://www.xinhuanet.com/2018-12/18/c_1123872025.htm。

② 参见樊锐：《改革开放以来中国文化建设的主要成就及历史启示》，载《北京党史》2018 年第 6 期。

③ 参见邓小平：《邓小平文选》第 2 卷，人民出版社 1994 年版，第 89 页。

指出："要坚决扫除长期间存在而在'文化大革命'期间登峰造极的那种轻视教育科学文化和歧视知识分子的完全错误的观念，努力提高教育科学文化在现代化建设中的地位和作用。"党的十三大提出"把科学技术和教育事业放在首要位置"①。

改革开放后，我党非常重视文化事业的发展，把文化事业的发展，提升到民族盛衰和现代化建设的高度。1992 年 10 月，江泽民指出："能不能充分发挥广大知识分子的才能，在很大程度上决定着我们民族的盛衰和现代化建设的进程。"②

（二）改革开放为文化事业发展指明了方向，摆脱政治的从属地位

1979 年 10 月，邓小平在中国文学艺术工作者第四次代表大会上提出新时期文艺事业发展的方针，即"坚持百花齐放、推陈出新、洋为中用、古为今用的方针，在艺术创作上提倡不同形式和风格的自由发展，在艺术理论上提倡不同观点和学派的自由讨论""党对文艺工作的领导，不是发号施令，不是要求文学艺术从属于临时的、具体的、直接的政治任务"③。1980 年 1 月，邓小平又明确提出不继续使用文艺从属于政治这样的口号。"党中央提出，我们的文艺工作总的口号应当是：文艺为人民服务，为社会主义服务。""为人民服务，为社会主义服务，这个口号概括了文艺工作的总任务和根本目的，它包括了为政治服务，但比孤立地提为政治服务更全面，更科学。"④ 这为发挥文艺在社会主义现代化建设中的积极作用指明了正确方向，使中国的文艺事业不断繁荣⑤。

（三）提出社会主义精神文明建设，制定两个精神文明建设决议

改革开放初期，党中央就提出建设高度的精神文明是社会主义现代化的重要目标，也是实现四个现代化的必要条件。党的十二大上，邓小平第一次提出"建设有中国特色的社会主义"的崭新命题。党的十二大报告用较大篇幅阐述了"社会主义精神文明"，将其内涵概括为文化建设和思想建设两个方面。其中，文化建设是指教育、科学、文学艺术、新闻出版、广播电视、卫生体育等各项文化事业和人民群众知识水平的提高，思想建设是指革命的理想、道德和纪律。思想建设决定着我们

---

① 参见《十三大以来重要文献选编》（上），人民出版社 1991 年版，第 17 页。

② 参见《十四大以来重要文献选编》（上），人民出版社 1996 年版，第 26 页。

③ 参见邓小平：《邓小平文选》第 2 卷，第 210、213 页。

④ 参见社论：《文艺为人民服务，为社会主义服务》，载《人民日报》1980 年 7 月 26 日。

⑤ 参见樊锐：《改革开放以来中国文化建设的主要成就及历史启示》，载《北京党史》2018 年第 6 期。

的精神文明的社会主义性质[①]。1986 年党的十二届六中全会专门讨论精神文明建设问题，作出《中共中央关于社会主义精神文明建设指导方针的决议》。1996 年党的十四届六中全会通过《关于加强社会主义精神文明建设若干重要问题的决议》，其中“以科学的理论武装人，以正确的舆论引导人，以高尚的精神塑造人，以优秀的作品鼓舞人”“弘扬主旋律，提倡多样化”等要求，成为指导新时期精神文明建设的指导方针[②]。

二、走出了一条中国特色社会主义文化发展道路

改革开放以来，党始终把文化建设放在党和国家全局工作的重要战略地位，以马克思主义为指导，坚守中华文化立场，推动中华优秀传统文化创造性转化、创新性发展，继承革命文化，发展面向现代化、面向世界、面向未来的，民族的科学的大众的社会主义文化，推动文化发展，走出了中国特色社会主义文化发展道路。

（一）坚持解放思想、实事求是、与时俱进，不断推进马克思主义中国化时代化大众化

改革开放以来，中国共产党逐步形成了包括邓小平理论、“三个代表”重要思想、科学发展观等重大战略思想在内的中国特色社会主义理论体系，党的十八大以来形成了习近平新时代中国特色社会主义思想，为开辟和坚持中国特色社会主义道路、确立和完善中国特色社会主义制度提供了科学理论指导。

（二）推进社会主义核心价值体系建设

用马克思主义中国化最新成果武装全党、教育人民，用中国特色社会主义共同理想凝聚力量，用以爱国主义为核心的民族精神和以改革创新为核心的时代精神鼓舞斗志，用社会主义荣辱观引领风尚，培育和弘扬社会主义核心价值观，巩固了全党全国各族人民团结奋斗的共同思想道德基础，凝聚全社会向上向善力量。

（三）始终坚持党对文化工作的领导

文化工作始终坚持为人民服务、为社会主义服务的方向和百花齐放、百家争鸣

---

① 参见《十二大以来重要文献选编》（上），人民出版社 1986 年版，第 29 页。

② 参见樊锐：《改革开放以来中国文化建设的主要成就及历史启示》，载《北京党史》2018 年第 6 期。

的方针，充分发挥人民群众在文化建设中的主体作用，最大限度地焕发广大文化工作者的积极性创造性，推动优秀文化产品大量涌现，丰富了人民精神文化生活。

（四）坚持改革创新和科技进步

文化工作在创新发展理念，破除制约发展的体制性障碍方面，坚持改革创新，解放和发展文化生产力，推动文化事业全面繁荣、文化产业健康发展，极大地提高了人民基本文化权益保障水平，大大拓展了文化在经济社会发展、在中华民族复兴伟业中的地位和作用。

（五）提高全民族思想道德素质和科学文化素质、促进了人的全面发展

改革开放以来，文化工作始终坚持普惠人民，以文化为抓手，通过全面参与文化建设，提高了全民的道德素质和文化素养，为人的全面发展创造条件。

（六）加强对外交流工作，提升文化品质

对外文化交流，借鉴吸收人类优秀文明成果，提高中国文化品质，倡导文明交流互鉴，向世界展示了中国改革开放的崭新形象和中国人民昂扬向上的精神风貌，为解决人类问题贡献了中国智慧和中国方案[①]。

三、实现了文化产业健康快速发展

改革开放以来，文化产业经历了从无到有、从民间自发兴起到政府自觉推动的发展历程，逐步成长为国民经济的重要增长点、推动高质量发展的重要动力。2009年，国务院出台《文化产业振兴规划》，将文化产业发展纳入国家战略。2010年，党的十七届五中全会明确提出要推动文化产业成为国民经济支柱性产业。

文化系统坚持把社会效益放在首位、社会效益和经济效益相统一，强化引导、规范和服务职能，逐步探索出一条既遵循社会主义文化建设内在规律、又适应社会主义市场经济体制客观要求的文化产业发展道路。推进文化创意和设计服务与相关产业融合发展等一系列扶持政策密集出台，多元化、多层次、多渠道的文化产业投融资体系逐步建立，以公有制为主体、多种所有制共同发展的文化产业格局逐步形

① 参见欧阳雪梅：《改革开放40年中国文化建设的成就》，载《国家行政学院学报》2018年第6期。

成。文化产业园区、基地有序发展，集聚效应日益凸显。市场主体不断壮大，全国规模以上文化企业数量从 2012 年的 3.6 万家增长到 2020 年的 6 万家。文化产业与数字技术、互联网技术加速融合，数字文化产业迅速发展。特色文化产业蓬勃兴起，有力推动了区域协调发展、乡村振兴和脱贫攻坚。城乡居民文化消费不断扩大，文化产业日益成为满足群众多样化精神文化需求的主要途径[①]。文化产业总量规模显著提升，2020 年全国规模以上文化及相关产业企业实现营业收入 98514 亿元，比上年增长 2.2%，成为经济增长新动能[②]。

四、呈现了文化事业蓬勃发展的局面

改革开放以来，政府对文化事业加大投入，实施文化惠民工程，加大文化基础设施建设，文化事业获得了快速发展，科研水平不断提升。

（一）政府加大对文化事业的投入，实施文化惠民工程

从"六五"时期开始，政府加大财政投入，文化事业费保持快速增长。2004 年开始，国有博物馆、纪念馆、美术馆逐步实行免费开放制度。2005 年，公共文化服务体系建设提上日程，推进文化信息资源共享工程、广播电视村村通、农家书屋、农村电影放映工程、乡镇综合文化站等文化惠民工程，改善文化民生。2012 年覆盖城乡的六级公共文化服务设施网络基本建立。

截至 2020 年年末，全国各类文化和旅游单位 34.16 万个，比上年末减少 0.63 万个。艺术表演团体 17581 个，比上年末减少 214 个；全年演出观众人次 8.93 亿，下降 27.4%。公共图书馆 3212 个，比上年末增加 16 个；图书总藏量 11.79 亿册，增长 6.1%；全年全国公共图书馆总流通人次 5.41 亿，比上年下降 39.9%。群众文化机构 43687 个，比上年末减少 386 个；全年共组织开展各类文化活动 192.65 万场次，比上年下降 21.4%；服务人次 56327.04 万，下降 28.4%。全年国内旅游人次 28.79 亿，比上年下降 52.1%。文物机构 11314 个，比上年末增加 752 个；全年接待观众人次 61631.70 万，比上年下降 53.2%。2020 年全国文化和旅游事业费 1088.26 亿元，比上年增加 23.51 亿元，增长 2.1%；全国人均文化和旅游事业费

---

① 参见文化和旅游部党组：《迈向社会主义文化强国》，载《求是》2018 年第 21 期。

② 参见《文化企业营业收入增速由负转正 新业态保持快速增长——国家统计局社科文司统计师辛佳解读 2020 年全国规模以上文化及相关产业企业营业收入数据》，2021 年 2 月 1 日，来源：统计局网站。

77.08 元，比上年增加 1.01 元，增长 1.3%[①]，助力城乡文化和旅游建设。

（二）完善公共文化服务体系，提高基本公共文化服务标准化、均等化水平

一方面加强公共文化产品和服务有效供给；另一方面加强农村，尤其是革命老区、民族、边疆、贫困地区的扶助，促进城乡、区域发展均衡。2017 年 3 月、11 月，先后颁布《中华人民共和国公共文化服务保障法》《中华人民共和国公共图书馆法》，通过法律形式明确政府保障人民群众基本文化权益的责任。

（三）加大文化基础设施建设，促进文化服务多样化

截至 2019 年年末，纳入统计范围的全国各类文化和旅游单位 35.05 万个，从业人员 516.14 万人。其中，各级文化和旅游部门所属单位 66775 个，减少 60 个；从业人员 69.49 万人，增加 2.43 万人。

2019 年全国共有艺术表演团体 17795 个，比上年末增加 672 个，从业人员 41.23 万人，比上年末减少 0.42 万人。其中各级文化和旅游部门所属的艺术表演团体 2051 个，占 11.5%，从业人员 11.33 万人，占 27.5%。全年全国艺术表演团体共演出 296.80 万场，比上年降低 5.0%，其中赴农村演出 171.27 万场，赴农村演出场次占总演出场次的 57.7%；国内观众 12.30 亿人次，比上年增加 4.6%，其中农村观众 7.68 亿人次；演出收入 127.77 亿元，降低 16.1%。

2019 年全年全国文化和旅游部门所属艺术表演团体共组织政府采购公益演出 15.73 万场，观众 1.20 亿人次，分别比上年降低 2.7% 和 6.3%。利用流动舞台车演出 11.26 万场次，观众 0.89 亿人次，分别比上年降低 4.6% 和 6.3%。

截至 2019 年年末，全国共有艺术表演场馆 2716 个，比上年末增加 238 个。观众座席数 181.87 万个，比上年降低 5.3%。全年共举行艺术演出 24.54 万场次，增长 37.2%；艺术演出观众人次 6785 万人次，比上年增长 15.8%；艺术演出收入 55.92 亿元，比上年增长 49.4%。其中各级文化和旅游部门所属艺术表演场馆 1202 个，比上年减少 34 个。全年共举行艺术演出 6.19 万场次，比上年增长 2.8%；艺术演出观众 2595 万人次，比上年增长 0.3%。

截至 2019 年年末，全国有美术馆 559 个，比上年末增加 31 个，从业人员 5016

---

① 参见《2020 年文化和旅游发展统计公报发布》，载文化和旅游部网站 https：//www.mct.gov.cn/whzx/whyw/202107/t20210705_926196.htm。

人，增加272人。全年共举办展览7268次，比上年增长3.5%，参观人次4136万，比上年增长11.2%。

（四）扩大传播途径，实现公共服务全覆盖

有线电视实际用户2.2亿户，其中有线数字电视实际用户1.98亿户；广播节目综合人口覆盖率为98.7%，电视节目综合人口覆盖率为99.1%。有245条农村数字院线、约5万余支放映队活跃在基层，实现了流动电影公共服务全覆盖，确保了“一村一月放映一场电影”目标。

建设“书香中国”，开展全民阅读活动，10亿册图书送到了农村读者的家门口，有效读者达到了9亿人。中国的文化基础设施、场所及技术得到了全面提升，文化供给正在从供给导向向需求导向转变。

（五）壮大文化领域科研队伍，提升研究水平上台阶

40多年来，中国哲学社会科学学科体系不断健全，研究队伍不断壮大，研究水平和创新能力不断提高，马克思主义理论研究和建设工程取得丰硕成果。广大哲学社会科学工作者深入研究和回答中国发展和党执政面临的重大理论和实践问题，推出一大批重要学术成果，为坚持和发展中国特色社会主义作出了重大贡献。在党的理论创新过程中，“中国哲学社会科学界作出了重大贡献，也形成了不可比拟的优势”，主要是在深化经济体制改革，推动建立社会主义市场经济体制，在坚持和完善中国特色社会主义制度，推动国家治理体系和治理能力现代化；在积极发展社会主义民主政治，推进党的领导、人民当家做主、依法治国有机统一的制度建设；在加强党对意识形态工作的领导，弘扬社会主义核心价值观和中华优秀传统文化，建设和巩固全民族共同的思想文化基础；在营造有利于改革开放的国际环境，推动建立公正合理的国际秩序等方面，贡献了智慧和力量①。

五、促进保护传承文化遗产水平不断提升

改革开放之前，文化遗产遭到空前破坏，甚至达到痛心疾首的局面。改革开放后，我党十分重视对传统文化的保护、管理和利用，制定实施了“保护为主，抢救

---

① 参见欧阳雪梅：《改革开放40年中国文化建设的成就》，载《国家行政学院学报》2018年第6期。

第一，合理利用，加强管理”的文物工作方针，开启了文化遗产保护的新阶段。

（一）文物保护立法逐步完善，文物工作逐渐健全

1982 年《中华人民共和国文物保护法》、2006 年《长城保护条例》、2011 年颁布《中华人民共和国非物质文化遗产保护法》、2015 年《博物馆条例》、2016 年《关于进一步加强文物工作的指导意见》、2017 年《关于实施中华优秀传统文化传承发展工程的意见》等法规和政令的颁布，是国家对文化保护的顶层设计，标志着中国对文化遗产的保护与传承的法律逐步完善。这些法律和政令的颁布实施，促进了中国文化遗产保护领域进入了有法可依、违法必究、依法保护的阶段。文化系统坚持“保护为主、抢救第一、合理利用、加强管理”的文物工作方针，努力探索符合中国国情的文物保护利用之路。文物工作形成了“由抢救性保护为主向抢救性保护与预防性保护并重转变，由注重文物本体保护向文物本体与周边环境整体保护转变”的工作理念①。

（二）扎实推进文物普查工作，摸清文物资源家底

文物、古籍等名录体系逐步建立，保护制度更加健全。文物保护力度持续加大，一系列重点文物保护工程稳步实施，馆藏文物保存展示条件全面提升，文物安全状况明显改善。中华古籍保护计划等深入实施，古籍保护得到切实加强。文物资源逐步“活”起来，文博单位积极举办精品展览、开发优质文化创意产品。文物宣传普及工作广泛开展，每年覆盖受众上亿人次。

（三）加强文化遗产管理，拓展文化遗产管理领域

在加强历史文化名城名镇名村、名人故居保护和城市特色风貌管理的同时，进一步拓展文化遗产管理的分支领域，延伸文化遗产管理的时空范畴，先后加强了对传统节日、工业遗产、老字号遗产、大运河遗产、20 世纪遗产、文化线路遗产、农业文化遗产、南海丝路文化遗产、抗战文物、“一带一路”文化遗产和儒学遗产等的专项管理，并由文化遗产本体管理延伸到对周边环境和文化生态的整体管理。

---

① 参见文化和旅游部党组：《迈向社会主义文化强国》，载《求是》2018 年第 21 期。

（四）迎来文化保护的春天

党的十八大以后，党中央更加高度重视文物保护工作，习近平总书记提出“保护文物也是政绩”的理念，强化政府在文物保护中的重大责任。对于文化遗产保护与利用，他提出了新思路：“要系统梳理传统文化资源，让收藏在禁宫里的文物、陈列在广阔大地上的遗产、书写在古籍里的文字都活起来。”“要让文物说话，让历史说话，让文化说话”，实现以文化人。加深了对中国文化遗产的历史、艺术、科学价值的认识，创新了文化遗产管理制度，巩固和强化了文化遗产公共资源属性，彰显了文化遗产的价值，增加了文化自信。

六、提升了中华文化国际影响力

中国在对外文化交流方面形成了“政府主导、企业主体、市场运作、社会参与”的对外文化交流格局，提高了文化开放水平。

（一）从“引进来”到“走出去”，开拓国际传播途径

文化开放方面，从改革开放初期主要是“引进来”，到2003年提倡实施“走出去”战略，开创了主动参与国际文化竞争，努力构建全方位、多层次、宽领域对外宣传和对外文化工作的新格局。

2004年创办孔子学院，推广汉语言。与不同的国家协议举办互惠的“文化节”“文化周”“文化季”“文化年”，2010年举办海外“欢乐春节”活动；实施中国图书国际推广工程、文化传播海外基础工程，扩大留学、人文交流。

（二）加强对外文化合作，提升海外交流维度

中国已与157个国家签署了文化合作协定，已投入运营的海外中国文化中心30个、中国馆14个，开展各类文化活动达4000余场次，直接受众达到800余万人次。近5年新华社稿件在世界主要通讯社互引统计中位居榜首；中央电视台海外频道用户达4亿户，分布在全球168个国家和地区。通过联合国教科文组织等国际平台，加强多边国际文化交流合作，提升国际文化话语权，对外文化交流合作品牌逐步树立。2017年“欢乐春节”活动在140个国家、500个城市开展了2000多项活动，直接观众达2.8亿人次。在146个国家和地区建立525所孔子学院和1113个孔子课

堂。在 Facebook、Youtube、Instagram、Twitter 海外四大主流社交媒体平台开设“中国文化”账号，加强与海外公众互动交流。中外智库交流频繁。

（三）拓展对外文化贸易，贸易量位于世界前列

对外文化贸易体系市场主体多元，文化产品和服务出口快速增长。影视方面，2012 年以来，有 1600 部中国影视剧被译成了 36 种语言，上了 100 多个国家的电视荧屏。中国国际电视总公司每年向海外销售 2 万多小时各类影视节目，在 200 余个国家和地区播出。

图书、数字出版和版权三大国际贸易逐年提升，已站在世界前列。目前，中国图书版权输出 1 万多种，输出和引进品种比例由 2003 年的 1∶15 提高到 2016 年的 1∶1.6，缩小了逆差。游戏、动漫、网络文学作品已在世界领跑。

按照联合国教科文组织统计研究所报告，从 2010 年开始，中国已是世界文化产品出口第一大国。以 2017 年为例，中国文化产品和服务进出口总额 1265.1 亿美元，其中，文化产品进出口总额 971.2 亿美元，顺差 792.6 亿美元；文化服务进出口总额 293.9 亿美元，逆差 170.5 亿美元，尤其核心文化服务贸易逆差依旧较大，该领域需要加强。

（四）党的十八大以来，担当起讲好中国故事，传播好中国声音的重任

中国梦成为传播当代中国价值观念的生动载体。习近平、李克强等领导人亲自在国际交往中积极介绍中国，在西方重要媒体发表文章，直接传播中国理念、中国经验。2013 年中国政府提出“一带一路”倡议，倡导“和平合作、开放包容、互学互鉴、互利共赢”的价值理念。2015 年第 70 届联合国大会上，习近平面向全球创造性地提出了“人类命运共同体”的概念。2017 年 2 月 10 日，这一思想载入联合国相关决议。因为积极贡献“中国智慧”和“中国方案”，中国在国际话语体系中占据越来越重要的位置，中华文化会得到越来越多的人理解[①]。

① 参见欧阳雪梅：《改革开放 40 年中国文化建设的成就》，载《国家行政学院学报》2018 年第 6 期。

第四节 社会领域改革成就

40 多年来，我们始终坚持在发展中保障和改善民生，全面推进幼有所育、学有所教、劳有所得、病有所医、老有所养、住有所居、弱有所扶，不断改善人民生活、增进人民福祉。全国居民人均可支配收入由 171 元增加到 2.6 万元，中等收入群体持续扩大。中国贫困人口累计减少 7.4 亿人，贫困发生率下降 94.4 个百分点，谱写了人类反贫困史上的辉煌篇章。特别是党的十八大以来，经过 8 年持续奋斗，到 2020 年年底，中国如期完成新时代脱贫攻坚目标任务，历史性地整体消除绝对贫困。教育事业全面发展，九年义务教育巩固率达 93. 8%。中国建成了包括养老、医疗、低保、住房在内的世界最大的社会保障体系，基本养老保险覆盖超过 9 亿人，医疗保险覆盖超过 13 亿人。常住人口城镇化率达到 58.52%，上升 40.6 个百分点。居民预期寿命由 1981 年的 67.8 岁提高到 2019 年的 77.3 岁。中国社会大局保持长期稳定，成为世界上最有安全感的国家之一。粮票、布票、肉票、鱼票、油票、豆腐票、副食本、工业券等百姓生活曾经离不开的票证已经进入了历史博物馆，忍饥挨饿、缺吃少穿、生活困顿这些几千年来困扰中国人民的问题总体上一去不复返了[①]！

一、城乡居民收入持续较快增长，消费水平不断提升，迈进小康社会

改革开放以来，中国居民收入节节攀升，消费水平大幅提高。2017 年，全国居民人均可支配收入 25974 元，扣除价格因素，比 1978 年实际增长 22.8 倍，年均实际增长 8.5%；2018 年，全国居民人均可支配收入 28228 元，比 2017 年名义增长 8.7%，扣除价格因素，实际增长 6.5%。全国居民人均消费支出 18322 元，扣除价格因素，比 1978 年实际增长 18.0 倍，年均实际增长 7.8%。2019 年，全国居民人均可支配收入 30733 元，比上年名义增长 8.9%，扣除价格因素，实际增长 5.8%；全国居民人均消费支出 21559 元，比上年名义增长 8.6%，扣除价格因素，实际增

① 参见习近平：《在庆祝改革开放 40 周年大会上的讲话》（2018 年 12 月 18 日），载新华网 http://www.xinhuanet.com/2018-12/18/c_1123872025.htm。

长5.5%。2020年，虽然受疫情影响，全国居民人均可支配收入为32189元，比上年名义增长4.7%，扣除价格因素实际增长2.1%，与经济增长基本同步；全国居民人均消费支出21210元，比上年名义下降1.6%，扣除价格因素，实际下降4.0%。40多年间，中国居民用31年时间实现人均收入跨万元大关，用5年时间实现人均收入跨2万元大关，2019年已突破3万元大关。

（一）1978—1991年：人民生活稳步解决温饱

随着农村家庭联产承包责任制在全国的推行，以及城市地区一系列收入分配制度改革措施的出台，城乡居民收入水平和生活水平较改革开放初期都有了明显的提高。城镇居民人均可支配收入从1978年的343元增加到1991年的1701元，年均实际增长6.0%；人均消费支出从1978年的311元增长到1991年的1454元，年均实际增长5.5%。农村居民人均可支配收入从1978年的134元增加到1991年的709元，年均实际增长9.3%；人均消费支出从1978年的116元增加到1991年的620元，年均实际增长7.5%。

（二）1992—2000年：人民生活实现总体小康

1992年，以邓小平南方谈话为标志，改革进入了整体配套、重点突破和全面攻坚的新阶段。在这一时期，各地非公有制经济迅速发展，城镇就业岗位明显增加，城镇居民收入较快增长。城镇居民人均可支配收入从1992年的2027元增长到2000年的6256元，年均实际增长6.7%；人均消费支出从1992年的1672元增长到2000年的5027元，年均实际增长6.0%。

与此同时，市场经济体制不断完善，为商品流通特别是农副产品交换提供了便利条件，农产品价格的提高也为农民增收带来实惠。农村居民人均可支配收入从1992年的784元增长到2000年的2282元，年均实际增长4.9%；人均消费支出从1992年的659元增长到2000年的1714元，年均实际增长4.5%。

（三）2001—2017年：人民生活迈向全面小康

进入新世纪，收入分配制度改革进一步推进，各级政府切实落实各项增收措施，企业利润分配更多向居民倾斜，机关事业单位工资制度改革不断深化，城镇居民收入快速增长。城镇居民人均可支配收入从2001年的6824元增长到2017年的

36396 元，年均实际增长 8.5%；人均消费支出从 2001 年的 5350 元增长到 2017 年的 24445 元，年均实际增长 7.4%[①]。

党的十八大以来，在以习近平同志为核心的党中央坚强领导下，各地区各部门坚持以人民为中心的发展思想，认真贯彻落实全面建成小康社会的战略目标和方针政策，把提高人民福祉、促进人的全面发展作为一切工作的出发点和落脚点。深化收入分配制度改革全面实施，促进重点群体收入增长措施持续发力，鼓励和支持返乡下乡人员创业创新等各类政策深入推进，各地扶贫综合投入力度不断加大，精准扶贫精准脱贫政策措施持续落地生根，对居民收入的增加都起到至关重要的作用。这一时期，居民收入稳步增长，城乡居民生活向全面小康社会更加扎实地迈进[②]。

（四）打赢脱贫攻坚战，实现全面脱贫

2021 年 2 月 25 日习近平总书记庄严宣告，经过全党全国各族人民共同努力，在迎来中国共产党成立 100 周年的重要时刻，中国脱贫攻坚战取得了全面胜利，现行标准下 9899 万农村贫困人口全部脱贫，832 个贫困县全部摘帽，12.8 万个贫困村全部出列，区域性整体贫困得到解决，完成了消除绝对贫困的艰巨任务，创造了又一个彪炳史册的人间奇迹！

二、教育普及程度提高，总体水平进入世界中上行列

改革开放以来，中国教育进入全面发展时期，义务教育不断完善，高等教育逐步加强，国民受教育程度不断提高。2020 年，九年义务教育巩固率达 95.2%；普通本专科在校学生 3285.29 万人，比 1978 年增长 30 多倍；15 岁及以上人口平均受教育年限由 1982 年的 5.3 年提高到 9.91 年[③]。党的十八大以来，中国教育事业取得新的历史性进展，总体发展水平跃居世界中上行列，现代职业教育体系初步建立。第七次人口普查显示，全国拥有大学（指大专及以上）文化程度的人口为

---

① 参见国家统计局：《改革开放 40 年全国居民人均收入年均增长 8.5%》，来源：中国经济网，2018 年 8 月 31 日。

② 参见国家统计局住户调查办公室：《改革开放 40 年：居民生活水平不断提高 消费质量明显改善》，来源：国家统计局（http://www.stats.gov.cn/ztjc/ztfx/ggkf40n/201808/t20180831_1620079.html），发布时间：2018 年 8 月 31 日。

③ 参见第七次全国人口普查公报（第六号），载国家统计局网站 http://www.stats.gov.cn/tjsj/zxfb/202105/t20210510_1817182.html。

218360767 人；拥有高中（含中专）文化程度的人口为 213005258 人；拥有初中文化程度的人口为 487163489 人；拥有小学文化程度的人口为 349658828 人（以上各种受教育程度的人包括各类学校的毕业生、肄业生和在校生）。与 2010 年第六次全国人口普查相比，每 10 万人中拥有大学文化程度的由 8930 人上升为 15467 人；拥有高中文化程度的由 14032 人上升为 15088 人；拥有初中文化程度的由 38788 人下降为 34507 人；拥有小学文化程度的由 26779 人下降为 24767 人①。

（一）改革开放 40 多年来，中国教育的战略地位从战略重点转向优先发展

40 多年前，中国教育经费严重短缺，教育发展水平比较低下。40 多年来，中国教育的战略地位稳步提升，教育改革发展成就令世人瞩目，逐步由经济发展、科技进步、人力资源开发的重要手段上升至优先发展的战略地位。

（二）中国教育发展的重心已经从规模普及转向质量提升

40 多年前，中国教育发展的任务是“两基”攻坚。中国教育的普及化程度大为提高，学前三年教育加快普及，九年免费义务教育全面实施，高中阶段教育基本普及，职业教育大力发展，高等教育正从大众化迈向普及化阶段。同时，伴随着中国完成解决温饱问题到实现小康水平的历史性跨越，社会主要矛盾转化为人民日益增长的美好生活需要和不平衡不充分的发展之间的矛盾，反映在教育领域中就是公平与质量问题凸显。新时代，我们期待更加公平且优质的教育，教育发展目标已经转向公平、优质、多样的教育。

（三）改革开放 40 多年来，中国教育的功能从社会本位逐步转向以人为本

40 多年前，党和国家的工作重心是经济建设，亟须提高全民素质，教育承担着重要的社会功能。40 多年来，逐渐强调以人为本，重视学生的全面发展。20 世纪 80 年代以来声势浩大的素质教育热潮，21 世纪以来倡导“一切为了学生发展”的课程改革，教育部发布多道“减负令”减轻学生过重的课业负担，国家启动新一轮高考改革等，都是为了改变不科学的教育评价指挥棒。面向未来，要更加注重学生批判性思维、创新精神与实践能力的养成，培养德智体美劳全面发展的社会主义

① 参见第七次全国人口普查公报（第六号），载国家统计局网站 http：//www.stats.gov.cn/tjsj/zxfb/202105/t20210510_1817182.html。

现代化建设者和接班人。新时代，我们期待教育实现学生的全面发展。

（四）改革开放40多年来，中国教育发展模式从照搬模仿转向自主探索

1978年，中国掀起了“实践是检验真理的唯一标准”的大讨论，中国教育也开始在照搬、模仿国外经验的基础上，探索中国特色发展道路。40多年来，中国教育的规模、质量和效益都有大幅度提高，基础教育人才培养质量受到世界关注，国际影响力和竞争力稳步提升，正在为世界教育作出更多贡献。面向未来，要培养具有中国灵魂、国际视野、国际理解力与参与能力的世界公民，探索教育发展的中国经验与中国方案。新时代，我们期待中国教育能够为世界作出更多贡献①。

（五）改革开放40多年来，中国教育信息化发展从无到有、由弱到强，发展迅速

近些年来，信息技术给世界带来了翻天覆地的变化，当前互联网教学方兴未艾，人工智能、虚拟现实、大数据、区块链等新兴信息技术日新月异，中国先后颁布了《新一代人工智能发展规划》《教育信息化2.0行动计划》。网络教学模式突破了学习时空的限制，改变着传统的教学方式和手段；大数据和人工智能技术将构建个性化、精准化的教育模式，实现因材施教。这些变革冲击着教师的传统角色和权威地位，为教育发展带来了新的机遇和挑战。面向未来，在教育向现代化形态转变的同时，也呼唤回归生命养成的教育，让孩子们学会学习，迎接充满挑战的未来社会。新时代，我们迎接信息革命驱动下教育现代化的新形态②。

新时代，以习近平为核心的党中央，更加重视教育，明确指出“教育是国之大计、党之大计，教育的基础性、先导性、全局性地位更加凸显”。中国教育事业将迎来突飞猛进的快速发展。

三、劳动就业从统包统配向市场导向转型

就业为民生之本。改革开放以来，中国长期实施积极的就业政策，坚持实施就业优先战略，实现了劳动就业制度由“统包统配”向市场化导向转变，就业总量持

① 参见钟秉林：《改革开放40年教育迈向新时代》，载《中国教育学刊》2018年第12期。
② 同上。

续增长，就业结构不断优化，就业政策与服务体系日趋完善。

（一）市场导向就业机制基本形成

随着改革不断深入，计划经济时代“统包统配”的就业制度实现根本转变。从20世纪80年代初的劳动部门介绍就业、自愿组织起来就业和自谋职业相结合的“三结合”就业方针，到20世纪90年代“劳动者自主择业、市场调节就业、政府促进就业”，再到党的十八大以来“劳动者自主就业、市场调节就业、政府促进就业和鼓励创业”的就业方针，市场导向的就业机制逐步建立并不断完善。从早期开办劳务市场和人才市场，到劳动力市场、人才市场向人力资源市场整合发展，中国逐步建立起覆盖省、市、县、街道（乡镇）、社区（村）的五级公共就业服务网络，确立了免费提供政策咨询、信息发布、职业指导、职业介绍、创业服务等的基本公共就业服务制度，覆盖城乡的公共就业服务体系基本形成。

（二）就业总量持续增长、质量日益提高

城乡劳动就业规模不断扩大，为中国经济快速增长和民生改善提供了坚实保障。1978年，中国城乡就业人员共计40152万人，其中城镇就业人口9514万人。到2018年年末，全国就业人员总量达到7.8亿人，比1978年增长了94%，平均每年增长960万人。其中，城镇就业人员总量达到4.3亿人，比1978年增长了三倍多。

就业结构不断优化升级，突出表现为劳动就业的产业分布结构向现代化转型。第一产业就业比重逐年下降，第三产业就业比重不断提高。1978年，中国第一、二、三产业就业人数占比分别为70.5%、17.3%和12.2%。到2019年，三次产业就业比重调整为25.1%、27.5%和47.4%。三大产业就业比重排序从“一、二、三”的发展模式升级为“三、二、一”的现代模式，就业结构更加合理。

劳动者工资收入快速增长，就业灵活性和择业主动性逐步增强。1978年，城镇单位就业人员年均工资为615元，到2019年全国城镇非私营单位就业人员年平均工资为90501元，比上年增长9.8%，扣除价格因素，实际增长6.8%；城镇私营单位就业人员年平均工资为53604元，比上年增长8.1%，扣除价格因素，实际增长5.2%，均实现了较快增长。改革开放破除“固定工”限制，打破“铁饭碗”，实行劳动合同制度，扩大了用人单位的用工自主权和劳动者的职业选择权，促进了劳

动力的流动，激发了劳动力市场的活力。

（三）劳动者合法权益得到有力保障

劳动力市场法律体系逐步完善。1995 年颁布《劳动法》，明确了劳动关系各主体的法律地位，保障了企业自主用工、个人自主择业的权利，为劳动力市场建设奠定了坚实法律基础。2008 年颁布《就业促进法》和《劳动合同法》，前者明确了就业工作在经济社会发展中的突出地位，强化了政府促进就业的责任，完善了市场导向就业机制，为长期实施积极就业政策提供了法律保障；后者完善了劳动合同制度，明确劳动合同双方当事人的权利和义务，有利于构建发展和谐稳定的劳动关系。相关法律法规的完善，在保持劳动力市场活力的同时，提高了就业稳定性。据统计，2019 年全国企业劳动合同签订率达 90% 以上，集体协商和集体合同制度稳步推进①。

四、建立了多层次社会保障体系

社会保障和救助不仅是为广大人民群众提供政策托底保障的主要方式，也是促进社会公平正义的重要途径。改革开放以来，中国社会保障体系建设取得举世瞩目的成就，实现由城镇职工“单位保障”向统筹城乡“社会保障”的根本性转变，覆盖城乡居民的多层次社会保障体系基本建立，社会保障网不断织密扎牢。

（一）多层次社会保障和救助体系基本建立

随着改革开放的不断深入和社会主义市场经济体制的建立，中国先后建立养老、医疗、失业、工伤、生育保险制度，社会保障法律法规体系不断健全，形成社会保障制度基本框架。党的十八大以来，社会保障制度建设取得突破性进展，国家着手全面建立统一的城乡居民基本养老、医疗保险制度，普遍实施机关事业单位养老保险制度，启动养老保险基金投资运营和基金中央调剂，全面实施大病保险制度，积极开展长期护理保险制度试点。经过不懈努力，中国社会保障制度实现了从企业单位保障到社会保障，从企业单方责任到国家、单位和个人三方共担责任，从城镇职工到城乡居民的重大转变。

---

① 参见人社部：《2019 年全国企业劳动合同签订率达 90% 以上》，载民主与法制网，2020 年 6 月 6 日。

社会救助是中国历史最为久远的一项社会保障制度，也是一项保民生、托底线、促公平的制度性安排。改革开放以来，中国逐步建立起多元化救助制度体系，其中最为核心的是城乡最低生活保障制度的建立。经过多地多年试点，1999 年国务院颁布《城市居民最低生活保障条例》，至当年 9 月底，全国 668 个城市和 1638 个县政府所在地的建制镇全面建立最低生活保障制度。2007 年，国务院印发《关于在全国建立农村最低生活保障制度的通知》，到当年 9 月底，全国 31 个省（自治区、直辖市）、2777 个涉农县（市、区）全部建立农村最低生活保障制度。党的十八大以来，国家进一步整合社会救助体系。2014 年，国务院颁布《社会救助暂行办法》，以行政法规规定最低生活保障、特困人员供养、受灾人员救助、医疗救助、教育救助、住房救助、就业救助、临时救助八项社会救助制度，构建了一个民政统筹、分工负责、相互衔接，政府救助和社会力量参与相结合，具有中国特色的社会救助体系。

（二）社会保障基本实现应保尽保

改革开放 40 多年来，社会保障覆盖面不断扩大，特别是党的十八大以来，国家实施全民参保计划，各项社会保障的覆盖人数迅速增加。目前，中国养老保险覆盖人数超过 9.25 亿人，基本医疗保险覆盖人数超过 13.5 亿人，基本实现全民参保。失业、工伤、生育保险的参保人数均达到 2 亿人左右，覆盖了绝大多数职业群体。中国社会保障扩面工作取得的巨大成就得到了国际社会的高度评价，2016 年国际社会保障协会授予中国政府“社会保障杰出成就奖”。

（三）居民社会保障待遇水平水涨船高

在社会保障和救助体系的建立完善过程中，国家持续加大投入力度。2000 年，以社会保障支出为主的社会保障和就业支出为 1517.9 亿元，占当年国家一般公共预算支出总额的 9.55%；到 2017 年，大幅增长到 24812.4 亿元，比 2000 年名义增长 15.35 倍，占当年国家一般公共预算支出总额的 12.2%。随着投入的增加，城乡居民社会保障待遇水平连创新高。企业退休人员基本养老金自 2005 年到 2021 年连续 17 年上调。居民医保财政补助标准从 2007 年的人均 40 元增长到 2020 年的不低于 550 元。全国月人均失业保险金水平达到 1228 元，工伤保险待遇不断提高，生育待遇水平提高到人均 1.81 万元。待遇水平的稳步提高，保障了参保人员的基本生活，让人民群众分享了经济社会发展的成果。

（四）国家投入社会救助的财力不断增长，低保标准逐年提高

2006—2017 年，国家用于农村社会最低生活保障的投入从 43.49 亿元大幅增加到 1051.8 亿元，年均名义增长率达到 35.9%；保障标准从每人每年 850.8 元增加到 4300.7 元，人均补差从 414 元增加到 2600 元。同期全国城镇低保平均标准从 169.6 元/月增加到 540.6 元/月，名义增长 2.19 倍；城市低保人均补差额度从 83.6 元/月增加到 356.2 元/月，名义增长 3.13 倍①。

五、医疗卫生事业现代化水平稳步提高

人民健康是民族昌盛和国家富强的重要标志，医疗卫生为人民健康提供了基本保障。改革开放以来，中国持续深化医疗卫生体系改革，加大投入力度，医疗卫生事业的现代化水平不断提高，先进医疗卫生服务体系覆盖面不断扩展，重大疾病防治成效显著，人口健康水平稳步提高。党的十九大提出实施健康中国战略，完善国民健康政策，为人民群众提供全方位全周期健康服务。

（一）城乡医疗卫生体系日益完善

多层次城乡医疗卫生服务体系基本建立。从强基层抓起，加强农村三级基本医疗卫生服务网络和城市社区卫生服务中心建设，全面实施国家基本药物制度，深化基层医疗卫生机构综合改革，加快全科医生培养，有序推进分级诊疗和家庭医生制度建设。

全面启动县级公立医院综合改革，推动城市公立医院改革试点，探索建立维护公益性、调动积极性、保障可持续的运行新机制。积极推动社会力量办医，多元办医格局初步形成，人民群众多元化、多样化健康需求不断得到满足。2017 年，全国共有医院 31056 家，其中公立医院数量占 39.6%，民营医院数量占 60.4%；公立医院床位占医院总床位数的 75.7%，民营医院床位数占 24.3%。

公共卫生安全防控屏障体系更加严密。国家坚持预防为主，加强突发公共卫生

① 参见中国社会科学院课题组：《改革开放 40 年中国民生发展》，载《人民日报》2018 年 12 月 20 日第 7 版。

事件应急处置能力，建成了全球最大的传染病疫情和突发公共卫生事件监测网，组建了一支水平高、能力强的应急防控队伍，能够有效应对各种重大突发疫情。整体上，中国卫生应急救援水平走在了世界前列。

（二）医疗卫生服务能力和水平稳步提升

城乡医疗卫生设施建设取得长足进步。从1978年到2017年，全国医疗卫生机构总数从169732个增加到986649个，增长4.81倍。经过结构调整，全国医疗卫生机构专业化水平提高，公共卫生服务能力大大增强。从床位总数来看，2017年，全部医疗卫生机构拥有床位数约794万张，与1978年的204.2万张相比，增幅达2.89倍。卫生人员队伍规模持续扩大，素质不断提高。2017年，全国卫生人员总计117.5万人，比1978年增长49.1%。其中，卫生技术人员增长2.65倍，其他技术人员增长18.8倍，工勤技能人员数量增长1.59倍。医院人员中拥有大专及以上学历的人数占总人数的78%，中专毕业者占20.9%。

中国医疗卫生事业的发展，是一个从“赤脚医生”到“业内专家”、从“乡村诊所”到“专业医院”的巨变过程。2017年国际著名医学期刊《柳叶刀》发布的全球医疗质量和可及性排名结果显示，从1990年至2015年，中国是医疗质量进步幅度最大的国家。随着中国医疗卫生体系的发展和完善，城乡居民健康状况明显改善。婴儿死亡率从1982年的34.7‰，下降到2019年的3.5‰。孕产妇死亡率从1991年的80/10万，下降到2019年的17.8/10万①。中国人口平均预期寿命从1981年的67.8岁，上升到2019年的77.3岁，不到40年时间提高了将近10岁。

（三）医疗卫生保障体系基本实现人口全覆盖

中国医疗卫生保障体系建设从20世纪90年代中后期起步，经过20多年的改革探索，已建立起全世界最大的全民基本医疗保障网。目前，中国医疗保险制度体系基本实现人口全覆盖。截至2019年年底，农村新型合作医疗制度、城镇居民基本医疗保险制度和城镇职工基本医疗保险制度等三项基本医保制度参保人数超过13.5亿人，参保率稳固在95%以上。

为确保城乡居民医疗保险制度有效运行，国家不断加大补助力度，提高补助水

① 参见《2019年中国新生儿死亡率、婴儿死亡率、5岁以下儿童死亡率、孕产妇死亡率及死亡因素分析［图］》，载https：//www.chyxx.com/industry/202010/899839.html。

平。城乡居民医疗保险的政府补助标准从2009年每人每年80元增加到2019年的540元。医疗补助标准及住院费用报销比例不断提升，新农合与城镇居民基本医保的人均医疗补助标准已经提高到280元，政策范围内住院所花费用报销比例分别约为75%和70%。

（四）城乡居民医疗负担持续下降

40多年来，中国公共医疗卫生支出规模不断扩大，占国内生产总值的比重逐年上升。1978年，全国医疗卫生支出占GDP的比例为3%，1998年为4.3%，2019年为6.6%。随着政府、社会对医疗卫生投入持续增长，中国卫生总费用结构更加优化，个人卫生支出占卫生总费用的比重，已从2001年的60.0%下降到2019年的28.4%。贫困人口医疗保障倾斜政策全面实施。

2016年以来，国家对贫困人口实行倾斜性医疗保障政策，新农合大病保险起付线降低50%，政策范围内住院费用报销比例提高5个百分点以上；对贫困人口采取特殊医疗保障措施，2017年全国贫困人口医疗费用个人自付比例平均为16%，比2016年下降了27个百分点。实施精准脱贫以来，按照大病集中救治一批、慢病签约服务管理一批、重病兜底保障一批的原则，精准施策、分类救治，有效减少了因病致贫、因病返贫人口。到2017年，全国已有581万因病致贫返贫户实现脱贫①。

六、打造了共建共治共享的社会治理格局

40多年来，中国社会沧桑巨变，改革开放极大地解放和发展了社会生产力，也极大地推动和加快了社会全面发展，社会治理领域发生了广泛而深刻变化。

（一）中国社会治理领域，放松管制、释放社会活力阶段

从1978年党的十一届三中全会到1992年党的十四大，主要是冲破高度集中的计划经济体制和社会管理模式，放松社会领域管控，释放社会活力，让全社会活跃起来。这些年通过改革生产流通体制、劳动人事制度，放松城市“单位制”“街居制”管理，扩大企业、地方和城市管理权限，有力地推动了社会流动，特别是人口

---

① 参见中国社会科学院课题组：《改革开放40年中国民生发展》，载《人民日报》2018年12月20日第7版。

在城乡之间、农村之间、城市之间以及企业之间、行业之间的流动。与此同时，国家从宏观上重视社会建设。

（二）进一步增强社会发展活力，构建和谐社会阶段

从 1992 年党的十四大到 2012 年党的十八大，主要是构建与社会主义市场经济体制相适应的社会治理基本框架，积极探索中国特色社会主义社会治理的新路子，进一步增强社会发展活力，开始致力于社会和谐发展。这一阶段，社会治理一些重要领域和关键环节的变革都取得了重要进展。

（三）全面深化社会治理改革，着力推进社会治理体系和社会治理能力现代化阶段

从 2012 年党的十八大到现在，以习近平新时代中国特色社会主义思想为指引，全面深化社会治理改革，着力推进社会治理体系和社会治理能力现代化，推动社会充满活力又和谐有序运行。以习近平同志为核心的党中央采取了一系列新举措，大力推动社会治理领域改革创新，取得了历史性新进展新成效，开拓了社会治理的新境界。

（四）改革开放为中国社会治理领域发展取得历史性进展

概括起来，一是基本实现了由以往高度集中、统得过死的社会管理体制逐步转向中国特色社会主义社会治理体制。在党委统一领导下，政府、社会、市场、公众多元主体参与共建共治共享的社会治理格局初步确立。二是基本形成了一整套宏观社会治理基础性制度与微观社会治理运行机制，现代社会治理制度建设取得突破性进展。三是基本构建了符合中国国情的新型社会治理体系和国家安全体系，社会治理体系现代化建设迈出有力的步伐。四是综合运用经济、法律、道德、科技和行政等多种手段加强和创新社会治理，社会治理能力明显提升。

（五）社会治理领域取得的显著成效

40 多年来，社会治理领域深刻变革所取得的成效是多方面的，最为重要和最为显著的成就，就是始终保持了社会大局的稳定，从而有力保障和促进了经济社会全面发展。这集中体现在改革开放 40 多年来中国实现经济持续快速增长，一越成

为世界第二大经济体，全国人民收入水平和消费质量显著提升，全体社会成员逐步朝着共同富裕方向迈进，和谐社会建设以及平安社会建设、信用社会建设、法治社会建设、健康社会建设不断推进，全面建成小康社会之时的社会美好景象日益清晰地展现在世人面前。

从国际上看，在加快现代化的进程中，社会体制、社会结构的演变往往曲折复杂，充满矛盾和变数。而中国在长达40年急速和深刻的社会变革中，始终保持了整个社会的稳定和发展，特别是近几年严重犯罪案件明显降低，打破了犯罪率随着现代化推进必然升高的西方“魔咒”，人民群众的获得感、幸福感、安全感不断增强，这无疑是人类社会现代化建设史上的奇迹①。

第五节 生态文明建设取得的成就

40多年来，我们始终坚持保护环境和节约资源，坚持推进生态文明建设，生态文明制度体系加快形成，主体功能区制度逐步健全，节能减排取得重大进展，重大生态保护和修复工程进展顺利，生态环境治理明显加强，积极参与和引导应对气候变化国际合作，中国人民生于斯、长于斯的家园更加美丽宜人②！

一、认识和实践不断深化，经济发展与生态环境保护的关系逐步走向协调统一

改革开放以来，党中央、国务院对生态环境保护作出一系列重大决策，从提出走可持续发展道路，到建设资源节约型和环境友好型社会，再到落实科学发展观，坚持在发展中保护、在保护中发展，中国对经济社会发展规律和自然规律的认识不断深入，对处理好发展和保护关系的探索实践不断深化。

特别是党的十八大以来，以习近平同志为核心的党中央将生态文明建设作为统

---

① 参见魏礼群：《坚定走中国特色社会主义社会治理之路——改革开放40年社会治理成就及其宝贵经验》，载《智慧中国》2018年9月。

② 参见习近平：《在庆祝改革开放40周年大会上的讲话》（2018年12月18日），载新华网 http://www.xinhuanet.com/2018-12/18/c_1123872025.htm。

筹推进“五位一体”总体布局和协调推进“四个全面”战略布局的重要内容，“绿水青山就是金山银山”等理念逐步深入人心。供给侧结构性改革加快推进，单位国内生产总值能耗和水耗均下降20%以上，一大批高污染企业有序退出，中国正在走出一条经济增长与环境改善的双赢之路。

二、法律法规体系不断健全，生态环境保护执法督察日益严格

改革开放40多年来，中国共制定环保法律13部，资源保护与管理法律20余部，生态环保行政法规30余部，基本形成了以环境保护法为龙头，覆盖大气、水、土壤、核安全等主要环境要素的法律法规体系。

特别是党的十八大以来，立法力度之大、执法尺度之严、成效之显著前所未有：共制修订法律8部，“史上最严”的新环境保护法自2015年开始实施，在打击环境违法行为方面效果显著。开展中央生态环境保护督察，实现31个省（区、市）全覆盖，成为推动地方党委和政府及其有关部门落实生态环境保护责任的硬招实招。

三、政策制度体系不断完善，生态环境保护治理水平稳步提升

改革开放40多年来，中国坚持依靠制度保护生态环境，先后召开七次全国生态环境保护大会（会议），实施一系列重大举措。20世纪80年代初，将环境保护确定为基本国策。90年代初，制定环境与发展十大对策。进入新世纪以后，把主要污染物减排作为经济社会发展的约束性指标。

特别是党的十八大以来，加快推进生态文明顶层设计和制度体系建设，出台40多项涉及生态文明建设和环境保护的改革方案，“四梁八柱”性质的制度体系基本形成，生态环境治理水平有效提升。

四、体制机制改革不断深化，生态环境治理能力明显增强

改革开放40多年来，国家环境保护行政机构历经五次重大跨越，从1984年在城乡建设环境保护部设立环境保护局，到1988年成立国务院直属的国家环境保护局，再到1998年升格为国家环境保护总局，一直到2008年成立环境保护部，环境保护职能不断加强。2018年，国务院组建生态环境部，统一行使生态和城乡各类污

染排放监管与行政执法职责。

特别是党的十八大以来，全国生态环境保护机构队伍建设持续加强，省以下环保机构监测监察执法垂直管理等改革举措加快推进。生态环境保护投入持续加大，“十二五”期间，全社会环保投资达4.17万亿元，较“十一五”增长92.8%，有力支撑了生态环境治理能力建设。

五、污染防治和生态保护力度不断加大，生态环境质量近年来持续改善

改革开放40多年来，中国污染防治经历了从末端治理向源头和全过程控制转变，从浓度控制向总量和浓度控制相结合转变，从点源治理向流域和区域综合治理转变的过程，解决了一大批关系民生的突出环境问题。坚持污染防治与生态保护并重，实施退耕还林还草等一系列生态保护重大工程。特别是党的十八大以来，发布实施大气、水、土壤污染防治三大行动计划，坚决向污染宣战。成为第一个大规模开展细颗粒物（PM2.5）治理的发展中大国，建成全球最大的清洁煤电供应体系，形成全世界最大的污水处理能力。2013—2019年，全国重点地区PM2.5平均浓度下降30%以上；全国337个地级及以上城市2019年平均优良天数比例为82.0%；环境空气质量达标的城市占全部城市数的46.6%。2019年全国地表水优良水质断面比例达74.9%，劣V类降至3.4%①。人民群众环境满意度不断提升。

六、生态环保国际合作不断密切，成为全球生态文明建设的重要参与者、贡献者、引领者

改革开放40多年来，中国批准实施30多项与生态环境有关的多边公约或议定书，生态文明理念、环保技术等“走出去”日益常态化。特别是党的十八大以来，中国积极参与全球环境治理，率先发布《中国落实2030年可持续发展议程国别方案》，向联合国交存《巴黎协定》批准文书。

中国消耗臭氧层物质的淘汰量占发展中国家总量的50%以上，成为对全球臭氧层保护贡献最大的国家。2016年，联合国环境署发布《绿水青山就是金山银山：中国生态文明战略与行动》报告，中国生态环境保护实践为全球生态环境治理提供

① 参见生态环境部：《2019年全国地表水评价断面优良比例为74.9%》，载中国新闻网，2020年1月23日。

了中国智慧和中国方案①。

第六节　党的建设取得的成就

40多年来，我们始终坚持加强和改善党的领导，积极应对在长期执政和改革开放条件下党面临的各种风险考验，持续推进党的建设新的伟大工程，保持党的先进性和纯洁性，保持党同人民群众的血肉联系。我们积极探索共产党执政规律、社会主义建设规律、人类社会发展规律，不断开辟马克思主义中国化新境界。我们坚持党要管党、从严治党，净化党内政治生态，持之以恒正风肃纪，大力整治形式主义、官僚主义、享乐主义和奢靡之风，以零容忍态度严厉惩治腐败，反腐败斗争取得压倒性胜利。我们党在革命性锻造中坚定走在时代前列，始终是中国人民和中华民族的主心骨②！

一、坚持和加强党的全面领导，党的执政能力和领导水平不断提高

改革开放以来，我们在加强党的全面领导方面，探索出了加强党的领导，加强党对全面工作的领导，是我们改革开放之所以取得成功的经验，是改革开放40年实践经检验的总结。

（一）坚持和加强党的领导，是中国革命实践总结得出的宝贵成果，是中国改革开放以来党的建设的重要内容

从解放前的历史事实可以证明，只有党才能结束中国近代一盘散沙、四分五裂、军阀混战的悲剧。在中国社会主义建设过程中，更能体现出党领导我们艰辛探索、改革开放，才能达到今天走在世界前列、更接近世界舞台核心、更接近中华民族伟大复兴的目标。

---

① 参见生态环境部党组：《谱写生态环境保护事业新篇章》，载《求是》2018年第21期。

② 参见习近平：《在庆祝改革开放40周年大会上的讲话》（2018年12月18日），载新华网 http://www.xinhuanet.com/2018-12/18/c_1123872025.htm。

（二）党的领导是指马克思主义政党对无产阶级革命事业和社会主义建设事业的引导和向导作用

在人类社会发展进程中，任何一项大的认识和改造客观世界的实践活动，都是有组织的活动，都需要一个领导核心。工人阶级和广大人民群众在争取自身解放的过程中，要担负起建设社会主义、实现共产主义的伟大使命，必须有马克思主义政党的领导。这种领导是革命、建设和改革事业取得胜利的根本保证。马克思主义政党作为工人阶级的先锋队，它不是把人民群众当作工具，而是自觉地认定自己是人民群众在特定的历史时期为完成特定的历史任务的一种工具。坚持党的领导其本质就是要各级党委、政府部门、社会团体依法依规自觉用党的理论与实践指导自己的一切行动与工作目标。

（三）伟大的事业必须有坚强的党来领导

从完成新民主主义革命，到确立社会主义基本制度，推进社会主义建设，再到进行改革开放新的伟大革命，推动中国特色社会主义进入新时代，历史已经并将继续证明，没有中国共产党的领导，人民幸福、民族复兴必然是空想。任时空变换、时代更迭，我们党“最高政治领导力量”的执政地位没有变也不能变。在坚持和完善党的领导这个重大原则问题上，全党全国人民必须高度自觉、坚定不移，决不能有任何含糊和动摇。

（四）党的领导是全面、整体的，社会领域各个方面都要接受党的领导

在治国理政的各项重要工作中，都是党进行整体部署和统筹，提出总目标、明确总任务、推进总布局。党对各个领域的工作进行布局和领导，不仅要领导中国特色社会主义民主政治建设，还要领导社会主义市场经济建设、先进文化建设、生态文明建设、法制建设、国家安全、国防和军队建设等各个方面。

（五）党的先进性的保持和发展直接关系马克思主义政党生存，是我们党面临各种各样的考验，解决和克服各种风险的重要法宝

保持党的先进性，是一项永无止境的新工程，我党一直在不断坚持、完善和发展。党要始终保持先进性，就要不断提升执政能力方面的建设，全面强化纯洁性以

及先进性建设，这样才能完成党的执政任务①。

改革开放以来，我党一直在坚持党的五大建设，努力推进纯洁性和先进性建设，着力提升执政能力和水平。通过一系列重大部署安排，我们取得了举世瞩目的伟大成就，党的执政能力切实提升，拒腐防变的决心大大增强，使党领导核心的地位得到了确保，也使党能够承担起中华民族伟大复兴的重任。

二、旗帜鲜明加强党的政治建设，有力维护了党中央权威和集中统一领导

改革开放以来，党十分重视政治建设，逐渐丰富和完善了党的政治建设的内涵，形成了以维护党中央权威和领袖权威为第一位任务的党内政治领导体系建设。

（一）加强党的政治建设，是实现中华民族伟大复兴的必然要求

党的政治建设工作，是为推动党的事业和加强党的自身建设而在政治方面所开展的工作，是运用科学的理论和方法，正确制定党的纲领和政治路线，制定相应的方针政策，并用党的纲领、路线和方针政策统一全党的思想和行动，通过正确处理党内矛盾、解决突出问题，确保全党思想上政治上高度统一、步调一致，为实现党的政治使命和政治目标努力奋斗。党的政治建设不仅是马克思主义执政党必须重视的党建内容，也是实现中华民族伟大复兴的必然要求。

（二）党的政治建设，在不同时期有不同的侧重点

改革初期，党的政治建设体现在重视长远性问题上，如培养接班人问题。当时的组织路线问题很多，而“最大的问题，也是最难、最迫切的问题，是选好接班人”。这一时期，政治建设的内容包括：坚持党的政治路线和思想路线；维护党的集中统一，严格遵守党的纪律；坚持党性，根绝派性；保障党员的权利不受侵犯；接受党和群众的监督，不准搞特权；努力学习，做到又红又专。

党的十二大的召开标志着改革开放进入全面展开的新阶段，提出整顿党的作风和组织，对作风问题提出了新要求，对政治建设的认识和实践也在不断丰富发展。党的十四大关于党的建设，仍是从密切联系群众、反腐拒腐、加强基层组织建设等角度来展开。随后召开的党的十四届四中全会，将党的建设提到“新的伟大工程”

① 参见杨彧、张君和徐琛：《改革开放以来党的建设的主要成就和基本经验》，载《求知》2011 年第 7 期。

高度，并明确提出，新时期党的建设新的伟大工程的总目标就是“把党建设成为用邓小平理论武装起来、全心全意为人民服务、思想上政治上组织上完全巩固、能够经受住各种风险、始终走在时代前列、领导全国人民建设有中国特色社会主义的马克思主义政党”。

进入21世纪，经济全球化趋势加强，改革进入深水区，国际国内斗争形势加剧，使政治建设被摆上了更为关键的位置。党的十六届四中全会对党55年执政经验作了系统总结，在不断推进思想创新、密切同群众联系、以发展为解决问题的关键等经验基础上，更强调以改革的精神加强党的建设，不断增强党的创造力、凝聚力、战斗力。同时也指出，坚持党的领导核心地位，坚持党的团结统一，是党和人民事业成功的根本保证。

（三）党的政治建设总体布局理论逐渐形成

改革开放的探索和实践，使我们党逐渐形成党的建设总体布局理论和实践，并在党的十七大上正式提出。大会强调，要以改革创新精神全面推进党的建设新的伟大工程，使党始终成为中国特色社会主义事业的坚强领导核心，政治建设实质上就是巩固和维护中国共产党的长期执政地位，党的执政能力建设就是政治建设的一部分。

当前，加强党的政治建设，首要任务是坚持和加强党的全面领导，坚持党的政治领导，坚决维护党中央权威和集中统一领导。最关键的是坚决维护习近平总书记党中央的核心、全党的核心地位。各级党组织和每一名党员都要牢固树立起政治意识、大局意识、核心意识、看齐意识，党的任何组织和成员，无论处在哪个领域、哪个层级、哪个单位，都要服从党中央集中统一领导，以实际行动维护党中央一锤定音、定于一尊的权威；都要认识到习近平总书记是全党拥护、人民爱戴、当之无愧的党的领袖，必须坚持和维护党的领袖权威，牢固树立起政治意识、大局意识、核心意识和看齐意识。

三、着力加强党的思想建设，全党团结奋斗的思想基础更加巩固

坚定的理想信念对每一个共产党员都有着极其重要的意义。改革开放以来，党的思想建设取得了丰硕成果，探索出一条具有中国特色的马克思主义政党思想建设的道路，为党的执政能力建设提供了有力的思想保证。思想建设是我们党一直非常

重视的。我们党一直把思想建设作为党的建设的根本内容①，把它放在重要的地位，党的建设的全过程均贯穿思想建设，这是我们党立党和兴党的伟大政治优势。

党的十八大以来，党中央强调要着力抓好党的思想建设。党员和干部的方向更加明确，更有信心。同时，强化意识形态工作的话语、管理和领导权，使党的社会主义意识形态的感召力和引导力均得到了加强。当前，实现中华民族伟大复兴的中国梦是党和人民的一个共同理想和目标，加强党的思想建设使党更好地凝聚人民群众，激励人民群众，团结人民群众，使人民群众为之奋斗②。

四、有力推进党的组织建设，党执政的组织基础更加牢固

组织建设是党的建设的重要方面，改革开放以来，我们党在组织建设方面成效显著，经过了革命、建设和改革等阶段的发展，我们党是目前世界上党员人数最多的党，同时党员队伍的质量不断提高，队伍结构得到了优化。

在新的形势下，我们党根据党员队伍变化，积极探索新的方法来加强对党员的管理、教育，努力推动党员不断地接受教育，建立健全保持先进性的长效机制，提高他们的政治和业务素质，最有效地在各方面发挥了先锋模范作用。截至 2021 年 6 月 5 日，中国共产党党员总数为 9514. 8 万名，比 2019 年年底净增 323. 4 万名，增幅为 3. 5%。基层组织达到 451. 8 万个，全面覆盖到了街道、乡镇、社区、国企以及事业单位，非公组织及其他社会组织也基本上设置了党的组织。基层党组织的全面设立，使党的创造力、战斗力和凝聚力得到有效提升，使党的执政地位更加牢固。

五、党的作风建设成效明显

作风是形象，党员的言论以及行动体现着党的世界观。我们党始终高度重视作风建设，它是党在长期的革命斗争中所形成的特色和巨大优势。中国共产党在新民主主义革命时期形成了“三大优良作风”。毛泽东在新中国成立前夕提出“两个务必”，这对中国共产党加强党风建设，联系人民群众具有长远的指导意义。邓小平反复强调，新时期党风建设要恢复我们党的优良作风，明确反腐倡廉的重要性、艰

① 参见杨彧、张君和徐琛：《改革开放以来党的建设的主要成就和基本经验》，载《求知》2011 年第 7 期。

② 参见丰安：《改革开放四十年来党的建设成就》，载《毛泽东思想研究》2018 年 9 月第 35 卷第 5 期。

巨性和长期性。根据党的历史方位的新变化，党的十四大将“执政党的党风是关系党的生死存亡的问题”写进了党章，把党的作风建设提升到党和国家生死攸关的战略高度。

党的十八大以来，以习近平同志为核心的党中央更加注重管党治党工作，将作风建设作为党政工作的重大突破，在党内外以及国内外均产生了积极的影响。从中央领导到基层干部均积极贯彻“中央八项规定”精神，深得广大人民群众的认可和支持。改革开放以来，党的作风建设对改革开放的成果进行了有效的保护，社会和经济秩序得到了切实维护，人民群众的根本利益得到了保障，社会更加稳定与和谐，也使党风得到了有效改善，使党的纯洁性和先进性得到了保持，党的执政地位更加稳固。

六、党的制度建设扎实推进

改革开放以来，每一次党代会均对党章作出了一定的修改，为完善和健全党的各项规章制度奠定基础。在贯彻民主集中制原则方面，党中央和各级党组织的集体领导制进一步完善，党的领导水平切实提高。在决策和议事机制体制上，各级党组织广泛吸纳民众意愿，用制度形式拓宽表达民意的渠道。如建立了重大事项公示听证制度、社情民意反映制度、专家咨询制度、决策的评估和评价制度等，且对重要事项如重要人事的安排、重大决策等问题实行表决制，使决策更加民主和科学。在干部管理方面，强化干部制度，进一步规范干部的选拔、任用、管理、培养，加强干部培训，建立和完善干部培训制度和后备干部管理制度。在选拔和任命干部方面，形成了竞争选拔制度，强化了干部的管理，对干部的工作责任、考核以及退休和职务任期等一系列细致的问题都作出制度规范，从而使新时期干部人事制度方面的建设取得重大成就。

七、党的纪律建设成效明显

腐败是社会毒瘤，也是一种非常复杂的社会现象。反腐倡廉是党领导社会主义事业的重要保障。邓小平早在改革开放初期就强调：“要整好我们的党，实现我们的战略目标，不惩治腐败，特别是党内的高层的腐败现象，确实有失败的危险。”[①]

① 参见邓小平：《邓小平文选》第3卷，人民出版社1993年版，第39页，第313页。

为此，党中央提出若干反腐败方面的措施，依靠人民群众以及相关的法制，积极发挥纪检、公安、监察以及检察等部门的作用。世纪之交，江泽民同志提出了“坚持标本兼治，构建教育、法制、监督三位一体的反腐倡廉新机制”。胡锦涛同志在党的十七大报告中指出：“中国共产党的性质和宗旨，决定了党同各种消极腐败现象是水火不相容的。”[①] 党的十七大将作风建设中的反腐倡廉工作单独列出加以阐述，说明在党执政的任务中，反腐倡廉工作更加突出，彰显中国共产党反腐倡廉的坚定态度和信心。

党的十八大以来，我们党严厉打击了一批“老虎”和“苍蝇”，表明我们党惩治贪腐的决心和力度更大，赢得了广大人民群众的高度认同。党的十八届三中全会强调，要将权力放在阳光下运行，把权力放在制度的笼子里。党中央将继续推进反腐倡廉制度建设，强调以健全制度的方法，消除腐败，进一步加强反腐制度建设[②]。

① 参见胡锦涛：《胡锦涛文选》第2卷，人民出版社2016年版，第656页。

② 参见文丰安：《改革开放四十年来党的建设成就》，载《毛泽东思想研究》2018年9月第35卷第5期。

第四章

中国特色社会主义理论创新

社会主义经济体制改革是一项前无古人的伟大事业，既没有先例可以仿效，也没有现成的经验可以照抄照搬，必须在实践中不断探索。由于长期受苏联社会主义理论特别是传统计划经济理论的影响和禁锢，改革每前进一步，都面临着许多禁区。所以，改革要起步，必须首先在理论上取得突破。作为一个拥有几千万党员和十几亿人口的大国，没有正确的深入人心的理论，就不可能统一大家的思想和行动，改革也不可能取得成功。理论是实践的概括和提升，实践需要有正确的理论作为指导。从新中国成立到改革开放前的30年，中国共产党在带领全国人民探索社会主义建设道路上经历了许多艰辛，走了不少弯路，但也积累了丰富的正反两方面的经验，为提出正确的改革理论打下了深厚的实践基础。

第一节 社会主义初级阶段理论

一、社会主义初级阶段理论的提出

1981 年 6 月 27 日，中国共产党十一届六中全会通过了《关于建国以来党的若干历史问题的决议》（以下简称《决议》），对新中国成立 32 年来中国共产党的历史进行了科学分析和正确总结，对毛泽东的历史地位和毛泽东思想做出了全面评价。《决议》认真总结了 1958 年以后经济工作中出现的一系列“左”的错误教训，把产生“左”的错误的根源归结为对所处社会发展阶段缺乏清醒认识。我们虽然初步建立起了社会主义制度，但是，我们是在半封建半殖民地的基础上建立的，是在没有经历过工业化的落后的农业国的基础上建立的。由于对社会主义发展阶段的认识上出现了超前问题，因此，在经济体制的设计和方针政策的制定上就不能针对生产力水平仍十分落后这一现实，出现许多超越发展阶段和急于求成的左的错误就难以避免。正是在总结经验教训的基础上，《决议》第一次提出：“我们的社会主义制度还是处于初级的阶段”。

1987 年 10 月召开的党的十三大，系统阐述了社会主义初级阶段理论和党在社会主义初级阶段的基本路线，这是对中国社会主义建设的历史经验，特别是改革开放以来新鲜经验的总结和概括。在十三大召开之前，邓小平就指出，党的十三大要阐述中国社会主义是处在一个什么阶段，就是处在初级阶段，是初级阶段的社会主义。社会主义本身是共产主义的初级阶段，就是不发达的阶段。一切都要从这个实际出发，根据这个实际来制定规划。这个论述，第一次把社会主义初级阶段作为事关全局的基本国情加以把握，并作为制定路线和方针政策的出发点和根本依据，这是中国共产党对社会主义和中国国情认识上的一次飞跃。中国处于社会主义初级阶段包括两层含义：第一，中国社会已经是社会主义社会；第二，中国的社会主义社会还处在初级阶段。要充分认识到中国生产力不发达和商品经济落后这一现实。历史唯物主义的基本原理是生产力决定生产关系，经济基础决定上层建筑。我们的经济体制和经济政策，都必须与生产力发展水平相适应。改革开放前，我们超越生产力发展阶段搞“穷过渡”，把个体、私营经济当成资本主义尾巴必欲斩尽杀绝，把按劳分配当作资产阶级法权加以否定，必然带来对生产力的破坏。提出社会主义初级阶段理论，是党的十三大对科学社会主义理论的重大贡献。

二、初级阶段理论解放了人们的思想

从新民主主义到社会主义的转变，在全国绝大部分地区基本完成了对生产资料私有制的社会主义改造。公有制和按劳分配制度初步确立，社会主义制度已经基本上建立起来。1956 年召开的党的第八次代表大会提出，国内主要矛盾已经不再是工人阶级和资产阶级的矛盾，而是人民对于经济文化迅速发展的需要同当前经济文化不能满足人民需要的状况之间的矛盾；全国人民的主要任务是集中力量发展社会生产力，实现国家工业化，逐步满足人民日益增长的物质和文化需要；虽然还有阶级斗争，还要加强人民民主专政，但其根本任务已经是在新的生产关系下面保护和发展生产力。可惜的是，党的八大提出的正确理论和路线没有得到执行。不久之后，毛泽东提出阶级斗争一抓就灵，进而提出以阶级斗争为纲的理论，逐步替代了八大的政治路线。在经济上，不切实际地提出"超英赶美"的口号，酿成了大跃进、大炼钢铁、浮夸风、"共产风"等灾难，"左"的错误成为主体性错误。"文化大革命"导致十年内乱，国民经济到了崩溃的边缘。粉碎"四人帮"后拨乱反正，但"左"的错误并没有得到彻底纠正。直到 1978 年党的十一届三中全会召开，我们党恢复了唯物主义的思想路线，才开启了改革的征程。

长期以来"左"的思想理论，以马克思主义的名义向全党灌输，形成了思维定式，加之"两个凡是"严重禁锢着人们的头脑，成为改革面临的最大障碍。1978 年 6 月 2 日邓小平同志在全军政治工作会议上的讲话说："实事求是，一切从实际出发，理论同实践相结合，这是毛泽东思想的出发点。"再次对"两个凡是"提出批评。1978 年 5 月 10 日，在胡耀邦主持下，中共中央党校内部刊物《理论动态》发表了《实践是检验真理的唯一标准》，随后《光明日报》以特约评论员的署名转发了这篇文章。文章说，检验真理的标准只能是社会实践，理论与实践的统一是马克思主义的一个最基本的原则，从而否定了"两个凡是"的观点。文章在全国范围内引起了一场关于真理标准的大讨论，实践是检验真理的唯一标准的思想逐渐为人民所接受并赞同。这场大讨论为党的十一届三中全会做了理论准备，对于端正思想路线，纠正长期以来的个人崇拜和教条主义发挥了重要作用。

在改革之初，人民最需要的真理是什么？准确地界定我们所处的发展阶段，以制定相应的改革举措，是迫切需要回答的问题。我们仍处于社会主义初级阶段，我们的生产关系和上层建筑都必须与社会主义初级阶段的基本国情相适应，这就是最大的真理。用初级阶段理论审视和评判过去的经济体制和经济政策，哪些脱离了中国的国情，脱离了实际？这就要用过去 30 多年实践来证明，哪些体制和政策阻碍了生产力发展，那就必须要改。对于姓“资”还是姓“社”的争论，1992 年年初邓小平在视察南方的讲话中指出：“判断的标准，应该主要看是否有利于发展社会主义生产力，是否有利于增强社会主义国家的综合国力，是否有利于提高人民的生活水平。”从此，三个“是否有利于”成为人们评判一切工作是非得失的根本标准。三个“是否有利于”标准的提出并能够为广大干部群众所接受，主要在于社会主义初级阶段理论解放了全党的思想，在于我们党恢复了的唯物主义的思想和传统。我们有了先进的理论武器和判断是非的标准，过去被批判、被否定的事物就能变成正确的需要加以鼓励的事物，这就为改革开了绿灯。所以，社会主义初级阶段理论的提出，对解放全党全国人民的思想发挥了重要作用，许多有效的改革措施都是在这一理论的指导下提出的。

三、初级阶段的重点是补上市场经济这一课

人类文明的发展，已经经历了原始畜牧业社会、农业社会、工业社会三个阶段，正在进入第四个阶段即以数字经济为标志的数字社会。中国五千年的文明史，几乎都处于农业社会。我们的祖先创造了世界上最为灿烂的农业文明。但是，这种农业文明的主要特点，正如孙冶方所总结的，就是以家庭为基本单位的自给自足的自然经济。虽然在原始社会就有了商品交换和原始货币，但是，商品生产和商品交换始终没有成为主要的经济形式，生产的目的主要是为了满足家庭的需要，而不是为了交换。近代西方兴起工业革命，现在已进入后工业社会，服务业和信息产业迅速发展。中国由于这样那样的原因与工业革命失之交臂。生产的商品化、社会化，是工业文明的主要特点。中国没有经历工业化过程，因此也错过了商品生产商品交换大发展的机会。

由于马克思主义在中国的传播，中国的一批先进知识分子掌握了马克思主义这一理论武器。经过一百多年的浴血奋战，取得了民族独立，并建立了迄今人类社会最先进的社会制度——社会主义制度。这是一种人类社会历史上从未有过的制度，它的管理体制和经济政策如何设置，除了苏联的经验，尚无其他模式可以借鉴。新

中国成立后的前 30 年，我们毫无保留地学习借鉴苏联计划体制的模式。这是一种排斥商品生产商品交换的经济体制，因此，新中国成立后的 30 年，商品生产商品交换仍然没有获得发展的机会。

商品生产和商品交换也可以概括为市场经济。人类社会发展的历史证明，市场经济是一个不可逾越的历史阶段。虽然社会制度的选择可以跨越某个阶段，我们可以舍去资本主义社会这一阶段，直接进入社会主义社会，但是市场经济这一阶段是不能舍去的。因为市场经济是一种完善的社会经济体系和运行机制，这种体制和机制能够调动各类生产要素的积极性，去从事社会化的大生产，从而推动社会生产力魔术般的神奇发展。马克思在《资本论》的序言中，对这种神奇的力量有过精彩的描述。他说："资本主义魔术般地把生产力呼唤出来，在一百年的时间里所创造的生产力，超过人类历史的总和。"资本主义建立了机器大工业，从蒸汽机、内燃机到电力的应用，推动了三次工业革命。通过开拓全球市场，为商品找到了销路，实现了生产、分配、流通、消费的社会再生产过程的快速扩张和循环。我们要发展生产力，就必须借助市场经济的机制，建立社会主义市场经济体制。也就是说，在社会主义初级阶段，我们在经济上的主要任务，就是要补上市场经济这一课，尽快把生产力搞上去。要通过建立和完善市场经济的体制机制，推动农业的工业化，加快城市化进程，尽快使我们的人均国内生产总值赶上并超过发达国家的水平。不经过这样一个过程，我们想要建立强大的先进的工业体系，想要超英赶美，只能是幻想。

靠计划经济体制能不能实现这一目标？实践已经证明是不可能的。苏联和东欧社会主义国家已经提供了前车之鉴。我们改革前 30 年也提供了反面经验。中国改革 40 多年所创造的经济奇迹，证明了市场经济的神奇力量。

四、社会主义初级阶段是一个相当长的历史时期

社会主义初级阶段有多长时间？江泽民同志讲，他曾就这个问题请教过邓小平同志，小平同志说，可能需要几代人、十几代人，甚至几十代人。小平同志对这个问题的判断有很大的弹性，充分表明一个伟大的战略家的睿智。小平同志提出社会主义现代化建设分三步走的战略，到 21 世纪中叶，人均国内生产总值达到中等发达国家水平。党的十九大重申了两个百年的奋斗目标，提出了新三步走战略，即到建党 100 周年时建成经济更加发展、民主更加健全、科教更加进步、文化更加繁

荣、社会更加和谐、人民生活更加殷实的小康社会。到新中国成立100周年时，建成社会主义现代化国家。从2020年到21世纪中叶，分两个阶段来安排。第一个阶段，从2020年到2035年，在全面建成小康社会的基础上，再奋斗15年，基本实现社会主义现代化。第二个阶段，从2035年到21世纪中叶，在基本实现现代化的基础上，再奋斗15年，把中国建成富强民主文明和谐美丽的社会主义现代化强国。从过去40多年的发展速度来看，2019年中国人均国内生产总值已经超过10000美元，再经过30年的发展，人均GDP再翻两番以上，达到中等发达国家的水平，是完全可以做到的。党的十九届五中全会提出，到2035年人均国内生产总值达到中等发达国家水平，把小平同志提出的第三步战略目标又提前了15年。根据测算，2035年中国人均国内生产总值达到25000美元以上，超过中等发达国家人均国内生产总值的下限，是能够做到的。作者认为，从1956年基本建成社会主义制度算起，经过100年努力，到2056年前后，中国在生产力水平上赶上发达国家，在人均收入水平和生活水平上略高于发达国家，在经济社会发展上追赶发达国家的任务才算基本完成，至此，社会主义初级阶段也才能算基本结束。在长达百年的追赶时期，市场机制的作用都不应当削弱。当然，随着经济的发展，必须更好发挥政府的调节作用，妥善解决社会发展滞后的问题，必须缩小收入分配差距，落实创新、协调、绿色、开放、共享的发展理念，纠正市场调节的盲目性、滞后性。在发挥政府作用时，应当借助市场机制的作用，按照价值规律办事。

五、必须坚持社会主义初级阶段基本路线

党的十三大提出社会主义初级阶段的基本路线，即一个中心、两个基本点。一个中心，即以经济建设为中心；两个基本点，即四项基本原则和改革开放。这是我们党根据中国的基本国情制定的，集中反映了全国人民的根本利益。坚持基本路线一百年不动摇，是中国特色社会主义事业胜利前进的最可靠保证。胡锦涛在党的十八大报告中指出，党的基本路线是党和国家的生命线，要坚持把以经济建设为中心同坚持四项基本原则、改革开放这两个基本点统一于中国特色社会主义伟大实践，扎扎实实夺取中国特色社会主义新胜利。

坚持以经济建设为中心，就是其他各项工作都要服从和服务于这个中心。在这方面，我们必须吸取历史的教训，不能被其他事情分散我们的注意力。当前面临的最大干扰，就是美国政府对中国实施全面打压、围堵、封锁，推行美中经济脱钩和

产业链去中国化，妄图打断中国的现代化进程，剥夺14亿中国人民的发展权，其目的是长期维持美国在全球的霸主地位和垄断利益。对此，我们必须高度警觉、妥善应对。今后十年，是中美力量对比迅速变化的时期，我们要牢牢把握发展的战略机遇期，力争延长这个战略机遇期。十年之后，当中国的经济实力明显超过美国，当美国的决策者认识到继续围堵中国已经无效、而且得不偿失时，美国对中国的围堵才可能停止。为此，需要制定一个长期的对美斗争策略。作者认为：

第一，努力保持经济的持续健康高质量发展。要集中精力做好自己的事情。目前中国人均GDP只有美国的1/6，发展的空间很大。建立以内循环为主体、国际国内双循环相互促进的新发展格局，完全可以支撑国民经济的中高速增长。用10年左右的时间，通过城乡融合发展，实现乡村振兴，走新型城镇化道路，可以激发巨大的发展潜能。通过政府与企业合作的PPP模式，把公共服务和公共产品的短板补上去，也能激活巨大的需求潜力。如教育、医疗、社会保障、健康养老、社区服务等，需求巨大，但供给不足。又如治理雾霾、黑臭水体、土地面源污染和垃圾的资源化利用，改善生态环境等，任务艰巨。做好这些事情，我们有现成的技术，既不缺资金，也不缺劳动力，唯一缺少的是政策和机制。只要通过深化改革，针对每一类问题，制定出相应的政策，形成一个机制，就能把分散的生产要素组织起来，把供给与需求链接起来，形成现实的生产力，从而为经济的持续增长提供强大动力。这种主要基于国内需求的增长，美国的打压和围堵将完全失灵。同时，我们要加快战略性新兴产业的发展，加大技术研发的投入，尽快攻克“卡脖子”技术。重点发展芯片、量子技术、人工智能、云计算、新能源、新材料、生物工程、先进制造等。要加快新型基础设施建设，包括5G、特高压、城际高铁和城市轨道交通、电动汽车充电桩、工业互联网、物联网、大数据中心等。战略性新兴产业发展和新型基础设施建设，将打破美国对我的技术封锁，培育一批新的经济增长点，形成拉动经济增长的新动能。历史经验证明，凡是国外不卖给我们的技术，经过自主创新，都能得到解决。而从国际市场能够买到的技术，我们常常会长期依赖进口。美国对我们的封锁，正是自力自强创新的良好机遇。

第二，积极与欧盟等国家扩大经贸合作。美国拜登政府极力拉拢所谓盟友加入其反华包围圈，但困难重重。RCEP和中欧投资协定的签订，将为亚洲15国和中欧之间贸易投资关系的发展提供历史机遇。“一带一路”倡议的落实，为沿线国家扩大经济合作带来新的契机。美国对中国包围、封锁的图谋必将以失败告终。重点应放在应对气候变化和绿色可持续发展上。在这方面，欧盟各国有着很强的紧迫感，对美国退出巴黎协定极为不满，中国与欧盟各国开展绿色可持续发展方面的讨论和合作，积极在世界发声，不仅有利于中国贯彻落实新发展理念，促进高质量发展，而且有助于吸引欧洲的资金和技术，扩大中欧之间经济合作，并以中欧合作打破美国对我国的围堵。

第三，对美国的反华行径进行有理有利有节的斗争。应当看到，美国经济界的多数人士并不赞成美国政府的反华政策。我们在应对美国的挑战时，既不能软弱，也不可过度。要有打持久战的准备。要发挥民间外交的作用，包括在各个领域与美国企业界、金融界、农业界、教育界、科技界、文化界、外交界、医疗卫生界、智库等进行接触、讨论，必要时在第三国召开专题讨论。要让更多的美国人认识到，对中国的打压不可能阻断中国现代化进程，相反，由于激起14亿中国人的爱国热情和创新精神，可能加快这一进程；美国不可能对中国构成包围圈和反华同盟，最后被孤立的是美国自己，丢掉的是中国市场和美国人民的利益。作者比较熟悉的四位美国经济学家，对这些问题的认识，比我们更深刻。如诺奖得主斯蒂格利兹，2020年即撰文评价特朗普发动的贸易战、科技战是剥夺发展中国家的发展权，美中贸易战打不打、打多久，最终取决于两国的宏观经济。原摩根士丹利亚太区主席史蒂芬·罗奇，多次撰文指出美国的贸易逆差源于储蓄不足，不是源于中国，并把特朗普重用四个极右派高官包括总统安全顾问、总统经济顾问、贸易代表、司法部长称之为“四人帮”，预测他们的下场将与中国的“四人帮”类似。哥伦比亚大学教授萨格斯，撰文分析特朗普的对外政策四面树敌，违背经济规律和美国人民利益，最后注定失败。诺奖得主萨根特教授撰文指出，美中贸易战的结局和打多久，不取决于美国政府和美国国会，而是取决于美国选民的选票。这四位经济学家代表了清醒的美国知识界的认识。而特朗普的团队则代表着一伙缺乏良性认知的反华反共分子的主观臆想，如章家敦，早在20世纪90年代曾写了一本臭名昭著的《中国经济即将崩溃》的书，现在仍是特朗普一伙的高参。他们把对外经济政策建立在主观意愿的基础之上，根本不考虑是否可行，更无法把握其结局。所以，我相信，美国的对外政策在得到惨痛教训之后，必然回到理性的轨道上来。我们在应对特朗普疯狂的对华打压行动时，必须看清他虚弱、短暂的一面。

第四，围绕“卡脖子”技术组织科研攻关。美国举全国之力打压华为，意在阻止中国科技进步的步伐，保持美国在高科技领域的优势和垄断地位。我们必须举全国之力帮助华为。对美国断供华为的芯片，我们要组织产业联盟，依托地方政府和企业，集中人力物力财力攻关。如深圳或上海，芯片的研发、设计、制造能力比较强，应当把芯片攻关的任务交给他们来组织，在国务院的统一领导下，中科院和有关大学参与，确保尽快完成任务。

世界的发展离不开中国，中国的发展需要世界。构建国内国际双循环相互促进的新发展格局，必须进一步扩大开放，这将使中国成为愈加强大的全球增长引擎。2020 年 5 月 14 日中央政治局常委会会议研究提升产业链供应链稳定性和竞争力，要求“提升产业基础高级化、产业链现代化水平。要发挥新型举国体制优势，加强科技创新和技术攻关，强化关键环节、关键领域、关键产品保障能力。”全球产业链是按照国际比较优势长期形成的，不以人的意志为转移。美国推行产业链“去中国化”，到头来必将自食“去美国化”的后果。强化和培育优势产业链，应分三个层面不断加力：

其一，对目前已具有优势的产业链，包括 5G、高铁、电力、冶金、建材、机械、造船、家电、轻纺等，要实施产业基础再造和技术提升工程，强化国际领先地位。对其中的堵点和断点，如芯片、光刻机、系统操作软件、特种材料、关键元器件等，应组织产业联盟，集中力量协同攻关，力求尽快突破，以巩固在全球市场不可撼动的地位。

其二，对目前尚未形成优势的高技术产业链，主要是战略性新兴产业方面的产业链，要抓紧布局，包括人工智能、云计算、工业互联网、物联网、生物技术、航空航天、新能源、新材料、先进制造等，要加大研发投入力度。特别是对有可能引发第四次工业革命的科学技术，如核聚变、量子技术、生命科学、智能制造等，要加大基础研究投入，力求有所突破，抢占世界制高点，力争新一轮科技革命和工业革命由中国引领。

其三，对当前创新活跃的前沿技术领域，要以技术创新培育新的优势产业链，如量子通讯、量子计算机、十进制网络、激光、石墨烯、碳纤维、纳米材料、超导材料、特种合金、干细胞、基因工程、新冠疫苗、中药现代化、光伏、合成甲醇、机器人、三 D 打印、无人驾驶等，鼓励企业、大学、科研机构积极研究，尽快使科技成果产业化，培育一批新经济增长点和新优势产业链。

要以国际分工合作为基础，积极协调建立长期稳定的产业链，以产业链为纽带，形成利益共同体，共同开拓国际市场。如同欧洲各国扩大绿色科技产业合作，共建绿色产业链。俄罗斯有丰富的农业和能源资源，与之合作建立农产品和能源产业链，可保市场稳定。

第五，积极开辟多元化国际市场。打破美国对我国树立的市场壁垒，必须开辟多元化国际市场。2019 年，中美进出口下降 14.6%，但中国整个出口仍增长 5%，中国对东盟、“一带一路”沿线国家和欧洲的出口分别增长 14.1%、10.8% 和 8%，东盟超过美国成为中国第二大贸易伙伴。2020 年上半年，东盟成为我国最大出口目的地，中国成为德国的最大出口国。2020 年以来出口出现新态势：新产品出口的增长快于传统产品；线上交易增长快于线下交易；民营企业超过外资企业成为第一大外贸主体。2020 年以来，传统产品出口虽然下降，但医疗卫生用品和设备成为新增长点。事实证明，美国不是世界，东方不亮西方亮。

“一带一路”倡议实施以来，已经有 80 多个国家和国际组织与中国签署共建合作协议，在互联互通工程建设上已经取得重要成就，一批铁路、公路、航空建设项目有序展开，沿线有 11 个港口、70 个工业园区正在建设运营。截至 2021 年 2 月底的 12 个月中，中国在“一带一路”沿线国家完成项目投资 880 亿美元，同比增长 17%；新签合同 1460 亿美元，同比增长 20%。有智库预测，未来十年，“一带一路”项目总投资将达 1.5 万亿美元。“一带一路”建设将为推动全球化作出重大贡献。

当前，在中国周边地区精选一批经济效益好、建设周期短、带动作用大的交通建设项目，加快建设进程，对于拉动出口和国内需求，促进中国同周边国家的经济合作，具有重大战略意义。加快面向孟加拉湾的第二海运大通道建设，应摆在优先地位。首先，应加快泛亚铁路中线建设，确保 2022 年建成通车。这条铁路沿湄公河流域，途经老挝、缅甸、泰国、柬埔寨、马来西亚到新加坡，沿线国家对我国友好，大部分国家产业水平与中国处于垂直分工状态，经济互补性强。作者曾经两次到湄公河流域考察，那里农业发展潜力很大，光热水土资源丰富，种水稻可以一年三熟，但由于缺乏国际市场，水稻产能远远没有发挥出来。铁路通车之后，那里的农产品、矿产品可以出口到中国，并成为一条黄金旅游线。其次，要加快泛亚铁路西线建设，即沿孟加拉湾东海岸，从瑞丽经皎漂港到西哈努克港，这条铁路可以拉动缅甸、泰国和柬埔寨的外向型经济发展。最后，建设中孟铁路，从腾冲到孟加拉国的吉大港和首都达卡。孟加拉国有一亿多人口，是世界最不发达国家之一，这条铁路可拉动孟加拉国的发展。以上三条铁路建成之后，将为中国西南地区提供便捷的出海通道。再抓紧建设从广西到云南沿边的铁路，把中南半岛同中国经济最发达的广东省连接起来，云南就能成为面向南亚、东南亚的经济辐射中心。未来，中孟铁路再向西延伸，就能连接上印度西部最大城市加尔各答，从而为建设孟中印缅经济走廊奠定基础。“一带一路”互联互通工程将带动国际贸易发展。随着泛亚铁路中线的建成和港口竣工，孟加拉湾将形成中国第二海运大通道。老挝、柬埔寨、缅甸、泰国、孟加拉国等国将成为中国产业转移的基地，其丰富的劳动力和农业、矿产资源将得以利用，形成一批新的国际产业链。中国与南亚、东南亚国家密切合作，共同搭乘中国经济高铁，外来势力挑拨离间会愈加困难。

第二节　以公有制为主体多种所有制经济共同发展

生产资料所有制形式是社会制度的根本标志，公有制为主体是社会主义制度的主要特征，私有制为主体是资本主义社会的主要特征。社会主义初级阶段的所有制结构应当与初级阶段的生产力发展水平相适应。党的十九大报告指出，公有制为主体、多种所有制经济共同发展的基本经济制度，是中国特色社会主义制度的重要支柱，也是社会主义市场经济体制的根基。公有制经济和非公有制经济都是社会主义市场经济的重要组成部分，都是中国经济社会发展的重要基础。必须毫不动摇巩固和发展公有制经济，坚持公有制主体地位，发挥国有经济主导作用，不断增强国有经济活力、控制力、影响力。必须毫不动摇鼓励、支持、引导非公有制经济发展，激发非公有制经济活力和创造力。

一、单一公有制不利于调动各方面发展的积极性

1956 年完成对资本主义工商业、手工业的社会主义改造之后，生产资料公有制在中国初步建立起来。当时，在城市，除了国营企业、集体企业之外，还有大量私营、个体经济存在；在农村，互助组、合作社开始兴办，集体经济和以农户为单位的个体经济共同存在。在党的八大上，陈云同志在发言中提出了著名的“三个主体、三个补充”思想，就是在工商业经营方面，国家经营和集体经营是工商业的主体，一定数量的个体经营是补充；在生产计划方面，计划生产是工农业生产的主体，按照市场变化而在国家计划许可范围内的自由生产是补充；在社会主义统一市

场里，国家市场是主体，一定范围内国家领导的自由市场是补充。陈云的这一构想，从理论上突破了当时苏联的以单一公有制、单一经营形式、高度集中的计划体制为特征的社会主义经济发展模式，是从中国实际出发探索社会主义经济发展道路的重要创新。

但遗憾的是，这个创新没有能坚持下来。随着 1957 年反右斗争、1958 年“大跃进”和大办人民公社、1959 年批判右倾机会主义，经济上、政治上“左”的错误越演越烈。在所有制上超越发展阶段搞“穷过渡”，认为公有制的程度越高越好、越纯越好。私营、个体经济被视为资本主义经济的残余被一扫而光。这种追求单一公有制的“左”的错误，严重挫伤了大部分劳动者的积极性，以致商品匮乏、品种短缺，到改革开放前，凭票证供应的日用必需品达几十种，人民的温饱需要难以得到满足，经济发展陷入困境。实践证明，在社会主义初级阶段，追求单一公有制，阻碍了经济发展。

二、非公有制经济异军突起为经济发展注入活力

改革之初，伴随着农村土地家庭联产承包责任制的推行，出现了乡镇企业崛起，为发展轻纺工业、解决工业消费品短缺问题作出了重大贡献。开始时，乡镇企业采用集体所有、股份合作和私营经济的形式，以后经过不断改制，大部分成为股份制公司，包括管理层持股和乡村集体股，上市公司还包括公众股，逐步建立起以混合所有的股份制为基础的规范的现代企业制度。还有一部分家族企业仍保留着私营企业的性质。在管理层持股中，包括企业领导者、技术管理骨干和老员工持股。非公有制经济的发展，为国民经济注入强大活力，成为经济发展的重要推动力。据粗略计算，非公有制经济提供的税收超过整个税收的 50%，提供的国民生产总值、固定资产投资、对外直接投资均超过 60%，高新技术企业占比超过 70%，城镇就业超过 80%，对新增就业贡献达 90%。非公有制经济的发展为国有企业改革提供了压力、动力和条件。国有企业面临着来自民营企业的竞争，如果不改革和努力，就会有破产的威胁。民营企业充满活力的体制机制为国有企业摆脱僵化的管理体制提供了启发。民营企业吸纳了国有企业下岗分流的几千万职工，使国有企业改革得以顺利进行。在轻纺工业、房地产业、汽车产业、钢铁产业、通信设备制造业、互联网企业和数字经济等领域，先后涌现了一批世界级的大型先进的民营企业，为增加居民收入、提高中国经济的国际竞争力作出了重大贡献。

三、以现代产权制度为基础建立现代企业制度

国有企业改革经历了不断探索的曲折过程。从20世纪80年代扩大企业经营自主权开始，到实行承包制、“利改税”即由上交国家利润改为按照统一税率上交税收等试验，直到1993年党的十四届三中全会通过《关于建立社会主义市场经济若干重大问题的决定》，提出建立产权清晰、权责明确、政企分开、管理科学的现代企业制度，改革才进入正确的轨道。在建立现代产权制度的基础上，经过剥离企业办社会负担和历史债务、企业重组、建立现代企业制度、推动企业在国内外上市、建立国有资产监管制度等，国有企业逐步走出困境，国有资产迅速增加，国际竞争力不断提高，在国民经济中的骨干和带动作用日益增强。

目前，国有企业正按照党的十八届三中全会通过的《中共中央关于全面深化改革若干重大问题的决定》精神，进一步深化改革。

一是积极发展混合所有制经济。国有资本、集体资本、非公有资本等交叉持股、相互融合的混合所有制经济，是基本经济制度的重要实现形式，有利于国有资本放大功能、保值增值、提高竞争力，有利于各种所有制资本取长补短、相互促进、共同发展。允许更多国有经济和其他所有制经济发展成为混合所有制经济。以混合所有的股份制为基础，建立股东会、董事会、经营层相互制衡、相互协调的科学治理结构，确立现代企业制度，使企业避免被内部人控制，成为创新型企业。国资委下发的关于建立混合所有制经济的意见规定，在混合所有的股份制企业中，国有股的比例不低于34%，不追求绝对控股，为发展混合所有制经济打开了空间。

二是允许混合所有制经济实行员工持股，形成资本所有者和劳动者利益共同体。这是国有企业改革的一项非常重要的突破。国资委关于混合所有制改革的意见中提出，员工持股比例不高于总股本的10%。由于国有企业的规模一般都比较大，10%的股权由员工个人持有，绝对额已足够大，并实行期股制，给持股的管理层、骨干层带上“金手铐”，使之在经营决策上更加注重企业的长远发展和长期收益，由此调动企业科技研发投入的积极性，避免决策的短期行为。

三是以管资本为主加强国有资产监管。改革国有资本授权经营体制，组建若干国有资本运营公司，支持有条件的国有企业改组为国有资本投资公司。国有资本投资运营必须服务于国家战略目标。更多投向关系国家安全、国民经济命脉的重要行业和关键领域，重点提供公共服务、发展重要前瞻性战略产业，保护生态环境、保

障国家安全。如铁路、航空、航天、航运、电力、金融、通讯、大型水利工程、军工等产业，都应主要由国有企业经营。

国有资本投资公司应当像新加坡淡马锡公司那样，在重点投资国内的同时，开展国际化投资经营，确保国有资本获取更高的收益和增值。

四是国有企业在科技创新中要发挥骨干带动作用。通过发展混合所有制经济和改革国有资产管理体制，应努力培育一批像华为那样创新能力强的企业，在各个行业的技术进步中站在最前沿，充当领军企业。对目前存在的行业性“卡脖子”技术，应由各个行业的领军企业牵头，组织产业联盟，实施协同攻关，研究成果共享。华为公司研发投入占销售收入的15%以上，年研发投入已超过1000亿元。目前在国有企业中，研发投入少是一个突出问题。必须把国企改革的重点放在提高创新能力上。

四、股份合作制成为集体经济的重要组织形式

股份合作制是劳动者的资本联合和劳动联合相结合的企业组织形式，即企业的劳动者同时又是企业的所有者，投资人既拿工资，又有分红。这是中国浙江农民在改革开放初期兴办乡镇企业时的创造。因为每个人的资金有限，集中在一起，就能办一个小型企业，投资人参与企业的经营和劳动。后来，企业越做越大，这种股份合作的形式仍然保留下来，又称为合伙制。股份合作制在本质上是一种集体所有制，就像20世纪50年代中国农村兴办的互助组和合作社一样。不同的是，那时农民用于投资的主要是农具、牲畜等生产资料，现在则用货币化的资本直接投资。1955年7月31日，毛泽东在中央召开的省委书记会议上作《关于农业合作化问题》的报告，对农村合作化运动给予高度评价，赞扬他们坚持的是社会主义方向。可惜的是，后来合作化运动搞得过急过快，三步并作两步走，最后搞成“一大二公”的人民公社，否定了个人的财产权，挫伤了农民的积极性，结果走向反面。现在推行的股份合作制，是建立在现代产权制度基础之上的。马克思在《资本论》中对这种合作制给予高度评价，认为劳动者的资本联合和劳动联合相结合的合作社，是对资本主义私有制的积极扬弃。改革开放40多年来，这种所有制形式已经成为一种成功的企业组织形式。如华为集团公司就是采取这种产权组织形式。公司创业时，是由几个志同道合的人共同出资，筹资4万元起家。以后公司规模不断扩大，现在已有18万名员工，其中8万人持有股份。公司创始人任正非的股权比例已降

到不足1%。每年评选优秀员工，奖励对公司的认股权。当员工离开企业时，所持股份全部兑现退出。实行这种股份合作制，管理和技术骨干均成为公司的所有者，通过这些人凝聚全体员工，18万人成为一个利益和命运共同体，形成无坚不摧的力量。实践证明，在技术和知识密集型行业，采用这种股份合作制的形式，是企业长盛不衰的成功之道。

五、混合所有的股份制是公有制的一种实现方式

改革以来的实践表明，混合所有的股份制经济是与现阶段生产力发展要求相适应、富有活力的经济形式，因此在各种经济形式中发展最快。为什么混合所有的股份制经济能适应生产力发展要求？因为社会化大生产的发展，要求资本、技术、人才等生产要素的大量聚集；国有经济、集体经济的改革，要求打破原有的单一所有制格局，实行产权多元化，从而真正建立产权清晰、责权明确、政企分开、管理科学的现代企业制度；个体私营经济的发展，迫切需要提升自己的技术、管理水平，向国有、集体经济渗透。国有、集体、个体、私营经济相互参股、融合，把好的基因重新组合在一起，实现优势互补、取长补短，就能形成生命力很强的混合所有的股份制经济。如宁波市雅戈尔集团产权结构演变就具有相当的代表性。雅戈尔之前是一家镇办集体企业，经过改制和上市后的股权结构中，镇集体和企业职工各占1/4，社会股占1/2。在企业职工持股中，管理和技术骨干占50%，其中，主要经营者持股约占50%。这种股权结构，既保证了镇集体的收入，以维持乡镇的公共利益，也使企业职工特别是经营管理层具有凝聚力，同时又发挥了社会筹资的功能，满足了企业发展所需的资金。企业全部股本都上市流通，做到财务状况公开透明。公司股东会、董事会、经营层的设置完全符合规范的公司制的要求。这种现代企业股权结构和治理结构，适应了科技进步和市场竞争的要求。浙江省国有企业、集体企业、私营企业，尽管股权结构和治理机构有些差别，但大体上殊途同归，都朝着这种股份制的现代企业制度的目标前进。正是由于企业改制比较规范、到位，因此，自20世纪90年代改制以来，从体制机制上释放出巨大潜能，一大批具有国际竞争力的企业集团从众多小企业中脱颖而出，带动了全省出口和经济增长。

在股份制经济中，国有、集体和私人资本融合在一起。其中，属于国有和集体的资本，归全体和部分劳动者所有，是传统意义上的公有制经济。由国有、集体控股的股份制企业，放大了公有制经济的控制力，总体上也应属于公有制经济。私有

资本和由私有资本控股的股份制公司，属于私营经济范畴，同公有制经济一样，都是社会主义市场经济的重要组成部分，这一点也没有异议。问题集中在由劳动者包括本企业职工和社会公众持有多数股份的企业，到底属于公有制还是私有制范畴？应根据马克思主义基本原理，从中国具体实际出发，作出明确回答。这对于消除人们的疑虑，激发广大劳动者创业和投资的积极性，加快生产力发展，具有十分重要的意义。

（一）社会主义条件下的股份制是对私有制的积极扬弃，劳动者的劳动、技术和资本联合为主的经济应属于公有制经济

在资本主义条件下，股份制的出现，缓解了生产社会化和生产资料私人占有的矛盾，促进了资本主义的发展。尽管一百多年前股份制还处于早期发展阶段，马克思、恩格斯就给予了积极评价。马克思指出："资本主义的股份企业，也和合作工厂一样，应该被看作是由资本主义生产方式转化为联合的生产方式的过渡形式，只不过在前者那里，对立是消极地扬弃的，而在后者那里，对立是积极地扬弃的。"① 恩格斯也指出："由股份公司经营的资本主义生产，已经不再是私人生产，而是为许多结合在一起的人谋利的生产。"② 马克思、恩格斯之所以把股份制看作是对资本主义生产方式的消极扬弃，而合作工厂是积极扬弃，原因在于，社会财产和私人财产的对立在合作制中，表现为一人一票，每个人都占有一定生产资料，谁也控制不了谁，通过平等合作的形式联合在一起。而这种对立在股份制中则是一股一票，大股东可以控制小股东，极少数人能够控制多数人。无论是积极扬弃还是消极扬弃，他们都推动了生产资料由私人占有向社会占有的转变进程，只是股份制迈出了重要的一步，而合作制则迈出了一大步。毫无疑问，马克思主义经典作家都把股份制和合作制看作是由资本主义向共产主义过渡必须采取的中间环节。

与传统的公有制和私有制相比，股份制具有三个明显特点：一是产权清晰、责权利明确；二是能够适应社会化大生产的要求，迅速实现资本的集聚；三是通过股民"用脚投票"的方式形成对企业经营的监督机制。因此，在社会主义初级阶段，借助于股份制来发展生产力，是一个正确选择。浙江省通过发展股份制和股份合作

---

① 参见《资本论》第3卷，人民出版社2004年版，第498页。

② 参见恩格斯：《1891年社会民主党纲领草案批判》，载《马克思恩格斯全集》第22卷，人民出版社1965年版，第270页。

制，实现经济高速发展的实践，就是充分证明。而且，在社会主义条件下，我们已经建立起了强大的公有制经济；国有经济控制着国民经济命脉，对经济发展起主导作用；控股的主体多数为国有和集体企业；劳动者对企业实行的民主管理和监督不断完善，因此，股份制已不再是对私有制的消极扬弃而是积极扬弃，是实现劳动者的劳动、技术、资本联合和共同利益的重要形式。由公众持股为主的股份制企业，包括职工持股和社会公众持股占多数的股份制企业，按照马克思、恩格斯的论述，显然应属于公有制的范畴。

这种公众所有与传统国有、集体经济共同所有的区别在于，联合占有的资产在价值形态上明晰到每个劳动者个人，成为劳动者作为生产资料所有者领取资本收益的凭证；在实物形态上，他是一个完整的生产体系，从事社会化大生产。也可以说，这种公有制是建立在劳动者个人所有制的基础之上的。同时，与被资本主义所代替的封建的、自然经济下的私有制相区别，劳动者的劳动不再是分散的个人的劳动，而是联合的社会化劳动。所以，马克思在《资本论》第1卷的结尾，即从剩余价值的生产到资本主义积累的历史趋势的分析中得出结论，生产资料的集中和劳动的社会化，达到了同它们的资本主义外壳不能相容的地步。这个外壳就要炸毁了。资本主义的私有制的丧钟就要响了。“资本主义的私有制，是对个人的、以自己劳动为基础的私有制的第一个否定。但资本主义生产由于自然过程的必然性，造成了对自身的否定。这是否定的否定。这种否定不是重新建立私有制，而是在资本主义时代的成就的基础上，也就是说，在协作和对土地及靠劳动本身生产的生产资料的共同占有的基础上，重新建立个人所有制。”① 从公众所有的股份制里，我们不难找到理解马克思关于重建个人所有制的论断的钥匙。

（二）企业职工持股使雇佣劳动者变为名副其实的主人，实现了劳动者与生产资料的直接结合

马克思主义是在批判资本主义制度中诞生的。马克思指出，资本主义的根本弊端是造成生产资料与劳动者的分离，使生产资料成为榨取工人创造的剩余价值的手段，工人的劳动成为雇佣劳动。他说：“资本主义生产方式日益把大多数居民变为无产者”，而“劳动条件作为独立的、人格化的东西同活劳动相对立，不是工人使

① 参见《资本论》第1卷，人民出版社2004年版，第874页。

用劳动条件，而是劳动条件使用工人。正因为这样，劳动条件才成为资本，而拥有劳动条件的商品所有者则作为资本家同工人相对立”①。社会主义同资本主义在经济上的根本区别在于，社会主义社会通过建立公有制，使劳动者成为生产资料的所有者，使生产资料与劳动者直接结合，即“以自由的联合的劳动条件去代替劳动受奴役的经济条件”②。在这种自由劳动者联合体中，劳动者应享有四方面权利：(1) 就业权——作为生产资料所有者的劳动者有权利占有和使用生产资料；(2) 通过劳动获得与其活劳动相应的报酬——工资；(3) 作为社会共同占有生产资料的一分子，享有扣除公共积累后用于再分配的社会福利；(4) 作为企业部分股权的拥有者，参与利润的分配，即由劳动者创造的“剩余价值”的一部分，应作为资本收益归拥有股权的劳动者获取。在传统社会主义经济体制中，只承认劳动者前三个方面的权利，而第四个方面的权利却被忽略掉，以致企业职工缺乏主人翁的责任感，并成为分配上平均主义和“大锅饭”的一个根源。

新中国成立以后，我们在城乡普遍建立了社会主义公有制经济，使之成为社会主义制度得以巩固和发展的经济基石。而在探索实现劳动者同生产资料相结合的形式的过程中，经历了曲折的道路，有过深刻的教训。在长时期内，我们认为劳动者与生产资料的结合只能通过政府和集体这两个层面来间接加以实现，认为公有制的程度越高越好。久而久之，国有企业的职工作为所有者的意识越来越淡薄，对国有资产保值增值和经营效果的关心程度不断下降。改革开放以来，我们调整和改革所有制关系，实行以公有制为主体、多种所有制共同发展的基本经济制度，努力探索公有制的新的实现形式，关键之点就是要充分实现劳动者同生产资料的直接结合。直接结合的形式、途径可以也应该是多种多样的。但无论是以什么形式实现劳动者同生产资料的直接结合，都是为了使劳动者既关心与自己提供活劳动相应的工资收入，又关心与自己占有生产资料相关的股利分红，形成劳动者从个人物质利益上关心企业经营的机制。

浙江雅戈尔集团的股份制比较好地解决了劳动者与生产资料的直接结合问题。特别是本公司持股职工，关心资本增值甚至胜过于个人工资。企业经营得好，在股市上企业价值提高，个人资产迅速增加；企业经营不好，企业价值下降，个人资产则大幅缩水，甚至全部丧失。因此，搞好企业经营就有了内在动力机制，而不再靠

① 参见《马克思恩格斯全集》第47卷，人民出版社1979年版，第514页。
② 参见《马克思恩格斯选集》第3卷，人民出版社1995年版，第98页。

政府的推动。

（三）劳动者持股使无产者变为有产者，是劳动人民走上富裕道路的重要途径

邓小平同志在改革开放初期就反复指出，贫穷不是社会主义，要使一部分人先富起来，最终实现共同富裕。这是对科学社会主义理论和社会主义分配理论的重大突破。从长远来看，社会主义要有凝聚力和吸引力，归根到底要使社会主义制度下的广大人民比资本主义制度下的人民更富裕，生活质量更好。为了做到这一点，在社会主义初级阶段的长时期内，人民群众的收入就不能仅够满足个人生活消费的需要，即劳动力再生产的需要，还应有一部分剩余用于储蓄或投资。也就是说，在工人阶级掌握政权后的几百年时间内，经济地位不能总是停留在无产阶级的水平上，要变无产者为有产者。关于这种思想，无产阶级革命先烈蔡和森同志早在中国共产党成立前后就曾有过精彩的论述。他在 1921 年 2 月从法国写给陈独秀的信中指出："中产阶级专政是永久的目的；无产阶级专政是暂时必然的手段。"① 如果劳动者在社会主义社会的长时期内仅仅拥有衣食住行这些生活资料，那在富裕程度上就永远赶不上发达资本主义国家，劳动群众对社会主义也就会渐渐失去兴趣。苏东剧变中广大劳动群众的态度就是证明。同时，在共产党执政后的长时期内，如果不能给劳动人民谋取新的利益，就不可能继续成为广大劳动群众根本利益的忠实代表。

在浙江农村 3000 多万人口中，目前已有乡镇企业 105 万家，每家企业平均按 3 个合资者计算，共 315 万个股东，再加上近 100 万个体工商户，全省农村有 400 万个有资者或大大小小的股东。每户按 3.5 人计算，有资者的人口达 1400 万人，约占全省农村人口的近 50%。这些农民除了有耕种土地的收益，有在企业劳动的工资性收入，还有资本收益，而且资本收益在农民收入中的比重迅速上升。在杭州市萧山区航民村，村集体资产的 40% 左右按劳动贡献股、村龄股和福利股分配到个人，全村人人有股。集体土地生产的产品按需分配，村民在村办企业上班实行工资制。这样，全村居民既享有按劳分配和按需分配所得，还享有按资分配所得。目前，股金分红的收入已超过工资和实物分配，成为村民主要的收入来源。各户之间仅有富裕程度的差别，最低收入户也过上了富裕生活。像这样的村在浙江不是凤毛麟角，

① 参见《蔡和森文集》，人民出版社 1980 年版，第 79 页。

已经有了一小批，他们成为中国农村实现共同富裕目标的榜样。

（四）股份制使劳动者有了投资自主权，适应了社会主义市场经济发展的客观要求

在传统计划经济体制下，管理权限高度集中，扩大再生产的权限由国家统一掌握，企业没有投资自主权，居民的钱只能存在银行，不可能直接用于投资。这种体制束缚了企业和劳动者投资的积极性，实践证明限制了生产力的发展。社会主义市场经济体制的建立，特别是投融资体制的改革，赋予了企业投资自主权。企业股票上市和各类债券的发行，给了居民以越来越多投资选择机会。政府鼓励各类社会投资的政策，激发了劳动者投资创业的积极性，一大批乡镇企业和城镇个体、私营经济迅猛兴起，支撑了整个国民经济的持续快速增长。实践证明，劳动者个人拥有投资权，有利于充分调动蕴藏在亿万群众中发展经济的积极性，把闲散的资金集中起来，兴办各类事业；有利于劳动者自主创业，自谋职业，既满足社会需要，又扩大劳动就业；有利于企业的优胜劣汰，效益好的企业可以从金融市场上迅速筹集资金，充分发展，经营不好的企业由于得不到资金支持而破产，并分散了经营风险。

浙江的经济发展比较快，一个重要经验就是千百万农民成为市场的主体、投资的主体，能够迅速捕捉市场信息，具有很强的经营意识和应变能力。像鲁冠球、李书福、南存辉等乡镇企业的领头人，20 年前他们还只会种地、弹棉花、修自行车、修鞋，今天已掌管着几百亿甚至上千亿资产，成为国际市场竞争的佼佼者。他们说，战争年代出一批农民将军，改革开放年代要出一批农民企业家。正是由于劳动者有了投资入股的自主权，才使他们有了发展的机遇，创造了发展的奇迹。

第三节　坚持按劳分配为主体、多种分配方式共存

分配方式是社会制度的重要标志之一，它决定于生产资料所有制的形式。社会主义初级阶段的生产资料所有制是以公有制为主体、多种所有制经济共同发展，这就决定了按劳分配为主体、多种分配方式共存是社会主义初级阶段的分配方式。因为，在公有制条件下，根据公有的不同范围，相应范围的人民共同占有生产资料。全民所有制的生产资料由全国人民共同占有，集体所有的生产资料由本集体的成员

共同占有。运用公有生产资料所产生的利润，在扣除公共积累之后，必须按照每个劳动者的贡献进行分配。而对劳动贡献的评价包括技术、管理等复杂劳动和体力劳动在内。社会主义初级阶段允许发展私营、个体经济，公有和私有财产都同等地受现代产权制度的保护，这又决定了资本、土地、知识、技术、管理、数据等生产要素也要通过市场评价按贡献大小参与分配。通过初次分配、再分配和第三次分配的调节，形成与社会主义初级阶段生产力发展水平和所有制结构相适应的完善的分配制度，既能从物质利益上调动劳动者劳动的积极性，又能充分激活各类生产要素，并有利于实现共同富裕，打造出强大的推动经济社会持续高质量发展的动力机制。

一、平均主义和“大锅饭”背离了社会主义物质利益原则

改革开放前实行的传统计划体制，在分配方式上的弊端，集中表现在平均主义和“大锅饭”上。全国统一制定工资标准，统一确定增加工资的时间；企业吃国家大锅饭，职工吃企业大锅饭，形成干好干坏一个样的分配方式。这样的分配方式在短时间内也许是可行的，譬如在战争等特殊时期，依靠思想政治工作，激发大家的政治热情，是可以忍耐的。但在和平建设年代，长时期地实行这种分配方式，就会挫伤劳动者的积极性，成为生产力发展的障碍，最终制约人民收入的增长和生活水平的提高。从1950—1978年，中国工农业总产值年均增长速度为9.5%，国民收入年均增长速度为7.3%。全民所有制职工人均实际工资，1978年与1952年相比，年均增长不到1%；与1957年相比，则下降了0.25%。人民的生活水平长期没有得到应有的改善，甚至在20世纪60年代初三年困难时期，出现大批人口吃不饱饭的问题。造成职工人均收入增长缓慢的原因是多方面的，但收入分配制度的不合理，是重要原因之一。

按照马克思主义经典作家的论述，在社会主义时期，应实行各尽所能、按劳分配、多劳多得的制度。这就是社会主义的物质利益原则。由于社会主义时期的生产力仍不够发达，必须通过按劳分配和物质刺激来激发劳动者的劳动热情，加快经济发展，以创造更多的物质财富，从而为共产主义社会实行按需分配创造物质条件。显然，以平均主义、“大锅饭”为特点的分配制度，是“左”的经济指导思想在分配方式上的体现，背离了社会主义物质利益原则。实践证明，它不适应生产力发展的客观要求，必须加以改革。

二、允许一部分人先富起来与实现共同富裕目标

改革之初，邓小平同志提出了允许一部分人、一部分地区通过诚实劳动和合法经营先富起来的政策，并提出鼓励先富帮后富，最终实现共同富裕。这项改革是对平均主义分配思想的否定，把传统计划体制下形成的“左”的分配制度炸开了一道缺口，极大地解放了人们的思想，解放了生产力。在允许一部分人和地区先富起来的政策感召下，一大批创业者从沿海农村、经济特区，从全国各地潮水般涌现出来，一批勇立潮头的弄潮儿成为全球市场叱咤风云的企业家。在沿海地区率先富裕起来之后，中西部广大地区被带动起来。就经济增长速度来看，20 世纪八九十年代，广东占得对外开放先机，领跑全国十几年；随后从 90 年代末到 21 世纪初，内蒙古抓住能源发展机遇，领跑全国八九年。紧接着，重庆又从统筹城乡发展中释放发展潜能，领跑全国四五年；来到 21 世纪第二个十年，风水轮流转，谁也没有想到自然环境和区位条件都不看好的贵州省，竟然抓住发展数字经济和茶叶、旅游的机遇，连续十年经济增长速度跃居全国前三位，2017—2019 年，居然连续三年冲到全国第一位。而且，贵州是在生态环境不断改善的情况下做到了领跑全国，绿色发展成为贵州崛起的成功经验。先富者对后富者的榜样和激励作用，使长期被压抑的经济增长潜能像火山一般喷发出来，形成波澜壮阔、你追我赶的蓬勃发展局面，汇聚为创造中国 40 多年经济奇迹的强大力量。

诚然，在个人、企业和地区之间，在城乡之间，收入差距被拉大了，评价收入差距的基尼系数超过了 0.4，但是，应当看到，这是经济快速成长过程中不可避免的现象，随着经济总量的不断扩大，国家帮助后发展地区加快发展的实力不断增强。贵州能够领跑全国，主要得益于大量吸引了沿海地区企业的投资，得益于国家转移支付和东西部地区的对口帮扶机制，得益于能够满足全国日益扩大的市场消费需求。

如何缩小收入差距，使全国人民共享发展成果，党中央和国务院已经采取了越来越多的政策措施。党的十九大提出了以人民为中心的发展思想，提出要坚持在发展中保障和改善民生，把增进民生福祉作为发展的根本目的。强调要多谋民生之利、多解民生之忧，在发展中补齐民生短板、促进社会公平正义，在幼有所育、学有所教、劳有所得、病有所医、老有所养、住有所居、弱有所扶上不断取得新进展，保证全体人民在共享发展成果上有更多获得感，不断促进人的全面发展、全体

人民共同富裕。经过多年扶贫攻坚，在迎来中国共产党成立一百周年的重要时刻，中国脱贫攻坚战取得了全面胜利，现行标准下9899万农村贫困人口全部脱贫，832个贫困县全部摘帽，12.8万个贫困村全部出列，区域性整体贫困得到解决，完成了消除绝对贫困的艰巨任务，创造了彪炳史册的人间奇迹。中国脱贫攻坚的成就，是中国共产党领导下的社会主义制度优越性的集中体现。

三、建立由市场评价贡献、按贡献决定报酬的要素分配机制

坚持按劳分配为主体、多种分配方式并存，必须健全劳动、资本、土地、知识、技术、管理、数据等生产要素由市场评价贡献、按贡献决定报酬的机制。现代生产是由多种生产要素共同作用的结果，每一种要素在生产过程中发挥多大作用，作出多大贡献，需要折合为一般劳动才能进行比较。一般劳动可以用标准劳动时间即生产同样产品所需要社会平均劳动时间来计算。在市场经济条件下，标准劳动时间只能通过市场无数次的交换来发现，即价格发现。各类生产要素的市场价格才是评价其贡献的依据。在分配的实践中，对要素贡献的评价和按贡献决定报酬是一个十分复杂的过程，在不同行业会具有不同特点。

对劳动贡献的评价主要通过企业外部的劳动力市场和企业内部对劳动成效的考核来进行。劳动力市场包括企业家市场、技术人员和管理人员市场、各种专业技能的岗位工人市场等。在企业内部，通过各项经营指标的分解，建立绩效考核、劳动定额、质量标准、创新成果、市场开发等精细管理制度，来评价不同岗位员工的劳动贡献。对技术、管理、技能等不同岗位，应根据不同的难度系数和重要程度，科学合理地确定复杂劳动与简单劳动的贡献。

对资本贡献的评价主要应依靠资本市场，包括市场利率、投资风险、资本有机构成、资本密集程度等。资本参与分配的比例在很大程度上受社会制度和社会政策的制衡。在股份制企业中，利润的分配一般由董事会提出意见，由股东会决定。在中国特色社会主义制度下，对企业利润的分配应当给予政策引导，鼓励企业把更多的利润用于技术研发，在收入分配上兼顾效率与公平。

如何处理好按劳分配和按资分配的比例，不仅关系投资方与企业劳动者的切身利益，而且关系到企业的凝聚力和长期发展能力。要坚持多劳多得，着重保护劳动所得，增加劳动者特别是一线劳动者的劳动报酬，提高劳动报酬在初次分配中的比重。华为公司是一个员工持股的股份合作制企业。多年来，该公司把按劳分配与按

资分配的比例保持在 3∶1 左右，实践证明是科学合理的，既能调动劳动者的积极性，也能调动资本持有者的积极性。由于收入分配向技术研发和开拓市场的一线员工倾斜，加之每年占销售收入 15% 的研发投入，形成了无坚不摧的研发力量，使华为仅用 30 年时间，从零起步，走到了世界通信技术的最前沿。华为的收入分配比例，体现了以劳动者为本的精神，这也只有在中国特色社会主义制度下才能实现。在美国等资本主义国家，资本所有者在企业利润的分配中占据支配地位，按资分配的比例总是超过按劳分配的比例，资本家攫取劳动者创造的剩余价值是普遍现象。根据美国哥伦比亚大学经济学教授、诺奖得主斯蒂格利兹的统计，1998 年，美国新增收入的 91% 被 1% 的人获得，其余 99% 的人仅获得新增收入的 9%。在近几十年的时间内，美国普通劳动者的工薪收入几乎没有增长。

按照党的十九届四中全会通过的《中共中央关于坚持和完善中国特色社会主义制度、推进国家治理体系和治理能力现代化若干重大问题的决定》精神，改革和完善收入分配制度，除了要健全劳动和资本参与分配的制度之外，还要健全土地、知识、技术、管理、数据等生产要素由市场评价贡献、按贡献决定报酬的机制。要通过市场交换，发现土地、知识、技术、管理、数据等要素的价格，评估其投入的生产要素价值，与资本一起参与企业利润的分配。特别是数据作为生产要素参与分配，在中央文件中是第一次提出，充分体现出中央对发展数字经济的重视。如何通过市场交换对数据的价值进行评价，是一个新问题，需要进行探索。

四、完善以税收、社会保障、转移支付为主的再分配调节机制

缩小收入差距，实现共享改革发展成果的目标，应加大再分配调节机制的作用。在这方面，要加快立法进程，健全制度建设，强化调节力度。

要加快建立以直接税为主的税收调节制度，逐步提高直接税在税收中的比重。长期以来，中国税收主要来源于在生产和流通环节对企业征收的间接税，这一方面是由于以企业为征收对象税收成本比较低，另一方面过去主要考虑居民收入水平仍然不高。随着经济发展和居民收入水平的提高，实现以间接税为主向直接税为主的转变，条件已经成熟。发达国家的税收来源中，直接税占 70% 左右，间接税仅占 30% 左右，中国则正好相反。实行以直接税为主的税收体系，不仅有利于缩小居民收入差距，促进社会公平，而且有利于降低企业的税收负担，改变中国企业税负偏高的状况，鼓励企业增加科技研发投入，增强自我发展能力，提高国际竞争力。

社会保障是社会的稳定器和安全网，健全覆盖全民的社会保障体系，对实现国家的长治久安至关重要。中国65岁以上人口，2001年为9062万人，占总人口的比重达到7.1%，进入老龄化社会；2019年1.76亿人，占12.57%；预计2023年达14%，进入深度老龄化社会；2033年达20%，进入超高龄社会；2050年达26%。特别是最近30多年进入老龄阶段的人口，都是实行独生子女政策后的老人，依靠子女的传统家庭养老模式已不可行，必须完善居家养老、社区养老和机构养老等多种养老服务体系，使这批为改革发展作出重大牺牲和贡献的人能够有一个幸福晚年。要把全体居民一个不落地纳入养老保障覆盖范围，做到应保尽保，并健全保障项目。要加强中央在养老保险方面的事权，建立养老保险基金全国统筹制度。建立健全科学合理的待遇调整机制，稳步提高保障水平。要完善基本医疗保险制度，建成统一的城乡居民医保制度和大病保险制度，稳步提高医疗保障水平。推动药品招标采购制度和医疗服务价格改革。完善失业、工伤保险制度，维护失业人员和工伤人员的基本权益。加快建立全国统一的社会保险公共服务平台，落实社保转移接续、异地就医结算制度，推进社保卡更广泛应用。加大财政转移支付力度，以人均公共财政支出的均等化促进人均公共服务的均等化。建立多层次社会保障体系，加快发展职业年金和企业年金，鼓励发展商业养老保险、补充医疗保险，满足不同层次的需求。

世界上有许多国家都通过再分配的调节，使基尼系数大幅度下降。根据经合组织国家的经验，经过再分配调节，各国平均将基尼系数从一次分配后的数据降低35%。北欧国家再分配的调节力度更大，再分配后的基尼系数比初次分配后降低50%左右。在基尼系数较低的国家，政府用于教育、医疗、社会保障的支出明显较高，衡量社会发展水平的各项指标相对较高，社会比较稳定。北欧5国包括瑞典、丹麦、芬兰、挪威、冰岛，长期以来注重个人之间收入的均衡，通过加大再分配调节力度，使政府有足够的资金用于社会福利和公共服务的投资，衡量社会发展的各项指标如人均预期寿命、婴幼儿死亡率、人均病床数量、人均受教育时间、科技研发投入占GDP的比重、单位人口申请专利数量、空气洁净度等指标，均居于世界前列。执政党把推进收入分配上的公平作为维护劳动者利益、实现社会公平、正义目标和争取选票的重要途径。在执政过程中实行高税收、高福利政策。各国税收负担占GDP的比重在43%—48%，为全体居民提供了“从摇篮到坟墓”的一生的福利制度。如瑞典，父母每生育一个孩子可分享480天带薪假期；从学前教育到大学和职业教育均免费；医疗基本免费并由雇主或政府支付病假工资；每年至少五周带薪假期；从61岁开始可领取养老金，享受居家老年护理服务。高福利增强了居民的安全感。北欧国家的基尼系数保持在0.25左右，低于中国0.467的水平，在全球各国中属于收入分配均衡的国家。北欧各国在推行福利社会制度中发现了一个规律，即受教育程度越高的人群对福利基金的净贡献率越高，因此他们越来越重视增加社会投资特别是对人力资源投资。人的素质的提高，使之对经济增长的贡献大大超过其享受的社会福利。芬兰、瑞典的研发投入占GDP的比重保持在4%左右。芬兰作为一个只有500多万人的国家，有100多种工业技术全球领先。在中国技术进口来源国中，芬兰一度位居第一。芬兰科技部官员说："总结发展经验，第一是教育，第二是教育，第三还是教育。"在北欧国家，通过再分配的调节作用，基本上实现了经济发展与社会进步的良性循环。

经过40多年的改革发展，中国人民的收入水平有了大幅度提高，与此同时，收入差距也拉大了。改革税收制度，逐步实现由间接税为主向直接税为主的过渡，适当加大再分配的调节力度，应当成为一个重要的正确的选择。邓小平提出允许一部分人和一部分地区先富起来，这个目标已经实现；从现在开始，逐步加大先富帮后富、最终达到共同富裕的政策力度，是落实以习近平同志为核心的党中央提出的以人民为中心的发展思想的必然要求，是实现共享发展成果的理念的客观需要。如果说，前40年我们解决了"富起来"的问题，今后应重点解决好"共同富"的问题。应当看到，解决后一个问题的难度比解决前一个问题的难度更大。因为，我们必须在继续提高效率而不是牺牲效率的前提下促进社会公平。发展仍然是当前第一位的任务。我们正处于跨越中等收入陷阱、向高收入国家攀登的爬坡阶段。高收入者大多是企业家和科技创新人才，他们的积极性对经济增长至关重要，因此，必须把握好效率和公平的关系。也只有不断提高效率，创造出更多财富，把蛋糕做大，才能实现高水平的公平，使全体人民都能过上更宽裕、更体面的生活。

五、重视发挥第三次分配的作用

慈善等公益事业，与发达国家相比，是中国社会事业中的一个短板。应通过实施对各类慈善捐助免税的政策，鼓励企业和个人增加慈善捐助。统筹完善社会救助、社会福利、慈善事业、优抚安置等制度，健全退役军人工作体系和保障制度。完善促进男女平等、妇女全面发展的制度。关心农村留守儿童、妇女、老人的生活、学习和健康，健全残疾人帮扶制度。坚决打赢扶贫攻坚战，巩固农村脱贫成果，建立解决相对贫困的长效机制。建立多渠道保障、多主体供给、租购并举的住房制度，大力发展租赁房市场，积极发展共有产权房，加快棚户区改造和公租房建设。按照只住不炒的原则，抑制城市房价上涨，增加城市住房供给，满足人民改善居住条件的需求。要把为进城落户的农民工提供社会保障、公共服务和保障房、经济适用房、廉租房作为城市建设的一项任务，帮助农民工融入城市。

第四节　从计划经济到社会主义市场经济的伟大变革

1992 年党的十四大明确提出，“中国经济体制改革的目标是建立社会主义市场经济体制”，为经济体制改革指出了正确方向，这是解放思想、从中国实际出发进行大胆探索的结果，是总结几十年计划体制经验教训得出的结论，是对社会主义经济理论的重大贡献。

一、实践证明计划体制阻碍了生产力发展

长期以来，按照苏联的经验，我们把计划经济视为社会主义制度的基本特征之一。新中国成立不久，在苏联专家的帮助下，我们建立起了以高度集中管理为特征的计划经济体制。应当看到，计划体制的优点是能够集中力量办大事。在工业化初期，百废待兴，我们依靠计划体制，举全国之力，成功进行了 156 项工业建设，比较齐全地涵盖了各个工业门类，奠定了中国工业化的基础。

计划体制的主要特征，一是投资权集中在中央，地方政府和企业没有扩大再生产的权力；二是财务上统收统支，企业利润全部上缴国家；三是干部职工全国统一调配，工资统一标准、统一提升；四是物资统一分配调拨，价格由国家统一制定。这种战时体制，保证了国家重点建设的需要。然而，随着经济建设的深入推进，经济规模越来越大，计划体制逐渐显露出一些弊端。主要是不能充分调动地方政府和企业发展经济的积极性；中央计划难以适应千变万化、越来越庞杂的供求关系，常常造成有些产品短缺而有些产品则过剩；工资标准和晋级提升管得过死，违背了多劳多得原则，不利于调动劳动者的积极性；急于求成的指导思想导致投资和消费需求双膨胀，国民经济长期处于供给不足、商品匮乏的局面。实行计划体制的 30 多

年，虽然我们在经济建设上也取得了很大成就，但总体来讲，并没有达到预想的结果。由于过度追求速度，经济效益不好，使人均收入长期处于较低的水平，生活水平未能得到应有的提高，部分农村的温饱和城市居民住房成为长期困扰我们的问题。在解放思想、实事求是地总结计划经济体制的经验教训后，邓小平同志指出："不改革就没有出路，旧的那一套经过几十年的实践证明是不成功的。过去我们搬用别国的模式，结果阻碍了生产力的发展，在思想上导致僵化，妨碍人民和基层积极性的发挥。"① "我们过去一直搞计划经济，但多年的实践经验证明，在某种意义上说，只搞计划经济会束缚生产力的发展。"② 这些重要论断是对前 30 年计划体制的正确总结，指出了对旧的、高度集中的计划体制实施改革的必要性。

二、对计划与市场关系认识的不断深化

如何认识和处理计划与市场的关系，关系到中国经济体制改革确定什么样的目标模式，是关系整个社会主义现代化建设全局的一个重大问题，是经济体制改革的核心。对此，国内经济学界和经济工作部门进行了热烈讨论和改革探索，使我们逐步接近正确认识。传统的观念认为，市场经济是资本主义特有的东西，计划经济才是社会主义经济的基本特征。改革以来，随着改革的深入，我们逐步摆脱了这种观念，形成了新的认识。党的十二大提出计划经济为主，市场调节为辅；党的十二届三中全会指出商品经济是社会经济发展不可逾越的阶段，中国社会主义经济是公有制基础上的有计划商品经济；党的十三大提出社会主义有计划商品经济的体制应该是计划与市场内在统一的体制；党的十三届四中全会后，提出建立适应有计划商品经济发展的计划经济与市场调节相结合的经济体制和运行机制。1992 年年初，邓小平同志在南方谈话中指出，计划经济不等于社会主义，资本主义也有计划；市场经济不等于资本主义，社会主义也有市场。计划和市场都是经济手段。计划多一点还是少一点，不是社会主义与资本主义的本质区别。这个精辟论断，从根本上解除了把计划经济和市场经济看作属于社会基本制度范畴的思想束缚，使全党同志在计划与市场关系问题上的认识有了新的重大突破。改革十几年的实践也证明，市场作用发挥比较充分的地方，经济活力就比较强，经济发展就比较好。江泽民同志在党的

① 参见《邓小平文选》第 3 卷，人民出版社 1993 年版，第 237 页。
② 同上，第 148—149 页。

十四大报告中系统总结了全党对计划与市场关系认识不断深化的过程，明确提出把建立社会主义市场经济体制作为中国经济体制改革的目标。此后的改革步入坦途。对计划与市场关系的认识过程，是唯物主义认识路线的集中表现，充分体现出中国共产党实事求是、从中国实际出发探索真理的精神。正是由于坚持了这种精神，才保证了中国改革的成功。

三、社会主义市场经济体制的四大支柱

1993 年召开的党的十四届三中全会，通过了《中共中央关于建立社会主义市场经济体制若干问题的决定》（以下简称《决定》），对如何建立社会主义市场经济体制作出了具体部署，提出了社会主义市场经济体制的基本框架，包括市场主体、市场体系、宏观调控体系和法律体系等，把党的十四大提出的社会主义市场经济体制的改革目标细化为具体蓝图。

建立独立经营的市场主体，是市场经济的第一根支柱。企业是市场主体。建立社会主义市场经济体制，要求企业特别是国有企业要成为独立经营、自负盈亏的经营主体。江泽民同志提出国有企业必须建立现代企业制度。全会经过认真研究和反复论证，提出要进一步转换国有企业经营机制，建立适应市场经济要求，产权清晰、权责明确、政企分开、科学管理的现代企业制度。产权清晰即明确企业中的国有资产所有权属于国家，企业拥有包括国家在内的出资者投资形成全部法人财产权，成为享有民事权利、承担民事责任的法人实体。权责明确即企业以其全部法人财产，依法自主经营，自负盈亏，照章纳税，对出资者承担保值增值责任；出资者按投入企业的资本额享有所有者权益，包括资产收益、重大决策和选择管理者的权利。企业破产时，出资者只以出资额对企业债务承担有限责任。政企分开即企业按照市场需求组织生产经营，以提高劳动生产率和经济效益为目的，政府不直接干预企业的生产经营活动。企业在市场竞争中优胜劣汰，长期亏损、资不抵债的应依法破产。管理科学即建立科学的企业领导体制和组织管理制度，调节所有者、经营者和职工之间的关系，形成激励与约束相结合的经营机制。

统一、开放、竞争、有序的要素市场体系，是市场经济的第二根支柱。培育要素市场的重点是发展金融市场、劳动力市场、房地产市场、技术市场和信息市场等。发展和完善以银行融资为主的金融市场。资本市场要积极稳妥发展债券、股票融资。建立发债机构和债券信用评级制度。规范股票的发行和上市，并逐步扩大规

模。货币市场要发展规范的银行同业拆借和票据贴现，中央银行开展国债买卖。改革劳动制度，逐步形成劳动力市场，对于这个问题，在理论界争议较大。传统政治经济学理论认为，劳动者是国家的主人和生产资料的所有者，劳动者不能作为商品在市场交易，因此，社会主义条件下不存在劳动力市场。经过充分讨论，多数人认为，社会主义市场经济条件下的劳动者具有两重性，一方面，劳动者是国家的主人和全民所有制经济的所有者，这是政治属性；另一方面，劳动者作为重要的生产要素，又是劳动的出让者，是市场交换的重要内容之一。如果没有劳动或劳动力的参与，就不可能形成完整的市场体系和从事商品生产。把劳动力市场写入中央全会《决定》，在市场理论上是一个突破。规范和发展房地产市场，对于把房地产业发展成为支柱产业发挥了重要作用。改革之初，城镇人均住房面积只有 7 平方米，到 2018 年达到 39 平方米，居住条件大为改善，房地产市场的贡献功不可没。技术市场从无到有，2019 年技术市场交易额达到 22398 亿元，有力地推动了技术创新和技术进步。完善市场体系需要发展市场中介组织，发挥其服务、沟通、公正、监督作用。重点发展会计师、审计师和律师事务所，公正和仲裁机构，计量和质量检验认证机构，信息咨询机构，资产和资信评估机构等。发挥行业协会、商会等组织的作用。完善和加强对市场的管理和监督。建立市场准入、市场竞争和市场交易秩序，保证公平交易，平等竞争，保护经营者和消费者的合法权益。

宏观调控体系是市场经济的第三根支柱。市场经济需要有健全的强有力的宏观调控体系。宏观调控的主要任务，是保持经济总量的基本平衡，促进经济结构的优化，引导国民经济持续、快速、健康发展，推动社会全面进步。建立计划、金融、财政之间相互配合和制约的机制，加强对经济运行综合协调。其中，计划提出国民经济和社会发展的目标、任务，以及需要配套实施的经济政策；中央银行以稳定币值为首要目标，调节货币供应总量，并保持国际收支平衡；财政运用预算和税收手段，着重调节经济结构和社会分配。运用货币政策和财政政策，调节社会总需求与总供给的基本平衡，并与产业政策相配合，促进国民经济和社会的协调发展。把计划、金融、财政三大调控手段有机结合起来，组成协调、高效、灵活的宏观调控体系，这是中国宏观调控体系的重要特色。发达市场经济国家都有宏观调控体系，与他们相比，计划手段是我们独有的。经过多年不断改革计划体制，转变计划观念和计划职能，我们已经建立起与市场经济相适应的比较完善的计划体制和投资体制。在计划体制方面，形成了中长期规划、年度计划和专项计划组成计划体系。中长期规划主要是五年计划和更长时间的前瞻；年度计划主要是确定年度宏观调控的八大指标，包括经济增长速度、物价、就业、投资总额、财政收支、货币发行量、国际收支等；专项计划主要是针对经济社会发展中的重大任务制定的计划。计划由国务院协调各部门制定，经全国人大会议批准后由各部门分别实施。在执行过程中遇到新的矛盾和问题，可随机进行调整。改革开放 40 多年，已经制定并实施了 8 个五年计划，中国经济发展基本上是按照计划确定的目标、战略、方针、政策走过来的。

法律体系是市场经济的第四根支柱。社会主义市场经济体制的建立和完善，需要有完备的法制来规范和保障。法制建设的目标，是遵循宪法规定的原则，加快经济立法，完善民商法律、刑事法律、有关国家机构和行政管理方面的法律等。坚持改革决策与立法决策紧密结合，立法体现改革精神，用法律引导改革。重点制订关于规范市场主体、维护市场秩序、加强宏观调控、完善社会保障、促进对外开放等方面的法律。加强和改善司法、行政执法和执法监督，维护社会稳定，保障经济发展和公民的合法权益。

提出社会主义市场经济体制的基本框架和运行机制，在人类社会发展史上是第一次，它把社会主义基本经济制度与市场经济很好地结合起来，既克服了僵化的计划体制的弊端，又坚持了社会主义方向，这是中国共产党人的伟大创造。实践证明，这种体制成为创造中国经济奇迹的根本条件。

四、发挥市场对资源配置的决定性作用

2012 年党的十八届三中全会通过的《中共中央关于全面深化改革若干重大问题的决定》，在总结改革经验的基础上，提出“使市场在资源配置中起决定性作用和更好发挥政府作用”。把党的十四届三中全会提出的“基础性作用”改为“决定性作用”，进一步强化了市场的作用，这是适应新情况提出的新要求，反映了我们党能够根据实践的发展，在认识上与时俱进、求真务实的精神。把市场的决定性作用同更好发挥政府作用同时提出来，更反映了我们党考虑重大原则问题时全面、周密的辩证唯物主义思想方法。强调发挥市场的作用时，不能忽视政府的作用。只有把两者很好地结合起来，才能避免偏颇，从而实现资源的高效、优化配置。

提出发挥市场对资源配置的决定性作用，符合价值规律的客观要求。按照市场经济的客观规律，在不同产业之间，通过价值的运动，把社会劳动按照市场需求的

比例分配到各个部门，从而实现各个产业的供需大体平衡。如果哪个产业产品供给不足，这个产业的产品就会以高于生产价格的市场价格销售，该产业的资本利润率就会高于社会平均资本利润率，从而吸引其他产业的资本流向这个产业，直到这个产业的资本利润率接近或达到社会平均资本利润率。在同一行业内的不同企业之间，通过价值的运动，那些技术和管理先进、资本利润率高的企业，就能吸引更多的资本集聚，从而迅速发展壮大；而那些落后的企业则会因吸引不到资金而经营越发困难。经过优胜劣汰，先进企业得到充分发展，落后企业被淘汰，从而推动生产力的迅速发展。马克思在《资本论》中曾详细描述了资本主义能够推动经济迅速发展的这种社会经济机制，指出："资本主义魔术般地把生产力呼唤出来，在一百年的时间内所创造的生产力，超过人类历史的总和。"我们今天建立社会主义市场经济体制，就是要通过建立这种能够把生产力魔术般地呼唤出来的机制，来加快生产力发展，为人民创造美好的生活。因此，发挥市场对资源配置的决定性作用，顺应了价值规律的要求，适应了生产力发展的需要。作出这样的改革决策，充分体现了中国共产党人彻底唯物主义者的态度。

第五节　农村实行土地家庭联产承包责任制

中国的改革从农村开始。1978 年农村逐步推行土地家庭联产承包责任制，打破了"大锅饭"，产生了神奇效应，粮食产量连年大幅度增长，一举解决了困扰我们几十年的吃饭问题。乡镇企业崛起，造就一大批农民企业家，解决了工业消费品供给长期短缺问题。但是，城乡差距拉大，农村发展不充分，依然是当前面临的突出矛盾。按照党的十九大的部署，抓住主要矛盾，通过城乡融合发展实现乡村振兴，成为新时代必须全力完成的重大任务。

一、土地家庭联产承包责任制是农民的伟大创造

1978 年 12 月的一个晚上，在安徽省凤阳县小岗村农民严立华家，生产队长严俊昌、副队长严宏昌等 18 户户主在一份协议上按下红手印，决定分田到户，如果以后干部坐牢，大家保证把他们的小孩养活到 18 岁。这是中国改革史上一个具有标志意义的事件，是中国农民的伟大创造，他突破了"一大二公""大锅饭"的旧

体制，调动了农民家庭的积极性。此后，土地家庭联产承包责任制逐步在全国推开，解放了农村生产力。

同年12月18日，党的十一届三中全会召开，会议决定把全党工作的重点和全国人民的注意力转移到社会主义现代化建设上来，作出了实行改革开放的伟大决策。会议批判了“两个凡是”的错误方针，高度评价了实践是检验真理的唯一标准问题的讨论，确定了解放思想、开动脑筋、实事求是、团结一致向前看的指导方针。全会决定停止使用“以阶级斗争为纲”的口号，否定“无产阶级专政下继续革命”的错误理论。会议实际上形成了以邓小平为核心的党中央领导集体，开启了大破大立、波澜壮阔的改革进程。

两件事不约而同地出现，不是历史的巧合，而是历史的必然。反映了中国共产党顺应民意，代表着社会前进的方向；证明了违背客观经济规律的错误思想和政策，最终一定会被我们党自己纠正。因为我们党除了为人民谋利益，没有自己的私利。中国共产党就是在不断纠正自己的错误中不断前进的。

小岗村农民冒险分田到户的意义，在于对超越生产力发展阶段的“左”的体制和政策的反抗。当农业生产工具主要仍然靠体力和畜力、平均每个劳动力只能种几亩地的情况下，强行搞“穷过渡”，否定农户对生产资料的财产权，只会带来灾难性后果。诚然，在个别地方，由于有大公无私、能力强的带头人或其他有利条件，靠发展集体经济，实现共同富裕，可以做得很好。但是，就绝大多数地区来说，群众觉悟和干部能力还达不到先进典型的水平。小岗村地处平原，水土光热等农业资源丰沛，如果不折腾，满足温饱应当不难。但在改革前，全村吃粮靠返销，花钱靠救济，几乎每户都有出去逃荒的经历。在全国农村，温饱问题尚未解决的并不是个别现象。实行家庭联产承包后，生产条件没有什么变化，还是那些人，粮食却连年大幅度增产，村里人很快富裕起来。联产承包责任制陆续在全国推开后，立即产生巨大的宏观经济效应。困扰我们几十年的吃饭问题很快得到解决。1993年国家宣布取消已经实行了40年的粮票。小岗村以及全国农村的变化，集中说明生产关系必须适应生产力发展的要求。当生产关系已经明显阻碍生产力发展时，应当毫不犹豫地坚决予以调整。如果生产关系不能得到及时调整，说明上层建筑主要是思想路线出了问题。所以，中国的改革特别是农村的改革，是实事求是的唯物主义思想路线取得的胜利。有一位最早支持农村实行承包制改革的领导同志高度评价说，承包制救了社会主义。这话讲得并不过分。土地家庭承包制解决了十几亿人的吃饭问题，把社会主义从死胡同里拉了回来，进入蓬勃发展的康庄大道，为中国特色社会主义建设作出了重大历史贡献。

二、完善双层经营体制和实行承包地三权分置

经过不断探索总结，我们逐步形成了以土地家庭联产承包为基础、统分结合的双层经营体制，并成为农村基本经营制度。统分结合，在分的层面，是指家庭对所承包的土地拥有承包权，在法律上称为用益物权或法人财产权，生产经营以家庭为基本单位；在统的层面，是指土地的所有权仍然归村集体，村集体依照法律和政策保留对承包地进行调整的权利，同时发展对农户的各种服务和集体经济，农户也可以自愿组合，联合兴办各类加工、贸易、服务企业，联合购置大型农机具，联合兴建农业基础设施等。统分两个层面是紧密结合、不可或缺的。多年来，在沿海经济发达地区和城市郊区，集体经济发展比较好，各类专业合作社纷纷涌现，为农户提供了多方面服务。有些经济发达的村，如江苏华西村、浙江横店镇等，坚持集体所有制，二、三产业已经达到数百亿规模，吸引了大量外来人口就业，成为农村经济发展的榜样。浙江省通过经济发达地区与经济欠发达地区对口帮扶，努力减少和消除集体经济空白村，取得了很好的成效。在中西部地区的农村，集体经济比较薄弱，大部分属于集体经济空白村，双层经营实际上处于有分无统状态。城乡居民收入差距比较大，乡村振兴的任务比较艰巨。

随着农村劳动力向城市和非农产业转移，耕地的流转和向农业合作社、农业公司、种田能手集中，实现土地的规模化经营有了条件。规模化经营有助于提高农业劳动生产率，有助于采用先进技术，促进农业现代化、专业化、社会化。2017 年，中国的土地承包法修正案规定耕地实行所有权、承包权、经营权三权分置，即所有权归村集体，承包权归农户，经营权放开，稳定农村土地承包关系并长久不变，允许土地经营权入股，维护进城务工和落户农民的土地承包权益。三权分置是继家庭联产承包责任制后农村改革的又一重大制度创新，是农村基本经营制度的自我完善，符合生产关系适应生产力发展的客观规律。推进耕地三权分置，能有效推动土地资源合理利用，构建现代农业经营体系。从推进过程中存在的问题来看，一是要避免转让费用过高，增加承让者的运营成本，使承让者望而却步；二是尽可能采用经营权入股的形式，使转让者与经营者成为利益共同体，转让者又可获得长期收益；三是政府对农业的各种补贴应补给实际种田人，而不应当补给转让人，以利于

调动种田人的积极性。

三、农业合作社是发展方向

党的十九大提出了乡村振兴目标和城乡融合发展战略，实现这一目标必须发挥我们的制度优势和政治优势，采取切实有效措施。学习邓小平关于农村发展“两个飞跃”思想，落实习近平关于农业合作社是发展方向的重要指示，积极实施城乡融合发展战略，以城市带动农村，在坚持统分结合的农村基本经营制度中，补上“统”的短板，由党支部带领合作社发展，走集体化、集约化发展道路，是加快乡村振兴步伐的必由之路。

（一）“两个飞跃”思想是邓小平理论的重要组成部分

40 多年前的改革发展从农村开始，当时对怎么改，意见很不一致。1980 年 5 月 31 日，针对有人担心实行包产到户会影响集体经济，邓小平在和有关负责同志谈话中指出，“我看这种担心是不必要的。我们总的方向是发展集体经济”“可以肯定，只要生产发展了，农村的社会分工和商品经济发展了，低水平的集体化就会发展到高水平的集体化，集体经济不巩固的也会巩固起来。关键是发展生产力，要在这方面为集体化的进一步发展创造条件”①。由于小平同志的支持，小岗村土地承包到户的改革迅速形成燎原之势。

小平同志对中国农村发展道路的思想是深思熟虑、高瞻远瞩的。10 年之后的 1990 年 3 月 3 日，他在与中央负责同志的谈话中说，“中国社会主义农业的改革和发展，从长远观点看，要有两个飞跃。第一个飞跃，是废除人民公社，实行家庭联产承包为主的责任制。这是一个很大的前进，要长期坚持不变。第二个飞跃，是适应科学种田和生产社会化的需要，发展适度规模经营，发展集体经济。这是又一个很大的前进，当然这是很长的过程”②。1992 年 7 月，在审阅党的十四大报告时，邓小平又重申了“两个飞跃”思想，指出“关于农业问题，现在还是实行家庭联产承包为主的责任制”“在一定的条件下，走集体化、集约化的道路是必要的”

---

① 参见中共中央文献研究室：《邓小平年谱．上》，中央文献出版社 2004 年版，第 641、642 页。

② 参见中共中央文献研究室：《邓小平年谱．下》，中央文献出版社 2004 年版，第 1310—1311 页；《邓小平文选》第三卷，人民出版社 1994 年版，第 355 页。

“农村经济最终还是要实现集体化和集约化”[①]。在“两个飞跃”光辉思想的指引下，农村土地家庭联产承包责任制保持了稳定，为农业的持续发展提供了制度保障。农村稳定发展了，我们才有条件把改革的重点转移到城市；乡镇企业崛起，为国有企业改革提供了压力、动力和条件。小平同志关于农村“两个飞跃”的思想为中国的改革作出了不可替代的重大贡献，成为邓小平理论的重要组成部分。

（二）实现第二次飞跃的条件已经具备

40多年来，中国农村改革的成功，很大程度上是调动了家庭的积极性，也就是说，在统分结合的双层经营体制中，革除了过去统得过多过死的弊端，做好了“分”的文章。经过40多年的高速发展，中国工业化、城市化已经取得巨大进步，特别是在沿海地区、平原和浅丘陵地区，开始着手推进小平同志所说的农业的第二次飞跃，补上“统”的短板，条件逐步具备。

第一，城市经济已经有足够实力帮助农村发展。党的十九大提出了社会主要矛盾已经转变为人民日益增长的美好生活的需要和不平衡不充分的发展之间的矛盾，城乡发展的不平衡和农村发展的不充分是主要矛盾的集中表现。城乡差距拉大的主要原因是农业的劳动生产率远远低于全社会平均劳动生产率。提高农业的规模化、集约化水平，是提高农业劳动生产率的根本途径。而改变以家庭小规模经营为主的农村经济，走集体化道路，才能为发展规模化、集约化农业创造前提条件。

第二，工业已拥有为农业提供现代技术装备的能力。中国工业增加值居世界第一位，工业生产能力总体上处于过剩状态。发展现代农业所需要的绝大部分机械设备和化学材料国内都能生产，少量不能生产的可通过进口解决。只要农业提出需求，就能满足供给，这是历史上从未有过的。

第三，农村青壮年劳动力短缺需要发展规模化经营。农村现在虽然还有2.2亿劳动力，但绝大部分是老人和妇女，精壮劳动力都已进城打工，许多地方出现土地撂荒现象。发展集体化、集约化农业，提高农业劳动生产率和农民收入水平，才能吸引高素质劳动力从事农业，逐步培养职业农民队伍。

第四，提高农业国际竞争力需要发展社会化大农业。2019年，中国农产品进口1510亿美元，进出口逆差达719亿美元。随着人民生活水平的提高，增加一些进口

① 参见中共中央文献研究室：《邓小平年谱．下》，中央文献出版社2004年版，第1349页。

是必要的，问题在于优势农产品出口竞争力亟待提高。靠小规模经营的农户，不可能保证农产品质量，更不能创造品牌信誉，无法提高出口竞争力。利用中国劳动力资源丰富的优势，扩大劳动密集型和特色农产品出口，必须把农民组织起来，通过农业合作社，形成集体合力。

（三）习近平同志指出“农业合作社是发展方向”

习近平同志根据中国农村发展的新情况，提出了许多关于农业农村改革发展的重要观点，丰富和发展了邓小平“两个飞跃”的思想，为深化农村改革指明了方向。

习近平同志明确提出“农业合作社是发展方向”。2016 年 5 月 24 日，他在视察黑龙江省抚远市玖成水稻种植合作社时指出：“东北地区有条件发展规模化经营，农业合作社是发展方向，有助于农业现代化路子走得稳、步子迈得开。”2018 年 9 月 21 日，中共中央政治局就实施乡村振兴战略集体学习时，习近平又强调：“要把好乡村振兴战略的政治方向，坚持农村土地集体所有制性质，发展新型集体经济，走共同富裕道路。”习近平同志不仅把农业合作社作为农村发展方向，而且提升到乡村振兴战略的政治方向的高度，全党同志特别是从事农村工作的同志一定要认真学习、深刻领会、积极落实。

习近平同志强调赋予合作社新的内涵。他提出“要突出抓好农民合作社和家庭农场两类农业经营主体发展，赋予双层经营体制新的内涵，不断提高农业经营效率”。长期以来，统分结合的双层经营制度在实践中往往只重视家庭承包经营，统一经营受到忽视，以致出现大量集体经济空白村。习近平强调抓好农民合作社和家庭农场两类经营主体发展，对于解决集体经济薄弱问题、完善农村双层经营体制，具有很强的针对性和重大意义。同时，他强调发展新型集体经济和赋予双层经营体制新内涵，划清了我们今天要搞的合作社与过去以“穷过渡”“大锅饭”为主要特征的公社制的界线，为消除对合作社的历史恐惧、促进合作社的健康发展铺平了道路。

习近平要求农民兴办合作社必须坚持自愿原则，2016 年 4 月 25 日在安徽主持召开农村改革座谈会时指出：“要尊重农民意愿和维护农民权益，把选择权交给农民，由农民选择而不是代替农民选择，可以示范和引导，但不搞强迫命令、不刮风、不一刀切。”这就体现了以人民为中心和紧紧依靠人民推动发展的思想，为农村的稳定发展奠定了基础。

习近平提出“要把发展农业适度规模经营同脱贫攻坚结合起来，与推进新型城镇化相适应，使强农惠农政策照顾到大多数普通农户”。这就要求我们办农民合作社，一定要使农民增加收入，尽快缩小城乡居民收入差距，实现城乡协调发展。农村劳动力向城市和非农产业转移，要同城镇化新增的就业机会相适应，要通过发展农产品加工、营销和为农业服务的特色小镇，促进城乡融合发展。在平原和浅丘陵地区，合作社和规模经营的发展可能会快一些；在不适宜大型农业机械耕作的山区，家庭小规模经营可能还会长期存在。

（四）农业合作社应当有多种形式

发展农业合作社，应适应农业发展的需要，从中国实际出发，借鉴欧洲一些国家的经验，采取多种形式。

——种养加销一体化的综合性合作社。以一种或几种农产品的种植养殖、加工、销售为纽带，组建全产业链的合作社，如果把供应链金融、冷链物流等也纳入进来，并建立在互联网的基础之上，就能建成区块链形式的合作社，其生产和营销网络可以覆盖全球市场。参加合作社的农户可以土地、牧场承包权入股，与其他拥有资本、技术、管理资源的社员共同组建股份合作制的公司。社员既可以被聘为合作社的职工，直接参与合作社的生产经营，也可以只做合作社的股东，通过社员大会参与合作社的经营决策和监管。主要管理人员应采取聘任制，可以从社员中产生，也可以向全球招聘，实行任期目标责任制。这类产权明晰、责权明确、利益联结、经营灵活的合作社，应当作为中国目前合作社发展的主要形式。

——提供各类专业服务的合作社。围绕农业和农产品加工、销售、机耕、灌溉、施肥、灭虫、除草、良种推广、果树修剪、设施建设、产品保鲜等专业化服务，由拥有服务能力的人员组建专业服务公司，或由相关农户参与组建专业服务合作社，一个农户可根据自身需要参加一个或几个合作社，社员与合作社订立协议，享受合作社的服务，确保交售给合作社的农产品符合质量标准要求，参与合作社的利润分配，形成利益共同体。

——以“合作社＋公司”代替“农户＋公司”。多年来，我们推广“龙头企业＋农户”的组织形式，实践证明这种形式并不成功，原因在于以农产品加工销售为主的龙头公司与农户之间没有建立起利益联结机制，在农户交售农产品给公司时，常常产生价格、数量、质量上的博弈，特别是在农产品市场价格波动时，公司与农户的合同很难履行，产品质量更难以保证。龙头公司应当通过合作社与农户打交道，并可通过吸收合作社入股等形式，建立公司、合作社、农户之间的利益联结机制，这是三者利益共享、共同发展的取胜之道。

——农户之间资金互助类合作社。这是金融类的专业合作社，由农户按村或乡自由组合而成。农户将自己平时闲置的资金交给资金合作社经营，并作为社员享受合作社的低息借贷服务。国家对这类资金合作社的借贷服务，应给予税收减免等鼓励政策。资金合作社也可与综合性合作社和专业服务类合作社结合起来。在“合作社 + 公司”模式中，公司也可对合作社社员提供低息或无息资金支持。

所有新建立的各类合作社，都要执行食品原产地可追溯制度和质量标识制度，按照有机食品、绿色食品和无公害食品的不同等级，用不同颜色的标签和二维码醒目地显示出来，便于消费者在市场上自主选择。这是增强中国食品公信力和在国际市场竞争力的关键。同时，也只有普遍建立起合作社，才能建立农产品品牌，创建更多的质量信得过的名牌产品，中国农产品才有可能打入国际市场。

（五）发展合作社需要统一思想认识

通过集体化推进农业现代化，为农业的第二次飞跃创造体制条件，目前面临的困难不是实践上可不可行，而是首先要解决好思想认识问题。

实现农业规模化是否需要再等上百年？发达国家完成从小农户到规模化的过渡，经历了一二百年时间，我们发挥后发优势，这个时间可以大大缩短。改革以来，我们仅用 40 年的时间就取得了西方国家 200 多年工业化的成就，这个奇迹在农业农村的发展上完全可以复制。最大的担心是，农业规模化经营后剩余的劳动力到哪里去。作者认为，出路有三：一是合作社促进农业分工发展，农民从主要从事种植养殖业到从事与农业有关的二、三产业，将扩大农村就业容量；二是推进城镇化特别是重视发展第三产业，将创造大量新的就业机会；三是新成长劳动力受教育时间的延长，将缓解就业压力。近 10 年来，城市化的速度并没有随着工业增速的下降而减缓，普遍存在招工难现象，特别是技术工种、社区服务、环境清理等工作都招不到人，农业劳动力向非农产业转移的任务仍未完成。通过采取综合性措施，用 10 年左右的时间在适宜机械耕作的地区实现农业的规模化经营，解决城乡差距拉大的矛盾，是完全有条件的。

以现代产权制度为基础的合作社与“穷过渡”有着本质区别。不少人认为现在搞集体化时机仍不成熟，与公社化所带来的灾难记忆有关，所谓“一朝被蛇咬，十年怕井绳”。殊不知，今天我们要鼓励发展的合作社，是建立在现代产权制度基础之上的。对耕地的“三权分置”，使农户对承包地拥有承包权即用益物权，以承包权入股，取得合作社的分红，可以把承包者从土地上解放出来，从事收入更高的工作，也可以被合作社聘任，成为合作社的股东加职工。中共中央、国务院最近印发的关于保护各类产权的文件，应能消除对于“左”的政策的担忧。

合作社要坚持进出自由、民主决策的原则。合作社与股份制的区别就在于，合作社实行一人一票，股份制实行一股一票。农户参加合作社，必须坚持自愿原则。合作社的章程应规定社员进退自由，对重大经营决策，包括投资方向、利润分配、管理者的任免等，都应经民主讨论后由社员投票决定。合作社的财务必须透明，聘请有资质的会计事务所审计。

财政对农业的补贴要直接补给合作社。现在，各级财政对“三农”的补贴很多，但是监督管理不严，使用过于分散，降低了财政资金的使用效益。有些补贴的对象需要调整，如把农产品加工的补贴补给了龙头企业，把种粮补贴补给了承包人而不是实际种地人，应借鉴法国的经验，把财政对农业的补贴直接补给合作社，用于鼓励合作社采用先进技术、购置农业机械、培训技术人才等，用财政资金支持合作社发展。

发挥农村基层党支部对合作社的领导作用。办好合作社，离不开党支部的领导。目前，各地都有一些坚持集体致富的先进典型，其共同特点就是有一个战斗力强的党支部。党支部的成员可以在合作社兼任领导职务。一些规模较大的合作社，还应单独设立党支部。重视培养和发展年轻党员，重视把致富能人培养成党员，把党员培养成致富能人。要充分发挥中国特色社会主义的制度优势，以党支部带领合作社，以合作社带动农业农村现代化。

四、关键在深化农村土地制度改革

实现乡村振兴目标，必须深化农村土地制度改革。农村土地潜存着巨大潜力。以农村宅基地来看，目前全国城乡建设用地共占用 22 万平方千米，其中城市建成区占用约 5 万平方千米，而农村宅基地占用 17 万平方千米。平均每个农村人口占用的建设用地是城市人口的 3 倍多。改革以来，农村人口减少了近 3 亿人，农村宅基地不减反增。据农村宅基地改革试点县的统计，在农民工输出大省，农村闲置房、危房和倒塌的房子约占农村总户数的57%，农村住房和宅基地的浪费实在惊人。通过建立城乡一体化的建设用地市场，以农村闲置土地为平台，撬动社会资本投资农业现代化、新农村建设、农民工市民化和特色小镇建设，将成为乡村振兴的强大力量。

2019年5月5日《中共中央、国务院关于建立健全城乡融合发展体制机制和政策体系的意见》，对农村土地制度改革有了重大突破，提出“三个允许入市”：一是允许集体经营性建设用地入市；二是允许就地入市和异地调节入市；三是允许把农民自愿有偿退出的宅基地和集体公益性建设用地改变为集体经营性建设用地入市。党的十九届五中全会通过的《中共中央关于制定国民经济和社会发展第十四个五年规划和二〇三五年远景目标的建议》，提出“积极探索实施农村集体经营性建设用地入市制度”“探索农村宅基地三权分置实现方式”。

2019年4月1日开始实施的《中华人民共和国土地法》规定：农村经营性建设用地的使用权归村民委员会，在符合国家法律和规划的条件下，70%以上的村民表决通过即可决定，上级政府不得干预。靠批租土地的收入补充财政支出的状况不能再继续下去了。2020年全国城市土地出让金收入创造新高，总额达8.4万亿元。通过建立城乡一体化的建设用地市场，逐步提高农村集体组织在土地出让金收入中的比重，农业农村发展就有了重要资金来源。农村土地制度改革这步棋一走活，全盘皆活。乡村振兴将成为未来10年左右拉动经济增长的最大的新动能。

第六节　国有企业建立现代企业制度

国有企业是国民经济的支柱，国有企业管理体制改革是整个改革的中心环节。围绕建立与社会主义市场经济相适应的国有企业管理体制，我们进行了长期不懈的探索，至今改革仍在进行中。

一、国有企业管理体制改革的探索历程

企业领导体制或管理体制是否适应生产经营的需要，是办好企业的关键。从革命战争年代到改革开放前，在党的领导下，企业领导体制经历了6次大的变化，先

后实行过 6 种制度。早在第二次国内革命战争和抗日战争时期，在瑞金和陕甘宁边区根据地所办的企业中，曾实行过“三人团”领导制度，即由厂长、党支部书记和工会委员长组成，厂长为召集人。凡企业生产经营中的重大问题，由“三人团”讨论决定。遇有意见分歧，由厂长作出决定，同时将重要分歧报告上级。在设有政委的工厂，重大问题的最后决定权归政委。在抗日战争时期的晋冀鲁豫解放区工厂中，实行工厂管理委员会领导制。由厂长、党支部书记、工会主任、工程师和主要工段长以及职工大会选出的代表组成，厂长担任主席。新中国成立后，这种体制在全国沿用，直到 1953 年。从 1953 年开始，学习苏联经验，部分企业推行“一长制”。由于“一长制”同我们党在长期战争年代形成的民主管理和集体领导传统难以很好结合，一直未能普遍推行。1956 年党的八大提出实行党委领导下的厂长负责制。由于企业中党、政、工系统的职责没有分清，成为企业领导班子闹矛盾的一个重要原因。“文化大革命”中后期，企业实行革委会和党委一元化领导制，党委书记兼革委会主任，实际上形成了“书记一长制”。直到粉碎“四人帮”后，又恢复了党委领导下的厂长负责制。党的十一届三中全会后，有的地方和企业试行职工代表大会领导下的厂长负责制。由于职代会很难代表全民所有制企业中国家的利益，这种领导制度也难以推开。

1984 年党的十二届三中全会通过《中共中央关于经济体制改革的决定》，提出城市经济体制改革要以搞活企业为中心环节，各项宏观管理体制的改革都要围绕着企业管理体制的改革来进行。在此前后的企业改革主要是扩大企业经营自主权，特别是随着乡镇企业崛起，国有企业有了竞争对手，改革的压力和动力大大增强。在有些地方，从农村的承包制得到启发，对国有企业试行上缴利润的承包制。但是，由于企业上缴利润额差别很大，无法划定统一的起跑线，试验无法进行下去。由此出现“利改税”即由上交国家利润为主改为实行统一的税收，为企业创造公平的竞争环境。

党的十四大提出建立社会主义市场经济体制后，江泽民同志提出建立现代企业制度。党的十四届三中全会《关于建立社会主义市场经济体制若干问题的决定》把现代企业制度概括为产权清晰、权责明确、政企分开、管理科学十六个字。各级政府设立国有资产管理委员会，履行出资人职责。国有企业逐步设立董事会、监事会、经营层，股份制企业则设立股东会、董事会、经营层，董事会作为企业经营决策机构，对股东会负责；股东会作为投资人代表，对企业盈亏负责，决定董事长任免；经营层由董事会任免，负责日常生产经营，对董事会负责。这是现代企业制度的治理机构，是发达市场经济国家经过一二百年的实践逐步形成的有效的国际通行的企业组织形式，是人类社会的共同财富。它没有阶级性，资本主义国家可以用，社会主义国家也可以用。我们决定搞市场经济，就必须采取这种企业组织形式。至此，中国的国有企业管理体制改革终于走上正确道路。如果从瑞金根据地时算起，我们党对企业管理体制的探索经历了长达90年时间。

二、建立现代企业制度才能把国有企业做大做强

习近平总书记对国有企业改革作出了一系列重要讲话，指出“国有企业特别是中央管理企业，在关系国家安全和国民经济命脉的主要行业和关键领域占据支配地位，是国民经济的重要支柱，在我们党执政和我国社会主义国家政权的经济基础中也是起支柱作用的，必须搞好”。2015年在吉林调研时，习近平总书记又强调：“要坚持国有企业在国家发展中的重要地位不动摇，坚持把国有企业搞好、把国有企业做大做强做优不动摇。”这些讲话，指出了国有企业及其改革发展的重要性，两个“不动摇”集中表达了党中央搞好国有企业的决心。国有资产是新中国成立70多年来几代人节衣缩食、不断积累起来的财富，是14亿人的共同利益所在。为了增进全体人民的福祉，国有资产只能增加，不能减少。只有办好国有企业，使国有资产不断增值，效益不断提高，才能更好地服务于全体人民。

当前，国有企业既面临着来自国内民营企业的竞争压力，也面临着来自国外跨国公司在资本、技术等方面占优势的竞争压力。国有企业在内外压力下要想发展壮大，必须深化体制改革，增强企业内在发展活力。习近平总书记指出：“推进国有企业改革，要有利于国有资本保值增值，有利于提高国有经济竞争力，有利于放大国有资本功能。”三个“有利于”的提出，指明了国企改革的方向。对照这些要求分析国有企业现状，存在一些亟待改革的突出矛盾和问题：一是一些企业市场主体地位尚未确立，国有资本运作效率不高；二是有的企业管理混乱，内部人控制、利益输送、国有资产流失等问题突出，企业办社会职能和历史遗留问题还未完全解决；三是一些企业党组织管党治党责任不落实，党在企业中的政治核心作用被弱化。这些矛盾和问题严重制约着国有企业的健康发展，与国有企业应当担负的重要责任很不适应，必须增强加快国企改革的紧迫感，按照问题导向的方法，采取有针对性的改革措施。

当前深化国企改革，有着许多过去没有的有利条件。经过40多年的改革，已经积累了许多经验。这一轮国企改革正值国民经济转型升级的过程中，推进供给侧结构性改革需要国企发挥骨干和带动作用。特别是在战略性新兴产业领域，包括电子信息、航空航天、生物工程、先进制造、新能源、新材料等产业，亟待培育一批创新能力强的龙头企业，站在世界技术进步的最前沿，带领各个产业向全球产业链的最高端迈进。国有企业应当责无旁贷地担当起这一历史重任。目前，在航天、高铁、电力等领域，央企已经发挥出了重要作用。应进一步通过强化技术开发、设计总装、全球营销等关键环节，扩散零部件供应和物流服务等，形成联系紧密的产业集群，以降低成本、提高质量、增强整体竞争力。在先进制造领域，包括大型商用飞机、中高档轿车、特种船舶、数控加工中心、发动机等大型高端设备，以及芯片、显示屏、碳纤维等关键零部件和新材料，代表着国家的科技实力和制造能力，要实现自主制造，需要大量研发资金和人力投入，实施系统集成创新和协同创新。完成这样繁重艰巨的任务，只能寄希望于央企。要通过国企改革重组，建立技术创新的激励机制，使他们自觉承担起重大技术创新任务，成为行业技术进步的领军者。在钢铁、有色、建材等领域，目前，国企与民企的能力不分伯仲，产业过度分散，应借助企业重组的机会，提高产业集中度，形成一批具有国际竞争力的大型企业集团，以增强技术研发能力和国际经营能力。在一些垄断性行业如石油化工产业，冗员过多和社会负担过重仍然是制约企业发展的突出问题，与国外同行比，劳动生产率只有人家十几分之一甚至更低，效益不好导致研发投入强度低。随着政府取消对石化行业的项目审批，允许民营企业进入，国企与民企之间必将展开一场激烈竞争，其结果必将带来行业劳动生产率、国际竞争力的迅速提升，石化产品大量依赖进口的局面将会改变，终端产品价格也必将下降，广大消费者将分享到低油价等改革成果。这些行业的国企应当做好充分思想准备，不能再依靠政府保护，应毫不犹豫、义无反顾地进行减员增效等其他行业早已完成的改革，以应对民营经济和外资企业的竞争。对自然垄断行业，如铁路、电网、基础电信、管道等基础设施，应实行政企分开、政资分开、特许经营、政府监管为主要内容的改革。根据不同行业特点，实行网运分开，放开竞争性业务。铁路虽然具有自然垄断特点，但投资主体可以多元化，吸收地方政府和民间资金投入。铁路货运和客运业务更应该放开经营，形成多元竞争格局。电网体制实行厂网分开、竞价上网改革已经多年，实践证明是成功的。应按照保护环境的要求，采取优惠政策，鼓励使用清洁能源、可再生能源。电信基础设施已有几家公司开展有限竞争，增值业务已放开经营，应进一步完善竞争体制，鼓励充分竞争。管道运输在中国仍是一个突出薄弱环节，美国管道长度有50万千米，中国不到10万千米，应加大改革力度，促进管道运输发展。此外，为了改善大气质量，应大力提高天然气在一次能源消费中的比重。在这方面，应借鉴国外经验，实行“X+1+X”模式，即“放开两头、管控中间”，放开气源供给，集中进行管道、储气设施建设，允许燃气生产商竞价入网；对使用天然气的成本予以补贴，建立环境效益等公共产品的价值补偿机制，以鼓励更多用户使用天然气。

三、推动国有资产管理从管企业向管资本转变

党的十八届三中全会《中共中央关于全面深化改革若干重大问题的决定》（以下简称《决定》）提出：“完善国有资产管理体制，以管资本为主加强国有资产监管，改革国有资本授权经营体制，组建若干国有资本运营公司，支持有条件的国有企业改组为国有资本运营公司。”这是建立产权清晰、权责明确、政企分开、管理科学的现代企业制度的要求，是把国有企业做大做强的需要。实现这一转变，国有资本功能不仅不会弱化，而且会放大和强化。国有企业在参与市场竞争过程中，为突出主业、向产业链高端迈进，必然对经营业务及时进行调整，企业购置一些有利于产业升级的优良资产，处置一些不必要的资产，以提高资产利用率和使用效益，属于正常经营行为，应交给企业自己作出判断和决策。国有资产管理机构所追求的目标，应当是资本增值和利润率提高，对具体资产形态变化不应过多干预。国有资产管理机构直接管企业，不仅不易管好，而且会架空企业经营自主权，降低企业的市场应变能力。一个突出的例证是，吉利汽车作为一家汽车行业的后来者和民营企业，通过国际并购，拥有了沃尔沃汽车的全部股权，成为奔驰汽车的最大股东，迅速掌握了两家公司的技术资源，在高档汽车制造和技术创新能力上把国内老牌的国有汽车公司远远甩在后边。并不是国有汽车公司缺乏国际并购的智慧，而是僵化的国有资产管理体制束缚住了他们的手脚。对国有资产从管企业为主向管资本为主转变，有利于优化国有资本配置，落实国家发展战略和产业政策。对于产能过剩的行业，国有资产管理机构可抽出一部分资金，投入急需发展的战略性新兴产业、供给不足的行业，从而促进经济转型升级，加快经济发展方式转变，提高宏观经济效益。

建立以管资本为主的管理模式可以有三种途径：一是改革国有资本授权经营体制。一些行业性大型集团公司，可考虑赋予其国有资本投资经营权，鼓励其发展成为国际化集团公司。二是组建若干国有资本运营公司。以实现国家发展战略和提高资本收益为目标，专门从事资本运营。三是支持有条件的国有企业改组为国有资本投资公司，通过对各个行业的各类企业参股、控股或退股，放大国有资本的控制力和影响力，壮大国有资本。

对国有资产实行以管资本为主的制度，有利于推动国有企业健全现代企业制度。在以股份制为基础的现代公司治理中，国有股在整个股权结构中占有多大比重就应拥有多少投票权。除了一些特殊行业的个别企业，如传媒企业，国有股可作为特殊管理股享有一票否决权，一般情况下，国有股应与其他股权一样，拥有平等权益。这就使企业能够真正建立股东会、董事会、经营层相互制衡、相互协调的科学治理结构，以适应国内外市场激烈竞争的需要。国有资产管理机构不干预企业经营活动，让企业拥有充分的经营自主权，是办好企业的前提。

四、发展混合所有制经济并允许员工持股

党的十八届三中全会《决定》提出："国有资本、集体资本、非公有资本等交叉持股、相互融合的混合所有制经济，是基本经济制度的重要实现形式""允许更多国有经济和其他所有制经济发展成为混合所有制经济"。《决定》指出的改革方向，是国有经济发展壮大的根本方向，也是增强国有经济活力、提高企业效率的根本方向。发展混合所有制经济有利于在更大范围内优化资源配置，实现各类所有制经济优势互补。单一所有制企业在资源条件上往往受到这样那样的限制，竞争力受到影响。发展混合所有制经济，可以在全球范围内寻找最好的资源，通过优化组合，形成新的生产力。发展混合所有制经济有利于形成多元制衡机制，有效避免企业被内部人控制，使股东获得最大投资收益。在混合所有制基础上形成科学的公司治理结构，能有效矫正企业经营行为，促使上市公司以提高企业价值为最高经营目标。改革以来的实践证明，混合所有制经济是各类所有制经济中发展最快、最有活力的部分。这种伴随生产社会化出现的股权社会化、多元化经济，有利于更多居民成为投资者，增加财产性收入，体现社会进步。《决定》提出："国有资本投资项目允许非公有资本参股。"这是增强国有经济活力的重要举措。当前，国有经济吸收民营经济入股，发展混合所有制经济，是国企改革进入新阶段的标志。民营经济

进入国有经济，必将增强国有企业发展活力，实现互利双赢、共同发展。

《决定》指出：“允许混合所有制经济实行企业员工持股，形成资本所有者和劳动者利益共同体。”这是总结国内外企业成功经验提出来的，是对企业产权制度改革的突破。员工持股使企业员工具有企业所有者和劳动者双重身份，真正成为企业的主人，从而更加关心企业的兴衰，能够大大提高企业的凝聚力。在发达国家，一些企业之所以长盛不衰、成为百年老店，一个重要原因就在于实行员工持股制，包括核心层、骨干层、老员工三个层次持股。核心层包括董事长、副董事长、总经理、副总经理、总工程师、总会计师等十几个人；骨干层包括二级公司经理、职能部门负责人和技术、管理骨干等几百人。管理层持股在任职期间和离任后5年之内不允许出售。再加上老员工持股，这就把企业员工的物质利益与企业经营业绩紧紧绑在一起，企业员工特别是管理层不仅关心企业的近期盈利，更关心企业的长远发展，从而舍得在科技研发上增加投入。在中国，改革以来涌现一些成功企业，如深圳华为公司、浙江舜宇公司、内蒙古伊泰公司等，实行员工持股制是其成功的关键。实行员工持股并不是人人有份，回到平均主义的老路，而是要建立激励机制，奖勤罚懒。能不能持股、持多少股，要根据员工对企业的贡献，由股东会决定。如华为公司每年评选优秀员工，奖励对公司的认股权。为了避免企业被内部人控制，必须实行财务透明制度，加强对企业的监管。

第七节　提出“三个代表”重要思想

2002年11月党的十六大报告，科学阐述了“三个代表”重要思想的时代背景、历史地位、精神实质和指导意义。“三个代表”重要思想是对马克思列宁主义、毛泽东思想和邓小平理论的继承和发展，反映了当代世界和中国的发展变化对党和国家工作的新要求，是加强和改进党的建设、推进中国社会主义自我完善和发展的强大理论武器，是全党集体智慧的结晶，是党必须长期坚持的指导思想。始终坚持做到“三个代表”，是我们党的立党之本、执政之基、力量之源。

一、“三个代表”重要思想形成的时代背景

2000年2月，时任总书记江泽民在广东省考察工作时指出：总结我们党七十多

年的历史，可以得出一个重要结论。这就是：我们党所以赢得人民的拥护，是因为我们党在革命、建设、改革的各个历史时期，总是代表着中国先进生产力的发展要求，代表着中国先进文化的前进方向，代表着中国最广大人民的根本利益，并通过制定正确的路线方针政策，为实现国家和人民的根本利益而不懈奋斗。在新的历史条件下，我们党如何更好地代表中国先进生产力的发展要求，更好地代表中国先进文化的前进方向，更好地代表中国最广大人民的根本利益，要紧密结合国内外形势的变化，紧密结合中国社会生产力的最新发展和经济体制的深刻变革的实际，紧密结合人民群众对物质文化生活提出的新的发展要求，紧密结合我们党员干部队伍发生的重大变化，来深入思考这个重大问题。因为我们党是代表先进生产力的发展要求的，所以全党同志的一切奋斗，归根到底都是为了解放和发展生产力，党的一切方针政策都要最终促进社会生产力的不断发展，促进国家经济实力的不断增强；因为我们党是代表先进文化的前进方向的，所以全党同志必须始终坚持以马克思主义为指导，努力继承和发展中华民族的一切优秀文化传统，努力学习和吸收外国的一切优秀文化成果，从而不断创造和推进有中国特色社会主义文化，使社会主义物质文明和精神文明协调发展，使社会全面进步；因为我们党是代表最广大人民群众的根本利益的，所以全党同志的一切工作都是全心全意为人民服务的，都是为了实现好、维护好和发展好人民的利益，任何违反群众意愿和危害群众利益的行为，都是不允许的。所有的共产党员和领导干部，都要深刻认识和牢牢把握这“三个代表”，用以指导自己的思想和行动，这样才能使自己真正成为一名合格的党员、合格的党的领导干部。

2000 年 5 月，江泽民考察了江苏、浙江和上海的党建工作，对“三个代表”思想做了进一步阐发。2001 年 7 月 1 日，江泽民在庆祝中国共产党成立 80 周年大会的讲话中指出：“三个代表”是统一的整体，相互联系、相互促进。发展先进的生产力，是发展先进的文化、实现最广大人民根本利益的基础条件。人民群众是先进生产力和先进文化的创造主体，也是实现自身利益的根本力量。不断发展先进生产力和先进文化，归根到底都是为了满足人民群众日益增长的物质文化生活需要，不断实现最广大人民的根本利益。

从“三个代表”重要思想产生的背景，可以看出其鲜明的时代特色。

首先，“三个代表”重要思想是基于改革带来的国内社会生活的深刻变化产生的。改革带来所有制结构、分配方式的变革，有的党员成为私营企业主，越来越多的党员有了私有财产，这对于把消灭私有制和私有财产作为奋斗纲领的政党来说，理论与实践产生了矛盾，引起一些党员思想上的困惑。“三个代表”重要思想的提出，使广大党员和党员干部认清当前我们仍处于社会主义初级阶段，主要任务是发展生产力，只有允许多种所有制和多种分配方式存在，才能解放和发展生产力，实现现阶段的目标和任务。一切合法的劳动收入和财产性收入，都应当得到保护。不能简单地把有没有财产、有多少财产当作判断人们政治上先进和落后的标准，而应当看他们的思想政治状况和现实表现。民营企业的所有者和经营者也是社会主义建设者，对于表现好的也应允许入党。这就解除了许多民营企业家的思想顾虑，使他们理直气壮、放心大胆搞好企业的发展。实践证明，绝大多数党员民营企业家没有辜负党和人民的信任，涌现了以任正非为代表的优秀民营企业家，为中国科技进步和增强国际经济竞争力作出了重大贡献。

其次，“三个代表”重要思想的产生是基于国际形势的变化。1989 年东欧各国发生剧变，1991 年苏联解体，执政几十年的各国共产党、工人党下台，社会主义国家变成了资本主义国家。以美国为首的西方资本主义反动势力欢呼雀跃，庆祝社会主义和资本主义斗争历史的终结。苏东剧变给中国共产党人带来强烈震撼和思想冲击。如何避免重蹈苏联、东欧共产党的覆辙，坚持社会主义道路，如何坚持共产党的领导，如何维护几千万革命先烈流血牺牲换来的人民当家做主的权利和利益，成为中国共产党必须认真回答的问题。

最后，提出“三个代表”重要思想，正确及时回答了在改革开放和发展社会主义市场经济条件下，“建设一个什么样的党、怎样建设党”这一关系党和国家前途命运的重大问题。党是领导我们事业的核心力量。只有建设一个与时俱进、保持旺盛战斗力的马克思主义政党，才能带领人民完成改革开放和实现国家现代化的艰巨任务，才能抗御国际敌对势力的和平演变和武力威胁。保持党的先进性，始终站在历史前进的最前沿，始终站在最广大人民的立场上，是建设马克思主义执政党的关键。可以说，“三个代表”重要思想的提出，是时代的需要和实践的产物。

二、“三个代表”重要思想的精神实质

“三个代表”重要思想集中反映了党的历史地位变化后所面临的新任务、新要求。中国共产党从成立那天起，就矢志不渝地为中国人民的利益而奋斗。用 28 年时间，完成了民主革命和民族独立的任务。在武装夺取政权的过程中，党的全部工

作都是为了夺取战争的胜利，各项路线方针政策都是为战胜敌人服务的。1949年新中国成立后，党的历史地位发生了根本性变化，由领导革命战争的党转变为执政党。由此，党的历史任务也随之发生了根本性转变。发展生产力是党和国家面临的第一位的任务。能不能尽快把经济搞上去，使人民的生活水平尽快得到提高，这是党面临的最大考验。新中国成立后的30年，我们虽然在经济建设上取得了很大成就，但是由于受“左倾”错误的影响，许多不切实际的目标并没有实现，挫伤了广大人民的积极性。特别是以阶级斗争为纲和“文化大革命”，使经济到了崩溃的边缘，人民的生活水平长期得不到应有的提高。在这种情况下，很难说我们是一个合格的执政党。直到党的十一届三中全会，我们党再一次觉醒，作出了改革开放的正确决策，经济发展爆发出生机和活力。正是在总结这一经验的基础上，江泽民作出了共产党必须代表先进生产力发展要求的结论，提出要把发展经济作为党执政兴国的第一要务。

“三个代表”重要思想反映了唯物辩证法的客观要求。中国共产党要始终保持先进性，就必须站在历史前进的最前沿，带领国家经济、文化、社会的不断发展。唯物辩证法的基本原理告诉我们，世界上任何事物都是不断发展变化的，特别是作为后发展国家的中国，正处于对发达国家的赶超时期。中国应当比发达国家以更快的速度发展，才能赶上世界历史前进的步伐，让中国人民过上比发达国家更好的生活。党的指导思想必须与时俱进，必须能够像火车头一样，带动中国的快速发展，让全国人民切实体会到社会主义制度的优越。苏联解体的一个重要原因，就是苏联共产党执政已经70多年了，人民基本生活的需求尚得不到满足，到国外出差回来，大包小包地带日用消费品。人民开始怀疑这个社会主义制度是不是好的制度，值不值得他们为之牺牲奋斗，加之帝国主义反动势力的蛊惑宣传，一部分基层党员和群众对执政党和社会主义丧失了信心，最终造成政亡人息、亡党亡国的悲惨结局。正是吸收了苏联的惨痛教训，江泽民提出了保持党的先进性的“三个代表”重要思想，对全党起到了振聋发聩的警示作用。

“三个代表”重要思想的本质是立党为公、执政为民。经济发展的成果要惠及全体人民，使全体人民的收入和生活水平都能得到提高。要处理好效率和公平的关系，把收入分配差距控制在合理的范围之内，注意逐步缩小个人、地区、行业之间的收入差距。美国的收入分配差距不断拉大，在近几年新增收入的分配中，大约不到10%的人获得了90%以上的新增收入。特朗普推行的减税政策，进一步加剧了分配的不公。如今的美国，贫富悬殊已成不可逆转之势，并导致社会撕裂。中国随着收入差距的不断拉大，把实现公平放在更加重要地位，以促进共同富裕，应作为宏观经济政策的一项重要任务。“三个代表”重要思想把代表最广大人民的根本利益作为要求之一，必须在缩小收入差距、扩大公共服务、促进就业创业等方面采取切实的政策措施。

三、把“三个代表”重要思想落实到党建工作

“三个代表”重要思想是我们党关于党的建设理论的重大创新，是适应新形势、新任务提出的新理论。应当把这一理论贯彻到党的建设的各个方面和全过程。

要按照“三个代表”重要思想的要求，制定党在各个方面的方针政策和规划计划，全力推动先进生产力发展，推动科技进步和教育事业发展，使经济增长由主要依靠增加物质资源消耗转变到主要依靠技术进步和提高劳动者素质的轨道上来。要根据不同时期经济结构转换的规律，制定促进经济结构调整的政策，加快经济结构优化升级的步伐。要加强宏观调控的针对性、预见性、有效性，努力实现国民经济的持续、健康、高质量发展。

按照全面协调发展的要求，重视文化、科技、社会领域各项事业的发展。经济社会的发展，需要先进文化的引领和激励，要制定鼓励文化、科技创新和人才脱颖而出的政策。根据范文澜《中国通史》的研究结果，在中国几千年的历史上，每当一个新的朝代建立，社会稳定100年左右，就会出现一个文化繁荣时期。唐诗、宋词、汉赋就出现在这样的时期。由此推出结论，在新中国成立70多年后，中国又将出现一个文化大繁荣时期。文化繁荣包括科技发明在内。未来中国文化和科技将进入加快创新发展的时期，这是历史规律，也是中国人民的责任。14亿中国人民应当对人类社会作出更大贡献。

把“三个代表”重要思想落实到党建工作，必须适应社会经济结构变化、人口流动性增强的新情况。不仅要重视公务员队伍、国有企事业单位的党建工作，也要重视非公有制企业、各类社会组织的党建工作。私营企业主和个体经营者都是社会主义建设者，他们中间表现好的也可以入党。农民工已成为产业工人的主体，农民工中有不少党员。应当加强农民工队伍的党的建设。许多农民工输出较多的地方党委，在农民工集中的地方建立临时党组织。不少吸纳农民工较多的城市，从农民工中培养党员、选拔干部。各方面应共同努力，力争把农民工培养成具有较高素质和

专业技能的产业工人队伍。随着农村青壮年的流失，农村党员队伍老化问题突出，应当把农村基层党组织建设作为重点。有的地方党组织提出努力把党员培养成致富能手，把致富能手培养成党员，增强农村基层党组织带领群众致富的能力。对经济发展滞后的农村，选拔优秀大学生党员担任第一书记，在贫困地区脱贫攻坚中发挥了重要作用，这个制度应当坚持下去。

反腐倡廉，保持党的队伍的纯洁性，是落实“三个代表”重要思想的基本要求。在长期执政环境下，保持党员和干部队伍的廉洁，更是确保中国共产党长盛不衰的关键所在。随着市场经济的发展，各种物质享受和权钱交易对党员干部队伍带来越来越多的诱惑，一些意志不坚定者被拉下水的风险越来越高。要建立健全防止腐败的规章制度，形成不敢腐、不能腐、不想腐的法律制度体系。要加强党员干部的理想和信念教育，建立符合中国国情的道德体系，从源头上防止腐败现象产生，筑牢拒腐防变的防火墙。要进行艰苦奋斗的教育，养成勤俭的生活习惯。认真进行法纪教育，增强党员干部的自律自控能力。要实行职权分解，加强对权力的约束，避免权力过度集中。实行办事公开，增强用权行为的透明度。必须健全监督机制，包括党内监督、法律监督、社会监督、媒体监督等。70 多年前，毛泽东、周恩来等中央领导同志从西柏坡搬到北京前，把夺取全国胜利、建立人民政权称为“进京赶考”，表明中国共产党决不能当李自成的决心。这个警示，言犹在耳。对于防止腐败，全党应当时刻保持警惕，绝不能掉以轻心。

第八节　构建社会主义和谐社会

2006 年 10 月 11 日，中国共产党十六届六中全会通过了《中共中央关于构建社会主义和谐社会若干重大问题的决定》（以下简称《决定》），这是一个在党的思想理论史上具有划时代意义的重大决定，是以胡锦涛为总书记的党中央提出的重大战略思想和战略决策，标志着我们党在经过 29 年的改革开放和快速发展后，开始集中精力解决长期积累下来的发展不平衡不协调的矛盾，解决社会发展滞后于经济发展的问题。同时，这个《决定》也标志着我们党在结束以阶级斗争为纲的错误理论近 30 年后，将采取重大实际行动来促进社会和谐稳定、人民共同富裕和国家长治久安。

一、社会和谐是中国特色社会主义的本质属性

构建社会主义和谐社会思想的提出，适应了新世纪新阶段中国经济社会发展的客观要求。应当看到，经济的迅猛发展带来社会结构和利益格局的深刻变化，产生出一些新的矛盾和问题，主要表现在：城乡、区域、经济社会发展很不平衡，人口资源环境压力加大；就业、社会保障、收入分配、教育、医疗、住房、安全生产、社会治安等方面关系群众切身利益的问题比较突出；体制机制尚不完善，民主法治还不健全；一些社会成员诚信缺失、道德失范，一些领导干部的素质、能力和作风与新形势新任务的要求还不适应；一些领域的腐败现象仍然比较严重；敌对势力的渗透破坏活动危及国家安全和社会稳定。对此，必须保持清醒的认识，居安思危，积极采取有效措施，既要治标，更要治本。要正视矛盾、解决矛盾，加大对薄弱环节的支持和投入力度，努力把矛盾化解在萌芽状态。要最大限度地增加和谐因素，最大限度地减少不和谐因素，促进社会和谐。

党的十七大报告明确提出要深入贯彻以人为本，全面协调可持续的科学发展观。科学发展观，是对党的三代中央领导集体关于发展的重要思想的继承和发展，是马克思列宁主义关于发展的世界观和方法论和集中体现，是同马克思列宁主义、毛泽东思想、邓小平理论和“三个代表”重要思想既一脉相承又与时俱进的科学理论，是中国经济社会发展的重要指导方针，是发展中国特色社会主义必须坚持和贯彻的重大战略思想。

科学发展观的核心是坚持以人为本。以人为本是中华民族文化传统的要义。孟子倡导民本思想，提出“民为贵，社稷次之，君为轻”。中国古代文化主张人追求的价值应当是“立德、立功、立言”，崇尚为国家为社会建功立业、作出贡献，为大众作出表率。在人与自然的关系上，儒家代表荀子主张“制天命而用之”。在人与神的关系上，孔子主张对鬼神敬而远之。我们党提出以人为本，是对中国优秀文化传统的继承和弘扬。

坚持以人为本，就是要始终坚持把最广大人民的根本利益作为党和国家一切工作的出发点和落脚点，实现好、维护好、发展好最广大人民的根本利益，不断满足人民日益增长的物质文化需要，做到发展为了人民，发展依靠人民，发展成果由人民共享，促进人的全面发展。

科学发展观的内涵主要是按照统筹城乡发展、统筹区域发展、统筹经济社会发

展、统筹人与自然和谐发展、统筹国内发展和对外开放的要求，实现各项事业各个地区全面协调可持续发展。贯彻落实科学发展观，是构建社会主义和谐社会的根本举措，是解决新发展阶段所面临的各种矛盾和问题的重要途径。

二、推进社会主义新农村建设

中共中央关于“十一五”规划的建议，提出要建设社会主义新农村。这是根据中国经济社会发展，特别是农村发展的需要作出的重大战略决策。

（一）建设社会主义新农村具有重大深远意义

第一，加快新农村建设是遏制城乡差距拉大趋势、实现全面小康的战略举措。20 世纪 80 年代初期和中期，农村由于率先改革，经济发展很快，推动了城市的发展，支撑了整个国家的改革发展。进入 20 世纪 90 年代以后，特别是 90 年代后期，农村经济发展和农民收入的增长遇到许多瓶颈。农村经济发展速度、农民收入增长速度大幅度落后于城市经济发展速度和城镇居民收入提高的速度，城乡发展差距和城乡居民收入差距逐步拉大。这种状况如果继续下去，不仅影响到 7 亿农村人口能不能顺利实现小康，而且关系到整个国民经济的持续快速健康发展。因为农村这个巨大的消费市场的潜力发挥不出来，就会成为一个全局性的问题，成为制约国民经济发展的重要障碍。过去我们有一种认识，认为在工业化、城市化快速推进阶段，城乡发展差距的拉大是一个必然趋势，是一个必经阶段。农民要忍一忍，等到工业发展到一定阶段了，可能农村经济的发展就快了，农民收入的增长也会快了。2005 年 5 月份，作者带队到韩国考察新村运动，受到很大震撼。

根据韩国的经验，在工业化、城市化快速推进阶段，城乡经济是可以同步发展的，城乡居民收入是能够实现同步提高的。20 世纪 60 年代末 70 年代初，韩国进入工业化快速推进阶段，到 2004 年，韩国人均 GDP 已经达到 1. 4 万美元。这一水平相当于中国“十四五”末有可能达到的水平。所以，从人均 GDP 来看，中国比韩国已落后 20 年，农业农村的发展已经拖了整个国家现代化的后腿。在韩国工业化快速推进的 30 多年里，城乡居民收入的比例始终保持在 1:0. 8 至 1:0. 9 之间，在 20 世纪 80 年代后期的一段时间，农村人均收入甚至超过了城市居民。2004 年韩国城乡居民人均收入是 1:0. 94。韩国是如何做到城乡居民收入同步提高的呢？主要是在 20 世纪 70 年代初，在工业化开始的时候，政府就明确提出了新村运动，每年拿出财政支出的1%来支持农村基础设施和公共事业发展，改善农村生产生活条件，再加上在城市化过程中，农民出售土地作为城市建设用地，获得一笔可观的收入，城市郊区农民收入暴增。所以，在韩国快速工业化的30多年间，农村得到了同步发展，农民分享到了现代化的成果，农村消费能力的提高为工业发展提供了市场，从而实现了城乡经济的协调发展，对韩国的工业化发挥了重要支撑作用。

党中央提出“十一五”开展社会主义新农村建设，其重大意义就在于希望尽快把城乡居民收入差距拉大的趋势遏制住，实现城乡经济的协调发展，带动城乡居民共同富裕。

第二，建设新农村是扩大农村市场需求、消化剩余工业生产能力的需要。从2003年开始中国经济进入新一轮上升期，钢铁、水泥、电解铝、房地产成为投资热点。经过宏观调控后，这几个行业的增长速度降下来了。但新一轮上升期形成的一大批工业生产能力出现剩余。2005年下半年，钢材价格比2004年同期下降了1800元/吨。有些技术水平低的企业面临着停产局面，它们欠银行的贷款也存在着坏账的风险。扩大农村基础设施建设，能够扩大农村市场需求，有助于消化近几年形成的过剩生产能力，这是涉及经济全局的一项重要举措。

第三，建设新农村是我们党执政为民和代表最大多数人利益的集中体现。中国共产党代表最大多数人民的利益，首先要代表占全国人口很大比例的7亿农村人口的利益，执政为民就要为7亿农村人口谋利益，提出建设社会主义新农村是我们党的宗旨的体现。落实科学发展观，把经济发展切实转入科学发展轨道，其中应包括把社会主义新农村建设的重大战略落到实处。要通过安排各项经济政策，调整预算支出结构，把建设社会主义新农村变成实际行动。

（二）正确把握新农村建设的要求和重点

社会主义新农村建设是对“三农”工作的总体要求。党的十六届五中全会《中共中央关于制定国民经济和社会发展第十一个五年规划的建议》提出新农村建设的内容，包括“生产发展、生活宽裕、乡风文明、村容整洁、管理民主”，既包括农村生产力发展，也包括农村生产关系的调整；既包括农村经济基础，也包括农村上层建筑，涵盖了农村工作的各个方面。其中农村经济发展是一个前提条件，因为新农村建设的资金主要还是靠农村经济本身的发展来提供。国家的支持和外部支援是第二位的。要通过农村的改革来完善生产关系，完善上层建筑，进而推动农村生产力发展。

新农村建设的重点应放在什么地方？近期内应放在农村基础设施和公共服务的发展上。现在城乡发展的差距集中表现在城乡基础设施和公共服务的差距上。过去几十年，国家财政对农村基础设施和公共服务的投入很少，而城市的基础设施和公共服务基本上是靠财政投入，其中相当大的一部分是靠土地出让金的投入。2020年，全国土地出让金收入总额创造新高，达到8.4万亿元，在新冠肺炎疫情影响下仍比上年增长16%。土地出让金收入相当于财政收入的46%，相当于地方财政收入的84%。如果加上与土地和房地产相关的11项税收，2020年房地产总收入达11.2万亿元，相当于财政收入的61.3%。这种过度依赖房地产收入的财政状况是不正常的。特别是土地出让金的收入，绝大部分是政府低价从农村征地，经过整理后再“招拍挂”，以高价向企业出售得来的。城市化带来的土地增值的收益大部分归政府，少量归购地企业，农民却分享不到。这是导致城乡居民收入差距拉大的一个重要原因。因此，改革征地制度，建立城乡一体化的建设用地市场，已经成为让农民分享城市化过程中不动产增值带来的财产性收入，缩小城乡居民收入差距势在必行的改革。同时，应明确提出把基础设施建设的重点由城市转向农村。过去，通过发行国债，重点用于城市基础设施建设，城市的面貌已经有了很大变化，现在无论是东部还是中西部，地级以上城市都搞得很漂亮。但是农村的面貌，特别是中西部农村变化不大。我们的城市基础设施已经跟欧美差不多，主要差在农村。许多村庄脏乱差，垃圾、污水遍地，2006年自来水普及率全国只有30%。多数农民还享受不到现代化的生活设施。所以，把基础设施建设的重点转向农村应作为一个战略性转变。

农村基础设施建设应根据各地发展情况，大体分为三类，采用不同的要求标准和方法，分别予以推进。

第一类情况是广大中西部农村，根据现有收入水平和经济发展条件，重点应放在四个方面：一是乡村道路。近些年对乡村道路投入了不少资金，把县到乡、乡到村的公路基本上都修起来了，县到乡的公路路面基本上已经硬化。至于到村这一级，绝大部分仍是沙土路。“十一五”应重点把乡村道路包括村到户的路修起来。做到这一点是完全有可能的。江西省赣州市农民人均年纯收入才2800多元，收入并不高，但在政府支持下，硬化路面已经到户了，采取的办法就是农民自己修路基，不要很宽，只要可以走拖拉机就行。路基修好，通过验收，每户发几袋水泥，如果不修路基，就不发水泥，农民为了要政府的几袋免费水泥，就到山上弄石子，把路基修好。政府通过招标采购水泥，花费并不多。二是饮水安全。全国还有2亿多人饮水质量不合格，应重点予以解决。“十一五”应把普及自来水作为重点。农民有了自来水，就可以买洗衣机、建水冲式厕所，安装淋浴设施，农村卫生条件就能大大改善。根据赣州的经验，在水井上安装一个变频式水泵，再加上塑料管子，一个100户的村子，用2000元买水泵，3000元买管子，每户平均50元就够了，只要乡村政府组织一下就能办好。三是清洁能源。要发展沼气，有了沼气池，可以把养殖业带动起来，猪的链球杆菌也能被消灭。凡是有沼气的地方，猪的链球杆菌就传播不了。实现人畜分离后，家庭卫生环境改善了。如果沼气池做到10立方米以上，就可以装燃气热水器，洗热水澡。现在农业部一年推广沼气的资金只有10亿元，如能增加到100亿元，建一个沼气池需要2000元，中央政府补助800元，地方政府补助200元，农民自己出1000元，“十一五”时期绝大多数适宜建沼气的地方都能推广。另外，秸秆气化、太阳能、风能等也要推广。把农村能源问题解决了，植被就能保护起来，这是一个功德无量的大好事，一定要抓紧解决。四是环境卫生。赣州的经验就是“四清”：清淤泥、清垃圾、清污水、清路障。把村子的环境卫生搞好，使农村变成比城市更宜居的地方。只要干群齐心努力，“十一五”做好这四件事是有条件的。

第二类情况是发达地区农村。像浙江、苏南、珠三角地区，都盖起楼房了，他们正在搞乡村整治和城乡一体化规划。宁波搞了一个到2020年的城乡一体化规划，首先实现城乡基础设施一体化，然后逐步实现教育、医疗、社会保障一体化，到2020年，城乡基础设施和教育、医疗、社会保障基本上都无差别了。

第三类情况是城市郊区，他们的条件应当比发达地区农村更好。像上海市，他们准备以2010年世博会为契机，从城市人口密集的地方疏散300万人到郊区居住，口号是“城市郊区化、郊区城市化、城乡一体化”。在市区和郊区之间建设大容量的快速轨道交通和高速公路，把全市连为一体，然后沿着交通干线周边建设统一规划的居住区、旅游区、休闲区、工业区、商贸区、生态区等，特别是改善郊区的教育条件，吸引市区的人到郊区居住。现在上海市区的人口每平方千米4万—5万人，按照世界标准，每平方千米2万人以下适合居住，2万—3万人适合于发展商贸。疏散人口不是采取强制办法，而是采取吸引的办法。由于郊区房价便宜，把市区的房子卖了到郊区买套大一些的房子还能买辆汽车，那何乐而不为呢？相信10年过后，上海郊区肯定比城区更漂亮，更吸引人。

西部城市中像成都也很有创意。他们在郊区搞了一个花卉旅游小镇，把原来居民住宅改造一下，颇像德式建筑。城市人周末开车到郊区去，摆龙门阵、赏花、聚餐，郊区居民的生活质量已超过市区居民。

（三）建立能调动各方面新农村建设积极性的投入机制

第一，各级政府都要增加新农村建设的投入，而且应像韩国政府那样以实物投入为主。搞得好的就继续补贴，搞得不好的就不再投入，实行奖勤罚懒机制。还要整合各个渠道的资金，集中起来办大事。现在各个渠道支农资金很多，放在一起有3000多亿元，但是太分散，需要整合使用。如果中央这个层次整合有困难，地方可以整合。如湖北恩施自治州把上级下达的各类支农资金统一整合，搞“一池三改”，建沼气池，改厨改厕改圈，一年办一两件实事，经过几年时间就可以把农村的几件大事办完。如果全国农村改造一遍并达到要求，可能需要4万亿元。沿海地区自己解决，中西部大概需要3万亿元，平均每年1500亿至2000亿元，连续投入15年就可全部解决。

第二，最重要的是要调动农民自己投工、投劳的积极性，动员农民自力更生，艰苦奋斗，改善自己的生活条件。这方面农民的积极性是很高的。赣州农民的积极性高，因为受益很大，说这是共产党继土地改革和承包制以后给农民办的第三件大好事。

第三，要让农民自主决策，自主选择，不要包办代替。韩国的办法是选一个德高望重的村民做指导，其中40%是村长，60%是另外的人。赣州的办法是选一个理事会，也是选村里德高望重的人，请威望最高的人当理事会的会长。如果涉及一些钉子户，就进行民主投票，然后再去给这些人做工作。要把新农村建设当作培养农民民主习惯的课堂。

第四，一定要规划先行。根据自然条件，不要破坏自然环境。赣州的经验是“三不”：不推山，不填塘，不砍树。一定要事先搞一个规划，这个规划要管十几年、二十年，逐步达到最终目标。

第五，要因地制宜，量力而行，保留文化传统。一定要根据南方、北方、东部、西部当地的生活习惯、气候条件来搞。保留各地的民族文化传统，特别是建筑上要有自己的风格，要正确引导。像赣州，给农民提供了40多种样板房设计方案，都是节能、节地、节材的民居设计，提供给农民自己选择，这些服务都是免费的，要引导农民把住房建得科学、适用、舒适。

三、完善收入分配和社会保障制度

建立体现社会公平的收入分配制度，是构建社会主义和谐社会的制度基础和根本要求。党的十七大报告提出：要深化收入分配制度改革，到2020年，基本形成合理有序的收入分配格局，逐步扭转收入分配差距扩大的趋势；要调整国民收入分配结构，增加居民收入，为扩大居民消费、增强消费对经济增长的拉动作用创造条件。党的十七大报告为调整收入分配结构指出了明确的目标、任务和方向，对促进消费与投资的协调，提高人民生活水平，实现全面小康，具有重要意义。

（一）初次分配和再分配都要处理好效率与公平的关系

效率与公平的关系，是收入分配制度改革中，必须处理好的重大课题。中国正处于并将长期处于社会主义初级阶段，发展生产力是长期面临的重大任务，在收入分配上充分考虑效率，才能调动起各方面的积极性，以促进经济发展。同时，又要使收入分配差距控制在社会可以承受的范围之内，能够使全体人民共享改革发展成果，这就必须考虑社会公平。把握好效率与公平之间的合理的度，就要根据生产力发展水平与构建和谐社会的要求来决定。党的十七大报告再次要求我们要处理好效率与公平的关系，是在新的发展阶段根据新的任务提出来的，也就是说，是在人均GDP已经超过2000美元的条件下，按照实现全面小康的要求来处理效率与公平的关系，并作出相应的制度安排。如完善社会保障体系，能够集中体现社会公平的要求，但在20世纪八九十年代在温饱问题尚未解决的情况下缺乏必要的经济条件，而今天有条件提出建立覆盖城乡全体居民的社会保障体系的任务。

与以往提出的初次分配注重效率、再分配注重公平相比，党的十七大提出的初次分配和再分配都要处理好效率与公平的关系，是分配制度上的重要发展，是从当前中国收入分配的实际情况出发提出来的，是进一步处理好效率与公平关系的重大举措。多年来，由于中国分配制度不健全，造成初次分配中资本和某些要素所得偏多，劳动所得偏低；由于部分行业垄断现象的存在，又使本该通过税收上缴国家的垄断利润，被这些行业的职工所获得；由于机会不公平，使赢得高利润和高收入机会的企业和个人不是靠平等竞争而获得超高收入。由于初次分配中造成的分配差距过大，其再分配的调节功能已难以使社会公平得到有效维护，特别是中国目前的税收制度仍以间接税为主，直接税为辅，大大限制了税收在再分配中的调节功能，这也是导致中国目前收入分配差距偏大的一个重要原因。党的十七大报告强调，初次分配也要注意处理好效率与公平的关系，这就使分配调节功能前移，使初次分配即按生产要素分配中，体现效率与公平的统一，减轻再分配环节的调节负担。

初次分配处理好效率与公平的关系，主要在于使各类生产要素在参与分配中能获得与其贡献相一致的合理比例。技术和管理作为复杂劳动，可以折合为若干倍的简单劳动，折合的倍数，通过市场来评价。为此，要建立完善的技术市场、劳动力市场和企业家市场，一个高层企业管理人员和技术骨干，有没有实际本领，要有相应的实践来检验。因此，企业在聘任管理和技术人员时，往往要看其经历。与之相适应，要建立技术成果评价制度、技术和管理期股制度。技术和管理人员的收入与普通员工的收入差距可以适当拉开，但也不应拉得过大。从国外经验来看，美国企业管理人员与普通员工收入的差距要大于日本、欧洲，其结果是，美国企业家和技术人员的创新意识、冒险精神就比较强，而日本、欧洲企业的职工更富于团队精神。中国企业应从中国国情和企业产权结构、行业特点出发，确定合理的管理人员、技术人员与普通员工的收入差距。一般来说，国有企业职工收入差距应当小一些，这是调动职工积极性、增强企业凝聚力的需要。从国内企业的实践来看，许多经营成功的企业，一个重要特点就是在分配上既能激励职工为企业作出大的贡献，企业内部核心层、骨干层的收入高一些，同时又能兼顾全体员工的利益和内部和谐。有的企业提出“财聚人散、财散人聚”，道明了在分配上处理好效率与公平关系对增强企业凝聚力的重要作用。

再分配环节，要更加注重公平。再分配主要是国家运用税收和预算手段对收入分配的调节。中国现行的累进制个人所得税制度，经过多年的实践，证明在调节个人收入分配方面的效果是好的，既考虑到了鼓励一部分人通过诚实劳动和合法经营先富起来，又考虑到了避免收入差距悬殊，应继续加以完善。完善的方向：一是近期应朝着降低个人税收负担，有利于增加居民收入的方向努力，如降低个人银行存款的利息税就符合这一要求，今后还应继续朝这个方向改革，以利于落实扩大内需和激励消费的方针。二是为了避免资源的不合理占用，实行有利于资源节约的税收政策。能源和土地是短缺资源，开征燃油税有利于鼓励人们节约能源，这项改革已经酝酿了近 10 年，应尽快推出。开征物业税有利于鼓励节约土地，促进居住消费的公平，也应积极研究，在条件成熟时推出。三是增加财政对公共服务的支出，逐步扩大转移支付，逐步使全国人民都能享受到大体相同水平的公共服务。如果说，在短时期内缩小地区经济发展差距难以做到，但只要通过加大中央财政转移支付力度，在公共服务上实现大体公平是可以做到的。四是从长远看，应着力研究如何从间接税为主向直接税为主过渡。以直接税为主的税收政策，是发达国家普遍采用的。这个政策的好处就是可以降低企业的税收负担，有利于企业增加技术开发和设备更新的投入，有利于增强企业的竞争力，有利于优秀企业的充分发展。其前提条件是必须建立个人收入透明化制度，提高居民的纳税意识，建立个人纳税征信系统，并把纳税额作为衡量公民社会贡献的一个重要尺度。以个人为主要征税对象相比以企业为主要征税对象，将大大增加税收管理的难度和工作量，需要做好充分的舆论和物质准备。随着增值税转型和内外资企业所得税并轨等改革的推进，随着居民收入的提高，中国建立以直接税为主的税收体系的条件已日臻成熟。

（二）提高居民收入在国民收入分配、劳动报酬在初次分配中的比重

党的十七大报告指出："逐步提高居民收入在国民收入分配中的比重，提高劳动报酬在初次分配中的比重。"这是党的十七大在收入分配问题上作出的又一项重大部署，是为了在初次分配和再分配中都要处理好公平与效率关系所采取的重大举措，也是转变发展方式、扩大消费需求的重大举措。由于国民收入分配和初次分配涉及诸多领域，真正把这一举措落到实处必须研究采取综合性措施。

2000—2006 年，中国城镇居民人均可支配收入年均增长 9.8%，农民人均纯收入年均增长 5.6%，而同期国家财政收入年均增长为 19.4%，规模以上工业企业实现利润年均增长 28.2%，财政收入和企业利润的增长速度明显高于城乡居民收入增速。国民收入分配向国家和企业的倾斜，导致居民消费率不断下降，2000 年为 46.4%，2006 年下降到 36.2% 的历史最低点。由于消费对经济增长的拉动作用减弱，经济增长不得不过多地依赖投资和出口。消费率过低、投资率过高，还将会导致生产能力过剩。解决这一矛盾，必须从调整国民收入分配结构上入手，提高城乡居民收入在国民收入分配中的比重。为此，要建立工资正常增长机制，尽可能增加城镇居民收入，同时，千方百计增加农民收入。2007 年猪肉和食用油价格虽然上涨，但总体来看，农产品价格仍低于 1997 年水平。农产品价格的适度上升，有利于增加农民收入，有利于鼓励农民生产的积极性。当前，调整国民收入分配结构应

采取的主要措施，就是通过建立国有资本预算，从国有企业近几年的利润中拿出一部分，再从近几年财政增收中拿出一部分，集中用于完善社会保障体系，包括养老保险、医疗保险和低保，并覆盖城乡全体居民。政府增加公共服务支出，完善社保体系，可以消除居民即期消费的后顾之忧，减少个人为养老、就医和子女上学的储蓄存款，增加即期消费支出。增加社会保障的支出，可直接维护社会公平，对减轻因收入差距拉大带来的负面影响具有积极意义。

初次分配中增加劳动报酬，也是当前调整收入分配结构的一个重要方面。改革以来，我们取消了计划体制下工资调整全国同步走的平均主义，把工资分配权下放给企业。私营个体企业、股份制企业和外资企业，都具有收入分配的自主权。由于职工工资水平完全由代表资方利益的企业决策机构决定，而相应的工资集体协商制度、国家公布行业人工成本信息、参考工资线等制度没有建立起来，使劳动者在工资分配上处于被动地位。加上农村剩余劳动力多，企业尽可能压低工资也能雇到人，从而造成一线劳动工人 20 多年工资未提升或很少提升，特别是农民工的工资，连劳动力再生产都难以维持，这种情况应尽快加以改变。农民工的社会保障费用要强制缴纳，并可以随着岗位更换而接续，使农民工在退休后拥有养老资金。

（三）中等收入者占多数已成为实现全面小康最具标志性的目标

党的十七大报告提出，到 2020 年，要使“中等收入者占多数，绝对贫困现象基本消除”。这是实现全面小康的一个重要目标。实现这一目标，中国居民家庭收入将初步形成中间大、两头小的橄榄形结构，从而为广大人民过上美好生活和社会稳定奠定坚实的经济基础。

所谓中等收入者，国内外经济学界有不同的标准。国外有的学者认为，一个家庭有稳定的收入，可以维持基本生活需要，有固定的住宅和一定的储蓄，即为中等收入家庭，这是一个定性的标准。国家统计局根据中国的实际和全面小康的要求，把家庭年收入 6 万元到 20 万元划为中等收入家庭，这是一个定量的标准。根据国家统计局公布的 2006 年中国城乡居民按收入等级划分的各类收入户的比重，假定 2007—2020 年，城乡居民人均收入仍保持前 28 年 7% 的年均增长速度，2020 年比 2006 年增长 1.58 倍，扣除价格上涨因素，测算 2020 年城乡居民收入的状况，则中等收入户占城乡居民家庭总户数的比重将上升为 53%，家庭年收入 20 万元以上的高收入户数占 2%，其中，城镇居民家庭的 74%、农村居民家庭的 30% 可进入中等收入家庭行列，全国城乡55%的居民家庭年收入可达到6万元以上。

中国实现这一目标，有相当的难度，但是我们也有条件、有信心保证其实现。第一，要保持经济的持续平稳较快增长，这是增加居民收入的物质前提。从近几年的情况看，中国经济已进入一个持续平稳快速增长的新阶段，只要搞好宏观调控，继续发挥经济增长的潜力，不断增强经济活力，把改革以来的经济增长速度保持到2020年是可以做到的。第二，是要加大国民收入分配结构的调整力度，提高居民收入所占比重。1978—2006年的28年间，中国GDP年均增长9.7%，城镇居民人均可支配收入和农民人均纯收入年均增长速度均为7%，平均每年低于经济增长2.7个百分点，国民收入分配明显向政府和企业倾斜。今后一个时期，提高城乡居民收入的增长速度，使其高于7%，是完全必要也是有可能的。第三，坚持和完善按劳分配为主体、多种分配形式并存的分配制度，健全劳动、资本、技术、管理等生产要素按贡献参与分配的制度，有利于充分调动全体劳动者的积极性，调动技术人员和管理人员的积极性，对增加居民收入将起到重要的激励作用。第四，党的十七大报告提出要“建立企业职工工资正常增长机制”“提高劳动报酬在初次分配中的比重”，相应要建立企业工资增长集体协商机制，企业职工收入将会随着企业的发展有一个较快的提高。第五，党的十七大报告提出“要创造条件让更多群众拥有财产性收入”，这是根据中国资本市场发展的新情况提出的增加居民收入的新举措。随着居民储蓄率的提高和投资体制、金融体制改革的深化，将会有越来越多的居民成为资本市场的投资者。中国经济的持续增长和企业效益的提高，又为资本市场的繁荣和投资者收入的增加提供了前提条件。第六，创业收入将进一步成为部分居民富起来的重要途径。党的十七大报告提出“完善自主创业、自谋职业政策，加强就业观念教育，使更多劳动者成为创业者”。创业者往往从资本、技术、管理等方面进行了大量投入，创业成功者的投资回报率最高，改革以来先富起来的人群有相当大的比例是创业成功人员。按照党的十七大报告的精神鼓励全社会创业，将会成为增加居民收入新的发动机。以上这些重大政策措施的落实，将对扩大中等收入者的比重、实现中等收入者占多数的目标提供重要保证。

要“着力提高低收入者收入，逐步提高扶贫标准和最低工资标准”，这是党的十七大提出的调整收入分配结构、实现社会公平的重大政策。当时，农村还有2000多万人尚未脱贫，这部分人口分布比较分散，大部分是因为自然环境恶劣或劳动能力较低而无法脱贫，国家将通过实行低保政策，保证他们的基本生活需要。为了实现脱贫致富的目标，要加强扶贫工作的针对性和有效性，增强其自我发展能力。城镇低收入者大部分是农民工和工作稳定性较差的从业人员，要通过逐步提高最低工资标准，增加他们的收入，保护他们的合法权益。根本的解决办法是通过加强技术和职业培训，提高劳动者的素质和技能，努力使部分低收入者成为中等收入者，尽可能减少低收入者的比重。

建立体现社会公平的收入分配制度，必须按照党的十七大报告的要求："保护合法收入，调节过高收入，取缔非法收入。扩大转移支付、强化税收调节，打破经营垄断，创造机会公平，整顿分配秩序，逐步扭转收入分配差距扩大趋势"。

中国收入分配制度改革从打破平均主义、"大锅饭"到建立劳动、资本、技术、管理等生产要素按贡献参与分配的制度，经历了巨大的变化，对调动劳动者的积极性发挥了重要作用，同时也要看到，收入分配中存在着秩序混乱、黑色灰色收入屡禁不绝等问题。整顿收入分配秩序的工作应当继续进行，要建立收入分配的阳光政策，使合法的收入得到保护，非法收入得到禁止，使每个人每个渠道的收入都能置于税收部门的监督之下。要加快推进电子货币工程，尽可能减少现金支付，加快有关收入透明化的立法，堵塞不合理收入的漏洞。

要加快垄断行业改革，促进机会公平。目前，中国行业之间收入差距较大，原因之一在于一些行业的企业依靠自己的垄断地位，在缺乏竞争或不充分竞争的条件下获取了垄断利润。应当按照《中华人民共和国反垄断法》的要求，积极推进改革，取消社会资金进入的限制，引入竞争机制。有人担心放开垄断行业可能会出现低水平重复建设和恶性竞争，对此，可通过严格行业进入的环保和能源资源消耗门槛的办法来解决。应当看到，竞争是活力的源泉，如果没有竞争和优胜劣汰机制，经济发展的活力就会窒息，改革以来的实践反复证明，哪个行业和地区率先改革，率先引入竞争机制，哪个行业和地区的经济就充满了发展活力，而垄断和保护的结果，只能带来落后。特别是一些已对外资开放的领域，对内资应当率先开放。

要加大对收入分配的调节力度。当前，地区之间收入分配差距拉大是一个突出问题。在边远落后、条件恶劣地区工作的人，理应得到更高的报酬，这样才能鼓励干部和人才到欠发达地区工作。为此，要加大财政转移支付力度，保证经济欠发达地区公务员的工资支付，支持欠发达地区完善公共服务体系，使之与发达地区享受到大体相同的公共服务。要依法加大对高收入的调节力度，一些私营企业主和个体工商户主，将自己的生活消费支出计入生产经营成本，从而达到隐瞒收入、逃避税收的目的。要健全财务制度，加强对个人收入的监管，把该收的税金全部收上来。

合理的收入分配制度的建立，需要一个过程。在经济快速增长阶段，收入差距的适当拉大是难以避免的，鼓励一部分人先富起来，就必然会有相当一部分人后富起来，先富与后富的人在同一时间必然产生收入差距，我们的责任就是通过先富帮后富，最终实现共同富裕。

（四）加快建立覆盖城乡居民的社会保障体制

社会保障是社会安全网，完善社会保障体系将成为今后一个时期发展公共服务的重点。党的十七大报告提出了社会保障体系的总体框架，即以社会保险、社会救助、社会福利为基础，以基本养老、基本医疗、最低生活保障制度为重点，以慈善事业、商业保险为补充，加快完善社会保障体系。在养老保险制度建设方面，重点是促进企业、机关、事业单位养老保险制度改革，采取多种方式充实养老基金，提高统筹层次，同时探索建立农村养老保险制度。在医疗保障制度建设方面，要推进城镇职工、城镇居民的基本医疗保险，提高农村合作医疗覆盖面。城乡居民最低生活保障制度已经建立起来，全国城市和农村各有2000多万人已享受到低保，要逐步提高保障水平。完善失业、工伤、生育保险制度。解决好城镇低收入家庭住房困难，健全廉租房制度，稳定城市住房价格。

四、加快推进社会领域的各项改革

改革开放20多年，中国经济体制改革取得了重大进展，初步建立起社会主义市场经济体制。但是，与经济体制改革相比，社会领域的改革明显滞后，已经严重制约了各项社会事业的发展。2003年SARS疫情的发生，给我们敲响了警钟。经济和社会发展不能长期一条腿长一条腿短。2003年年底召开的党的十六届三中全会通过的《关于完善社会主义市场经济体制若干问题的决定》，提出了统筹经济与社会发展的方针，对科技、教育、文化、卫生、体育等领域的改革做出全面系统部署，提出了明确要求，概括起来有如下几点。

一是加快社会事业发展要发挥市场机制的作用，引入竞争机制。除了要增加政府对社会事业的投入，更要调动社会各方面的积极性，增加社会资金投入。

二是对公益性事业单位和经营性事业单位实行不同的管理体制。经营性事业单位要加快向企业单位转制，公益性事业单位也要深化内部改革，增强活力。

三是政府要强化社会管理和公共服务职能，为社会领域各项事业的发展创造良好的环境。

四是各项社会事业的发展都要坚持以人为本，围绕人的全面发展，提高人口素质，满足人的各方面需求。

社会领域各项事业单位改革，都应体现上述基本要求，特别是要重点搞好科技、教育和医疗卫生领域事业单位的改革。因为这些领域目前存在的问题比较突出，严重不适应经济发展和人民的需求。

在科技体制方面，应重点解决科技与经济的结合问题。往届政府在推进部属科研院所体制改革方面迈出了重大步伐，但从整体来看，一是科技与经济“两张皮”的问题仍然存在，需要继续深化改革；二是科技投入严重不足，科研开发的动力机制尚未形成，科研单位缺乏技术开发的积极性，以致目前技术已成为产业结构升级和经济持续发展的突出瓶颈。

在教育体制方面的突出问题，一是教育结构与人才需求结构脱节，每年新毕业的学生不少人专业不对口，一方面是许多行业和单位急需的专业人才短缺，另一方面某些专业的人才供过于求，找不到用人单位。各级各类学校毕业的学生普遍缺乏创新、创业能力，缺乏就业和谋生的能力。教育结构如何适应市场需求，培养的人才如何适应市场竞争的需要，应当通过教育体制包括学校管理体制的改革来解决。二是在目前各类产品和服务总体上供大于求的格局下，教育是仅有的不能满足人民需要的行业。要鼓励社会办学，在继续增加财政对教育投入的同时，要调动社会各方面投资教育事业的积极性，满足人民迅速提高的受教育的需求。

医疗卫生体制改革，应重点解决两大紧迫问题：一是医疗资源配置严重不合理问题。据世界卫生组织与中国卫生部组织的调查，目前医疗资源配置的公平性，在全世界 180 多个国家中，排在倒数第三位。占总人口 30% 的城镇占有 80% 的医疗卫生资源，而新增的医疗卫生资源仍继续逆向配置。二是医疗费用过高，中低收入阶层特别是农民看不起病，大量利润流向医药生产、流通环节，假劣药品屡禁不绝。这些问题，必须通过深入进行医疗卫生体制改革加以解决。

检验社会领域改革的成效，应当看其对上述问题解决的程度。改革不能回避矛盾，必须解决矛盾。社会领域的改革比起经济体制改革要复杂得多，应根据不同行业的特点采用不同的管理体制，应通过深入调查研究，总结好的典型，吸取国外的成熟经验，制定出符合中国实际的切实可行的改革方案，经充分论证后付诸实施。

通过大力推进社会领域的改革，必将为落实科学发展观，使全体人民都能分享经济发展的成果，为实现全面建设小康社会的目标作出重要贡献。

第九节　坚持以人为本的科学发展观

2003 年 10 月，党的十六届三中全会提出了“坚持以人为本，树立全面、协调、可持续的发展观，促进经济社会和人的全面发展”，坚持“统筹城乡发展、统筹区域发展、统筹经济社会发展、统筹人与自然和谐发展、统筹国内发展和对外开放的要求”。这是新的发展阶段对中国经济发展指导思想作出的新概括，是我们党关于社会主义发展理论的重大创新。

一、发展是第一要务

党的十一届三中全会作出把全党工作的重心转移到经济建设上来的重大战略决策，这是关系党和国家命运的重大转折。从此，中国经济进入了快速发展时期。在经历了 25 年的高速发展之后，中国的经济实力明显增强，人民生活水平大幅提高。新的情况下，还要不要继续坚持以经济建设为中心？胡锦涛同志代表党中央发出了重要声音：新一届党中央将带领全国人民聚精会神搞建设，一心一意谋发展。改革以来，中国经济虽然有了长足发展，但是就人均国内生产总值来看，还没有达到全世界的平均水平；科技教育水平仍然比较低，大量高科技产品依赖进口；城乡和区域之间差距拉大，农业现代化水平较低，农村尚有大量人口没有摆脱贫困；环境污染严重，前 20 多年的经济增长在很大程度上依靠大量增加物质资源消耗；出口仍然以劳动密集型和资源密集型产品为主，加工贸易仍占较大比重。我们必须对经济发展中的问题有一个清醒的认识，没有理由为已经取得的成绩骄傲自满，更不能放慢发展步伐。在激烈的国际竞争中，如果稍有松懈，就会错失发展机遇。科学发展观的精神实质，就是强调要把发展作为第一要务，坚持把经济发展作为全党工作的中心。科学发展观告诫全党同志，在艰巨繁重的发展任务面前，全体党员和干部一定要毫不懈怠、继续奋斗。正是在这一正确思想的指导下，在全党全国人民的共同努力下，中国经济在进入 21 世纪后的第一个十年创造了新的辉煌，十年之内年均经济增长速度达到 10.6%，成为中国历史上发展速度最快、经济波动幅度最小的时期。在这十年，中国 GDP 总量由世界第六位跃升至第二位，跨上了一个新的大台阶。

二、核心是以人为本

坚持以人为本，体现了中国共产党作为马克思主义政党的政治立场。能否代表最广大人民的根本利益，是区别马克思主义政党与其他政党的根本标志。全心全意为人民服务是我们党始终不渝的根本宗旨。党的十八大报告提出了“以人为本、执政为民是检验党一切执政活动的最高标准”“始终把人民放在心中最高位置”。为了实现好、维护好、发展好最广大人民的根本利益，必须取得最广大人民的支持和拥护。这就决定了我们做工作、办事情必须坚持一切为了群众、一切依靠群众。只有这样，才能激发人民群众的创造活力，凝聚起强大力量，把我们的事业不断推向前进。

以人为本是中华民族的优秀文化传统。古代人本思想的代表、法家先祖管仲说：“夫霸王之所始也，以人为本，本理则国固，本乱则国危。(《管子·霸言》)”古代人本主义思想主张以“霸王之道”为中介，最终实现“王道”理想，“为天下治天下”，不能凭借权势谋求私利，而应以天下为公（《商君书》)。民本主义思想是人本主义的主要内容，民本主义主张通货积财、强国富民、制民之产，认为“仓廪实则知礼节，衣食足则知荣辱”（《管子·牧民》)。儒家倡导以“仁”为核心的人本意识，就是尊重人和推崇人。孔子说“为仁由己”，仁的境界的实现要靠自己的努力；又说：“己欲立而立人，己欲达而达人”（《论语·雍也》)，认为“立人”“达人”的前提条件是“己立”“己达”。孔子还说：“己所不欲，勿施于人”（《论语·颜渊》)。儒家强调“人贵物贱”“民贵君轻”“民为邦本”，认为人民是第一位的，天下之得失取决于民心向背。中国古代人本主义思想极为丰富，成为中华文化的重要组成部分，为中华民族的繁衍生息、兴旺发达奠定了坚实的思想基础。党的十六届三中全会提出以人为本的科学发展观，是对中华民族优秀文化的传承和弘扬，是古为今用的典范。

把人自身的发展作为经济社会发展的核心目标，是近 50 年来联合国关于人类社会发展理念的最终选择。从 20 世纪 70 年代以来，联合国倡导促进全球均衡发展，缩小南北差距，围绕减少贫困、促进就业、推动社会发展、实现可持续发展和应对气候变化等议题，召开了一系列会议，研究解决人类社会发展面临的共同课题。在发展的理念上经历了三个阶段。第一个阶段，注重经济的发展，主要是国内生产总值的增长，主张通过促进经济增长来缩小国家和地区之间的发展差距。第二个阶段，开始注重社会的发展，提倡各国应尽可能多地把经济发展成果转化为社会发展成果，为此制定了评价社会发展水平的指标体系，包括人均预期寿命、人均受教育时间、成人识字率、婴幼儿死亡率、产妇死亡率、人均医院病床数量、人均医生数量、社会保障水平、森林覆盖率等。1995 年联合国社会发展委员会在丹麦首都哥本哈根召开了联合国社会发展问题世界首脑会议，各国首脑围绕社会发展问题各抒己见，展示各国社会发展的成就与诉求。作者有幸作为国家计划委员会的工作人员参加会议。从世界各国社会发展指标的成绩单可以看出，丹麦名列全球第一。在这次会上，一些专家和官员提出，应当把人自身的发展水平作为评价社会发展水平的核心指标，经济发展和社会发展都应以人的发展为中心，包括把实现人的智力水平和健康水平的提升作为发展的最终目标。这就使联合国关于发展的理念开始进入第三个阶段。中国积极参与了联合国社会发展委员会的各项活动，之后又积极参与了联合国应对气候变化的各项活动。中国社会发展和人的发展水平的快速提高，为全球的发展作出了重大贡献。我们党提出以人为本的科学发展观，与世界关于发展理念的转变提升是同步的。

三、基本要求是全面协调可持续

坚持全面协调可持续发展，是科学发展观的基本要求。强调全面协调可持续发展，是针对经济发展中的结构性问题和持续发展能力提出来的，是实现国民经济长期健康稳定高质量发展的迫切要求。

坚持全面发展，主要是针对经济与社会发展不平衡的问题提出来的。改革以来，我们已经经历了 25 年的快速发展。继 20 世纪 80 年代农业和消费品工业大发展之后，90 年代又实现了电子机械、石油化工、汽车制造和建筑业的振兴，把重化工业也搞上去了。进入 21 世纪初期，我们正集中力量进行高速公路、高铁、信息网络建设，基础设施正在逐步完善。在经济高速发展的同时，社会发展明显滞后，主要表现在教育、医疗、社会保障等事业的发展满足不了居民需求，看病难、上学难、上幼儿园难、进养老院难；医疗资源配置不合理，农村缺医少药，三甲医院过度集中于大城市；教育结构不合理，教育资源配置不均衡，职业教育薄弱，技能型人才短缺，对创新型人才的培养不适应经济发展要求；社会保障覆盖率不足，养老保险统筹层次偏低，医疗保险异地转移接续不适应劳动力流动的现实需要，农村人口的社会保障水平不高。诸如此类问题，迫切需要通过加快社会管理体制和公共财政体制改革加以解决。社会事业发展滞后，集中表现为公共服务供给能力不足。造成公共服务能力不足的主要原因是公共财政规模偏小、支出水平偏低。特别是在中西部财政收入较少的地区，受公共财政支出的限制，公共服务欠账较多。解决这一问题，需要建立和完善公共财政制度，加大转移支付力度，力求以人均公共财政支出的均等化实现人均公共服务的均等化。同时，要加快中西部经济发展，增强中西部地区财政收支能力。通过加快社会发展，尽快改变经济与社会发展一条腿长、一条腿短的问题，使经济发展成果更多地转化为社会发展成果，使广大人民更多地从经济发展中受益。

坚持协调发展，主要指加强城乡之间、区域之间的协调，努力缩小城乡、区域之间的发展差距，走共同富裕的发展道路。改革开放以来，由于沿海地区率先对外开放，抢得了发展的先机，中西部地区的各类资源源源不断流向沿海地区，农村的各类资源源源不断流向城市，支持了沿海和城市的发展和繁荣。经过 20 多年的发展，沿海地区基本上已经实现了工业化、城市化，有的地区已经进入后工业化阶段，中西部地区总体上仍处于工业化的中后期阶段。中国已有 200 多种工业产品产量居于世界前列，工业中的每个行业都有一部分企业的技术水平进入世界前沿，具有较强的国际竞争力。但是农业的技术水平整体上仍然明显落后于发达国家水平，农业劳动生产率过低，农产品缺乏国际竞争力，每年进口农产品达 1700 亿美元以上，农业已明显拖了经济现代化的后腿。区域发展差距本质上是城乡发展差距，中西部地区城市与沿海地区城市并没有什么差距，主要是中西部农村的发展落后于沿海农村。针对这种情况，突出提出加强区域、城乡协调发展，优化资源配置，实施以工促农、以城带乡政策，加大对中西部地区、东北地区经济发展的支持力度，支持中部崛起、东北等老工业基地振兴，扩大西部沿边地区对外开放，加快农业农村发展，是激发经济增长潜力，实现国民经济持续健康发展的根本举措。

坚持可持续发展，主要指改变经济增长过度依赖能源资源消耗的状况，注重生态环境治理保护，提高经济发展的质量和效益。过去 20 多年的发展，很大程度上是靠能源资源密集型产业的快速发展带动起来的。中国单位 GDP 的能源原材料消耗是发达国家的 4—6 倍，钢材、铝材、水泥、玻璃的产量占全球一半以上，能源消费总量居全球第一位。能源原材料的高消耗，带来严重的环境污染：沙尘暴和雾霾天气频发；大量河流干涸、有些河湖水变为黑臭水体；沿海赤潮、浒苔灾害时有发生；工业园区造成土地面源污染；垃圾填埋带来污染隐患。生态环境的破坏对人民的健康带来威胁，这种依靠高消耗、高污染支撑的高增长再也不能持续下去了。党的十六届三中全会提出以人为本的科学发展观，顺应了经济发展的客观要求，强调要建立生态友好型、资源节约型经济，端正了发展的指导思想，对中国经济发展道路产生了重要深远影响。

四、根本方法是统筹兼顾

按照科学发展观的要求，我们要坚持五个统筹：统筹城乡发展、统筹区域发展、统筹经济社会发展、统筹人与自然和谐发展、统筹国内发展和对外开放。五个统筹集中体现了全面协调、统筹兼顾的经济发展指导思想。在一个十几亿人口的大国，在工业化、城镇化快速推进的过程中，面对各种错综复杂的矛盾和利益关系，必须把各方面的利益都照顾到、平衡好，坚持全面协调、统筹兼顾的指导思想极为重要。这一正确的指导思想，也是我们在长期经济建设的实践中用教训换来的。早在 20 世纪 50 年代末，在“左倾”指导思想影响下，我们在经济建设上急于求成，搞“大跃进”，用牺牲农业和轻工业的办法来搞重工业，结果导致经济比例失衡，连吃饭都成了问题。最后不得不花三年时间进行调整，本来想快，结果反而慢了。1962 年，陈云同志在一次关于调整的讲话中，当讲到不要拒绝对重工业、基本建设指标“伤筋动骨”，要痛痛快快下来时，周恩来同志插话，“可以写一副对联，上联是先抓吃穿用，下联是实现农轻重，横批是综合平衡”①。因此，搞好综合平衡和统筹兼顾，是实现经济平稳、均衡发展的根本要求，也是把人民利益放在首要地位的根本要求。落实科学发展观，中国经济逐步迈上全面协调可持续的发展轨道。

第十节　转变经济发展方式

2010 年年初，在省部级主要负责同志落实科学发展观研讨班上，胡锦涛同志在讲话中强调，转变经济发展方式是当前刻不容缓的战略任务。这是根据国内外经济

---

① 转引自《红旗》1979 年第 3 期。

形势作出的重大决策，是应对全球金融危机影响、把2009年下半年以来出现的回升向好的发展势头保持下去的迫切需要，是贯彻落实科学发展观，在今后一个较长时期内保持经济平稳较快发展的根本举措。要进一步加深对转变经济发展方式重要性、紧迫性的认识，集中精力、集中资源，力求近期内在转变发展方式上取得突破性进展。

一、从转变经济增长方式到转变经济发展方式，反映了我们党对经济发展规律认识的深化

1995年，党的十四届五中全会通过的《中共中央关于制定国民经济和社会发展"九五"计划和2010年远景目标的建议》提出要转变经济增长方式，强调经济增长要从粗放型向集约型转变，同时提出要通过经济体制的转变推动经济增长方式的转变。从1995年至2007年党的十七大召开，我们在转变经济增长方式上取得了重大进展。一个具有标志意义的事情就是，在这12年间，电子机械、石油化工、汽车制造和建筑业在国内生产总值中的比重由12%上升到20%，其作为国民经济四大支柱产业的地位确立起来了。四大支柱产业的崛起，对满足人民的住行需求和这一时期经济的快速增长发挥了重要支撑作用。2007年，党的十七大根据经济发展新阶段面临的新形势和新任务，提出了转变经济发展方式的战略要求。从提出经济增长方式转变到提出经济发展方式转变，虽然只改变了两个字，但它的内涵却大大扩充了，体现了我们党在对经济发展规律认识上的深化。经济增长方式转变主要是针对生产要素结构的调整，强调通过技术进步、加强管理、实行规模化经营等，促进经济增长由粗放型向集约型转变，提高经济增长的质量和效益。经济发展方式转变要从三个方面来进行：在需求结构调整上，要从过度依赖投资和出口转变到消费、投资、出口协调拉动，增强消费对经济增长的拉动作用；在供给结构调整上，或者说在产业结构上，要从过度依赖第二产业转变到第一、二、三产业协调发展，着力发展第三产业，提高第三产业占GDP的比重；在生产要素结构调整上，要改变经济增长过度依赖物质资源消耗的状况，应主要通过技术进步、改善管理和提高劳动者素质来拉动经济增长。实现这三个方面的转变，我们就既能有效应对全球金融经济危机的影响，也能为在一个较长时期内保持经济平稳较快发展创造条件。如果说在2008年金融危机之前，按照传统的增长模式，中国经济还可以保持较快增

长，那么在金融危机之后，转变经济发展方式就具有了更大的紧迫性和必要性。党的十七大提出转变经济发展方式是富有远见卓识的。2008 年下半年爆发了全球金融危机，2009 年是危机对中国经济影响最严重的时候，转变经济发展方式成为战胜危机影响的有效的重大举措。

2010 年 10 月，党的十七届五中全会通过的《中共中央关于制定国民经济和社会发展第十二个五年规划的建议》，提出“十二五”规划要以科学发展为主题，以转变经济发展方式为主线，把加快转变经济发展方式贯穿到经济社会发展的全过程和各个领域，同时提出把经济结构战略性调整作为转变经济发展方式的主攻方向，把技术进步作为转变经济发展方式的重要支撑，把改善民生作为转变经济发展方式的出发点和落脚点，把建设资源节约型和环境友好型社会作为转变经济发展方式的着力点，把改革开放作为转变经济发展方式的强大动力。在“十二五”期间，能不能在转变发展方式上取得重大进展，不仅关系到未来五年经济的平稳较快发展，而且关系到未来 10—20 年中国经济能不能把平稳较快的增长势头保持下去，关系到能不能走出“中等收入陷阱”，跨上人均 GDP 1 万美元的台阶，进入高收入国家的行列。

二、在需求结构上由主要靠投资、出口拉动向消费、投资、出口协调拉动转变，大幅度提高居民消费率

2003 年以来，中国经济进入新一轮上升期。这一轮经济增长期的一个重要特征是重化工业增长速度明显加快，因而伴随着较高的投资率。2003—2008 年，投资率年均高达 42.2%，而同期居民消费率下降为 38.3%，特别是 2009 年，为了应对全球金融危机的影响，国家启动 4 万亿元投资计划，使投资率上升到 47.7% 的历史最高水平，才弥补了出口大幅度下降对经济增长的影响。经济增长过度依赖投资和出口拉动，造成大量生产能力过剩，贸易摩擦增加，已经到了难以为继的程度。“十二五”期间转变经济发展方式将把调整需求结构放在首位，大幅度提高居民消费率，适当降低投资率，促进国际收支的平衡。如果能在“十二五”期间将居民消费率由目前的 35% 提高到 50%，使消费对经济的拉动作用明显增强，将会为今后一个时期经济发展提供巨大的市场需求空间（见图 4 - 1）。

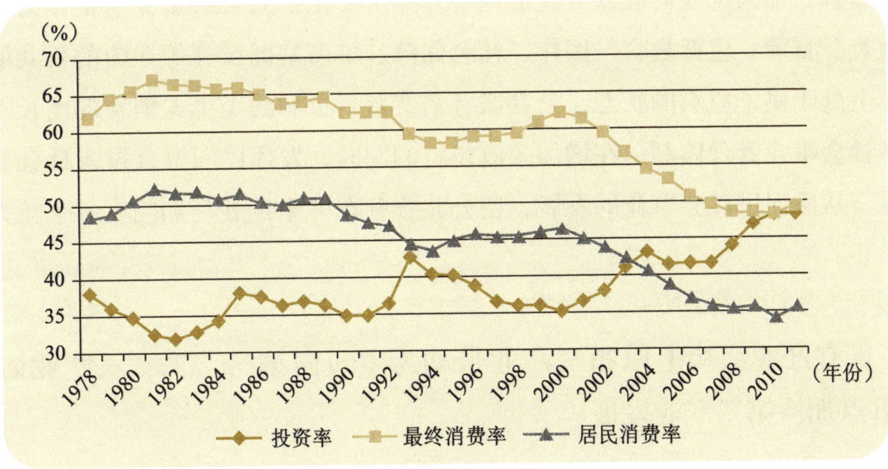

图 4－1　1978—2011 年中国居民消费费、最终消费率和投资率

与美国 80% 至 90% 以上的最终消费率相比，中国的最终消费率要低 30 多个百分点，提高最终消费率和居民消费率都有很大的空间（见图 4－2）。

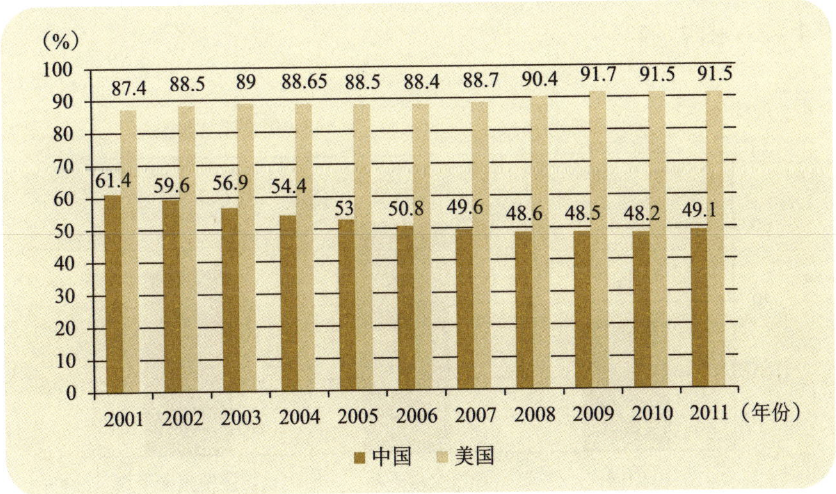

图 4－2　2001—2011 年中国与美国消费率对比

提高居民消费率必须从调整收入分配结构入手，重点增加中低收入者的收入，尽快形成“中间大、两头小”的橄榄形收入结构。收入分配结构调整是一把“双刃剑”，为了减少阻力，应当以增量调整为主，使新增的收入尽可能向中低收入者倾斜。要打破垄断，为民间资金顺畅地进入垄断性行业创造条件，从而使各个行业都能够获得大体平均的资金利润率，改变行业之间收入悬殊的状况。要清理各种不合理的收入，加大税收对收入分配的调节作用。要把扩大公共服务消费作为扩大消费的重点。目前，包括教育、医疗、社会保障、城市基础设施等在内的公共服务消费总体上处于供不应求的状态，公共服务消费落后也制约了个人消费的增长。要通过改革社会事业管理体制，在增加政府投资的同时，发挥民间资金投入社会事业的积极性，从而促进社会事业的发展，使公共服务在“十二五”期间有一个较大幅度的增长。

三、在产业结构上以第二产业带动为主转向第一、二、三产业协调发展，重点加快第三产业发展

第三产业发展滞后是中国国民经济结构中的突出问题。2009 年，第三产业增加值在 GDP 中的比例为 43%，第三产业从业人员占全社会从业人员的比例只有 34%，两个比例均远远低于全世界的平均水平，更低于发达国家的水平。从就业比重来看，中国比全世界平均水平低 26 个百分点，比发展中国家的平均水平低 15 个百分点（见图 4－3、图 4－4）。

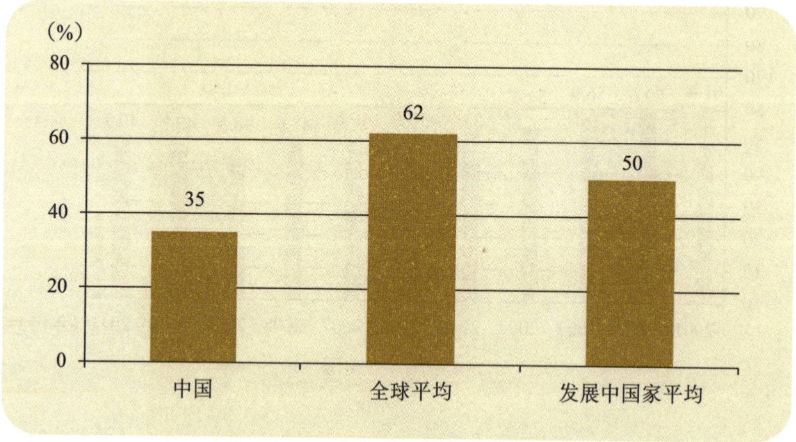

图 4－3　2011 年第三产业就业比重

第三产业发展滞后，严重影响了就业规模的扩大，影响了居民消费水平的提高，也制约着第一、二产业的发展。多年以来，尽管国务院也采取措施鼓励第三产业发展，但始终没有取得突破，原因在于尚未形成有利于第三产业发展的政策环境，许多政策对第二产业发展更为有利。例如在税收政策上，由于第二产业实行增值税，第三产业实行营业税，增值税的税负明显低于营业税，这就限制了第三产业

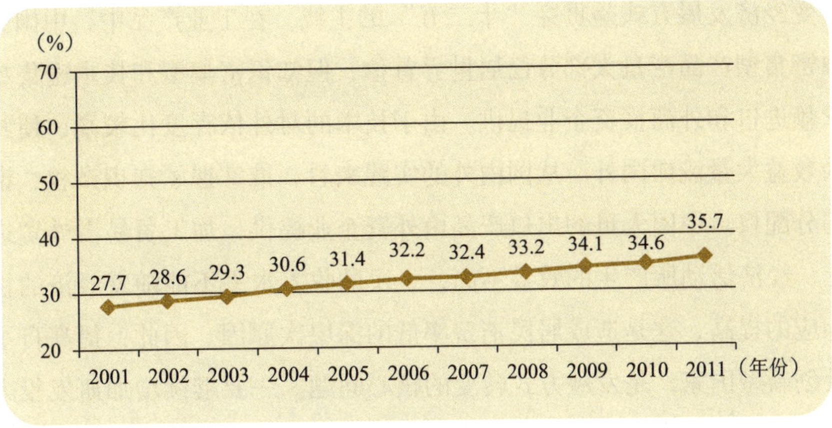

图 4 - 4　中国第三产业就业比重（2001—2011 年）

的发展。在经济工作的指导思想上，往往只把上工业项目看成是经济发展，对发展第三产业重视不够。在用地、水、电价格等方面，第三产业要高于第二产业。诚然，在工业化的初期和中期阶段，集中力量发展工业，是正确的选择。但当进入工业化的后期，第三产业的发展过度滞后于第二产业，就不仅不利于第三产业发展，而且会制约第二产业的发展。经过 30 年的快速工业化，中国工业化已进入中后期阶段。重视和加快第三产业的发展，已经提上重要日程。“十二五”期间必须在发展第三产业上采取重大鼓励政策，要重点发展生产性服务业，鼓励企业向研发和营销两端延伸，形成“微笑曲线”；要采取有效政策鼓励群众性创业，建立面向小型、微型经济主体和群众性创业的金融服务体系。大力发展物流、研发、技术贸易、咨询、信息、会计、审计、法律等新型服务业。对比中国的产业结构和美国的产业结构，中国第一、二产业的总体规模已接近和超过美国，而第三产业与美国相比则相差 9 万亿美元，所以中国 GDP 总量与美国的差距集中体现在第三产业上。今后 20 年我们要在 GDP 总量上赶上和超过美国，就要在服务业上形成 9 万亿美元以上的增加值，这是一个巨大的、艰难的任务。其中，金融业的增加值，美国达 2 万多亿美元，中国仅为 800 多亿美元。所以要把金融创新促进金融产业发展作为第三产业的增长点。

四、在要素结构上由物质资源消耗为主向技术进步、改善管理和提高劳动者素质为主转变，大力推动自主创新

中国钢铁、水泥等原材料的消耗总量已接近世界的 50%，能源消费总量居世界

前列。转变经济发展方式是贯穿“十二五”的主线。在工业产品中，中国劳动密集型和资源密集型产品产量大部分已居世界首位，但知识密集型和技术密集型产品仍然大量依赖进口和外商投资企业提供。由于技术的对外依存度比较高，使经济增长所产生的效益大量流向国外。从国内外的实践来看，谁掌握了知识产权，谁就掌握着利润的分配权。中国大量的出口产品由外资企业提供，加工贸易占外贸进出口的50%以上，经济活动所产生的效益不高，人民的收入水平不能随着经济的快速增长而得到相应的提高，这是造成居民消费率低的深层次原因。因此，提高自主创新能力、建设创新型国家，是发展方式转变的核心问题。一要继续增加研发投入，建立鼓励国有企业增加研发投入的机制，把无形资产的考核纳入对国有企业资产增值考核的范围。不仅要注重企业当年实现利润的增长，更要注重考核企业长远发展和盈利的能力。二要充分利用国家已经出台的各项鼓励自主创新的政策。目前，中国的政策利用程度低，如企业研发投入可以在税前按150%抵扣的政策，实际享受的企业仅占应该享受企业的1/3左右。关键是要调动企业研发投入的积极性，提高鼓励创新投入各项政策的可操作性。三要鼓励企业实施知识产权战略，积极申报国际专利。2009年，美国申请国际专利5万项，中国申请8000项，只及美国的约1/6，集中体现了中国技术创新能力与美国之间的差距。但也要看到中国的巨大潜力，2009年仅华为公司一家就申请了国际专利1800项，约占全国申请国际专利量的22%，如果全国能够培养出30个像华为这样的公司，那么我们在国际专利申请量及技术创新能力上，就能赶上和超过美国，这是完全可以做到的。全国各大城市都应努力改善鼓励创新的政策环境，培育更多创新型企业。四要充分利用国际市场的科技资源。全球金融危机使一些拥有较好科技资源的企业在经营上陷于困境，通过国际并购把这些企业变为中国企业的子公司，是提高创新能力的一条捷径。例如，吉利并购沃尔沃轿车之后，在中高档轿车生产技术方面，一下子就超过了一汽、二汽和上汽①。国家外汇储备应积极支持企业开展国际并购。五要支持科研机构、大学和企业开展引智创新，聘请国外高端科技人才，为提高中国自主创新能力服务。在这方面要研究和学习美国的经验。美国每年用大量奖学金吸引全球优秀青年到美国读书，毕业后又用优厚的待遇把优秀人才留在美国工作，这是美国能够长期保持科技领先地位的关键所在。我们在引进人才方面也要舍得投入，首先是要吸引留学人员

① 一汽指中国第一汽车集团有限公司，二汽指东风汽车集团有限公司，上汽指上海汽车集团股份有限公司。

回国工作。六要满足人民受教育的需求，继续扩大大学招生规模，提高教学质量，按照市场对人才的需求调整教育结构，重视发展职业教育。中国的大学生毛入学率已经达到24%，这是一个很好的成绩，但是，与一些发达国家和地区相比，中国仍有很大差距，韩国的大学生毛入学率已经达到50%以上，日本、美国都已经达到70%，中国台湾地区也已经达到50%以上。实现发展方式的转变，建设现代化国家，归根到底要靠人民受教育水平的提高。“十二五”期间一定要把发展科技和教育作为转变经济发展方式的两大重点。

五、城乡结构由差距不断拉大向协调发展转变，加快转变农业发展方式

“十二五”时期是中国城市化快速推进的时期。要通过制定一系列鼓励城乡协调发展的政策，使城市化在带动农村发展方面发挥重要作用，特别要通过加快农业发展方式转变，促进农业的现代化。当前，加快农业现代化有许多有利条件：一是社会资金充裕，二是农业剩余劳动力向第二、三产业转移有出路，三是农产品市场需求旺盛。要充分利用这些有利条件，引导社会资金投入到农业现代化之中，形成吸引民间资金进入农业的机制。具体来说，可以有三种途径，一是要培育家庭农场或农业专业大户，二是鼓励建立农业合作社，三是鼓励农产品加工的龙头企业向种植养殖环节延伸。要培育大批农业生产公司，提高农业规模化、现代化水平，提高土地产出率和农业劳动生产率。为此，要努力构造吸引民间资金投资农业现代化的政策环境，包括对农民的承包土地和宅基地确权颁证，赋予其充分的用益物权，即除了所有权以外的使用权、转让权、收益权、继承权、抵押权等，使承包经营权和宅基地的使用权成为吸引民间资金进入农业的重要手段。要建立农村现代金融制度，鼓励民间资金发起设立各类贷款公司、村镇银行和资金互助社，把民间资金吸引到农村金融业之中。对规模化、现代化的种植业和养殖业给予扶植政策，建立农业科技研发和科技推广体系，积极培养新型农业经营主体和新型农民。

六、区域结构由沿海率先发展向东中西部协调发展转变，加快中西部经济发展

进入21世纪以来，中国区域发展结构有了较大的改善，中西部投资和经济增长速度明显加快。西部大开发为西部经济发展带来了重大机遇，通过承接沿海地区

产业转移和吸引外资，加大资源开发力度，实现了经济的快速增长。内蒙古利用自己的资源优势，引进战略投资者，运用高新技术发展资源的深加工，有效地带动了经济的腾飞，内蒙古经济的增长速度已连续7年为全国第一，成为全国经济的领跑者。内蒙古把经济发展带来的财政收入大量投入生态建设和改善民生，全区生态环境已经由逐步恶化改变为总体稳定、局部改善。天津抓住滨海新区开发的机遇，发展战略性新兴产业，已成为继珠三角、长三角之后的第三个经济增长极。中部地区发挥资源优势，开始走出一条农业现代化与工业化、城市化同步推进的发展道路。河南在保持粮食稳定增长的同时，实现了工业的快速发展。“十二五”期间，应当巩固和扩大区域协调发展的良好局面，进一步利用好市场机制、合作机制、互助机制和扶持机制，促进中西部加快发展。要完善主体功能区规划及相关政策，对重点开发地区、优化开发地区、限制开发地区和禁止开发地区实行不同的政策。完善资源价格形成机制，使资源价格既反映市场供求，又反映稀缺程度。狠抓节能减排，保护生态环境，努力建设资源节约型和环境友好型社会。

七、对外经济由“引进来”为主向“引进来”与“走出去”并重的方向转变，建设开放型经济体系

当前中国外汇储备数额巨大，工业生产能力过剩。这两个问题孤立起来看是两个包袱，但是合并起来看就成为中国经济发展的一大优势。这就需要通过资本输出带动商品劳务输出，通过扩大“走出去”的规模，获得更多的海外资源的勘探权和开发权，通过国际并购获得经济发展所需要的科技资源，这就能够把外汇的货币储备和购买美国国债变为能源资源技术的物质储备，从而有效地规避国际货币汇率风险。美联储最近实施第二次量化宽松货币政策，旨在通过滥发美元、制造通货膨胀，向国外转嫁危机，让所有拥有美元储备的国家为美国的金融危机“埋单”。我们要规避美元大幅度贬值的风险，就必须通过扩大“走出去”的规模，把宝贵的外汇储备用好，使巨额的外汇储备变成支持中国经济长远发展所需要的短缺资源。为此，要建立支持企业“走出去”的外汇使用体系，把央行的外汇储备拿出一部分交给商业银行，鼓励商业银行为“走出去”的企业提供外汇贷款，不仅要支持大企业“走出去”，还要支持中小企业“走出去”。中小企业机动灵活，不会引起外国政府的戒心，更容易拿到资源的勘探权和开发权，更容易取得并购等经济活动的成功。

中小企业取得资源勘探权、开发权之后，要与大企业联合起来，或者把勘探权、开发权转让给实力雄厚的大企业，以弥补小企业资金和技术实力的不足。政府援助贷款要积极配合企业“走出去”，主要用于铁路、公路和港口建设，改善当地的投资环境。总之，大中小企业和政府援助贷款要紧密配合，共同实施“走出去”战略。

第十一节　建立城乡融合发展体制机制和政策体系

中国正处于工业化、城市化、农业现代化快速推进的过程中。工业化需要从农村不断输送出高素质的劳动力，在由农民向第二、三产业从业人员的身份转换中，他们的承包地如何处理？城市化需要为新增人口提供住房和公共服务，如何让他们把在农村的住房置换为城镇的住房，把减少的农村宅基地变为城市新增建设用地？农业现代化需要发展社会化大农业，如何把家庭小规模土地经营转变为规模化、集约化经营？如何建立与农村劳动力流动和产业调整相适应的土地公有制实现方式？对于这些迫切需要回答的问题，2013 年 11 月党的十八届三中全会作出的《中共中央关于全面深化改革若干重大问题的决定》，在包括土地制度在内的农村体制改革上有了重大突破，给出了明确答案。不折不扣地落实中央的有关部署，将为“三化”同步推进提供强大动力。

2015 年 4 月 30 日，习近平总书记在中央政治局集体学习时，就健全城乡发展一体化体制机制问题发表了系统的重要讲话。他说：“全面建成小康社会，最艰巨、最繁重的任务在农村特别是农村贫困地区”。“我们一定要抓紧工作、加大投入，努力在统筹城乡关系上取得重大突破，特别是要在破解城乡二元结构、推进城乡要素平等交换和公共资源均衡配置上取得重大突破，给农村发展注入新的动力，让广大农民平等参与改革发展进程、共同享受改革发展成果”。“目标是逐步实现城乡居民基本权益平等化、城乡公共服务均等化、城乡居民收入均衡化、城乡要素配置合理化，以及城乡产业发展融合化”。讲话全面体现了习近平关于城乡一体化发展的思想，特别是如何实现“五化”，为农村体制改革指明了努力方向，是实现农业农村现代化的必由之路，成为习近平新时代中国特色社会主义思想的重要组成部分。

2017 年党的十九大报告提出，当前社会的主要矛盾已经转变为人民对美好生活的需要和不平衡不充分的发展之间的矛盾，同时提出了乡村振兴的发展目标和城乡融合发展的重大战略。由于发展的不平衡集中体现在城乡之间，发展的不充分集中体现在农村，因此党的十九大从战略依据、战略目标到战略举措提出了一个完整的战略组合。抓住主要矛盾，通过城乡融合发展实现乡村振兴，是实现“十四五”和2035年远景目标的关键之举，是未来一个时期全党工作的重中之重。

一、城乡居民基本权益平等化是城乡融合发展的核心

长期以来，为了实现工业化的任务，我们不得不采取工农业产品价格“剪刀差”的办法，让农业为工业提供积累。与此同时，实行城乡分离的管理制度，以防止农村人口大量涌入城市，造成城市农产品供给的短缺。这套制度沿袭了70年，形成了一套与城乡融合发展格格不入的政策法规和思维定式，造成城乡居民基本权益上的一些不平等，成为当前实现乡村振兴的最大障碍。

城乡居民基本权益的不平等集中体现在两个方面：一是财产权，二是户籍权。就财产权来说，城市的生产资料和消费资料几乎已全部商品化，包括国家、集体和个人所有的土地、厂房、设备、住宅等，都允许在市场上自由流通；而农村的土地、住宅等产权仍不明晰，农户对土地和房产等的法人财产权仍不落实，作为农民最重要的生产资料和消费资料仍不能实现商品化、市场化，因此，农民就不能像城里人一样享受城市化过程中不动产增值的收益。这是城乡居民基本权益上的最大的不平等，是城乡居民收入差距拉大的重要原因。党的十八届三中全会《中共中央关于全面深化改革若干重大问题的决定》（以下简称《决定》）在农村土地制度改革上作出了三个重大突破。

一是鼓励土地承包经营权在公开市场上转让。改革以来，中国离开土地的农民工已达2.8亿人，他们在农村的承包地大部分依靠农忙季节回乡耕种或交给亲友代耕。这种状况带来两个不良后果：一是粗放型耕作降低了土地产出率，许多地方出现土地撂荒现象；二是在城市工作不稳定难以形成高素质的产业工人队伍，制约着工业升级的进程。解决这个矛盾的唯一途径就是鼓励外出农民工将自己的承包地转让出去，使土地向规模化经营主体集中。这件事在许多地方实际上已经在做，只是在国家政策上未得到足够支持。党的十八届三中全会《决定》明确指出：“赋予农民对承包地占有、使用、收益、流转及承包经营权抵押、担保权能，允许农民以承包经营权入股发展产业化经营。鼓励承包经营权在公开市场上向专业大户、家庭农场、农民合作社、农业企业流转，发展多种形式规模经营。”这是农村土地制度的

一个重大突破，是从农村实际出发作出的一项重要改革。按照《决定》精神，农村土地公有制将实行三权分置：所有权归村集体，承包权归农户，经营权放开。要稳定所有权，落实承包权，搞活经营权。所有权归村集体，不准自由买卖，就能避免中国历史上多次出现的土地兼并。农户将承包权抵押后，如果失去了抵押物，债权方拿到的只是土地的用益物权。承包权归农户，农户对承包的土地拥有法人财产权或用益物权，就可获得土地转包收入即财产性收入。承包权有了交换价值，进城农民转让承包权的积极性就会提高。放开经营权，鼓励种粮大户、农业公司、合作社扩大土地经营规模，对提高农业劳动生产率和土地产出率，都有重要作用。黑龙江省的部分农民把承包地转让给国有农场耕种，采用大型拖拉机，耕地深度增加15公分，再加上统一良种、统一施肥、统一灭虫等，可增加产量30%以上。经验证明，有的农民把土地转让出去，获取的转包费甚至超过自己耕种的纯收入。有些地方将每亩地年转让费定为1000斤小麦的市场价。抓紧搞好土地确权颁证工作，可为土地承包经营权流转创造条件。当前，农业现代化面临着千载难逢的机遇：一是农业劳动力转移有出路；二是大量社会资金急于寻找投资途径；三是市场对优质绿色农产品需求旺盛；四是农用工业能够满足农业现代化对技术装备的需求。这四个条件同鼓励土地经营权转让的政策结合在一起，农业现代化的进程将大大加快。

土地经营权流转，使农民从提高生产率中增加收入。按照目前每亩转包费大体700元计算，一户10亩地每年可收入7000元。两口子出去打工，年收入7万元左右。两项合计，家庭年收入即可进入中等收入家庭。种地的农民由于扩大了经营规模，收入也可以大幅度增加。根据实际经验，在单季农业地区，一个农民种100—120亩地；双季农业地区，一个农民种50—60亩地，农业劳动生产率就能达到第二、三产业的平均水平，农民就能成为体面的职业。而按照现在的机械化条件，在平原、浅丘陵地区，一个劳动力能种几千亩旱地。在南方水稻产区，一个农民能种几百亩水田。由于劳动生产率提高，其收入将超过外出打工的收入，有助于形成稳定的高素质农民队伍。土地的规模化经营有力地推动农业现代化，中国农业将会由一个弱质产业转变为具有国际竞争力的产业。

二是慎重稳妥推进农民住房财产权抵押、担保、转让。国家积极推动非户籍人口在城市落户，2020年有1亿农村人口取得城市户籍。农民工市民化的一个基本条件就是在城里有住房，单靠打工收入买房，是很困难的，如果把在农村的房子卖掉，退出宅基地，就能获得一笔可观的收入，在城里买房或租房就有了可能。《决定》提出："保障农户宅基地用益物权，改革完善农村宅基地制度，选择若干试点，慎重稳妥推进农民住房财产权抵押、担保、转让，探索农民增加财产性收入渠道。"这为实现农村住房商品化提供了政策保障，是农村住房和宅基地制度改革的重大突破。照此要求推进改革，既有利于增加农民收入，缩小城乡收入差距，又有利于减少农村住房占地，满足城市化对新增建设用地的需求，还能够促进农民工市民化。目前农民工有2.8亿人，留守儿童6000万人，留守妇女4600万人，留守老人4000万人，共有4亿多人全家分离。在群众路线教育中，我们倡导关心群众生活，帮助4亿人早日实现全家团圆梦，能够解决农民最为关心的问题，应当根据各地情况抓紧来做。

世界各国经验证明，在城市化过程中，建设用地是减少的，耕地是增加的，因为城市化提高了土地利用的集约化程度。从中国的实际情况来看，农村人均占有的建设用地是城市的3.5倍，全国城乡建设用地共计22万平方千米，其中村庄建设用地达17万平方千米即2.5亿亩。目前中国土地资源的最大潜力在农村的宅基地，承认农村包括宅基地在内的住房的商品性质，允许其通过市场进行交换，是集约节约利用土地资源的客观要求。推进这项改革，不仅不会冲击18亿亩耕地红线，相反可以增加一亿多亩耕地。由于宅基地所占用的一般都是好地，复垦之后，其单产水平必将高于普通耕地。

承认农民住宅的商品属性，是实现生产要素在城乡之间双向自由流动的必然要求。中国实行社会主义市场经济体制已经20多年，至今仍不承认农民的住房是商品，严重损害了农民的利益，成为城乡收入差距不断拉大的重要原因。因为城市居民80%以上都有自己的私有住房，随着住房价格的上涨，城镇居民的财产不断增加。农民的住房由于不能商品化而失去了财富升值的机会，限制农民住房进入市场交易，等于剥夺了农民拥有财产性收入的机会，这是城乡居民之间最大的不平等。《决定》提出允许农民包括住房在内的宅基地抵押、担保、转让，是农村房地产制度的重大突破，是市场决定资源配置原则的重要体现。粗略估算，按每亩地20万元计，全国农村17万平方千米宅基地的市场价值可达51万亿元以上。这笔巨大财富赋予农民，是《决定》送给农民的大红包，可有效地缩小城乡居民之间的收入差距，将成为农村实现全面小康和农民工市民化的重要支撑。

进城农民工失业，农村又回不去，怎么办？这种担心是不必要的。因为进城落户的农民，将享受城市的失业保险。而且，中国工业化、城市化的历史进程是不会倒转的。农民工的下一代，在城市接受较好的教育，其生存能力肯定会比其父辈强，他们逐步融入城市，不可能再回到农村去了。

从国际经验来看，农民能不能分享到城市化过程中土地增值收益，是能不能跨越中等收入区间、进入高收入国家的关键。日本、韩国与印度、巴西、墨西哥提供了正反两方面的经验。中国正处于向高收入国家跨越的关键阶段，落实《决定》精神，使中国农民也能分享到土地增值收益，将为改变城乡二元结构，顺利跨入高收入国家行列提供保证。

三是农村集体经营性建设用地可与国有土地同权同价。《决定》提出，“在符合规划和用途管制前提下，允许农村集体经营性建设用地出让、租赁、入股，实行与国有土地同等入市、同权同价”。长期以来，城市新增建设用地都是由政府从农民手里先征用为国有土地，在完善道路、供水、供电等基础建设后，进行“招拍挂”。土地增值收益大部分落入政府手中，被征地农民的权益往往得不到保障。按照《决定》精神，农民将从经营性建设用地的出让中获得较高补偿，包括就业、社会保障和住房，都将得到较好的安置，这是从维护农民利益出发对征地制度的重要改革。《决定》还特别强调要建立兼顾国家、集体、个人的土地增值收益分配机制，合理提高个人收益，充分体现了对农民利益的重视。

对公益性建设用地，还是需要由政府征用。由于中国正处于基础设施快速建设阶段，特别是铁路、公路、管道、机场建设，必将占用部分耕地。各级地方党委、政府应做好群众工作，教育群众顾全大局，使基础设施建设能够得以顺利进行，建设成本能够得到有效控制。基础设施建设搞好了，有利于地方经济发展，也有利于农民增收。

农村土地制度的三项改革，将使土地公有制的实现方式发生重大变化，使之与市场经济有效融合。过去，我们在国有企业改革中，曾成功地通过两权分离，实现了国有经济与市场经济的融合。党的十四届三中全会《中共中央关于建立社会主义市场经济体制若干问题的决定》曾指出，国有企业对所占有的国有资产，拥有法人财产权，可以抵押、担保、转让、受益。党的十八届三中全会又提出，对国有企业的管理要从管资产为主向管资本为主转变。现在是把这一成功经验在农村土地制度上加以复制，从理论和实践上来说，都不应该存在障碍。其中略有区别的是，农村土地有一个用途管制问题，即耕地的流转必须在不改变用途的情况下进行。如果需要将耕地变为建设用地，必须符合建设规划，并依法办理征地手续。这就可以把农村零星、分散的建设用地资源加以复垦，通过土地市场交易和规划部门统一调剂，满足投资者对建设用地的需求。重庆市通过地票市场，挖掘农村分散的建设用地资源，既满足了工业化、城市化对建设用地需求，又扩大了耕地面积，增加了农民收入，起到了一箭三雕之功效。

2019 年 4 月 15 日，遵照党的十九大精神，《中共中央、国务院关于建立健全城乡融合发展体制机制和政策体系的意见》发布，对农村集体经营性建设用地制度改革提出了“三个允许”：“允许集体经营性建设用地入市，允许就地入市或异地调整入市；允许村集体在农民自愿前提下，依法把有偿收回的闲置宅基地、废弃的集体公益性建设用地转变为集体经营性建设用地入市”。2020 年 10 月 29 日，党的十九届五中全会《中共中央关于制定国民经济和社会发展第十四个五年规划和二〇三五年远景目标的建议》（以下简称《建议》）又一次明确：“积极探索实施农村集体经营性建设用地入市制度”，“探索宅基地所有权、资格权、使用权分置实现方式”。遵照党中央的文件精神，把农村土地制度改革这步棋走活，经济全盘皆活。

在户籍制度上，农村人口的农村户籍把他们隔离在城市之外。改革以来，尽管有 2.8 亿农民工进入城市，为城市建设作出了重大贡献，但由于他们的农村户口身份，使他们享受不到城市户口所附加的各类社会保障和公共服务。从农民应当拥有的公民基本权益上说，这是很不合理的。最近几年，国务院对城市户籍制度改革作出许多新的规定，除特大型、超大型城市户籍适当限制外，要求 200 万人口规模以下城市放开落户限制。即使特大和超大城市，通过在其周边发展小城镇，用快速轨道交通把小城镇与市区连接起来，建立半小时生活圈和一小时商务圈，形成都市群，也能为农民工在城市落户提供条件。许多吸纳农民工较多的城市，应为农民工进城落户提供保障房，包括经济适用房、廉租房、共有产权房、新市民房等，使农民工全家在城市团聚的梦想逐步变成现实。

承认农民对农村土地的法人财产权，与土地的私有化是截然不同的，同时解决了土地公有制与市场经济有效对接的问题，这是中国共产党的创造。不折不扣地落实三中全会精神，就能在土地和房产的法人财产权上，使城乡居民拥有同等权益。我们应当为农民获得的这些权益感到由衷高兴！

二、城乡公共服务均等化是城乡融合发展的前提

城乡公共服务的差距是城乡差距的重要表现。包括养老、教育、医疗、交通、

供水、供电、环境等，农村都明显落后于城市，根源在于长期以来公共服务事业投入重点在城市。城市越来越漂亮，即使中西部地区的城市与沿海地区相比也毫不逊色，但是，农村特别是中西部地区的农村公共服务投入严重不足，导致农村居民不能像城里人一样享受到大体均等的公共服务。由于公共服务的落后，制约了农村经济发展和农民素质的提高。

改变中西部农村公共服务落后状况，政府要把农村作为公共服务投入的重点，通过城乡人均公共财政支出的均等化实现城乡基本公共服务的均等化，尽快弥补农村公共服务投入的欠账。近期应当把教育、医疗、交通、环保、养老作为农村公共服务发展的重点。沿海地区农村公共服务比较好，主要在于通过发展乡镇企业，很快富裕起来。富裕起来的农村，主要通过自己增加投入，再加上地方政府的帮助，把公共服务完善起来，中西部农村也必须走这条路子。

要运用政府和社会资本合作的模式（PPP）来发展农村服务业。如何吸引社会资金投入农村建设，必须建立有效的机制。这就要以农村宅基地使用权、承包地经营权为质押，撬动银行贷款。以村庄土地整理节约的住宅建设用地的商业开发，吸引社会资金投入，鼓励城市资本下乡、市民资本下乡。可先在城市郊区和旅游区试行，建立市民农庄，然后逐步扩展。如果能在“十四五”时期撬动银行贷款和社会资金20万亿元，投入农业现代化、新农村建设和农民工市民化，中国农村面貌将发生一个重大变化，农民收入将大幅度提高，既可避免落入中等收入陷阱，又能有力支持经济的持续健康发展。

三、城乡居民收入均衡化是城乡融合发展的目标

城乡居民收入差距大，是城乡差距的集中反映。实现城乡居民收入均衡化，是建立城乡一体化发展体制机制和政策体系的根本目标。最近几年，农民人均收入增长速度超过城市居民，城乡居民收入差距已经由2009年的3.3:1缩小到2019年的2.6:1，令人欣喜。继续保持这一势头，从根本上要靠提高农业劳动生产率，而提高农业劳动生产率的途径，一方面靠扩大土地经营规模，另一方面靠提高农产品的技术含量和附加值。以荷兰为例，农业劳动力仅有22万人，人均耕地仅有1.5亩，他们利用有限的耕地种植花卉，发展优质肉牛和奶制品，使农业劳动生产率高于第二、第三产业，并创造大量出口顺差。2019年中国农业劳动力尚有1.94亿人，占全社会从业人员的比例为25.1%，2020年进口农产品达1823亿美元，农产品外贸

逆差达1011亿美元。我国农村还有大量剩余劳动力和剩余劳动时间，农业劳动生产率低是农村人口收入水平低的决定性因素，必须继续加快农业劳动力向非农产业转移，加快农村人口向城市转移，用减少农民的办法来提高农民收入。同时，要增强农业的国际竞争力，出口劳动、技术、知识密集型农产品，进口土地、水等资源密集型农产品，通过国际交换，提高农业经济效益，增加农民收入。

四、城乡要素配置合理化是城乡融合发展的要求

促进城乡要素配置合理化，是实现城乡协调发展的客观要求。实现城乡要素合理配置，关键是允许各类生产要素在城乡之间平等交换、双向自由流动，发挥市场对资源配置的决定性作用。长期以来，由于人为地设置了许多行政壁垒和政策障碍，使农村的资金、土地、劳动力等要素大量流入城市，而城市的资金、技术、劳动力很少流入农村，这是导致城乡发展差距不断拉大的根本原因。从资金流动来看，由于农村缺乏回报率高的投资项目，设在农村的金融机构像一个个抽水机，把农村的资金抽向城市，流向国有企业、国家重点建设项目，由内地流向沿海。农村的金融机构一般都是存差，城市的金融机构都是贷差。改革开放40年，由农村流向城市的资金粗略估算有数十万亿元。农村土地资源由政府低价征收，再以几十倍甚至上百倍的价格出让，每年达几万亿元，仅2020年全国土地出让金收入即达8.4万亿元。农村劳动力以远低于城市劳动力的成本，为工业化、城市化和劳动密集型产品出口作出了重大贡献。城乡要素的长期不等价交换和单向流动，导致要素配置过度集中于城市，拉大了城乡发展差距。党的十九届五中全会关于“十四五”规划和2035年远景目标的《建议》，提出促进城乡要素“平等交换、双向流动”，抓住了城乡差距拉大的症结所在。不折不扣地落实《建议》的要求，是缩小城乡差距的关键举措。多年的经验证明，我们要进行一项结构性调整，如果能找到合适的一种市场机制，就能达到事半功倍的效果。如果没有把市场机制理顺，仅靠行政手段或一般号召，只能是事倍功半，甚至长期得不到解决。实现乡村振兴目标，必须建立一种有利于各类要素向农村集聚的市场机制，同时发挥我们的政治优势和制度优势，动员全党全社会力量，从而把长期积累的城乡结构不合理的矛盾解决好。

五、加快城乡融合发展需要同时做好四件事

加快乡村振兴，必须同时把农业现代化、乡村建设、农民工市民化和县域经济

发展四件事连在一起，同步推动。国务院提出要抓好三个“一个亿”：即东部地区抓好一亿农民工市民化，中西部城市再吸纳一亿农民工就业，城市抓好一亿户棚户区改造。这些工作互相牵制，互相影响。农业现代化能够进一步释放农业劳动力潜力，为农用工业发展和水利建设提供需求；乡村建设能够改善农村生产、生活环境，为建材工业提供需求；农民工市民化能够使 4 亿多离散人口实现全家团圆梦，形成城市建设的需求。抓好这些事，又必须深化农村土地制度改革。通过农村土地的确权颁证，鼓励承包地经营权向合作社、农业公司、家庭农场集中，为扩大土地经营规模，发展集约化、现代化农业创造条件。通过进城落户农民退出宅基地，既能满足城市新增建设用地需要，又能增加一部分耕地，有利于推进乡村建设和农民工市民化。有人担心农村土地制度改革会不会冲击 18 亿亩耕地红线。世界各国的历史证明，在城市化过程中，各个国家的耕地都是增加的。中国农村宅基地占地 17 万平方千米，合 2. 5 亿亩，随着农村人口的减少和城市人口的增加，配套实施集体经营性建设用地入市制度和城乡建设用地占补平衡政策，中国耕地面积有可能增加 1 亿亩以上。县城的发展是一个重要环节，沿海地区经济率先发展，县城发挥了重要带动辐射作用。如果广大中西部地区的县城能通过发展农产品加工业、农用工业和各类服务业，成为拥有 30 万至 50 万人口的中小城市，带动县域经济发展，如此连环套式整体推进，必将激发出巨大的需求潜力，成为未来十几年拉动整个经济增长的强大新动能，并将迅速缩小城乡发展差距，从而使中国顺利跨越中等收入区间，到 2022 年前后使人均 GDP 达到 1. 2 万美元以上，进入高收入国家行列。2021 年是中国共产党成立 100 周年。我们党用一百年的时间，把一个半封建半殖民地的旧中国发展成为一个高收入国家，将是中国共产党对人类社会作出的最大贡献！

第十二节　树立创新、协调、绿色、开放、共享新发展理念

党的十八届五中全会《中共中央关于制定国民经济和社会发展第十三个五年规划的建议》（以下简称《建议》），总结改革以来中国的发展经验，提出了创新、协调、绿色、开放、共享新发展理念，这是对我们党长期探索经济发展指导思想的继承和发展，是新时期实现新的发展目标的重要保障。深入领会、切实落实这五大理

念，对于到2035年基本实现现代化具有重要意义，为实现国民经济长期持续高质量发展指出了明确方向和努力的重点。

一、坚持创新发展，发挥科技创新的引领作用

党的十八届五中全会《建议》指出："创新是引领发展的第一动力。必须把创新摆在国家发展全局的核心位置，不断推进理论创新、制度创新、科技创新、文化创新，让创新贯穿党和国家的一切工作，让创新在全社会蔚然成风。"全会对创新的这一论述，把创新的重要性提升到了新的高度，拓展了创新的内涵，并对如何落实创新发展理念提出了总体要求。

理论来源于实践，又高于实践，指导实践。实践永不停息，理论之树常青。我们这样一个拥有14亿人口和9000多万党员的大国大党，要想把社会主义事业不断推向前进，必须有正确理论指导。改革开放40多年来，我们之所以能取得举世瞩目的成就，首先得益于邓小平理论、"三个代表"重要思想、科学发展观和习近平中国特色社会主义思想的及时提出和正确指引。我们要把改革开放的伟大事业继续推向前进，必须在实践中不断总结和创造出新的理论。不仅要在中国特色社会主义理论上不断创新，而且要在改革开放、经济发展、社会进步、党的建设、国家治理、国际合作等各个方面，对实践经验不断作出新的概括，提出新的理论，把感性认识上升到理性认识，不断提高改革发展的自觉性、前瞻性、有效性。

要按照党的十八届三中全会关于全面深化改革的要求，积极进行制度创新。通过制度创新，把实践证明行之有效的改革措施相对固定下来，逐步形成一套符合社会主义市场经济体制要求的比较成熟的制度体系。

提高科技创新能力，建设创新型国家，是实现经济转型升级的根本途径，是推进供给侧结构性改革的核心。要加快形成以创新为主要引领和支撑的经济体系和发展模式。2015年5月27日，习近平总书记在华东7省市党委主要负责同志座谈会的讲话中指出："综合国力竞争说到底是创新的竞争。要深入实施创新驱动发展战略，推动科技创新、产业创新、企业创新、市场创新、产品创新、业态创新、管理创新等，加快形成以创新为主要引领和支撑的经济体系和发展模式。"在经济发展的新常态下，我们要克服当前产能过剩、经济下行、通货紧缩等矛盾，实现经济的长期持续健康发展，必须认真贯彻落实总书记的讲话精神，通过改革创新，激发潜藏于14亿民众之中的智慧，释放经济增长新的活力和动力。

（一）通过科技创新解决经济发展中的各种难题

中国经济的快速增长已经持续了 43 年，人均国内生产总值进入了上中等收入国家水平。纵观世界各国经济发展历史，如果没有技术创新和体制创新的引领和支撑，经济增长就将停滞。创新驱动成为经济发展新阶段的关键之举。

破解产能过剩难题靠创新。中国工业产品中有 200 多种产品的产量已居世界第一位，主要能源、原材料、消费品和投资品的产量已占全球产量的 1/3 到 1/2，这是长期以来经济增长主要靠投资驱动所带来的结果。由于不断扩张的生产能力超过了市场需求，导致产能过剩，企业设备利用率仅为 70% 左右。在落后产能大量过剩的同时，高新技术产品却大量依赖进口，例如每年进口的芯片和精细化工产品各达 2000 亿美元以上；中国虽然是世界汽车生产和消费第一大国，但汽车的高附加值关键零部件主要依赖进口。在产能过剩的表象下掩盖着高技术产品的供给不足以及技术创新能力的薄弱。

打破国际市场技术垄断靠创新。改革开放以来，我们大规模引进了国外的先进技术和管理经验，通过引进、消化、吸收、再创新，提高了工业技术水平和企业经营管理能力。现在，能够买来的一般技术差不多都买来了，剩下的核心技术在国际市场上是买不来的。从对引进技术的再开发上看，我们的投入也严重不足。日韩用于引进和对引进技术再开发的投入比例为 1:5，中国的投入比例不到 1:1。打破美国政府对中国的技术封锁和打压，除了靠自主创新，别无选择。

跨越中等收入陷阱靠创新。纵观世界各高收入国家和长期在中等收入区间徘徊的国家之间的一个重要区别，就是城乡居民之间的收入是否大体拉平，城乡发展差距能否大体被消灭。而缩小城乡发展差距，关键在于能否使各类生产要素在城乡之间自由流动，实现城乡一体化发展，通过加快农业劳动力向非农产业转移和发展农业集约化经营，使农业劳动生产率提高到全社会平均水平。中国目前城乡居民人均收入相差 2.6 倍以上，其决定因素是农业劳动生产率不足社会平均劳动生产率的 1/3。在农村人口仍占总人口 40%、城乡居民收入差距较大的情况下，要想跨入高收入国家行列，几乎是不可能的。因此，进行体制创新，建立城乡一体化发展新制度，吸引城市的技术、资本、人才流向农村，加快农业现代化，是避免落入中等收入陷阱的客观要求。

中国已经具备了创新引领发展的基本条件。党的十七大提出把提高自主创新能力、建设创新型国家作为国家发展战略的核心。此后的8年，是中国研发投入增长最快、技术成果涌现最多的时期。中国年研发投入资金量已居全球第二位，研发的技术人员数量居全球第一位。企业已经成为研发投入的主体和创新的主体，涌现了一批创新型企业，如华为、中兴等公司，每年提交的技术专利申请量已经跃居世界前列。中国国内申请的发明专利数量已连续多年居世界第一位，企业申请的国际专利数量已超过美国居世界第一位。党的十八届三中全会提出的各项改革举措正在逐步落实，体制机制创新正进一步释放创新创业的潜力，广大科技人员创新的积极性已经调动起来。可以说，创新的形势令人鼓舞，以创新引领和支撑的经济体系和发展模式正在形成之中。

（二）打造以创新引领和支撑的经济体系

以创新引领和支撑的经济体系，相对于以传统技术为基础的经济体系，是截然不同的，它要求高新技术产业应成为国民经济的主导产业，新技术、新产品在每年经济增量中必须占有一定的比重，实现内涵式的扩大再生产。即使在传统产业中，也要用当代最新技术加以改造，包括实现工业化与信息化的融合，在农业中广泛采用生物工程技术，在第三产业中广泛采用信息技术和当代最先进物流运输方式，在能源产业中不断提高清洁可再生能源的比重等。与传统经济体系相比，这种新的经济体系将大大提升经济效益、社会效益和生态效益。

建立以创新引领和支撑的经济体系，必须全面推进科技、产业、企业、市场、产品、业态、管理等各个领域的创新。

科技创新是各个领域创新的先导。科学技术是第一生产力，它物化在技术装备、生产工艺、操作技术等生产的各个方面和全过程。科技进步是经济发展的推动力量。科技创新包括基础科学、应用科学和专业技术的创新，必须合理布局这三个领域的人力、财力、物力的投入，使之相互协调、相互推动。当前，我们在基础科学研究领域的投入相对薄弱，应适当加强。要以基础研究的突破带动应用技术和专业技术的进步。

产业创新是技术进步的立足点。基础研究和应用研究的成果，只有转变为产业技术，才能使科学技术转化为现实生产力，才能实实在在地惠及人类。当代技术进步催生了一系列新的产业，如互联网产业、遥控产业、基因工程产业、新能源产业、激光产业、石墨烯产业、太赫兹产业、3D打印产业等。在这些领域，我们同世界先进水平还有较大差距，必须加大投入，迎头赶上。在传统产业技术的更新改造方面，我们同发达国家比，也有很大差距。如石油化工产业，我们每年进口原油和精细化工产品各2000多亿美元，充分说明在这个传统产业的技术上，我们仍然远远落后于发达国家，利用中国丰富的煤炭资源和国内已经取得突破的煤化工技术，发展煤化工产业，完全可以替代石油和化工产品的巨量进口。又如中国每年进口各种芯片2000多亿美元，如果组织芯片产业技术的协同攻关，就有可能实现芯片的国产化。

企业创新是推动技术创新的主体。目前，中国企业的研发投入、研发力量、研发成果均已占全社会的70%以上，赶上了发达国家的水平，这是一个巨大进步。但是，应当看到，企业对技术研发的重视程度和投入很不平衡。在规模以上工业企业中，有研发和试验活动的企业所占比重仍然较低，研发试验投入强度不高。一般来说，在传统行业，研发经费占销售收入的比重要达到3%以上；在高新技术行业，研发经费占销售收入的比重要达到10%以上。中国大多数企业尚未达到这一标准。落实习近平总书记提出的加快形成以创新引领和支撑的经济体系的要求，一定要从企业做起，努力使更多的企业成为创新型企业。

市场创新是企业产品价值实现的前提。在产能过剩、需求约束日趋强化的条件下，企业要想不断发展，必须建立用户第一的理念，千方百计满足市场需求，不断开拓新的市场。要善于发掘潜在的市场需求。例如，随着环境污染的加剧，环保产业将成为新的增长点；随着老龄化社会的到来，养老健身产业将成为一个新兴的产业；随着越来越多的企业“走出去”，为它们提供海外投资的咨询、融资、保险等服务，也将派生出新的产业。我们不仅要研究和开发国内市场，也要研究和开发国际市场，只有通过市场创新，开拓多元化、大规模市场，才能增强经济拉动力。

产品创新是适应不断变化的市场需求的必然要求。随着人们收入水平的提高，消费需求将不断升级，科技进步使企业能够创造出更多新的产品和服务，以满足需求结构的变化。企业应把不断开发新产品作为生存发展之本，既满足现有的需求，更要通过开发新产品创造新的需求。产品创新既要注重其功能、外观，更要注重质量和安全，创造和培育著名商标。

业态创新是基于新技术或规模化、标准化要求的企业经营模式创新。新业态最先而且大部分出现在商业领域，以连锁店、超市、仓储式货柜、快递、快餐为标志，其方便快捷和高效率对传统商业模式构成了强大竞争压力。随着互联网的出现，网店、互联网金融、移动支付、众筹、在线教育、无纸化设计制造、3D 打印、文化创意、旅游地产、预约出租、网络影院等“互联网 +”行动异彩纷呈，改变了人们的生产方式、流通方式和生活方式。几乎在所有的经济领域，谁能率先行动，谁便能占得先机，取得不可估量的成就和效益。

管理创新是各类创新的基础和动力源泉。管理创新主要是制度、体制和机制的创新。一个好的制度，可以使大家和谐相处，使老有所养、幼有所教，为实现共同的理想而奋斗；一个好的体制，能够激发人的创造智慧，把众人的力量凝聚起来，形成强大合力；一个好的运行机制，可以使企业、大学、研究机构乃至整个国家最大限度地减少内耗，灵活高效运转，做到人尽其才、物尽其用、财尽其力。管理和科技被并称为现代化的两个车轮，科技创新必须有管理创新予以支持。要吸收当代世界先进的管理经验，不断推进管理创新，把每个单位、行业、地区和国家管理好。

（三）加快构建创新驱动的发展模式

建立创新驱动的发展模式，涉及从科技创新到经济发展的全过程，必须对各个环节进行改革和制度重构。

第一，激发创新主体的活力和动力。企业、大学、研究机构是科技创新的三支队伍。目前，民营企业已成为技术创新的主力军，每年申请的技术专利占全国申请总量的 2/3 左右。国有企业尚有巨大的创新潜力，通过落实党的十八届三中全会提出的改革措施，实行从管资产为主向管资本为主的转变，发展混合所有制，建立员工持股制，强化市场竞争，将能把国有企业潜藏的创新能力激发出来。在发达国家，大学是科技创新的基地，重大的创新往往出自大学。有人统计，近代约 70% 的科技创新是大学贡献出来的。向发达国家学习，创办高水平、创新型大学，应作为教育体制、科技体制改革的重点。通过引进高水平师资等措施，推动国内重点大学的主要学科达到世界前沿水平，创造更多的科技成果。要改革科研院所管理体制，充分发挥科学院和各类专业研究设计机构在科技创新中的作用。科学院侧重基础研究，原各部门所属的研究设计院所改制之后，在对行业重大技术难题的研究上有所削弱，应通过行业协会或政府组织产业联盟，实施协同创新，尽快攻克阻碍行业发展的技术难题。

第二，建立加速科技成果向生产力转化的有效手段。长期以来，科技成果工程化、产业化始终是中国科技体制的一个突出的薄弱环节，以致大批辛辛苦苦研究出来的成果束之高阁，浪费巨大。发达国家科技成果转化率一般在60%左右，中国不到20%。成果转化率低，除了研究成果质量上的原因外，主要在于用户、技术持有者和政府之间缺乏一个紧密的连接转换机制。企业担心新技术不成熟，对技术的工程化和中间试验投入缺乏积极性，不愿承担“首台套”风险。技术持有者缺乏工程化和中间试验的资金，特别是由财政资金资助的科研成果，其推广应用后取得的收益分配与研发者脱节，因此，成果评审报奖后就算完事，对成果的深化研究和推广应用积极性不高。针对这些问题，在深化科技体制改革中，政府有关部门应把加强成果转化环节作为重点。要由政府出资，建立成果工程化和中试专项基金，对该环节进行补助。对财政资助和职务发明的技术成果，其转让或应用后所获收益，应将大部分留给持有成果的单位和发明人。

第三，完善支持创新创业的风险投资体系。科技创新离不开金融的支持，建立完善的风险投资体系，包括种子基金、创业投资基金（VC）、私募股权投资基金（PE）、创业板市场等，才能发挥金融对科技创新以及高新技术产业发展的重要支撑作用。种子基金是专门投资于创业企业研究与发展阶段的风险投资基金，创业投资基金是专门投资于具有发展潜力和快速成长公司的风险投资基金，两者投资的对象一般都处在创业阶段，属于高新技术行业的小企业。私募股权投资是专门投资于非上市企业的权益性投资，投资对象一般都具有一定的资金流，前者属于早期投资，后者属于后期投资。要完善创业板市场，使风险投资能有退出机制。美国的高新技术企业，主要是靠风险投资支持发展起来的。中国风险投资起步晚，发展不成熟，应借鉴国外经验，重视培育和发展各类风险投资，通过市场估价、优选、投资机制，扶持具有良好前景的高新技术企业的发展。

第四，合理发挥政府在支持创新创业中的作用。创新的活力来自市场，但这并不能忽视政府的作用。美国之所以能长期保持科技的世界领先地位，与合理发挥政府的作用密不可分。美国政府在支持科技创新中的作用，至少体现在四个方面：一是在不同时期提出能带动科技进步的国家重大工程，动员各种资源予以实施；二是允许由财政资金资助研发的军工技术无偿转移到民用工业，带动民用技术进步；三是制定保护知识产权、完善竞争环境、扶持小企业发展的法律，政府设立小企业局，财政拨专款，帮助小企业转化科技成果；四是广纳全球人才。通过提供奖学金和加入美国国籍等制度，吸引各国优秀人才前来留学和工作。中国正处在科技追赶阶段，只有学习借鉴美国等发达国家的管理经验，并从中国实际出发，制定正确的政策法规和发展战略，才能尽快赶上。

第五，培养和吸引国内外创新人才。建立以创新为主要引领和支撑的经济体系和发展模式，关键在于人才。在大力培养国内创新型人才的同时，还要按照党的十八届三中全会提出的号召——择天下英才而用之。要深化教育体制改革，从小抓起，培养学生创新能力，培养领军人才；鼓励留学人员学成回国；制定吸引全球人才战略和政策；鼓励企业到海外设立研发机构，就地利用国外人才资源。

在改革科技、教育体制中，应当研究美国的经验。美国何以长期保持全球科技领先地位？一是有充分竞争的市场机制。企业不创新，就难以生存下去，大学之间也有激烈竞争。美国的理工科大学是科技创新的源头和基地，是技术专利的重要创造者。评价大学质量的一个重要标准，是看对产业发展的影响度，即在多大程度上带动了相关产业的技术进步。美国硅谷的兴起主要依托斯坦福大学和贝克莱分校，带动了全球电子信息业的发展。二是美国用优厚待遇吸引了全球人才，用优厚的奖学金吸引全球的尖子生前来留学。在硅谷每年新创办的企业中，50% 以上来自亚裔，主要是华人和印度人。三是美国政府不同时期提出有重大带动意义的创新工程，与企业合力攻克，带动了全球科技进步。如政府提出的曼哈顿工程带动了核工业发展，“星球大战”计划带动了航天航空业发展，信息高速公路工程带动了互联网的发展，正在实施的新能源计划和制造业复兴计划，也将取得突破。四是美国拥有发达的风险投资体系。在科技创新的萌芽阶段、完善阶段以及工程化、产业化阶段，分别有天使投资、种子基金、创业投资基金（VC）、私募股权投资基金（PE）、创业板市场等，为其提供全过程的金融服务。在斯坦福大学旁边，有一个风险投资小镇，集中了一大批风险投资公司，与学校师生经常保持着密切联系，谁有了科技成果甚至只是一个构想，马上有许多风险投资家围上来，帮助其分析市场前景，策划如何使创新成果尽快成熟。在斯坦福大学电子工程系，每位老师和学生都有自己的专利和公司。五是军工技术无偿转为民用技术，带动民用高科技产业发展。美国国防部每年有 3000 亿美元以上的军事科研经费和军工产品订货，接受任务的企业可以无偿将军工技术转为民用技术，军民融合推动尖端技术发展。我们要缩小同美国在科技上的差距，就应当学习他们成功的做法。

要充分利用中国悠久、丰富的文化资源，大力推进文化创新，繁荣文化产业，为广大群众提供喜闻乐见的精神产品，并逐步走向世界。

《建议》提出发挥科技创新在全面创新中的引领作用。应当体现在科技作为第一生产力，而生产力对生产关系、经济基础对上层建筑又具有决定性作用，从而由科技创新带动经济社会发展，必将对理论创新、制度创新和文化创新产生决定性影响和带动作用。科技创新的思维方式和行为方式及其形成的崇尚创新的社会风尚，对全面创新必将产生重大影响，从而有力地带动创新型国家建设。

二、坚持协调发展，着力加快农村、中西部和社会发展

城乡发展差距不断拉大，是当前中国经济结构中面临的突出矛盾。中西部地区与东部地区的差距，主要体现在农村发展的差距上。因此，区域差距的本质也是城乡差距。近几年，农民收入的增长速度超过城镇居民收入的增长速度，这是一大亮点，但是城乡居民收入差距仍在2.6:1，尽快提高农民收入，特别是中西部地区农民收入，成为必须着力解决的问题。缩小城乡差距，关键在推动城乡融合发展，包括农业现代化、乡村建设和农民工市民化，这是中国当前发展的最大潜力所在。

社会发展滞后于经济发展，是结构扭曲的又一表现，主要体现在教育、医疗、社会保障、市政、文化、体育、信息等公共服务满足不了广大人民需要。公共服务供给短缺，原因在于过去主要靠财政投入，财力不足导致发展缓慢。改革投资体制，推行政府与企业合作模式（PPP），使公共服务投资也能获取合理回报，就能把社会投资和银行贷款吸引到公共服务建设上来，对扩内需、稳增长也将发挥重要作用。

三、坚持绿色发展，把环保产业培育成支柱产业

政府工作报告提出："把节能环保产业培育成中国发展的一大支柱产业。"这是实现绿色发展的根本举措。建设美丽中国，为人民提供清洁的空气、干净的水、舒适宜居的环境，是全国人民的殷切期盼，也是历届政府作出的庄严承诺。实现这一目标，关键在建立一个有效的体制机制，能够把社会资金和银行贷款吸引到环境治理上来，使环保产业成为一个新的投资热点和经济增长点。党的十八届三中全会提出要加快建立生态文明制度，包括资源有偿使用制度、生态补偿制度、谁污染谁付费制度和第三方治理制度等，其核心就是建立公共产品的价值实现机制，使投资环境治理和环保科技研发能够获得合理回报。《中共中央关于制定国民经济和社会发展第十四个五年规划和二〇三五年远景目标的建议》（以下简称《建议》），提出了

推动绿色发展，促进人与自然和谐共生的目标，明确了加快推动绿色低碳发展、持续改善环境质量、提升生态系统质量和稳定性、全面提高资源利用效率四项任务。按照《建议》的部署，“十四五”时期应集中力量打好污染防治攻坚战，基本消除重污染天气，基本消除城市黑臭水体，推行垃圾资源化，推进土壤污染治理。全面完成这些艰巨任务，需要发挥我们的制度优势和政治优势，同时，必须按照《建议》提出的要求，建立生态产品价值实现机制，完善市场化、多元化生态补偿，也就是说，把市场机制的作用同政府的作用有机结合起来，使投资生态产品也能获得合理回报，形成能够把环保产业打造为支柱产业的有效机制。这是实现“十四五”绿色发展目标的根本途径，应根据生态产品的不同特点，分类施策，采用不同的价值实现方式，具体来讲，要从以下四个路径全面推进。

第一，对于不能通过市场交换实现其价值的生态产品，如清洁的空气、干净的河水、怡人的环境等，应由政府制定统一的排放标准和环境标准，严密检测、严格监管，把生态产品的成本纳入各市场主体的商品和服务成本之中，使大家拥有同等竞争条件。采用这种办法，可改变过去治理污染的企业吃亏、不治理污染的企业增加盈利的局面。把污染治理成本公平地计入产品成本，是不可交换的生态产品价值实现、避免产生新的污染的有效举措。

第二，对已经形成的存量污染物的治理，应运用政府与企业合作的模式即 PPP 模式加以解决。由于多年来在生态环境投入上欠账较多，造成大量污染物堆积、填埋或留存于大气、水体、土地之中。如固体废物包括建筑垃圾、工业固废、综合垃圾存量已超过 80 亿吨，大部分在地下填埋或露天堆积，不仅占用大量土地，而且对地下水带来污染威胁，一些湖泊和河流污染严重。尽快把存量污染物加以治理和资源化，应通过具有相应资质的造价公司，对每一项治理工程所需费用进行科学评估，政府制定相应的补偿政策，通过招投标，吸引国内外企业参与投资和治理。现在，我们已经拥有治理污染物存量的成熟技术和资本实力，关键在于运用好 PPP 模式，针对不同治理项目，制定合理的治理方案并吸引来投资企业。

第三，围绕实现碳中和目标，通过实施功能型产业政策，鼓励供给侧结构性改革。习近平总书记向联合国作出了到 2060 年中国实现碳中和的庄严承诺，这是应对气候变化，保护人类共同的美好家园的重大行动。减少碳排放，涉及生产、分配、流通、消费各个环节，必须努力推进清洁生产，发展环保产业，推进重点行业和重要领域绿色化改造，推动能源清洁低碳安全高效利用。凡是有利于降低碳排放和节能、减少污染的经济活动，包括生态修复工程，无论哪个产业或产品，无论采用何种方式，无论国有、民营企业或外资企业，都要根据其减排量，一视同仁地给予相应的财政补贴和奖励，都应优先批准其投资项目，优先提供建设用地和资金支持，享受各种优惠政策。

第四，围绕鼓励资源节约型消费方式，开展绿色生活创建活动，在需求端形成对经济社会发展全面绿色转型的强大拉动力。生态产品的价值能否实现，归根到底要看是否能满足人民的需求。要从小学开始，开设环境教育课程，逐步在全国人民中牢固树立绿色发展理念，养成保护生态环境的习惯，努力构建生态文明体系。杜绝食物浪费。发展绿色建筑。推行垃圾分类和减量化。鼓励使用可再生能源、低排量汽车和绿色出行方式。强化绿色发展的法律和政策保障，发展绿色金融，支持绿色技术创新。

经验证明，我们要在经济发展中解决一些结构性难题，把薄弱环节搞上去，必须建立一个有利于补短板的市场机制。否则，单靠财政力量和政府号召，往往长期得不到解决。同样，补上生态环境这个短板，当前最重要的是，根据环保产业具有公益性的特点，建立一个能够把大量资金吸引到环保产业的市场机制。

要破除把环境保护与经济发展对立起来的陈腐观念。不能认为强调保护环境必然制约经济发展，恰恰相反，环保产业正是现阶段亟待增加投入的新增长点，改善生态环境本身就是增加 GDP。我们发展经济的目的是为了满足人民对美好生活的需要，为人民提供清洁的空气、干净的水、美丽的环境，正是现阶段经济发展的突出任务。

欧洲国家特别是北欧各国，在绿色可持续发展方面走在了世界前列，率先在世界上提出到 2050 年实现碳中和的目标，提出到 21 世纪末把地球平均气温升高幅度降低 1.5 摄氏度。我们应向他们学习，与他们开展广泛的技术交流和投资合作，带动更多国家和更多人民积极应对气候变化，力争为人类共同的宏伟事业作出贡献，体现中国人民的担当。

四、坚持开放发展，形成更高层次的开放型经济

“十三五”规划提出了发展更高层次的开放型经济的目标，这是适应中国经济已经深度融入世界经济的趋势提出来的，是进一步提高对外开放水平的要求。发展更高层次的开放型经济，首先，要搞好内外协调，坚持进出口平衡，引进来与走出

去并重，引资和引技、引智并举，更好地利用两个市场、两种资源。要优化出口结构，提高出口商品的附加值和技术含量，逐步实现以出口劳动、资源密集型产品为主向出口技术、资本、知识密集型产品为主转变。扩大服务出口，改变服务贸易逆差的局面，提高一般贸易出口比重。在全球市场疲软的情况下，要通过扩大海外投资，创造出口需求，努力以资本输出带动商品、劳务出口。通过国际并购，利用国外企业的技术资源和国际营销网络，提高国内企业的技术创新能力和国际经营能力；通过购买海外能源资源的勘探开发权，打破未来中国经济发展面临的能源资源瓶颈；通过到海外搞加工贸易，带动国内零部件出口；通过到国外承揽工程，带动国内建筑材料和工程设备出口。针对进口的大宗物资，如石油、铁矿石、大豆、棉花、棕榈油等，通过海外投资，建立稳定的海外生产供应基地和港口、仓储、运输设施。其次，要以"一带一路"建设为统领，扩大同沿线国家的经济合作，开拓对外开放的新局面。再次，扩大金融业双向开放。围绕人民币国际化，扩大人民币作为国际贸易、投资结算工具和储备货币在海外的流通量，扩大人民币与其他国家的双边互换规模。在开放国内金融市场的同时，应鼓励国内商业银行到海外设立分支机构。保持人民币汇率的大体稳定，是其国际化的重要条件。最后，积极参与全球经济治理和公共产品供给，提高在国际经济规则制定中的制度性话语权。加强宏观经济政策的国际协调，为世界经济的稳定做出贡献。

五、坚持共享发展，逐步实现人民共同富裕

党的十八届五中全会《中共中央关于制定国民经济和社会发展第十三个五年规划的建议》强调要坚持以人民为中心的发展思想，把增进人民福祉、促进人的全面发展作为发展的出发点和落脚点。经过38年的改革发展，中国人民的生活水平都有了很大提高，但是，不容忽视的是，个人之间的收入差距拉大了，基尼系数处于较高水平。邓小平同志提出允许一部分人一部分地区先富起来，通过先富帮后富，最终实现共同富裕。现在，已经到了突出地强调共同富裕的时候了。"十三五"时期，应当把扶贫攻坚和共同实现小康作为战略重点，要变输血为造血，着力提高低收入人群的就业能力，以提高他们的收入水平。现在，沿海城市到处都存在招工难的问题，通过职业培训，使每一个劳动人口都能掌握一门劳动技能，鼓励异地就业，是脱贫致富的捷径。对那些缺乏劳动力的困难家庭，则采取社会保障的方式，使他们也能过上体面的生活，这是社会主义制度优越性的体现。

创新、协调、绿色、开放、共享五大发展理念是一个完整、严密的体系。创新发展在发展全局中起到引领作用，协调发展构成发展的平衡机制，绿色发展体现着发展的质量要求，开放发展促进国内外物质、文化和价值的交换，共享发展是推动发展的动力源泉。树立和落实新的五大发展理念，国民经济发展就能在创新的引领下始终保持正确的方向，在平衡机制的作用下避免摇摆和波动，在绿色经济标准要求下更加注重提高生态效益、经济效益和社会效益，在建立更高水平的开放型经济中实现与世界各国经济互通有无、优势互补，通过共享发展成果实现共同富裕，激发全体人民的劳动热情和创新智慧。发展新理念的提出，标志着我们党对中国特色社会主义经济发展规律的认识提高到了新水平。在发展新理念的指引下，中国经济犹如一列全速前进的高速列车，平稳、准时、安全地驶向目的地。

第十三节　构建以国内大循环为主体、国内国际双循环相互促进的新发展格局

党的十九届五中全会审议通过的《中共中央关于制订国民经济和社会发展第十四个五年规划和二〇三五年远景目标的建议》（以下简称《建议》），提出了到2035年基本实现社会主义现代化远景目标，标志着我们在全面建成小康社会、实现第一个百年奋斗目标后，将开启全面建设社会主义现代化国家的新征程，吹响了新时代朝着新目标前进的号角。《建议》还提出了“十四五”时期经济社会发展的主要目标、指导思想和必须遵循的原则。实现“十四五”发展目标，将为经济行稳致远，到2035年基本实现社会主义现代化奠定坚实基础。《建议》是未来5年和15年中国共产党带领全国人民的奋斗纲领。2021年是中国共产党成立100周年，从党诞生的那一天起，就把实现中华民族的伟大复兴作为自己的历史使命，经过100年的英勇奋斗和无数先烈的流血牺牲，我们已经接近民族复兴的伟大目标。但是，行百里者半九十，在当前百年未有之大变局下，我们要加倍努力，精心实施，确保《建议》提出的各项目标如期实现。

一、新目标既鼓舞人心又实事求是

《建议》提出2035年的远景目标，包括中国经济实力、科技实力、综合国力将

大幅跃升，经济总量和城乡居民人均收入将再迈上新的大台阶，关键核心技术实现重大突破，进入创新型国家前列；基本实现新型工业化、信息化、城镇化、农业现代化，建成现代经济体系；基本实现国家治理体系和治理能力现代化；建成文化强国、教育强国、人才强国、体育强国、健康中国；广泛形成绿色生活方式，碳排放达峰后稳中有降，生态环境根本好转，美丽中国建设目标基本实现；人均国内生产总值达到中等发达国家水平，中等收入群体显著扩大，基本公共服务实现均等化，城乡区域发展差距和居民生活水平显著缩小；平安中国建设达到更高水平，基本实现国防和军队现代化；人民生活更加美好，人的全面发展、全体人民共同富裕取得更为明显的实质性进展。

2035 年基本实现社会主义现代化，是一个宏伟的鼓舞人心的目标，同时也是实事求是的目标。邓小平同志在 1987 年 4 月 30 日会见西班牙工人社会党副总书记、政府副首相格拉时，提出了现代化建设分三步走的战略构想：第一步在 20 世纪 80 年代翻一番，解决人民的温饱问题。第二步到 20 世纪末，再翻一番，进入小康社会。第三步，在 21 世纪用 30 年到 50 年再翻两番，达到中等发达国家水平，基本实现现代化。小平同志还说：“要证明社会主义真正优越于资本主义，要看第三步，现在还吹不起这个牛。我们还需要五六十年的艰苦努力。”党的十五大、十八大、十九大分别提出了两个百年奋斗目标，第一个一百年，是到中国共产党成立 100 年全面建成小康社会；第二个一百年，是到新中国成立 100 年建成富强、民主、文明、和谐、美丽的社会主义现代化强国。党的十九届五中全会提出到 2035 年中国人均国内生产总值达到中等发达国家水平，基本实现社会主义现代化，是有充分依据的，是经过努力完全可以达到的。2020 年，中国人均 GDP 已经达到 1.05 万美元。目前中等发达国家人均 GDP 的下限为 2 万美元，未来 15 年中国人均 GDP 再翻一番，年均增长 4.7% 以上，就能进入中等发达国家水平。达到这样的增长速度，是完全能够做到的。未来 15 年，将是中美经济实力对比变化最为明显的时期。预计 2023 年，中国人均 GDP 将超过 1.2 万美元，进入高收入国家的门槛。2028 年，GDP 总量将超过美国，回到世界第一的位置。人均 GDP 超过 2 万美元，中国就稳定地进入高收入国家行列，我们的生产力水平、综合国力和人民生活水平就能跨上一个新的大台阶，为实现第二个百年奋斗目标奠定更为坚实的基础。

实现未来 15 年的目标，关键是“十四五”发展要开好局、起好步。《建议》强调“十四五”时期要统筹推进经济建设、政治建设、文化建设、社会建设、生态文明建设总体布局，坚定不移贯彻创新、协调、绿色、开放、共享的新发展理念，坚持稳中求进工作总基调，以推动高质量发展为主题，以深化供给侧结构性改革为主线，以改革创新为根本动力，以满足人民日益增长的美好生活需要为根本目的，统筹发展和安全，加快建设现代化经济体系，加快构建以国内大循环为主体、国内国际双循环相互促进的新发展格局，在质量效益明显提升的基础上实现经济持续健康发展。

二、新发展格局是实现新目标的重要保证

《建议》提出加快构建以国内大循环为主体、国内国际双循环相互促进的新发展格局，是适应国内国际形势发展变化作出的重大战略决策，是实现未来一个时期经济持续健康高质量发展的根本举措和重要保证。新发展格局新在以下几个方面。

首先，新发展格局提出了重视经济循环的要求，经济循环是一个社会再生产过程的概念，包括生产、分配、流通、消费四个环节。社会再生产各个环节的畅通，是再生产过程得以顺利进行的前提条件。中国正处于追赶发达国家的快速发展阶段，顺利地均衡地进行扩大再生产，是加快实现现代化的必要条件。因此，维护经济良性循环，不仅要搞好供给和需求之间的平衡和协调，还要注重保持生产、分配、流通、消费四个环节之间的平衡和协调，其中哪个环节堵塞，形成瓶颈约束，社会再生产就不能顺畅地进行下去，这就对宏观调控提出了新的更高要求。例如分配这个环节，包括国民收入的初次分配和再分配，都应根据公平与效率兼顾的原则，避免个人、地区、行业之间收入的差距过大，政府、企业、劳动者之间的分配比例必须合理，否则，就会影响消费和投资的合理增长，制约社会再生产规模的不断扩大，进而阻碍经济的正常增长。

其次，新发展格局强调以国内大循环为主体，就是要充分利用中国人口众多、地域辽阔、超大规模市场的优势，实现国内经济的良性循环，并通过深化改革，推动经济结构转换升级，释放出经济增长的巨大潜力，主要通过国内需求规模的扩大，拉动经济持续增长，降低对出口的依赖。中国经济发展仍处于工业化、城市化的中后期阶段，2020 年人均 GDP 为 1.05 万美元，低于全球平均水平的 1.146 万美元，与发达国家相比，则有更大差距。所以，我们的经济增长空间仍然很大。只要能够把需求潜力挖掘出来，把蛰伏的经济增长潜力释放出来，就能对经济增长形成强大拉动力。从日本和亚洲“四小龙”的经验来看，在人均 GDP 达到 1.9 万美元

之前，都属于快速增长期，当超过 1.9 万美元之后，经济增长速度才明显下降。他们能够做到的事，我们也应该能够做到。如果在这之前我们的增长速度掉下来了，只能说明我们的体制和政策出了问题。建立以内循环为主体的发展格局，就是要求我们主要从扩大国内需求上寻找发展的动力，支撑未来 15 年经济的持续健康发展。

最后，强调国内国际双循环相互促进，就是重视发展开放型经济体系，充分利用国内国外两个市场、两种资源，促进国内经济增长。改革 40 多年来，我们坚持以开放促改革、促发展，国民经济由封闭半封闭状态转变为全方位、多层次的开放型经济体系。2020 年，中国货物进出口总值 32.16 万亿元，同比增长 1.9%，连续 12 年保持全球出口第一，中国已成为 61 个国家和地区的第一大进口来源地。对外贸易的快速增长，带动了产业升级、就业扩大和居民收入提高，有力地促进了经济发展。回顾对外开放的历程，我们实现了五大转变：对外贸易从加工贸易为主转变为一般贸易为主，加工贸易占对外贸易的比重从最高时的 70% 以上，已降为 25% 左右；出口从资源和劳动密集型产品为主转变为以技术和知识密集型产品为主，机电产品占出口的比重达 58.4%；资本流动经历了从“引进来”到“走出去”的转变，2020 年利用外资 1443.7 亿美元，超过美国，居世界第一位，对外直接投资 1329.4 亿美元，对外投资逐步接近利用外资额；在产业的开放上，从制造业率先开放，到服务业开放，形成了全面开放格局；在地域开放上，从沿海城市率先开放，扩大到内地城市和沿边城市开放，从设立经济特区、经济技术开发区到自由贸易试验区、自由贸易港，有序梯次推进，逐步形成全方位、多层次的外向型经济体系，为经济发展不断注入活力。中央提出构建国内国际双循环相互促进的新发展格局，是对前 40 多年对外开放和经济发展经验的总结，是在新形势下对处理好内外经济关系提出的新的战略要求。

构建新发展格局，在未来一个时期的发展中，具有重大现实意义。

一是有利于我们集中精力解决好国内问题，把自己的事办好。在经济发展新阶段，我们面临着许多亟待解决的经济结构和经济体制方面的问题，发展不平衡不充分问题仍然突出，重点领域关键环节改革任务仍然艰巨，创新能力不适应高质量发展要求，农业基础不稳固，城乡区域发展和收入分配差距较大，生态环保任重道远，民生保障存在短板，社会治理还有弱项，这些问题影响着国内经济的良性循环。把国内大循环作为主体，可使全党全国的注意力集中到解决这些矛盾和问题上，通过解决这些发展不平衡不充分问题，促进经济的高质量发展。

二是有利于使广大人民从经济发展中更多获益。以国内大循环为主体，要求我们必须把更多的资源投入国内市场，首先满足国内的需要，促进国内经济实现创新、协调、绿色、开放、共享发展。只有国内经济的更好更快发展，才能为人民收入和消费水平的迅速提高提供强大物质保障，真正实现以人民为中心，一切从人民出发，一切为了人民。实现国内大循环的畅通，意味着要千方百计减少中间产品的占用，缩短流通时间，提高流通效率，扩大最终消费品在社会总产品中的比重，这使广大人民的消费水平能够随着经济发展得到更快提高。

三是有利于破解美国政府推行的美中经济脱钩图谋。从特朗普政府开始，美国对中国采取了打压、封锁、围堵政策，妄图中断中国现代化进程。美国对从中国进口商品征收高关税，限制高科技产品对中国出口，甚至举全国之力打击中国高科技企业，目的在于剥夺14亿中国人民的发展权。对于美国政府的霸道行径，必须给予有理有利有节的斗争。建立以国内大循环为主体的经济格局，主要通过扩大内需和提高自立自强科技创新能力，实现中国经济的持续健康高质量发展，是粉碎美国政府对中国经济蛮横无理攻击的最有效手段。美国的人均GDP是中国的6倍多，人均消费额是中国的4倍，只要我们通过改革调整好收入分配结构，扩大中低收入者的收入，使广大人民的潜在消费需求转变为有支付能力的现实需求，就能形成拉动经济增长的强大动力，把强劲的增长势头保持下去。从中美贸易结构来看，美国经济对中国经济的依赖程度高于中国对美国的依赖程度，中国从美国进口产品的可替代性高于美国从中国进口产品的可替代性。美国政府对中国打贸易战、科技战，损失大于收益，最后必将作茧自缚。如果美国政府执迷不悟继续打下去，中国必将奉陪到底。建立以国内大循环为主的新发展格局，正是为美中贸易战、科技战长期打下去做好充分的战略准备。

三、经济结构转换才能形成增长新动能

构建以国内大循环为主体的发展格局，扩大内需是一个关键，而扩大消费需求又是扩大内需的重中之重。因为消费既是社会再生产的目的和终点，又是新一轮社会再生产的起点。消费需求是推动生产力发展的动力所在。在不同的经济发展阶段，为了满足不同的消费水平的需要，形成了不同的产业结构或经济结构，而适应消费结构升级需要的经济结构的转换，就成为释放经济增长潜能的根本举措。回顾改革40多年来经济发展的历程，正是由于在不同时期及时有效地调整了经济结构，

才为不断扩大内需提供了条件，从而创造出经济发展的奇迹。

在“六五”“七五”时期，经济发展的主要任务是解决温饱问题，围绕实现这一目标，我们率先在农村改革，实行以土地家庭联产承包为基础的双层经营体制，允许发展乡镇企业，对发展轻纺工业采取鼓励政策，仅用十年时间，把消费资料搞上去了，一举结束了长期困扰我们的商品匮乏、供给短缺问题，带动了80年代经济起飞。

“八五”“九五”时期，围绕满足人民对住行用的需求，振兴电子机械、石油化工、汽车制造和建筑业，同步推进建立社会主义市场经济体制和国有企业建立现代企业制度的改革，为四大支柱产业的发展注入了强大活力，我们又用十年时间，把生产资料搞上去了，支撑了90年代经济的腾飞。

“十五”“十一五”时期，围绕解决基础设施落后问题，同时应对亚洲金融危机冲击，连续五年发行长期建设债券，集中用于能源、交通、通信、水利、大学扩招等建设，以体制转轨推进经济增长方式转变，仅用十年时间，就把高速公路网、高铁网、信息网搞到世界第一，创造了新世纪第一个十年高达两位数的黄金增长期，并为之后的发展奠定坚实基础。

“十二五”“十三五”时期，围绕消费升级推进经济结构调整，转变经济发展方式，改变经济增长过度依赖投资和出口驱动、过度依赖工业拉动、过度依赖物质资源消耗的状况，提高居民消费率，加快第三产业发展，鼓励技术进步和改善管理，消费、第三产业和科技进步对经济增长的贡献明显增强。同时全面深化经济、政治、文化、社会、生态文明体制和党的建设制度六大改革，贯彻创新、协调、绿色、开放、共享新发展理念，实施供给侧结构性改革，实现了经济持续健康高质量发展。

总结42年的发展经验，内需的不断扩大是拉动经济增长的主要动力源泉，必须把扩大内需作为战略基点。而内需的扩大主要来自适应市场需求变化的经济结构转换，经济结构的转换又主要靠改革来推动。未来5年到15年，我们要实现新的发展目标，就要把改革作为构建新发展格局的关键环节，按照问题导向的要求，通过改革促进经济结构转换，包括对城乡结构、供给结构、需求结构、投资与消费结构、内需与外需结构、要素结构等方面扭曲性结构问题，加大调整优化力度，从而把各个领域的发展潜能激发出来，形成强大的持续均衡的经济增长新动能。

四、发挥改革在构建新发展格局中的关键作用

2021年2月19日，习近平总书记主持召开中央全面深化改革委员会第十八次会议并发表重要讲话，指出全面深化改革同贯彻新发展理念、构建新发展格局紧密关联，要完整、准确、全面贯彻新发展理念，扭住构建新发展格局目标任务，更加精准地出台改革方案，推动改革向更深层次挺进，发挥全面深化改革在构建新发展格局中的关键作用。会议强调，发挥全面深化改革在构建新发展格局中的关键作用，要做到五个围绕。

（一）围绕实现高水平自立自强深化改革

“十四五”时期到2035年，是实现产业升级的重要时期。经过40多年的快速工业化，中国绝大多数工业品处于产能过剩状态，而少数高技术产品和关键零部件仍然依赖进口，成为“卡脖子”环节。中美之间的竞争，归根到底是科学技术的竞争。我们要打赢美中科技战，在产业发展上不再受制于人，必须加大科技研发投入，在基础研究、应用研究和新产品开发上取得一系列突破，特别是在可能引发第四次产业革命的若干重要科技领域，如量子科技、人工智能、航空航天、先进制造、生物技术、新能源、新材料等领域，力求率先取得突破，对国际领先科技由跟随、同步逐步转变为引领。针对美国政府对我国禁售、封锁的科学技术和核心零部件，更要集中人力物力财力尽快予以攻克。中央全面深化改革委员会会议提出要“完善党对科技工作领导的体制机制，推动科技创新力量布局、要素配置、人才队伍体系化、协同化，发挥新型举国体制优势，坚决破除影响和制约科技核心竞争力提升的体制机制障碍，加快攻克重要领域‘卡脖子’技术，有效突破产业瓶颈，牢牢把握创新发展主动权”。我们要继承发扬“两弹一星”优良传统，一定要把这些重要部署落实到位，圆满完成中央提出的重大科技创新任务。

（二）围绕畅通经济循环深化改革

流通是社会再生产的一个重要环节，包括市场交换、物资储运等。流通环节是否畅通，流通效率的高低，决定着社会再生产过程能否顺利进行，影响着全社会劳动生产率。改革以来，通过建立社会主义市场经济体制，完善全国统一的大市场，建设现代交通运输设施和物流体系，中国流通成本大幅下降，但是与发达国家相

比，流通成本仍然明显偏高。中国流通成本占 GDP 的比重高达 18% 左右，而发达国家一般在 10% 以下。疏通流通环节，降低流通成本，任务仍然艰巨，关键在于深化流通体制改革。中央全面深化改革委员会会议要求“在完善公平竞争制度、加强产权和知识产权保护、激发市场主体活力、推动产业链供应链优化升级、建设现代流通体系、建设全国统一大市场等方面推出更有针对性的改革措施来，促进各项改革融会贯通、系统集成”。随着中国交通物流体系的现代化和流通体制的不断完善，在“十四五”时期把全社会流通成本降低到 GDP 的 10% 左右是有条件的。

（三）围绕扩大内需深化改革

今后 5 年到 15 年，扩大内需的最大潜力来自农村，重点是解决发展的不平衡不充分问题。党的十九大提出中国社会主要矛盾已经转化为人民日益增长的美好生活需要和不平衡不充分的发展之间的矛盾。这个主要矛盾集中体现在城乡之间，体现在城乡之间发展的不平衡和农村发展的不充分。区域发展的差距本质上也是城乡之间的差距，因为东部地区与中西部地区相比，城市没有什么差距，主要是中西部的农村与东部农村相比，差距较大。中西部农村是中国农产品的主要供应地，是中国农村人口和输出农民工的集中地区，中西部农业农村的现代化，不仅决定着中国农业农村现代化的命运，也决定着中国现代化的命运。2035 年基本实现现代化，关键要看中西部农村的现代化水平，扩大内需的关键是提高农村的购买力。因此，如何加快中西部农村的发展，进而影响和带动全国农村的发展，应成为未来一个时期结构调整的重中之重。如果说前 40 多年我们已先后把消费资料、生产资料、基础设施和第三产业都搞上去了，那么农业农村就是剩下的一个“硬骨头”，在经济结构上啃下这个“硬骨头”，实现城乡协调发展，就能为未来 15 年经济增长提供最大的新动能。在全面完成脱贫攻坚任务之后，应适时地把工作重点转移到乡村振兴上来，特别是转移到加快中西部地区乡村振兴上来。

加快乡村振兴，关键是深化农村体制改革，通过实施城乡融合发展战略，以城带乡，带动农业农村发展。如果能在“十四五”乃至更长时间内致力于推动农业农村现代化，实施乡村建设行动，促进农民工市民化，发展特色小镇，使农村人口人均收入水平接近或赶上城市人均收入水平，将会释放出巨大的消费需求潜力和投资潜力，未来一个时期实现经济平稳健康、高质量发展就有了可靠保证。中央全面深化改革委员会会议提出“加快培育完整内需体系，健全区域协调发展体制机制、城乡融合发展体制机制，加快推进以人为核心的新型城镇化，深化土地制度、户籍制度改革，建立健全巩固拓展脱贫攻坚成果同乡村振兴有效衔接机制，健全再分配调节机制，扎实推动共同富裕”。按照这一部署，我们要加快建立城乡一体化的要素市场体系，推动劳动力、资本、土地、技术等要素在城乡之间双向自由流动、平等交换，其中，农村土地制度改革是一个关键。承包地“三权分置”改革正稳步推进，通过土地经营权的流转，提高土地规模化、机械化、专业化水平，提高了农业劳动生产率和土地产出率，宅基地“三权分置”改革也开始起步。党的十九届五中全会《中共中央关于制定国民经济和社会发展第十四个五年规划和二〇三五年远景目标的建议》（以下简称《建议》）提出：“积极探索实施农村集体经营性建设用地入市制度”“探索宅基地所有权、资格权、使用权分置实现形式”，为释放农村集体经营性建设用地和宅基地潜力指出了明确方向。深化土地制度改革，必将激活农村土地资本，吸引各类生产要素在农村集聚，从而释放巨大改革红利。

（四）围绕实行高水平对外开放深化改革

以开放促改革、促发展，是多年来的成功经验。建立国内国际双循环相互促进的新发展格局，应继续扩大开放，特别是在美国政府企图对中国经济进行围堵、封锁的情况下，扩大开放更是应对之策。2020 年中国市场销售总额超过美国，成为世界最大的市场，其意义大于 GDP 超过美国，因为市场是重要资源，买家是上帝。美国政府拒绝中国市场，将会使美国企业失掉许多商机，结果必然是失大于得，是一种愚蠢行为。中国倡导经济全球化和多边主义，必将赢得世界绝大多数国家的支持。随着中国自由贸易区、自由贸易港建设不断推进，扩大服务业对外开放步伐加快，外资进入更加便利，以及 RCEP 和中欧投资协定的实施，美国及其极少数追随国必然会发现，最终被孤立和遭受损失的是他们自己。我们要按照中央的决策，深化商品、服务、资金、人才等要素流动型开放，稳步推进规则、规制、管理、标准等制度建设，完善市场准入和监管、产权保护、信用体系等方面的法律制度，加快营造市场化、法制化、国际化的营商环境，推动建设更高水平开放型经济新体制。2020 年中国利用外资总额超过美国，居世界第一位，对外进出口总额继续居全球首位，就是对中国对外开放政策的肯定和支持。

（五）围绕推动全面绿色转型深化改革

中共中央关于“十四五”规划的《建议》，提出了推动绿色发展，促进人与自然和谐共生的目标，明确了加快推动绿色低碳发展、持续改善环境质量、提升生态系统质量和稳定性、全面提高资源利用效率四项任务。按照《建议》的部署，“十四五”时期应集中力量打好污染防治攻坚战，基本消除重污染天气，基本消除城市黑臭水体，推行垃圾资源化，推进土壤污染治理。全面完成这些艰巨任务，需要发挥我们的制度优势和政治优势，同时，必须按照《建议》提出的要求，建立生态产品价值实现机制，完善市场化、多元化生态补偿，也就是说，把市场机制的作用同政府的作用有机结合起来，使投资生态产品也能获得合理回报，构建绿水青山转化为金山银山的政策制度体系，形成能够把环保产业打造为支柱产业的有效机制。这是实现“十四五”绿色发展目标的根本途径，应根据生态产品的不同特点，分类施策，采用不同的价值实现方式。

五、发挥消费在扩大内需中的基础性作用

消费是人类从事生产活动的最终目的。正是由于不断提高消费水平的愿望，才刺激了生产的发展和人类文明的进步。改革以来，中国经济飞速发展，人民消费水平大幅提高，特别是最近十年，由于转变经济发展方式，调整投资与消费的比例，改变了过去主要靠投资拉动经济增长的局面，消费成为拉动经济增长的主要动力。从2010年到2019年，投资率由47.0%下降到43.1%，最终消费率由49.3%提高到55.4%，相当于2019年有6万亿元以上商品由过去用于投资或出口转变为用于居民消费，人民从经济增长中更多获益。但是，与发达国家相比，我们提高消费水平还有很大空间，就人均消费额来看，美国是中国的4倍。只要我们能够通过改革等措施把消费的潜力不断释放出来，就能形成拉动经济增长的强大动力。《建议》提出“顺应消费升级趋势，提升传统消费，培育新兴消费，适当增加公共消费”，为未来扩大消费指明了方向。住房和汽车作为百万元级、十万元级的传统消费品，对整个消费市场具有决定性影响，是其他消费难以替代的，仍有较大提升空间，以每千人汽车保有量来看，美国是中国的5.6倍。《建议》提出推动汽车等消费品由购买管理向使用管理转变，就是要求现行为改善交通拥堵状况而采取的汽车限购的管理办法，转变为改善汽车使用环境和使用强度等管理办法，可让更多消费者圆自己的轿车梦。促进住房消费健康发展，要按照“只住不炒”的要求，增加住房供给，稳定住房价格，满足广大居民改善居住条件的需求，通过增加共有产权房、租赁房、新市民房供给等措施，满足进城落户的农民工和低收入人群的住房需求。随着

居民消费由生存型向发展型、享受型转变，对名牌商品和优质产品的需求增加，对绿色、健康、安全消费的要求增强，企业要积极创造更多名牌产品，努力满足消费升级的需求。要健全现代流通体系，发展冷链物流，促进线上线下消费融合发展，通过发展农村电商，解决了多年以来困扰我们的农产品卖难问题，同时也倒逼农产品的标准化，要求我们尽快建立食品原产地可追溯制度，并按照有机、绿色、无公害的不同质量等级，建立食品质量标识制度。随着居民消费水平的提高，服务消费将是未来消费的增长点，包括教育、医疗、社会保障、旅游健身、家政服务等在居民消费支出中的比重将不断增加。特别是适应老龄化社会迅猛到来产生的巨大需求，建立健全居家、社区、机构养老的完善的服务体系和对失能老人的照护制度，不仅是老龄人口安度晚年的需要，也是扩大就业的重要途径。在一些发达国家，社区服务从业人员占全社会从业人员的比重高达50%以上，做好这件事，必须把政府的作用和市场机制结合起来，通过制定统一的法规、政策和制度，明确统一的服务标准，加快培养护理队伍，吸引企业投入，为老龄人口提供多层次、多样化的服务。《建议》强调要开拓城乡消费市场，落实带薪休假制度，扩大节假日消费，培育国际消费中心城市，改善消费环境等，落实这些措施，将为形成强大国内市场，构建新发展格局提供有效支撑。

六、发挥投资对优化供给结构的关键作用

与作为最终需求的消费需求不同，投资需求属于中间需求，是为扩大最终需求储备供给能力的。今天我们能够享受不断提高的消费水平，就得益于前些年的投资。中国城乡区域差距较大，工业化、城市化的任务仍没有完成，“十四五”时期正处于跨越中等收入陷阱的关键时期，对投资的需求巨大，必须保持一定的投资强度。《建议》提出要“拓展投资空间”“优化投资结构，保持投资合理增长”。投资的重点应放在以下几个方面。

一是战略性新兴产业。《建议》提出：“加快壮大新一代信息技术、生物技术、新能源、新材料、高端装备、新能源汽车、绿色环保以及航空航天、海洋装备等产业。推动互联网、大数据、人工智能等同各产业深度融合，推动先进制造业集群发展，构建一批各具特色、优势互补、结构合理的战略性新兴产业增长引擎，培育新技术、新产品、新业态、新模式。”发展战略性新兴产业，面临的突出问题是技术障碍，要坚持创新在中国现代化建设全局中的核心地位，完善科技创新体制机制，

强化国家战略科技力量，努力锻造一批像华为公司一样具有超强创新能力的企业，充当各个行业的领军企业。围绕提高技术向生产力的转化率，改革技术成果转化收益分配机制，探讨把更多职务发明收益留归创新者。鼓励企业把研发机构设在海外，择全球人才而用之，以开放促进创新。围绕培养创新型人才特别是创新领军人才，改革教育体制。

二是新型基础设施。主要涵盖三个方面：信息基础设施，包括5G、工业互联网、物联网、人工智能等；融合基础设施，即对传统基础设施加以智能化改造；创新基础设施，主要指支撑科学研究、技术开发、产品研制的具有公益属性的基础设施，包括一系列重大科技基础设施、科教基础设施、产业技术创新基础设施等。完成新型基础设施建设任务，需要巨额投资。钱从哪里来？主要应通过债券融资。中国资本市场发育不充分，通过股市融资在企业的资金来源中占比明显偏低，通过债券市场融资的比重则更低。当前发展政府和企业的债券市场面临着历史机遇：中国经济率先在摆脱新冠肺炎疫情后复苏，世界各国投资者看好中国经济；人民币处于升值周期，投资中国政府和企业发行的长期人民币债券，具有较强的吸引力；中国具有全球最大的实体经济，正处于产业升级和数字化转型阶段，未来必将出现越来越多具有国际竞争力的跨国公司。通过发行长期人民币债券支持新型基础设施建设，不仅有利于完善资本市场功能，助力扩大内需，为经济发展增添后劲，而且有利于推进人民币国际化。新一轮基础设施建设完成后，中国经济将跨上一个新台阶，为基本实现现代化奠定坚实基础。

三是公共产品和公共服务。包括教育、医疗、社会保障、生态环境等领域的产品和服务，绝大部分属于公益性质或半公益性质。长期以来，由于这些产品和服务主要依赖财政投入，财力投入不足带来供给短板，发展长期滞后，不仅制约着社会进步，而且制约着经济发展。前些年推行政府与企业合作模式（PPP）进行公共产品和公共服务建设，取得了很大成绩，但是，由于在操作上存在一些疏漏，导致地方债务增加过快，到期偿还困难。应当总结经验教训，继续实施下去，不能因噎废食。关键是政府各有关部门要密切配合，投资主管部门主要负责优选项目，财政部门主要负责政策补偿，政策性银行和证券主管部门负责配套资金支持，切记不要由一个部门包打天下。随着老龄化时代的到来，对医疗、健康、养老的需求迅速增加，这就需要政府把行政立法、制定政策的职能与企业提供产品、服务的功能有机结合起来，建立完善的社会医疗保障体系。如全国现有失能老人2000万人、半失能老人3000万人，建立完善的失能半失能老人照护体系，既能满足这些老人的紧迫需求，把子女解脱出来，又能创造大量就业岗位。根据日本的经验，一个照护师可照护两个失能半失能老人。中国建立健全照顾体系即可创造就业岗位2500万个，将为农村劳动力进入城市就业提供一个新渠道。

第十四节 推进国家治理体系和治理能力现代化

2019年10月31日，党的十九届四中全会通过了《中共中央关于坚持和完善中国特色社会主义制度推进国家治理体系和治理能力现代化若干重大问题的决定》(以下简称《决定》)，按照党的十八届三中全会《中共中央关于全面深化改革若干重大问题的决定》和十九大精神，对如何推进国家治理体系和治理能力现代化作出了全面部署，强调中国特色社会主义制度是党和人民在长期实践中形成的科学制度体系，中国国家治理一切工作和活动都依照中国特色社会主义制度展开，中国国家治理体系和治理能力是中国特色社会主义制度的集中体现。实现国家治理体系和治理能力现代化，是社会主义的千秋基业，是确保国家长治久安、人民永享美好生活的伟大工程。

一、提出国家治理体系和治理能力现代化是科学社会主义理论的重大创新

2013年11月党的十八届三中全会提出："全面深化改革的总目标是完善和发展中国特色社会主义制度，推进国家治理体系和治理能力现代化。"党的十九届四中全会对推进国家治理体系和治理能力现代化的若干重大问题专门作出决定。这是总结新中国70多年特别是改革开放40多年国家治理经验得出结论，是对马克思主义科学社会主义理论的重大创新。

国际社会主义的历史证明，无产阶级夺取政权不容易，巩固政权更不容易。苏联在政权建立初期国内外反动势力的围攻下没有失败，在希特勒的疯狂进攻下没有失败，却在69年后帝国主义和平演变下垮台了。东欧社会主义国家无一幸免。出现历史的悲剧有多种原因，其中，国家治理体系和治理能力的腐败无能无疑是一个重要原因。

马克思主义关于科学社会主义的理论主要是对无产阶级夺取政权后建立的新的

社会主义制度的构想。由于缺乏实践经验，马克思、恩格斯创立的科学社会主义不可能对如何完善国家治理体系、提高治理能力，以巩固和完善社会主义制度作出详细具体的描述。列宁逝世过早，也没有来得及对国家治理体系和治理能力问题进行更多的实践探索和理论总结。

党的十八大以来，以习近平为核心的党中央站在历史和全局的高度，推进“四个全面”战略布局，即全面建设社会主义现代化国家、全面深化改革、全面依法治国、全面从严治党。同时，对推进新时代“五位一体”总体布局作出了全面部署，即经济建设、政治建设、文化建设、社会建设和生态文明建设五位一体，全面推进。提出实现国家治理体系和治理能力现代化的目标，由党的十九届四中全会进行充分讨论并作出专项决定，从而填补了马克思主义关于科学社会主义理论的一个空白，是对科学社会主义理论的重大创新和发展，是马克思主义与中国实际相结合的又一最新成果，是习近平新时代中国特色社会主义思想的重要组成部分。全面贯彻落实党的十九届四中全会《决定》精神，学习习近平总书记关于治国理政的重要论述，认真推进国家治理体系和治理能力现代化，对于不断巩固和永续发展中国特色社会主义，做到千秋万代不变色，具有十分重要的现实意义和历史意义。

二、党的领导是中国特色社会主义最本质特征

中国共产党领导是中国特色社会主义最本质的特征，是中国特色社会主义制度的最大优势。必须坚持和完善党的领导制度体系，坚持党政军民学、东西南北中，党是领导一切的，坚决维护党中央权威，健全总揽全局、协调各方的党的领导制度体系，把党的领导落实到国家治理各领域各方面各环节。

中国共产党的领导地位是在长期革命斗争中形成的，是中国人民的正确选择。近代以来，中华民族为了摆脱半封建半殖民地状态，为了立于世界民族之林，进行了各种道路的探索，结果都失败了。只有中国共产党把马克思主义普遍原理与中国实际相结合，产生了毛泽东思想，才动员起全国民众，赢得了革命战争的胜利，建立起新中国，并走上社会主义道路，使中国人民站起来。近 40 多年，中国共产党继续把马克思主义普遍原理与中国新的实际相结合，产生了邓小平理论、“三个代表”重要思想、科学发展观和习近平新时代中国特色社会主义思想，成功地进行改革开放，才取得了发展的奇迹，使中国人民开始富裕起来，并满怀信心地朝着建设社会主义现代化强国的宏伟目标继续前进。中国人民在长期实践中认识到，只有在

中国共产党的领导下，才能实现中华民族伟大复兴的中国梦。2020 年出现的新冠肺炎疫情，更是对各个国家的制度和执政党的大的考验，14 亿中国人民能够妥善应对，安享太平盛世，更加深切感受到，如果没有中国共产党的领导，我们将失去一切。

世界上许多国家采取多党轮流执政的制度，这也是在不同的历史条件下形成的，是各个国家自己的选择，每个国家都有选择的自由。不过，从应对新冠肺炎疫情这个人类共同敌人的大考中，从发展经济、造福人民的实际表现中，相信各国人民会逐步得出自己的结论，并最终作出自己的选择。

中国共产党是中国的执政党，同时还有不少民主党派作为参政党，在中国共产党领导下各党派长期共存、互相监督、肝胆相照、荣辱与共，是中国特色新型政党制度。完善重大决策部署民主协商和实施监督制度，完善民主党派中央直接向中共中央提出建议制度，完善支持民主党派和无党派人士履行职能方法，健全发扬民主和增进团结相互贯通、建言资政和凝聚共识双向发力的机制，将充分发挥出中国新型政党制度优势。

三、完善民主与法治，提升国家治理效能

民主与法治是一个对立统一体，民主必须由法律来规范和约束，才能成为有序的对社会进步有益的民主；法治必须建立在民主的基础之上，才能使人民的诉求得到充分表达，从而保持社会发展的活力。党的十九届四中全会《决定》对发展社会主义民主政治和完善法治体系都作出了具体部署。认真落实这些部署，将为实现国家治理体系和治理能力现代化，提升国家治理效能提供重要保障。

中国是工人阶级领导的、以工农联盟为基础的人民民主专政的社会主义国家，国家的一切权力属于人民。必须坚持人民主体地位，健全民主制度，丰富民主形式，拓宽民主渠道，依法实行民主选举、民主协商、民主决策、民主管理、民主监督，确保人民依法通过各种途径和形式管理国家事务，使各方面制度和国家治理更好地体现人民意志，保障人民权益。要坚持和完善人民代表大会制度这一根本制度，保证各级国家机关都由人大产生、对人大负责、受人大监督。要坚持和完善中国共产党领导的多党合作和政治协商制度，发挥人民政协作为政治组织和民主形式的效能，提高政治协商、民主监督、参政议政水平。巩固和发展最广泛的爱国统一战线。坚持和完善民族区域自治制度。健全充满活力的基层群众自治制度。

要坚持和完善中国特色社会主义法治体系，提高党依法治国、依法执政能力。加快形成完备的法律规范体系、高效的法治实施体系、严密的法治监督体系、有力的法治保障体系，加快形成完善的党内法规体系，全面推进科学立法、严格执法、公正司法、全民守法，推进法制中国建设。要健全保证宪法全面实施的体制机制，坚持宪法法律至上，健全法律面前人人平等保障机制。完善立法体制机制。坚持科学立法、民主立法、依法立法，完善党委领导、人大主导、政府依托、各方参与的立法格局。健全社会公平正义法治保障制度，保证人民依法享有广泛的权利和自由、承担应尽的义务。深化司法体制综合配套改革，完善审判制度、检察制度，全面落实司法责任制，完善律师制度，加强对司法活动的监督。保证行政权、监察权、审判权、检察权得到依法正确行使，保证公民、法人和其他组织合法权益得到切实保障，坚决排除对执法司法活动的干预。加大全民普法工作力度，增强全民法治观念。各级党和国家机关以及领导干部要带头遵法学法守法用法，提高用法治思维和法治方式深化改革、推动发展、维护稳定、应对风险的能力。

四、完善基本经济制度，筑牢社会主义根基

中国特色社会主义基本经济制度，包括公有制为主体、多种所有制经济共同发展，按劳分配为主体、多种分配方式并存，社会主义市场经济体制，科技创新体制机制，开放型经济新体制，是在改革开放进程中不断进行体制创新的重要成果，并被实践证明符合“三个有利于”标准，是社会主义制度的根基，是经济发展活力的源泉。通常讲基本经济制度，主要是指所有制形式、分配方式和经济体制，党的十九届四中全会《决定》把科技创新体制和开放型经济体制也上升为基本经济制度，充分体现了科技创新和对外开放在中国特色社会主义制度和经济全局中的重要地位，坚持和完善五项基本经济制度，对于奠定长久稳固的社会主义经济基础，推动经济持续高质量发展具有重大深远意义。

（一）坚持“两个毫不动摇”的政策

毫不动摇巩固和发展公有制经济，毫不动摇鼓励、支持、引导非公有制经济发展。探索公有制多种实现形式，推进国有经济布局优化和结构调整，发展混合所有制经济，增强国有经济竞争力、创新力、控制力、影响力、抗风险能力，做强做优做大国有资本。围绕建立现代企业制度，深化国有企业改革，形成以管资本为主的

国有资产监管体制，有效发挥国有资本投资、运营公司功能作用。民营经济的发展壮大是改革以来的重要成果，对增强国家经济实力、推动技术进步、扩大劳动就业、增加居民收入都发挥了举足轻重的作用。实现未来15年的发展目标，必须继续重视发展民营经济，要采取有效措施解决近几年民间投资增速趋缓的局面。要营造各种所有制主体依法平等使用资源要素、公开公平公正参与竞争、同等受到法律保护的市场环境，构建亲清政商关系，健全支持中小企业发展的政策，促进非公有制经济健康发展和非公有制经济人士健康成长。

（二）坚持按劳分配为主体、多种分配方式并存

分配制度的改革，为经济发展构建了强大的动力机制。在坚持多劳多得、按劳分配与按要素分配相结合的同时，应在缩小收入差距、实现共同富裕上加大力度，力求取得更为明显的实质性进展。要着重保护劳动所得，增加劳动者特别是一线劳动者劳动报酬，提高劳动报酬在初次分配中的比重。健全劳动、资本、土地、知识、技术、管理、数据等生产要素由市场评价贡献、按贡献决定报酬的机制。健全以税收、社会保障、转移支付等为主要手段再分配调节机制，强化税收调节，完善直接税制度并逐步提高其比重。完善相关制度和政策，合理调节城乡、区域、不同群体间分配关系。鼓励发展慈善等社会公益事业，重视发挥第三次分配作用。努力增加低收入者收入，扩大中等收入群体，调节过高收入，清理规范隐性收入，取缔非法收入。

（三）加快完善社会主义市场经济体制

建设高标准市场体系，全面实施市场准入负面清单制度。强化竞争政策基础地位，加强和改进反垄断和反不正当竞争执法。健全以公平为原则的产权保护制度，建立知识产权侵权惩罚性赔偿制度。推进要素市场制度建设，推动要素价格市场决定、流动自主有序、配置高效公平。加强资本市场基础制度建设，健全具有高度适应性、竞争力、普惠性的现代金融体系，有效防范化解金融风险。优化经济治理基础数据库。健全推动发展先进制造业、振兴实体经济的体制机制。当前，发展的不平衡集中体现在城乡之间发展不平衡。发展的不充分集中体现在农村发展不充分。要围绕实现乡村振兴目标，积极实施城乡融合发展战略，建立城乡市场之间要素平等交换、自由流动的制度。积极探索实施农村集体经营性建设用地入市制度。探索

农村宅基地三权分置实现方式。通过吸引要素向农村农业集聚，加快农业农村现代化。

（四）完善科技创新体制机制

当前中美之间的竞争，集中体现在科技领域的竞争。美国政府对中国高科技企业使尽全力进行封锁、打压，目的在于保持对高科技的垄断，剥夺中国发展高科技产业的权利。打赢中美科技战，必须加快建设创新型国家，加大对科技研发投入力度，强化国家战略科技力量，构建社会主义市场经济条件下关键核心技术攻关新型举国体制。加大基础研究投入，鼓励原始创新。建立以企业为主体、市场为导向、产学研深度融合的技术创新体系，支持大中小企业和各类主体融通创新，创新促进科技成果转化机制，强化标准引领，提升产业基础能力和产业链现代化水平。完善科技人才发现、培养、激励机制，健全符合科研规律的科技管理体制和政策体系，改进科技评价体系。

（五）建设更高水平开放型经济新体制

扩大开放不仅有助于促进改革和发展，而且是打破美国政府对我国封锁的有效手段。随着中国市场规模的不断扩大，对各国企业具有越来越强的吸引力，离开中国市场，等于放弃发展的机遇。美国政府推行产业链去中国化和美中经济脱钩，必将失大于得。中央决定实施更大范围、更宽领域、更深层次的全面开放，推动制造业、服务业、农业扩大开放，保护外资合法权益，拓展对外贸易多元化，稳步推进人民币国际化，是一项重大的正确的战略决策。要健全外商投资准入前国民待遇加负面清单管理制度，推动规则、规制、管理、标准等制度型开放。加快自由贸易试验区、自由贸易港等对外开放高地建设。适应中国对外投资不断增加的需要，健全促进对外投资政策和服务体系。

五、提高行政效能，促进经济社会全面发展

国家行政管理承担着按照党和国家决策部署推动经济、文化、社会、生态全面发展，管理社会事务、服务人民群众的重大职责。为了提高各级政府行政效能，建设人民满意的服务型政府，必须完善国家行政体制，健全部门协调配合机制，创新行政管理和服务方式，加快推进全国一体化政务服务平台建设，健全强有力的行政

执行系统，提高政府执行力和公信力。政府职责主要是经济调节、市场监管、社会管理、公共服务、生态环境保护等，要实行政府权责清单制度，厘清政府和市场、政府和社会的关系。深入推进简政放权、放管结合、优化服务，深化行政审批制度改革，改善营商环境。健全以国家发展规划为战略导向，以财政政策和货币政策为主要手段，就业、产业、投资、消费、区域等政策协同发力的宏观调控制度体系。完善国家重大发展战略和中长期经济社会发展规划制度。完善标准科学、规范透明、约束有力预算制度。建设现代中央银行制度，完善基础货币投放机制，健全基准利率和市场化利率体系。严格市场监管、质量监管、安全监管，加强违法惩戒。完善公共服务体系，推进基本公共服务均等化、可及性。推进数字政府建设。优化政府组织结构。推进机构、职能、权限、程序、责任法定化。严格机构编制管理，节约行政成本。理顺中央和地方权责关系，加强中央宏观事务管理，维护国家法制统一、政令统一、市场统一。赋予地方更多自主权，规范垂直管理体制和地方分级管理体制。建立权责清晰、财力协调、区域均衡的中央和地方财政关系，形成稳定的各级政府事权、支出责任和财力相适应的制度。

坚持和完善统筹城乡的民生保障制度，满足人民日益增长的美好生活需要。健全幼有所育、学有所教、劳有所得、病有所医、老有所养、住有所居、弱有所扶等方面国家基本公共服务制度体系。鼓励支持社会力量兴办公益事业，满足人民多样化多层次需求，使改革发展成果更多更公平惠及全体人民。健全有利于更充分更高质量就业的促进机制，实施就业优先政策。建立促进创业带动就业、多渠道灵活就业机制，对就业困难人员实行托底帮扶。构建和谐劳动关系，促进广大劳动者实现体面劳动、全面发展。构建服务全民终身学习的教育体系，建设学习型社会。完善覆盖全民的社会保障体系。坚持应保尽保原则，健全统筹城乡、可持续的基本养老保险制度、基本医疗保险制度，稳步提高保障水平。加快建立基本养老保险全国统筹制度。加快落实社保转移接续、异地就医结算制度，发展商业保险。统筹完善社会救助、社会福利、慈善事业、优抚安置等制度。巩固脱贫攻坚成果，建立解决相对贫困的长效机制。强化提高人民健康水平的制度保障。深化医药卫生体制改革，健全基本医疗卫生制度。加快现代医院管理体制改革。坚持以基层为重点、预防为主、防治结合、中西医并重。加强公共卫生防疫和重特大疾病医疗保险和救助制度。积极应对人口老龄化，加快建设居家社区机构相协调、医养康养相结合的养老服务体系。

坚持和完善共建共治共享的社会治理制度，保持社会稳定、维护国家安全。社会治理是国家治理的重要方面。必须加强和创新社会治理，完善党委领导、政府负责、民主协商、社会协同、公众参与、法治保障、科技支撑的社会治理体系，确保人民安居乐业、社会安定有序，建设更高水平的平安中国。完善正确处理新形势下人民内部矛盾的有效机制。完善社会治安防控体系。健全公共安全体制机制。构建基层社会治理新格局。完善国家安全体系。

六、坚持和完善党和国家监督体系

党和国家监督体系是党在长期执政条件下实现自我净化、自我完善、自我革新、自我提高的重要制度保障。必须建立全党统一领导、全面覆盖、权威高效的监督体系，形成决策科学、执行坚决、监督有力的权力运行机制，才能保证人民赋予的权力始终用来为人民谋幸福。

要健全党和国家监督制度。首先要完善党内监督体系，落实各级党组织监督责任，保障党员监督权利。重点加强对高级干部、各级主要领导干部的监督，破解对“一把手”监督和同级监督难题。完善巡视巡察整改、督察落实情况报告制度。加强上级纪委监委对下级纪委监委的领导，推进纪检监察工作规范化、法制化。完善派驻监督体制机制。

完善权力配置和运行制约机制。坚持权责法定，健全分事行权、分岗设权、分级授权、定期轮岗制度，明晰权力边界，规范工作流程，强化权力制约。完善党务、政务、司法和各领域办事公开制度，建立权力运行可查询、可追溯的反馈机制。压缩权力设租寻租空间。

构建一体推进不敢腐、不能腐、不想腐体制机制。坚定不移推进反腐败斗争，坚决破除权钱交易的关系网。深化标本兼治、推动审批监管、执法司法、工程建设、资源开发、金融信贷、公共资源交易、公共财政支出等重点领域监督机制改革和制度建设，推进反腐败国家立法，加强思想道德和党纪国法教育，巩固和发展反腐败斗争压倒性胜利。

第五章

扩大开放是改革的重大举措

扩大对外开放，是中国社会主义改革的重大举措，是中国的基本国策，是党中央根据中国经济社会发展客观需求所做出的自主选择。1978 年 12 月，党的十一届三中全会做出实行改革开放的历史性决策，开启了对外开放波澜壮阔的进程。40 多年来，中国坚持打开国门搞建设，中国社会经济生活发生了深刻变革，中国与世界的关系发生了历史性变化，实现了从封闭半封闭到全方位开放的伟大转折。在迈上建设社会主义现代化新时代的起点上，中国要用更长远的世界眼光和更全面的大局观来重新审视中国与世界的关系，探索在与世界的相互开放中，共同走向数字时代伟大变革的路径和措施，在新发展理念的指导下，构建起“国内大循环为主体、国内国际双循环相互促进的新发展格局”。

第一节 不断夯实国内开放基础

中国对外开放初期，对外开放的重点是争取更多国际资源，包括外国投资、外国先进技术和外国先进管理经验。伴随着建立有中国特色社会主义市场经济体制改革的不断深入，对外开放不断深化和升级，经历了一个从构建开放格局到拓宽开放领域，从完善开放平台到优化营商环境，从提升开放高地到促进开放共赢的波澜壮阔的开放历程。

一、构建开放格局

从兴办经济特区、开放沿海港口城市、设立经济技术开发区，到扩大内陆沿边开放，中国对外开放由点到线、由线到面逐步展开。党的十八大以来，中国提出共建“一带一路”并作为扩大对外开放的重点，深化沿海开放，扩大向西开放、向周边国家开放，陆海内外联动、东西双向互济的全面开放新格局快速形成。

（一）兴办各具特色的经济特区旨在对外突围

兴办经济特区，是党和国家为推进改革开放和社会主义现代化建设进行的伟大创举。1979 年 4 月，时任广东省委负责人习仲勋向中央领导同志提出兴办出口加工区、推进改革开放的建议。邓小平同志明确指出，中央可以给些政策，你们自己去搞，杀出一条血路来。1979 年 7 月，党中央、国务院批准广东、福建两省实行“特殊政策、灵活措施、先行一步”，并试办出口特区。1980 年 8 月，党和国家批准在深圳、珠海、汕头、厦门设置经济特区，从此广东、福建两省率先开放，对外经济活动实施特殊政策和灵活措施，成为中国对外开放的先导示范基地。广东和福建两省依靠其地处沿海，对接港澳台，商业文化发达，华侨资源丰富等条件，从冷战期间的战略对抗前沿一跃转变为和平发展时期的对外开放前沿，由此也拉开了地方政府主导的新中国对外开放的伟大序幕。1988 年 4 月，批准建立海南经济特区，之后批准了霍尔果斯经济特区、喀什经济特区等。中央明确要求，发挥经济特区对全国改革开放和社会主义现代化建设的重要窗口和示范带动作用。中国通过设立经济特区，为国内进一步改革开放积累了宝贵经验。

（二）开放沿海沿边沿江沿线地区旨在由点到线开放

中国的对外开放是从沿海沿边沿江等由点到线逐步展开的。1984 年 3 月，中国开放沿海 14 个港口城市；1985—1988 年，先后将长江三角洲、珠江三角洲、闽漳泉三角地区、胶东半岛、辽东半岛划为沿海经济开放区。党的十三大后，决定实施沿海地区经济发展战略，大力发展外向型经济。1988 年，海南岛成为全国面积最大的经济特区。1988 年 3 月 18 日，国务院印发《关于进一步扩大沿海经济开放区范围的通知》，决定将 40 个市、县，其中，包括杭州、南京、沈阳 3 个省会城市，划入开放区，到 20 世纪 80 年代末期形成了较为完善的沿海开放地带。1990 年，中央宣布开发浦东，这意味着党和政府拿出中国最发达、最富庶的区域来继续改革开放的试点。1992 年，国家实施沿江沿边开放战略，国务院决定以上海浦东为龙头，开放重庆、岳阳、武汉、九江、芜湖 5 个沿江城市，同时开放哈尔滨、长春、呼和浩特、石家庄等 14 个边境城市，从而全面实现了由点到线的开放。

（三）设立经济技术开发区旨在由线到面开放

中国对外开放的沿革在由点到线开放的基础上，迅速展开了由线到面的开放。早在 1984 年 5 月，党中央国务院就作出了建立国家级经济技术开发区的重大决策，旨在由线到面地扩大开放。1991 年，国务院印发《关于批准国家高新技术开发区和有关政策规定的通知》，决定再批准 21 个国家高新技术产业开发区。2000 年以前批准设立的 37 家国家级开发区主要分布在东部地区；2000—2005 年批准设立的 17 家经济开发区主要分布在中西部地区。由此，中国的对外开放地域从经济特区到沿海开放城市，进而扩大到沿边、沿江地带直至设立若干个经济技术开发区，形成了由线到面的开放格局。据国家商务部的统计，从 1984 年到 2019 年，中国国家级经济开发区已达 219 个；边境经济合作区共有 17 个，推动了中国国家级经济技术开发区的创新提升。1994 年党的十四届三中全会作出建立社会主义市场经济体制的决定，提出“发展开放型经济，与国际互接互补”。社会主义市场经济体制是改革开放以来最重要的制度成果，为对外开放的深入全面开展提供了基础性制度。市场经济的发展激发了社会活力，为推动社会生活的开放包容、文化观念的更新重构、行政体制的改革创新提供了不竭动力。随着市场经济的发展，许多领域的内外边界被冲破，中国全面融入到世界体系之中。

（四）开放内陆中心城市旨在陆海内外联动开放

邓小平同志1992年发表“南方谈话”后，建立社会主义市场经济体制目标得以确立，对外开放由沿海向内地纵深推进。1992年8月，国务院决定开放太原、合肥、南昌、郑州、长沙、成都、贵阳、西安、兰州、西宁、银川11个内陆省会城市。由此，中国的对外开放地域从经济特区到沿海开放城市，进而扩大到沿边、沿江地带直至内陆省会城市、地区，形成了由沿海到内地，从东部到中部、西部的全方位、多层次、宽领域的全国范围内的全面对外开放格局。

二、拓宽开放领域

中国对外开放领域，伴随着中国改革而进行的产业不断升级，从开创“三来一补”加工贸易起步，到扩大商品贸易，探索金融业开放，推进服务业开放，深化农业、采矿业、制造业开放，推动文化、教育、法律、医疗、咨询等领域的国际合作，在WTO框架内开放国内证券市场，到伴随着中国电子商务创新而来的跨境电商新业态发展。

（一）开创“三来一补”加工贸易

中国开放的起步是从1978年“三来一补”加工贸易开始的，当时，中国对外开放的政策是以“市场换资本”战略为主，着眼于引进外资以弥补“双缺口”，主要采取“兴办经济特区”、开放沿海口岸等一系列措施，引进了一批以可口可乐、麦当劳、肯德基、大众汽车等为代表的满足国内初级消费的外资企业，着力发展了以“三来一补”为主的轻纺制造业，同时，外资主要来源于台港澳企业、海外华人华侨资本。从实行“三来一补”发展加工贸易，到开放一般制造业、减少服务业外资限制，外商投资领域更加广泛，从而推动了东部沿海以及珠三角等区域经济的迅速发展。

（二）扩大商品贸易交易

在中国对外开放的初期，主要是以“出口创汇”为切入点，千方百计扩大出口成为当时中国对外开放政策的基本导向。针对当时国际国内形势，邓小平同志指出，对外开放不仅要继续扩大商品贸易，而且可以让外商来华直接投资办企业、搞加工贸易，这样就使原来的对外经贸交流从贸易领域扩展到投资和生产领域。外商直接投资、借用外债、到国际市场融资等多种方式被广泛采用。

（三）探索金融业开放

中国金融业的开放始终是在逐步探索中进行的，先是从小步再到大步，而后步子越来越大，以这种循序渐进的方式逐步开放，这一过程与外资企业进驻中国的数量和进度直接相关，因为外资企业是外资银行的重要客户。随着外资企业越来越多地进入中国，外资银行进入中国的步子越来越大。改革开放之初，上海仅有 4 家外资银行的代表处，而且人民币金融业务为零。当时，外资金融机构收得也比较紧，这不仅与外资企业的经济状况有关，而且也与外资金融机构的需求有关。随着 2001 年中国加入世界贸易组织后中外经济往来的日益增多，外资金融机构特别是外资银行，便优先在浦东集聚。2007 年，渣打、汇丰等外资银行率先在中国建立法人公司，由开始仅受理外汇业务，到逐步转向全面经营外汇及人民币业务。2009 年，上海国际金融中心航运中心建设意见发布后，一大批外资企业进入上海。至 2010 年，合资基金公司快速增长，全国共批准了 37 家外资银行，其中，20 家就在浦东。2013 年，随着上海自贸区的设立，外资金融机构，尤其是外资资管机构便大批进入浦东。2016 年，随着独资设立外商资管公司的放开，摩根资产成为第一家正式落户上海的独资公司。截至 2019 年，中国的外资法人银行已有 40 多家；合资基金公司已有 50 多家。同时，在 WTO 框架内，中国的证券市场也在逐步开放。

（四）推进服务业开放

中国服务业对外开放相对比较晚，随着中国对外开放领域的不断拓展，中国也逐步加大了服务领域的开放。中国服务业开放速度的提升和开放领域的扩大，还是从 2001 年中国加入世界贸易组织以后，因为根据入世协议，当时的自由贸易协定谈判愈发重视服务业开放、贸易与投资自由化便利化、电子商务、公平竞争等问题，至此，中国服务业开放的广度和深度逐年增加。2007 年 3 月，中国加入 WTO 过渡期结束后，国务院就颁布了《关于加快发展服务业的若干意见》，从而加快了中国服务业的开放，促进了服务贸易的迅速发展。党的十八大以来，中国大幅放宽市场准入，进一步扩大服务业开放，实行高水平的贸易投资自由化便利化政策，使得中国在制度建设、营商环境、监管方式等方面的对外开放不断向深层次拓展。

2020 年 10 月，中国出台了《关于进一步推进服务业改革开放发展的指导意见》，对有关分类放宽服务业准入限制、构建监管体系、提升供给质量和效率等方面提出了进一步推动服务业改革开放的具体举措。

（五）深化农业、采矿业、制造业开放

中国对农业、采矿业、制造业领域的开放，是随着对外开放的广度和深度逐步推进的。近年来，中国对这些领域开放的力度不断加大，从出台《外商投资产业指导目录（2017 年）》，到 2018 年 6 月国务院出台《关于积极有效利用外资推动经济高质量发展若干措施的通知》，从提出的具体措施来看，无论在市场准入、投资便利化、投资促进、投资保护，还是在区域布局、国家级开发区创新提升等多个方面，都对农业、采矿业、制造业等领域提出了将取消或放宽外资准入的限制措施。对农业、采矿业、制造业这些重点领域进一步鼓励外商投资，放松管制，充分反映了中国主动扩大对外开放、推动互利共赢及经济全球化的决心和诚意。

（六）推动文化、教育、医疗卫生等领域的国际合作

改革开放以来，中国在经济、科技、贸易、金融、投资等硬实力对外开放方面取得突飞猛进发展的同时，在文化、教育、医疗卫生等软实力领域的对外国际合作也取得了新的进展，主要表现为：一是中国文化在对外传播、话语体系建设、文化贸易、文化融合等方面取得了诸多重大突破；二是教育在中外合作办学、出国留学、扩招外国留学生、学历互认、人才交流、学术合作、基础教材接轨等方面均取得了显著成效；三是医疗卫生在人员境外培训、医疗技术合作、医疗器械引进、医疗对外援助、中外合作办医、医疗运营模式等方面均在开放中得到了很大的改观。

（七）发展跨境电商新业态

跨境电商是中国对外开放后对外贸易中最有活力的业态，中国作为“世界工厂”不仅可以通过跨境电商实现供货全球，而且依托中国强大的供应链基础和海外市场互联网流量红利，可以迅速扩大中国的市场份额和品牌影响力。同时，全球消费在线化可以使得消费者有了更多可选择的商品。随着中国电子商务和对外贸易的发展，中国跨境电商的交易规模已呈现出快速增长的态势，2019 年，中国跨境电商市场交易规模已达 10.5 万亿元，同比增长 16.7%。2019 年跨境电商市场规模占中

国进出口总值的32.7%。

三、完善开放管理

完善开放管理主要是简化、规范政府对开放的管理，主要包括改变外资企业超国民待遇为国民待遇，提高外资企业投资经营信心，增强政府决策透明度和降低进出口合规成本。

（一）赋予外资企业国民待遇

国民待遇原则是世界贸易组织非歧视贸易原则的重要体现，其要义就是在实现所有世界贸易组织成员平等待遇的基础上，世贸组织成员的商品或服务进入另一成员领土后，应该享受与该国的商品或服务相同的平等待遇。中国对外开放初期，为了吸引更多的外资企业进入，不仅赋予外资企业国民待遇，而且是超国民待遇。所谓超国民待遇，就是在国民待遇的基础上再增加的优惠待遇，这些优惠待遇主要体现在税收优惠、土地优惠和用工优惠等方面。这种内外资企业有别的税费制度，对吸引外资和引进国外先进技术发挥了重要作用。然而，随着中国对外开放的不断扩大，这种不同等的税费制度越来越不符合市场经济公平竞争的要求，社会矛盾日益突出，社会各界要求统一内外资企业税费制度的呼声越来越强烈。1994年以后，全国人大、国务院开始着力解决内外资企业的税收制度问题，使得中国税收体系中的增值税、消费税、营业税、企业所得税、城镇土地所得税、车船税、耕地占用税和房产税等原来内外资企业分设的制度先后实现了统一。国务院决定，自2010年12月1日起，中国统一内外资企业城市维护建设税和教育费附加制度，对外商投资企业、外国企业和外籍个人征收城市维护建设税和教育费附加。至此，内外资企业在税收政策上享受的超国民待遇终结。

（二）降低外资企业投资风险预期，增强外商长期投资信心

降低外资企业投资风险预期的最好举措，就是对外商投资提供公平的法律保护。中国对外商投资的法律保护，可以分为两个方面：一是中国的《宪法》《中外合资经营企业法》《中外合作经营企业法》《外资企业法》等都有对外资企业投资保护的相关规定。二是中国参与国际公约和组织以及签订的相关国际法条形成对外资企业投资的保护。中国对外已签订了多个双边投资保护和领事协定，如《多边投

资担保机构公约》《承认与执行外国裁决公约》，以及避免双重征税和防止偷税漏税协定等。这些都是对外资企业投资的法律保障，从而增强了外商长期在中国投资经营的信心。

（三）增加政府决策透明度，提升外资企业办事效率

中国为了实现高质量、高水平的对外开放，不断坚持提升政府办事的质量、效率和决策透明度，加快推动数字政府、透明政府建设，建立健全跨政府部门的信息共享平台，实时公布包括政府招商引资、进口采购、产业政策、社会配套等相关信息，以减少政府与服务对象之间的信息不对称，尤其是减少外资企业对于政策不确定性的担忧，加大提升外资企业的办事效率。

（四）降低进出口合规成本

对外贸易管制制度是一种综合制度，主要由关税制度、对外贸易经营者资格管理制度、货物进出口许可制度、出入境检验检疫制度以及进出口货物收付汇管理制度组成。中国开始实行的是对外贸易权审批制度，加入世界贸易组织后，2001 年 7 月起推行对外贸易权登记和核准制，此后，国务院根据《对外贸易法》颁布《货物进出口管理条例》，开始与国际规则接轨。从外汇收付来看，中国开始实行的是出口收汇核销制度，然后，逐步施行贸易项下货物进出口自由购汇结汇制度。进一步规范法律、法规和管理手续，降低进出口企业合规成本，是中国政府改善对外开放管理的重要任务。

（五）优化营商环境

中国在对外开放中，从本国国情出发，不断借鉴和对接国际先进经验，努力创造更加开放、更加自由、更加有序的营商环境，尤其是营造内外资企业一视同仁、公平竞争的市场环境。中国对外开放的营商环境不断得到提升，其主要表现在：一是更加市场化，中国在对外开放的市场中，一方面，始终坚持以市场需求为导向，以优胜劣汰的竞争为手段，以效率最大化为目标，充分发挥市场在资源配置中的决定性作用；另一方面，建立国家调节的市场经济体制，并以此形成统一的市场运行机制和市场体系。二是更加法治化，中国不断颁布和改进对外开放法律法规，对外开放获得了制度性的支持。1979 年，全国人大高效率地制定颁布了《中外合资经

营企业法》，初步满足了外国投资者对于法律支持的要求。1980 年，中国恢复了在世界银行、国际货币基金组织的合法席位，并开始利用世界银行贷款。1982 年，对外开放政策写入新制定的宪法中。1984 年，党的十二届三中全会把实行对外开放定为基本国策。1987 年，党的十三大提出，“当今世界是开放的世界”，“今后，我们必须以更加勇敢的姿态进入世界经济舞台。”在整个 20 世纪 80 年代，对外开放的重点是争取更多的国际资源，包括外国投资、先进技术、先进管理经验。三是更加国际化，在一体化的市场框架下，坚持统筹国际国内两个市场，支持外资企业与本土企业、教学、科研机构的合作与交流，推进国际国内一体化建设进程。四是更加自由化，中国政府持续推进“放管服”改革，简化市场准入审批程序，建立市场联动机制。五是更加便利化，不断推进贸易便利化、投资便利化、跨境资金流动便利化、人员进出便利化、运输往来便利化的对外开放环境。六是更加多元化，不断改善对外开放环境，在强化国内国外比较优势的同时，更大幅度地促进国内国外经营主体的多元化和进出口渠道的多样化，努力促使中外双方受益双赢。七是更加安全化，强化数据安全有效流动，完善风险防范体系建设。

四、提升开放高地

在对外开放过程中，中国有效利用对外贸易和经济全球化带来的各种有利条件，推动对外开放继续走向更大范围、更宽领域和更深层次。

（一）设立自由贸易试验区

为了顺应全球经贸发展新趋势，提升中国对外开放的高地，中国开始建设高标准、高质量的自由贸易试验区。2013 年 8 月，国务院正式批准设立中国（上海）自由贸易试验区。2017 年 10 月 18 日，习近平总书记在党的十九大提出，要赋予自由贸易试验区更大的改革自主权。2018 年 4 月 13 日，党中央决定支持海南全岛建设自由贸易试验区，开始了持续、深化、差别化探索，推动自贸试验区改革创新，加强改革试点经验复制推广。截至 2020 年年底，全国共在各个省市设立了 21 个自由贸易试验区，实现中国沿海省份全覆盖。

（二）探索建设中国特色自由贸易港

为了打造开放层次更高、营商环境更优、辐射作用更强的开放新高地，2020 年

6月1日，党中央、国务院印发《海南自由贸易港建设总体方案》。2020年12月31日，经国务院批准，国家发改委、商务部发布了《海南自由贸易港外商投资准入特别管理措施（负面清单）》，这就意味着海南今后将与新加坡、中国香港等一样，实行自由贸易港政策。自由贸易港是设在国家与地区境内、海关管理关卡之外，允许境外货物、资金自由进出的港口区。对进入港区的全部或大部分货物免征关税，并且准许在自由港内开展货物自由储存、展览、拆散、改装、重新包装、整理、加工和制造等业务活动。根据《海南“十四五规划”和二〇三五年远景目标纲要》，到2025年海南自由贸易港政策制度体系初步建立，并将开始封关运营。

（三）增加服务业扩大开放综合试点

2015年5月，北京成为全国唯一的服务业扩大开放综合试点城市。5年来，首轮方案确定的226项试点任务全面实施，新一轮试点方案所确定的177项任务已完成了97%。2020年，北京服务贸易实现的进出额已占全国的1/5，继续保持全国前列。2020年8月，国家出台了《国务院关于深化北京市新一轮服务业扩大开放综合试点，建设国家服务业扩大开放综合示范区工作方案的批复》（国函〔2020〕123号），使得服务业扩大开放的综合试点工作进一步向纵深发展。预计到2030年，将实现贸易自由便利、投资自由便利、资金跨境流动便利、人才从业便利、运输往来便利和数据安全有序流动，基本建成与国际高标准经贸规则相衔接的服务业开放体系，服务业经济规模和国际竞争力进入世界前列。

（四）创设中国国际进口博览会

中国国际进口博览会是世界上第一个以进口为主题的大型国家级展会。首届中国国际进口博览会于2018年11月5日在上海青浦拉开帷幕，博览会吸引了来自包括“一带一路”58个国家等130多个国家的3000多家企业参展，进场人数达8万多人，琳琅满目的产品和服务勾绘出一幅流光溢彩的中国开放图景。中国分别于2019年11月5日和2020年11月4日连续两年举办了第二届和第三届中国国际进口博览会。第二届进口博览会企业商业展规模、质量、布展水平均超过了首届，首发的新产品、新技术或新服务近400件，境外采购商达7000多位，达成成交意向2160项。第三届进口博览会，首次设置了公共卫生、非银行金融等新题材，同时，首次开启了“边招展、边对接”的模式，帮助全球参展商和采购商更好地对接。第三届博览会在世界爆发新冠疫情的情况下，在展期不足一周的时间内，共吸引64个国家和地区的674家展商、1351家采购商参会，达成合作意向861项。中国国际进口博览会的举办，不仅是世界各国的大合唱，而且也表明了中国政府坚定支持贸易自由化和经济全球化，以及主动向世界开放市场的立场和决心，有利于促进世界各国加强经贸交流合作，促进全球贸易和世界经济的增长，推动开放型世界经济的发展。

（五）创办中国国际服务贸易交易会

近年来，服务贸易在全球贸易中的角色越发凸显，全球服务贸易增长的速度远远快于货物贸易。2012年以来，中国的服务贸易的规模增长加速，年均增长7.8%，高出全球增速约3.7个百分点。服务贸易与货物贸易不同，货物贸易是一手交钱一手交货，服务贸易交易的则不是商品，而是诸如文化、旅游、娱乐、通信、金融等各类服务。2020年9月5日，中国国际服务贸易交易会在北京开幕，这是在世界疫情发生期间在线下举办的一场重大国际经贸活动。该交易会致力于为全球服务贸易搭建会展、国际论坛、贸易洽谈的综合信息服务平台，目前已成为全球服务贸易领域规模最大的综合平台。2020年，中国的服务贸易总额已经连续7年位居世界第2位，在中美贸易战持续进行且国际贸易形势十分复杂的背景下，中国的服务贸易已成为对外贸易发展的新引擎和新支撑。

五、促进开放共赢

对外开放极大地促进了中国和世界各国的经济关系。从大力引进外资到积极实施走出去战略，让世界分享中国红利，推动了合作共赢的新一轮全球化发展。

（一）大力引进外资

一是扩大利用外资规模。1992年以前，中国利用外资主要是对外借款特别是政府贷款，外商直接投资规模一直偏小。1992年，利用外商直接投资首次超过对外借款，此后，外商直接投资逐年大幅度增长，成为中国利用外资最主要的方式。1992—2007年平均每年吸收外资超过450亿美元，年均增速高达19.4%，比同期全球外国直接投资流入额年均增速高出7.5个百分点。商务部的数据显示，2020年，中国非金融领域实际利用外资9999.8亿元，折合1443.7亿美元，同比增长4.5%，规模再创历史新高；加上金融领域引进的外资，2020年中国吸引外资突破1630亿美元，首次超过美国成为全球最大的引进外资国家。

二是优化利用外资导向。中国利用外资是从贸易加工设厂、举办服务业酒店等领域开始，伴随着中国产业结构的不断调整，服务业特别是金融服务业、健康医疗服务业、科技研发等逐步成为外资投资的产业重点。从1979年到1985年，中国吸引外资的产业分布以第二产业最多，第一、第三产业比重较低，投向第二产业的外资占吸引外资的60%以上，主要是劳动密集型的加工企业。从20世纪90年代开始，国际资本流动的产业分布趋势开始向高端产业发展，特别是金融、研发、医疗等高端服务业。伴随着中国新一轮改革开放的启动，中国将进一步扩大引进外资，向这些鼓励外资企业投资的产业发展。2020年，中国与东盟、日韩等15个国家签署了《区域全面经济伙伴关系协定》，与欧盟国家就《中欧全面投资协定》达成共识完成谈判工作，中国将按照公平竞争原则对外开放。

三是支持外资促进创新发展。引进外国资本、技术、人才和品牌，对中国经济发展产生了拉动作用，从外资利用方式、企业合作模式，到技术品牌等无形资产引进，都发挥了外资对中国创新的促进作用。引进外资对中国创新发展发挥了五大促进效应：一是技术溢出效应，中国高新技术产业发展中，国际著名跨国企业设立的外商投资企业发挥了带动作用；二是竞争效应，外资企业的进入对中国企业发展发挥了竞争效应，例如通信行业，中国从开始一直到第四代通信业务都是跟随，在竞争中发展壮大，到第五代通信技术时，中国华为等公司兴起，开始引领世界通信技术的发展；三是产业集群效应，中国目前产生的制造业集群得到了外资的大力支持，例如苏州工业园，就是在新加坡与中国政府支持下紧密合作诞生发展、不断壮大的；四是人力资源溢出效应，中国人力资源也得到来自外资企业的支持，比如在创业投资领域，中国第一代风险投资人很多是从国外回来的，或者从外资企业转出成为投资人的，中国资本市场2019年设立了科创版，使得风险投资领域有了一个市场退出渠道，具有了更大的发展空间；五是研发国际化效应，有的跨国企业在中国设立研发中心，当中国企业发展起来后，也到国外研发高地设立研发中心，从不能向外国同行"望其项背"开始，中国研发事业不断发展，具有一定竞争能力，进入国际研发圈，能够与国际同行同台竞技。

（二）积极实施"走出去"战略

对外开放是双向的过程，不仅要引进来，而且还要走出去。随着中国经济实力的增强，“走出去”作为一个战略提上了日程。1992年，党的十四大提出，要积极扩大中国企业的对外投资和跨国经营。从20世纪90年代以来，中国对外投资的领域不断拓宽，对外投资的层次和水平不断提升。对外投资由单一的绿地投资向跨国并购、参股、境外上市等多种方式扩展。跨国并购已成为对外投资的重要方式，主要流向资源、电讯和石油化工等行业。目前，中国企业的对外投资呈现出市场多元化发展态势。

整个20世纪90年代，中国为了重返世界贸易组织（前身是关贸总协定GATT）积极努力，成为深化国内经济体制改革，建设开放型经济的重要动力。1997年，党的十五大提出，要以更加积极的姿态走向世界，积极参与区域经济合作和全球多边贸易体系，鼓励能够发挥比较优势的对外投资，更好地利用国内国外两个市场和两种资源。

在中国更加积极地参与经济全球化的同时，经济全球化的结构性问题也开始暴露出来。1997年东南亚发生金融危机，波及东亚、拉美多个国家，也考验着中国应对风险和危机的能力。1999年在西雅图举行的世界贸易组织第三次部长级会议遭遇了强烈抗议，“反全球化”运动迎来第一次高潮。这些问题在国内也引起了反响，引发了社会各界对于参与全球化的讨论。国内和国际的变化考验着决策者在对外开放上的立场和举措。

1997年12月，江泽民在会见全国外资工作会议代表时说，要更加努力地完善全方位、多层次、宽领域的对外开放格局。“引进来”和“走出去”是对外开放基本国策中两个紧密联系、相互促进的方面，缺一不可。“走出去”是一个涉及对外开放和经济发展的大战略。争取两三年内在“走出去”方面取得明显成效。1998年，江泽民在第九次驻外使节会议上专门谈了“经济全球化”问题。他说，这是不以人们的意志为转移的客观趋势。“当今世界是一个开放的世界，谁也不可能孤立于世界之外去发展自己的经济”。经济全球化对中国有利有弊，要充分利用各种有利条件，增强抵御和化解风险的能力，维护国家的经济安全。

2000年1月在中央政治局会议上，江泽民把抓紧实施“走出去”战略作为涉及党和国家工作全局、需要进一步研究和抓紧解决的七个重大问题之一加以论述：“这20年，我们是以引进来为主，……不先引进来，我们的产品、技术、管理水平就难以提高。你想走出去也出不去。现在情况与20年前不同了，我们的经济水平已大为提高，应该而且也有条件走出去了。”在开拓国际市场、利用国外资源上，要贯彻多元化方针；要抓紧制定有关法律法规和政策措施，切实保护对外投资；要严防各种欺诈活动，以免引起国际纠纷、损害国家信誉。他还提出要“提高应对和处理国际重大突发事件的能力”。

从“走出去”来看，中国除在传统的推动国际经济合作的“双多边自由贸易协定”方面不断发力外，还提出了“一带一路”倡议，并大力推动境外经贸合作园区建设，成为新一轮推动中国建设更高水平开放型经济体系的新平台。“一带一路”建设有效地推动了中国对内对外双向开放，同时，为引进外资和对外投资相互结合、培育国际竞争新优势提供了平台。中国在推进“一带一路”建设过程中，为相关国家或地区的国际产能合作提供投融资支持，同时推动贸易便利化、基础设施互通、民心相通等建设，进而为中国企业向沿线国家“走出去”打造良好的软硬件环境，成为推动中国企业“走出去”的新的力量。境外经贸合作区建设是自2006年开始实施“走出去”的战略平台，有助于带动形成产业集聚效应，为国内企业“走出去”提供更好的信息资源、生产要素、基础设施等，有助于形成集体“走出去”，同时，促进东道国就业和税收，提升技术水平。至2018年年底，中国已建设113个境外经贸合作区，极大地推动了对外投资的发展。总体来看，上海自贸试验区、粤港澳大湾区作为中国下一步改革的试验田，将为“引进来”和“走出去”的全面开放格局创造新的契机。

（三）让世界分享中国红利

从鼓励各国企业来华投资兴业，到积极主动扩大进口，中国对外开放让世界分享了中国机遇、中国红利。党的十八大以来，中国积极参与全球经济治理，举办中国国际进口博览会，为建设开放型世界经济、构建人类命运共同体贡献了中国智慧和中国方案。

40多年来，中国对外开放作为改革开放伟大事业的重要组成部分，在党的领导下取得了举世瞩目的成就。从沿海到沿江沿边、从东部到中西部，逐渐形成了全方位、多层次、宽领域的全面开放格局。社会主义市场经济体制日趋完善，经济发展活力不断增强，综合国力和世界影响力显著提高，走出了一条中国特色的开放式发展道路。中国通过对外开放获得了发展所需的资金、技术、资源、市场、人才，为经济发展注入了新动力、增添了新活力、拓展了新空间。对外开放加强了中国与世界经济体系的融合，有效地促进了中国社会主义市场经济体制的完善。中国的产权保护制度进一步完善，市场规则更加公平、开放、透明，多层次资本市场加快形成，人民币汇率市场化形成机制日趋完善，利率市场化加快推进。中国对外开放的过程，也是促进世界共同发展的过程。中国多年来对世界经济增长的贡献率位居世界前列，成为世界经济的稳定器和动力源，为世界各国带来了巨大发展机遇。

第二节　始终坚持对外开放国策

习近平总书记提出："必须坚持扩大开放，不断推动共建人类命运共同体。改革开放40年的实践启示我们：开放带来进步，封闭必然落后。中国的发展离不开世界，世界的繁荣也需要中国。我们统筹国内国际两个大局，坚持对外开放的基本国策，实行积极主动的开放政策，形成全方位、多层次、宽领域的全面开放新格局，为中国创造了良好国际环境、开拓了广阔发展空间。"党和政府始终坚持对外开放基本国策，增强了国内外企业对中国经济长远发展的信心，成为改革开放取得成功的重要原因。

一、全面实施"引进来"战略

中国对外开放首先从"引进来"战略开始，逐步持续放宽外资准入政策，集聚国际优质生产要素，出台促进外商投资政策，实施外资保护法律，使"引进来"发挥出了促进改革发展和多方互利共赢的战略效果。

（一）持续放宽外资准入政策

中国外资准入制度包括"三资企业法"、《外商投资产业指导目录》和相关外资准入政策制度体系。在2012年前，特别是加入世界贸易组织之前，中国外资准入比较严格，与国际通行的"准入前国民待遇＋负面清单"国际准入通行规则有较大差距；伴随着中国外贸外资实力的逐步提高，中国需要与国际通行外资准入规则接轨，实行更加开放、公正和透明的外资准入政策。具体包括以下三个方面：

一是全面推进准入便利措施。在外资准入的项目审批备案、外汇使用、符合国内相关制度等方面，中国不断推进外资准入便利化措施。在外汇使用方面，国家外汇管理局积极落实"引进来"政策，不断提高利用外资质量，构建起了以登记为核心的外商直接投资外汇管理体系。2012 年年底，国家外汇管理局发布《关于进一步改进和调整直接投资外汇管理政策的通知》，大力精简工作流程，共取消了 35 项、简化合并 14 项行政审核子项。2019 年 3 月 18 日，国家外汇管理局发布《跨国公司跨境运营集中管理规定》，取消 3 项限制，调整优化账户功能，进一步落实“放管服”改革，推进跨境资金和投融资便利化，改善外商在国内的营商环境。

二是全面落实准入前国民待遇。中国开始实行外资审批制度，由中央和地方政府按照权限审批外资企业，外资企业无法享受国民待遇；有的地方为了加大引进外资力度，给予了外资企业一些超国民待遇，比如税收减免等。伴随着中国融入世界经济体系，目前世界上有 70 多个国家采取了外资准入前国民待遇，就是在外资企业设立、取得、扩大等阶段给予外国投资者不低于本国投资者的国民待遇。准入前国民待遇不是绝对的，允许有例外：各国普遍采用负面清单的方式，将国家核心关注的行业和领域列入其中，保留特定形式的进入限制；没有列入负面清单的行业和领域，外资企业进入不受限制。

三是实施负面清单管理制度。中国从 2015 年开始实行市场准入负面清单制度，国务院颁布了《关于实行市场准入负面清单制度的意见》。该《意见》规定，市场准入负面清单包括禁止准入类和限制准入类，对于禁止准入类，市场主体不得进入，行政机关不予审批、审核，不得办理有关手续；对于限制准入类，或由市场主体提出申请，行政机关依法依规作出是否予以准入的决定，或由市场主体依照政府规定的准入条件和准入方式合规进入；对市场准入清单以外的行业、领域、业务等，各类市场主体皆可平等进入。《意见》提出，按照先行先试、逐步推开的原则，从 2015 年 12 月 1 日至 2017 年 12 月 31 日，在部分地区试行负面清单制度；从 2018 年开始，正式实行全国统一的市场准入负面清单制度。从此，对于企业来讲，就是“法无禁止皆可为”，对于政府来讲，则是“法无授权不可为”。国家发改委、商务部于 2018 年 6 月颁布《外商投资准入特别管理措施（负面清单）（2018 年版）》，2019 年 6 月颁布《外商投资准入特别管理措施（负面清单）（2019 年版）》，2020 年 6 月颁布《外商投资准入特别管理措施（负面清单）（2020 年版）》，截至 2020 年 7 月 23 日，全国外商投资准入负面清单由 40 条减至 33 条，自贸试验区外商投资准入负面清单由 37 条减至 30 条。

（二）集聚全球优质生产要素政策

实施“引进来”战略，不断引进国外先进技术、先进人才、先进经营管理方法和先进宏观经济管理制度。1994年，提出建立社会主义市场经济体制，开始更加全面引进国外先进生产要素，并逐步建立起与市场经济相符合的有中国特色的宏观经济管理体制。2020年6月，中共中央、国务院发布《海南自由贸易港建设总体方案》，方案提出，“充分发挥全国上下一盘棋和集中力量办大事的制度优势，调动各方面的积极性和创造性，集聚全球优质生产要素，着力在推动制度创新、培育增长动能、构建全面开放新格局等方面取得突破，为实现国家战略目标提供坚实支撑”。

一是引进国际先进技术。中国从1999年开始实行“科技兴贸”战略，据商务部统计，1999—2005年7年时间里，中国累计引进技术近5万项，合同金额超过1000亿美元，其中，技术费达623亿美元，占合同金额的57.6%，企业“重设备轻技术”“重硬件轻软件”的引进倾向得到转变，软技术在我国的技术引进中逐渐占据主导地位，引进技术的质量明显改善。最近，美国开始对中国实施贸易战和科技战，以国家安全为名，先后对中国一批科技企业加以限制，更加凸显了中国吸收国际先进技术、解决“卡脖子”问题的严峻性，中国只有立足自主创新和国际科技合作，提高中国科技实力，才能增强经济发展的主导权。

二是吸引国际一流人才。经过40多年的改革开放，中国经济实力显著增强，人才的引进越来越受到政府和企业的重视。根据有关统计数据，中国大陆引进的海外人才近年来保持在46万人次左右，其中，80%是东部沿海地区引进的专家，60%是来自国外和港澳台的专家，并且间接引进专家（引智）多于直接引进专家。根据有关报道，全国高层次科技创新人才2010年有1万名左右。到21世纪20年代，各种类型的高层次创新人才至少要有5万名以上，才能满足建设创新型国家的需要。从人才引进政策来看，中央和各地方都出台了引进国际人才的专项政策，出现了“人才戴帽”的现象，国际社会特别是美国，更是根据中国相关单位公布的人才引进政策和名单，按照美国国内法律审查名单人员的合法性，并出现了抓捕和审判的案例。中国人才引进政策需要谨慎确定，以避免国际社会针对中国政府引进人才政策进行联合抵制。引进国际一流人才是中国对外开放的重要任务，也是关系到建设创新型国家成败的大事，应当多做少说，利用一切可能的方式，包括企业到外国大学和产业集群设立研发机构，收购外国研发企业使研发团队当地化，发挥国际高端人才对中国科技创新发展的贡献。

三是学习国际先进的经营管理方法。在改革开放初期，中国缺少市场经营管理经验，迫切需要引进国际先进的经营管理方法。20 世纪 80 年代，中国不断引进国外先进经营管理方法，包括目标管理、全面质量管理、统筹法、系统工程、价值工程、市场预测、人力资源管理、财务管理等现代经营管理技术，结合中国国情创造出经济责任制，不断提高企业经营管理水平。20 世纪 90 年代以后，中国企业高度重视股份制、治理结构和资本市场，通过建立上海证券交易所和深圳证券交易所，从无到有建立起以现代产权制度为基础的资本市场制度，使中国企业开始与国际企业在同一平台上竞争。21 世纪以来，伴随着信息科技革命的发展，中国充分利用人多市场大的战略优势，把信息科技引入企业经营管理，在金融行业、通信行业、平台交易等实现了引进吸收并创新，开创了中国消费互联网和工业互联网的新时代，中国在这些领域可以与美国等发达国家进行公平竞争。

四是借鉴国际先进宏观经济制度。在 1994 年前，中国实施计划经济为主、市场调节为辅的宏观经济管理体制，企业的行为被政府严格按照计划进行管理，严重束缚了企业家的创新精神，后来在加大市场调节力度上进行改革，由于实行价格“双轨制”导致腐败等社会乱象。党的十四大确立了社会主义市场经济体制的改革目标，学习发达市场经济国家管理宏观经济的经验，建立起了中央银行和商业银行制度，开始通过货币政策调控金融市场；建立起了现代财税制度，开始通过财政杠杆调整经济结构；同时结合中国实际，创造性地将城市国有土地所有权和使用权分离，大面积推广经济开发区的产业园和城市基础设施建设，通过将工业化和城镇化的双重动力叠加，为经济高速发展提供重要支撑和保障。

（三）积极出台外资促进政策

中国从 1978 年开始改革开放，一直奉行积极的招商引资政策。但是 2018 年前后，外商企业开始感受到国内市场环境的压力，有的开始撤出中国，例如甲骨文公司，加上中美贸易战的国家竞争风险因素，美国要求公司撤回美国，提出重组全球产业链。中国也有人提出民营企业退出，资本国有化将会回潮，有些民营企业吸引国有资本入股，有些民营企业家迁居海外。为了改变这种与对外开放相背离的现象，党中央和国务院旗帜鲜明地提出了“六稳”和“六保”政策，其中就包括稳外贸稳外资，积极出台外资促进政策。

2019 年 11 月，国务院发布《关于进一步做好利用外资工作的意见》（国发〔2019〕23 号）。文件明确提出，“对外开放是中国基本国策。外资在中国经济发展中发挥了独特而重要的作用，推动高质量发展、推进现代化建设必须始终高度重视利用外资。”文件提出了“以激发市场活力、提振投资信心为出发点，以保障外商投资企业国民待遇为重点，以打造公开、透明、可预期的外商投资环境为着力点”，进一步做好利用外资工作。

一是深化对外开放。第一，支持外商投资新开放领域。继续压减全国和自由贸易试验区外商投资准入负面清单，全面清理取消未纳入负面清单的限制措施，保障开放举措有效实施，持续提升开放水平。第二，加快金融业开放进程。全面取消在华外资银行、证券公司、基金管理公司等金融机构的业务范围限制，提高市场供给和竞争能力，增强市场活力。减少外国投资者投资设立银行业、保险业机构和开展相关业务的数量型准入条件，取消外国银行来华设立外资法人银行、分行的总资产要求，取消外国保险经纪公司在华经营保险经纪业务的经营年限、总资产要求。扩大投资入股外资银行和外资保险机构的股东范围，取消中外合资银行中方唯一或主要股东必须是金融机构的要求，允许外国保险集团公司投资设立保险类机构。继续支持按照内外资一致的原则办理外资保险公司及其分支机构设立及变更等行政许可事项。2020 年，取消证券公司、证券投资基金管理公司、期货公司、寿险公司外资持股比例不超过 51% 的限制。第三，优化汽车领域外资政策。各地区要保障内外资汽车制造企业生产的新能源汽车享受同等市场准入待遇。修订乘用车企业平均燃料消耗量与新能源汽车积分并行管理办法，在外方与中方合资伙伴协商一致后，允许外方在华投资的整车企业之间转让积分。第四，着力营造公平经营环境。各地区、各部门要着力提高市场的公平性，及时纠正违反公平竞争的做法，着力消除妨害公平竞争的制度性障碍。统一内外资建筑业企业承揽业务范围。完善外国投资者申请从事互联网上网服务营业场所、娱乐场所经营等业务相关规定。坚持按照内外资机构同等待遇原则，开展强制性产品认证机构的资质审批工作。增加化学品物理危险性鉴定机构数量，不得针对外商投资企业设置限制性条件。

二是加大投资促进力度。第一，优化外商投资企业科技创新服务。加强对外商投资企业申请高新技术企业认定的指导和服务，组织开展政策专题培训，加强政策宣传，鼓励和引导外资更多投向高新技术产业。第二，提升自由贸易试验区建设水平。支持地方和部门聚焦市场主体期盼，提出支持自由贸易试验区进一步扩大开放和创新发展的具体措施，推进相关深层次改革事项在自由贸易试验区先行先试，充分发挥自由贸易试验区改革开放试验田的作用。对有条件的自由贸易试验区，下放更多省级经济管理审批权限，尤其是投资审批、市场准入等权限。第三，提升开放平台引资质量。鼓励地方人民政府对有条件建设具有较强竞争力产业集群的国家级经济技术开发区予以支持，打造品牌化招商引资平台。建立重点企业联系制度，提供专业化、全流程服务，着力培育带动力强、辐射面广的龙头企业和产业链核心企业。在确有发展需要且符合条件的中西部地区，优先增设一批综合保税区。切实推进国家级经济技术开发区“审批不出区”“互联网＋政务服务”和“最多跑一次”改革，创新完善企业服务体系，构建一流营商环境。第四，支持地方加大对外资的招商引资力度。鼓励地方政府根据当地招商工作实际，制定考核激励政策，对招商部门、团队内非公务员岗位实行更加灵活的激励措施。鼓励地方政府在法定权限内合理设定招商引资工作经费额度与标准，对出境招商活动、团组申请等予以支持。

三是深化投资便利化改革。第一，降低资金跨境使用成本。尽快出台具体措施，支持外商投资企业扩大人民币跨境使用。扩大资本项目收入支付便利化改革试点范围。推进企业发行外债登记制度改革，完善全口径跨境融资宏观审慎管理政策，支持外商投资企业自主选择借用外债模式，降低融资成本。鼓励外商投资企业资本金依法用于境内股权投资。第二，提高来华工作便利度。支持各地区根据本地经济发展需要，对于急需紧缺的创新创业人才、专业技能人才来华工作，可适当放宽年龄、学历或工作经历等限制。对有创新创业意愿的外国留学生，可凭中国高校毕业证书申请2年私人事务类居留许可。已连续两次申请办理工作类居留许可的外国人，可在第三次申请时按规定签发5年有效期的工作类居留许可。优化外国人申请来华工作许可办理流程，完善部门信息共享机制，探索整合外国人工作许可证和工作类居留许可。第三，优化外资项目规划用地审批程序。持续深化规划用地“放管服”改革，加快外资项目落地进度。合并规划选址和用地预审，合并建设用地规划许可和用地批准，推进多测整合、多验合一，推进信息共享，简化报件审批材料。

（四）加大实施外资保护政策

按照竞争中性原则平等保护各类企业的合法权利，是党和国家的一项基本政策。针对如何保护外商投资合法权益，2019年国务院文件提出了以下八项具体政策措施：

一是全面贯彻《外商投资法》。《外商投资法》及其配套法规实施后，各地区、各部门要严格贯彻落实，进一步清理相关法规规定，抓紧制定完善具体实施办法和有关司法解释，做好解读和培训工作，确保《外商投资法》各项制度切实有效执行。

二是保护外商投资企业的合法权益。各地区应建立健全外商投资企业投诉受理机构，完善处理规则，规范处理程序，提高处理效率。各地区、各部门应严格遵照《外商投资法》、《行政许可法》等法律法规对外商投资实施行政许可，不得擅自改变行政许可范围、程序和标准等，行政机关及其工作人员不得通过行政许可、监督检查、行政强制等，强制或者变相强制外国投资者、外商投资企业转让技术。

三是强化监管政策执行的规范性。优化监管方式，科学合理设定环境保护、安全生产等监管执法检查频次，降低外商投资企业合规成本。地方政府应依照《大气污染防治法》等有关法律法规规定，采取重污染天气应急措施。指导各地在市场监管领域细化、量化行政处罚自由裁量标准。

四是提高行政规范性文件制定的透明度。各地区、各部门制定出台涉及外商投资的行政规范性文件，应当加强合法性审核。与外商投资企业生产经营活动密切相关的行政规范性文件，应当结合实际，合理确定公布到施行之间的时间，提高政策的可预见性和透明度。

五是发挥知识产权司法保护的重要作用。充分发挥财产保全、证据保全、行为保全的制度效能，提高知识产权司法救济的及时性和便利性。优化涉及外商投资企业知识产权案件中对证据形式要件的要求，适用事实推定，合理减轻外方当事人的诉讼负担。依法加强保护商业秘密、合理分配举证责任，加大民事保护和刑事保护力度。依法集中、统一审理专利无效与侵权上诉案件，进一步提升审判质效。充分尊重知识产权的市场价值，积极运用惩罚性赔偿，加大对恶意侵权行为、重复侵权行为的打击力度。进一步完善技术调查官制度，加强技术类案件的多元事实查明机制建设。加强涉及标准必要专利的案件审理，保障公平竞争市场秩序。充分发挥知识产权案件多元化调解的作用，实质性解决纠纷。进一步统一知识产权案件诉讼证据和司法裁判标准，适时出台有关司法解释，发布指导性案例，持续提升知识产权司法审判工作的规范化、科学化、国际化水平。

六是完善知识产权保护工作机制。建立健全知识产权快速协同保护和信用联合惩戒机制，持续推进知识产权纠纷仲裁调解工作，构建完善知识产权纠纷多元化解决机制。完善注册商标撤销程序。健全地理标志保护制度。完善电子商务知识产权保护机制，完善电子商务平台专利侵权判定通知、移除规则，完善电子商务领域专利执法维权协作调度机制。积极运用标准化方法，加强知识产权保护。

七是支持参与标准制定。指导各地区、各部门全面落实内外资企业公平参与中国标准化工作，鼓励外商投资企业参与中国医疗器械、食品药品、信息化产品等标准的制定，提高行业标准和技术规范制修订的科学性和透明度。

八是保障依法平等参与政府采购。各地区、各部门在政府采购信息发布、供应商条件确定、评定标准等方面，不得对外商投资企业实行歧视待遇，不得限定供应商的所有制形式、组织形式、股权结构或者投资者国别，以及产品或服务品牌等。

二、完善外资投资企业法律法规

建设法治化、国际化营商环境，推动规则、规制、管理、标准等制度型开放，为全面实施“引进来”战略提供法治保障。

实施新的《外商投资法》。《中华人民共和国外商投资法》于2019年3月15日颁布，2020年1月1日起实行。《中外合资经营企业法》《外资企业法》《中外合作经营企业法》同时废止。本法规定了外商投资企业及其情形，按照投资促进、投资保护、投资管理分列三章，并规定了法律责任。为了促进外商投资，本法内容主要包括以下五个方面：一是国家对外商投资实行准入前国民待遇加负面清单管理制度；二是国家支持企业发展的各项政策同等适用于外商投资企业；三是明确外商投资企业平等参与标准化工作和政府采购活动，标准制定应当强化信息公开和社会监督，强制性标准平等适用于外商投资企业，政府采购依法对外商投资企业在中国境内生产的产品平等对待；四是明确外商投资企业可以依法通过公开发行股票、公司债券等证券以及其他方式进行融资；五是明确地方各级人民政府可以在法定权限内制定外商投资促进政策，各级人民政府及其有关部门应当进一步提高外商投资服务水平。为了保护外商投资，本法从四个方面作了规定：一是加强对外商投资企业的产权保护。规定国家对外商投资不实行征收，根据社会公共利益需要实行征收的，应当依照法定程序进行，并给予公平、合理的补偿；外国投资者在中国境内的出资、利润、资本收益等可以依法以人民币或者外汇自由转出；国家依法保护外国投资者和外商投资企业的知识产权，鼓励基于自愿原则和商业规则开展技术合作，技术合作条件由投资各方协商确定，不得利用行政手段强制转让技术。二是强化对涉及外商投资规范性文件制定的约束，规定政府及其有关部门制定涉及外商投资的规范性文件应当符合法律法规，不得违法减损外商投资企业合法权益或者增加其义务，不得违法设置市场准入和退出条件、违法干预或者影响外商投资企业的正常生产经营活动。三是促使地方政府守约践诺。规定地方各级人民政府及其有关部门应当严格履行依法做出的政策承诺和依法订立的各类合同；因国家利益、公共利益需要改变政府承诺和合同约定的，应当严格依照法定权限和程序进行，并对外国投资者、外商投资企业因此受到的损失予以补偿。四是完善外商投资企业投诉维权机制。规定国家建立外商投资企业投诉工作机制，协调完善外商投资企业投诉工作中的重大政策措施，及时解决外商投资企业反映的问题；外国投资者、外商投资企业可依法成立和自愿参加商会、协会，维护自身合法权益。

实施新的《外商投资实施条例》。《中华人民共和国外商投资实施条例》于2019年12月26日发布，2020年1月1日起施行。《中华人民共和国中外合资经营企业法实施条例》《中外合资经营企业合营期限暂行规定》《中华人民共和国外资企业法实施细则》《中华人民共和国中外合作经营企业法实施细则》同时废止。新《条例》明确规定，政府及其有关部门在政府资金安排、土地供应、税费减免、资质许可、标准制定、项目申报、人力资源政策等方面，应当依法平等对待外商投资企业和内资企业；特殊经济区域，是指经国家批准设立、实行更大力度的对外开放政策措施的特定区域，国家在部分地区实行的外商投资试验性政策措施，经实践证明可行的，根据实际情况在其他地区或者全国范围内推广；外商投资企业可以依法在中国境内或者境外通过公开发行股票、公司债券等证券，以及公开或者非公开发行其他融资工具、借用外债等方式进行融资。这些行政法规措施，为外商投资企业在国内依法合规经营提供了强有力的保障措施。

三、建立开放型经济新体制

党的十九届五中全会提出“建设更高水平开放经济体制”。长期以来，中国致力于建设高水平开放型经济新体制。在建设中国特色社会主义现代化新时代条件下，更加注重规则等制度型开放，通过规则、规制、标准、管理等制度型开放，形成与高水平国际经贸规则相衔接的制度体系。建设具有国际竞争力和影响力的海关监管特殊区域，不断探索制度型开放新路。

（一）建立海关监管特殊区域

中国对外开放海关监管政策从1990年开始，先后提出过6类区域政策，包括保税区、出口加工区、保税物流园区、跨境工业区、保税港区和综合保税区，而进口保税仓库、出口监管仓库和保税物流中心（A 型和 B 型）这三种模式属于保税监管所。这些监管特殊区域都需要国务院审批，纳入国家级开发区范围，享受区域优惠政策，区域实行封闭围网管理，有严格的基础设施验收标准，区内货物实施保税政策。截至 2020 年年底，中国海关特殊监管区域共有 162 个，保税港区 2 个，综合保税区 149 个，保税区 9 个，出口加工区 1 个，珠澳跨境工业区 1 个，总规划面积 445 平方公里。这些地方对中国的货物贸易发展起到了重要的支持作用。

2020 年 6 月，党中央、国务院发布的《海南自由贸易港建设总体方案》首次提出“海关监管特殊区域”政策。海关监管制度是海南自由贸易港必不可少的制度安排，海关监管制度创新和突破发挥着非常重要的作用。对标世界自由贸易港监管制度，海南自由贸易港的海关监管制度概括为“一线放开、二线管住”：在“一线放开”方面，对进境货物除法律法规要求必须进行申报的除外，其他不涉证、不涉检货物采取完全放开；在贸易管制上，除涉及国际公约、条约、协定或涉及安全准入管理的货物确需在一线验核监管证件外，其余在二线验核；在突出岛内经营自由方面，海关取消账册管理，不要求岛内企业单独设立海关账册，企业可以依法开展经营活动。根据《总体方案》，海南自由贸易港与中国关境外其他国家和地区之间将设立“一线”，与中国关境内其他内地之间设立“二线”，具体措施包括：一是海南自贸港进口商品基本实行“零关税”政策；二是“零关税”政策适用范围限于自贸港内使用和消费的商品；三是实行封关运作，防止享受“零关税”政策的物资流向内地，造成国家税收流失和干扰经济秩序；四是管住“二线”是保障海南自由贸易港“零关税”政策有效实施的关键。

（二）建立新的经济特殊区域

经济特区是中国对外开放的重要窗口。截至 2017 年年底，中国共设立了 7 个经济特区：1979 年 7 月，广东省的深圳、珠海和汕头，福建省的厦门试办出口特区，1980 年 5 月改称经济特区。1988 年，中国设立了海南经济特区。2014 年和 2015 年，新疆维吾尔自治区先后设立了霍尔果斯经济特区和喀什经济特区。经济特区为中国改革开放积累了丰富的经验，是联系国内外市场的有效办法。

在中国社会主义现代化新征程上，经济特区迈入法治时代。党的十七大把自由贸易区建设上升为国家战略，党的十八大提出加快实施自由贸易区战略。2013 年 8

月，党中央、国务院决定设立中国（上海）自由贸易试验区，其后不断扩大试点范围，到2020年年底共设立了21个自贸区，包括上海、广东、天津、福建、辽宁、浙江、河南、湖北、重庆、四川、陕西、海南、山东、江苏、广西、河北、云南、黑龙江、北京、湖南、安徽21个自由贸易区。中国于2019年颁布《外商投资企业法》和《外商投资企业法实施条例》。《外商投资法实施条例》第十条规定，特殊经济区域，是指经国家批准设立、实行更大力度的对外开放措施的特定区域。同时还详细规定，国家在部分地区实行的外商投资实验性政策措施，经实践证明可行的，根据实际情况在其他地区或者全国范围内推广。

中国从2018年宣布启动建设自由贸易港，开启了制度型对外开放的新征程。习近平总书记2018年4月在庆祝海南建省办经济特区30周年大会上宣布，党中央决定支持海南全岛建设自由贸易试验区，支持海南逐步探索、稳步推进中国特色自由贸易港建设，分步骤分阶段建设自由贸易港政策和制度体系。2020年6月1日，中共中央、国务院印发《海南自由贸易港建设总体方案》，文件规定：海南着力打造成为中国全面深化改革开放试验区、国家生态文明试验区、国际旅游消费中心和国家重大战略服务保障区，即海南自贸港“三区一中心”战略定位。海南自由贸易港建设的制度设计主要内容概括为“6+1+4”，“6”是指6项制度创新，包括贸易自由便利、投资自由便利、跨境资金流动自由便利、人员进出自由便利、运输来往自由便利和数据安全有序流动；“1”是指构建现代产业体系，大力发展旅游业、现代服务业和高新技术产业，增强经济创新力和竞争力；“4”是指加强税收、社会治理、法治和风险防控四个方面的制度建设。海南自由贸易港建设分阶段进行，第一阶段，2025年前围绕贸易投资自由便利化适时启动全岛封关运作；第二阶段，2035年前，进一步优化完善开放政策和相关制度安排，全面实现“6个便利”，推进建设高水平自由贸易港。为了给自由贸易港建设提供法治保障，全国人民代表大会正在制定《海南自由贸易港法》。

第三节　积极构建开放型国际经济体系

习近平总书记指出，坚持走开放融通、互利共赢之路，构建开放型世界经济。对外开放围绕国内改革和发展重点的转移不断升级转型，经历了从“引进来”的单向开放到“引进来”和“走出去”并重的双向开放，从重点促进国内改革的单一目标到促进国内改革和推进国际制度变革并重的双重目标两次转型。当前，经济全球化在曲折中前进，单边主义、保护主义愈演愈烈，多边主义和多边贸易体制受到严重冲击。在世界经济经历深刻调整变革之时，只有开放才能使不同国家相互受益、共同繁荣、持久发展。新时代推动更高水平的开放，要坚定不移地推动全球贸易和投资自由化便利化，旗帜鲜明地反对单边主义和保护主义，推动经济全球化朝着更加开放、包容、普惠、平衡、共赢的方向发展。

一、积极参加全球产业链、供应链分工布局

伴随着中国对外开放不断深入，中国经济逐步融入世界经济并逐渐成为世界经济发展的有力引擎之一。从 2018 年开始，美国特朗普政府开始向中国发起贸易战和科技战，美国拜登政府进一步推行经济刺激政策、就业计划和美国家庭计划，全球债务迅速扩大，以金融和科技主导权为战略制高点，全球产业链正面临着中美“脱钩”和全球重组的严峻挑战。

（一）美国控制全球产业链的手段及其战略选择

美国长期控制着全球产业链，美国政府和美国企业是全球产业链布局的主导者。美国政府扮演着“强链者”角色，美国企业从其全球战略出发，通过研发、知识产权、标准和战略及其联动机制，主要通过以下五种基本模式完成：

一是标准和规则的源头锁定，承担“引链者”的角色。以美国国家标准协会为主导的美国标准体系，采取市场主导原则，由企业为主体的标准使用者主导标准化活动，在美国就制定了超过 10 万个标准，几乎都被批准为美国国标，绝大多数都通过国际标准化组织成为国际标准。通过标准规则从源头上主导和控制技术进步的方向和市场节奏，在行业中扮演“引链者”角色，进而控制全产业链的发展，形成了“美国企业先行，其他国家企业跟进”的全球产业链布局。美国还善于将专利嵌入标准，形成专利标准化，这样所形成的技术壁垒非常坚固，通过技术授权、认证许可带来了非常强大的规模效应，这成为通过技术无形资产生态系统锁定产业发展的路径。

二是关键工艺和环节的基础把控，承担“布链者”的角色。美国虽然实施了多年的外包战略，服装、电子、家电、机械甚至是军工等产业的价值链上的生产、装

配等环节都实现了全球布局，但是美国企业在关键零部件、关键材料、关键工艺、关键软件等工业基础能力方面仍然是世界一流，掌握着机械、电子等领域的关键零部件和工艺的研发、制造技术，甚至在某些领域能够凭借对关键零部件和工艺技术的掌控来牵制整个产业链的布局，这里企业充当了“布链者”的角色，即以基础制造能力布局产业链关键单点，最终形成“产业全球化布局，但利润流向美国”的全球化产业链传统旧格局。

三是全产业价值单元的链式布控，承担“串链者”的角色。用放大镜进行观察就会发现，如果将这些工业基础能力放在一起，美国企业不仅基于这些基础制造能力生长出了许多价值单元，而且能够将其串联起来，形成价值单元的链式布控，即“价值单元链控”。企业在布控每个价值单元的基础上，充当了“串链者”的角色。并由联盟构建产业生态圈的组织形式，将产业链上的关键价值单元的主体企业吸纳和整合在一起，在创新上形成闭环，互通有无，且在经营上进行良性竞争，共同推动和控制整个产业链的发展。美国半导体协会 SIA 曾在其一篇报告中提出，“一家典型美国半导体公司的芯片生产流程，一般情况下需要环绕全球 4 个以上的国家、4 个以上的州/市、总计行程超过二万五千公里”，也就是环绕地球超过半圈，而且“有 50% 的 IDM 企业集中在美国，有 62% 的芯片设计企业主要在美国，有 47% 的半导体设备由美国提供，有 30% 的半导体材料由美国提供。”也就是说，美国在半导体等具有代表性的高端产业中拥有全产业价值单元的链式布防。

四是产业软件和平台的数据掌控，承担“延链者”的角色。美国企业在工业软件领域具有非常强的控制力，类似产品全生命周期管理（PLM）、软件定义生产、定义服务、定义产品等新生产理念的发展都是在美国。美国企业成熟的软件环境带给其天然的数据优势，往往可以依靠其先进的检测能力不断地积累其关键数据库，这是一个正向迭代的过程，越早开发，就越具有优势。这也是美国控制产业链的另一种形式，即企业通过软件深深嵌入制造业设计、生产、装配到服务各个环节，以数据贯穿实现产业链的控制。美国企业通过工业互联也就是产业技术平台化，推动其制造业产业链从制造和服务环节分离向制造服务一体化转变，通过网络平台掌控和主导产业链，从而衍生出了一批系统解决方案集成商，在这里企业充当了一个“延链者”的角色。

五是持续创新和精益生产的生态操控，承担“强链者”的角色。软件和网络平台的背后，是美国政府和企业所构建的强大创新生态，更核心的是其持续的创新能力和精益生产能力。美国的创新系统非常完善，主要由国家创新网络（基础研究）和地方先进集群（应用研究）组成，其中，不同的集群内部以及集群之间相互协作与联系，不仅形成了先进的创新网络，而且具有非常强的精益生产能力，形成了一个集“市场化、产业化、过程化”为一体的完整创新链条，直接带动新产品、新服务、新业态、新模式的出现和发展。在这里，美国政府和企业扮演了一个“强链者”的角色。持续创新是美国企业保持超强产业链控制力的关键所在，汽车产业就是其通过持续创新以颠覆性的改变控制产业链的最好体现。

从当前文献资料分析可以看出，美国政府、智库和企业正在加强未来科技产业战略布局。拜登政府一上台，美国智库就发布了多项应对中国科技竞争的国家战略，即 2021 年 1 月新美国安全中心发布了《掌舵：迎接中国挑战的国家技术战略》，提出了一套全面的国家技术战略框架；谷歌前任首席执行官埃里克施密特领导的“中国战略组”发布了《非对称竞争：应对中国科技竞争的战略》，在科技领域实施选择性脱钩和“小院高墙”战略，有分有合，有拉有打；美国信息技术和创新基金会发布《国会和拜登政府在 2021 年推进优质技术政策的 24 种方法》，为美国国会制定技术法规提出 6 条建议，为国会联邦拨款提出 9 条建议，为拜登政府第一年科技工作提出 9 条建议。为了解决面向未来数字社会的供应链挑战，拜登计划在半导体制造和研究领域支出 500 亿美元，拜登政府拟在商务部建立一个新的办公室，专门负责支持在美国国内生产半导体并发展相关技术。

（二）中国产业链、供应链挑战及其战略选择

通过对外开放，发挥了中国高素质且低廉的劳动力优势，加上中国政府对外开放吸引外资的政策支持，中国迅速形成了强大的制造业战略优势，逐步建立起了完备的工业体系，使得中国制造业成为支撑全球产业链的基地，从而形成了战后“资本—产业—大宗商品”的国际大循环，极大地促进了全球经济发展。

面对美国科技脱钩的产业链竞争，中国存在着产业链、供应链严峻挑战。第一，2020 年新冠肺炎疫情在全球大规模爆发是百年来全世界遭遇的最大公共卫生挑战，也催生多国开始反思缺乏基础医疗设施自主生产能力、过度依赖国外产业链的现状。美、日、韩鼓励产业链回流的措施已然加快，涉及民众医疗卫生、国家安全等基础产业的全球产业链布局或将出现重构。第二，中美贸易摩擦加剧了美国制造业回流的态势。当前，美国对中国的贸易打压和技术封锁不断加码，已对部分数据

产生了影响。以计算机出口为例，2017—2019年，中国计算机出口在美国进口份额中的比例由60%降至不足50%。从金额上来讲，中国对美计算机及部件出口则从503亿美元降至448亿美元，减少55亿美元；而同期，墨西哥对美国计算机的出口金额则从200亿美元上升至272亿美元，新增72亿美元。中国汽车行业的进出口依存度不高，压力整体可控；但中国电子产业高度嵌入全球分工，近5成营收和近4成成本涉及贸易，对产业链向北美回流的潜在趋势需要警惕。第三，近年来东盟凭借劳动力、资源等低成本优势，在全球贸易活动中的重要性持续上升。中国出口在全球的占比于2015年达到最高值13.6%后有所回落，2019年降至13.1%；而同期，东盟出口在全球贸易中的占比则从7%上升至7.5%，上升份额基本等同于中国份额的下降。劳动密集型商品出口是东南亚国家竞争力提升的主要部分。一方面，与东南亚国家自身的劳动力成本优势有关；另一方面，也与近年来中国加强对环保监管，相关高污染产能下降密不可分。2015年以来，中国对美国劳动密集型商品出口呈下降态势。例如，在美国箱包的进口份额中，中国从2015年的64%降至2019年的40%以下，而同期东盟的份额则由16%提升至33%，4年翻了一倍。

中国国内产业发展面临全球产业链重组挑战，同时也迎来了新技术革命的窗口期和机遇期，需要研究制定产业链、供应链发展战略，通过“引链”“布链”“串链”“延链”“强链”“铸链”来提高中国产业链控制能力，这也是新时期保障中国产业安全的关键生存法则。一是“引链”：实施“重点竞争型”国际标准竞争策略，聚焦高铁、电网、通信等中国优势、特色产业，强化重点龙头企业参与并主导相关行业的国际标准制定，使国际标准更多反映中国技术的要求，以标准、规则确保中国重点领域企业在全球产业链中的竞争优势和控制力。二是“布链”：针对中国产业链短板环节，特别是由于某些产业基础能力不足而严重依赖于国外的环节，政府应加强扶持，企业应强化布局，防止关键环节被长期“卡脖子”。加强基础研发，充分利用人工智能和大数据等新技术提高中国产业基础能力，为中国基础零部件、基础材料、基础软件的成长提供应用机会。三是“串链”：鼓励和强化企业间联盟竞合，以满足行业关键需求为目标，整合产业链上的关键价值单元，吸引优质资源集聚，培育创新链“舵手企业”，在深化合作的同时，通过制定标准规则引导市场良性发展。四是“延链”：加强基于互联网的新兴基础能力和平台建设，加强核心工业软件、工业互联网、工业云等“新四基”能力建设，提升产业链的基础能力，促进产业链的配套与延伸。培育一批软硬结合的“两栖型”链主企业，主导中国产业链的发展。五是“强链”：加强构建产业链与创新链、资金链、人才链协同发展的产业生态，企业和科研机构应加强基础研发，充分利用人工智能和大数据等现代技术提高产业基础能力，为中国基础零部件、基础材料、基础软件的成长提供应用机会。六是“铸链”：围绕原始创新，打造中国在相关领域的先发优势，同时加强知识产权体系建设，让企业愿意投入研发。

二、积极适应国际经贸规则

经过初期的对外开放，中国于2001年加入世界贸易组织，按照全球贸易规则积极调整国内经济体制和规则。当前，国际经贸规则的发展呈现出新趋势，主要体现在规则内容新发展、规则演进方式新发展以及规则制定主体新发展等方面。国际经贸规则的新发展给中国发展带来了机遇和挑战，中国需要积极采取有效对策。

（一）加入世界贸易组织及其带来的巨大变革

2001年，中国加入世界贸易组织（WTO），是中国深度参与经济全球化的里程碑，标志着中国改革开放进入历史新阶段。加入WTO以来，中国积极践行自由贸易理念，全面履行加入承诺，大幅开放市场。中国坚定遵守和维护WTO规则，支持开放、透明、包容、非歧视的多边贸易体制，全面参与WTO工作，为共同完善全球经济治理发出中国声音、提出中国方案，是多边贸易体制的积极参与者、坚定维护者和重要贡献者。

中国认真履行加入世界贸易组织的承诺，有力地促进了改革开放。一是完善社会主义市场经济体制和法律体系。加入WTO后，大规模开展法律法规清理、修订工作，中央政府清理法律法规和部门规章2300多件，地方政府清理地方性政策法规19万多件，覆盖贸易、投资和知识产权保护等各个方面。

二是履行货物贸易领域开放承诺。（1）大幅降低进口关税。减少进口成本，促进贸易发展，让世界各国更多地分享中国经济增长、消费繁荣带来的红利。截至2010年，中国货物降税承诺全部履行完毕，关税总水平由2001年的15.3%降至9.8%。其中，工业品平均税率由14.8%降至8.9%；农产品平均税率由23.2%降至15.2%，约为世界农产品平均关税水平的1/4，远低于发展中成员56%和发达成员39%的平均关税水平。农产品的最高约束关税为65%，而美国、欧盟、日本分别为440%、408%、1706%。（2）显著削减非关税壁垒。减少不必要的贸易限制，促进贸易透明畅通。截至 2005 年 1 月，中国已按加入承诺全部取消了进口配额、进口许可证和特定招标等非关税措施，涉及汽车、机电产品、天然橡胶等 424 个税号产品；对小麦、玉米、大米、食糖、棉花、羊毛、毛条和化肥等关系国计民生的大宗商品实行关税配额管理。（3）全面放开外贸经营权。促进经营主体多元化，激发各类企业开展贸易的积极性。自 2004 年 7 月起，中国对企业的外贸经营权由审批制改为备案登记制，极大地释放了民营企业的外贸活力，民营企业进出口发展迅速，份额持续扩大，成为对外贸易的重要经营主体。

三是履行服务贸易领域开放承诺。（1）广泛开放服务市场。在世界贸易组织分类的 12 大类服务部门的 160 个分部门中，中国承诺开放 9 大类的 100 个分部门，接近发达成员平均承诺开放 108 个分部门的水平。截至 2007 年，中国服务贸易领域开放承诺已全部履行完毕。（2）持续减少限制措施。逐步降低服务领域外资准入门槛，按期取消服务领域的地域和数量限制，不断扩大允许外资从事服务领域的业务范围。其中，在快递、银行、财产保险等 54 个服务分部门允许设立外商独资企业，在计算机、环境等 23 个分部门允许外资控股，在电信、铁路运输、旅游等 80 个分部门给予外资国民待遇。2010 年，中国服务业吸引外商直接投资额首次超过制造业，2017 年吸引外商直接投资额占比达到 73%。

四是履行知识产权保护承诺。（1）加强知识产权保护是中国的主动作为。中国推进知识产权保护，不仅符合自身发展需要，而且也有助于进一步完善法治化、国际化、便利化的营商环境。中国鼓励中外企业开展正常技术交流合作，依法保护在华外资企业合法知识产权，同时，希望外国政府加强对中国知识产权的保护。（2）构建完备的知识产权保护法律体系。加入 WTO 后，中国建立健全知识产权法律法规，与多个国家建立知识产权工作机制，积极吸收借鉴国际先进立法经验，构建起符合 WTO 规则和中国国情的知识产权法律体系。（3）持续加强知识产权保护执法力度。强化知识产权保护司法主导作用，把违法成本显著提高，把法律威慑作用充分发挥出来。重新组建国家知识产权局，完善执法力量，加大执法力度。在北京、上海、广州设立 3 家知识产权法院，在南京、苏州、武汉、西安等 15 个中级人民法院内设立专门的审判机构，跨区域管辖专利等知识产权案件。加大行政执法力度，针对重点违法领域，开展专利“护航”行动、打击网络侵权盗版“剑网”行动、出版物版权“扫黄打非”和“秋风”行动、打击侵权假冒的“网剑行动”、“质检利剑”打假行动等专项行动，有效保护了知识产权。（4）知识产权保护效果明显。

从2001年起，中国对外支付知识产权费年均增长17%，2017年达到286亿美元。2017年，中国发明专利申请量达到138.2万件，连续7年居世界首位，申请者中近10%为外国单位和个人；国外来华发明专利申请量达到13.6万件，较2001年3.3万件的申请量增长了3倍。世界知识产权组织发布《2020年世界知识产权指标》，2019年中国专利申请数量为140万件，位居世界第一，超过美国专利申请量（62.15万件）的两倍以上。

五是履行透明度义务。（1）明确提供法律制度保障。《立法法》《行政法规制定程序条例》《规章制定程序条例》明确要求法律、行政法规和规章草案须按有关规定公开征求公众意见。全国人大常委会法工委定期出版《中华人民共和国法律》（英文版）。国务院法制机构定期出版《中华人民共和国涉外法规汇编》（中英文对照），商务部在《中国对外经济贸易文告》中定期发布贸易政策。（2）全面履行世界贸易组织通报义务。中国按照要求定期向WTO通报国内相关法律、法规和具体措施的修订调整和实施情况。截至2018年1月，中国提交的通报已达上千份，涉及中央和地方补贴政策、农业、技术法规、标准、合格评定程序、国营贸易、服务贸易、知识产权法律法规等诸多领域。

六是为履行承诺付出巨大努力。中国在加入WTO时做出广泛而深入的开放承诺，国内企业直接面对国际竞争，多数产业面临较大困难。中国企业主动应对挑战，大力推进产业结构调整，积极参与全球价值链，国际竞争力明显提升。

（二）积极推进世界贸易组织改革

伴随着世界贸易发展和国际贸易格局的变化，世界贸易组织也面临着改革的严峻挑战。从目前各成员的提案来看，WTO改革有以下三个方面的内容，即“透明度和日常工作”“上诉机构（Appellate Body）危机”以及“规则制定”，基本涵盖了WTO的三大基本职能，即“监督执行”（通过通报等透明度机制和各相关机构的日常工作来监督相关协定的实施和成员义务的履行）、“争端解决”（通过包括上诉机构在内的争端解决机制来解决成员之间的纠纷）以及“规则谈判”（通过谈判来制定新的贸易和投资规则）。

一是透明度和日常工作。WTO成员相关政策定期通报并维持透明，对其他成员监督其履行WTO相关义务、确保WTO各项协议的实施至关重要。然而，在透明度和通报上，各成员均存在一定问题，推迟通报甚至不通报的现象突出，长期受到各方诟病。例如，在2018年10月23日举行的WTO补贴和反补贴措施委员会上，164个WTO成员中，78个成员仍未按要求对其2017年之前的补贴情况、63个成员仍未对其2015年之前的补贴情况、56个成员仍未对其2013年之前的补贴情况进行通报，并指出此情况“对相关协定的正确实施构成了严重的问题”。欧盟、加拿大等成员在其有关WTO改革的文件中均提出了此问题，欧盟甚至提出了对不通报行为进行惩罚的建议，例如，不通报即认作补贴的“有罪推定”等。日常工作是指充分利用WTO现有的理事会和委员会等机构，通过成员在这些机构的日常会议上的讨论，来协商解决成员的关注和纠纷，形成争端解决和规则制定之外一条更为便捷、温和的途径。WTO所有机构均有此项职能，相关工作由来已久，但各机构之间的做法成效大相径庭。其中，技术性贸易壁垒（TBT）委员会的做法成效显著，通过讨论成员的“特定贸易关注”（STCs，specific trade concerns），即对其贸易产生影响的其他成员通报的法律、法规和具体做法。根据TBT委员会2018年度报告，仅2018年该委员会就讨论了178件“特定贸易关注”，其中仅有27件为新的“特定贸易关注”（其中一半由发展中国家提起）。自2015年以来，各成员在TBT委员会上的通报逐年增加，而新提起的“特定贸易关注”逐年减少，充分显示了其工作成效，而且被很多智库和WTO成员援引，认为其相关做法应在其他WTO机构推广。另外，日常工作也涉及加强各机构之间的协调、取消一些无效机构等。

二是上诉机构危机。上诉机构危机的根源是美国的反对，有可能使其很快彻底瘫痪，被各方称作WTO成立以来“最为严重的危机”。

上诉机构是WTO争端解决机制的“最高法院”，一般由7名成员组成，任期4年，可连任一次。上诉机构负责对成员提出上诉的争端解决机制中的专家组裁决进行审核并做出终审，每个案件由其中3名成员审理，各个案件进行轮替。由于其裁决的独立性和强制性，一直受到各方赞赏。然而，近年来美国认为上诉机构存在裁决越权、裁决形成先例并部分替代成员谈判等诸多问题，影响了成员的权利和义务，因此，阻挠WTO上诉机构成员的延任和遴选，导致目前该机构只剩3名成员（审议并裁决案件的最低数量），而且其中2名的任期到2019年年底结束，如果美国继续阻挠则导致上诉机构彻底瘫痪。为消除此危机，欧盟、中国、加拿大等成员均将此作为其WTO改革建议方案的重点内容，并将其定义为必须优先解决的“危及WTO生存的关键问题”，欧盟、巴西等成员还提交了专门的提案。此外，中国和欧盟还通过双边WTO改革工作组提出共同提案，并争取到其他诸多成员联署或支持。但迄今为止，美国立场未见任何松动，美国贸易代表莱特希泽在国会听证会上甚至公开表示此举是推动 WTO 改革的唯一途径。在此情况下，各方均对未来此危机的解决前景表示悲观。

三是规则制定。规则制定较为复杂，既涉及谈判方式（如由所有成员参与的多边谈判和部分成员参与的诸边谈判）和决策机制（如 WTO 的“协商一致”“一揽子通过”等），又涉及成员间利益的平衡（如针对发展中国家的“特殊和差别待遇”）以及一些具体议题的谈判（如渔业补贴等多哈回合议题以及电子商务、投资便利化等新议题的谈判）。在谈判方式上，由于多哈回合谈判彻底失败，标志着多边贸易体制由来已久的涉及众多议题、由所有成员参与、涉及诸多议题的“回合”型的大范围谈判已经很难适应当前 WTO 成员众多、利益纷争以及贸易模式日新月异的现实。为此，欧盟、加拿大等成员提出，在维持所有成员参与的多边谈判的同时，应允许志同道合的部分成员先行先试，在一些议题上率先谈判，谈判成果对所有成员适用。

在决策机制上，WTO 遵从“协商一致”（consensus）和“一揽子通过”（single undertaking）的原则，并在实践中严格适用，“协商一致”往往需要所有成员的同意才能启动谈判并通过谈判成果，“一揽子通过”往往需要所有的议题全部达成协议并一起通过，因此，经常被指责受到一些成员的滥用，要么是不同意启动谈判，要么是将不同的议题挂钩并相互“绑架”，从而导致谈判久拖不决。为此，一些成员和智库提出，应防止滥用“协商一致”和“一揽子通过”原则，阻挠启动一些新议题的谈判或者一些先行达成的协议的通过或实施。

在成员间利益平衡上，焦点主要是中国等发展中大国是否应该继续享受“特殊和差别待遇”，即在谈判中做出比发达国家更少的减让等灵活性。美国、欧盟等发达国家认为，中国、印度等发展中大国已经取得长足发展，应在谈判中做出更多减让并承担更多的义务，不应再被视作发展中国家并享受“特殊和差别待遇”。美国更是提交专门的分析报告及 WTO 总理事会决议草案，要求诸多发展中国家“毕业”，不再享受“特殊和差别待遇”。中国、印度等部分发展中成员则针锋相对，提出了观点相反的报告予以驳斥，双方交锋激烈。在具体议题的谈判上，目前各方围绕多哈回合中的渔业补贴、粮食安全的公共储备等展开谈判，其中，渔业补贴按照联合国“可持续发展目标”应于 2019 年年底结束，同时部分成员已经提出就电子商务、投资便利化等议题展开诸边谈判。

中国支持对世界贸易组织进行必要改革，以增强其权威性和有效性，并提出改革的三个基本原则和五点主张。三个基本原则包括：世界贸易组织改革应维护多边贸易体制关于非歧视和开放两个核心价值；应保障发展中成员的发展利益，解决发展中成员在融入经济全球化方面的困难；应遵循协商一致的决策机制，规则应该由国际社会共同制定，不能由少数成员说了算，也不能搞小圈子。五点主张包括：世界贸易组织改革应维护多边贸易体制的主渠道地位，应优先处理危及世界贸易组织生存的关键问题，应解决贸易规则的公平问题并回应时代需要，应保证发展中成员的特殊与差别待遇，应尊重成员各自的发展模式。

（三）积极参与制定服务贸易领域新规则

互联网时代科技快速发展，服务贸易在整个全球贸易中变得越来越重要，之前章节对于当前服务贸易的规则内容演变也曾提及，在最新的 TPP 协议中，服务贸易规则使用了更高标准的“负面清单”方式，希望将服务贸易规则发展成为全方位、多层次、高标准的规则。当下，中国服务贸易出口规模与发达国家比如美国相比，仍有非常大的差距。数据显示，2019 年，中国服务贸易出口总额为 2795 亿美元，同期美国的服务贸易出口总额为 8467 亿美元，仅为美国服务贸易出口总额的 33%。为了加快国内服务贸易的发展，中国需要积极参与国际服务贸易规则的制定。

一是以“互联网 +”为依托优化当前服务贸易的产业结构。当前，服务贸易和服务业的投资领域在全球经济中变得愈发重要，随着当前电子跨境领域方面的发展，新的服务部门逐渐涌出，服务类别与日俱增，以服务业为关键业务的公司企业已经占据了全球价值产业链的最高端。当前应充分发挥互联网对产业的改善作用，大力扩张“互联网 +”领域方面的相关产业。信息消费，一种作为直接或间接以信息产品服务为消费对象的经济活动，已经越来越普遍。从国内相关部门的产业布局、市场规模、发展水平和技术水平来看，都具有进一步参与全球信息产业竞争以及国际规则塑造的能力。因此，中国应加强互联网、大数据、云计算等先进信息技术与服务贸易的深度融合，促进当前服务贸易的内容与模式的革新和创新，并通过合理的政府政策引导，推动国内信息技术产业的快速发展，提升中国在服务贸易领域的地位和竞争力。以“互联网 + 大数据 + 云计算”为背景，加快中国在电子商务、文化旅游、金融保险、体育健康等领域的改革发展步伐，优化服务贸易产业结构，在发挥“中国制造”优势的同时，努力向“中国智造”和“中国创造”方向转变，进而推动货物贸易结构升级。

二是参与国际服务贸易领域规则的制定。当下中国在进一步参与全球服务贸易规则制定方面，已经具备了非常好的条件和要求，并且在当前多哈回合谈判下对调节各方成员的立场，推动谈判进度都发挥了十分重要的作用。因此在未来，中国应继续积极参与服务贸易规则的谈判与制定。首先，应该在多个领域多层面发挥出关键性的作用。作为全球第一贸易大国和第二大经济体，中国应抓住当下国际经济领域合作的重塑阶段，以更加开放和包容性的姿态参与到多个相关领域的合作，在世界贸易组织、金砖国家合作、二十国集团（G20）、亚太经济合作组织（APEC）等多个领域和层面来推动相关的谈判进程，并且在谈判过程中可以起到关键性作用。此外，中国也可以在服务贸易的相关领域通过寻找与第三方的相关利益，降低彼此之间的协作成本，从而可以与对方建立起更加开放、包容和有效的服务贸易规则与合作关系。其次，中国要积极参与当前的贸易规则谈判和建设，并且要重视服务贸易规则方面的改革。未来，中国也应时刻关注由欧洲和美国等一些主要发达国家主导的巨型贸易协定的谈判进展，同时，也要借用已经获得的相关谈判教训，借鉴当前已经完成的谈判结果，在跨境支付、境外消费、商业存在、金融保险等重要服务贸易领域的规则制定上，进行有利和富有新意的摸索，积极参与当前服务贸易领域规则的重塑，积极维护自身利益，提升中国在全球服务贸易规则制定方面的话语权和主动权。

三是加快国内相关数字贸易规则的制定。当下，不只是某些领域贸易数量的简单扩张，而是影响到全球价值链在空间上的再一次配置，以及由此引起的贸易格局变化和贸易利益的二次分配，因此，参与当前数字贸易领域的规则制定，对于提升中国在服务贸易领域中的地位具有举足轻重的作用。而当前的贸易协定中有关数字贸易的规则是建立在国内完善的规则基础之上的，因此，要加快当前国内数字贸易规则的完善和体系建设。中国应该在数字贸易规则制定方面取得主导权和话语权，形成更加完整的世界数字贸易规则体系。

三、积极推动区域经济一体化进程

与全球经贸规则体系不同，区域经济合作一体化已经成为当前世界经济发展的新趋势。区域贸易协定是指两个或两个以上的国家或地区之间，为了消除关税壁垒达到贸易的自由化和便利化而签订的合约。相对于多边贸易规则，涉及的规则更加严格，涉及面更加广泛。按照组织性质和区域经济一体化发展程度的高低，区域贸易协定可以划分为多种类型，包括优惠贸易安排、自由贸易区、关税同盟、共同市场、经济同盟和完全的经济一体化等。中国积极构建开放型国际经济体系，主要包含以下三个层次：周边国家开放合作、区域经济协定和“一带一路”合作。

（一）积极向周边国家开放

中国是世界上周边国家最多的国家之一。中国在陆地上与朝鲜、俄罗斯、蒙古、哈萨克斯坦、吉尔吉斯、塔吉克斯坦、阿富汗、巴基斯坦、印度、尼泊尔、不丹、缅甸、老挝和越南 14 个国家相接壤；海上邻国包括韩国、日本、菲律宾、马来西亚、文莱、印度尼西亚、新加坡、越南、朝鲜 9 个国家，其中，越南、朝鲜是陆海共有的邻国，加起来中国共是 21 个周边国家。如果以大周边概念来看，中国的周边国家要更多，至少应该在 40 个以上。由于中国的周边国家数量众多，关系处理十分复杂，一些周边国家和周边地区属于中国外交当中的难点，中国提出了“周边是首要”的外交原则，周边外交在中国的外交序列当中处于十分重要的地位，也是中国对外开放需要特别关注的重要地区。

实施沿边开放是中国对外开放和促进区域协调发展的重要政策。中国边境省区是沿边开放政策的直接作用区域，省区政府是积极参与沿边开放的主要主体之一，在中央政府的主导下，起着配合和补充的作用，在沿边开放的过程中，充分发挥了地方主动性，起到了推动中国沿边省区经济发展和对周边国家开放的双重效果。1989 年，《关于民族工作几个重要问题的对外开放报告》提出，选择新疆、西藏、云南等省区和其他一些少数民族地区的部分地区，作为进一步开放的试点。1992 年，黑河、绥芬河、珲春、满洲里等边境城市陆续得到批准成为沿边开放城市，设立了 14 个国家级边境经济合作区，并规定在相应地区投资的企业和相应边境贸易行为享受一定的税收优惠。1996 年，《国务院关于边境贸易有关问题的通知》对边民互市贸易和边境小额贸易予以界定——边民互市贸易指边境地区边民在边境线 20 公里以内、经政府批准的开放点或指定的集市上，在不超过规定的金额或数量范围内进行的商品交换活动；边境小额贸易指沿陆地边境线经国家批准对外开放的边境县（旗）、边境城市辖区内经批准有边境小额贸易经营权的企业，通过国家指定的陆地边境口岸，与毗邻国家边境地区的企业或其他贸易机构之间进行的贸易活动——并确定了相应的优惠政策。2000 年以后，随着中国经济实力的增强和东西部经济发展差距的拉大，区域协调发展成为国家政策考虑的重要因素，沿边开放所涉及的空间范围得以扩展到整个边境省区。

积极对周边国家开放越来越成为中国对外开放的重要内容。改革开放以后，中国推行与邻为善，以邻为伴，睦邻、安邻、富邻的政策。党的十八大以来，中国提出了树立正确的义利观，亲诚惠容，亲诚真实。2013 年 10 月，在中国周边外交工作会议上，习近平指出，“要坚持睦邻友好，守望相助；讲平等、重感情；常见面，多走动；多做得人心、暖人心的事，使周边国家对我们更友善、更亲近、更认同、更支持，增强亲和力、感召力、影响力。”中国诚心诚意对待周边国家，争取更多朋友和伙伴。本着互惠互利的原则同周边国家进行开放合作，编织更加紧密的共同利益网络，把双方利益融合提升到更高水平，让周边国家得益于中国发展，使中国也从周边国家共同发展中获得裨益和助力。最近，中国周边互联互通基础设施逐步建成并投入使用，例如，中老铁路全线 167 座隧道全部贯通，为 2021 年年底开通运营打下了坚实的基础，中老铁路全长 1000 多公里，其开通标志着泛亚铁路中线取得重大进展，中国与中南半岛各国的贸易和经济合作将进入一个新时代。

（二）深化“一带一路”建设和国际合作

2013 年，习近平总书记先后提出了“丝绸之路经济带”“21 世纪海上丝绸之路”；2015 年，中国成立了“一带一路”建设工作领导小组，发布了《推动共建丝绸之路经济带和 21 世纪海上丝绸之路的愿景与行动》；2016 年，“一带一路”倡议首次写入联合国大会决议；2017 年，首届“一带一路”国际合作高峰论坛举办。“一带一路”国际合作成为深化全球区域经济合作的“中国方案”，高举和平发展的旗帜，积极发展与沿线国家的经济合作伙伴关系，共同打造政治互信、经济融合、文化包容的利益共同体、命运共同体和责任共同体，实施 7 年来，取得了良好开局，得到了世界多数国家的支持和认同。

“一带一路”建设的目标、特点及合作机制。“一带一路”国际合作目标是，中国政府倡议，秉持和平合作、开放包容、互学互鉴、互利共赢的理念，全方位推进务实合作，打造政治互信、经济融合、文化包容的利益共同体、命运共同体和责任共同体。“一带一路”国际合作，坚持共商、共建、共享原则，凸显出如下特点，即开创了一个新型的对外合作模式，推进中国的开放从沿海、沿江向内陆、沿边国家延伸，让周边国家搭上中国这列快速前进的高铁，分享发展机遇，为完善全球经济治理体系提供了新的方案。“一带一路”国际合作，坚持共同建设的合作原则，即恪守联合国宪章的宗旨和原则，遵守和平共处五项原则，尊重各国主权和领土完整、互不侵犯、互不干涉内政、和平共处、平等互利。“一带一路”建设秉持“四个坚持”原则和构建“四个机制”：坚持开放合作、坚持和谐包容、坚持市场运作、坚持互利共赢；完善项目发展机制，健全融资支持机制，构建贸易畅通机制，强化安全保障机制。

“一带一路”沿线各国资源禀赋各异，经济互补性较强，彼此合作潜力和空间很大。以政策沟通、设施联通、贸易畅通、资金融通、民心相通为主要内容，重点在以下方面加强合作：

一是政策沟通。沿线各国可以就经济发展战略和对策进行充分交流对接，共同制定推进区域合作的规划和措施，协商解决合作中的问题，共同为务实合作及大型项目实施提供政策支持。

二是设施联通。基础设施互联互通是“一带一路”建设的优先领域。在尊重相关国家主权和安全关切的基础上，沿线国家宜加强基础设施建设规划、技术标准体系的对接，共同推进国际骨干通道建设，逐步形成连接亚洲各次区域以及亚欧非之间的基础设施网络。强化基础设施绿色低碳化建设和运营管理，在建设中充分考虑气候变化的影响。抓住交通基础设施的关键通道、关键节点和重点工程，优先打通缺失路段，畅通瓶颈路段，配套完善道路安全防护设施和交通管理设施设备，提升道路通达水平。推进建立统一的全程运输协调机制，促进国际通关、换装、多式联运的有机衔接，逐步形成兼容规范的运输规则，实现国际运输便利化。推动口岸基础设施建设，畅通陆水联运通道，推进港口合作建设，增加海上航线和班次，加强海上物流信息化合作。拓展建立民航全面合作的平台和机制，加快提升航空基础设施水平。加强能源基础设施互联互通合作，共同维护输油、输气管道等运输通道安全，推进跨境电力与输电通道建设，积极开展区域电网升级改造合作。共同推进跨境光缆等通信干线网络建设，提高国际通信互联互通水平，畅通信息丝绸之路。加快推进双边跨境光缆等建设，规划建设洲际海底光缆项目，完善空中（卫星）信息通道，扩大信息交流与合作。

三是贸易畅通。投资贸易合作是“一带一路”建设的重点内容。宜着力研究解决投资贸易便利化问题，消除投资和贸易壁垒，构建区域内良好的营商环境，积极与沿线国家和地区共同商建自由贸易区，激发释放合作潜力，做大做好合作“蛋糕”。沿线国家宜加强信息互换、监管互认、执法互助的海关合作，以及检验检疫、认证认可、标准计量、统计信息等方面的双多边合作，推动世界贸易组织《贸易便利化协定》生效和实施。改善边境口岸通关设施条件，加快边境口岸“单一窗口”建设，降低通关成本，提升通关能力。加强供应链安全与便利化合作，推进跨境监管程序协调，推动检验检疫证书国际互联网核查，开展“经认证的经营者”（AEO）互认。降低非关税壁垒，共同提高技术性贸易措施透明度，提高贸易自由化便利化水平。拓宽贸易领域，优化贸易结构，挖掘贸易新的增长点，促进贸易平衡。创新贸易方式，发展跨境电子商务等新业态。建立健全服务贸易促进体系，巩固和扩大传统贸易，大力发展现代服务贸易。把投资与贸易有机结合起来，以投资带动贸易发展。加快投资便利化进程，消除投资壁垒。加强双边投资保护协定、避免双重征税协定磋商，保护投资者的合法权益。拓展相互投资领域，开展农林牧渔业、农机及农产品生产加工等领域的深度合作，积极推进海水养殖、远洋渔业、水产品加工、海水淡化、海洋生物制药、海洋工程技术、环保产业和海上旅游等领域的合作。加大煤炭、油气、金属矿产等传统能源资源勘探开发合作，积极推动水电、核电、风电、太阳能等清洁、可再生能源合作，推进能源资源就地就近加工转化合作，形成能源资源合作上下游一体化产业链。加强能源资源深加工技术、装备与工程服务合作。推动新兴产业合作，按照优势互补、互利共赢的原则，促进沿线国家加强在新一代信息技术、生物、新能源、新材料等新兴产业领域的深入合作，推动建立创业投资合作机制。优化产业链分工布局，推动上下游产业链和关联产业协同发展，鼓励建立研发、生产和营销体系，提升区域产业配套能力和综合竞争力。扩大服务业相互开放，推动区域服务业加快发展。探索投资合作新模式，鼓励合作建设境外经贸合作区、跨境经济合作区等各类产业园区，促进产业集群发展。在投资贸易中突出生态文明理念，加强生态环境、生物多样性和应对气候变化合作，共建绿色丝绸之路。中国欢迎各国企业来华投资。鼓励本国企业参与沿线国家基础设施建设和产业投资。促进企业按属地化原则经营管理，积极帮助当地发展经济、增加就业、改善民生，主动承担社会责任，严格保护生物多样性和生态环境。

四是资金融通。资金融通是“一带一路”建设的重要支撑。深化金融合作，推进亚洲货币稳定体系、投融资体系和信用体系建设。扩大沿线国家双边本币互换、结算的范围和规模。推动亚洲债券市场的开放和发展。共同推进亚洲基础设施投资银行、金砖国家开发银行筹建，有关各方就建立上海合作组织融资机构开展磋商。加快丝路基金组建运营。深化中国—东盟银行联合体、上海合作组织银行联合体务实合作，以银团贷款、银行授信等方式开展多边金融合作。支持沿线国家政府和信用等级较高的企业以及金融机构在中国境内发行人民币债券。符合条件的中国境内金融机构和企业可以在境外发行人民币债券和外币债券，鼓励在沿线国家使用所筹资金。加强金融监管合作，推动签署双边监管合作谅解备忘录，逐步在区域内建立高效监管协调机制。完善风险应对和危机处置制度安排，构建区域性金融风险预警系统，形成应对跨境风险和危机处置的交流合作机制。加强征信管理部门、征信机构和评级机构之间的跨境交流与合作。充分发挥丝路基金和各国主权基金的作用，引导商业性股权投资基金和社会资金共同参与“一带一路”重点项目建设。

五是民心相通。民心相通是“一带一路”建设的社会根基。传承和弘扬丝绸之路友好合作精神，广泛开展文化交流、学术往来、人才交流合作、媒体合作、青年和妇女交往、志愿者服务等，为深化双多边合作奠定坚实的民意基础。扩大相互间留学生规模，开展合作办学，中国每年向沿线国家提供 1 万个政府奖学金名额。沿线国家间互办文化年、艺术节、电影节、电视周和图书展等活动，合作开展广播影视剧精品创作及翻译，联合申请世界文化遗产，共同开展世界遗产的联合保护工作。深化沿线国家间人才交流合作。加强旅游合作，扩大旅游规模，互办旅游推广周、宣传月等活动，联合打造具有丝绸之路特色的国际精品旅游线路和旅游产品，提高沿线各国游客签证便利化水平。推动 21 世纪海上丝绸之路邮轮旅游合作。积极开展体育交流活动，支持沿线国家申办重大国际体育赛事。强化与周边国家在传染病疫情信息沟通、防治技术交流、专业人才培养等方面的合作，提高合作处理突发公共卫生事件的能力。为有关国家提供医疗援助和应急医疗救助，在妇幼健康、残疾人康复以及艾滋病、结核、疟疾等主要传染病领域开展务实合作，扩大在传统医药领域的合作。加强科技合作，共建联合实验室（研究中心）、国际技术转移中心、海上合作中心，促进科技人员交流，合作开展重大科技攻关，共同提升科技创新能力。

中国“一带一路”建设 7 年来，取得了重要进展和明显成效。截至 2020 年，中国已与 138 个国家、30 个国际组织签署了 200 份共建“一带一路”合作文件，“六廊六路多国多港”互联互通架构基本形成。中国对“一带一路”沿线国家投资合作稳步推进。2019 年，中国对“一带一路”沿线国家进出口总额 92690 亿元，比上年增长 10.8%。其中，出口增长 13.2%，进口增长 7.9%，双向投资深入发展。受疫情影响，2020 年前 8 个月，中国与“一带一路”沿线国家外贸进出口额合计 5.86 万亿元，同比增长 0.5%，占中国外贸进出口总额的比重为 29.2%，相对 2019 年同期提升 0.3 个百分点。2019 年，中国对“一带一路”沿线国家非金融类直接投资额 150 亿美元，占对外总投资的比重比 2018 年提高 0.6 个百分点；“一带一路”沿线国家对华直接投资金额 84 亿美元，同比增长 30.6%。2020 年前 8 个月，中国企业在“一带一路”沿线对 54 个国家非金融类直接投资 118 亿美元，同比增长 31.5%，占同期投资总额的 17.2%，较 2019 年同期提升 4.8 个百分点。共建“一带一路”给国际社会带来了实实在在的发展红利。截至 2021 年第一季度，中国企业在“一带一路”沿线国家建设的境外经贸合作区已累计投资 340 亿美元，上缴东道国税费超过 30 亿美元，为当地创造就业岗位 33 万个。

（三）推动签署区域全面经济协定

新时代国际经济合作特别是当前的区域合作，其主要目的是塑造未来世界“货物和服务贸易—金融投资服务”的新经贸规则，主要是以区域贸易协定（RTA）和双边贸易协定（FTA）为主体进行，区域贸易协定和自由贸易协定成为当前多边贸易规则的有效补充，共同推动当前国际经贸规则的发展和演进。中国 2020 年达成了两项区域全面经济协定，即《区域全面经济伙伴关系协定》和《中欧全面投资协定》。

《区域全面经济伙伴关系协定》（以下简称《协定》）所涵盖的区域将是全球规模最大的自由贸易区。《协定》由东盟发起，于 2020 年 11 月 15 日正式签署，成员国均表示，将在 2021 年年底前批准协定，推动协定于 2022 年 1 月 1 日生效。《协定》主要内容包括 20 章：第一章初始条款和一般定义，表明缔约方的目标是共同建立一个现代、全面、高质量以及互惠共赢的经济伙伴关系合作框架，以促进区域贸易和投资增长，并为全球经济发展做出贡献。该章节还对协定中的通用术语进行定义；第二章货物贸易；第三章原产地规则；第四章海关程序与贸易便利化；第五章卫生与植物卫生措施；第六章标准、技术法规和合格评定程序；第七章贸易救济；第八章服务贸易，本章包括 3 个附件，即金融服务附件、电信服务附件、专业服务附件；第九章自然人移动；第十章投资，涵盖了投资保护、自由化、促进和便利化 4 个方面；第十一章知识产权；第十二章电子商务；第十三章竞争；第十四章中小企业；第十五章经济与技术合作；第十六章政府采购；第十七章一般条款与例外；第十八章机构条款，规定了 RCEP 的机构安排，以及部长会议、联合委员会和其他委员会或分委员会的结构；第十九章争端解决；第二十章最终条款，主要包括关于附件、附录和脚注的处理，协定与其他国际协定之间的关系，一般性审查机制，协定的生效、保管、修订、加入及退出条款等。指定东盟秘书长作为协定的保管方，负责向所有缔约方接收和分发文件，包括所有通知、加入请求、批准书、接受书或核准书。条约的生效条款规定，协定至少需要 6 个东盟成员国和 3 个东盟自由贸易协定伙伴交存批准书、接受书或核准书后正式生效。《协定》成员国包括东盟 10 国和中国、日本、韩国、澳大利亚、新西兰，共计 15 个国家，涵盖人口超过 35 亿，占全球的 47.4%，国内生产总值占全球的 32.2%，外贸总额占全球的 29.1%，《协定》的签署标志着当前世界上人口最多、经贸规模最大、最具发展潜力的自由贸易区正式启航。

《中欧全面投资协定》（以下简称《协定》）已于 2020 年 12 月 30 日完成谈判，等待欧盟批准后生效。《协定》第一轮谈判始于 2014 年 1 月，2014 年进行了 3 轮谈判，2015 年进行了 5 轮谈判，2016 年和 2017 年各进行 4 轮谈判，2018 年进行了 3 轮谈判，2019 年共进行了 6 轮谈判，2020 年已经进行了 6 轮谈判，2020 年 12 月 30 日晚，国家主席习近平在北京同德国总理默克尔、法国总统马克龙、欧洲理事会主席米歇尔、欧盟委员会主席冯德莱恩举行视频会晤，中欧领导人共同宣布如期完成《中欧全面投资协定》谈判。《协定》主要内容包括：一是保证相互投资获得保护，尊重知识产权，确保补贴透明性；二是改善双方市场准入条件；三是确保投资环境和监管程序清晰、公平和透明；四是改善劳工标准，支持可持续发展。《协定》展现了中方推进高水平对外开放的决心和信心，将为中欧相互投资提供更大的市场准入、更高水平的营商环境、更有力的制度保障、更光明的合作前景。尽管本《协定》因为人为干扰因素，2021 年欧洲议会冻结了协定批准手续，但是符合中国与欧盟共同利益和世界发展趋势的《中欧全面投资协定》，必将成为现实。2021 年 7 月 5 日，习近平主席同法国总统马克龙、德国总理默克尔举行视频会议，法德两国领导人均表示希望和支持欧中投资协定尽快得到批准，释放出中欧合作的坚定信号。

第四节 奉行开放、合作、共赢的国际战略

习近平总书记在庆祝中国共产党成立100周年大会讲话中指出："新的征程上，我们要高举和平、发展、合作、共赢旗帜，奉行独立自主的和平外交政策，坚持走和平发展道路，推动建设新型国际关系。推动构建人类命运共同体，推动共建'一带一路'高质量发展，以中国的新发展为世界提供新机遇。"面对世界多极化、经济全球化、文化多样化、社会信息化的新一轮全球化时代，中国将"弘扬和平、发展、公平、正义、民主、自由的全人类共同价值，坚持合作、不搞对抗，坚持开放、不搞封闭，坚持互利共赢、不搞零和博弈，反对霸权主义和强权政治，推动历史车轮向着光明的目标前进！"

一、明确中国大国担当定位

和平、发展、合作、共赢已经成为时代潮流，中国是公正合理国际秩序和新型国际关系的引领者和塑造者，这是中国对自身核心利益的理性追求，也是勇于担当的全球大国的历史责任。

（一）世界和平的推动者

中国是维护世界和平、促进共同发展的重要力量，是国际社会可以信赖的伙伴和朋友。中国将高举和平、发展、合作、共赢的旗帜，牢牢把握坚持和平发展、促进民族复兴这条主线，维护国家主权、安全、发展利益，为和平发展营造良好的国际环境。

一是始终坚持独立自主的和平外交政策。从1980年起，邓小平同志多次强调：中国的外交政策是要寻求一个和平的环境来实现四个现代化，中国的对外政策是独立自主的；1985年6月，邓小平同志在中央军委扩大会议上发表讲话，全面阐述了独立自主的含义与维护世界和平的关系，此后这一政策成为中国特色社会主义理论的内容。党的十四大、十五大报告概括了独立自主的和平外交政策的主要内容：维护中国的独立和主权，促进世界的和平与发展，是中国外交政策的基本目标；在涉及民族利益和国家主权的问题上，中国决不屈服于任何外来压力；对于一切国际事

务，都要从中国人民和世界人民的根本利益出发，根据事情本身的是非曲直，决定自己的立场和政策；中国是维护世界和平和地区稳定的坚定力量；中国不同任何大国或国家集团结盟，不参加任何军事集团；中国永远不称霸，永远不搞扩张，同时反对任何形式的霸权主义、强权政治和侵略扩张行为。党的十九大报告准确把握中国历史方位和国际地位，系统回答了中国推动建设什么样的世界，构建什么样的国际关系等重大问题，明确提出了中国特色大国外交要推动构建新型国际关系、推动构建人类命运共同体。报告重申，中国将高举和平、发展、合作、共赢的旗帜，恪守维护世界和平、促进共同发展的外交政策宗旨，坚定奉行独立自主的和平外交政策，坚定不移在和平共处五项原则基础上发展同各国的友好合作。中国始终坚持独立自主的和平外交政策，在世界百年大变局中取得了一系列成绩，成为保障实现“中国梦”的重要政策。

二是始终不渝走和平发展道路。中国的和平发展道路，是新中国成立以来特别是改革开放以来，经过艰辛探索和不断实践逐步形成的。改革开放 40 多年的历史已经证明，和平发展是中国基于自身国情、社会制度、文化传统做出的战略抉择，顺应时代潮流，符合中国根本利益，符合周边国家利益，符合世界各国利益。中国走和平发展道路的自信和自觉，来源于中华文明的深厚渊源，来源于对实现中国发展目标条件的认知，来源于对世界发展大势的把握；对和平、和睦、和谐的追求深深植根于中华民族的精神世界之中，深深溶化在中国人民的血脉之中。中华民族曾遭到列强的长期侵略和欺凌，但中国人民从中学到的不是弱肉强食的强盗逻辑，而是更加坚定了维护和平的决心，中国人民抗日战争和世界反法西斯战争的胜利给我们留下的最宝贵的启示，就是必须毫不动摇地走和平发展道路。习近平总书记指出，“党的十八大明确提出了‘两个一百年’的奋斗目标，我们还明确提出了实现中华民族伟大复兴的中国梦的奋斗目标。实现我们的奋斗目标，必须有和平国际环境。没有和平，中国和世界都不可能顺利发展；没有发展，中国和世界也不可能有持久和平。只有坚持走和平发展道路，只有同世界各国一道维护世界和平，中国才能实现自己的目标，才能为世界作出更大贡献。”

三是维护国家核心利益，旗帜鲜明反对霸权主义和强权政治。中国坚定不移地走和平发展道路，政策底线就是坚决维护国家核心利益。中国始终把坚决维护国家主权、安全、发展利益作为外交工作的基本出发点和落脚点。维护自身的领土主权和正当合理的海洋权益，是中国政府必须承担的责任。既要坚持用和平方式、谈判方式解决争端，又要做好应对各种复杂局面的准备。坚决在国际上遏制“台独”“藏独”“东突”等分裂势力的破坏活动，防范国际暴力恐怖活动向境内渗透，维护国家主权和安全。不回避矛盾和问题，妥善处理同有关国家的分歧和摩擦，同时推动各领域的交流合作，通过合作扩大共同利益的汇合点，维护同周边国家的关系及地区和平稳定大局。美国等西方发达国家继续坚持霸权主义和强权政治的零和思维，在国际上拉拢少数国家围堵中国，先后实施过和平演变政策、军事威胁政策、货币霸权政策、科技霸权政策、民主同盟政策。可以预计未来十年，是中国旗帜鲜明反对世界霸权主义和强权政治的关键时期，中国必须动员国内外一切积极力量反对世界霸权主义和强权政治，并在这一场世界斗争中取得伟大胜利。

四是为世界和平与发展不断贡献中国方案。构建人类命运共同体是新时代促进世界和平与发展的中国方案，对于人类携手应对共同威胁和挑战具有重大意义，彰显中国的全球视野、世界胸怀和大国担当。第一，构建新型国际关系。中国倡导相互尊重、平等协商，坚决摒弃冷战思维和强权政治，走对话而不对抗、结伴而不结盟的国与国交往新路；倡导坚持以对话解决争端、以协商化解分歧，统筹应对传统和非传统安全威胁，反对一切形式的恐怖主义。中国秉持共商、共建、共享的全球治理观，倡导国际关系民主化，坚持国家不分大小、强弱、贫富一律平等，支持联合国发挥积极作用，支持扩大发展中国家在国际事务中的代表性和发言权。加大对发展中国家特别是最不发达国家的援助力度，促进缩小南北发展差距。第二，推动新型经济全球化。中国高举构建人类命运共同体旗帜，倡导同舟共济，促进贸易和投资自由化便利化，推动经济全球化朝着更加开放、包容、普惠、平衡、共赢的方向发展。中国支持开放、透明、包容、非歧视性的多边贸易体制，促进自由贸易区建设，维护世界贸易组织规则，推动建设开放型世界经济。在多边层面，中国一直是世界贸易组织的坚定支持者。在区域层面，中国积极倡导建立亚太自由贸易区等具有开放性的区域经济一体化合作机制。共建“一带一路”是各国参与全球开放合作、改善全球经济治理体系、促进全球共同发展繁荣、推动构建人类命运共同体的中国方案。第三，推动文明交流互鉴。文明因交流而多彩，文明因互鉴而丰富。中国作为一个负责任的大国，推动不同文明之间的交流互鉴，是推动人类社会进步、维护世界和平的重要途径。构建人类命运共同体思想反映了中国人民追求和平和谐、建设大同世界的理想。第四，促进人类社会永续发展。维护人类世代赖以生存的自然生态系统，需要超越“先污染后治理”的传统工业化模式。中国以构建人类命运共同体为己任，通过倡导绿色发展理念、构建生态文明制度、推进生态文明建设，在全球可持续发展领域发挥引领示范作用，为探索解决全球工业化阶段积累的问题、促进人类社会永续发展做出自己的贡献。当前，解决好能源供应、消费和管理问题，应对地球资源和环境日益严峻的难题，是全球共同面临的一个重大挑战，事关人类社会永续发展。第五，携手共建“人类健康共同体”。新冠肺炎疫情正在全球蔓延，为了战胜新冠肺炎全球疫情，中国所采取的实实在在的举措展示了负责任大国的担当，为开展国际抗疫合作、提振市场信心注入了重要动力。

（二）人类发展的贡献者

中国将继续改革开放，坚持新发展理念，通过建立以国内循环为主体、国际国内双循环的新发展格局，必将成为人类发展的贡献者。资本主义的发展给世界带来了两大发展困境：一是生产能力全面过剩，从而市场成为未来一段时间最为短缺的世界资源；二是贫富严重分化，造成很多发达国家中产阶级陷入生活困境，从而出现极端民族主义浪潮。中国坚持共同富裕的社会主义发展道路，一方面彻底解决了中国的绝对贫困问题，另一方面中国市场将成为世界生产能力不能避开的重点地区。

一是坚持可持续发展、联动和普惠发展。中国积极支持联合国《2030 年可持续发展议程》，动态保持经济、社会、环境三者高质量发展：第一，立足内需构建国内大循环，以国内大循环为主推动国际循环，加快形成国内国际双循环相互促进的新发展格局。第二，以绿色理念和“两山”理论为统领，加强污染防治和生态文明建设，实现经济、社会和环境的可持续发展。第三，以数字化转型为核心，通过创新驱动、科技引领，实现新旧动能转换，促进先进制造业与现代服务业的转型升级和高质量发展。第四，以供给侧结构性改革为主线，通过全面经济体制改革，破除体制机制障碍，激活蛰伏的发展潜能。第五，以大都市圈和城市群为主轴，推动形成优势互补、高质量发展的区域经济发展战略布局，激发经济增长的内生动力，构建全国高质量发展的新动力源。第六，以疫情防控为契机，完善重大疫情防控体制机制，抓紧补短板、堵漏洞、强弱项，加快推动医疗卫生体制改革。第七，以制度型开放为抓手，推动更大范围、更宽领域、更深层次的对外开放，推动由商品和要素流动型开放向规则等制度型开放转变，提高开放条件下经济金融管理能力和风险防控能力。第八，明确提出了 2030 年实现碳排放达峰和 2060 年前实现“碳中和”的应对气候变化目标，中国致力于成为世界可持续发展的引领者。

二是推动合作共赢，创造和分享和平与发展的成果。中国自改革开放以来，长期主张互利合作，并在全球化浪潮中分享了“全球化红利”。面对未来数字全球化浪潮，中国主张合作共赢，不搞零和博弈，各国要在平等和相互尊重的基础上开展对话合作，任何国家都不应盼着别人输，而要致力于同他国一道赢，实现普遍安全、共同繁荣，要公平正义，不要霸凌霸道。中国提出了应对全球性问题的国际合作方案，倡议并身体力行“一带一路”和“人类健康共同体”，积极深化改革扩大开放，让世界分享中国市场化发展的红利。

（三）国际关系的建设者

面对百年未有之大变局，国际关系正在发生巨大快速的变化，中国提出要做国际关系的建设者。中国提出和平共处五项基本原则，坚定致力于推进：一是和平解决争端，通过外交和谈判手段解决分歧；二是国际关系民主化，由各国共担治理责任，共促和平发展，关键是推动国际关系法治化，大国尤其要发挥表率作用，带头提供全球公共产品，恪守普遍公认的国际法则，信守共同商定的国际协定，国际规则不是少数国家的专利和特权，不能搞例外主义和双重标准；三是强调文明多样性，促进不同文明交流互鉴，相互包容。要尊重多样，不要唯我独尊，各国都有自己独一无二的历史文化，都需要走符合本国国情的发展道路，这种多样性与和平、发展、公平、正义、民主、自由的全人类共同价值相结合，将迸发出多边主义的强大力量。以意识形态割裂世界，与多边主义精神背道而驰，是历史的倒退。

（四）全球秩序的维护者

中国明确提出支持并践行“多边主义”，坚决反对“单边主义”和冷战思维，中国是全球秩序的维护者。2021 年 1 月，习近平主席在世界经济论坛“达沃斯议程”对话会特别致辞中，向世界阐述了中国的多边主义立场，就是要“始终维护以联合国为核心的国际秩序和国际体系，始终遵守以联合国宪章为宗旨的国与国关系基本准则”。2021 年 3 月，中俄外长共同发布《关于当前全球治理若干问题的联合声明》，提出了“全球治理四大原则”，即所有人权是普遍的、不可分割的、相互联系的；公民有权管理国家事务及合法行使权力；国际法是人类社会发展的基石；国际社会应坚持践行开放、平等、非意识形态化的多边主义原则。

一是坚定维护联合国宪章为宗旨的国与国关系基本准则。联合国是多边主义的旗帜。坚持多边主义，就必须维护以《联合国宪章》宗旨和原则为基石的国际关系基本准则，维护联合国的权威和地位，维护联合国在国际事务中的核心作用。这是当前践行多边主义的应有之义，与单边主义绝不相容。

二是坚决维护国际公平正义，构建更加公正合理的全球治理体系。全球治理格局取决于国际力量对比，全球治理体系变革源于国际力量对比变化。党的十八大以来，我们提出践行正确义利观，推动构建以合作共赢为核心的新型国际关系，打造人类命运共同体，打造遍布全球的伙伴关系网络，倡导共同、综合、合作、可持续的安全观，等等。这些理念得到国际社会的广泛欢迎。要继续向国际社会阐释我们关于推动全球治理体系变革的理念，坚持要合作而不要对抗，要双赢、多赢、共赢而不要单赢，不断寻求最大公约数、扩大合作面，引导各方形成共识，加强协调合作，共同推动全球治理体系变革。在2016年二十国集团杭州峰会上，中国首次全面阐释中国的全球经济治理观，首次把创新作为核心成果，首次把发展议题置于全球宏观政策协调的突出位置，首次形成全球多边投资规则框架，首次发布气候变化问题主席声明，首次把绿色金融列入二十国集团议程，在二十国集团发展史上留下了深刻的中国印记。展望未来，全球数字经济发展迅猛，数据作为新的生产要素越来越发挥出重要作用，但是全球还缺乏一套规范数据要素国际流动的标准和规范，需要世界各国共商共建共享数字化红利。

二、主张建立合作共赢的新型大国关系

当前，传统大国关系开始变化，从美国为主导的七国集团、经济合作组织向新的二十国集团合作共赢的格局演变。美国智库提出，关于联合国常任理事会等大国关系向中国、美国、俄罗斯、欧盟、日本和印度组成的“全球协调机制”演变，有效遏制地缘政治和意识形态冲突。坚持国家间相互尊重、平等相待，走对话而不对抗、结伴而不结盟的国与国交往新路，建立合作共赢的新型大国关系是处理好主权国家关系的关键因素。

（一）中国提出三点共识建立合作共赢的新型大国关系

第一，凝聚合作共识。共同的理念和原则是扩大合作的基础。好的国际关系要有共同理念作为前提，同时要尊重和保护差异，即坚持共同但有区别的原则。如果

各国只是坚持差异性和特殊性，国际合作的基础就很难建立；同样，如果只顾使各国走向趋同，国际关系势必会形成混乱局面。过去几十年，有相当多的国际关系理论虽然改头换面、名称不一，但是其义相似，就是主张用一种模式来塑造多样复杂的国际关系，这种做法必然事与愿违，且使文明冲突、文明优越等论调不时沉渣泛起。中国主张的新型国际关系，不是以某种价值和原则来强求一致，而是坚持以文明交流超越文明隔阂、文明互鉴超越文明冲突、文明共存超越文明优越，鼓励各国实现理念沟通、文化融通、民心相通，携手构建人类命运共同体。

第二，形成发展共识。在互联互通的世界中，各国的命运、利益、责任相互关联。经济全球化是历史大势，促成了贸易大繁荣、投资大便利、人员大流动、技术大发展。推进开放、包容、普惠、平衡、共赢的经济全球化，建设一个共同繁荣的世界，让发展成果惠及世界各国，让人人享有富足安康，是建设新型国际关系的应有之义。少数国家发展得好，大部分国家发展得不好，这不是新型国际关系；少数国家将自己的发展建立在损害牺牲别国发展权利的前提下，且这样的发展模式被一套规则制度化、固化，这还是旧的国际关系。当前，除了中国正在推进的“一带一路”建设，一些国家和国际组织也提出类似的共同发展倡议，这些有利于更多国家共同发展的政治经济合作机制，代表着构建新型国际关系的发展共识。

第三，建立共赢共识。世界经历了 20 世纪 80 年代以来近 40 年的黄金发展时期，主要大国除俄罗斯以外都取得了巨大发展，这充分说明了全球化对主要大国是共赢的。面对未来世界数字化发展浪潮，尽管面临大国之间的激烈竞争，但是共赢意识而不是“打败谁”的意识，成为除美国以外世界主要大国的共识，特别是科技大发展将改变原有大国的国际力量，21 世纪 20 年代将成为世界从大国“霸权”意识向“共赢”意识转变的关键时期。

（二）处理好中美关系是建立合作共赢新型大国关系的关键

正确处理中美关系是中国建立合作共赢新型大国关系的主要矛盾，中国要深刻认识到中国发展危及了美国的世界霸权和国际垄断利益的本质，确立长期坚持“有理、有利、有节”斗争策略的思想准备、方案和措施准备，在坚决维护中国发展权和国家核心利益的基础上，通过坚持社会主义现代化建设和自身的发展与进步，通过持续奋斗和坚决斗争实现“中国梦”，屹立于世界民族之林。美国从特朗普政府开始，挑起与中国的贸易战和科技战，结果是既损失了美国农民和企业的利益，又没有减少中国与美国的贸易逆差。2021 年拜登政府上台以来，3 月 3 日白宫通过了《临时国家安全战略指南》，提出了“与中国的关系应当是竞争性、合作性的，在必要时候是对抗性的，高度重视新兴技术、太空、网络、健康、气候等领域以保证领先地位。美国将确保其在指定新的全球规范和协议中占据领导地位，体现其利益和价值观。同时，美国将加大国防投资，以遏制中国。”美国推动世界盟友遏制中国发展已经开启，美国的对华政策可以总结为“四分”和“四全”策略：美国试图通过“四分”从内部分化中国，“四分”指“四个分化”，即分化中国共产党和中国人民，分化中国共产党和中国共产党领导集体，分化汉族和少数民族，以及分化“中”（中国大陆的中国人）和“华”（港澳台中国人及海外华人）；同时，美国还试图通过“四全”策略从外部遏制中国，“四全”即动用全政府、全社会、全方位、全世界的力量与中国竞争。关于中美关系的未来发展，兰德公司发布了《中国的大战略：趋势、发展轨迹和长期竞争》报告，通过政治、经济、科技、外交、军事和环境因素交叉分析，认为中国在 21 世纪中叶可能出现四种情况：（1）完胜的中国（triumphant China）；（2）崛起的中国（ascendant China）；（3）停滞的中国（stagnant China）；（4）内乱的中国（imploding China），按照四种状态出现的可能性大小依次是，“崛起”（ascendant）、“停滞”（stagnant）、“内乱”（imploding）和“完胜”（triumphant）。这四种情况可能产生的中美关系有三种潜在的发展轨迹：（1）平行发展的合作伙伴（parallel partners）；（2）相互碰撞的竞争对手（colliding competitors）；（3）互不干涉的分道扬镳（diverging directions）。到 2050 年以前，中国和美国的关系大概率是相互碰撞的竞争对手关系。党的十九大规划了中国复兴的第二个百年目标，即到建国 100 周年建设成为富强、民主、文明、和谐、美丽的社会主义现代化强国。外交部新闻发言人华春莹指出，“中国的战略蓝图一直是向全世界公开和透明的，我们从来不以超越美国为目标，我们的目标是不断提升自我、超越自我，成为更好的中国，让中国人民过上越来越好的生活，同时也让中国的发展为世界的和平发展做出越来越大的贡献”。我们这一代人将肩负起中国复兴的伟大使命，全力争取在 2030 年前再次成为世界经济第一大国和科技创新强国。

三、推动构建人类命运共同体

人类命运共同体旨在追求本国利益同时兼顾他国的关切，在谋求本国的发展中促进各国共同发展，这是人类社会进入数字绿色生态文明新时代的全球价值观，内涵包括相互依存的国际权力观、共同利益观、可持续发展观和全球治理观。这一全球价值观的提出，得到了国际社会的普遍积极反响，逐步成为中国参与全球治理的核心价值观。

（一）人类命运共同体的提出与发展

2012 年，党的十八大明确提出“要倡导人类命运共同体意识，在追求本国利益时兼顾他国合理关切”。2013 年 3 月，习近平主席在莫斯科国际关系学院发表《顺应时代前进潮流 促进世界和平发展》的演讲。这场演讲首次突破了双边关系的范畴，“向世界讲述了对人类文明走向的中国判断”。2015 年 4 月，习近平在博鳌亚洲论坛年会提出了“通过迈向亚洲命运共同体，推动建设人类命运共同体”的倡议，迈向命运共同体的“四个坚持”：坚持各国相互尊重、平等相待，坚持合作共赢、共同发展，坚持实现共同、综合、合作、可持续的安全，坚持不同文明兼容并蓄、交流互鉴。2015 年 9 月，习近平在纽约联合国总部发表重要讲话指出：“当今世界，各国相互依存、休戚与共。我们要继承和弘扬联合国宪章的宗旨和原则，构建以合作共赢为核心的新型国际关系，打造人类命运共同体。”2017 年 10 月，习近平同志在党的十九大报告中提出，坚持和平发展道路，推动构建人类命运共同体，促进全球治理体系变革。2018 年 3 月，第十三届全国人民代表大会第一次会议通过的宪法修正案，将宪法序言中“发展同各国的外交关系和经济、文化的交流”修改为“发展同各国的外交关系和经济、文化交流，推动构建人类命运共同体”。2018 年 12 月，在庆祝改革开放 40 周年大会的讲话中，习近平总书记总结改革开放 40 年来中国所取得的伟大历史成就时指出：“我们积极推动建设开放型世界经济、构建人类命运共同体，促进全球治理体系变革，旗帜鲜明反对霸权主义和强权政治，为世界和平与发展不断贡献中国智慧、中国方案、中国力量。”着眼推动新时代改革开放走得更稳、走向更远，习近平总书记强调：“必须坚持扩大开放，不断推动共建人类命运共同体。”

（二）推动构建人类命运共同体

习近平总书记发表了《共同构建人类命运共同体》（《求是》2021 年第 1 期），提出构建人类命运共同体是一个长期的、全方位的目标，需要国际社会从伙伴关系、安全格局、经济发展、文明交流、生态建设等方面做出努力。

第一，坚持对话协商，建设一个持久和平的世界。国家之间要构建对话不对抗、结伴不结盟的伙伴关系。大国要尊重彼此核心利益和重大关切，管控矛盾分歧，努力构建不冲突不对抗、相互尊重、合作共赢的新型关系。只要坚持沟通、真诚相处，“修昔底德陷阱”就可以避免。大国对小国要平等相待，不搞唯我独尊、强买强卖的霸道。任何国家都不能随意发动战争，不能破坏国际法治，不能打开潘多拉盒子。核武器是悬在人类头上的“达摩克利斯之剑”，应该全面禁止并最终彻底销毁，实现无核世界。要秉持和平、主权、普惠、共治原则，把深海、极地、外空、互联网等领域打造成各方合作的新疆域，而不是相互博弈的竞技场。

第二，坚持共建共享，建设一个普遍安全的世界。各方应该树立共同、综合、合作、可持续的安全观。恐怖主义、难民危机等问题都与地缘冲突密切相关，化解冲突是根本之策。当事各方要通过协商谈判，其他各方应该积极劝和促谈，尊重联合国发挥斡旋主渠道作用。禽流感、埃博拉、寨卡等疫情不断给国际卫生安全敲响警钟。支持世界卫生组织发挥引领作用，加强疫情监测、信息沟通、经验交流、技术分享。面对新冠疫情的严峻冲击，各国应建立“人类健康共同体”。

第三，坚持合作共赢，建设一个共同繁荣的世界。发展是第一要务，适用于各国。各国要同舟共济，而不是以邻为壑。各国特别是主要经济体要加强宏观政策协调，兼顾当前和长远，着力解决深层次问题。要抓住新一轮科技革命和产业变革的历史性机遇，转变经济发展方式，坚持创新驱动，进一步发展社会生产力，释放社会创造力。要维护世界贸易组织规则，支持开放、透明、包容、非歧视性的多边贸易体制，构建开放型世界经济。如果搞贸易保护主义、画地为牢，则损人不利己。经济全球化的大方向是正确的。当然，发展失衡、治理困境、数字鸿沟、公平赤字等问题也客观存在。这些是前进中的问题，我们要正视并设法解决，但不能因噎废食。引导经济全球化健康发展，需要加强协调、完善治理，推动建设一个开放、包容、普惠、平衡、共赢的经济全球化，既要做大蛋糕，更要分好蛋糕，着力解决公平公正问题。

第四，坚持交流互鉴，建设一个开放包容的世界。人类文明多样性是世界的基本特征，也是人类进步的源泉。世界上有 200 多个国家和地区、2500 多个民族、多种宗教。不同历史和国情，不同民族和习俗，孕育了不同文明，使世界更加丰富多彩。文明没有高下、优劣之分，只有特色、地域之别。文明差异不应该成为世界冲突的根源，而应该成为人类文明进步的动力。每种文明都有其独特的魅力和深厚的底蕴，都是人类的精神瑰宝。不同文明要取长补短、共同进步，让文明交流互鉴成为推动人类社会进步的动力、维护世界和平的纽带。

第五，坚持绿色低碳，建设一个清洁美丽的世界。人与自然共生共存，伤害自然最终将伤及人类。空气、水、土壤、蓝天等自然资源用之不觉、失之难续。工业化创造了前所未有的物质财富，也产生了难以弥补的生态创伤。绿水青山就是金山银山。我们应该遵循天人合一、道法自然的理念，寻求永续发展之路。我们要倡导绿色、低碳、循环、可持续的生产生活方式，平衡推进 2030 年可持续发展议程，不断开拓生产发展、生活富裕、生态良好的文明发展道路。《巴黎协定》的达成是全球气候治理史上的里程碑。中国提出了 2030 年前实现碳达峰、2060 年前实现碳中和，将继续采取行动应对气候变化，百分之百承担自己的义务。

中国实施对外开放 40 多年来，通过向世界学习，不断改革不适应生产力发展的经济体制，取得了举世瞩目的发展奇迹。站在世界百年未有之大变局的人类社会发展十字路口，中国将继续扩大开放，构建以国内大循环为主体、国内国际双循环相互促进的新发展格局，对国内外都将产生重大影响：第一，内循环将激发巨大发展潜能，支撑经济持续中高速增长。美国垄断利益代表推行“去中国化”，最终将自绝于中国市场，成为事与愿违的“去美国化”；第二，发挥国际循环对国内大循环的带动作用，继续大规模吸引世界先进要素流入中国，包括科技、数据、人才、知识、资本、资源等，推动国内技术进步、产业升级和消费能力提升，形成绿色发展模式，即经济增长将由高能耗、高排放的“双高”模式转变为低能耗、低碳、低排放、高效率的“三低一高”模式；第三，中国扩大国际循环将带来国际贸易投资的巨大机遇，该机遇属于全世界所有愿意与中国发展经济合作的国家和企业。面对美元滥发导致美元贬值和国际通胀，相应带来人民币升值和国际化趋势。中国必将坚定维护自己的发展权，利用巨额外汇储备和超大规模国内市场优势，积极扩大对外投资和进口，大力发展数字经济、高新技术产业，以持续健康高质量发展碾碎美国政府对中国的封锁、打压，确保实现 2035 年和 2050 年现代化建设目标。

第六章

中国改革取得成功的基本经验

在40多年的改革历程中，我们遇到了许多困难，经历了不少曲折。改革能够取得成功，主要得益于中国共产党的坚强领导。与苏联、东欧各国失败的改革对比，更显得中国的改革成功弥足珍贵。总结改革成功的基本经验，主要有以下几个方面。

第一节 坚持实事求是、理论联系实际的思想路线

一、回到党的唯物主义思想路线上来

改革之初，我们遇到的最大阻力来自思想领域。由于长期以来受“左”的错误思想影响，多数干部、群众把传统计划体制视为社会主义的本质特征，把坚持单一公有制看作坚持社会主义道路，把平均主义看作贯彻按劳分配原则。“四人帮”甚至鼓吹“宁要社会主义的草，不要资本主义的苗。”这种荒唐的论调还颇有市场。因此，要进行改革，首先需要恢复党的实事求是、理论联系实际、一切从实际出发的优良传统，回到唯物主义思想路线上来。1978 年 12 月，邓小平同志在党的十一届三中全会上发表了《解放思想，实事求是，团结一致向前看》的著名讲话，对全党同志摆脱“左”的思想束缚，回到正确的思想路线上来起到了振聋发聩的作用。对于新的改革开放措施，党内也有许多不同意见。邓小平同志主张采取不争论的办法，最终用实际效果来说服大家，相信事实胜于雄辩。

1992 年年初，邓小平在视察南方时，针对一段时期以来，党内和国内不少人在改革开放问题上迈不开步子，不敢闯，以及理论界对改革开放性质的争论，指出：“要害是姓‘资’还是姓‘社’的问题。判断的标准，应该主要看是否有利于发展社会主义社会的生产力，是否有利于增强社会主义国家的综合国力，是否有利于提高人民的生活水平。”从此，三个“有利于”成为人们衡量一切工作是非得失的判断标准。三个“有利于”标准的提出，极大地解放了人们的思想，有力地鼓舞了广大干部、群众改革的积极性。这三个标准都是实践的标准，是对改革开放实际效果检验的标准，改变了过去许多人把空洞的原则、教条作为检验改革方向是否正确的标准。坚持三个“有利于”标准，就是坚持唯物主义，相反，用空洞的原则把正确的改革开放措施贴上搞资本主义的标签，则是陷入了唯心主义。扫除了这些思想障碍，改革开放才真正迈开步子。

二、支持改革先行者大胆试、大胆闯

对于农村办乡镇企业，最初遭到不少人的反对，认为乡镇企业与国有企业争原

料、争能源、争市场，是假冒伪劣产品的制造者，必欲置之死地而后快。然而，乡镇企业生产了市场短缺的产品，满足了人民的需要，产品质量逐步提高，在夹缝中顽强生长，最终以灵活的机制、物美价廉的产品和服务在市场上赢得了胜利。如今，乡镇企业已经成为民营经济的重要组成部分，在国内外市场上的竞争力不断增强，出现了像华为、阿里、腾讯等世界级的巨型企业集团，成为许多行业的领军企业，华为更成为中国科技创新能力的代表，美国特朗普政府举全国之力围堵打压华为，使华为成为中国人的骄傲。

在设立特区之初，不少人对中央要通过办经济特区为改革开放探索经验，杀开一条血路的战略意图不甚理解，甚至把特区与旧社会的租界相提并论。有的人看到深圳的中外合资企业和外商独资企业，认为是“辛辛苦苦几十年，一夜回到解放前”。然而，随着深圳迅速发展成为一个现代化大都市，成为中国乃至世界的科技创新中心，大家对邓小平的远见卓识无不钦佩之至，对邓小平讲的“不争论”和三个“有利于”标准逐步有了深刻理解。今天，当年的争论已经有了明确答案。回顾当初的决策和实施过程，可使我们进一步加深对解放思想重要性的认识。

社会主义制度下的改革没有先例可循，人们出现不同的认识是必然的。对于暂时想不通或持有反对意见的同志，应允许看，但改革开放的步伐不能因为有不同意见就停下来。要支持那些敢想敢闯的改革先行者大胆试验，敢为天下先，为中国的改革发展走出一条新路子。土地家庭联产承包责任制就是这样逐步在全国推开的。开始，有些人认为这是走资本主义道路，持怀疑甚至反对态度，但是随着承包后的神奇效应，这些同志逐渐放弃了原来的观点，转为积极支持承包制。经过 40 多年的发展，随着工业化、城市化的快速推进，大批农民进城务工，农业现代化被提上日程。有人认为，根据发达国家的经验，农业现代化、规模化、社会化需要上百年时间，现在不宜过急。这是没有看到中国改革发展所创造的新的条件，如果农业长期发展滞后，将拖整个国民经济现代化的后腿。按照党的十九大提出的主要矛盾、乡村振兴战略和城乡融合发展战略，用十年乃至更长一些时间实现乡村振兴战略目标，是完全有可能的。

三、解放思想不可能一劳永逸

多年的经验证明，每当遇到重大改革发展难题，就会出现不同的认识。然而，经验也证明，不管遇到什么困难，只要全党全国统一思想认识，十几亿人统一步调和行动，再大的困难也能克服。解放思想是统一认识的重要条件。对新生事物的认识，往往是在解放思想中达成共识的。改革开放 40 多年，针对各个发展阶段面临的重大结构性任务，通过不断解放思想，深化改革，促进经济结构不断调整，以结构转换释放经济增长潜力，推动经济不断迈上新台阶。改革以来，大的结构调整已经经历了 4 次：

20 世纪 80 年代。我们通过农村土地承包制改革和乡镇企业崛起，一举解决了温饱问题，结束了农产品和轻纺产品供给长期短缺的局面，实现了经济起飞。如果没有围绕土地承包制和乡镇企业的思想解放，允许其试验和发展，这两项重大改革可能早就被扼杀在摇篮之中。

20 世纪 90 年代。我们通过建立社会主义市场经济体制和现代企业制度，激发了国有企业的活力，实现了电子机械、石油化工、汽车制造和建筑业四大支柱产业振兴，支撑了经济腾飞。这一时期的思想解放，主要围绕如何正确认识计划与市场的关系、全民所有制经济的多种实现方式、住房私有化和轿车进入家庭来展开。其中，住房私有化、商品化改革，形成了巨大的房地产市场，成为拉动经济增长的强大动力，很快改善了城市居民的居住条件。2019 年，城镇居民人均住房建筑面积 39 平方米，比 1978 年增加 32.3 平方米；农村居民人均住房建筑面积 47.3 平方米，比 1978 年增加 39.2 平方米。住房私有化和城镇房地产升值还形成了财富效应，增加了城镇居民，特别是热点城市居民的财产性收入，使城镇中等收入者的比重大幅增加。允许轿车进入家庭，圆了许多中国人的轿车梦，拉动了汽车产业发展，使中国汽车产销量跃居世界首位。到 2018 年年底，中国民用汽车保有量达 2.35 亿辆，平均每千人 140 辆。

进入新世纪的第一个十年。我们通过发行长期建设债券，进行基础设施建设，仅用十年时间，就建成世界最大的高铁网、高速公路网和信息网，创造了长达十年、经济增速达两位数的黄金增长期。这一时期的思想解放围绕着能不能发行建设债券展开。因为在计划经济时代，通过总结“大跃进”时期投资膨胀引发恶性通货膨胀的教训，得出不能用扩大赤字的办法来搞建设的结论。然而，我们已经进入市场经济时代，而且面临着亚洲金融危机的冲击，通货紧缩已经成为主要矛盾。通过发行长期建设债券来扩大内需，进行基础设施建设，不仅没有危险，而且有利于经济发展。实践证明，这项举措不仅拉动了当期经济增长，而且为进入新世纪后出现的黄金增长期奠定了坚实基础。

进入新世纪后的第二个十年。我们通过转变经济发展方式，调整投资与消费的比例，使消费成为拉动经济增长的最大动力。同时，通过减税等措施，为第三产业发展创造良好的政策环境，使第三产业成为新的经济增长点。2019 年，第三产业增加值占 GDP 的比重达到 60%，就业占 47.4%，改变了第三产业发展滞后的局面。这一时期思想解放的重点之一是服务业是否创造价值。按照传统政治经济学理论，服务业不创造价值，只有工业、农业、建筑业、交通运输业、邮电通信业等物质生产部门才创造价值。因此，对服务业长期采取限制发展的政策，第三产业实行营业税，其税负比工业企业的增值税高 1/3 左右。第三产业发展长期滞后不仅制约了第一、二产业的健康发展，而且造成服务业国际竞争力低下，尽管中国实物商品出口长期大量顺差，但是服务贸易长期存在大量逆差。在破除了对第三产业的片面认识之后，通过改革税制，降低了第三产业的税负，为第三产业发展创造了良好的政策环境。第三产业成为新的经济增长点，对近十年国民经济的增长提供了重要支撑。

当前，我们正面临着第五次结构大调整的任务，这就是乡村振兴。前四次结构大调整，我们先后把消费资料、生产资料、基础设施和第三产业都搞上去了。现在经济结构上剩下最后一个最难啃的硬骨头，就是城乡结构严重不合理，城乡差距不断拉大，城乡居民收入比为 2.6:1。实现乡村振兴，是党的十九大提出的重大战略任务，必须围绕实施城乡融合发展战略，破除各种思想障碍，主要是扫清城乡市场之间的行政壁垒和政策壁垒，建立城乡一体的要素市场，促进各类生产要素在城乡之间双向自由流动。要消除城乡居民在户籍权、财产权上的不平等，以城乡居民人均公共财政支出的均等化实现公共服务的均等化。通过允许农村集体经营性建设用地入市，吸引社会资本投入农业现代化、新农村建设、农民工市民化和特色小镇建设。只要解放思想，善于把市场机制的作用和政府的作用很好地结合起来，乡村振兴的目标就一定能实现。

第二节　坚持“三个有利于”的改革评判标准

一、“三个有利于”标准的提出

1992 年年初，邓小平在视察南方重要讲话中，针对社会上关于改革举措姓

“资”姓“社”的争论，指出：“要看姓‘资’还是姓‘社’的问题。判断的标准，应该主要看是否有利于发展社会主义社会的生产力，是否有利于增强社会主义国家的综合国力，是否有利于提高人民的生活水平”。从此，“三个有利于”成为人们评判改革举措是否正确和一切工作是非得失的根本标准。“三个有利于”标准的提出，犹如振聋发聩的一声巨响，结束了对改革措施的方向是否正确的无谓的争论，把实践是检验真理的唯一标准具体化了，把生产力标准明晰化了，把广大干部群众改革的积极性激发出来了。在改革的十字路口，又一次为全党全国人民指明了前进方向。

特别是在“八九风波”和1991年苏东剧变之后，有些人对改革的信心动摇了，对前十年中国改革的方向产生了疑问，来自“左”的思想方面和“右”的思想方面的干扰阻碍了改革的推进。听任下去，有可能造成改革的夭折。在这个关键时刻，邓小平以无产阶级革命家的远见和坚韧，在南方谈话中，针对大家的疑虑，提出了有关改革方向的一系列重大问题的明确观点，“三个有利于”标准是其中的突出闪光点。“三个有利于”标准不仅为深化改革指出了方向，而且是改革的再次发动。此后出现的社会主义市场经济、现代企业制度等重大改革理论和实践的突破，均与此紧密相关，或者说均源于此。

二、把有利于发展生产力作为第一标准

邓小平同志把是否有利于发展社会主义社会的生产力作为第一项标准，是历史唯物主义的集中体现。按照历史唯物史观，生产力决定生产关系，经济基础决定上层建筑，同时，生产关系对生产力、上层建筑对经济基础具有一定的反作用。能不能促进生产力更好更快地发展，是评价社会制度先进性的标志，也是评价改革措施是否正确的标志。你说社会主义制度比资本主义制度优越，如果社会主义不能创造出比资本主义更高的生产率，创造更高的经济增长速度，那就是吹牛皮，你所推行的社会主义制度就不是真正的社会主义。概括一句话，社会主义制度的优越性必须首先体现在更有利于生产力的发展上。这是颠扑不破的真理。

三、经济发展要体现在综合国力的增强上

发展生产力，必须体现在综合国力的不断增强上。只有国力的增强，才能为全国人民提供更好的公共服务，提供完善的社会保障、基础设施和国家安全，实现幼

有所育、学有所教、劳有所得、病有所医、老有所养、住有所居、弱有所扶，做到人人安居乐业，社会和谐。中国能够享受70多年的和平建设时期，这是无数先烈用生命为代价换来的。当前，美国政府妄图用军事威胁来破坏中国的统一，打断中国现代化建设进程，没有强大的国防，就难以实现我们国家统一和现代化建设的目标。没有强大的国防，我们就有可能回到旧中国任人蹂躏的悲惨境地。小平同志把是否有利于增强社会主义国家的综合国力作为判断改革是否正确的第二个标准，体现了实事求是的精神，得到了全党全国人民的拥护。

四、把人民生活水平的提高作为评判标准

发展经济的目的是为了提高人民的生活水平，这是社会主义的基本经济规律。改革初期，在经济学界进行了一场关于社会主义生产目的的大讨论。有的同志认为，这个讨论没有必要。革命战争年代许多人流血牺牲，和平建设年代我们省吃俭用，节省每一个铜板用于建设，难道我们真的不懂生产的目的吗？如果冷静分析一下新中国成立后的前30年的经济数据，就不难理解生产目的大讨论的意义。从1950年到1978年，中国工农业总产值年均增长速度为9.5%，国民经济发展速度之快是举世少有的。而同一时期，全民所有制职工实际工资，1978年与1952年相比，年均增长率不到1%；与1957年相比，则下降了0.25%。人民的基本生活资料，像粮食、布、住宅等，还满足不了需要；其他日用消费品，像自行车、缝纫机、电视机等，始终供不应求。经济发展速度与人民生活水平的提高出现了尖锐的矛盾。原因在什么地方？如果是几年的时间内出现这种情况，还情有可原，能够找到解释的其他理由。然而，在长达30年的时间内仍然持续出现这种情况，就只能从对基本经济规律的认识和把握上寻找原因。小平同志把是否有利于提高人民的生活水平作为判断改革是否正确的第三个标准，正是基于对改革开放前30年经济发展经验教训的深刻总结。改革不仅要有利于促进生产力发展，有利于增强综合国力，而且还要使人民的生活水平能够随着经济发展得到相应提高。只有这样，改革才能得到人民的支持。从供给与需求的关系来看，也只有使人民有支付能力的需求得到较快的增长，才能为供给的增长提供强大的市场拉动力，使企业生产的商品能够卖出去，社会再生产才能顺利进行下去。

小平同志提出的三个判断标准，就是评判和检验真理的实践标准，是实践标准的具体化，是真理标准大讨论的继续和深化。三个判断标准也是国强民富的标准，

是对社会主义基本经济规律认识的深化，是中国共产党始终为人民谋利益的宗旨的集中体现。从三个标准的提出到现在，已经过去了近 30 年，中国经济获得了飞跃式发展，人们的收入大幅度增加，中国人终于可以平视这个世界，每年几千万人出国旅游、留学，不再像 20 世纪 80 年代那样“土里土气”、囊中羞涩了。这个巨大变化，充分显示了当年小平同志提出“三个有利于”标准的远见卓识和伟大意义。

第三节　坚持渐进式改革

一、改革几十年形成的旧体制不能急于求成

中国实行了 30 年计划体制，不仅有一套完整的法规、制度、政策和程序，而且形成了强大的习惯势力和思维定式，还有一批既得利益者。改变这种旧的体制，难度可想而知。在改革的基本策略上，必须克服急于求成的思想，要求过急或稍有不慎，就有可能招致失败。必须在旧体制中慢慢培育新体制的幼苗，使之不断壮大，逐步替代旧体制。在一定时期内，新旧体制同时并行是必要的。坚持渐进式改革，是中国改革得以成功的重要经验之一。

二、如何平稳闯过价格改革关

从计划经济体制过渡到市场经济体制，难度最大的莫过于价格体制改革。由于计划体制不承认生产资料是商品，几乎所有的生产资料和重要的消费资料价格都是由政府制定的，导致价格与供求关系严重扭曲，许多产品的计划外价格或黑市价格远远高于国家调拨价格。为了应对这种局面，政府不得不实行配给制或票证制度，票证多达几十种。这种违背价值规律的行为就如同唐·吉诃德对着风车作战。越是价格控制的产品，由于企业生产这种产品不赚钱，就越不愿意生产，供给的短缺就越严重。以至于匈牙利经济学家科尔奈·亚诺什把社会主义经济定义为“短缺经济”。面对这种积弊，如何改？是一下子放开，还是逐步放开？当时国内经济学界有两种意见：一种主张是价格闯关，一下子放开，把政府定价转变为市场定价；一种意见主张循序渐进，先对价格扭曲的产品实行价格双轨制，以市场价刺激供给增加，待到供求平衡时，双轨制价格自然趋于一致。毫无疑问，前者进展快，但必然

引起市场波动和社会不稳定。后者虽慢，但有利于保持市场的稳定和社会的稳定。1987 年，一些年轻的学者鼓吹价格闯关和通货膨胀无害论，引起了居民的恐慌心理和抢购风潮，成为“八九风波”的诱发因素。所幸的是，在发现问题之后，我们很快进行了纠正。双轨制价格实行不久，短缺产品供给迅速增加，计划价格逐渐退出。总体上来看，价格改革实现了平稳过渡。

反观苏联的改革，请了一位美国哈佛大学的经济学教授，为他们制定了一个比价格闯关更为激进的“休克疗法”，指望一步从计划经济跨入市场经济。众所周知，其结果有人形容就像宇宙大爆炸一样，各种固有的经济联系全部中断，带来了经济的崩溃。改革之前，苏联的 GDP 总量号称世界第二，由于“休克疗法”对经济的毁灭性打击，生产缩小到原来的几分之一，人民经受了巨大的痛苦。在混乱中，70 年所积累的国有资产大部分被少数人攫取，演绎出亡党亡国、政息人亡的人类历史悲剧。

三、如何平稳闯过收入分配改革关

中国改革面临的第二个难点就是收入分配。打破多年形成的平均主义、“大锅饭”，难度也很大。小平同志提出允许一部分人一部分地区通过诚实劳动和合法经营先富起来，在传统的分配体制上打开了一道缺口，为之后实行以按劳分配为主体、多种分配方式并存的制度奠定了基础。现在的主要矛盾是，由于个人、地区、行业之间分配差距逐步拉大，基尼系数已经达到 0.48 以上。如何实现效率与公平兼顾，通过先富帮后富，缩小收入分配差距，最终达到共同富裕的目标，已经越来越成为改革的重要任务之一。要调整收入分配格局，通过“提低、扩中、调高”，即提高低收入者收入，扩大中等收入群体，调节过高收入，使全体人民共享改革发展成果。十九届五中全会提出，完善按要素分配的政策制度，健全各类生产要素由市场决定报酬的机制，促进收入公平合理分配，这是实现“十四五”和到 2035 年发展目标的重要支撑和保障。

第四节　坚持鼓励基层干部群众的首创精神

实践出真知。基层干部群众长期工作生活在改革发展的第一线，每天遇到各种矛盾和问题，他们对传统旧的体制的弊端最了解，体会最深，因此，对改革的要求最为迫切，对如何改革也最有发言权。改革以来，许多体制上的突破和创新都来自基层，来自基层干部群众的创造。中央关于改革的决定和各个部门出台的改革方案，可以说都是对基层改革经验的总结。这里仅举3个由基层创新并对全国的改革具有重大影响的案例。

一、安徽小岗村农民创造了家庭联产承包责任制

改革开放前，安徽省凤阳县小岗村是一个生产队，只有20户人家、115口人。这里的农业条件并不差，人均5亩耕地，地势平坦，光照充足，雨量适中。然而，由于这样那样的原因，全村“吃粮靠返销、用钱靠救济、生产靠贷款”，大多数村民都出去讨过饭。1978年冬，18户农民为了不再挨饿、不再讨饭，在一张分田到户的秘密契约上按下鲜红的手印，实行分田到户的“大包干”。契约上写明，如果村干部因为“大包干”坐牢，其余人负责把他的孩子养活到18岁，显示出了一种悲壮和决心。为什么在实行土地集体所有的公有制条件下，农民吃不饱饭？主要是分配上盛行平均主义和“大锅饭”，农民的劳动贡献与成果分配脱节，干好干坏一个样，挫伤了劳动积极性。分田到户后，农民家庭收获的粮食，除了上交公粮和集体少量提留，其余全部留给农户自己，真正实现了多劳多得、少劳少得，调动了农民家庭的劳动积极性。用农民自己的话讲，就是“交足国家的，留够集体的，剩下都是自己的”。实行承包到户的当年，小岗村就获得大丰收，一年的粮食产量相当于过去5年的总和。1979年，小岗村农民第一次不用出门讨饭。“大包干”产生了奇效。包产到户很快得到县委领导的支持，时任省委书记万里到小岗村调查，在包产到户的带头人严宏昌家，与他谈了近4个小时。看到这么多粮食和农民种地的积极性，万里说，“我早就想这么干了，就是没人敢，你干对了”，对“大包干”给予充分肯定。1980年5月，邓小平在一次讲话中公开肯定了“大包干”。1982年，中央第一个关于农村工作的“一号文件”出台，明确包产到户、包干到户都是社会主义集体经济的生产责任制，全国农村掀起了以土地家庭联产承包为基础、统分结合的双层经营体制的改革。农村改革的成功引发和鼓舞了全国的经济体制改革。

二、浙江台州农民创造了股份合作制

1983年年初，全国第一家股份合作制企业在浙江省台州市温岭县诞生。浙江人

多地少，人均只有半亩地，为了养家糊口，浙江农民养成了靠手工业和经商赚钱的文化传统。农村改革大潮为乡镇企业的发展提供了机遇。然而，20世纪80年代初，温岭县农民要办企业，需要先写申请报告，经公社批准后，再经县社队企业管理局审批，后报工商局核发营业执照。1982年年底，牧屿公社陈华根、王华森两人带着申报文件来到温岭县社队企业管理局生产股股长陈心鹤住处，希望赶在年底前以“大队集体所有制”的性质把企业营业执照办下来。陈心鹤看了申报材料，发现出资者只有4个人，与大队集体经济无关。就向两人建议直接申报一家联户企业。经过4个出资人商量同意，最终在温社企字（82）第74号文件《同意建办“温岭县西缝纫机零件厂”企业的通知》中，将温岭县牧屿牧南工艺美术厂等4家企业定性为“社员联营集体”，即“自主生产、几个合伙、自负盈亏、联劳建办”。县工商局核发了营业执照。1983年1月15日，温岭牧屿牧南工艺美术厂注册成立，全国首家股份合作制企业正式诞生。之后，股份合作制企业如雨后春笋迅速发展，仅1983年，温岭县就批准了200多家联户经营集体企业。1984年年初，温岭县工商局正式确认其为股份合作制企业。1985年中央“一号文件”明确提出“提倡股份式合作”。1986年，黄岩县出台《关于合股企业的若干政策意见》。到1988年年底，台州市已有股份合作制企业近万家，产值达37亿多元。从集体企业到社员联营集体企业，标志着乡镇企业由产权不清走到了产权清晰的阶段。

由于股份合作制企业的合伙人既是企业的所有者，又是企业的劳动者，易于集聚资金，形式灵活，是适宜于乡镇企业经营发展的股权组织形式，受到农民的欢迎，得到迅速发展。这种企业组织形式成为中国农民的创造。

三、深圳华为公司创造了劳资3:1比例分配模式

深圳华为公司是一家员工持股的股份合作制企业，属于集体所有制性质。全公司18万员工中，有7万多员工持有股份。每年评选优秀员工，奖励对公司的认股权。这种股权激励制度强化了公司的凝聚力。中高层管理人员、技术骨干和优秀员工都持有股份，使公司的决策机制更加注重长远发展和长期收益，因此，舍得把销售收入的15%以上投入到技术研发上，最近两年的研发投入都超过1000亿元。这是公司用短短30年时间，从零起步，迅速发展到通信设备制造业世界第一位的重要原因。

在收入分配上，华为公司创造了按劳分配与按资分配3:1的比例，使收入分配

向在研发第一线创造技术专利和在经营第一线开拓市场的人员倾斜，充分调动了劳动者创新和经营的积极性，同时，也考虑到资本的收益。这样的分配制度，在资本主义国家是根本不可能做到的。例如在美国，公司按资分配与按劳分配的比例大体为3∶1，收入分配向资本倾斜。根据美国诺贝尔经济学奖获得者斯蒂格利茨提供的数据，2018年，美国1%的人获得了91%的全国新增居民收入，另外99%的人仅仅获得了其余9%的新增收入。普通工薪阶层的工资收入几十年几乎没有多少增长。像华为公司这样注重劳动所得的分配比例，只有在中国特色社会主义条件下的企业才有可能做到。

第五节　坚持一切改革先试验、后推广

一、“摸着石头过河”

社会主义改革是前无古人的伟大事业，改革方案是否可行，能不能起到“三个有利于”的作用，只能通过实践来检验。只有实践证明是正确的改革，才能在面上推广。用邓小平同志的话来讲，就是“摸着石头过河”。

40多年来，我们进行的许多重要改革，都是经过试验不断完善并成功之后在全国推广的。诸如农村土地承包制改革、国有企业改革、计划体制改革、投资体制改革、财税体制改革、金融体制改革、房地产制度改革、行政体制改革、产权制度改革、分配制度改革、社会保障体制改革等。

二、国有企业建立现代产权制度

国有企业产权制度改革，经历了长期的试验推广和不断深化的过程。在改革之初，我们对产权的认识是模糊的。因为长期以来，我们认为社会主义制度最基本的标志就是实行公有制，而私有制是万恶之源，公有的程度越高越好。随着社会主义市场经济体制的提出和建立，商品的交换必须在不同所有者之间进行，产权的明晰化成为商品交换和企业独立经营的前提条件。在产权制度改革没有进行之前，一些西方的经济学家认为，中国如果不实行私有化，就不可能建立市场经济体制，因为迄今为止，市场经济都是建立在私有制基础上的。在全民所有制经济内部，所有者

只有一个，即以国家作为所有者代表，这就使商品交换成为不必要的事情。为了使企业成为独立经营、自负盈亏的经营主体，成为独立的商品生产和商品交换者，党的十四届三中全会通过的《中共中央关于建立社会主义市场经济体制若干问题的决定》提出，赋予国有企业对所占有的国有资产以法人财产权，即拥有对其所占有的国有资产的用益物权，包括经营权、处置权、投资权、转让权等，实行所有权与经营权分离。国有企业建立了这样的现代产权制度和以此为基础的现代企业制度，就使其与市场经济相适应了。这样的改革先在一部分企业试行，完善之后在全国推广，从而创造了在公有制的基础上也能够建立市场经济体制的奇迹。随着公有制实现方式的改革不断深化，对国有资产的管理逐步由管资产为主向管资本为主转变，鼓励国有企业吸收民营经济入股，发展混合所有制的股份制公司，建立现代企业制度，企业成为独立经营、自负盈亏的商品生产经营者，作为市场主体，完全适应了市场经济的要求。

三、第三产业由营业税到增值税的改革

进入“十二五”时期，作为转变经济发展方式的重要内容之一，要改变经济增长过度依赖第二产业的状况，鼓励发展第三产业。第三产业发展长期滞后的主要原因是税负不合理。第三产业实行营业税，与第二产业实行的增值税相比，税负重1/3左右。在用地、用水、用电价格上，第三产业也要比第二产业高。鼓励第三产业发展，必须从改革税制入手，对第三产业进行营业税改增值税的改革。由于担心改革之后税收下降，影响财政收入，改革先在上海进行试验。结果证明，由于税负降低，第三产业出现迅猛发展势头。不仅本地第三产业企业数量迅速增多，而且吸引了临近地区的企业转移到上海注册。产业规模的扩大带来税基的扩大，税收不但没有减少，反而大幅增加。试验获得成功，同时也为了避免出现地区之间发展的不平衡，针对第三产业的增值税改革很快在全国推广，第三产业的增长速度开始超过第二产业，成为“十二五”和“十三五”时期拉动经济的增长点。从1978—2010年，第三产业的年均增长速度为10.9%，比同期第二产业的增长速度低0.5个百分点；而到2010—2019年，第三产业的年均增速比同期第二产业高1.2个百分点。第三产业占GDP的比例由2010年的44.2%提高到2019年的53.9%。第三产业从业人员占全社会从业人员的比重由2010年的34.6%提高到2019年的47.4%，第三产业成为增加就业的主要渠道。

第六节 坚持正确处理改革、发展、稳定的关系

40 多年来，我们在改革上取得了重大进展，在发展上创造了奇迹，同时保持了社会的稳定，之所以能够在多方面取得举世瞩目的巨大成就，始终坚持正确处理改革、发展、稳定的关系，是成功的关键。

一、通过改革形成发展的动力机制

改革是发展的动力，发展是改革的目的。改革之前，我们实行平均主义、“大锅饭”的分配制度，干好干坏一个样，职工吃企业“大锅饭”，企业吃国家“大锅饭”，挫伤了职工和企业劳动经营的积极性。改革就从砸碎“铁饭碗”和“大锅饭”、引入竞争机制开始。在国家与企业的关系上，改变统收统支的制度，国家对企业按统一的税率征税，经营好的企业，盈利比较多，收入水平就高一些；经营不好的企业，盈利比较少，收入水平就低一些。如果长期亏损，资不抵债，企业就要破产，职工就要重新寻找工作。在企业内部，允许技术、管理、资本等要素参与分配，实行员工持股制的企业员工开始有了财产性收入，个人之间的收入拉开了差距。这些现在看来很平常的事情，在改革之初，要改变传统的行为习惯和思维定式，不亚于一场革命。由于贯彻了社会主义物质利益原则，实行奖勤罚懒的分配制度，企业革新技术和改善经营的积极性明显提高，职工的劳动和创新精神被激发出来，形成了经济发展的强大动力机制，新的生产力被魔术般地呼唤出来。20 世纪 80 年代，匈牙利经济学家科尔奈・亚诺什曾经把社会主义经济的主要特征概括为短缺经济，把资本主义经济的主要特征概括为过剩经济。商品匮乏成为长期困扰我们的难题。改革开放之后，仅仅用了十年时间，到 20 世纪 80 年代末，我们就一举解决了短缺难题，几十种工业消费品的供应票证统统取消，市场商品像发达国家一样琳琅满目，供应充足。改革开放初期，我们经常用来对比的一个数据：东京最大的商场池袋店有商品品种 35 万种，北京王府井百货大楼的商品品种仅有 8 万种。花色品种少、产品更新慢，几乎成了社会主义计划经济的顽症。当引入市场经济之后，商品品种花色迅速暴增。浙江义乌小商品达数百万种。京东商城网店经营商品达 4020 万种。浙江嵊州生产的领带每天有 3000 多个新的花色品种投放市场。市场

机制所激发出的创造力是过去根本难以想象的。又如钢铁产业，在 20 世纪 50 年代到 70 年代，我们曾提出工业以钢为纲的口号，为了尽快把钢铁产量搞上去，曾搞过全民大炼钢铁运动，1958 年提出为实现年产钢 1070 万吨而奋斗，结果搞了大量废品。20 世纪 70 年代冶金部曾“三打两千六”，即连续 3 年提出实现年产钢 2600 万吨的目标，都未能实现。到了 90 年代，连续几年年新增钢产量达 3000 多万吨。2020 年钢产量可达 10 亿吨，占全球钢产量的 50% 以上。这里既有生产力循序成长的因素，但主要是改革解放了生产力，允许民营经济进入，为经济发展注入了活力，目前在中国钢产量中，国有企业和民营企业各占一半左右，国企与民企并驾齐飞，在竞争中求发展，摆脱了传统计划体制和单一公有制的旧体制，是钢铁工业大发展的根本原因。

二、社会稳定是改革的前提条件

改革需要有一个稳定的环境，在稳定的经济、政治、社会环境下，才能推进改革。改革是对旧体制的否定，是对新体制的探索和适应，需要集中精力制定和实施改革方案，需要凝聚社会共识，如果没有强有力的政治领导和精细组织，不可能取得成功。而要做好这些事，其前提条件就是保持社会稳定。如何处理好改革与稳定的关系，首先，改革措施的出台不能对经济、社会稳定带来大的冲击，改革要循序渐进。其次，改革措施的实施应能够促进重大结构性矛盾的解决，从而最终促进经济社会的稳定。最后，运用我们的政治优势和制度优势，保持社会稳定，为改革创造良好的条件。在这方面，我们有着不少的经验教训。农村率先改革取得成功，丰富了市场供应，提高了人民的生活水平，对促进社会稳定做出了突出贡献。国有企业建立现代企业制度的改革，为国有经济注入活力，增加了职工收入，受到了普遍欢迎。然而，在价格改革上，对改变几十年计划经济形成的市场扭曲状态的难度估计不足，在经济理论界出现了“价格闯关”“通货膨胀无害论”等有害观点。1988 年，尽管实际的价格改革并没有出台，但是在社会上引起了恐慌心理，不少群众认为商品价格将会大幅上涨，出现了抢购现象。多年的经验证明，社会的稳定主要在经济，经济的稳定主要在市场，市场的稳定主要又在物价。物价不稳，经济和社会就难以稳定。1988 年因抢购引发的通货膨胀，成为 1989 年出现政治风波的直接诱因。“八九风波”对中国的改革和发展带来了严重的负面影响。实践证明，保持经济稳定、政治稳定、社会稳定，是顺利推进改革的前提条件。

三、发展需要以社会稳定作为保障

没有政治、社会稳定，就谈不上发展。这是无数历史事实证明的。当社会处于动乱状态时，经济发展就会停滞甚至遭到破坏。“文化大革命”十年动乱，对生产力带来严重破坏，经济到了崩溃的边缘。改革开放40多年来，中国社会总体上处于稳定状态，从而为发展创造了良好的条件。这40多年成为中国几千年历史上发展最快、最好的时期。我们基本上实现了工业化，60%的人口进入了城市，中国人民的生活水平从来没有这么快地提高。改革开放40多年的经验也证明，经济发展在很大程度上是通过经济结构的转换来实现的，在不同的发展阶段，需要完成不同的结构调整任务，并且需要不同的改革措施来配合，这就更需要有一个稳定的环境，使政府和企业能够集中精力解决发展和改革中面临的问题。而结构转换带来的发展成果使人民的生活水平得到明显提高，进而就会增强人民对发展的信心以及对改革的支持，从而成为保持社会稳定的重要力量。40多年来我们已经经历了四次大的结构调整。第一次是20世纪80年代，我们通过农村土地承包制改革，允许农民办乡镇企业，实现了农产品连年大幅增产和乡镇企业崛起，一举结束了短缺时代，经济开始起飞，造就了一大批农民企业家。初战告捷，人民改革愿望更加迫切。进入20世纪90年代，我们通过建立社会主义市场经济体制和现代企业制度，实现了电子机械、石油化工、汽车制造和建筑业四大支柱产业的振兴，耐用消费品开始进入家庭，居民住房条件迅速改善。虽然国有企业改革使6000多万职工下岗分流，但是由于大部分转移到民营经济就业，收入增加，因此，没有引起社会动荡，这不能不说是处理改革、发展、稳定关系的成功范例。这10年的大踏步改革，使国有企业摆脱了冗员过多、债务负担重等历史包袱，增强了竞争力，实现了生产资料工业和建筑业的快速发展，支持了经济腾飞。进入21世纪的第一个10年，我们遇到了亚洲金融危机后需求不足导致的经济增长放缓。我们通过发行长期建设债券，进行基础设施建设，用10年时间，把高铁网、高速公路网、信息网搞到世界第一，年均经济增长速度达到两位数，创造了中国历史上的黄金增长期，中国GDP总量由世界第六位很快冲到第二位。大规模基础设施建设使国民经济跨上一个新台阶，把全国统一的大市场紧紧连在了一起。进入新世纪的第二个10年，我们大力推动经济发展方式转变，调整投资与消费的比例，降低投资率，提高消费率，改变了经济增长过度依赖投资的状况，消费成为拉动经济增长的主要动力。2010—2019

年，投资率由47.0%下降到43.1%，消费率由49.3%上升到55.4%，相当于2019年有7万亿元以上商品由过去用于投资或出口转为消费，人民从经济发展中更多获益。尽管这10年经济增长速度在下降，但是人民的消费水平仍然以较快的速度提高。为了改变第三产业发展长期滞后的局面，我们通过税制改革，把对第三产业的消费税改为增值税，降低第三产业企业的税负1/3左右，使第三产业成为新的增长点，改变了经济增长过度依赖第二产业的状况。第三产业的快速增长，吸纳了大量就业人口，使城镇化率每年提高一个百分点以上。同时，重视技术进步，科技研发投入大幅度增加，技术进步对经济增长的贡献度不断提高，改变了经济增长过度依赖增加物质资源消耗的状况，促进了经济增长由数量扩张型向质量效益型的转变。在进入第五个10年时，结构调整的主要任务应当是解决农业农村发展滞后的问题。党的十九大提出，中国社会的主要矛盾转变为人民对美好生活的需要同发展的不平衡、不充分之间的矛盾。这种不平衡、不充分集中体现在城乡之间发展的不平衡和农村发展的不充分。十九大还提出乡村振兴战略目标和城乡融合发展战略。十九届五中全会《中共中央关于制定国民经济和社会发展第十四个五年规划和二〇三五年远景目标的建议》提出实施乡村建设行动，这是实现乡村振兴的重要举措。解决城乡发展不协调问题，要按照习近平总书记2015年在中央政治局集体学习时的讲话中所提出的要求，努力实现“城乡居民基本权益平等化、城乡居民收入均衡化、城乡公共服务均等化、城乡要素配置合理化、城乡产业发展融合化”。与前四次结构大调整相比，这次结构大调整是经济社会基本结构的调整，其难度要大得多，不仅需要大量资金投入，而且更需要建立新的城乡融合发展的体制机制和政策体系；不仅要发挥我们的政治优势和制度优势，而且更需要发挥市场的作用。必须打通城乡市场之间的制度壁垒和市场藩篱，实现城乡市场之间各类要素的双向自由流动。要运用市场机制的强大力量，冲破传统的习惯势力和思维定式。要继续解放思想，允许地方政府大胆试验。应当看到，目前中国城市和工业已经拥有足够大的实力来带动农村农业的发展，当前缺少的不是资金和技术，而是体制和政策。

总之，保持改革、发展、稳定的协调与统一，不仅是改革取得成功的保证，而且是促进经济持续高质量发展的保证，也是保持社会稳定的重要举措。三者之间互为条件，相互促进，不可或缺。前40年的成功靠这一条经验，今后的成功仍然要依靠它。

第七节 坚持以开放促改革、促发展

一、对外开放是改革的催化剂

对外开放是党中央在改革初期就采取的重大战略决策，并贯穿于改革全过程。通过对外开放，我们学到了国外的先进技术和经验；通过对外开放，我们利用了国外的市场和资源；通过对外开放，我们买全球、卖全球，充分发挥出人力资源优势；通过对外开放，我们提高了国际地位，中国人第一次成规模地走出去求学、旅游、经商、办企业，把世界作为活动舞台。以开放促改革、促发展，是40多年取得辉煌成就的一条重要经验。

1978年党的十一届三中全会做出了改革的重大决策。当时，刚刚经历了十年“文化大革命”的浩劫，国民经济到了崩溃的边缘。广东省宝安县与香港一河之隔，两边的经济落差很大，1978年，宝安农民人均年收入仅有134元人民币，而对岸香港农民人均收入为1.3万港元。1978年1—11月，仅宝安一县，外逃人数就达到1.38万人，逃出7037人，一些基层干部甚至带头出逃。1979年，情况更为严重，逃港风潮蔓延至广东全省，宝安一地就堵截收容了4.6万多名外逃人员。由于大批人员外流，宝安县荒芜土地20多万亩。对于逃港潮，邓小平在1977年11月视察广东时就指出：“最大的问题是政策问题”。为了尽快摆脱困境，中央决定创办经济特区。1979年，中央工作会议决定对广东、福建两省实行特殊政策、灵活措施，允许两省对外更加开放，对内更加放宽，对下更加放权。邓小平同志说，对外开放就是要为改革“杀出一条血路来”。创办经济特区和对广东、福建两省实行特殊政策、灵活措施，为经济发展注入了活力，进出口贸易连年大幅度增长。1982年前后，虽然出现过走私等问题，在中央和地方政府的严格监管下，及时得到解决。1984年，邓小平为深圳经济特区题词：“深圳的发展和经验证明，我们建立经济特区的决策是完全正确的”。

对外开放有力地促进了改革，在某种意义上成为了改革的催化剂。

一是对外开放倒逼政府管理体制适应发展外向型经济的需要。无论是引进外资，还是发展对外贸易，要求我们的经济政策、法规制度、通关检验等都要满足外资企业和进出口贸易企业的要求，改变计划体制下搞封闭型经济的传统习惯，要求政府的管理从行政命令、直接干预为主向市场经济下以法规、标准、制度等间接管理为主转变，从指挥型政府向服务型政府转变，政府的职能主要是做好宏观调控、市场监管、公共服务等。对各类不同所有制的企业包括外资企业，提供一视同仁的服务，创造公平的竞争环境。只有创造良好的投资环境，才能吸引更多的企业前来投资。地区之间的竞争，主要体现为市场环境、投资环境之间的竞争。因此，对外开放有力地促进了宏观管理体制改革和政府职能的转变。

二是对外开放倒逼企业管理体制适应国际竞争的需要。外资企业进入国内市场，给国内企业带来竞争压力，其企业管理体制、成熟的管理经验对国内企业带来示范效应。特别是跨国公司严密的内部管理制度、产权结构、运行模式、决策机制、财务监管、研发创新等，是在一两百年的国际竞争中形成的有效体制，中国企业与它们同台竞争，有了面对面向竞争对手学习的机会。一批民营企业和国有企业通过向外国跨国公司学习，建立现代企业制度，迅速成长起来。如深圳华为公司实行股份合作制，建立股权激励制度，把 18 万名高学历、遍布全球的员工凝聚在一起，形成强大的科技创新能力和市场开拓能力，用 30 年时间，从零起步，发展到通信设备制造的全球领先者，就是在开放竞争的环境下铸造出的无坚不摧的企业。

三是学习借鉴国外经验建立中国特色宏观管理体制。社会主义必须建立在人类文明的基础之上，建立适应市场经济要求的宏观管理体制，是经济体制改革的一项重要任务。我们搞市场经济的时间很短，发达国家已经有了上百年的经验。实行对外开放政策，使我们打开了眼界。哪个国家在哪个方面有长处，我们就虚心地前去考察学习，做到博采众长，并从中国实际出发，制定具有中国特色的管理制度。20 世纪 80 年代，我们主要学习、借鉴日本制定产业政策、实行财政投融资、银行窗口指导、收入倍增计划、列岛改造计划等经验。20 世纪 90 年代，我们又重点学习德国宏观调控、央行保持货币稳定、住宅银行储蓄制度、鲁尔老工业区转型、双轨制教育制度等经验。同时学习借鉴美国财政、美联储、总统经济顾问三方相互协调的宏观调控机制，通过燃油税为基础设施建设筹集资金。对农业的财政支持政策，通过资本市场的企业筹资机制，支持科技创新的风险投资体制，创新型研究型大学办学体制等。即使一些小的国家，只要在某些方面做得好，我们都不耻下问，认真考察学习，并吸收到中国的体制建设中。如韩国在短时间内实现工业化和新农村建设的经验，荷兰通过合作社发展高效农业的经验，新加坡住房公积金和国有资本投资公司的经验，以色列发展高技术的经验，丹麦生猪规模化养殖和猪肉出口的经验，爱尔兰通过办科技园区吸引外资发展软件产业、医药产业的经验，印度软件人才规模化培训和发展服务外包的经验，北欧国家重视绿色可持续发展和公共福利的经验等。正是由于不断吸收了各国管理制度的优点，才使中国的宏观经济管理体制不断完善，形成了具有中国特色的社会主义市场经济体制。

就中国宏观调控体系来看，在 20 世纪 90 年代之前，中国经济始终难以摆脱周期性大起大落的困扰，每隔几年就要来一次通货膨胀，为了治理通货膨胀，不得不实行紧缩的政策，许多正在建设的工程不得不停下来，造成巨大损失。之后，我们不断总结经验，包括借鉴国外经验，通过货币政策调节需求总量，保持总供求的大体平衡。当经济偏热时，踩一下刹车；当经济偏冷时，踩一下油门，以熨平经济周期。同时，通过财政政策调节投资结构，促进产业结构不断优化。进入 21 世纪后，我们有效地避免了经济运行大的波动，实现了经济持续、健康、稳定增长。

对外开放促进了经济发展。从中国对外开放重点的转变和内外循环的巨大变化中，能够清晰地看出开放对中国的发展和命运所具有的决定性意义。

二、对外贸易从“三来一补”为主逐步转变为一般贸易为主

改革之初，中国经济基本是封闭型经济，出口竞争力低，外汇短缺。1978 年，货物进出口仅为 206.4 亿美元，其中，出口 97.5 亿美元，贸易逆差 11.4 亿美元。对外开放之后，先从“三来一补”即“来料加工、来件加工、来样加工和补偿贸易”做起。第一个来样加工厂是 1978 年香港企业在东莞县虎门镇开办的手袋加工厂，产品全部由港商包销。其开办时间与安徽小岗村土地承包到户在同一年。之后，香港与广东逐渐形成前店后厂关系，利用广东和来自全国的农民工，发展劳动密集型产品出口。后来，中国台湾的企业和韩国、日本、欧洲、美国的企业陆续来到这里，珠三角逐渐成为全球制造业中心。再往后，长三角的加工贸易也发展起来。加工贸易占出口贸易总额的比例一度高达 70%。加工贸易企业就像中国企业的老师，带动了本土企业的发展，一般贸易出口在出口中的比重不断增加。当时总结促进加工贸易落地生根、转型升级的四个路径：以自主创新产品替代加工贸易产品；以扩大零部件就地生产比例取代进口；以国内同类产品顶替出口；以逆向并购变加工贸易企业为内资企业。华为公司就是从做海外程控交换机的代销开始起步，迅速成长起来。到 2019 年，中国货物进出口贸易总额达 45761.3 亿美元，出口额

24990.3 亿美元，均居世界第一位。与 1978 年相比，出口额增长 256.3 倍。在 41 年的时间内，中国对外贸易飞速发展，得益于当初对外开放的伟大决策，得益于邓小平同志的远见卓识和坚定决心。

三、科技进步从引进、消化、再创新逐步转变为实现科技自立自强

40 多年前，国内产业技术水平同国际先进水平存在较大差距。我们学习借鉴日本、韩国等国家的经验，大量引进技术，然后消化、吸收、再创新，不断提高国内各产业的技术水平。党的十七大报告提出把提高自主创新能力、建设创新型国家作为国家发展战略的核心，调动了各级政府、企业、科研机构、大学和科研人员创新的积极性，研发投入持续快速增加。技术专利制度从开始建立到专利申请量暴增，国内专利申请量已连续多年居全球第一位，2019 年国际专利申请量达 5.9 万件，跃居世界第一位，中国在全球创新指数中排名提升至第十四位，稳居中等收入经济体首位。2019 年，全国技术市场交易额达 22398.4 亿元，创历史新高。2019 年，中国科技研究与试验发展经费投入 22143.6 亿元，相当于国内生产总值的 2.23%。2000—2017 年，中国科研经费年均增长超过 17%，美国年均增长 4.3%，2019 年中国科研经费投入总额已经超过美国，居全球首位，中国科研人员贡献的科学论文已超过全球的 1/4 以上。党的十九届五中全会关于“十四五”规划的《建议》提出：“坚持创新在中国现代化建设全局中的核心地位，把科技自立自强作为国家发展的战略支撑”，“加快建设科技强国”。深圳已成为全国和全球的科技创新中心，拥有一大批科技创新型企业。以开放促进创新是深圳的成功经验。习近平总书记在深圳经济特区建立 40 周年庆祝大会上的讲话指出：“要实施更加开放的人才政策，引进培养一批具有国际水平的战略科技人才、科技领军人才、青年科技人才和高水平创新团队，聚天下人才而用之”。沿着这些正确的战略和成功的经验继续努力，到 2035 年，我们一定能够在关键核心技术上取得重大突破，实现对世界前沿科技从跟随、并跑到引领，进入创新型国家前列。

四、产业开放重点从工业率先开放发展到服务业对外开放

改革之初，为了解决国内工业品供给不足和水平落后的问题，我们把对外开放的重点放在工业上。引进外资以工业企业为主，引进技术也以工业技术为主，努力提高国内工业化、现代化水平。服务业的开放主要是引进为生产生活服务的企业和

旅游业，对金融的开放持谨慎态度。在提高了国内企业的竞争力之后，逐步放开外资企业的进入。最近两三年，中国逐步放开金融等服务业的外资进入，允许国外银行、证券公司、保险公司设立独资企业，这是中国实行高水平对外开放、推进人民币国际化的重要举措，是打破美国政府推行产业链去中国化、美中经济脱钩以及对中国经济封锁的必要对策。在对外开放初期，采取一些措施保护国内弱小的企业和市场是非常必要的，是后发展国家应当采用的开放策略。如果在改革之初就把国外强大的金融资本放进来，控制和影响国家金融市场，本国政府就会失去宏观调控的主动权，这是十分危险的。一些发展中国家不断出现金融波动，导致经济和社会的不稳定，如 20 世纪末的亚洲金融危机、美洲一些国家不断出现的金融危机，就是深刻的教训。

五、要素流向从以引进来为主转变为引进来与“走出去”并重

在对外开放初期，由于国内发展水平与发达国家的差距较大，资本、技术、人才主要从国外流向国内。随着国内经济的发展，国内的要素开始向国外流动，而且逐步超过国外向国内的流量。这是符合经济发展客观规律的。如同水向低处流的道理一样，一旦打开国家之间要素流动的闸门，各类生产要素就会产生一个瀑布效应。改革初期，国内资金、技术、人才短缺，发达国家的要素就会大量流入国内，与国内成本相对较低的资源、劳动力等要素相结合，从而产生较多的利润。当发展到一定程度，这种流动的速度就会减慢。而国内生产要素就会寻求新的投资机会，流向新的要素价格更低的国家。40 多年来，我们已经经历了这一过程。2019 年，中国对外直接投资为 1369. 1 美元。截至 2019 年年底，中国 2. 75 万家境内投资者在境外共设立对外直接投资企业 4. 4 万家，分布在全球 188 个国家和地区，境外企业资产总额 7. 2 万亿美元。对外直接投资累计净额达 21988. 8 亿美元，其中，股权投资 12096. 7 亿美元，占 55%；收益再投资 6866. 4 亿美元，占 31. 2%；债务工具投资 3025. 7 亿美元，占 13. 8%。2019 年，中国对外直接投资分别占全球当年流量、存量的 10. 4% 和 6. 4%，分别位居全球第二位和第三位。其中，2019 年年末，对外金融类直接投资存量 2545. 3 亿美元，中国国有商业银行共在海外 51 个国家和地区开设分行 97 家、附属机构 66 家，员工总数 5. 1 万人。在境外设立保险机构 16 家，对外非金融类直接投资存量 19443. 5 亿美元。2019 年，境外企业向投资所在国缴纳税金 560 亿美元，年末境外企业从业员工 374. 4 万人，其中，雇用外方员工 226. 6

万人。中国的海外投资对拉动当地经济发展发挥了重要作用，同时也带动了中国建筑材料、施工机械、零部件、劳务出口以及国内短缺能源、资源的进口。从2019年的情况来看，虽然中国对外直接投资额仍低于吸引外资1412.3亿美元3.1个百分点，但从发展趋势来看，2002—2019年，对外投资年增长率高达26%。2013—2019年，累计对外投资10110.3亿美元，占对外直接投资存量的46%。按照这一趋势，中国将很快成为资金净流出国。而且随着中国成功应对新冠肺炎疫情，在全球率先恢复经济正常增长，人民币已成为全球最安全的保值储备货币。人民币国际化将进一步增强中国海外投资能力。而美联储大量超发美元，仅2020年3—10月就超发货币40%。美国国债规模超过历史最高水平，截至2020年12月初已达27.3万亿美元。未来两年，美元必将出现大幅贬值。这些既成事实和发展趋势充分证明，中国对外经济循环体系已经确立，其规模和势头不可阻挡。中国市场与全球市场已融为一体，同各国的经济联系日益紧密。外循环围绕内循环运行，以内循环为主体，按照比较优势原则，在全球市场上促进资源的优化配置，实现内外循环的良性互动，不仅有助于中国经济的持续健康高质量发展，而且将成为推动经济全球化的不可撼动的强大力量。美国政府违背世界经济发展的历史趋势，推动美中经济脱钩和美国第一，这种倒行逆施的结果必然失败，最终被孤立的一定是自己。

六、“走出去”由分散发展到提出“一带一路”倡议

在对外开放的前30年，中国的海外投资尚未形成规模，而且以分散的、推销国内商品的贸易机构和国内短缺资源的开发为主。随着外汇储备的增加和外汇管理政策的放宽，中国海外投资包括国际并购的规模不断扩大。2013年9月和10月国家主席习近平分别提出建设“新丝绸之路经济带”和“21世纪海上丝绸之路”的合作倡议，以后被简称为“一带一路”倡议。这在中国对外开放历史上是一项具有划时代意义的大事。提出这一倡议的初衷，是依靠中国与有关国家既有的双多边机制，借助既有的、行之有效的区域合作平台，借用古代丝绸之路的历史符号，高举和平发展的旗帜，积极发展与沿线国家的经济合作伙伴关系，共同打造政治互信、经济融合、文化包容的利益共同体、命运共同体和责任共同体。2015年3月28日，国家发改委、外交部、商务部联合印发了《推动共建丝绸之路经济带和21世纪海上丝绸之路的愿景与行动》。截至2020年1月，中国已与138个国家、31个国际组织签署201份共建“一带一路”合作文件。2019年年末，中国对“一带一路”沿

线63个国家设立境外企业1.1万家，当年实现直接投资186.9亿元，占同期中国对外直接投资的13.7%。2013—2019年，中国对沿线国家累计直接投资1173.1亿美元。2000年1—11月，在新冠肺炎疫情的影响下，中国对东盟国家的贸易总额达4.24万亿元，增长6.7%，东盟成为中国最大的贸易伙伴。往来于中国与欧洲及“一带一路”沿线各国集装箱国际铁路联运班列，已经开通了西、中、东三条通道：西部通道由中国中西部经阿拉山口或霍尔果斯出境，中部通道由中国华北地区经二连浩特出境，东部通道由中国东南部沿海地区经满洲里或绥芬河出境。截至2019年4月，运行路线达65条，通达欧洲15个国家44个城市，累计开行近2万列，运送货物92万标箱。2019年10月，中欧国际电子商务班列开通，中国与中亚、欧洲各国的贸易更加快捷。古代丝绸之路正焕发出新的蓬勃生机。这是远在北美的一小撮反华反全球化的右翼极端分子根本想象不到和无法阻止的。

七、从进口替代、鼓励出口到扩大进口

改革之初，中国需要大量外汇以进口技术、技术装备和短缺的能源、原材料，然而，由于出口竞争力低，只能出口劳动密集型、资源密集型产品。以后，我们通过引进技术、消化、再创新，实施进口替代战略，逐步提高技术密集型、知识密集型、资本密集型产品在出口中的比重。我们把机电产品出口比重作为一个重要指标加以考核，2019年达到58.4%，这是几十年不懈努力的结果。随着出口竞争力的提高和外汇储备的增加，我们逐步推行中性的进出口政策和内外贸政策。2021年，中国国内市场销售总额将超过美国，成为全球最大的市场，其意义远远大于GDP总量超过美国。因为市场销售总额代表着最终消费总量，我们推行以人民为中心的发展战略，发展经济的目的是为了满足人民对美好生活的需要。在GDP总量仍然比美国低33%的情况下，中国的消费总额超过美国，说明中国的宏观经济效益要好于美国，人民能够从经济发展中更多受益。党的十九届五中全会提出，要提升传统消费、培育新兴消费、适当增加公共消费，发挥消费对经济增长的基础性作用。提出实行内贸外贸一体化调控体系，增加优质产品进口。这些部署都表明了中国进出口政策的重大变化，即从过去鼓励出口过渡到扩大进口。习近平主席在第三届进口博览会上的讲话指出，让中国市场成为世界的市场、共享的市场、大家的市场，为国际社会注入更多正能量。随着人民币的国际化，我们不再需要太多的外汇储备，要保持外汇收支的平衡，将会有更多的资金用于进口，中国人民将能够更多地分享

改革开放和发展的成果。

八、从注重自身发展到提出构建人类命运共同体

改革开放初期，我们面临着堆积如山的国内问题。为了集中精力发展经济，改善人民生活，邓小平同志教导我们要韬光养晦，不要在国际上当头，为我们赢得了40年埋头苦干的发展机遇。今天，我们虽然有了很大发展，但是人均国内生产总值还没有赶上全世界的平均水平，中国在国际上还需要继续保持低调，继续集中精力发展经济。面对美国政府对中国的敌视、挑衅、打压、围堵，妄图打断中国现代化进程，我们必须保持清醒的头脑，努力把发展的战略机遇期持续维持下去。

倡导和推动构建人类命运共同体，就是排除各种干扰，化解各类消极因素，把发展的战略机遇期继续保持下去所采取的积极行动。2012年11月，中共十八大明确提出要倡导“人类命运共同体”意识。习近平就任总书记后第一次会见外宾时就表示，国际社会日益成为一个你中有我、我中有你的“命运共同体”，面对世界经济的复杂性、全球性问题，任何国家都不可能独善其身。2011年《中国的和平发展》白皮书提出，要以“命运共同体”的新视角，寻求人类的共同利益和共同价值的新内涵。构建人类命运共同体是中国政府反复强调的关于人类社会的新理念。

构建人类命运共同体，是应对人类社会面临的共同挑战的需要。当今世界，温室气体排放带来气候变化，影响着人类的生存环境，粮食短缺、贫富悬殊、道德滑坡、利益冲突层出不穷。解决这些问题，单靠一个国家或几个国家的力量都不可能完成，只能依靠全球各国人民的同心协力。

构建人类命运共同体，是避免战争、维护世界和平的需要。人类社会经历了数不清的战争，战争给人类带来的灾难，远远超过自然灾害。20世纪的两次世界大战，死伤数千万人，损失的财产更加难以计算。对此，人们至今记忆犹新。在人类命运共同体的理念下，通过对话、协商、谈判，是消除战争的有效手段。

构建人类命运共同体，是共享科技文化发展给人类带来的恩惠的需要。当今世界，科技进步的速度在加快，如何让全人类都能分享到科技进步带来的生产力提高和人民生活质量的改善，必须通过构建人类命运共同体，推动技术的传播，优化资源在全球的配置。

构建人类命运共同体，不是中国要当全世界的头，更不是要建立中国的霸权来取代美国的霸权，而是要通过各国共同协商来决定世界的大事，通过联合国和以

《联合国宪章》为核心的国际法律体系包括世贸组织、国际卫生组织等国际组织以及相关的法律体系，来处理关系全球的问题和国与国的关系。美国拉拢几个国家炮制的规则不是各国必须遵守的国际规则，不属于不代表联合国的法律体系，对其他国家没有任何约束力。美国政府推动美中经济脱钩、产业链去中国化，通过封锁、打压中国经济和中国高科技企业，企图维护美国在全世界的科技、经济、军事垄断地位，梦想永远获取垄断利益，不仅剥夺了14亿中国人民的发展权，损害了中国人民的利益，而且也损害了世界绝大多数人的利益，是与人类命运共同体的理念完全相悖的。美国的有识之士也不赞成美国政府压制中国的强权行为。我们相信，构建人类命运共同体的理念一定能够得到世界上越来越多的国家和人民的赞同和支持，让我们为构建人类共同的美好家园而不懈奋斗。

第八节　坚持以人民为中心的发展思想

党的十九大报告指出："坚持以人民为中心。人民是历史的创造者，是决定党的国家前途命运的根本力量。必须坚持人民主体地位，坚持立党为公、执政为民，践行全心全意为人民服务的根本宗旨，把党的群众路线贯彻到治国理政全部活动之中，把人民对美好生活的向往作为奋斗目标，依靠人民创造历史伟业"。

一、人民是决定党和国家前途命运的根本力量

2021年是中国共产党建党100周年和新中国成立72周年，我们党和国家已经走过很长的路程。回顾以往，总结成功的经验，集中到一点，就是党一定要代表人民的根本利益，为人民过上美好生活而不懈奋斗，党一定要与人民同呼吸、共命运，千万不能脱离群众。在战争年代，老百姓甘愿冒着生命危险支持和加入党领导的军队，是因为他们知道共产党能够帮助他们推翻不平等的社会，过上好日子。今天，老百姓支持改革，也是因为他们从改革中获得了新的发展机会，切实提高了生活水平。人民群众对切身利益的追求、对美好生活的向往，推动着社会历史发展。实现中华民族伟大复兴的中国梦，就是要实现国家富强、民族振兴、人民幸福，要维护好、发展好、实现好人民的切身利益，不断提高人民的生活水平，满足人民对美好生活的向往。习近平总书记指出，我们"必须始终把人民利益摆在至高无上的

地位，把改革发展成果更多更公平惠及全体人民，朝着实现全体人民共同富裕不断前进”。“我们党来自人民、植根人民、服务人民，一旦脱离群众，就会失去生命力”。“人民群众反对什么、痛恨什么，我们就要坚决防范和纠正什么”。习近平总书记的这些论述，表明我们党不忘初心，过去、现在和将来的全部奋斗就是为了实现人民的根本利益。

在新时代，我们要实现新的发展目标，这些目标将给人民带来新的实际利益，满足人民对美好生活的需要。必须紧紧抓住党的十九大提出的社会主要矛盾，集中全党精力和全社会力量，解决发展的不平衡不充分问题，使广大人民在经济发展中更多受益。这是党能够继续作为人民利益的忠实代表，保持党同人民密切关系的重要任务。也只有做到这些，我们的改革和政策才能继续得到人民的支持，党才能继续获得人民的拥戴。

放眼世界，原苏东国家执政党的惨痛教训犹如发生在昨天。在帝国主义国家颜色革命的策动下，那些国家的群众抛弃了执政几十年的党，就其内因来讲，是那些已经变质的执政党长期脱离人民，成为新的贵族。他们已经不代表人民的利益，失去了人民的信任。有这样的反面教训在我们前面，可以时时提醒我们，千万不要辜负了人民的信任和期待。中国和苏东国家走上了不同的道路，中国共产党和原苏东国家的共产党遭遇不同的命运，事实告诉我们，十九大提出的人民是决定党和国家前途命运的根本力量，反映了历史发展的客观规律，具有十分重要的警示意义。正如习近平总书记在庆祝中国共产党成立100周年大会讲话中指出的：“中国共产党始终代表最广大人民根本利益，与人民休戚与共、生死相依，没有任何自己特殊的利益，从来不代表任何利益集团、任何权势集团、任何特权阶层的利益”。这是中国共产党区别于其他任何政党的显著标志，也是中国共产党能够长期执政、战无不胜的根本原因。

二、以人民为中心是对马克思主义人民思想的继承和发展

2015年10月召开的党的十八届五中全会关于制订“十三五”规划的建议提出，必须坚持以人民为中心的发展思想，把增进人民福祉、促进人的全面发展作为发展的出发点和落脚点，发展人民民主，维护社会公平正义，保障人民平等参与、平等发展权利，充分调动人民积极性、主动性、创造性。2015年11月23日，习近平总书记在主持中央政治局集体学习时指出，坚持以人民为中心的发展思想，这是

马克思主义政治经济学的根本立场。人民和人民群众是社会生产、社会生活的主体，是《共产党宣言》主张的共产主义运动的出发点和归宿。关于人民和人民群众的理论，构成了马克思主义思想体系中的人民思想，是历史唯物主义和科学社会主义的重要内容。党的十八大以来，习近平同志结合中国特色社会主义事业发展的实际，继承和发展了马克思主义人民思想的理论，对以人民为中心做出了一系列新论断，体现出马克思主义中国化最新成果的理论光辉，深刻揭示出中国特色社会主义的本质特征，成为习近平新时代中国特色社会主义思想的重要组成部分。

坚持以人民为中心，就是要保障人民当家做主。习近平总书记指出，“尊重人民主体地位，保证人民当家做主，是我们党的一贯主张”，“坚持党的领导、人民当家做主、依法治国有机统一是社会主义政治发展的必然要求”。人民当家做主是社会主义民主政治的本质特征，落实人民当家做主思想，要尊重和坚持人民的主体地位，充分体现人民意志，依法扩大人民有序政治参与，保障人民的知情权、参与权、表达权、监督权。坚持人民代表大会制度，发挥社会主义协商民主的重要作用，用制度体系保障人民当家做主。

坚持以人民为中心，就是要保障和改善民生。习近平总书记指出：“要抓住人民最关心最直接最现实的利益问题”，尽力而为、量力而行，“一件事情接着一件事情办，一年接着一年干”。习近平总书记关于改善生态环境、加强和创新社会治理、优先发展教育事业、提高就业质量和人民收入水平、加强社会保障体系建设、实施精准扶贫打赢脱贫攻坚战、实施健康中国战略等，具体体现了以人民为中心的思想。

坚持以人民为中心，就是要贯彻和发展党的群众路线。习近平总书记强调，“不论过去、现在和将来，我们都要坚持一切为了群众，一切依靠群众，从群众中来，到群众中去，把党的正确主张变为群众的自觉行动，把群众路线贯彻到治国理政全部活动之中”。党的十八大以来，党内开展党的群众路线教育实践活动等，对防止党员干部脱离群众，教育广大党员干部始终保持与人民群众的血肉联系，发挥了重要作用。

坚持以人民为中心，就是要满足人民精神文化需要。习近平总书记指出：“中国共产党从成立之日起，既是中国先进文化的积极引领者和践行者，又是中华传统文化的忠实传承者和弘扬者”，强调“当代中国共产党人和中国人民应该而且一定能够担负起新的文化使命，在实践创造中进行文化创造，在历史进步中实现文化进步”。建设社会主义文化强国，必须建立具有强大凝聚力和引领力的意识形态，大力培育凝结着全体人民共同价值追求的社会主义核心价值观。加强思想道德建设，繁荣社会主义文艺，推动文化事业和文化产业发展，满足人民精神文化需求。

三、以促进每个人的自由全面发展为目标

马克思和恩格斯在《共产党宣言》中庄严宣告：在由无产阶级掌握政权的国家，“代替那存在着阶级和阶级对立的资产阶级旧社会的，将是这样一个联合体，在那里，每个人的自由发展是一切人的自由发展的条件”。国家将“把农业和工业结合起来，促使城乡之间的差别逐步消灭”。“对一切儿童实行公共的和免费的教育”，“把教育同物质生产结合起来”（《马克思恩格斯选集》第一卷，人民出版社1972年版，第273页）。马克思和恩格斯在这里强烈表达的，是未来社会主义和共产主义社会所要实现的目标，他们把每个人的自由发展、城乡差距的消灭和免费教育作为重要内容，足见这些目标的重要性。我们在无产阶级掌握政权已经72年的时候，在人均GDP已达1.05万美元进入中高收入国家水平并将很快进入高收入国家的时候，把提高全民受教育水平，实现人的自由全面发展，消灭城乡差距作为发展目标，不仅是必要的，而且是可能的。习近平总书记提出以人民为中心的理论，同马克思主义一脉相承，而且用新的理念、新的实践来谱写马克思主义的新篇章。

人民是社会的主体。人类全部经济活动的目的都是为了满足自身发展的需要。共产党领导人民推翻了阶级统治和阶级剥削之后，应当通过加快生产力的发展，来满足人民物质和文化需要，实现人的自由全面发展的目标。40多年的改革开放，已经魔术般地把中国潜藏的生产力呼唤出来，高铁、高速公路的畅通，网络的全域覆盖，航空航海在全球的通达，自动化生产线的忙碌，标志着我们已经补上了工业化、城市化这一课。一些人包括一些自恃聪明的经济学家宣称，中国劳动力供给已达顶峰，经济的快速增长期已经结束。殊不知，中国14亿人口中劳动力总量达8亿人，其数量远远超过发达国家劳动力的总和。如果我们的人均受教育水平达到发达国家的水平，把中国人的聪明才智的巨大潜力激发出来，那么劳动力短缺的矛盾将会迎刃而解。近几年我曾3次到芬兰考察。芬兰只有550多万人口，人均GDP达4.8万美元，劳动力充其量只有300多万人，然而，芬兰有200多种技术在全球居于领先地位。在前几年中国技术进口来源国中，从芬兰的技术进口额居然一度位居

第一位。我曾询问他们成功的经验，芬兰的工业与科技部长回答：“要说我们的经验，第一是教育，第二是教育，第三还是教育”。芬兰经济的成功，得益于教育的成功。在芬兰，教育的普及程度和均等化程度高。全国无论城市还是边境农村，教育的发展是均衡的，政府规定每个幼儿园班、小学班、中学班不能超过多少人，规定每个班必须配备一定人数的具有专业素质的教师，教师的从业资质是明确规定的，要求很高，收入也不低，因此，教师是一个令人羡慕和向往的职业。诺基亚曾经是芬兰的骄傲，最高时贡献了全国 15% 的 GDP，贡献了北京市一半以上的出口额。被华为超越后，苦练内功几年，终于在 5G 领域占有一席之地。华为被美国政府打压后，诺基亚捡到了市场机会。芬兰地处北极圈附近，一年中有几个月很少见到阳光，他们把这视为一种优势，因为可以利用这段室外活动减少的时间，集中精力安下心来读书和做研究。在芬兰，人的自由全面发展程度远超过中国，这就是他们能够大量向中国出口技术的根本原因。

按照习近平总书记关于以人民为中心的理论，“十四五”规划把促进人的全面发展作为重要目标，提出要优先发展教育，同时提出以城乡融合发展实现乡村振兴的战略目标，既符合 150 年前无产阶级的革命导师马克思和恩格斯的设想，又切合当前中国发展的客观实际。

重视发展教育，促进人的自由全面发展，要重视德智体美全面发展，首先要培养出热爱祖国、热爱党、热爱社会主义的共产主义接班人，绝不能培养出我们的掘墓人。要培养出有志于改变世界的人，并愿意为实现自己的远大志向献身的人。要培养创新型人才和领军人才，同时，培养大批具有较高素质的技能型人才。总之，通过各级各类教育，把每个人都培养成社会的有用之才。各级财政都要增加对教育的投入，同时吸引社会资金投入，鼓励社会办学。必须制定严格的教师资质标准，并由第三方严格监督执行。国内经验证明，凡是人才出得多的地方，都非常重视教师队伍建设。要建立教师队伍的评价退出机制，确保用优秀的人培养出优秀的人。

第九节　坚持以系统观念统筹推进各领域改革发展

党的十九届五中全会提出“坚持系统观念”，这是总结党的十八大以来各方面的实践经验，在思想方法上做出的新概括，是我们党坚持辩证唯物主义和历史唯物主义认识论、方法论的新提升，是应对国内外各种复杂局面，把党和国家的各项事业全面推向新阶段、实现新目标的新要求。

一、系统观念是唯物论和辩证法的重要内涵

辩证唯物主义和历史唯物主义是马克思主义的哲学基础，是指导和支配我们行动的科学的世界观和方法论。中国共产党作为一个拥有9000多万党员的大党，正在从事着前无古人的建设中国特色社会主义的伟大事业，提高全党的马克思主义水平，坚持用正确的世界观和方法论来分析判断形势、指导各项工作，是不断夺取新的胜利的根本保证。

按照唯物辩证法的观点，世界是物质的，各类物质是相互联系并不断运动的，各种不同的运动存在着规律性，这种规律性能够被认识和掌握，并被用于改造人的主观世界和客观世界。发展中国特色社会主义，是14亿中国人民共同的历史行动，是人类社会迄今为止规模最庞大、最复杂的系统工程。中国共产党作为领导这项事业的核心力量，必须在不同的发展阶段提出新的切实可行而且鼓舞人心的发展目标，以凝聚全党全社会力量，为实现新的发展目标而奋斗。党还要制定发展战略、方针政策、战略重点和战略部署，统一协调全党全国人民的步调，发挥各级政府、企业和劳动者的积极性、创造性，以形成强大的无坚不摧的力量。面对国外反动势力的敌视、破坏、围堵、打压，必须制定正确的对策，努力将不利因素变为有利因素，力求保持和延长中国发展的战略机遇期。只有坚持系统思维、系统方法，才能使中国特色社会主义航船行稳致远、无往而不胜。

二、以系统思维统筹各个领域的改革发展

党的十八大以来，以习近平总书记为核心的党中央根据新时代发展的新特点、新任务，提出了一系列治国理政、改革发展的新思想、新举措，做出了全面深化改革、全面推动发展、全面依法治国、全面从严治党的新部署，经济体制、政治体制、文化体制、社会体制、生态文明体制改革取得重大进展；提出了全面、协调、绿色、开放、共享发展的新理念，全面建成小康社会和扶贫攻坚目标圆满实现；提出了共建“一带一路”、构建人类命运共同体等新的倡议，高水平的开放型经济新体制正在形成。习近平总书记和以习近平为核心的党中央把马克思主义与中国实际相结合推向了新的发展阶段，形成了习近平新时代中国特色社会主义思想。认真学

习和践行习近平新时代中国特色社会主义思想，是团结全党全国人民建设富强、民主、文明、和谐、美丽的社会主义现代化强国的根本保证。

党的十八届三中全会做出的《中共中央关于全面深化改革若干重大问题的决定》（以下简称《决定》）指出："全面深化改革的总目标是完善和发展中国特色社会主义制度，推进国家治理体系和治理能力现代化。更加注重改革的系统性、整体性、协同性，加快发展社会主义市场经济、民主政治、先进文化、和谐社会、生态文明，让一切劳动、知识、技术、管理、资本的活力竞相迸发，让一切创造社会财富的源泉充分涌流，让发展成果更多更公平惠及全体人民"。这段激动人心的文字高度精练地概括了全面深化改革的目标、方法、要求和必须达到的理想状态，给全党全国人民以极大鼓舞。

全面深化经济体制改革，必须按照党的十八届三中全会《决定》，探索公有制实现方式，深化国有企业改革，鼓励非公有制经济发展；完善以按劳分配为主、按劳分配与按要素分配相结合的分配制度，在实现全体人民共同富裕方面取得更为明显的实质性进展；发挥市场对资源配置的决定性作用和更好地发挥政府的作用，提高资源配置效率。经济体制改革是政治体制、文化体制、社会体制、生态文明体制改革的基础，在一定程度上决定和影响着政治、文化、社会、生态文明体制改革的进程。改革首先从经济体制开始，通过改革收入分配体制和调整所有制结构，形成了经济发展的动力机制，增强了经济发展的活力，出现了生产力大发展的局面；通过深化宏观经济管理体制改革，完善宏观经济调控体系，建立起经济运行的平衡机制，为经济持续健康稳定高质量发展提供保障。随着经济体制改革的成功，为政治、文化、社会、生态文明体制改革创造了条件，并提出了配套改革的要求。进入 21 世纪之后，政治、文化、社会、生态文明体制改革逐步提上日程，并陆续展开。

全面深化政治体制改革，必须完善党的领导制度，发挥党在各项事业中的领导核心作用。完善人民代表大会制度，健全民主协商制度，落实人民对国家重大事务的知情权、参与权和监督权，提高人民群众对国家发展规划和重大政策制定的参与度。政治体制改革是其他各项改革的保证，包括社会主义民主制度建设、法制中国建设、权力运行制约和监督体系建设等，可将其他各项成熟的改革转变为法律固定下来，并通过民主制度和权力运行体系，确保法律的准确执行和新体制的顺利运行，提高上层建筑和生产关系的运行效率，不断解放和发展生产力。

全面深化文化体制改革，必须坚持以建设社会主义文化强国、增强国家文化软实力为目标，坚持中国特色社会主义文化发展道路，培育和践行社会主义核心价值观，巩固马克思主义在意识形态领域的指导地位，坚持把社会效益放在首位、社会效益和经济效益相统一。要以激发全民族文化创新能力为中心环节，主要通过完善文化管理体制，按照政企分开、政事分开原则，推动政府部门由办文化向管文化转变，推动党政部门和所属的文化企事业单位进一步理顺关系。建立党委和政府监管国有文化资产的管理机构，实行管人、管事、管资产、管导向相统一。建立健全现代文化市场体系，构建现代公共文化服务体系，提高文化开放水平。积极吸收借鉴国外一切优秀文化成果，引进有利于中国文化发展的人才、技术、经营管理经验。中国共产党具有文化创造的传统和能力。新文化运动为党的成立进行了舆论准备，引入了马克思列宁主义。依靠成功翻身做主人的文化运动，动员了全国人民加入和支持共产党领导的民族民主革命，建立了新中国。在建设社会主义现代化强国的进程中，我们一定能够继承和发扬党的优良传统，创造出灿烂辉煌的中国特色社会主义文化，不仅鼓舞中国人民，而且必将吸引世界人民。

全面深化社会体制改革，是把发展成果更多惠及全体人民的需要。当前存在着社会事业发展滞后于经济发展的突出问题，原因在于社会体制改革滞后于经济体制改革。要加快推进社会体制改革。

一是要加快教育体制综合改革。要全面贯彻党的教育方针，坚持立德树人，加强社会主义核心价值体系教育，增强学生社会责任感、创新精神、实践能力。大力促进教育公平，逐步缩小区域、城乡、校际差距，统筹城乡义务教育资源的均衡配置。加快现代职业教育体系建设，促进高校办出特色、争创一流。推进考试招生制度改革，探索招生和考试相对分离、学生考试多次选择、学校依法自主招生、专业机构组织实施、政府宏观管理、社会参与的运行机制，从根本上解决一考定终身的弊端。

二是要健全促进就业创业体制机制。健全政府促进就业的责任制度。完善扶持创业的优惠政策。促进以高校毕业生为重点的青年就业和农村转移劳动力、城镇困难人员、退役军人就业。结合产业升级开发更多适合高校毕业生的就业岗位，如发展软件产业和服务外包等。推行激励高校毕业生自主创业的政策，整合发展国家和省级高校毕业生就业创业基金。

三是形成合理有序的收入分配格局。提高劳动报酬在初次分配中的比重。完善企业工资集体协商制度。健全资本、知识、技术、管理、数据等由要素市场决定的报酬机制。扩展投资和租赁服务等途径，优化上市公司投资者回报机制，保护投资者尤其是中小投资者的合法权益，多渠道增加居民财产性收入。完善以税收、社会保障、转移支付为主要手段的再分配调节机制。完善慈善捐助减免税制度。完善收入分配调控体制机制和政策体系，保护合法收入，调节过高收入，清理规范隐性收入，取缔非法收入，增加低收入者收入，扩大中等收入者比重，努力缩小城乡、区域、行业收入分配差距，逐步形成橄榄型分配格局。

四是建立更加公平可持续的社会保障制度。坚持社会统筹和个人账户相结合的基本养老保险制度，实现基础养老金全国统筹。完善社会保险关系转移接续政策，扩大参保缴费覆盖面，适时适当降低社会保险费率。研究制定渐进式延迟退休年龄政策。完善社会保险预算制度。加快发展企业年金、职业年金、商业保险，构建多层次社会保障体系。

五是深化医药卫生体制改革。统筹推进医疗保障、医疗服务、公共卫生、药品供应、监管体制综合改革。健全网络化城乡基层医疗卫生服务运行机制。加快公立医院改革。完善合理分级诊疗模式，建立社区医生和居民契约服务关系。取消以药补医，理顺医药价格。完善中医药事业发展政策和机制。鼓励社会办医，允许医师多点执业，允许民办医疗机构纳入医保定点范围。

全面深化生态文明体制改革。建立和完善严格监管所有污染物排放的环境保护管理制度，独立进行环境监管和行政执法。建立陆海统筹的生态系统保护修复和污染防治区域联动机制。完善污染物排放许可制，实施企事业单位污染物排放总量控制制度，依法追究刑事责任。

三、建立系统调节机制以提高宏观调控的前瞻性、针对性、有效性

国民经济体系是一个完整的、庞杂的系统。保持国民经济的持续、均衡、健康运行，需要运用系统理论，建立完善的宏观经济调控体系，要求对反映经济运行状态的各种信息进行系统全面采集、分析、监控，并建立即时信息反馈机制。要根据经济运行情况，运用财政、金融、价格、进出口等杠杆，对不正常的潜在风险进行适时适度调节，不断提高宏观调控的前瞻性、针对性和有效性，以保持宏观经济的良好运行态势。当前，特别需要运用好逆周期调节工具，释放国内市场需求潜力，保持经济运行在合理区间，促进经济高质量发展，确保 2035 年基本实现社会主义现代化。

（一）确保经济总量的合理增长和质量的稳步提升

进入21世纪以来，中国经济经历了第一个10年年均10.6%的黄金增长期，经历了以“三去一降一补”为主要内容的调整期。当前，国内外风险挑战呈明显上升的复杂局面。连续几年经济下行形成较大惯性，2019年前三季度国内生产总值同比增长速度分别为6.4%、6.2%、6.0%。这种趋势如不能加以改变，第四季度和2020年的经济增速将下降到6.0%以下。按照党的十八大提出的战略目标，2020年国内生产总值和城乡居民人均收入比2010年翻一番。实现这两个目标，2020年国内生产总值的增长速度不能低于6.2%。由于市场需求不足，2019年前三季度工业增加值增长速度已经降为5.6%；第三季度工业生产者出厂价格指数下降0.3个百分点；前三季度全国固定资产投资同比仅增长5.4%，其中民间投资仅增长4.7%；经济下行带来部分地区财政收支困难，银行不良资产水落石出效应开始显现。对此，必须给予高度重视。

针对经济运行中存在的突出问题，2019年年底召开的中央经济工作会议提出，要坚持稳字当头，坚决打赢三大攻坚战，全面做好“六稳”工作，统筹推进稳增长、促改革、调结构、惠民生、防风险、保稳定，保持经济运行在合理区间，这就对2020年的宏观调控提出了很高的要求，必须围绕实现经济总量的合理增长和质量的稳步提升，提高宏观调控的前瞻性、针对性、有效性。宏观调控的一项重要任务就是通过货币总量的即期调节，保持总需求与总供给的大体平衡，从而为经济增长提供均衡、持续、适度拉动力，实现经济的平稳增长。经济总量的增长和质量的提升，是紧密结合、不可分离的。总量的增长要靠需求来拉动，质量的提升需要结构的调整优化。要通过增量的调节，实现质量的提升；通过质量的提升，促进经济增长。特别是解决经济发展不平衡、不充分问题，补上发展的短板，既是质量的提升，又能带来总量的增长。强调提高宏观调控的前瞻性，就是针对供给侧结构性改革的近期、中期和远期目标要有明晰的规划，对实现目标的手段能够运用自如、牢牢把控，使年度调控措施与长期结构调整目标保持一致，按照供给侧结构性改革的方向扩大有效需求，真正把供给侧结构性改革的主线贯穿于宏观调控全过程。同时，针对经济运行中可能出现的问题和外部冲击要有应对预案。提高宏观调控的针对性，就是要找准制约经济持续稳定发展的症结所在，抓住释放国内需求潜力和优化结构的着力点，综合运用各种调控杠杆，精准发力。也就是有什么问题，就解决什么问题，做到实事求是，一切从实际出发。提高宏观调控的有效性，就是要坚持问题导向、目标导向、结果导向，使调控措施在反周期调节上尽快见到大的成效。要根据针对调控成效的动态评估，随时调整政策工具、政策组合和调控力度，以进行适时适度调控，直到达到预期目标。宏观调控不是代替和削弱市场的作用，而是要运用市场机制，通过宏观政策引导市场主体行为，实现预期目标。把政府调控同市场机制有机结合起来，才能达到事半功倍的效果。

（二）继续把改善民生作为宏观调控的出发点

在近几年的宏观调控中，我们把改善民生、扩大居民消费作为重点，改变了投资与消费严重失衡的局面，既提高了人民的消费水平，增强了人民的获得感，又扩大了消费对经济增长的拉动作用，取得明显成效。2018 年，最终消费支出对 GDP 增长的贡献率达到 76.2%，与 2010 年相比，提高了 31.3 个百分点；资本形成总额的贡献率为 32.4%，比 2010 年降低了 33.9 个百分点。这一升一降，相当于每年有 1/3 左右的 GDP 由过去用于投资转变为用于消费，使广大人民从经济增长中更多受益，宏观经济效益大幅度提高。应当看到，扩大消费仍有较大空间。与发达国家相比，中国人均消费水平只有其 1/5 左右。中国目前正处于从生存型消费向发展型消费、享受型消费升级的阶段，人们对医疗、健康、教育、休闲、旅游、信息、文化、社会保障、公共服务等消费需求旺盛。特别是农村居民的购买力亟待提高，目前城乡居民收入差距仍在 2.7∶1，城市已经饱和的消费品农村仍无钱购买，农村的公共服务水平远远落后于城市，农村消费市场潜在需求巨大，需要通过乡村振兴把潜在需求转变为有效需求。据相关调查，在农民工输出比较多的地区，农村危房、倒塌房、闲置房占农村总户数的 50% 以上，大量农村建设用地资源闲置。按照 2019 年 4 月 15 日《中共中央、国务院关于建立健全城乡融合发展体制机制和政策体系的意见》，建立城乡要素自由流动、平等交换的市场机制，把村庄整治节约的建设用地指标入市，可起到一箭三雕的功效：一是有利于为建设美丽宜居的新农村筹集资金；二是有利于满足城市建设用地需求并降低城市房地产价格；三是有利于释放农村市场的巨大需求。通过唤醒沉睡的土地资本，实施新农村建设、农民工市民化、农业现代化、特色小镇建设，就能激活蛰伏的发展潜能，释放出中国经济增长的最大新动能，对实现经济增速的止跌回升发挥决定性作用。历史上形成的城市不少老城区，房屋破旧，道路狭窄，缺少室内卫生间和停车场。加大老城区改造力度，让老城区居民过上体面生活，可谓雪中送炭，对释放国内市场需求潜力将起到立竿见影的效果。目前，全国已有10多个城市对汽车实施限购。通过改善城市交通设施和交通管理，发展公共交通，建设立体停车场等，为轿车进入家庭创造条件，逐步取消汽车限购，应成为解决城市交通拥堵问题的新思路。全国现有失能半失能老人约5000万人，如能建立社会化照护保障体系，把居家、社区、机构养老照护结合起来，既能卸掉几千万家庭的沉重负担，又能增加就业2500万人左右。为旧楼房加装电梯，既能为老年人提供便利，又能拉动需求，也是一件很值得干的善举。扩大职业教育规模，解决目前普遍存在的技能人才荒，也是扩大内需的重要举措。根据德国、瑞士的经验，大学本科生与职业教育的招生规模应保持在1:2左右。应建立大学与职业学校之间的立交桥，鼓励本科毕业生学一门专业技能，允许职业学校毕业生报考大学研究生。2018年，中国公民出境旅游人数近1.5亿，境外消费额达2773亿美元，境内外奢侈品消费额1150亿美元，占全球奢侈品消费总额的1/3。通过降低奢侈品进口关税、增设免税店等措施，把境外消费吸引到境内，应作为宏观调控的一项任务。

（三）按照供给侧结构性改革的要求鼓励投资

中国人均GDP水平只有美国的1/6，发展空间很大，可干的事情很多。按照供给侧结构性改革的要求鼓励投资，推动产业结构优化升级，增强经济发展后劲，应作为宏观调控的重要任务。除国家已经部署者外，以下领域也可供选择：（1）高新技术产业和新基础设施建设。2018年中国芯片进口超过3000亿美元。对芯片等关键零部件、新材料等卡脖子技术和产品，应采取新型举国体制，组织产业联盟，充分满足资金需求，实行协同攻关。加快5G+超级wifi建设，形成泛在、安全、高效的移动网络，为发展人工智能、工业互联网、物联网、区块链和数字经济提供条件。（2）推广清洁、可再生能源。发展风能、太阳能等可再生能源。推广煤炭清洁利用技术。改性甲醇消除了普通甲醇腐蚀性、溶胀性、低温启动难三大弊病。以改性甲醇替代汽柴油和燃煤，有利于治理大气污染，充分利用国内低阶煤资源，减少以致完全取代石油进口，经济效益、社会效益、生态效益明显。应尽快在全国推广。（3）发展环保产业。把环保产业作为支柱产业，打好蓝天、碧水、净土保卫战。目前，全国建筑垃圾、工业固废、综合垃圾存量已达800多亿吨，堆集、填埋场占地1400多万亩。将固废全部资源化、市场化，约需投资4万亿元，年产值4.1

万亿元，10 年内可减少占地 2600 万亩，减少碳排放 6 亿吨。（4）发展集约化、现代化农业。鼓励农户以耕地承包权入股，吸引社会资本进入，兴办合作社、农业公司，发展规模化、设施化、精准化种植养殖业，提高农业科技水平和劳动生产率。这将拉动农用工业的发展，并提高农业的国际竞争力。（5）补上交通短板。中国高铁网、高速公路网已位居全球首位，但与发达国家相比，通用航空业明显落后。应抓紧落实国务院有关文件精神，把发展通用航空业作为军民两用产业的重点，解决有关管理体制问题，使之尽快发展成为一个万亿元级的大产业。此外，城市群内的轨道交通、城市地下管廊、海绵城市、水利设施、冷链物流等工程，也应鼓励投资。

（四）搞好宏观调控需要政府各部门形成合力

过去 40 多年，我们不断改进宏观调控，从而有效克服了前 20 年经济周期性的大起大落，实现了平稳持续发展。其中一条重要经验就是，在中央统一领导下，各部门密切配合、形成合力。宏观调控主要围绕年度八大调控指标，包括经济增长速度、货币发行量、财政收支、居民收入、投资规模、物价、就业、国际收支，搞好综合平衡。八大调控指标由国务院协调各部门反复讨论确定，经全国人大会议批准后，具有法律效力，各部门分工负责，保证目标的实现。要根据任务的轻重缓急，分别放在五年规划或年度调控中解决。对产业升级的重大任务，要采取积极措施推进，但也不能急于求成，必须在自主创新上坚持不懈、舍得投入。当经济偏冷时，踩一下油门；经济偏热时，踩一下刹车，以熨平周期。中央经济工作会议要求，深入贯彻党的十九届四中全会精神，切实把党领导经济工作的制度优势转化为治理效能，全面做好改革发展稳定各项工作。应当把提高宏观调控的前瞻性、针对性、有效性，作为对国家治理体系和治理能力现代化的检验。继续实施积极的财政政策和稳健的货币政策。财政政策要更加注重结构调整，支持基层保工资、保运转、保基本民生。货币政策要灵活适度，保持流动性合理充裕，货币信贷和社会融资规模的增长要适应经济发展的需要，降低社会融资成本。财政政策、货币政策要同消费、投资、就业、产业、区域等政策形成合力，引导资金投向带动力强的先进制造、民生建设、基础设施短板等领域，促进产业和消费的“双升级”。

第十节　坚持加强和改善党对改革发展的领导

中国的改革之所以能够在长达 42 年的时间内持续不断推进并取得成功，关键在于有中国共产党的坚强领导。在改革的全过程中，由于充分发挥出党总揽全局、协调各方的领导核心作用，建设学习型、服务型、创新型的马克思主义执政党，不断提高党的领导水平和执政能力，才能确保改革有条不紊，逐步深化，取得成功。

一、在改革的不同阶段及时做出新的改革决定

中国的改革是由易到难、由农村到城市、由微观到宏观循序渐进逐步深入的。党中央在不同阶段做出不同的决定，把改革一步步引向深入。40 多年来的改革，大体可分为四个阶段：

（一）1978—1991 年，以农村改革为主的改革起步阶段

1978 年党的十一届三中全会做出改革的决定，之后开启了农村改革。随着土地家庭联产承包责任制度的推行，调动了农户的生产积极性，粮食产量连年大幅度增产。同时允许发展乡镇企业，对轻纺工业发展给予优先供给原材料、优先供给能源、优先供给外汇等鼓励政策，出现了乡镇企业异军突起。长期困扰我们的农产品和轻纺产品供给短缺局面得以迅速缓解。1984 年 10 月，党中央召开十二届三中全会，通过了《中共中央关于经济体制改革的决定》，标志着改革从农村逐步转入城市，从经济、政治到各项事业，从对内搞活到对外开放。

（二）1992—2002 年，建立社会主义市场经济体制和现代企业制度的改革阶段

1992 年，党的十四大明确提出“中国经济体制改革的目标是建立社会主义市场经济体制”。1993 年 10 月，党的十四届三中全会通过了《中共中央关于建立社会主义市场经济体制若干问题的决定》，把党的十四大确定的经济体制改革目标具体化、系统化，提出建立现代企业制度、市场体系、宏观调控体系、法律体系四大支柱，形成社会主义市场经济体制的框架结构。1999 年 9 月，党的十五届四中全会

通过《中共中央关于国有企业改革和发展若干重大问题的决定》，对国有企业如何建立现代企业制度做出了具体部署。2001 年 9 月，党的十五届六中全会通过了《中共中央关于加强和改进党风建设的决定》，提出坚持解放思想、实事求是，反对因循守旧、不思进取；坚持理论联系实际，反对照抄照搬、本本主义；坚持密切联系群众，反对形式主义、官僚主义；坚持民主集中制原则，反对独断专行、软弱涣散；坚持党的纪律，反对自由主义；坚持清正廉洁，反对以权谋私；坚持艰苦奋斗，反对享乐主义；坚持任人唯贤，反对用人上的不正之风；坚持对作风建设的领导。

（三）2003—2012 年，完善社会主义市场经济体制阶段

2003 年 10 月，党的十六届三中全会通过了《中共中央关于完善社会主义市场经济体制若干问题的决定》，提出大力发展国有资本、集体资本和非公有资本等参股的混合所有制经济，使股份制成为公有制的主要实现形式。2006 年 10 月，党的十六届六中全会通过了《中共中央关于构建社会主义和谐社会若干重大问题的决定》，深刻阐述了坚持科学发展对于构建社会主义和谐社会的重大意义，强调更加注重解决发展不平衡问题，更加注重发展社会事业，推动经济社会协调发展。2008 年 10 月，党的十七届三中全会通过了《中共中央关于推进农村改革发展若干重大问题的决定》，提出在党的十七大关于统筹城乡发展的方略指导下，走中国特色农业现代化道路、城乡经济社会一体化发展新格局、以农村为重点改善民生、依法改善农民的平等权利四项任务。2009 年 9 月，党的十七届四中全会通过了《中共中央关于加强和改进新形势下党的建设若干重大问题的决定》，提出建设马克思主义学习型政党，坚持和健全民主集中制，深化干部人事制度改革，做好抓基层打基础工作，弘扬党的优良作风，加快推进惩治和预防腐败体系建设，深入开展反腐败斗争。2011 年 10 月，党的十七届六中全会通过了《中共中央关于深化文化体制改革推动社会主义文化大发展大繁荣若干重大问题的决定》，提出努力建设社会主义文化强国，推进社会主义核心价值体系建设，大力发展公益性文化建设，加快发展文化产业，加快构建有利于文化繁荣发展的体制机制。

（四）2013 年至今，全面深化改革阶段

2013 年 11 月，党的十八届三中全会通过了《中共中央关于全面深化改革若干重大问题的决定》，提出把市场在资源配置中“基础性”作用修改为“决定性”作

用，提出推进国家治理体系和治理能力现代化，更加注重改革的系统性、整体性、协同性，锐意推进经济体制、政治体制、文化体制、社会体制、生态文明体制和党的建设制度改革。2019 年 10 月，党的十九届四中全会通过了《中共中央关于坚持和完善中国特色社会主义制度、推进国家治理体系和治理能力现代化若干重大问题的决定》，提出到 2035 年，各方面制度更加完善，基本实现国家治理体系和治理能力现代化的目标。提出坚持和完善党的领导制度体系，提高党科学执政、民主执政、依法执政水平；坚持和完善人民当家做主制度体系，发展社会主义民主政治；坚持和完善中国特色社会主义法制体系，提高党依法治国、依法执政能力；坚持和完善社会主义基本经济制度，推动经济高质量发展；坚持和完善繁荣和发展社会主义先进文化的制度，巩固全体人民团结奋斗的共同思想基础。

二、提出不同时期的规划建议引领经济社会发展

在由传统计划体制向市场经济转型的过程中，我们形成了完整的计划体系。在制订五年规划之前，中央召开全会，讨论并通过关于五年规划的《建议》。《建议》提出发展目标、发展战略、方针政策、发展重点等，对规划期的改革发展做出总体部署。改革开放 40 多年改革的深化和发展进程，基本上是按照五年规划一步一步走过来的。通过对规划提出建议并付诸实施，发挥出中国共产党对改革发展的领导核心作用。

（一）党中央在不同阶段提出了正确的改革发展指导思想

改革 40 多年来共制订了 9 个五年计划，解决了不同时期的主要矛盾，引导经济一步步成长起来，创造了经济奇迹。20 世纪 80 年代制订的“六五”和“七五”计划，主要是改变了前 30 年急于求成的“左”的经济指导思想，由过度重视重工业和过高的投资率转变为重视农业和轻纺工业，适度降低投资率，提高消费率，通过农村改革和乡镇企业崛起，用十年时间解决了长期困扰我们的吃穿用供给不足问题，结束了短缺经济，实现了经济起飞。20 世纪 90 年代通过制订“八五”和“九五”计划，振兴四大支柱产业，包括电子机械、石油化工、汽车制造和建筑业，同时提出建立社会主义市场经济的改革目标，国有企业建立现代企业制度，支撑了经济腾飞。“九五”计划《建议》提出转变经济增长方式，强调经济增长由粗放型向集约型转变，并通过体制转轨推动经济增长方式的转变。进入 21 世纪的第一个十

年，我们制订了“十五”和“十一五”规划，通过发行长期建设债券，支持基础设施建设，用十年时间把高铁网、高速公路网和信息网搞到世界第一，不仅拉动了当期经济增长，而且为国民经济的持续发展奠定了坚实基础。十年的经济增长速度达到两位数，成为中国历史上的黄金增长期，中国经济总量由全球第六位跃升到第二位。“十一五”规划《建议》提出转变经济发展方式，主要放在需求结构调整上，经济增长由主要依靠投资、出口拉动向扩大消费的拉动作用，实现消费、投资、出口协调拉动转变；在产业结构上由过度依赖第二产业带动向加快第三产业发展转变；在要素结构上由主要依靠增加物质消耗向主要依靠技术进步、改善管理和提高劳动者素质转变。中央《建议》在不同时期提出的正确的指导思想，对经济发展起到了重要的引领作用。

（二）建立了完整的计划体系

计划体系包括中长期规划、年度计划、专项规划和地方规划。中长期规划主要用于指导五年的经济发展和十年的远景目标展望。年度计划主要是中长期规划的实施计划。专项规划主要是为解决经济社会发展中某些突出的矛盾和短板而制订的规划。地方规划包括省、地、县级规划。规划制订的过程也是发扬民主的过程，通过互联网听取人民对规划制订的意见。通过委托智库进行专题研究，保证规划的科学性。通过中央全会、全国人民代表大会和政协会议的讨论，充分发扬党内外民主，使规划充分反映人民的意愿，满足人民的期待。

（三）制订年度宏观调控的指标体系

年度计划提出宏观调控的指标体系，包括经济增长速度、消费、投资、居民收入、财政收支、信贷规模、物价、就业、国际收支等。这些指标既相互协调，又相互制衡，经全国人大批准后，由各个部门分别实施。由于宏观调控水平的不断提高，在经济偏热时，适当缩小总需求；在经济偏冷时，适当扩大总需求，熨平了经济周期。进入 21 世纪之后，结束了经济增长周期性大起大落的历史，实现了经济平稳、持续、快速增长。

（四）学习借鉴发达国家经济发展和宏观调控的经验

在 20 世纪 80 年代，主要学习日本制订发展计划的经验，如收入倍增计划、列岛改造计划，以及产业政策、财政投融资、银行窗口指导等经验。90年代以后，主要学习德国和美国宏观调控的经验，运用财政政策和货币杠杆调控经济运行。包括一些小的国家，只要在某些方面比较成功，我们都虚心地去考察学习，并从中国实际出发，创造性地加以运用。如韩国迅速实现工业化的经验，以色列鼓励科技创新的经验，荷兰发展高效农业的经验，芬兰重视发展教育的经验，爱尔兰兴办经济技术开发区的经验，印度发展软件产业的经验等，在我们的发展规划中都有所体现。

三、统一全党思想认识，保证政令畅通

中国的改革涵盖经济体制、政治体制、文化体制、社会体制、生态文明体制和党的建设制度，改革覆盖范围之广、变革程度之深、改革力度之大，都是前所未有的。如何把庞大复杂的改革方案付诸实施，并保证按期完成改革任务，难度很大。提出并通过改革方案很不容易，把方案变成实际更不容易。党中央充分估计到了改革实施的难度，强调要加强和改善党对全面深化改革的领导，充分发挥党总揽全局、协调各方的领导核心作用，加强对各领域各层级改革的统筹协调，建设学习型、服务型、创新型的马克思主义执政党，提高党的领导水平和执政能力，确保改革取得成功。

统一认识是落实党中央关于改革的各项决定的前提条件。我们党的经验证明，无论遇到多么大的困难，只要全党统一思想认识，上下共同努力，就一定能够克服。在整个改革进程中，党中央要求全党同志把思想和行动统一到中央关于改革的重大决策部署上来，正确处理中央和地方、全局和局部、当前和长远的关系，正确对待利益格局调整，充分发扬党内民主，坚决维护中央权威，保证政令畅通，坚定不移执行中央改革决策部署。过去的经验也证明，有的同志思想僵化、因循守旧，对改革有不同意见，我们的做法是，不争论，允许看，用实践来说明问题。但在改革的关键领导岗位上，必须做到不换思想就换人，否则，将贻误改革时机。

为了加强中央对改革的领导，根据十八届三中全会《决定》的要求，中央已经成立了全面深化改革领导小组，习近平总书记亲自担任组长，中央7名常委中有4名加入领导小组，有多名政治局委员也参加了领导小组。同时，还分别成立了若干专题小组。下设一个办事机构，与中央政策研究室合署办公。中央全面深化改革领导小组负责改革总体设计、统筹协调、整体推进、督促落实。通过研究制定各方面的改革实施方案，经充分论证后出台。

中央要求各级党委切实履行对改革的领导责任，完善科学民主决策机制，以重大问题为导向，把各项改革措施落到实处。完善干部教育培训和实践锻炼制度，提高领导班子和领导干部推动改革的能力，引导广大党员积极投身改革事业，发扬“钉钉子”精神，抓铁有痕、踏石留印，为全面深化改革做出贡献。这些掷地有声的宣示，充分表达了党中央改革的决心。

在推进改革中，有的部门仍习惯于传统思维定式和工作习惯，有的留恋审批权力，有的怕承担责任。对此，通过吸收各方面人员和专家参加改革方案的研究论证，委托智库等第三方对改革方案和实施进展情况进行评估，保证中央各项改革部署的全面贯彻落实，避免改革方案受部门利益的影响。一般来讲，党的组织没有自己的部门利益。由党中央领导改革的实施，是避免改革受局部利益掣肘的重要保证。

在中央与地方的关系上，特别是涉及发达地区与欠发达地区的关系上，强调建立规范透明的转移支付制度，保证地方事权与财权相统一，加大对中西部地区的扶持力度，并尽可能利用增量调节的方法。针对城乡差距拉大的难题，中央提出了农村承包地和宅基地三权分置的改革举措，即耕地、林地所有权归村集体，承包权归农户，经营权放开，农民可通过有偿转让土地经营权获得财产性收入。农户的宅基地所有权归村集体，农户拥有资格权，使用权即用益物权可以抵押、担保、转让。农村土地具有了商品属性，可建立城乡统一的建设用地市场，农民通过出让承包地经营权和宅基地使用权，既有利于提高农村土地的利用效率，又有利于增加农民的财产性收入。这些改革的突破，将使农民分享到城市化过程中土地增值的收益，从而有效缩小城乡居民收入差距，推动农业现代化和乡村建设跟上工业化、城市化的步伐，实现乡村振兴的目标。

按照党中央的部署，到 2035 年将基本实现现代化，到 21 世纪中叶，将建成富强、民主、文明、和谐、美丽的社会主义现代化强国。实现发展的宏伟目标，必将遇到来自国内外的各种矛盾和问题，需要在党中央的坚强领导下，不断革除不利于生产力发展的生产关系，革除不适应经济基础的上层建筑。因此，改革不能止步。特别是中国人均国内生产总值同发达国家相比，还有很大差距，要赶上发达国家的水平，还需要做出长期努力。我们绝不能满足于已经取得的成就，必须继续坚持不懈、锐意改革，为实现更高的目标而拼搏奋斗。我们要牢记习近平总书记在庆祝中国共产党成立 100 周年大会讲话中指出的：“要以实现中华民族伟大复兴为己任，增强做中国人的志气、骨气、底气，不负时代，不负韶华，不负党和人民的殷切期望”。

第七章

中国社会主义改革具有鲜明特色

“当代中国的伟大社会变革，不是简单延续中国历史文化的母版，不是简单套用马克思主义经典作家设想的模板，不是其他国家社会主义实践的再版，也不是国外现代化发展的翻版。”① 当代中国社会主义改革具有鲜明的人民特色、国家特色、国际特色、融合特色和实践特色，它是一次具有新时代全球化意义的社会主义制度创新。

① 引自习近平《在哲学社会科学工作座谈会上的讲话》，2016 年 5 月 17 日。

第一节 中国社会主义改革具有鲜明的人民特色

中国社会主义改革（1978—2018 年），是社会主义制度不断完善和发展的 40 年，是中华民族为实现“中国梦”筑基和起飞的 40 年，也是中华民族历史长河中新一次取得站立于世界民族之林的全局性成功改革。

一、中国改革是坚持和完善社会主义制度

新中国成立于 1949 年 10 月 1 日，在中国共产党的领导下，中国人民推翻了帝国主义、封建主义和官僚资本主义三座大山，实现了民族独立和人民解放，完成了新民主主义革命，标志着中国从 3000 年封建专制政治走向人民民主的伟大飞跃。

（一）中国建立起社会主义基本经济制度

新中国成立初期，在中央财经委员会的直接指挥下，上海市通过关闭上海证券交易所，控制纺织业和食品业价格，创办全国性贸易公司等重大措施，建立起计划经济体系雏形，击败了上海地主、资产阶级发起的一次惊心动魄的经济战，树立起新政府发展经济保障人民发展需要的信心。

《中华人民共和国土地改革法》于 1950 年 6 月 30 日颁布，废除了地主阶级土地所有制，建立起农民土地所有制。全国约 3 亿无地、少地农民无偿获得了约 7 亿亩土地，免除了过去每年向地主缴纳的 3000 万吨以上粮食的地租。《关于农业生产互助合作的决议》于 1951 年 9 月发布后，鼓励农民以土地入股组建农业生产合作社，到 1958 年把农业生产合作社改造成“一大二公”的人民公社，全国 74 万个农业生产合作社升级为 2.65 万个人民公社。中国确立了农村土地集体所有制形式，农民失去了土地交易处置权，尽管不够完善，农村集体所有制作为公有制形式在中国诞生了。

从 1953 年起第一个五年计划，中国在城市开展了社会主义改造。为完成从新民主主义到社会主义的改造，中国建立起粮食和农副产品统购制度和票证供应制度，建立起城乡人口分割的户籍制度，建立起国营企业制度和城市土地、房屋公有制。中国在城乡建立起了社会主义基本经济制度，实现了中国历史上最广泛、最深

刻的社会变革，但也因为计划经济体制不适应当时的生产力发展，埋下了社会生产关系僵化的隐患。1958 年党的第八次代表大会召开，把中国社会的主要矛盾确定为“人民日益增长的物质文化需要同落后的社会生产之间的矛盾”。

（二）中国探索社会主义道路经历艰难和曲折

从 1958 年开始的“大跃进”，到 1966 年开始的“文化大革命”，我党曾经犯过严重错误，社会主义建设经历了严重曲折。特别是“文化大革命”的十年，包括党和国家领导人在内的大批中央党政军领导、民主党派负责人、各界知名人士和群众受到诬陷和冲击；党和政府的各级机构、各级人民代表大会和政协组织，长期陷于瘫痪状态，公安、检察、司法等专政机关受到干扰，社会秩序受到严重破坏；这十年的经济发展几乎到了崩溃的边缘，按照正常年份百元投资应增效益估算，国民收入损失达 5000 亿元，人民生活水平基本上没有提高，有些方面甚至有所下降。实践证明：“文化大革命”是一场由领导者错误发动，被反革命集团利用，给党、国家和人民带来严重灾难性的内乱。

建立和探索社会主义发展道路，中国取得了重大成绩，也充满了无数艰难和曲折。在实践中积累了正、反两方面经验和教训，中国共产党领导人民开启了改革开放的新征程。刘鹤同志在《中国经济转型要彻底告别文革思维》一文中指出，中国改革出现的经济增长奇迹，是适应外部环境变化、凝聚社会共识、调整激励结构、发挥生产要素价格比较优势和文化潜在力量的结果。

（三）中国改革是坚持和完善中国特色社会主义制度

中国社会主义改革，不是简单套用马克思主义经典作家设想的模板，而是与中国具体实践相结合。在中国共产党的领导下，中国社会主义改革坚持了社会主义基本制度，坚持了社会主要矛盾是“人民日益增长的物质文化需要同落后的社会生产之间的矛盾”的判断，取得了伟大历史成绩，取得了重大创新认识：中国社会将长期处于社会主义初级阶段，需要不断完善社会主义经济、政治、社会、文化、生态各领域的体制机制，中国特色社会主义道路是实现社会主义现代化、创造人民美好生活的必由之路，中国特色社会主义理论体系是指导党和人民实现中华民族伟大复兴的正确理论，中国特色社会主义制度是当代中国发展进步的根本制度保障，中国特色社会主义文化是激励全国各族人民奋勇前进的强大精神力量。

2017 年 10 月，党的十九次代表大会确立了习近平新时代中国特色社会主义思想，综合分析国际国内形势和中国发展条件，明确新时代中国社会的主要矛盾是人民日益增长的美好生活需要和不平衡不充分的发展之间的矛盾，把“中国梦”奋斗目标分为三个阶段实现：从十九大到二十大，是“两个一百年”奋斗目标的历史交汇期；从 2020 年到 2035 年，在全面建成小康社会的基础上，基本实现社会主义现代化；从 2035 年到 21 世纪中叶，在基本实现现代化的基础上，把中国建设成为富强、民主、文明、和谐、美丽的社会主义现代化强国。

二、中国社会主义改革是历史上一次全局性成功改革

改革是对社会生产关系和上层建筑进行局部或全局性的调整。按照社会性质分析，本书选择中国历史上 6 次著名改革样本，包括确立封建制度的管仲变法、商鞅变法和汉武帝变法，挽救封建政权危机的唐太宗变法、王安石变法，资本主义性质改革洋务运动等，来分析中国改革成败的基本规律。

（一）管仲变法、商鞅变法取得了全局性成功

1. 管仲变法：建立重商主义的官商混合发展模式

春秋时期，管仲（公元前 723 年至公元前 645 年）在齐国推行改革变法，不仅促进了封建主义的发展，而且也增加了中华文明的一些基因。管仲变法的主要内容包括：一是推行“四民分业，士农工商”，把国民分成军士、农民、工匠、商贾四个阶层，按照各自专业集聚在固定地区，在中国历史上第一次实施社会分工管理；二是实施“放活微观，轻税薄赋”，对内刺激商品经济发育，鼓励消费，积极发展渔业和煮盐业，对农业实行“什税一”，对出口商品实行单一税制；三是首推“盐铁专营”，通过垄断资源发展盐铁业，对盐业采取专卖政策，开放盐池让民间自由生产，国家统一收购，高价出售；对冶铁业采取国有民营，国家占有铁矿资源、控制价格、统购统销，开放冶铁作坊业，允许民间商人自由经营，增值部分按照民七官三分成，自此中国政府就形成了税赋和专营收入的特色；四是对外推行“以商止战”和平称霸战略，齐国实施盐、铁和丝绸的自由贸易，通过会盟诸侯达成关税同盟，共同修建道路，统一度量标准。

2. 商鞅变法：推行重农主义的命令型经济模式

战国时期，商鞅（公元前 395 年至公元前 338 年）在秦孝公的支持下推行变

法，成为中央集权制度的奠基人。这场变法历时 23 年，分别包括以下三个阶段：第一阶段，以农立国，实行“废井田，开阡陌”，废除井田制实行土地私有化，推出 20 多种办法鼓励和资助农耕，同时严厉打击商业并视之为“国害”，推行户籍制度限制人口流动，取缔货币实施以物易物，3 年多时间，秦国在政府干预下农业生产得到发展壮大；第二阶段，建立军功爵位制，商鞅废除世卿世禄制度，设计了 20 个等级的爵位，都以杀敌多少来封赐，世界上首次打破了贵族和贱民的社会界限，军爵制（武士）与其后的科举制（文士）构筑了中华文明的重要特质；第三阶段，推行郡县制度，取代宗法血缘的分封制度，创造出中国地方行政制度的雏形，中央管理地方，地方政府以郡统县，县署包括县令、县丞和县尉等职务，郡守和县令等地方官员由中央直接任免，定期述职考核，这一中央集权制度一直是中国历史上具有特色的行政管理制度。

3. 管仲变法和商鞅变法顺应封建阶级需要取得巨大成功

管仲变法和商鞅变法之所以取得成功，主要是顺应了代表先进生产力的封建地主阶级的历史需要。管仲变法通过建立重商主义的古典市场经济体制雏形，使齐国一个边缘小国成为第一个会盟各诸侯国的盟主国，齐国都城临淄居民人口达到 30 万人，成为当时世界上最大规模、最富足繁华的城市，而同时期的雅典人口不到 5 万人。商鞅变法通过建立重农主义的命令型经济体制雏形，特别是建立起郡县制中央集权管理体制，使秦国成为一个国强民富的国家，奠定了统一战国时期各国的政治、经济和文化基础。

（二）汉武帝变法和唐太宗变法取得先成功后失败结果

1. 汉武帝变法：大一统制度的集大成者

汉朝初期推行休养生息政策，取得了“文景之治”的大发展。在平定“七国之乱”后，汉武帝刘彻（公元前 156 年至公元前 87 年）实施变法，主要包括以下四项内容。第一，推行《推恩令》。在中央与地方权力分配制度上，强行要求诸侯分封诸子为侯，不断缩小其封地和势力，朝廷向地方委派主管行政和监察工作的刺史，空前加强了中央集权；同时接受大儒董仲舒的建议，提出“罢黜百家，独尊儒术”，加强控制国民思想。第二，推行铸钱、盐铁和酿酒的产业国营政策。收回民间铸造铜币权，废除一切旧币，改铸五铢钱；盐业专营采取管仲的做法，招募民众煮盐，政府专卖；铁业则由政府完全垄断，不仅占有资源、控制购销，而且国家垄断制造，形成了全面管制；政府实行酒专卖政策，官府供应私营酿酒作坊粮食、酒曲等原料，规定酿酒品种和规格，政府统一收购和销售酒产品。第三，推行均输和平准并行的流通领域管制。均输就是统购统销，在大农丞下设均输令，各地设立均输官，建立起由中央统一管理的国营批发网络；平准就是物价管制，由国家控制全国物资和买卖，通过管理零售市场平衡物价。第四，推行算缗令和告缗令的财产税改革。算缗就是向全国有产者征收资产税，规定工商业者、高利贷者和囤积商，据实向政府报告自己的财产数字，规定凡二缗（2000 钱）抽取一算（200 文）即 10% 的财产税，一般小手工业者每四缗抽取一算即 5%。实施财产税后，有产者大多不主动申报，还出现了富豪藏匿财产现象，两年后武帝颁布《告缗令》鼓励举报，有敢于告发的人，政府赏给他没收财产的一半，这样导致中等以上商贾的财产和奴婢被政府没收。

公元前 87 年，汉武帝在颁布《轮台罪己诏》两年后去世。据桓宽《盐铁论》记载，公元前 81 年 2 月，桑弘羊与 60 多位儒生就是否举行盐铁专营进行了公开辩论。桑弘羊支持盐铁专营政策，提出了著名的“桑弘羊之问”：如果不执行国营化政策，战争开支从哪里来？国家财政收入从哪里来？地方割据景象如何化解？反对盐铁专营的儒生们，深入讨论了众多治国难题，比如中央与地方的权力分配、国家在国民经济中的角色等，但是对“桑弘羊之问”没有提出建设性方案和措施建议。

2. 唐太宗变法：强国家与小政府相结合的实验

唐朝初年，唐太宗李世民（598—649 年）推行小政府政治经济改革，迎来了唐朝空前和举世的强盛和文化繁荣。唐太宗变法包括以下两项主要内容：第一，推行科举制度的功与过。科举制度始创于隋朝，定型于唐朝，到 1905 年停止。政府通过定期考试选拔官吏，稳定了知识分子参与国家治理的通道，打破了过去世族推荐做官的做法，使中国社会从世族形态进入了士绅形态。唐朝科举制度存在两大弊端，也成为中华封建文化的糟粕：一是通过考试选拔官员，选拔者是皇帝和官僚，考试内容是总字数在 90 万字的儒家经典，造成了知识分子丧失了独立性，严重依赖国家权力，不允许商人阶层从政，还在全体国民中设置服色区别制度，即五品以上官员穿紫袍，六品以下穿绿色官服，胥吏穿青色，军士穿黄色，百姓穿白色，商贾穿黑色，在科举制度存在的 1300 年里严重束缚了中华文明的发展。第二，大力削减政府部门，大大降低吏政和兵政的财政开支。唐朝中央政府实行六部制，比汉朝十三曹整整减少了七个部门，李世民用官很少，中央机构文武官员最少时仅有

643人，全国仅有7000人，整个唐代需要财政负担的官员最多时仅有1.8万人。唐朝官员薪酬制度也有特色，每个官员分得一份职分田和永业田，此外领到一份年薪，另外还创立“公廨钱制度”，就是对富豪家庭定向征收特别财产税来奉养官吏。在军费开支上，唐朝实行藩镇制度，就是地方财政支出养驻兵。

唐朝初期，唐太宗小政府变法取得了巨大成功，国家强盛主要体现在城市经济空前繁荣。唐朝首都长安，常驻居民62.6万人，加上驻军、僧尼和往来客商，人口超过100万人；长安旧址面积约80平方公里，全城以南北中轴线两侧东西对称，东部有万年县和东市，西部有长安县和西市；以长安为起点修筑七条驿道连接全国城乡，当时主要城市有洛阳（人口超过50万）、扬州、苏州、杭州和益州等，每15公里设立一个驿站，全国共有1639处驿站；长安还是当时国际贸易中心，唐朝设有专门机构鸿胪寺、礼宾院负责接待外宾。安史之乱后，小政府与强国家的弊端充分暴露，当中央集权丧失后，中央财政就变为“讨饭财政”，最后沦落到靠卖官和地方政府贿赂才能维持存在的局面，从唐朝一直到宋朝，地方军阀割据成为国家的主要问题。

3. 汉武帝变法和唐太宗变法先盛后败原因分析

汉武帝变法和唐太宗变法之所以先取得成功、最后失败的根本原因，是产生于中央与地方权力分配、有产者与贫苦者财富分配的制度问题。汉武帝通过集权和国营政策开始实现强国，但因后期过度垄断丧失民心导致失败。唐太宗则通过减少中央集权进而扩大地方和官商业者的积极性，但是因为地方藩兵造反而失去了中央管理权，导致唐朝衰败和地方军阀割据。可见，处理好中央与地方分权问题，处理好政府与市场、社会分权问题，一直是治国理政的首要制度问题。

（三）王安石变法和洋务运动成为失败的改革

1. 王安石变法的背景、内容和结局

宋朝初期，中央集权制度定型。宋太祖赵匡胤“杯酒释兵权”，将兵权收归中央，彻底消除了此前的军阀割据，同时开始由中央养兵，宋朝养兵140万，首都汴梁配置80万禁军，北方边境有60万厢军，军队支出占到了全部财政支出的一半以上。在这种历史背景下，宋朝在经济制度上采取了与以前不同的政策，包括公开允许官员经商，不抑制土地兼并，对垄断资源推行授权经营，开始了官商经济形态。这就是王安石变法的社会背景。

宋神宗于公元1068年继位，首先进行了一次“延和殿廷辩”，王安石（公元1021—1086年）和司马光进行了一次激烈廷辩，同年宋神宗任命王安石为参知政事推行变法。王安石集中三司权力设置“制置三司条例司”，颁布变法令，主要内容有三条：第一，实施均输法，朝廷专设发运使一职，管制重要生产资料的产销，改变了宋朝实行多年的“买朴”和“钞引”等通商制度；第二，实施市易法，政府在各地由政府出钱设立市易司，对城市商品零售实行国家垄断经营；第三，独创并实行青苗法，在每年夏秋两个收获季节，农户可以到当地官府借贷现钱或粮食补助耕作，借贷利息为20%。到公元1085年神宗驾崩，王安石变法推行17年后以失败而告终。

2. 洋务运动实施对外开放下变法的失败

清朝洋务运动是中国第一次开放条件下的输入式改革。其发端于19世纪60年代，一直到20世纪初结束。这一时期，日本刚开始维新变法，德国、美国等国家也刚刚开始国家统一后的现代化之旅，可以说洋务运动与世界现代化站在相同的起跑线上。李鸿章在洋务运动初期预言了其失败在于“事事必拘守成法”，他在《妥议铁路宜折》（1880年）惊呼：“我朝处数千年未有之奇局，自应建数千年未有之奇业。若事事必拘守成法，恐日即於危弱，而终无以自强”。

清朝洋务运动推行了30年，经历了三个历史阶段：第一阶段是从19世纪60年代开始，围绕是否修建铁路展开了“发展与稳定关系”的讨论。曾国藩等反对修建铁路，主要是为了维护现存制度与文化。刘铭传和李鸿章上书力陈修铁路的必要性和利益，并悄悄修建了开平煤矿至胥各庄段11公里的运煤铁路，因为遭到了地方官吏和民众的强烈反对，一度不得不放弃使用响声很大的蒸汽机车头，改用牲畜来拉运煤车。直到1891年，大清铁路建设只有360余公里，而日本全境铁路建设超过3300公里。第二阶段是从19世纪70年代开始，围绕创办轮船招商局展开国营与民营的企业制度争论。1872年，李鸿章授权盛宣怀拟定章程，提出了以“官督商办”的方式创办轮船招商局，此后从造船业、采矿业、纺织业到航运业、金融业出现了许多新办企业。1884年上海爆发金融危机，李鸿章乘机让盛宣怀以官方代表身份兼任督办和总办，排挤民营企业家出局。甲午战争战败后，以梁启超等为代表的维新派取代以中高官吏为主的洋务派，中国资产阶级第一次登上历史舞台。庚子国变后《辛丑条约》签订，慈禧开始激进地推行制度建设和经济开放，1903年设立商部，1904年颁布《钦定大清商律》（包括《商人通例》和《公司律》），之后颁布了《破产律》《试办银行章程》和《大清矿务章程》等，开启了中国现代工业发展的新起点。第三阶段是从19世纪90年代开始，围绕立宪运动开始了政治改革。1904年张謇为张之洞起草《拟请立宪奏稿》，1906年慈禧下达《预备立宪诏书》，但暗地拖延召开国会时间，清查立宪社团，失去了洋务派、维新派、知识分子和工商界阶级所有的信任，1908年慈禧可耻死去，1911年清政府宣布铁路国有化，导致保路运动和辛亥革命爆发，1912年封建帝制被彻底推翻。

3. 王安石变法和洋务运动失败的原因分析

王安石变法和洋务运动的失败，反映出中华民族在人类世界发展史上从盛到衰的循环型历史特征，上层建筑已经开始阻碍生产力的发展进步。王安石变法之所以失败，在于中央绝对集权统治束缚了生产力发展，在外部民族势力入侵和内部集权斗争中遭到失败，这次变法失败标志着中国封建阶级已经是新生产力发展的阻力。洋务运动之所以失败，在于外部崛起的资产阶级新兴力量，已大大超过封建阶级维持统治的力量，封建阶级内部改革已经无法有效执行而必然失败。

（四）中国社会主义改革是历史上一次全局性成功改革

深究中国历史上这六次改革的得失与成败，可以总结出三条历史性改革规律。第一，上层建筑必须适应社会生产力发展，实现先进生产力代表的阶级利益，是社会改革的根本性需要和检验标准。第二，改革要处理好政治、经济和文化的关系，这三大社会系统能整体配套改革就会成功，如果这三大社会系统改革不配套，就会遭到失败。第三，改革要处理好中央政府和地方政府、有产阶级和无产阶级社会利益阶层的关系，所以政府体制中权利与责任的配置、财富的社会分配成为改革操盘者考虑的核心因素。总结全局性成功的历史改革经验与教训，可以得出一个重要结论：社会改革要取得总体性成功，前提条件是必须打破束缚生产力发展活力的传统体制，充分条件是改革者必须让所有参与改革的民众获得持久利益。

当代社会主义改革，在第三次经济全球化的时代背景下，是一次全局性成功改革。第一，当代社会主义改革的性质是完善和发展社会主义，通过创造性地建立起社会主义市场经济体制，把一个落后的农业大国建设成为工业化大国，将一个乡土中国发展到城乡中国的新型城镇化国家，开启了中国从传统社会向现代化社会的第二次社会大转型。第二，当代社会主义改革之所以能够取得全局性成功，因为这次改革的广度、深度是全方位的，改革走到今天极大地促进了社会生产力发展，所有参与者都获得了持久改革利益，之所以说改革取得全局性成功，一是改革不会退回到传统社会的老路子上，二是改革离中国复兴的下一个目标越来越近。第三，社会主义改革越来越融入世界民族之林。这次改革抓住了全球制造业转移的时代机遇，改革成果越来越具有国际影响，受到国际社会的普遍关注。从文明融合的历史角度来看，这次改革不是简单延续中国历史文化的母版，而是深深地融入了世界现代化国家的科技、文化和管理新方法。

三、中国社会主义改革体现了三大鲜明的人民特色

对标中国改革发展3000年来成与败的历史，中国社会主义改革具有鲜明的人民特色。所谓人民特色，就是改革为了人民，改革依靠人民，改革成果由人民共享。它是由中国共产党领导，代表全体人民利益，改革成果为人民共享，奠定了中国人民重返和创造世界文明的新起点。

（一）中国共产党是代表人民利益的社会主义改革领导者

中国共产党成立于1921年，带领中国人民推翻了殖民国家、资产阶级、地主阶级对中华民族的压迫，建立起中华人民共和国。《中国共产党章程》（党的十九大最新修订，2017年10月24日通过）规定了党的性质，中国共产党是中国工人阶级的先锋队，同时是中国人民和中华民族的先锋队，是中国特色社会主义事业的领导核心，代表中国先进生产力的发展要求，代表中国先进文化的前进方向，代表中国最广大人民的根本利益。毛泽东同志1944年在《为人民服务》中指出，“因为我们是为人民服务的，所以，如果我们有缺点，就不怕别人批评指出。不管是什么人，谁向我们指出都行。只要你说得对，我们就改正。你说的办法对人民有好处，我们就照你的办”。邓小平同志1978年做了《解放思想，实事求是，团结一致向前看》的讲话，会前邓小平亲自拟定了一个约500字的提纲，提出了中国共产党“解放思想，实事求是”的思想路线，提出发扬民主，克服官僚主义。在2017年中国共产党第十九次代表大会上，习近平同志提出，把“坚持以人民为中心”作为基本方略之一，“人民是历史的创造者，是决定党和国家前途命运的根本力量。必须坚持人民主体地位，坚持立党为公、执政为民，践行全心全意为人民服务的根本宗旨，把党的群众路线贯彻到治国理政全部活动中，把人民对美好生活的向往作为奋斗目标，依靠人民创造历史伟业”。社会主义改革在中国共产党的领导下，带领全

国各族人民顽强奋斗，取得了中国特色社会主义改革的巨大成功。

（二）中国社会主义改革符合中华民族根本利益

中国社会主义改革取得全局性成功的根本原因，就是促进了中国社会生产力的巨大发展，全体国民从温饱到实现小康，都享受到了改革的成果。我们党领导的社会主义改革能够成功，有四条根本原因：开辟了中国特色社会主义道路，形成了中国特色社会主义理论，确立了中国特色社会主义制度，发展了中国特色社会主义文化，就是道路自信、理论自信、制度自信和文化自信“四个自信”。从中国历史改革成败的经验教训来看，中国社会主义改革成功有三大原因：一是妥善处理了集权与分权关系问题，不仅保持了中央集权制度，而且进一步发挥了地方政府的积极性和竞争性，进一步将权力从政府手中向市场主体和社会主体分权，进一步探索公共产品的管理、提供和消费，从而创立了社会主义市场经济体制；第二，妥善处理先富和共富关系问题，首先是保证了改革参与者分享了改革成果，普遍提高了生活质量和水平，也充分发挥了干部和经济、社会、文化、教育、科技各界的积极性，改革社会分配制度，允许一部分人先富起来，从而创立了按劳分配和按要素分配的混合分配体制；第三，妥善处理了继承传统文化和引进外来文化关系问题，从而使得追求整体利益最优高于追求个人利益最大化成为文化主流，社会主义文化成为中国先进文化。

（三）中国改革为人民进入“世界时间”奠定坚实基石

如果把中国社会主义改革放进世界历史比较来看，其人民特色就更为明显。法国历史学家布罗代尔在《15 至 18 世纪的物质文明、经济和资本主义》一文中，提出了“世界时间”的概念：人类文明的进步，不是均衡地发生在地球每一个地方，而是出现在少数的两到三个地方，这些地方发展的景象代表了那个时间人类文明的最高水平。

从世界时间角度纵览中国文明的发展历史，可以发现历史地位是人民群众与其时代英雄共同改革推动的结果。在两千多年前，世界时间属于欧洲的罗马和中国的西安和洛阳，管仲变法和商鞅变法，到汉武帝变法，最终确立了封建中央集权体制和文化，促进了农业革命为代表的社会生产力的高度发达。从公元 6 世纪开始到欧洲工业革命崛起长达千年之久，世界时间属于中华文明，唐太宗变法迎来了中华文明在世界的第一个鼎盛时期，王安石变法作为历史转折点，使得封建中央集权体制束缚了社会生产力的发展，阻碍了工业革命兴起，到18世纪60年代中国进入了列强侵略的时代。中国共产党诞生后，带领新中国广大人民群众建立了社会主义制度，推进社会主义改革，重新迎来了中国人民的“世界时间”。劳伦斯·萨默斯得出一个历史性结论：300年以后的历史书，会把冷战结束作为第三等重要事件，把伊斯兰世界与西方世界的关系作为第二等重要事件，而头等重要事件是发展中国家的崛起，尤其是中国和印度的崛起，以及这些国家与发达国家的关系和互动。

面对智能革命生产力的兴起，中国社会主义改革为中国人民进入“世界时间”打下了坚实基础。首先，全心全意为人民服务的中国共产党，经历了民族独立洗礼，经历了“文化大革命”的冲击，带领全国人民创立了社会主义市场经济体制。其次，中国社会主义改革较好地处理了中央与地方的关系、财富创造与分配的关系，保持了中央集中管理体制，发挥了地方和人民的市场积极性，为面向发展智能革命生产力奠定了坚实的物质基础和核心制度要素。最后，以生态文明为新文化的兴起，构建人类命运共同体，将为中华文明引领并重塑世界文明奠定文化基石。

第二节 中国社会主义改革具有鲜明的国家特色

在20世纪后半期至21世纪前20年整个70年的人类社会发展实践中，中国社会主义改革，不是其他国家社会主义实践的再版，而是社会主义国家改革历史中走出了符合自己国情的改革道路；也不是国外现代化发展的翻版，而是充分结合中国国情，深入学习和借鉴北欧国家社会民主党改革。此外，生态文明建设和绿色可持续发展将是中国社会主义改革的重大新任务。总结相关国家改革发展的特色，中国社会主义改革具有从国情出发、借鉴实验、渐进式、最终实现综合配套改革的鲜明国家特色。

一、苏联东欧国家社会主义改革失败的历史教训

苏联东欧社会主义国家的改革运动，经历了40多年的艰难曲折，其始于南斯拉夫改革，扩展为震动整个苏联东欧的改革风潮，从发端到受挫、从再现到停滞、

从实进到演变，最后在彻底革新社会主义、走民主社会主义道路的旗号下，出现了向资本主义全面“和平演变”的结局。这一场社会主义改革覆盖苏联、南斯拉夫、匈牙利、波兰、民主德国、罗马尼亚、保加利亚、捷克斯洛伐克和阿尔巴尼亚9个社会主义国家，本文重点分析南斯拉夫、匈牙利和苏联3个代表性国家。

（一）苏联东欧社会主义改革的历史进程与结果

1. 南斯拉夫改革：从“自治”到内战与解体

从1949年开始，南斯拉夫在企业开始了工人自治试点，1950年7月，联邦国民议会通过法律确定了“工人自治制度”，同年12月通过《国民经济计划管理法》《预算法》和《社会捐款与税收法》，改革经济管理体制。1952年1月，通过法令实行两院制：联邦院和生产者院，设立总统制，将议会、行政的机构、职能分开，扩大地方权限，保证农民广泛参与地方事务管理。1953—1963年南斯拉夫经济繁荣，社会产值、工农业年均增长率居世界前列，出现了自治的“黄金时代”。

1964年，南斯拉夫改革继续向社会自治推进，各种“自治利益共同体”纷纷出现，政治上把两院制扩展为五院制，即联邦院、经济院、文化教育院、福利保健院和组织政治院。1989年，南共联盟引进多党制模式，实行多党制下的自由竞选。1990年7月，允许自由建立政治组织和政党，强调共和国的独立与主权。此后，各共和国相继召开代表大会，确定民主社会主义的路线和纲领：把民主社会主义作为党的奋斗目标；实行各种所有制一律平等的市场经济。联盟变质导致其领导地位和作用丧失，反对派迅速崛起并顺利夺取政权，实行反共反社会主义和民族主义政策，把南斯拉夫拖入了国家演变、民族分裂、战乱不已的深渊。1992年4月27日，南斯拉夫社会主义联邦共和国宣布解体。

2. 匈牙利改革：从局部改革到全国改革发生剧变

20世纪50年代初，匈牙利照搬苏联模式，执行左的路线，积累了众多严重问题。1953年，在纳吉·伊姆雷的倡导下，匈牙利开始了第一次改革尝试：修改国民经济计划，提高工资和职工福利，降低工业品价格，允许小私有企业和个体商贩的存在和发展。1956年，苏共二十大召开，引起了匈牙利的强烈反响，党内外反对派联合起来要求清除拉科西集团，酿成了严重的动乱、暴乱事件。11月苏联出兵镇压暴乱。匈牙利事件后，以卡达尔为首的匈牙利社会主义工人党，表示“坚决摆脱拉科西集团的有害政策和方法”，走上了“悄悄改革”的道路。1968年年初，匈牙利决定全面改革计划体制，取得一定成效。1968—1972 年国民收入年增长率达 6.5%—7.0%，人民生活水平也有较大提高，被誉为经济发展的“黄金时代”。

从 20 世纪 70 年代中期起，国际能源危机、党和政府的领导失误导致匈牙利出现严峻局面。1984 年，匈牙利经反复酝酿提出新的一轮改革设想：改革企业经营机制，充分发挥市场的调节作用，企业成为“自主经营、自负盈亏”的商品生产者；改革企业领导制度，进一步摆脱对主管机关的依赖。这些措施出台后，并没有使匈牙利的经济形势得到根本好转。1987 年，社会主义工人党决定实施《经济—社会振兴计划》：征收 20%—60% 的所得税，提高价格 25% 以促进生产和消费，消费品价格一次性提高 7.6%，人民生活水平大幅度下降，特别是占总人口 1/4 的 230 万退休者生活处于最低生活线以下；外债大幅上升，20 世纪 80 年代后期人均负债 2000 美元，居东欧国家之首。面对严峻形势，匈牙利社会主义工人党产生了思想分歧和组织分裂。1988 年 5 月，社会主义工人党召开全国代表大会，就政治体制改革问题开展了激烈争论，以波日高伊为首的一批“改革激进派”进入高层，由此拉开了匈牙利剧变的序幕。社会主义工人党解体后，社会党推行民主社会主义路线没有赢得人们的支持，造成了其社会影响的削弱和全国大选的失败，开始了西方报刊所说的“通向资本主义的艰难旅程”。

3. 苏联改革：从不断尝试改革到国家演变解体

从 1953 年斯大林逝世到 1964 年赫鲁晓夫下台，赫鲁晓夫反对个人崇拜、恢复集体领导，逐步对斯大林社会主义体制进行大胆改革。在政治上，平反冤假错案，健全司法制度，改组国家管理机构，撤销中央部级单位，精简 70 多万行政管理人员。但结果却是，赫鲁晓夫在强调集体领导的同时独揽大权，机构人员总数比改革前增加了 3 倍。在农业方面，赫鲁晓夫强调纠正农业部门中违反物质利益原则的做法，提高农产品的收购价格，减少对集体农庄的征购量和农业税，增加对农业的投入，但结果却是农业形势急剧恶化。在工业和建筑业方面，赫鲁晓夫进行了“全面改组”，撤销中央绝大多数专业部，建立国民经济委员会作为工业建筑业的管理机构，加强价值规律的调节作用，把中央管理的工业企业和建筑业企业下放到地方，结果却是全苏联工业建筑业管理一时陷入混乱，工业增长速度下降。这次“没有经过周密思虑，没有仔细权衡，没有经过实际实验”的改革很快就失败了。

从 1966 年到 1985 年，勃列日涅夫推出一系列改革，也没有取得实际进展。从 1966 年起实施“新经济体制”，在国民经济各部门和工业企业中，分期分批推行

“计划工作和经济刺激新机制”，总体上来看，勃列日涅夫执政初期，继承赫鲁晓夫改革的势头，纠正了一些失误和缺点，并谨慎地推行“新经济体制”，在一定程度上提高了经济增长率和综合国力，提高了人民群众的生活水平。但进入 20 世纪 70 年代以后，苏联经济增长的势头减弱，改革进入小修小补的相对停滞状态。

从 1985 年到 1991 年，戈尔巴乔夫实施了激进改革，最终导致苏共垮台和苏联解体。1985 年 3 月，戈尔巴乔夫开始推行以“加速社会经济发展战略”实现“民主化”“公开性”的“改革与新思维”。1988 年 6—7 月，苏共召开第十九次代表会议，提出要“根本改革”政治体制，把政治体制改革“放在首位”，把“多元化”引入政治体制，把“民主化”“公开性”“多元化”并列为三大“革命性倡议”；削弱苏共对国家政权的领导，推行西方式的议会民主制，要建立“人道的、民主的社会主义”。这次会议标志着苏联的基本理论和社会发展方向发生了根本改变。1990 年 7 月，苏共召开的二十八大通过了《走向人道的、民主的社会主义》的纲领性声明、苏联共产党新章程等决议，决定按人道的、民主的社会主义路线和纲领改造苏联共产党和苏联社会，取消苏共法定的领导地位，规定苏共要“在民主过程范围内和在中央与地方的立法机构选举范围内争取执政党的地位”；反对“国家所有制的垄断”，实行以私有制为基础的市场经济；对外政策坚持“全人类利益高于一切”，排除两大体系的对抗，实现国际关系的“非意识形态化”“人道主义化”。1991 年 4 月，苏联总统戈尔巴乔夫同俄罗斯等 9 个共和国领导人举行会议，发表了联合声明，规定尽快签订新的主权共和国联盟条约，从国名中删去“社会主义”字样，把加盟共和国联盟改为主权共和国联盟。同年 12 月 25 日，戈尔巴乔夫辞去苏联总统职务，红色的苏联国旗从克里姆林宫上空降下，俄罗斯历史上的三色国旗升起，苏联这个世界超级大国彻底解体。1992 年年初，叶利钦总统宣布实施休克疗法进行改革，全面实施价格自由化、产权私有化和财政货币“双紧”政策，休克疗法改革没有成功，俄罗斯发展及其国际地位都遭受了重大损失。

（二）苏联东欧社会主义改革的主要内容

苏联东欧社会主义国家改革主要体现在政治、经济和文化三个方面，主要内容如下：

1. 推行政治体制改革和多党竞选执政政党改革

苏联东欧政治体制改革中，南斯拉夫比较典型，成为率先改革苏联模式社会主义政治体制的国家。南斯拉夫的政治改革目标是建立社会主义自治制度，其目的是建立起使全体人民都能通过不同形式直接参与国家和社会事务管理的体制。主要内容和特点是：实行社会主义自治制度，把自治制度看成是无产阶级专政的特殊形式，把自治原则贯彻到社会生活的各个领域，渗透到经济制度、政治制度、国家组织、民主生活等各个方面，加强法制建设，实行干部的招聘制、选举制、任期制和轮换制，以便消除干部特权，防止官僚主义；实行党政分开，把党的直接领导改为“间接引导”，改革党的领导体制和组织结构，防止权力过分集中在少数人手里，力求实行党内生活民主化。但是政治改革的结果是南斯拉夫社会民主工党丢掉了领导地位，导致南斯拉夫社会主义联邦共和国解体。

苏联政治改革以失败告终。赫鲁晓夫提出了一系列政治改革：一是批判个人崇拜，揭露斯大林时期的严重错误，为改革集权体制清除思想观念上的障碍；二是改革党政领导体制，主张把党政最高领导职务分开，重大决策实行集体领导，定期召开党的代表大会，充分发挥中央全会的作用等；三是实行干部按比例更新制度，规定每次例行选举，中央委员会及主席团成员至少更换1/4，加盟共和国党中央、边疆区委、州委的成员至少更换1/3，市委、区委、基层党组织党委会或支委会成员至少更换1/2；四是恢复和提高检察机关和审判机关的权限，扩大地方法院的权力，禁止对公民的非法拘捕、审理和判决。戈尔巴乔夫推行的政治改革，把体制改革转向了制度转轨，放弃了共产党的领导地位，最后导致苏联解体。

2. 推行市场、微观和宏观经济体制改革

苏联东欧经济体制改革，受新自由主义经济理论指导，放弃了马克思主义经济理论的指导地位。概括苏联东欧经济体制改革的主要内容，主要体现为“市场化、私有化、自由化”。所谓“市场化”认为市场是万能的，市场经济是一部能够自行运转的配置社会资源的机器，应该把物质生产要素、劳动力、产品、产权和声誉、品牌等无形资产全部交给市场调节，根本没有考虑市场也会存在失灵现象。所谓“私有化”就是反对公有制，主张实行生产资料私有制，保护私有产权，这样可以充分发挥个人潜能，极大提高经济效率。事实上这是开历史倒车，资本主义国家都已经逐步发展经理职业化，私人产权不断与公共产权联合推进实施混合所有制。所谓“自由化”就是反对一切政府干预和宏观调控，把经济事务交给市场处理，认为个人自由是市场机制发挥作用的基础，只有保证个人自由权利才能使经济效率达到最优。

苏联东欧社会主义经济体制改革，一开始还是坚持推行符合社会主义制度的自治实验并取得了一些成果，但是后来推进激进的私有化改革，造成了严重的社会不公。从推进实践来看，苏联（俄罗斯）经济体制改革犯了两个严重错误：一是市场有一个培育发展过程，不是一宣布市场化后，一个有效的市场就能自动运行；二是私有化过程是一个十分不公平的分配过程，俄罗斯私有化付出了高昂的社会代价，因为社会上不存在一个可以公平购买国有企业的富有阶层，大部分财富转移到在原来上层集团中居有有利职务的企业经理和政府干部手中，有组织腐败和犯罪迅速蔓延，私有化改革成为官僚阶层剥夺人民的一次“最后的晚餐”。

3. 接受普世价值观的“和平演变”

西方国家的“和平演变”战略推行了40多年，在20世纪80年代末90年代初最终实现了预期战略目标。西方国家推行和平演变战略的几种主要方式：一是培植和壮大苏联东欧社会主义国家境内的政治反对派，积极物色主张资本主义化的改革派作为代理人，从内部攻破堡垒，在国内人道的民主社会主义势力的配合下达到“不战而胜”的目标；二是采用了“经济战”、军备竞赛、“思想战”等和平演变手段，打“经济牌”和搞军备竞赛这两手战略的运用，取得甚至超出了预想的效果，同时，加紧对青年学生、国内反对派的意识形态渗透，从而取得“心理战”或“思想战”的成功。可见，西方国家长时间持续推进和平演变战略，外因通过内因起作用，这成为苏联东欧社会主义改革失败的一个重要因素。

（三）苏联东欧社会主义改革的历史教训

苏联东欧社会主义改革失败导致苏联东欧发生剧变，给社会主义国家改革者留下沉痛的历史教训。中国正是充分借鉴和吸收苏联东欧国家社会主义改革失败的教训，紧紧结合中国国情，走坚持和完善社会主义的道路，改革取得了成功。

1. 在当时的世界格局和历史条件下，苏联东欧社会主义执政党出现严重领导错误

苏联东欧社会主义国家建立起了计划经济体制，严重束缚了生产力发展和劳动人民的积极性。在解决上述问题的过程中，执政党犯了四个方面的严重错误：首先，放弃社会主义道路，丢弃共产党执政地位，导致共产党在人民心里彻底失去了公信力；其次，没有搞好经济建设和民主法制建设，导致经济社会发展失去了活力和创新能力；再次，没有有效防止西方“和平演变”，导致国家国际地位和影响力

大大下降；最后，改革决策者在改革实施过程中急于求成，没有采取渐进式改革，也是一项重要教训。

2. 面对信息技术等新一轮科技革命兴起的条件下，国家创新和民间创新活力受到严重制约

20 世纪 20 年代到 40 年代，社会主义者和奥地利学派围绕社会主义经济核算问题进行了一场学术论战：兰格于 1939 年出版《社会主义经济理论》，阐述了社会主义如何将生产资料公有制与市场价格结合起来，把价格区分为两种："狭义价格"是指一般意义上的市场价格，即两种商品的交换比例；"广义价格"则是指提供其他选择的条件。在这两种价格区分的基础上，建立了被称为"市场社会主义"的兰格模式。奥地利学派代表人物米塞斯认为，社会主义在理论上是不可能的。哈耶克则认为社会主义理论上可行，但在实践中不可行，因为消费者偏好是不可知信息，通过模拟竞争实现公有制下资源配置均衡是做不到的。中国社会主义改革成功的奥秘就在于建立起了社会主义市场经济体制，即在公有制企业为主体的条件下市场价格可以发挥决定性配置作用，同时政府能更好地发挥纠正"市场失灵"的作用。当前伴随着数字革命和智能社会的到来，信息不充分的前提条件受到削弱，有的企业家提出了"计划经济可以通过数字信息平台实现"的论断，这是不了解以行政计划为核心特征的计划经济模式而导致的错误观点，未来智能社会如何有效配置资源的问题又一次摆在人类社会面前。

二、北欧发达国家社会民主党改革的主要经验

北欧五国包括瑞典、丹麦、芬兰、挪威、冰岛，总人口 2500 万人，当前经济、科技、社会发展水平和居民幸福指数均位居世界前列。这些国家社会民主党长期执政，推行了一系列社会改革，这些改革举措值得中国充分研究借鉴。

（一）北欧国家推进改革取得历史性成就

北欧社会民主党不断推进改革，北欧国家实现了高福利与高竞争力相互促进、经济增长与社会和谐同步均衡发展的双赢局面，取得了历史性成就。

1. 政治发展稳定，收入分配均衡，男女地位平等

北欧国家的执政理念是社会公平与平等，北欧政府的主要职能是公共管理与服务，北欧民主的基本模式是公众参与政治生活，从而缓和了阶级矛盾，保证了国内

的政治稳定。

由于北欧国家所实施的无论城乡、不分人群一律平等的社会保障政策，缩小了贫富差距，实现了共同富裕。北欧国家的基尼系数和贫困率是全世界最低的，在过去20多年间，北欧国家的基尼系数长期保持在0.2—0.3的合理区间，属于收入分配非常均衡的国家。

北欧国家男女平等的理念已经深深融入到工作和生活中的各种细节，据《世界经济论坛2017年度报告》显示，北欧是全球男女最平等的国家。北欧的男女平等不仅体现在同工同酬，而且更体现在女性参政议政领域。北欧国家的女性参政率名列全球各国前列，在北欧国家的高级官员中，女性比例高达1/3甚至一半左右。

2. 社会发展和谐，全民教育均衡，幸福指数居高

北欧国家拥有世界上最有效率的社会保障安全网，从而保障了北欧国家的居民在医疗、教育、养老、就业、住房等方面的全民福利，如今北欧真正做到了学有所教、老有所养、病有所医、住有所居。北欧健全完备的社会保障体系，有效地缓解了不同阶层、不同利益集团之间的社会矛盾，增强了全民的安全感，促进了社会和谐发展。

北欧国家推进从幼儿园到大学的全民免费教育，使得北欧各国基本上达到了人人受过高等教育的水平，并且绝大多数国民懂得两种以上外语。由于受教育程度越高的人群对福利基金的净贡献率越高，因此，北欧国家越来越重视对教育的投资，特别是对人力资源的投资。随着居民素质的提高，北欧国家的国民对经济增长的贡献大大超过其所享受的社会福利。北欧国家实施从生到死惠及所有公民的社会保障和社会福利制度，解除了广大国民对生、老、病、死、伤残、失业等的恐惧和后顾之忧。

北欧国家物质利益的满足和生活水平的提高，促进了人们的生理、心理和智力的健康发展，提升了国民的自由度和幸福指数。联合国颁布的《全球幸福报告》提出了一整套国家幸福指数，并将其作为测评全世界各国国民幸福程度的指标，其中，包括稳定的经济收入、良好的人际关系、高就业率和高质量的工作、相互信任和尊敬的社会生活、身心健康、供养家庭、良好的教育等。《全球幸福报告》显示，世界上最幸福的国家大多在北欧。另据盖洛普幸福指数调查显示，在接受调查的155个国家中，丹麦、芬兰、挪威和瑞典的幸福指数名列前茅。

3. 经济发展持续，人均收入很高

长期以来，北欧国家的经济始终保持稳定持续发展，在世界各国可持续发展竞

争力排名中一直位居前列。据世界经济论坛《2017—2018 年度全球竞争力报告》显示，在全球最具可持续发展竞争力的前 10 个国家中，北欧国家就占 3 席。

北欧国家是当今世界人均收入最高的地区，从最新排名的全世界人均收入最高的 20 个国家中，仅北欧就占 1/3 以上。2018 年，北欧国家人均收入分别为：挪威人均收入 74902.8 美元，排名世界第 3 位；冰岛人均收入 53750.4 美元，排名世界第 7 位；丹麦人均收入 53280.96 美元，排名世界第 8 位；爱尔兰人均收入 51257.3 美元，排名世界第 9 位；瑞典人均收入 49782.8 美元，排名世界第 12 位；荷兰人均收入 46027.9 美元，排名世界第 14 位；芬兰人均收入 43114.8 美元，排名世界第 18 位。中国人均收入 9481.9 美元，排名世界第 70 位。

4. 生态发展绿色，科技发展领先

北欧国家长期坚持环境保护和绿色发展，使得北欧国家的生态资源环境一直处于全球领先的水平，如今北欧所处的斯堪的纳维亚半岛已经成为世界上森林覆盖率最高、风景最优美的地区之一。

北欧国家的科技投入一直很高，如芬兰、瑞典等国家的科技研发投入占 GDP 的比重连续 20 多年保持在 4% 左右，使得北欧成为世界科技创新最活跃的地区。据美国耶鲁大学的研究报告显示，在科技创新能力上，北欧五国在全球遥遥领先。在《2016 年度欧盟创新榜单报告》中，瑞典、丹麦、芬兰分别排名前 3 位，其中，瑞典连续 12 年排名第一，超过德国、英国等实力雄厚的传统工业大国。

（二）北欧社会民主党的政治改革

社会民主党包括社会民主党、社会党、工党、独立社会党、社会劳动人民党等，其国际联合体是“社会党国际”。1889 年 4 月 23 日，瑞典社会民主党成立，同年欧洲社会民主党共同组成了第二国际。北欧社会民主党主要是指北欧 5 个传统的政党，即瑞典社会民主工党、挪威工党、丹麦社会民主党、芬兰社会民主党、冰岛社会民主党，其中，影响最大的是瑞典社会民主工党、挪威工党、丹麦社会民主党，所谓的北欧模式一般主要指这三个国家。北欧社会民主党之所以能够长期执政，主要得益于其理论基础、阶级基础和经济基础别具特色。

1. 北欧社会民主党的理论基础是民主社会主义

北欧社会民主党的理论纲领是社会民主主义或民主社会主义，长期坚持“自由、公正、团结”的执政理念，主张和平、合法和议会民主道路，至今北欧国家的一些社会民主党党纲，仍没有放弃对社会主义目标的追求。进入21世纪，特别是2008年国际金融危机后，北欧社会民主党对理论纲领进行了调整。重申反对资本主义，明确指出纯粹的资本主义具有市场破坏性的一面，强调社会民主党是“反对资本主义的政党”，工会是“对抗资本利益的有力武器”，并提出要以历史唯物主义为指导。

2. 北欧社会民主党的阶级基础是广大工人农民

北欧社会民主党早期代表的是广大工人劳动阶级的利益，大多数属于无产阶级政党。北欧工业化进程启动较晚，工人阶级力量较为薄弱，北欧社会民主党较早地认识到农民阶层的重要，提出农民是工人阶级的同盟军，与农民政党开展长期合作，为其在议会中获得多数支持和组阁奠定了执政基础。20世纪70—80年代，由于国家干预过多以致经济丧失活力等弊病显现，致使社会结构发生了深刻变化，即产业工人数量不断减少，中产阶级成为左右政党选举结果的主要力量。届时北欧社会民主党认识到，仅仅依靠工人和农民阶级是难以实现社会民主主义自由、公正和团结的目标，社会民主主义的实质就是公众对政治过程的广泛参与，之后便逐渐扩大了党的阶级基础，使北欧社会民主党成为跨越阶级和集团利益的多元化政党。如今，北欧各国的议会选举中投票人数均超过全国人口的80%，涵盖了政党、地方、地区政府、利益集团等多方面的参与。

3. 北欧社会民主党的经济基础是公有制和国有化

北欧社会民主党在经济发展方面的初衷是将所有生产资料全部改造为社会财产，因此，公有制、国有化政策、福利国家曾是欧洲早期各国社会民主党的共同特征。在20世纪20年代，北欧社会民主党提出了“功能社会主义”和“人民之家”的概念，主张由国家根据生产社会化发展的需要和工人阶级的要求，对私人所有权进行限制、改造，并通过对国民收入再分配、提高社会福利等措施对资本主义进行改良，这为北欧社会民主党此后相当长一段时期内的政策方针提供了理论依据。根据“功能社会主义”的执政理念，北欧社会民主党逐步调整了理论纲领，不再主张实现“全部生产资料国有化”，转而提出限制并改造生产资料和生产决策权的集中和垄断，支持社会合作性质的经济发展体制，实现劳动人民共同富裕。第二次世界大战后，北欧社会民主党又提出进一步加强宏观调控，发展“混合经济”，建设“福利国家”的方针。从20世纪90年代开始，北欧社会民主党对理论纲领又进一步进行了修正，主张改变对生产和生产成果分配的决定权，而不是对生产资料形式上的所有权。同时，强调计划经济与市场经济都是手段，两者并非互不相容，而是相辅相成，从而实现了经济社会的和谐发展。目前，国有经济在北欧国家中始终占有较高比重，国有企业占 GDP 的比重分别为：挪威 72%、瑞典 68%、芬兰 56%、冰岛 52%，均超过中国的水平。

（三）北欧国家推进“北欧模式”的主要措施

北欧模式是北欧国家开创的符合自己国情的社会主义道路，这条道路既不同于早期资本主义，也不同于列宁分析的由自由资本主义走向垄断资本主义的道路，还不同于英国凯恩斯主义式的道路。北欧模式就是国家通过创办资助社会公共事业，对经济社会生活进行干预，实施一套完善的社会保障制度和社会福利政策，实现经济与社会福利均衡发展。

1. 实行政府宏观调控下的市场经济

第一次世界大战前，北欧各国经济发展水平明显落后于英、德、法等国家。社会民主党在执政的长期时间内，采用与美英为代表的自由市场经济不同的社会市场经济模式，即政府宏观调控下的市场经济体制。议会和政府根据经济发展的需要，制定必要的法律和政策，并通过财政政策和金融调控手段，引导和调控经济运行。政府致力于为企业竞争提供公平环境，不干预企业的经营活动，这就把政府的宏观指导作用同微观经济的活力有机结合起来。在经济发展过程中，北欧国家也曾经遇到不少危机，但经过政府、企业和居民的共同努力，最终都能克服危机影响，并使经济体制得以改进和完善。如 20 世纪 70 年代，丹麦遭遇通货膨胀和高失业率，为应对危机，1982 年，实行丹麦克朗与德国马克挂钩，推行一系列严厉的紧缩计划和灵活的劳动市场政策，最终度过危机。挪威由于信贷管理不善，导致 20 世纪 80 年代末系统性金融危机和房地产危机。通过实行长期的紧缩政策、工资政策和稳定汇率，以及海上油田开发，才走出危机影响。芬兰和瑞典在 20 世纪 90 年代都经历了严重的经济衰退，社会福利不堪重负，不得不出台新的宏观经济政策，包括降低福利水平、央行独立、严格预算管理、放松管制等。瑞典改变了固定收益养老金体系，推出了新的半固定供款公共养老金体系，使养老金运营进入良性循环。北欧国家把市场经济活力与政府作用有机结合起来，使经济体制具有了较强的应变能力和抗风险能力。

2. 推行福利社会制度和注重社会投资

社会民主党把推进收入分配上的公平作为维护工人利益、实现社会公平、正义目标的重要途径。在执政过程中实行高税收、高福利政策。各国税收负担占 GDP 的比重在 43%—48%，为全体居民提供了“从摇篮到坟墓”的一生的福利制度。如瑞典，父母每生育一个孩子可享受 480 天带薪假期。从学前教育到大学和职业教育均免费。医疗基本免费并由雇主或政府支付病假工资。每年至少 5 周的带薪假期。从 61 岁开始可领取养老金，享受居家老年护理服务。高福利增强了居民的安全感。北欧国家的基尼系数保持在 0.25 左右，低于中国 0.467 的水平，在全球各国中属于收入分配均衡的国家。北欧各国在推行福利社会制度中发现了一个规律，即受教育程度越高的人群对福利基金的净贡献率越高，因此，他们越来越重视增加社会投资，特别是对人力资源的投资。人的素质的提高，使之对经济增长的贡献大大超过其享受的社会福利。芬兰、瑞典的研发投入占 GDP 的比重保持在 4% 左右。芬兰作为一个只有 500 多万人的国家，有 100 多种工业技术全球领先。在中国技术进口来源国中，芬兰一度位居第一。芬兰科技部官员说：“总结发展经验，第一是教育，第二是教育，第三还是教育”。

3. 实行私有、国有和员工持股的多种所有制结构

在社会民主党执政初期，一度重视国有化，后来经营困难。1924 年后，基本放弃了发展国有企业的打算，转向在分配方面做文章。然而，国有经济在北欧国家中始终占有较高比重。至今国有经济占 GDP 的比重：挪威 72%，瑞典 68%，芬兰 56%，冰岛 52%，均超过中国的水平。北欧国家的大公司几乎没有自然人或家族控股者，控股法人的股权结构逐步社会化，不少企业由工会代表职工持股。吉利并购瑞典沃尔沃之后，发展很好。国内有人曾建议吉利资方代表让瑞典方高管持股，他们认为这在美国可以，但不符合瑞典惯例。因为很多瑞典人并不追求个人财富，更没有人炫富，炫富是耻辱而不是光荣，社会平等的理念在社会广大成员中已经深深扎根。瑞典智库和企业高管认为，经济发展的动力机制，不是物质利益，而是人的素质，人的素质的提高才是经济发展的根本动力。在北欧国家，劳动已经不只是谋生的手段，更是人自身发展的需要。因为工作与不工作的收入差距仅为 20% 左右。在当地就业的中国留学生感到没有生活的压力。在大街上看不到流浪汉和乞讨者。北欧国家做到了学有所教、老有所养、病有所医、住有所居。

4. 在农村重视和坚持发展合作社经济

北欧国家的农业很发达，畜牧养殖业占农业的 70% 左右，农业劳动生产率高于第二、第三产业，农业工人收入高于第二、第三产业从业人员，一个农业工人可以

养活200以上人口。一个家庭农场一般加入几个合作社，合作社创办农产品加工、销售公司。农户既是公司的原料供给者，又是公司的股东，形成紧密的利益联结机制。因此，农户对产品质量高度重视。如果公司因产品质量出现问题而亏损或倒闭，就会直接损害农户的利益。如丹麦仅有500多万人口，猪肉出口世界第一，靠的就是产品质量在国际市场建立起了信誉。丹麦提出，到2020年实现有机食品达到60%的目标，鼓励农作物种植不施化肥、农药，养殖业不使用抗生素。挪威海水养殖非常发达。他们从中船重工定制了巨型网箱，直径上百米，放在距海岸较远的水域，避免了对近海水域的污染，一箱可养几十吨三文鱼。北欧农业通过发展合作经济，各种生产要素联合起来，已经实现社会化和现代化。

5. 注重发展中小城市和乡村特色小镇

北欧各国在城市化过程中，注重城乡布局的平衡和结构的优化，引导生产要素向中小城市和乡村特色小镇集聚，实现城乡共同发展，避免大城市的过度膨胀。政府的引导作用主要是通过财政转移支付，改善边远地区的交通和公共服务，引导企业和人口在城市和乡村地区合理流动。如芬兰教育部规定，全国各地无论是首都还是边远乡村，教育资源的配置力求均衡，对幼儿园和中小学每个班的人数和配备教师的人数，对教师职业素质的要求，对学生免费午餐的质量等等，都有统一的规定。北欧各国没有城乡市场之间的行政和政策壁垒，允许各类生产要素在城乡之间自由流动和交易。一般来讲，乡村比城市环境更加美丽宜居，城乡差距、工农差距、体力劳动与脑力劳动的差距，已大大缩小或正在消失。

6. 积极倡导绿色可持续发展战略与政策

北欧国家十分重视绿色发展和可持续发展，这些发展理念也是北欧国家首先提出来的，并得到了联合国的认可。1992年，李鹏总理到哥本哈根参加联合国社会发展大会，因为丹麦社会发展指数在全球各国中是最高的。当时听说丹麦的老人如果上下楼不方便，政府可以出钱为其专门修一个电梯。大家都觉得惊奇。又经过20多年发展，丹麦的社会保障水平更加提高了。2019年3月，中国赴丹麦养殖业考察团到一个养牛场访问了一个已经四代养牛的农场主。他拥有4000头奶牛和上百公顷草场，住在一个很大的别墅里，虽然已经78岁，仍然从事劳动，他的儿子已经接班，言谈中充满了自豪。北欧的绿色可持续发展已经渗透到经济活动的各个环节和人们的意识之中。2019年1月15日，北欧五国发表联合声明，提出到2050年率先实现碳中和，即碳的零排放，并准备在9月美国召开的联合国气候大会上提出倡议，呼吁各国人民共同努力，到21世纪末将温度上升的幅度控制在1.5度以内。斯德哥尔摩曾经为了申办绿色奥运建了一个哈马碧生态城，2012年习近平同志曾到访并指示在无锡学习哈马碧建一个生态示范区。2019年3月，中国北欧绿色可持续发展促进会已经得到北欧各国的积极支持，于斯德哥尔摩签约成立。

（四）从北欧国家北欧模式改革可以借鉴的主要经验

比较中国和北欧国家在国家治理方面的理念、体制、政策和实际效果，北欧有许多方面值得我们借鉴。在世界秩序发生百年大变局、气候变化威胁人类生存的时刻，中国共产党提出建设生态文明的民族千年大计，习近平主席提出中国到2030年实现碳达峰、2060年实现碳中和的目标，这与北欧国家提出的可持续发展目标是相通相融的。中国社会主义改革没有再版发达国家的工业化、城市化，走出了一条符合中国国情、具有中国特色的新型城镇化道路，未来将结合中国的国情，认真研究借鉴北欧社会民主党治理国家的成功经验，把绿色可持续发展作为构建人类命运共同体的重要内容和重大任务。

1. 借鉴北欧社会民主党治理国家的成功经验

北欧各国经济社会发展能够在激烈的国际竞争中脱颖而出，与社会民主党长期执政密切相关。北欧社会民主党能够在长达100年内长盛不衰、长期执政，与他们能够从本国实际情况出发，调整方针、政策，维护人民利益密切相关。必须承认，北欧社会民主党在国家治理方面是成功的，学习借鉴他们的经验，有助于实现中国国家治理体系和治理能力的现代化。

2. 绿色可持续发展是构建人类命运共同体的重要内容

北欧五国率先提出绿色可持续发展理念，已成为全球共识。最近又提出到2050年率先实现碳中和的目标，体现了在应对全球气候变化中的担当精神。我们应当积极响应他们的倡议，并把减少碳排放，实现绿色可持续发展，作为保护人类共同家园的重要举措。特别是在美国特朗普宣布退出巴黎协议、拜登又主张加入协议反复无常的情况下，坚定支持北欧五国的倡议，更具有特殊意义。

3. 扩大同北欧五国科技教育创新合作关系

北欧五国科技教育发达，对中国前去投资并购持欢迎态度。通过与北欧五国发展科技教育合作，有利于中国提高科技教育创新等核心竞争力。北欧国家拥有先进的制造业、发达的农牧渔业和航运业，金融实力雄厚，扩大同北欧的投资贸易仍有很大潜力。特别是吸引北欧国家来中国投资，把北欧各国的技术、资本同中国巨大的市场需求相结合，可以实现双赢。北欧的智库、企业和政府也有此共识。

4. 改善同北欧社会民主党的关系及其国家的关系

早期的欧洲社会民主党是深受马克思主义思想影响的，他们大多属于无产阶级政党；后来由于种种历史原因，他们中的大多数演变为欧洲资本主义政党体系的组成部分，成为资本主义改良主义政党，或者说成为代表工人、农民和中等资产阶级的资本主义左翼政党。但是从他们执政中的有些做法，还可以看到曾经受过马克思主义影响的痕迹，如注意维护包括工人阶级在内的社会多数人的利益等等。有些社会民主党在党纲中，至今还没有放弃对走向社会主义目标的追求。在改善和发展同欧洲社会民主党的关系中，我们可以先从扩大智库交流开始，先从理论上讨论什么是科学社会主义、科学社会主义的多种发展模式以及实现科学社会主义的途径等。在改善和发展同北欧社会民主党及其国家关系的同时，还应改善和发展同法、德、意等国家社会民主党的关系及其国家的关系，这对于反击美国政府对中国的孤立、封锁、包围和打压，争取更多的国际同情和支持是有意义的。

三、中国社会主义改革体现了五大鲜明的治国理政特色

中国社会主义改革具有鲜明的国家特色，在一个生产力落后的发展中大国走出了一条具有中国国家特色的社会主义道路。所谓国家特色，就是我们的改革是中国特色社会主义的改革，我们依据中国现阶段仍处于社会主义初级阶段这一判断，按照生产关系必须适应生产力发展要求、上层建筑必须适应经济基础的历史唯物主义原理，探索建立中国特色社会主义的经济体制、政治体制、文化体制、社会体制、生态文明体制。结合苏联东欧国家改革的教训和北欧国家改革的经验，可以总结出中国社会主义改革的五项国家特色。

（一）一切从实际国情出发，坚持和完善党的领导

与苏联东欧国家和北欧国家相比，中国社会主义改革的第一项国家特色，就是坚持一切从实际出发，坚持和完善党的领导。苏联东欧国家改革，最终没有实现从实际国情出发促进本国生产力持续发展，结果是丢掉了共产党的领导地位，国家也被解体，人民生活水平反而大大倒退。北欧国家改革坚持从本国实际情况出发，持续促进社会生产力发展，不断完善社会民主党的纲领，长期维持国家执政地位。中

国社会主义改革之所以取得伟大历史性成就，坚持一切从实际国情出发，坚持和完善党的领导，带领14亿中国人民实现全面小康，正是充分吸取了苏联东欧改革的教训。

（二）借鉴实验与创新相结合

与苏联东欧国家和北欧国家相比，中国社会主义改革的第二项国家特色，就是实现了借鉴实验与创新相结合。苏联东欧国家改革开始坚持先实验后推广的方法，由于没有深刻地认识到社会主义基本制度与市场经济是可以融合的，所以没有走出一条创新之路，最终导致改革失败。北欧国家创造出“北欧模式”，解决了公有制、福利社会与市场经济有效结合的问题，走出了一条创新之路。分析中国社会主义改革，正是因为通过实验，实现了社会主义基本经济制度与市场经济的创造性结合，建立起了具有中国特色的社会主义市场经济体制。

（三）实施渐进式改革

与苏联东欧国家和北欧国家相比，中国社会主义改革的第三项国家特色，就是改革过程选择了渐进式改革方式。苏联东欧改革，开始也是摸着石头过河进行艰难探索，后期受西方国家“休克疗法”思想的误导，希望一下子全面推进各项改革，一蹴而就地实现民富国强的梦想，结果欲速不达，最后改革成为一个腐败和掠夺的残酷过程。北欧国家改革也是坚持一步一步根据实际情况推进渐进式改革，最后实现了脱胎换骨的效果。中国社会主义改革，充分吸收苏联东欧国家的教训，按照先农村后城市、先经济后全面推进的渐进式改革，取得改革的成功。今后中国继续推进改革开放，需要借鉴北欧国家的经验，进一步完善中国基本经济制度和国家治理体系。

（四）形成综合配套改革

与苏联东欧国家和北欧国家相比，中国社会主义改革的第四项国家特色，就是形成整体配套改革。苏联东欧国家改革，没有形成经济整体配套改革，更没有形成中央与地方、经济、政治和文化的配套改革，改革从最初的良好愿望出发，实际却是迎来了国家崩溃和党执政地位的丧失，也给人民带来了巨大社会灾难。北欧国家的改革，从政治、经济和文化整体协调推进，注重收入分配上的公平和人的全面发展，最后形成了“北欧模式”，在经济、社会、生态文明上取得了令世界瞩目的进步。中国社会主义改革的国家特色，在于较好地处理了宏观调控、市场体系和市场主体的关系，较好地处理了党与国家的关系，较好地处理了中央与地方的关系，形成了整体配套的改革方式。

（五）处理好内部与外部关系

中国社会主义改革的第五项国家特色，就是处理好内部改革与对外开放的关系。纵观苏联东欧近40年的改革过程，西方和平演变战略产生了很大的不利影响，造成内部反对派中一些人与西方势力互相勾结，改变了社会主义的改革方向，这是一个十分沉痛的教训。北欧国家的改革，在绝大多数时间内保持了社会民主党的执政地位，不断推进有利于社会进步的改革方案，顺应广大人民群众的利益需求，同时妥善处理了与欧盟、北约等外部力量的关系，使得“北欧模式”取得了成功。中国社会主义改革充分吸取了这方面的教训，积极挫败了西方和平演变战略，使改革有了一个稳定的外部环境，积极扩大国际经济合作，取得了改革的成功。

第三节 中国社会主义改革具有鲜明的国际特色

伴随着中国社会主义改革和经济全球化，中国崛起并开始步入世界舞台。中国没有走靠掠夺积累财富实现工业化的老路，也绝不会走“国强必霸”的帝国主义老路，而是坚持“和平共处五项原则”，继续做好自己的事，坚定不移地走中国特色社会主义道路，维护联合国宪章精神，维护国家利益，坚持改革开放，积极发展同世界各国的友好合作关系，践行“一带一路”倡议，推动世界构建“人类命运共同体”，为完善全球治理贡献力量。

一、新冠肺炎疫情下世界处于百年变局，中国将继续深化改革开放

中国对外开放并逐步融入世界经济和国际社会，产生了两个方面的国际效应：一方面促进了世界经济全球化繁荣发展，另一方面迎来了霸权国家的激烈竞争。2020年，新冠肺炎疫情爆发，并迅速演变成为全球性公共卫生事件，已经成为世界格局演变的一个历史分水岭。

（一）新冠肺炎疫情后世界格局多极化进一步显现

新冠肺炎疫情2020年在世界迅速蔓延开来，成为影响各国人员交流和经济联系的一个重大社会安全因素。美国政府指责中国是疫情来源并封锁中国，进一步加剧了贸易战以来与中国经济的“脱钩”政策。美国等国家提出逆全球化的全球产业链重组的主张和行动，世界处于一个发展的十字路口。

世界的一个发展趋势是，伴随着中美经济脱钩而形成“逆全球化”。美国特朗普政府推动美国优先的单边主义，拜登政府继续执行特朗普孤立中国的政策，产生多方面消极影响：一是不利于美国抗疫和经济复苏，导致美国新冠感染人数迅速失去控制，美国经济出现了大萧条以来最大的经济下滑；二是严重损害中国国家利益与中美关系，美国不仅在中国台湾、中国香港、南海和新疆问题上继续对中国实行“极限施压”，而且挑起了科技战，通过长臂管辖打压中国科技公司和科技发展，挑起了中国与印度之间的领土纠纷，严重违反中美建交三个联合公报，中美关系出现严重倒退；三是伴随着美国退出一系列国际组织和中美关系倒退，国际社会出现“一个世界两种制度”的声音，不少国家被迫选边站队，世界全球化发展受到严重威胁。

2020年接近结束的时候，美国大选终于有了一个结果，拜登取代特朗普成为美国第45任总统；亚太15个国家签订了“区域全面经济伙伴关系协定”，一个覆盖36亿人口（占世界48.1%）的开放、平等互利的合作体系诞生；同时中国与欧盟的合作进一步强化，中欧投资协定达成协议，虽然欧洲议会推迟批准，但德国、法国、意大利等主要欧洲国家首脑表示继续推动协定批准生效。有些国家表示，如果欧洲议会不批准，他们将以国家名义与中国签订投资协定。这一年世界变局充分证明，经济全球化符合历史大趋势，美国拉拢欧洲打压中国不得人心。中国倡导的多边主义得到多数国家赞同，除了少数几个国家追随美国外，美国拉拢盟友搞新冷战的图谋难以得逞。

（二）中国处理中美竞争关系的原则是维护国家利益

通过40多年不断扩大开放，中国主动融入全球经济体系，促进了国际分工格局的优化和全球产业链的发展。中国经济与世界经济已经建立起了越来越多的连接点，参与国际分工的深度和广度不断拓展，参与方式由产品分工向要素分工、由产业间分工向全球价值链上的产业内部分工延伸，中国已经成为带动世界经济30%增量发展的火车头。中国既是这一轮全球化的主要发动者和受益者，也为此付出了资源和环境等巨大代价。尽管中国在国际分工体系中的地位不断提升，但在很长时期内主要凭借低价的生产要素参与国际分工，中国经济对国际市场和外部资源产生了一定程度的依赖；大量物美价廉的中国产品输出，打破了国际市场原有的平衡，给发达国家的企业带来竞争压力，贸易摩擦将不断出现，这对中国扩大国际贸易和产业结构升级将带来不利影响。

1. 中国需要以创新和改革开放应对霸权国家的挑战

面对新一轮科技革命和工业革命带来的机遇，中国如何抓住机遇，应对挑战，特别是中美之间从科技、能源、贸易、投资、金融到国际话语权全方位的大国竞争，是对中国竞争能力和全球治理能力的一次真正意义上的"大考"。现阶段美国、日本、欧盟等传统科技强国，其科技投入占世界创新总投入的80%，其中美国一直是科技创新最活跃的国家，也是科技成果转化效率最高的国家之一，其全球科技霸主地位虽然会受到更多挑战，在未来20—30年却难以全面超越，中国科技创新从追随者到同行者乃至领跑者，面临着诸多现实风险和不确定性。从国际贸易和直接投资来看，根据中国商务部的数据，中国作为世界第一货物贸易大国，同时是120多个国家和地区最大的贸易伙伴，2020年中国已超过美国成为吸引外商直接投资最多的国家，中国对外投资已居世界第二位，超过了外商对中国的投资额。在继续扩大对外开放中，我们面临着世界贸易保护主义和"逆全球化"的巨大风险，面对科技实力强大的竞争对手，我们只有通过加大科技自立自强能力，进一步深化改革开放，才能有效应对美国的激烈国际竞争和挑战。

2. 中国处理中美竞争关系必须坚持维护国家利益

中国处理中美竞争关系的政策是清晰和坚定的，那就是坚决维护中国核心国家利益，符合中国核心利益的我们就积极合作，侵犯中国核心利益的我们就对等反抗。

2011年9月，中国政府发布《中国的和平发展》白皮书，明确界定了国家核心利益的内容，那就是：国家主权、国家安全、领土完整、国家统一、中国宪法确定的国家政治制度和社会大局稳定、经济社会可持续发展的基本保障。白皮书称，中国人民坚持自己选择的社会制度和发展道路，不允许外部势力干涉中国内政；坚持在和平共处五项原则基础上，同所有国家发展友好合作，不同任何国家和国家集团结盟，不以社会制度和意识形态异同决定国家关系的亲疏；尊重各国人民自主选择社会制度和发展道路的权利，不干涉别国内部事务，反对以大欺小、以强凌弱，反对霸权主义和强权政治。

（三）中国深化改革开放需要解决的重大问题

2020年10月，党的十九届五中全会通过了《中共中央关于制定国民经济和社会发展第十四个五年规划和二〇三五年远景目标的建议》，明确提出了“办好自己的事”，提出了2035年基本实现社会主义现代化和“十四五”时期的经济社会发展目标。全会提出了“构建高水平社会主义市场经济体制”的任务，包括激发各类市场主体活力，完善社会主义宏观调控，建立现代财税金融体制，建设高标准市场经济体系，加快政府转变职能。全会提出了“实行高水平对外开放，开拓合作共赢新局面”。坚持实施更大范围、更宽领域、更深层次对外开放，依托中国大市场优势，促进国际合作，实现互利共赢。为实现这一开放战略目标，全会提出了三项重大任务：建设更高水平开放型经济新体制，推动共建“一带一路”高质量发展，积极参与全球经济治理体系改革。

二、促进亚洲经济新繁荣，实现伟大复兴“中国梦”

中国政府积极支持亚洲一体化繁荣发展，并提出了“一带一路”倡议，努力实现伟大复兴的“中国梦”。

（一）亚洲经济的发展现状与严峻挑战

帕拉格·康纳在《亚洲世纪：世界即将亚洲化》中指出，亚洲作为一个集体是全球化的赢家，在不同阶段都有不同国家得到了好处，与其说未来是亚洲的，不如说我们已经处在了一个亚洲世纪。亚洲世纪将进一步繁荣发展，但是也面临着严峻挑战。

1. 亚洲将再一次返回“历史时间”

亚洲在17世纪末曾是世界最繁荣的地区，当时集中了世界逾2/3的国内生产总值、超过3/4的人口。伴随着欧洲启蒙运动和工业革命的兴起，亚洲发展急剧落后于欧洲，成为世界欠发达地区。到20世纪50年代，亚洲人口占世界人口50%以上，但经济产出还不到全球的20%。20世纪70年代，日本和韩国、新加坡等是最早一批赶上西方的亚洲国家，中国在邓小平领导下，推行社会主义市场经济改革实现了经济腾飞。亚洲开发银行发布《2017 年亚洲发展展望》指出，亚洲地区已经成为全球经济增长的最大贡献者，对全球的增长贡献率高达 60%。到 2019 年，按照世界银行定义，亚洲数亿人摆脱了贫困，许多亚洲经济体已达到中等收入或发达经济体水平。可以说，亚洲将再一次返回“历史时间”，成为全球经济社会繁荣的重心。

英国《金融时报》统计发现，按照联合国贸易和发展会议的界定，按照购买力平价计算，亚洲经济规模将在 2020 年超过世界其他地区的总和，这是 19 世纪以来首次发生的。中国和印度的崛起是这一发展趋势背后的主要原因：按购买力平价计算，中国目前的经济规模已超过美国，占全球产出的 19%，是 2000 年 7% 占比的两倍多。按购买力平价计算，印度如今是世界第三大经济体，经济总量约是德国或日本的两倍，而 2000 年印度的经济规模按购买力平价计算小于德国和日本。到 2020 年，印度尼西亚经济规模按购买力平价计算有望成为世界第七大经济体，并将在 2023 年超过俄罗斯，成为第六大经济体。越南是亚洲增长最快的经济体之一，自 2000 年到现在，越南经济按购买力平价计算已经超越 17 个国家，其中包括比利时和瑞士。菲律宾现在的经济规模超过了荷兰，孟加拉国过去 20 年超越了 13 个经济体。总体来看，世界 50% 以上的人口居住在亚洲，世界经济活动按购买力平价计算 50% 以上在亚洲，世界已经进入了“亚洲世纪”。

亚洲数字经济发展引人注目。根据日本经济发展研究院的报告，2016 年数字经济占 GDP 比重，德国排第一是 59.1%，美国排第二是 58.2%，日本排第三是 57.7%，韩国排第四是 43.3%，法国排第五是 39.0%，中国排第六是 30.3%，数字经济正在形成美国、欧洲、东亚三足鼎立的格局。这是未来生产力发展的大趋势，客观上造成了数字经济治理规则和体系的世界空白，亚洲特别是东亚数字经济能否成为规则倡导者，将是影响世界未来发展的重要变量。

2. 亚洲经济发展面临的挑战

亚洲世纪进一步发展也面临一系列挑战，概括起来主要包括三个方面。

亚洲国家结构需要倡导多边主义，形成互惠互利的信任格局。欧洲均势格局的历史证明，一旦国家力量均衡被打破，就会陷入混乱、战争局面，直到国家势力再次均衡为止。美洲一国独大格局，美国霸权一直实施有效控制，大战乱局面也不易发生。亚洲国家结构比较独特，目前看是中国力量最强，但日本、韩国、印度、新加坡等国家和东盟都发挥比较强的制衡作用，加上历史、文化等软因素和外部力量的介入，亚洲想形成政治、军事、经济、文化相互融合的局面，存在着许多不确定性因素。

亚洲国家如何处理与世界其他地区发展的关系，在亚洲国家之间没有形成融合和团结的情况下，其他国家插手亚洲事务，人为造成不利于亚洲国家内部团结的因素；同时，有些亚洲国家不牢记中东国家被外力打乱发展秩序的沉痛教训，积极追逐自己国家利益，也会主动接受外部力量介入。亚洲克服这种不利局面，唯有加强内部国家间合作与交流，逐步建立起共同利益基础上的信任关系。

亚洲国家内部政治、经济、文化的融合有待时日。亚洲国家政治体制、经济发展阶段与水平、历史与文化因素具有多样性，在新一轮科技革命和第三次工业革命的发展趋势下，亚洲国家需要建立一个合作与交流的平台，中国作为本地区负责任的大国，有必要提供基础设施等公共产品，这也是“中国梦”的一部分，现在中国已经开始做了，但需要较长时间才能发挥出取得互信的实际效果。

（二）亚洲世纪与“中国梦”相互融合

为实现“中国梦”，中国政府于2015年3月，发布《推动共建丝绸之路经济带和21世纪海上丝绸之路的愿景与行动》，描绘了贯穿亚欧非大陆、连接东亚经济圈和欧洲经济圈、涵盖中间广大腹地的路线图。在“一带一路”倡议下，按照共商、共建、共享的原则，以中国大市场为源头，把亚洲地区作为“一带一路”的战略重点，亚洲世纪将与“中国梦”相互融合。

1. 政策沟通与融合

政策沟通与融合是亚洲国家共建“亚洲世纪”的重要保障，是形成携手共建行动的重要先导。中国发起了“一带一路”倡议，与亚洲国家政策沟通与融合上升到新的水平。截至2019年3月底，中国政府已与125个国家和29个国际组织签署173份合作文件，其中亚洲国家成为主体，主要内容涉及提供安全保障环境，协商制定经济合作规划和措施，数字化、税收、农业等专业领域对接合作等。

2. 基础设施互联互通

在“一带一路”倡议下，基础设施互联互通是共建“亚洲世纪”的优先方向。在尊重相关国家主权和安全关切的基础上，由亚洲各国共同努力，以铁路、公路、航运、航空、管道、空间综合信息网络等为核心的全方位、多层次、复合型基础设施网络正在加快形成，亚洲国家区域间商品、资金、信息、技术等交易成本大大降低，有效促进了跨国资源要素的有序流动和优化配置，实现了亚洲国家互利合作、共赢发展。铁路合作方面，以中老铁路、中泰铁路、雅万高铁等合作项目为重点的区域铁路网络建设取得重大进展。公路合作方面，中蒙俄、中吉乌、中俄（大连—新西伯利亚）、中越国际道路直达运输试运行活动先后成功举办。港口合作方面，巴基斯坦瓜达尔港开通集装箱定期班轮航线，起步区配套设施已完工，吸引 30 多家企业入园；斯里兰卡汉班托塔港经济特区已完成园区产业定位、概念规划等前期工作。航空运输方面，中国签署了双边政府间航空运输协定，与俄罗斯、印度尼西亚、柬埔寨、孟加拉国、蒙古、马来西亚等亚洲和周边国家扩大了航权安排。能源设施建设方面，中国开展电力、油气、核电、新能源、煤炭等领域广泛合作，中俄原油管道、中国—中亚天然气管道保持稳定运营，中俄天然气管道东线将于 2019 年 12 月部分实现通气，2024 年全线通气，中缅油气管道全线贯通。通信设施建设方面，中缅、中巴、中吉、中俄跨境光缆信息通道建设取得明显进展，与吉尔吉斯斯坦、塔吉克斯坦、阿富汗签署丝路光缆合作协议，实质性启动了丝路光缆项目。

3. 贸易相互融通

共同实施“一带一路”倡议，促进了亚洲国家和地区贸易投资自由化便利化，降低了交易成本和营商成本，释放了发展潜力，进一步提升了亚洲各国参与经济全球化的广度和深度。中国和哈萨克斯坦、吉尔吉斯斯坦、塔吉克斯坦农产品快速通关“绿色通道”建设积极推进，农产品通关时间缩短了 90%；中国与东盟、新加坡、巴基斯坦、格鲁吉亚等多个国家和地区签署或升级了自由贸易协定。新亚欧大陆桥、中蒙俄、中国—中亚—西亚、中国—中南半岛、中巴和孟中印缅六大国际经济合作走廊将亚洲经济圈与欧洲经济圈联系在一起，为建立和加强各国互联互通伙伴关系，构建高效畅通的亚欧大市场发挥了重要作用。

4. 资金互相融通

资金融通是在“一带一路”倡议下共同发展“亚洲世纪”的重要支撑，国际多边金融机构以及各类商业银行不断探索创新投融资模式，积极拓宽多样化融资渠道，为共建“亚洲世纪”提供稳定、透明、高质量的资金支持。中国财政部与俄罗斯、印度尼西亚、新加坡等亚洲和周边国家财政部核准了《“一带一路”融资指导原则》。伴随着亚洲国家贸易、投资和经济带合作发展，支持开展多元化投资，鼓励进行第三方市场合作，推动形成普惠发展、共享发展的产业链、供应链、服务链、价值链，为亚洲国家加快发展提供新的动能，人民币国际支付、投资、交易、储备功能稳步提高，人民币跨境支付系统（CIPS）业务范围已覆盖多个亚洲国家和地区。

5. 民心相通与融合

民心相通与融合是共建“亚洲世纪”的人文基础，享受和平、安宁、富足，过上更加美好生活，是亚洲各国人民的共同梦想。中国与亚洲其他国家开展了形式多样、领域广泛的公共外交和文化交流，包括形式多样的文化交流、教育培训和“二轨”对话机制，增进了相互理解和认同，为共建“亚洲世纪”奠定了坚实的民意基础。中国与印度尼西亚、缅甸、新加坡、沙特阿拉伯等国签订了文化遗产合作文件。中国与亚洲国家通过政党、议会、智库、地方、民间、工商界、媒体、高校等“二轨”交往渠道，围绕共建“一带一路”，拓展亚洲文化融合，开展形式多样的沟通对话、交流合作。

（三）中国需要为亚洲世纪的发展做出贡献

习近平在亚洲博鳌论坛2015年年会上提出了“亚洲命运共同体”，提出了建立亚洲命运共同体的四大内涵：坚持各国互相尊重、平等相待，坚持合作共赢、共同发展，坚持实现共同、综合、合作、可持续的安全观，坚持不同文明兼容并蓄、交流互鉴。中国要实现“中国梦”，首要的战略任务是通过改革开放实现民富国强，其次是要通过与亚洲国家融合共同促进亚洲经济发展，共建“一带一路”，实现亚欧非大陆新繁荣。

1. 中国通过改革开放成为亚洲智能化发展的火车头

中国最大的发展优势，在于集体主义高于个人主义的文化传统、中央集权与地方分权的政治特色和中国社会主义市场经济体制的制度创新，以及世界最大人口规模、最大消费市场和经济梯次发展的区域结构。在中国共产党的领导下，中国当前正处在新一轮改革开放历史进程中，中国拟定了经济、政治、社会、文化和生态“五位一体”的总体布局，推进全面建成小康社会、全面深化改革、全面依法治国和全面从严治党的“四个全面”战略布局，通过全方位开放促进中国深化体制机制改革，大力发展新型基础设施为代表的数字经济，才能更好地发挥中国的发展优势，避免外部颠覆和内部“中等收入陷阱”“塔西佗陷阱”① 等挑战，按照新三步走的战略步骤，把中国建设成为富强民主文明和谐美丽的社会主义现代化强国。

中国需要站在亚洲世纪繁荣的区域全局上，把中国内生发展动力与亚洲共同繁荣紧密联系起来，让中国成为亚洲繁荣的火车头。从政策沟通、设施联通、贸易畅通、资金融通和民心相通五个渠道，促进亚洲国家间的交流合作，通过融合、互信建立起“亚洲命运共同体”，这是中国“中国梦”的一部分。

2. 中国积极为亚洲发展提供公共产品

中国将上海合作组织、亚洲相互协作与信任措施会议建设成为亚洲国家综合安全平台。上海合作组织于 2001 年 6 月在上海成立，是哈萨克斯坦、中国、吉尔吉斯斯坦、俄罗斯、塔吉克斯坦、乌兹别克斯坦六国共同发起的永久性政府间国际组织，目前巴基斯坦、印度作为成员国加入，阿富汗、白俄罗斯、伊朗、蒙古作为观察员，阿塞拜疆、亚美尼亚、柬埔寨、尼泊尔、土耳其、斯里兰卡成为对话伙伴。上合组织成员国严格遵守《联合国宪章》，互相尊重独立、主权和领土完整，互不干涉内政，互不使用或威胁使用武力，平等互利，通过互相协商解决所有问题，不谋求在相毗邻地区的单方面军事优势。亚洲相互协作与信任措施会议是一个有关安全问题的多边论坛，哈萨克斯坦总统纳扎巴耶夫在 1992 年第 47 届联大发起倡议，建立一个全亚洲范围内地区性安全合作组织。1993 年“亚信会议”正式启动，宗旨是在亚洲国家之间加强合作、增加信任的措施，促进亚洲和平、安全与稳定，现已制定军事政治、新威胁新挑战、经济、生态、人文五大领域信任措施，亚信会议目前共有 27 个成员国，13 个观察员国，峰会和外长会议均为每 4 年举行一次，两会交错举行，间隔为两年。

中国将博鳌论坛建设成为亚洲国家交流合作平台。博鳌亚洲论坛是一个总部设在中国的非官方、非营利性、定期定址的国际组织，使命是促进亚洲经济一体化和为世界发展凝聚正能量，1998 年 9 月由澳大利亚前总理霍克、日本前首相细川护熙和菲律宾总统拉莫斯倡议，2001 年 2 月由 29 个成员国共同发起成立。目前，博鳌亚洲论坛研究院每年出版四份研究报告，即《亚洲经济一体化报告》《亚洲竞争力报告》《新兴经济体报告》和《亚洲金融报告》。博鳌亚洲论坛在凝聚亚洲共识、

① 塔西佗陷阱：这一概念最初来自塔西佗所著的《塔西佗历史》，塔西佗在评价一位罗马皇帝时说，“一旦皇帝成了人们憎恨的对象，他做的好事和坏事就同样会引起人们对他的厌恶”；后来延伸成为形容如下社会现象，当政府部门失去公信力时，无论说真话还是假话，做好事还是坏事，都被人民认为是说假话、做坏事。

促进各方合作、推进经济全球化、推动构建人类命运共同体等方面，提出了许多富有价值的“博鳌方案”，为亚洲世纪发展繁荣做出了积极贡献。

中国将亚洲基础设施投资银行、丝路基金作为亚洲和“一带一路”沿线国家和地区的金融平台。亚洲基础设施投资银行是一个政府间区域多边开发机构，根据《筹建亚投行备忘录》，亚投行法定资本为1000亿美元，中国为最大股东，初始认缴资本500亿美元，各意向创始成员国同意以国内生产总值衡量的经济权重作为各国股份的分配基础；2015年6月29日，57个意向创始成员国财长或授权代表在北京签署《亚洲基础设施投资银行协定》，试运营的一期实缴资本为初始认缴资本的10%即50亿美元，中国出资25亿美元；2016年1月正式开业，截至2019年7月，亚投行共有100个成员国。丝路基金有限责任公司是由中国外汇储备、中国投资有限责任公司、中国进出口银行、国家开发银行共同出资，依照《中华人民共和国公司法》于2014年12月在北京注册，按照市场化、国际化、专业化原则设立的中长期开发投资基金，首期资本金100亿美元；与亚洲基础设施投资银行相比较，丝路基金是类似私人股权投资性质的金融机构，主要针对有资金且想投资的主体加入，且股权投资可能占更大比重。

历经8年深入交流与谈判，由中国参与的《区域全面经济伙伴关系协定》终于正式签订，协定由东盟10国和“中日韩澳新”5国参加，覆盖了全球30%人口（23亿）和1/3的国内生产总值（25万亿美元）的全球增长潜力最大的地区。这一协定的签署具有重大战略意义：对“逆全球化”和贸易保护主义明确说“不”，通过消除关税等壁垒和增加区域经济互补关系，大大促进亚太地区贸易繁荣和经济增长；长远来看，有利于建设“亚太命运共同体”，进一步促进世界中心向亚太地区转移。

三、中国社会主义改革的国际特色

通过40多年的改革，中国取得了人类历史上的发展奇迹。中国改革的国际特色，就是我们的改革吸取了世界各国的文化和体制精粹，适应了当今经济全球化的趋势，适应了解决当今世界消除贫困、推进社会发展、应对气候变化、维护人类健康等共同课题的需求，通过推动世界各国的合作、共赢，共建人类命运共同体。面对中国复兴崛起，有人提出了问题：一是，“地球资源环境怎么承担起近14亿中国人过上高收入国家生活”？二是，“一个世界，两种制度”是不是世界未来的主要矛盾？针对这两个问题，中国将给出自己的回答，中国社会主义改革的国际特色就是：中国复兴的“中国梦”绝不会重走侵略剥削和强国霸权的老路，将坚定不移走中国特色社会主义道路，依靠改革开放，不断完善和发展社会主义，推动构建“人类命运共同体”。

（一）中国提出构建“人类命运共同体”

中国社会主义改革取得巨大成就，如何认识中国，如何界定中国的世界角色，就成为国际和国内共同关注的重要问题。2009 年 5 月，美国乔舒亚·库珀·雷默发表《北京共识》指出，中国通过艰苦努力、主动创新和大胆实践，摸索出一个适合本国国情的发展模式，这一模式就是“北京共识”，即一个发展中国家在世界立足的三个原理：一是利用创新减少改革中的摩擦损耗，二是建立一整套新工具管理国家事务，三是使用影响力挪开想要踩踏自己脚趾的霸权，这是一个重要的安全理论。

中国如何确定自己的世界角色，也成为世界普遍关注的重大问题。2017 年 10 月，中国共产党第十九次代表大会提出“构建人类命运共同体”：坚持和平发展道路，构建人类命运共同体，建设持久和平、普遍安全、共同繁荣、开放包容、清洁美丽的世界，为此，中国坚定奉行独立自主的和平外交政策，积极发展全球伙伴关系，坚持对外开放基本国策，秉持共商共建共享的全球治理观。这就是中国对自己世界角色的定位，也是中国对世界人民的庄严承诺。

（二）中国将不会打破而是努力完善现有国际治理体系

中国将努力完善现有国际治理体系。全球治理体系事关国际规则和国际秩序，中国是联合国安理会常任理事国和二十国集团（G20）核心成员，作为最大的发展中国家和世界第二大经济体，有责任推进全球治理体系的完善和发展，支持国际货币基金组织和世界贸易组织的改革，为促进全球经济创新发展提供新方案，提出了“一带一路”倡议，发起设立亚洲基础设施投资银行和金砖国家新开发银行。

中国坚持“共赢思维”，不主张推翻现有的国际治理体系。现有国际治理体系是第二次世界大战后形成的，在这一轮全球化过程中，极大促进了人类共同利益的发展。尽管在这一轮全球化中存在发展和受益不均衡问题，但不同国家都从全球化中获得了利益。为了弥补这一轮全球化存在的短板，中国提出渐进式补充完善现有国际治理体系，例如 G20 组织、亚投行都是补充现有国际治理体系，而不是推翻现有国际治理体系。

（三）中国将推动创新和绿色可持续发展

全球气候变化已经威胁到人类的生存，应对气候变化和可持续发展是全球性课题。中国提出建设生态文明，实现人与自然和谐，积极支持《巴黎协定》和《联合国 2030 年可持续发展议程》，并努力创新形成中国智慧、中国方案和中国行动，这将做出其他国家不可替代的独特贡献。在国内明确提出了实现“2030 年前碳排放达峰目标和 2060 年前碳中和目标”，大力推进绿色发展，着力解决突出环境问题，加大生态系统保护力度，改革生态环境监管体制，下决心闯出一条自然、社会和经济协同发展的新道路和新模式。在国际上，中国将充分借鉴北欧国家在绿色可持续发展方面的经验，积极支持联合国实施《2030 年可持续发展议程》，努力引领全球绿色可持续发展事业。

第四节　中国社会主义改革具有鲜明的融合特色

中国社会主义改革体现出明显的融合特色，这是中国改革与其他国家改革不同的鲜明特征。按照唯物辩证法的观点，世界上所有事物都是对立统一体。“融合”是指构成社会矛盾的双方既相互对立、又相互依存，在一定条件下可以相互转化。在革命战争年代，我们党的主要任务是用武装力量消灭反动势力，建设新中国。因此，我们比较强调矛盾双方相互对立、相互斗争的一面。到了和平建设年代，我们党的主要任务是团结全体人民进行经济建设，需要调动各方面积极因素，因此，应当更多地强调矛盾双方相互依存、相互转化的一面，善于把看似互不相容的对立的双方结合或融合在一起，产生“一加一大于二”的效果。在社会领域，有利于促进社会和谐。改革以来，出现了一个应用最广泛的哲学词汇叫“结合”或“融合”，包括公有制与多种所有制的结合、按劳分配与按要素分配的结合、计划与市场的结合、效率与公平的结合、城乡融合、工业化与信息化融合、国内大循环与国际循环的结合，发展速度与发展质量的结合，等等。所有这些改革中的重大创新，都是解放思想、实事求是、一切从实际出发思考问题解决问题的结果，是克服思想僵化、鼓励开动脑筋所取得的成绩。正是在思想大解放的政治环境下，以唯物辩证法为指导，我们党才产生了一系列新的理论、新的体制、新的政策，才促成了生产力的大解放、大发展。

一、公有制与非公有制相结合的融合特色

生产资料所有制是社会制度最本质的特征。在所有制这一基本经济制度的改革上，我们党从社会主义初级阶段的国情出发，总结历史教训，通过艰难改革，最终选择以公有制为主体多种所有制共同发展，实现了公有制与非公有制相结合，在混合所有制企业中实现了公有制经济与非公有制经济的融合，充分发挥出各种所有制的优势，集中体现出了改革的融合特色。

改革前，中国实行全民所有制和集体所有制，到“文革”后期，私营经济和个体经济都被当成资本主义尾巴，必欲斩尽杀绝而后快。这种“左倾”错误思想严重阻碍了生产力发展。改革之后，我们允许和鼓励私营、个体经济发展，出现乡镇企业崛起，仅用十年时间就消除了困扰我们几十年的商品匮乏问题，大大促进了中国社会生产力的发展。党的十五大提出了坚持公有制为主体、多种所有制共同发展的基本经济制度。党的十六大提出了两个“毫不动摇”，即毫不动摇地巩固和发展公有制经济，毫不动摇地鼓励、支持和引导非公有制经济发展。党的十八届三中全会提出了国有资本、集体资本、非公有资本等交叉持股、相互融合的混合所有制经济，是基本经济制度的重要实现形式。公有制与非公有制相结合的融合型改革，适应了中国社会生产力发展要求，是中国改革取得历史性成功的重要制度基础。

二、按劳分配与按要素分配相结合的融合特色

中国分配制度改革，体现了按劳分配与按要素分配相结合的融合特色。改革前，中国分配制度存在着平均主义和“大锅饭”问题，挫伤了广大劳动者的积极性。党的十五大提出在分配制度上坚持和完善按劳分配为主体的多种分配方式，允许一部分地区一部分人先富起来，鼓励先富带动和帮助后富，逐步走向共同富裕。此后，中国不断创新和完善社会主义分配制度，极大调动了中国人民建设社会主义的创造性、积极性。根据华为公司实行的分配制度，劳动与资本分配比例是3∶1，即当年创造的净利润，除了用于科技研发等扩大再生产投资外，按劳动贡献分配占75%，按股分红占25%。美国的劳资分配比例大致是1∶3，正好与华为公司倒置。

据有关统计，美国普通工薪阶层在几十年的时间内实际收入增长很少，收入差距不断拉大，贫富悬殊越来越严重，已经成为“不治之症”。像华为公司这样的劳资分配比例在资本主义的美国是不可能出现的。党的十九届四中全会把“按劳分配为主体、多种分配方式并存的分配制度”列为中国基本经济制度，并进一步提出健全劳动、资本、土地、知识、技术、管理、数据等生产要素由市场评价贡献、按贡献决定报酬的机制，为中国生产要素市场化改革指明了方向。党的十九届五中全会明确提出到2035年“全体人民共同富裕取得更为明显的实质性进展”。这标志着我们党把共同富裕的社会主义价值追求已经具体化为国家发展的宏伟目标，并为此确定了时间进度表和发展路线图。

三、计划与市场相结合的融合特色

如何实现从计划经济向市场经济的平稳过渡，是20世纪后期社会主义国家体制转轨面对的重大挑战。有的社会主义国家执政党由于盲目行动、操作失误，导致经济体制转型失败，最终出现亡党亡国的悲惨下场，几十年积累的国有财产被少数人瓜分，广大劳动群众陷入贫困化灾难。中国成功地把计划经济的优势与市场经济的灵敏性、有效性结合起来，创造性地提出了社会主义市场经济体制，并把市场经济成功地嫁接在公有制的基础之上，赢得了社会主义改革的成功，并成为取得“中国经济奇迹”的体制原因。

改革初期，计划与市场关系一直是中国经济体制改革无法绕开的“百慕大”三角地区。1992年邓小平同志在南方谈话中，明确提出了计划和市场都是手段，不是区分社会主义与资本主义的标准，提出了“计划多一点还是市场多一点，不是社会主义与资本主义的本质区别。计划经济不等于社会主义，资本主义也有计划；市场经济不等于资本主义，社会主义也有市场。计划和市场都是经济手段。社会主义的本质，是解放生产力，发展生产力，消灭剥削，消除两极分化，最终达到共同富裕”。这是中国改革史上最具有里程碑意义上的讲话。党的十四大确立了建立社会主义市场经济体制的改革目标。党的十八届三中全会提出，使市场在资源配置中起决定性作用和更好发挥政府作用，这是对政府与市场关系认识的又一新的突破。中国发挥市场配置资源的决定作用，并没有走向否定政府作用的反面，相反中国政府从改革开始，每隔五年制订一个五年计划（规划），把计划与市场两个看似不相容的对立体有机融合起来，集中体现了中华文化的博大包容智慧和中国共产党的超强应变能力。

四、社会发展从斗争转向和谐的融合特色

社会发展从强调阶级斗争转向和谐社会，体现了中国社会主义改革的社会融合特色。党的十六届四中全会把“提高构建社会主义和谐社会的能力”作为党的执政能力一个重要方面，标志着我们党从改革开放前以阶级斗争为纲“左倾”错误的彻底转变，是我们党对什么是社会主义、怎样建设社会主义的一次理论和政策重大突破。党的十八届三中全会提出了创新社会治理体制的改革新命题，党的十九大提出，中国社会主要矛盾已经转化为人民日益增长的美好生活需要和不平衡不充分的发展之间的矛盾。中国社会治理成为国家治理体系的重要组成部分，通过改革社会治理体制机制，体现出了中国社会和谐发展的全社会融合特色。

五、工业化与信息化相结合的融合特色

工业化是工业革命的产物，信息化是信息科技革命的产物，中华复兴正好处于工业化和信息化融合发展的特殊时代，持续推进两化融合是中国社会主义改革的鲜明融合特色。党的十五大提出“大力推进国民经济和社会信息化”，党的十六大提出“以信息化带动工业化，以工业化促进信息化”，党的十七大提出“大力推进信息化和工业化融合”，党的十八大提出，“坚持走中国特色新型工业化、信息化、城镇化、农业现代化道路，大力推进信息化和工业化深度融合，工业化与城镇化良性互动，城镇化与农业现代化相互协调，促进工业化、信息化、城镇化、农业现代化同步发展”。中国社会主义改革为工业化与信息化融合发展提供了政策引导、创新支持和规划支持，使中国社会主义改革充分体现出信息化与工业化深度融合发展的鲜明特色。

六、城乡关系从相互脱节转向融合发展的融合特色

中国城乡关系发展，经历了从农业社会向城乡二元分割、从城乡统筹到城乡融合发展的四个历史阶段，具有从相互脱节向融合发展的融合特色。改革初期推行土地承包制激发了农村发展潜力，产生了乡镇企业，促进了中国经济发展。党的十六大根据中国发展实际，提出统筹城乡发展的战略任务，党的十八届三中全会明确提

出，“城乡二元结构是制约城乡发展一体化的主要障碍，必须健全体制机制，形成以工促农、以城带乡、工农互惠、城乡一体的新型工农城乡关系，让广大农民平等参与现代化进程、共同分享现代化成果”。中国城乡融合发展目标是，逐步实现城乡居民基本权益平等化、城乡公共服务均等化、城乡居民收入均衡化、城乡要素配置合理化以及城乡产业发展融合化。党的十九大明确提出“建立健全城乡融合发展的体制机制和政策体系”，同时提出了乡村振兴发展战略。

第五节　中国社会主义改革具有鲜明的实践特色

中国社会主义改革发端于“实践是检验真理的唯一标准”的大讨论，改革全程体现出了鲜明的实践特色。所谓实践特色，就是通过实践来积极探索新体制、新理论，并用实践来检验新体制、新理论，而不是用空洞的书本主义和教条主义来裁剪和评判新体制、新理论，不搞“姓资”还是“姓社”的争论，最终用实践的效果来证明好坏真伪。中国始终用实践作为检验改革的唯一标准，冲破教条主义和经验主义束缚，使改革发挥出促进生产力发展的巨大社会效应。

一、确立以实践为基础的改革标准

改革成功与否必须用实践来检验。1992 年年初，邓小平同志在南方视察时指出，“要害是姓‘资’还是姓‘社’的问题。判断的标准，应该主要看是否有利于发展社会主义生产力，是否有利于增加社会主义国家的综合国力，是否有利于提高人民的生活水平”。此后，基于实践标准的“三个有利于”成为衡量中国一切改革是非得失的判断标准。党的十八大以来，中国改革更加注重顶层设计，也需要有新的评价标准。2016 年，习近平同志在中央全面深化改革领导小组第二十一次会议上提出，“把是否促进经济社会发展，是否给人民群众带来实实在在的获得感，作为改革成效的评价标准”。基于实践标准的“两个是否”，成为衡量中国新时代社会主义改革成效新的客观标准。

二、克服教条主义和本本主义的束缚

在推进改革过程中，贯彻执行“实践是检验真理的唯一标准”，需要不断克服

教条主义和本本主义的思想束缚。改革初期，曾经出现过改革措施姓“资”还是姓“社”的争论，成为改革的思想阻力。在落实党的十八届三中全会通过的《中共中央关于全面深化改革若干重大问题的决定》过程中，仍然有人提“阶级斗争”，主张“私营企业退场论”，混淆思想是非。从根源上说，这些“左倾”思想是受到本本主义的理论束缚，超越社会主义初级阶段的生产力水平，片面追求理想社会主义，对推进新时代全面改革是不利的。

三、改革必须鼓励基层大胆试大胆闯

改革就是要创造新事物来代替旧事物，需要有勇敢的锐意改革的精神，需要发挥基层干部群众的首创精神。闭门造车不可能产生出好的改革方案。实践也证明，改革以来许多新的改革都是来自基层干部群众的创造，因为他们对旧体制的弊端了解最深，对如何改办法最多，只有实践才能出真知。因此，把改革推向前进，必须继续发挥基层干部群众首创精神，继续鼓励他们大胆试大胆闯，各级党政部门要深入实际、深入群众，善于总结他们的经验，不断推进改革取得新进展、新成效。只有这样做，才能使改革继续“促进经济社会发展，给人民群众带来实实在在的获得感”。

四、进一步吸取各国改革发展的经验教训

坚持实践标准推进改革，需要研究借鉴世界各国的经验和教训。在中国推进改革的过程中，国家相关部门十分注重调查和吸收其他国家的经验教训，不论是大国，还是小国，只要在某一个方面做得比较好，我们就虚心去考察学习，结合国情加以应用。这是中国改革能够取得成功的一个重要原因。当前，伴随着世界信息化浪潮发展，国际科学技术进步速度明显加快，许多国家在科技进步和经济社会发展方面仍有不少好的经验值得我们学习。我们不能因为前 40 多年改革取得了很大成绩就盲目自满起来。特别是面对美国政府的全面打压，我们绝不能有丝毫松懈，全党全国人民要紧密团结在以习近平为核心的党中央周围，振奋精神，开始第二个百年的长征，确保实现中华民族伟大复兴的中国梦。

第八章

把成熟的改革措施上升为法律

党的十九届四中全会通过了《中共中央关于坚持和完善中国特色社会主义制度 推进国家治理体系和治理能力现代化若干重大问题的决定》，第一次把中国社会主义改革与国家治理体系和治理能力紧密联系起来。回顾中国改革历程，这是改革与法治相辅相成的40 多年，是依法治国取得重大成果的40 多年，在经济、政治、文化、社会、生态和党建、军事、外交和港澳台等九个领域积极推进改革，并把改革政策转化为法律法规。本章对中国改革与法治“双轮驱动”发展进行总体分析。

第一节 改革与法治相辅相成的 40 多年

在改革开放的历史进程中，中国改革与法治“双轮驱动”，如同建设有中国特色社会主义的“鸟之双翼”“车之双轮”，实现了中国改革与法治的渐进式转轨与发展的良性循环。这是中国改革开放取得伟大成绩的一个重要因素。

一、立法与改革的辩证关系

从哲学意义上，立法与改革是一种辩证关系，改革意味着“破”和“变”，法治意味着“立”和“定”。要在实践中具体运用改革与法治的关系，却是相当不易的，还须由实践和历史的双重检验来回答。

（一）立法与改革天然具有内在冲突

立法是要把稳定的成熟的社会关系上升为法律，其实质是把在国家生活和社会生活中占据主导地位的社会主体的意志上升为国家意志，立法的特点是要把某种社会关系用法的形式“定”下来，一旦定下来，全社会就要统一遵守，而改革则是革除、革新旧制度和旧事物，改革的特点是“变”，突破原有的体制和规则，因此“定”和“变”本身奠定了立法和改革具有不可调和的矛盾关系。

（二）立法与改革相辅相成、互为条件

立法与改革互为条件。一方面，立法是改革的重要条件。没有立法，改革就可能缺乏制度保障和应有的动力，改革的经验、成果就难以得到巩固和确认，改革的实践就可能陷于无所适从的境地。另一方面，改革对于立法而言也十分重要，没有改革，那些阻碍生产力发展的社会关系就失去了立法的必要性，立法也会缺乏必需的经验和前进的方向。40 多年的改革实践证明，因为有了改革，中国的法律体系才能够与时俱进，不断适应改革开放和社会主义现代化建设的需要，具有鲜明的时代特征，立法与改革具有互为依赖，互为条件，互相促进的矛盾统一性。

（三）立法与改革之间存在一种平衡

妥善处理立法与改革之间的冲突需要掌握两者之间的平衡点。以法治凝聚改革共识，使改革获得最广大人民群众的理解、支持和参与，是改革的民意基础和合理性前提。以法治保障改革顺利推进，当社会参与者违背了改革相关的法律制度，就给予严格法律制裁，从而保障改革措施落实。法治建设要妥善处理法律的稳定性和改革的变动性之间的平衡关系，既反映和确认改革的成功经验，又为进一步深化改革和促进各项建设事业的发展预留下空间，中国改革与法治互为依赖的历史经验是值得总结和继承的。

二、通过立法保护改革成果

习近平总书记明确要求，更好发挥法治对改革发展稳定的引领、规范、保障作用。统筹推进“五位一体”总体布局、协调推进“四个全面”战略布局，要发挥法治的引领、规范、保障作用，以深化依法治国实践检验法治建设成效，着力固根基、扬优势、补短板、强弱项，推动各方面制度更加成熟、更加定型，逐步实现国家治理制度化、程序化、规范化、法治化。

（一）以法治引领改革进程

改革开放初期，中国法治基础缺乏、法律体系尚不完备，中国提出了“摸着石头过河”，先探索实践、试点试验，改革成果经过检验后，再通过立法予以确认。这种政策推动型的改革，在一定程度上导致“改革就是要突破现有法律”的认识误区。随着中国特色社会主义法律体系的形成和各方面制度体系的成熟，中国有条件从政策推动改革转变为法治引领改革，实现改革决策与立法决策的协调同步，更要对社会现实和改革进程进行主动谋划、前瞻规划和全面推进。

（二）以法治确认、巩固和扩大改革成果

法治在巩固改革成果方面发挥着关键性作用。党和政府以党内法规和政策的形式宣示、确认其治国理念、治国路线，这些国家治理的制度设计、政策规定，只有通过法制化，才能定型化、精细化，执行力才能得到增强，并以法律的强制力保证其实施。例如，现行宪法自 1982 年颁布实施以来，进行过五次修改，修改内容涉

及序言、总纲、公民基本权利、国家机构、国歌等内容，每一次修宪、每一条宪法修正案，都是以制度形式记载、反映、确认改革成果，把改革的成果宪法化、定型化，同时也是对宪法本身的重大完善，对中国经济、政治、文化、社会、生态等各个领域的改革和建设起到了积极的推动作用。

（三）立法消除改革障碍

对不适应改革要求的现行法律法规，应当及时修改和废止，不能让一些陈旧过时、保守僵化的法律条款成为改革的“拦路虎”和“绊马索”。党的十八大以来，中国法律法规修改、废止的进程大大加快，不少是“打包”修改、“一揽子”修改、配套修改，有力配合了全面深化改革和全面依法治国的进程。

三、坚持在法治轨道上推进改革

伴随着中国社会主义法治建设的发展，要坚持在法治轨道上推进改革。按照习近平总书记和党中央的要求，凡属重大改革要于法有据，需要修改法律的，可以先修改法律，先立后破，有序进行；有的重要改革措施，需要得到法律授权的，要按法定程序进行。

（一）立法引领改革

执政党运用法治思维和法治方式，以法律为载体，依照法定程序提出自己的改革目标和举措，充分发扬民主、凝聚社会共识、形成国家意志，从而实现其执政主张。

（二）立法预留改革空间

对有些正在探索推进改革的领域，虽然改革的方向和重大举措确定了，但某些具体改革措施和制度设计还不成熟，认识也不尽一致，这时立法就应当具有一定的前瞻性，为将来进一步改革预留空间。这是需要不断积累经验进行创新探索的立法方法。

四、在历史新起点上把握改革与法治的关系

在改革开放初期，以邓小平为核心的党中央确定了改革与法制两手都要抓的工

作方针，实践中逐步形成了“改革优先、法制支持”的政策推动改革模式。党的十八大以后，根据社会转型、深化改革的大背景，习近平为核心的党中央对法治与改革的关系进行了重新定位，找到了化解两者冲突的思路，确定了“法治优先、改革有序”的法治引领改革新模式，最大限度地避免法治、改革给国家、社会、执政可能带来的社会转型风险。

（一）新时代改革与法治的原则与重点

在协调推进“四个全面”战略布局新形势下，正确把握和处理改革与法治的关系，必须坚持在法治下推进改革，在改革中完善法治。在具体实践和工作中，就要把握好两个原则，突出两个重点。实践中需要把握好两个原则：一是加强顶层设计，经过多年改革开放，中国改革进入了攻坚期和深水区，必须加强顶层设计和总体规划，力求切合实际、行之有效、行之久远；二是坚持法制，中国法律体系已经形成并不断完善，全面深化改革需要在法治轨道上推进。要处理好工作中的两个重点：一是凡属重大改革要于法有据，需要修改法律的，可以先修改法律，先立后破，有序进行；有的重要改革举措，需要得到法律授权的，要按法律程序进行；二是立法要主动适应改革发展需要，实现立法和改革决策相衔接，积极发挥立法引导、推动、规范、保障改革的作用，做到改革和法治同步推进。

（二）新时代需要发挥立法对改革的积极作用

新时代要积极发挥立法对改革的引领、推动和保障作用。一是全面修改有关法律，落实和推动重要领域改革，如修改预算法，深化财政体制改革，为实施全面规范、公开透明的预算制度提供法律依据；二是依法作出有关决定，支持和推动相关领域改革。2017 年以来，全国人大常委会共依法作出与改革紧密相关的决定 17 件次，为改革先行先试工作提供法律依据。相关改革授权决定都明确规定授权的目的、范围、事项和期限，并要求有关方面适时向全国人大常委会报告实施情况，更好地体现了法治精神。三是统筹修改多部法律，为有关改革举措提供法律依据。对部分法律中涉及同类事项或者同一事由需要修改的个别条款，采取一并提出法律案的方式进行统筹修改，是通过立法推动相关领域改革的重要方式之一。2017 年以来，全国人大常委会采取统筹修改方式，审议通过了 13 个修法决定，涉及修改法律和有关法律问题的决定 74 件次，主要涉及简政放权、工商登记、价格管理、职业资格认定等领域制度改革。四是及时修改完善有关法律规定，确保改革举措尽早落地。五是及时总结改革试点经验，通过修改完善法律予以复制和推广。2013 年和 2014 年，全国人大常委会先后两次作出决定，授权国务院在上海、广东、天津、福建建立自由贸易试验区，暂时调整有关法律规定的行政审批。

第二节 依法治国历史进程

2011 年 3 月，十一届全国人大四次会议召开，会议宣布：以宪法为统帅，以宪法相关法、民法商法等多个法律部门的法律为主干，由法律、行政法规、地方性法规等多个层次的法律规范构成的中国特色社会主义法律体系已经形成，中国依法治国取得重大进步。2014 年 10 月，党的十八届四中全会召开，并通过《关于全面推进依法治国若干重大问题的决定》，指出全面推进依法治国，总目标是建设中国特色社会主义法治体系，建设社会主义法治国家。

一、依法治国方略的由来和发展

邓小平同志的法治思想为依法治国方略的确立奠定了思想和理论基础，囊括了依法治国的精髓。邓小平同志将民主法制提高到前所未有的地位，把民主和法制视为不可分割的整体，核心内容可概括为三个方面。一是强调了民主和法制的重要性，二是明晰了民主与法制的关系，三是提出社会主义法治的基本要求十六字方针即“有法可依、有法必依、执法必严、违法必究”。

党的十一届三中全会至党的十五大之间的多次党代会和全会，对民主法制相关问题作出了诸多阐述，大体可归纳为健全社会主义法制、法制建设的基本要求、法制建设的原则、法制建设与党的领导、法制宣传与普及、法制与民主的关系、法制与改革的关系等七个方面，为依法治国方略的形成做了良好的铺垫。1996 年 2 月 8 日，中共中央举办领导同志法制讲座。江泽民同志在讲座后的总结讲话中提出要“坚持依法治国”，认为“依法治国是社会进步、社会文明的一个重要标志，是我们建设社会主义现代化国家的必然要求”。1996 年 3 月，八届全国人大四次会议通过《关于国民经济和社会发展“九五”计划和 2010 年远景目标纲要的报告》，该报告指出：“加强法制建设，依法治国，建设社会主义法治国家，是实现国家长治久安的重要保证”。1997年党的十五大报告，在“政治体制改革和民主法制建设”部分中提出“健全社会主义法制，依法治国，建设社会主义法治国家”，依法治国作为党领导人民治理国家的基本方略正式确立下来。

1999年3月，九届全国人大二次会议通过的《中华人民共和国宪法修正案》第十三条规定：中华人民共和国实行依法治国，建设社会主义法治国家。这使得依法治国方略得到国家根本大法的保障。2011年3月，十一届全国人大四次会议召开，会议宣布：以宪法为统帅，以宪法相关法、民法商法等多个法律部门的法律为主干，由法律、行政法规、地方性法规等多个层次的法律规范构成的中国特色社会主义法律体系已经形成，中国依法治国取得重大进步。

二、依法治国的科学含义

1997年党的十五大提出了“依法治国，建设社会主义法治国家”的重大战略任务，从此依法治国被提升到了治国基本方略的战略高度。十五大报告概括了依法治国的基本内涵，指出：“依法治国，就是广大人民群众在党的领导下，依照宪法和法律规定，通过各种形式和途径管理国家事务、管理经济文化事业、管理社会事务，保证国家各项工作都依法进行，逐步实现社会主义民主的制度化、法律化，使这种制度和法律不因领导人的改变而改变，不因领导人看法和注意力的改变而改变”。党的十六大报告把依法治国作为社会主义民主政治建设的重要内容和目标，强调“发展社会主义民主政治，最根本的是要把坚持党的领导、人民当家做主和依法治国有机统一起来。党的领导是人民当家做主和依法治国的根本保证，人民当家做主是社会主义民主政治的本质要求，依法治国是党领导人民治理国家的基本方略”。

以习近平同志为核心的党中央全面推进依法治国，赋予了依法治国系统全面的基本内涵。党的十八大报告提出“全面推进依法治国”，并将其纳入“四个全面战略布局”，提出了推进科学立法、严格执法、公正司法、全民守法，坚持法律面前人人平等，保证有法必依、执法必严、违法必究；把“依法治国基本方略全面落实，法治政府基本建成，司法公信力不断提高，人权得到切实尊重和保障”作为全面建成小康社会的重要目标。党的十八届四中全会，审议通过了《中共中央关于全面推进依法治国若干重大问题的决定》，确定了全面推进依法治国的总目标是“建设中国特色社会主义法治体系，建设社会主义法治国家”，强调指出“必须坚持中国共产党的领导，坚持人民主体地位，坚持法律面前人人平等，坚持依法治国和以德治国相结合，坚持从中国实际出发”；“坚持依法治国、依法执政、依法行政共同推进，坚持法治国家、法治政府、法治社会一体建设，实现科学立法、严格执法、公正司法、全民守法，促进国家治理体系和治理能力现代化”。2020 年 11 月 16 日至 17 日，中央全面依法治国工作会议召开，明确提出习近平法治思想，并确定为在全面依法治国工作中的指导地位。习近平法治思想概括为“十一个坚持”：坚持党对全面依法治国的领导；坚持以人民为中心；坚持中国特色社会主义法治道路；坚持依宪治国、依宪执政；坚持在法治轨道上推进国家治理体系和治理能力现代化；坚持建设中国特色社会主义法治体系；坚持依法治国、依法执政、依法行政共同推进，法治国家、法治政府、法治社会一体建设；坚持全面推进科学立法、严格执法、公正司法、全民守法；坚持统筹推进国内法治和涉外法治；坚持建设德才兼备的高素质法治工作队伍；坚持抓领导干部这个“关键少数”。这次会议提出，未来法治中国建设要以解决四大法治领域突出问题为着力点：一是立法，积极推进国家安全、科技创新、公共卫生、生物安全、生态文明、防范风险、涉外法治等重要领域立法，健全国家治理急需的法律制度、满足人民日益增长的美好生活需要必备的法律制度；二是法治政府建设，用法治给行政权力定规矩、划界限，规范行政决策程序，加快转变政府职能，推进严格规范公正文明执法。三是司法，深化司法责任制综合配套改革，加强司法制约监督，健全社会公平正义法治保障制度；四是普法，要在针对性和实效性上下功夫，特别是要加强青少年法治教育，不断提升全体公民法治意识和法治素养。

三、依法治国的重大意义

党的十五大报告对依法治国基本方略的重大意义作了四个方面的概括：第一，依法治国是党领导人民治理国家的基本方略，就是广大人民群众在党的领导下，依照宪法和法律规定，通过各种途径和形式管理国家事务，管理经济文化事业，管理社会事务，保证国家各项工作都依法进行，逐步实现社会主义民主的制度化、法律化，使这种制度和法律不因领导人的改变而改变，不因领导人看法和注意力的改变而改变；第二，依法治国是发展社会主义市场经济的客观要求；第三，依法治国是社会文明进步的重要标志；第四，依法治国是国家长治久安的重要保证。

以习近平同志为核心的党中央提出，依法治国是制度之治最基本、最稳定、最可靠的保障。推进全面依法治国，发挥法治在国家治理体系和治理能力现代化中的积极作用，要着重把握以下五个方面：第一，提高党依法治国、依法执政能力，宪法规定了党总揽全局、协调各方的领导地位，要进一步推进党的领导入法入规，善于使党的主张通过法定程序成为国家意志、转化为法律法规，推进党的领导制度化、法治化、规范化；第二，用法治保障人民当家做主，要坚持和完善人民当家做主制度体系，健全社会公平正义法治保障制度，保证人民在党的领导下通过各种途径和形式依法管理国家事务、管理经济和文化事业、管理社会事务，使法律及其实施有效体现人民意志、保障人民权益、激发人民创造力；第三，坚持和完善中国特色社会主义法治体系，要坚持依法治国、依法执政、依法行政共同推进，坚持法治国家、法治政府、法治社会一体建设，不断完善法律规范、法治实施、法治监督、法治保障和党内法规体系，加快建设中国特色社会主义法治体系；第四，更好发挥法治对改革发展稳定的引领、规范、保障作用，统筹推进“五位一体”总体布局、协调推进“四个全面”战略布局，要发挥法治的引领、规范、保障作用，逐步实现国家治理制度化、程序化、规范化、法治化；第五，建设高素质法治工作队伍，为加快建设社会主义法治国家提供有力人才保障。

四、法治国家的主要标志和要求

2014 年 10 月，党的十八届四中全会召开。全会提出全面推进依法治国的总目标是建设中国特色社会主义法治体系，建设社会主义法治国家。建设法治国家的主要标志，可以分为静态标志和动态标志。从静态标志来看，一是要具有完善的社会主义法律体系，二是要具有健全的民主制度和监督制度，三是要具有严格的行政执法制度以及公正的司法。从动态标志来看，依法治国是立法、执法、守法和对法律实施监督的系统动态过程，一是立法科学，立法要保持法的连续性、稳定性与及时废、改、立相结合；二是执法严格，做到以事实为依据，以法律为准绳；三是守法平等，法律面前一律平等，反对特权。

2019 年 10 月，党的十九届四中全会召开，全会通过了《中共中央关于坚持和完善中国特色社会主义制度　推进国家治理体系和治理能力现代化若干重大问题的决定》。全会提出，坚持和完善中国特色社会主义制度、推进国家治理体系和治理能力现代化的总体目标是，到我们党成立一百年时，在各方面制度更加成熟更加定型上取得明显成效；到 2035 年，各方面制度更加完善，基本实现国家治理体系和治理能力现代化；到新中国成立一百年时，全面实现国家治理体系和治理能力现代化，使中国特色社会主义制度更加巩固，优越性充分展现。全会对于依法治国提出要求，坚持和完善中国特色社会主义法治体系，提高党依法治国、依法执政能力：建设中国特色社会主义法治体系、建设社会主义法治国家是坚持和发展中国特色社会主义的内在要求；必须坚定不移走中国特色社会主义法治道路，全面推进依法治国，坚持依法治国、依法执政、依法行政共同推进，坚持法治国家、法治政府、法治社会一体建设；要健全保证宪法全面实施的体制机制，完善立法体制机制，健全社会公平正义法治保障制度，加强对法律实施的监督。

第三节　中共中央全会制定不同阶段改革总体方案

改革开放是在中国共产党领导下，通过推进市场化、法制化改革的艰苦探索，取得了举世瞩目的历史丰功伟绩。我党领导制定不同阶段改革总体方案，特别是通过每一届中央委员会第三次全体会议，集中安排布置改革具体任务，这已经成为中国改革一个最为鲜明的特征。

一、党的十一届三中全会开启了改革进程

1978 年 12 月，党的十一届三中全会召开，开启中国改革开放进程。邓小平作了《解放思想，实事求是，团结一致向前看》的总结讲话，这篇讲话实际上是全会的主题报告。全会批判了“两个凡是”的错误方针，充分肯定了必须完整地、准确地掌握毛泽东思想的科学体系，高度评价关于实践是检验真理的唯一标准问题的讨论；果断地停止使用“以阶级斗争为纲”的口号，做出把党和国家工作中心转移到经济建设上来、实行改革开放的历史性决策；决定健全党的民主集中制，加强党的领导机构，成立中央纪律检查委员会，选举陈云为中央纪委第一书记。党的十一届三中全会是我党历史上一次意义深远的伟大转折，重新确立了马克思主义的思想路线、政治路线和组织路线，从此中国人民进入了改革开放和社会主义现代化建设的新时期。改革开放是中国共产党在社会主义初级阶段基本路线的两个基本点之一。党的十一届三中全会以来进行社会主义现代化建设的总方针、总政策，是强国之路，是党和国家发展进步的活力源泉。改革，即对内改革，就是在坚持社会主义制

度的前提下，自觉地调整和改革生产关系同生产力、上层建筑同经济基础之间不相适应的方面和环节，促进生产力的发展和各项事业的全面进步，更好地实现广大人民群众的根本利益。开放，即对外开放，是加快中国现代化建设的必然选择，符合当今时代的特征和世界发展的大势，是必须长期坚持的一项基本国策。

此后，在以邓小平同志为核心的第二代党中央领导集体，具体安排中国建设社会主义的任务、原则和阶段。1979 年 1 月 16 日，在中共中央召集的干部会议上，邓小平作《目前的形势和任务》讲话，提出反对霸权主义、维护世界和平，台湾回归祖国、实现祖国统一，加紧四个现代化建设是中国社会主义建设的三大任务；强调我们坚持四项基本原则，这四个坚持的核心，是坚持党的领导。1979 年 12 月 6 日，邓小平在会见外宾时指出，我们要实现的四个现代化，即工业现代化、农业现代化、国防现代化、科学技术现代化，这是中国式的四个现代化，中国 21 世纪的目标是实现小康。

二、党的十二届三中全会确立了以公有制为基础的有计划的商品经济

1982 年 9 月，党的十二次全国代表大会举行。邓小平同志在致开幕词时提出，把马克思主义的普遍真理同中国的具体实际结合起来，走自己的道路，建设有中国特色的社会主义。大会通过的报告《全面开创社会主义现代化建设的新局面》，提出分两步走，在 20 世纪末实现工农业年总产值翻两番的目标。大会通过新的《中国共产党章程》。大会决定设立中央顾问委员会。1983 年 7 月 8 日，邓小平在同中央几位负责同志谈话时指出，要利用外国智力，请一些外国人来参加我们的重点建设以及各方面的建设，应该很好地发挥他们的作用。要扩大对外开放，中国是一个大的市场，我们要很好利用。这是一个战略问题。

1984 年 10 月，党的十二届三中全会召开。会议通过了《中共中央关于经济体制改革的决定》，规定了改革的方向、性质、任务和方针政策，是指导中国经济体制改革的纲领性文件。会议通过了改革是为了建立充满生机的社会主义经济体制，提出了把是否有利于发展社会生产力作为检验一切改革得失成败的最主要标准。会议明确了增强企业活力是经济体制改革的中心环节，改革重心从农村转向城市，开创性地提出社会基本经济制度是公有制基础上的有计划的商品经济，鼓励多种所有制共同发展，实现共同富裕。

三、党的十三届三中全会确立了推进相互配套全面改革

1987 年 10 月，中国共产党第十三次全国代表大会举行。赵紫阳作了《沿着有中国特色的社会主义道路前进》的报告。报告阐述了社会主义初级阶段理论，提出了党在社会主义初级阶段“一个中心、两个基本点”的基本路线：以经济建设为中心，以四项基本原则为立国之本，以改革开放为强国之路。大会制定了到下世纪中叶分三步走、实现现代化的发展战略，并提出了政治体制改革的任务。

1988 年 9 月，党的十三届三中全会召开。会议提出了治理经济环境、整顿经济秩序、全面深化改革的指导方针、政策和措施。会议原则通过了《关于价格、工资改革的初步方案》，建议国务院在今后五年或较长一些时间内，根据严格控制物价上涨的要求，并考虑各方面的实际可能，逐步稳妥地组织实施。

四、党的十四届三中全会提出社会主义市场经济体制的基本框架

1992 年 1 月 18 日至 2 月 21 日，邓小平视察武昌、深圳、珠海、上海等地并发表谈话，明确回答长期困扰和束缚人们思想的许多重大认识问题。邓小平指出，坚持党的十一届三中全会以来的路线、方针、政策，关键是坚持“一个中心、两个基本点”，基本路线要管一百年；判断姓“社”姓“资”的标准，应该主要看是否有利于发展社会主义社会的生产力，是否有利于增强社会主义国家的综合国力，是否有利于提高人民的生活水平；要抓住时机，发展自己，发展才是硬道理。邓小平特别强调，计划多一点还是市场多一点，不是社会主义与资本主义的本质区别。社会主义的本质，是解放生产力，发展生产力，消灭剥削，消除两极分化，最终达到共同富裕。这次谈话是把改革开放和现代化建设推进到新阶段的又一个解放思想、实事求是的宣言书。

1992 年 10 月，党的第十四次全国代表大会召开。江泽民作了《加快改革开放和现代化建设步伐，夺取有中国特色的社会主义事业的更大胜利》的报告。大会确立了社会主义市场经济体制的改革目标，确立了邓小平建设有中国特色社会主义理论在全党的指导地位。

1993 年 11 月，党的十届三中全会在北京举行。会议通过了《中共中央关于建立社会主义市场经济体制若干问题的决议》，是中国建立社会主义市场经济体制的总体规划。全会指出，社会主义市场经济体制是同社会主义基本制度结合在一起

的，要使市场在国家宏观调控下对资源配置起基础性作用，进一步转换国有企业经营机制，建立适应市场经济要求，产权清晰、权责明确、政企分开、管理科学的现代企业制度。1995 年，江泽民在党的十四届五中全会闭幕会议发表讲话，系统阐述了正确处理改革、发展、稳定关系等社会主义现代化建设中的十二个重大关系，标志着社会主义改革从必然王国走进自由王国。

五、党的十五届三中全会提出建设中国特色社会主义新农村

1997 年 9 月，党的第十五次全国代表大会举行。大会报告《高举邓小平理论伟大旗帜，把建设有中国特色社会主义事业全面推向二十一世纪》，着重阐述了邓小平理论的历史地位和指导意义；提出党在社会主义初级阶段的基本纲领，明确公有制为主体、多种所有制经济共同发展是中国社会主义初级阶段的一项基本经济制度；强调依法治国，建设社会主义法治国家；明确中国改革开放和现代化建设跨世纪发展的宏伟目标。大会指出，展望下世纪，我们的目标是，第一个十年实现国民生产总值比 2000 年翻一番，使人民的小康生活更加宽裕，形成比较完善的社会主义市场经济体制；再经过十年的努力，到建党一百年时，使国民经济更加发展，各项制度更加完善；到世纪中叶建国一百年时，基本实现现代化，建成富强民主文明的社会主义国家。

1998 年 10 月，党的十五届三中全会在北京举行。会议通过了《中共中央关于农业和农村工作若干重大问题的决定》，提出了到 2010 年建设有中国特色社会主义新农村的奋斗目标，确定了以公有制为主体、多种所有制经济共同发展的基本经济制度，以家庭承包经营为基础、统分结合的经营制度，以劳动所得为主和按生产要素分配相结合的分配制度须长期坚持。

六、党的十六届三中全会作出了完善社会主义市场经济体制的改革部署

2002 年 11 月，党的第十六次全国代表大会举行。大会通过了《全面建设小康社会，开创中国特色社会主义事业新局面》的报告，提出了全面建设小康社会的奋斗目标。报告指出，综观全局，21 世纪头 20 年，对中国来说，是一个必须紧紧抓住并且可以大有作为的重要战略机遇期，我们要在本世纪头 20 年，集中力量，全面建设惠及十几亿人口的更高水平的小康社会。2003 年 8 月，胡锦涛在江西考察工作期间明确提出“科学发展观”，指出要牢固树立协调发展、全面发展、可持续发

展的科学发展观。

2003 年 10 月，党的十六届三中全会在北京举行。全会通过了《中共中央关于完善社会主义市场经济体制若干问题的决定》和《中共中央关于修改宪法部分内容的建议》。全会提出，要坚持公有制的主体地位，发挥国有经济的主导作用，积极推行公有制的多种有效实现形式，加快调整国有经济布局和结构；要适应经济市场化不断发展的趋势，进一步增强公有制经济的活力，大力发展国有资本、集体资本和非公有资本等参股的混合所有制经济，实现投资主体多元化，使股份制成为公有制的主要实现形式；要大力发展和积极引导非公有制经济，允许非公有资本进入法律法规未禁入的基础设施、公用事业及其他行业和领域。全会提出，修改宪法必须坚持四项基本原则，做到五个“有利于”，即做到有利于加强和改善党的领导，有利于发挥社会主义制度的优越性，有利于调动广大人民群众的积极性，有利于维护国家统一、民族团结和社会稳定，有利于促进经济发展和社会全面进步。

七、党的十七届三中全会制定了农村改革发展方案

2007 年 10 月，党的第十七次全国代表大会举行。大会通过了《高举中国特色社会主义伟大旗帜，为夺取全面建设小康社会新胜利而奋斗》的报告，全面阐述科学发展观的科学内涵、精神实质和根本要求，明确科学发展观第一要义是发展，核心是以人为本，基本要求是全面协调可持续，根本方法是统筹兼顾。大会第一次把建设生态文明作为实现全面建设小康社会奋斗目标的新要求提出来。

2008 年 10 月，党的十七届三中全会在北京举行。会议通过了《中共中央关于推进农村改革发展若干重大问题的决定》，明确提出了 2020 年农民人均纯收入比 2008 年翻一番的农村改革发展基本目标。会议提出多项农村改革发展重大举措：按照依法自愿有偿原则，允许农民以转包、出租、互换、转让、股份合作等形式流转土地承包经营权，发展多种形式的适度规模经营；允许农村小型金融组织从金融机构融入资金，允许有条件的农民专业合作社开展信用合作；在土地利用规划确定的城镇建设用地范围外，经批准占用农村集体土地建设非公益性项目，允许农民依法通过多种方式参与开发经营并保障农民合法权益；大幅度提高政府土地出让收益、耕地占用税新增收入用于农业的比例；要赋予农民更加充分而有保障的土地承包经营权，现有土地承包关系要保持稳定并长久不变；统筹城乡社会管理，推进户籍制度改革，放宽中小城市落户条件，使在城镇稳定就业和居住的农民有序转变为城镇

居民。

八、党的十八届三中全会制定了全面深化改革的决定

2012 年 11 月，党的第十八次全国代表大会举行。大会通过《坚定不移沿着中国特色社会主义道路前进，为全面建成小康社会而奋斗》的报告，指出中国特色社会主义道路是实现途径，中国特色社会主义理论体系是行动指南，中国特色社会主义制度是根本保障，三者统一于中国特色社会主义伟大实践，这是党领导人民在建设社会主义长期实践中形成的最鲜明特色。

2013 年 11 月，党的十八届三中全会在北京举行。全会通过了《关于全面深化改革若干重大问题的决定》（以下简称《决定》），指出全面深化改革的总目标是完善和发展中国特色社会主义制度，推进国家治理体系和治理能力现代化；经济体制改革的核心问题是处理好政府和市场的关系，使市场在资源配置中起决定性作用和更好发挥政府作用。习近平就《决定》作说明时指出，改革开放是决定当代中国命运的关键一招，也是实现“两个一百年”奋斗目标、实现中华民族伟大复兴的关键一招。2013 年 12 月，中共中央政治局会议决定成立中央全面深化改革领导小组，负责改革的总体设计、统筹协调、整体推进、督促落实；2018 年 3 月，中央全面深化改革领导小组改名为中央全面深化改革委员会。

九、党的十九届三中全会作出深化党和国家机构改革的决定

2017 年 10 月，党的第十九次全国代表大会举行。大会通过《决胜全面建成小康社会　夺取新时代中国特色社会主义伟大胜利》的报告，作出了中国特色社会主义进入新时代、中国社会主要矛盾已经转化为人民日益增长的美好生活需要和不平衡不充分的发展之间的矛盾等重大政治论断，确立了习近平新时代中国特色社会主义思想的历史地位，提出了新时代坚持和发展中国特色社会主义的基本方略，确定了决胜全面建成小康社会、开启全面建设社会主义现代化国家新征程的目标。大会认为，综合分析国际国内形势和中国发展条件，从 2020 年到 21 世纪中叶可以分两个阶段来安排。第一个阶段，从 2020 年到 2035 年，在全面建成小康社会的基础上，再奋斗 15 年，基本实现社会主义现代化。第二个阶段，从 2035 年到 21 世纪中叶，在基本实现现代化的基础上，再奋斗 15 年，把中国建成富强民主文明和谐美丽的社会主义现代化强国。

2018 年 2 月，党的十九届三中全会在北京举行。全会通过了《中共中央关于深化党和国家机构改革的决定》和《深化党和国家机构改革方案》，同意把《深化党和国家机构改革方案》的部分内容按照法定程序提交十三届全国人大一次会议审议。全会提出，深化党和国家机构改革的目标是，构建系统完备、科学规范、运行高效的党和国家机构职能体系，形成总揽全局、协调各方的党的领导体系，职责明确、依法行政的政府治理体系，中国特色、世界一流的武装力量体系，联系广泛、服务群众的群团工作体系，推动人大、政府、政协、监察机关、审判机关、检察机关、人民团体、企事业单位、社会组织等在党的统一领导下协调行动、增强合力，全面提高国家治理能力和治理水平；深化党和国家机构改革的首要任务是，完善坚持党的全面领导的制度，加强党对各领域各方面工作领导，确保党的领导全覆盖，确保党的领导更加坚强有力；转变政府职能，优化政府机构设置和职能配置，是深化党和国家机构改革的重要任务；统筹党政军群机构改革，是加强党的集中统一领导、实现机构职能优化协同高效的必然要求；治理好我们这样的大国，要理顺中央和地方职责关系，更好发挥中央和地方两个积极性；机构编制法定化是深化党和国家机构改革的重要保障。

第四节　改革 40 多年来法律法规政策等制度性文件

制度建设是治国之本，是关系党和国家事业发展的根本性、全局性、稳定性、长期性问题。不断加强法律法规政策等制度建设是中国改革开放以来治国理政的一大突出特色。改革开放 40 多年来，中国紧紧扭住完善和发展中国特色社会主义制度这个关键，不断探索、不断实践，形成和发展了党的领导和经济、政治、文化、社会、党建、生态文明、军事、外事等各方面制度。同时，40 多年来，中国从无法可依的历史起点上起步，紧紧围绕中国改革开放大局，以宪法法律为引领，有计划、有重点、有步骤地推动、规范法律制度建设，在改革开放的 42 年中，据不完全统计，中国共颁布了 528 部法律，出台了 1100 多项专项政策决定，相关法规政策请参见本书附录部分。经过 42 年的不懈努力，不仅推动了中国特色社会主义制度更加完善、国家治理体系和治理能力现代化水平明显提高。同时形成了中国特色社会主义法律体系和法律秩序，实现了国家在各个领域的各个方面均有法可依。为政治稳定、经济发展、文化繁荣、民族团结、社会安宁、国家统一提供了有力的法治环境、法规体系和制度保障。实践证明，中国特色社会主义制度和国家治理体系是植根中国大地、具有深厚中华文化根基、深得人民拥护的制度和治理体系，是具有强大生命力和巨大优越性的制度和治理体系，是能够持续推动拥有近 14 亿人口大国进步和发展、确保拥有 5000 多年文明史的中华民族实现“两个一百年”奋斗目标，进而实现伟大复兴的制度和治理体系。

一、经济建设领域

改革开放以来，中国深刻认识到解放和发展社会生产力，增强社会主义国家的综合国力，是社会主义的本质要求和根本任务。只有牢牢扭住经济建设这个中心，毫不动摇坚持发展是硬道理，坚持以发展为第一要务，尤其是坚持科学发展和高质量发展的战略思想，推动经济社会持续健康发展，才能全面增强中国经济实力、科技实力、国防实力、综合国力，才能为坚持和发展中国特色社会主义、实现中华民族伟大复兴奠定雄厚物质基础。基于此，改革开放 40 多年来，据不完全统计，中国出台的有关经济建设领域的法律法规政策多达 420 多项，主要的法律、法规、政策决定如下。

（一）有关经济领域出台的主要政策决定

党中央是中国经济建设的核心领导力量，通过中央文件出台了一系列重大经济政策，例如党中央关于经济体制改革的决定、关于经济发展五年规划（计划）的建议，以及党中央颁布的覆盖整体经济方针、财政、货币等宏观政策，还包括城市、农村、企业、交通、商贸、扶贫等重点领域的政策体系。梳理党中央领导经济建设工作的重大政策（清单参见本书附件），有利于深刻了解中国经济建设决策和改革开放的伟大历史进程。

（二）有关经济领域颁布的主要法规

国务院及其相关经济管理部门是具体负责执行中国经济建设政策的国家机关，通过颁布行政法规，利用政府干预手段来管理国家经济。伴随着中国改革开放的深入，特别是深刻理解政府与市场关系，中国政府对经济管理当前主要集中公共服务、宏观调控、市场监管和生态环境四大领域。国务院及其经济主管部门，积极推进职能转变改革，梳理改革开放40年中颁布的行政法规（清单参见本书附件），把取得成功的改革措施通过行政立法等措施积极在全国推广，极大促进了中国改革开放的历史进程。

（三）有关经济领域出台的主要法律

全国人大是中国经济立法的权力机关，通过把改革取得成功的措施上升为国家法律，从法治角度维护、保障、推进中国经济改革开放。全国人大1993年通过《中华人民共和国宪法修正案》，做出了如下规定：国家实行社会主义市场经济，国家加强经济立法，完善宏观调控。中国经济立法具有两个明显特点：一是约束经济管理活动，就是政府经济管理部门在管理经济活动过程中，受到经济立法和法治的约束逐步增强；二是维护市场公平竞争，维护社会主义市场经济参与主体公平竞争，是中国经济立法的最基本法则。通过梳理中国经济法治过程可以看出，中国已经基本建立起了社会主义市场经济法律体系（清单参见本书附件），这对维护中国改革开放的成果，以及进一步深化社会主义市场经济体制的改革，都具有重大意义。

二、政治建设领域

改革开放以来，中国深刻认识到，一定要始终坚持中国特色社会主义政治发展道路，不断深化政治体制改革，发展社会主义民主政治，日益完善党和国家领导体制，深入推进全面依法治国，日益健全中国特色社会主义法律体系，更加有力地完善人民当家做主的保障制度，全面发展人权事业，更加巩固爱国统一战线，使人民依法享有和行使民主权利的内容更加丰富、渠道更加便捷、形式更加多样，使掌握着自己命运的中国人民焕发出前所未有的积极性、主动性、创造性。基于此，改革开放40多年来，据不完全统计，中国出台的有关政治建设领域的法律法规政策达90多项，主要的法律法规政策如下。

（一）有关政治领域出台的主要政策决定

中国共产党是建设中国特色社会主义的核心领导力量，通过制定政策发挥领导社会主义事业建设全局的作用。我党先后制定了国家领导体制改革政策，集中发挥领导国务院、人大、政协等国家机关，通过人事安排、加强思想意识、工作作风和纪律建设，建立健全巡视制度和纪检监察室制度，来更好地监督国家机关为人民服务。我党还建立了统战工作、民族自治制度、宗教事务政策，发挥各党派、群众团体和少数民族的积极性。梳理我党领导中国特色社会主义政治建设领域的主要政策（清单参见本书附件），巩固和加强党对中国政治建设的领导，可以更好地发挥出中国巨大的政治优势。

（二）有关政治领域颁布的主要法规

在改革开放42年历史中，中国政治领域颁布的法规，主要集中在政府、政协、人大等国家机关的组织建设、干部管理和保障国家机关发挥出为人民服务的政治属性。中国先后在1982年、1998年、2003年、2018年多次实施党和国家机构改革方案，确保了党和国家机关等政府机构有效发挥作用，这是中国区别于其他国家更好地发挥政府作用的组织保障。为了顺应时代发展的大趋势，应对世界百年未有之大变局，中国把国家统一提上现代化建设的重要议程，在民族自治、国家安全、主权统一等方面，大力加强法规建设，发挥出了保障中国核心国家利益的重大作用。

（三）有关政治领域出台的主要法律

全国人大作为中国立法机关，在改革开放过程中颁布的政治领域法律集中如下三个方面：一是国家机关组织建设立法，包括人民代表大会选举法、人民法院组织法、人民检察院组织法、各级人民代表大会和地方各级人民政府组织法等；二是国家基本政治制度建设立法，包括民族区域自治法、监察法等；三是国家安全制度立法，包括反国家分裂法、反间谍法、反恐怖主义法、网络安全法、国家情报法等。

三、文化建设领域

改革开放以来，中国深刻认识到，一定要始终坚持发展社会主义先进文化，加强社会主义精神文明建设，培育和践行社会主义核心价值观，传承和弘扬中华优秀传统文化，坚持以科学理论引路指向，以正确舆论凝心聚力，以先进文化塑造灵魂，以优秀作品鼓舞斗志，大力弘扬爱国主义、集体主义、社会主义精神，大力宣传时代楷模、英雄模范，日益繁荣文化艺术，快速发展网信事业，不断增强全民族理想信念和文化自信，大幅提升国家文化软实力和中华文化影响力。基于此，改革开放 40 多年来，据不完全统计，中国出台的有关文化建设领域的法律法规政策达 30 多项，主要的法律法规政策如下。

（一）有关文化领域出台的主要政策决定

新中国的成立，确立了社会主义基本政治制度、基本经济制度和以马克思主义为指导思想的社会主义意识形态，为社会主义核心价值体系建设奠定了政治前提、物质基础和文化条件。改革开放以来，中国社会主义意识形态建设不断进行新的探索，提出了从建设社会主义核心价值体系到以“三个倡导”为内容，积极培育和践行社会主义核心价值观的重要论断。梳理中国文化政策法规（清单参见本书附件），伴随着中国物质文明的发展，中国精神文明的发展主要体现在建设社会主义核心价值观，确立马克思主义在意识形态和宣传思想工作的核心指导地位。当前，中国正在改革中国文化体制，党中央先后颁布两个文化体制改革决定，党的十九大提出努力建设文化强国目标。

（二）有关文化领域颁布的主要法规

中国文化领域法规建设需要大力加强，继承和发扬中国传统文化，特别是中医药文化，是中国面临建设文化强国的重要战略任务。国务院对各门类文化实施的是分业管理体制，行政法规总共约有 40 多件。中国需要从人的全面发展和高级需要角度改革文化分业管理体制，大力发展大文化，努力建设社会主义文化强国。

（三）有关文化领域出台的主要法律

中国文化领域法制建设需要大力加强，尤其是文化立法是一个严重的短板。党的十八大以前，中国文化立法只有四件，即文物保护法、档案法、著作权法和非物质文化遗产法。文化立法由全国人大科文卫委员会直接牵头负责，中宣部、文化部等十多个部门参与，下一步，中国需要大力加强文化立法，重点提出了四个方面，已经出台公共文化服务保障法，正在制定文化产业促进法、文化市场管理和互联网信息管理等。

四、社会建设领域

改革开放以来，中国深刻认识到一定要始终坚持在发展中保障和改善民生，全面推进幼有所育、学有所教、劳有所得、病有所医、老有所养、住有所居、弱有所扶，不断改善人民生活、增进人民福祉。基于此，改革开放 40 多年来，据不完全统计，中国出台的有关社会建设领域的法律法规政策达 240 多项，主要的法律法规政策如下。

（一）有关社会领域出台的主要政策决定

中国社会领域建设从经济、政治、文化独立出来，成为一个独立领域，发生在 2006 年。2006 年 10 月，党的十六届六中全会召开，通过了《关于构建社会主义和谐社会若干重大问题的决定》，在我们党的历史上第一次把“提高构建社会主义和谐社会的能力”作为党执政能力的一个重要方面明确提出，指出社会和谐是中国特色社会主义的本质属性，强调推动社会建设与经济建设、政治建设、文化建设协调发展。从此中国社会建设领域，包括教育、卫生、住房、社会保障、人口和公益等社会事业取得发展，逐步开始弥补社会发展短板。

（二）有关社会领域颁布的主要法规

中国社会领域改革取得进展，包括教育体制改革和发展、卫生医疗体制改革与发展、住房体制改革与发展、社会保障体制改革与发展以及人力资源管理、社会公益事业的发展，成为中国建设有中国特色社会主义的一个重要特色。梳理社会建设领域的主要法规（清单参见本书附件），我们发现：中国社会建设与人民实际发展需要还存在距离，与发达国家社会发展相比更需要改革发展，在新时代社会主要矛盾成为人民的美好需求与社会生产不充分和不平衡之间的矛盾，中国需要大力推进社会体制改革，实现社会事业的大发展。

（三）有关社会领域出台的主要法律

改善和保障民生，推进社会治理体制创新与社会安全立法，我们取得了巨大进步，主要包括完善公共服务、教育就业、收入分配、社会保障、医疗卫生、食品安全、老年人权益保障、妇女儿童权益保障等，都制定了相关法律（清单参见本书附件）。下一步需要进一步完善社会治理法律体系，加强执法监督，让人民获得实实在在的满足感。

五、生态建设领域

改革开放以来，中国深刻认识到，一定要始终坚持保护环境和节约资源，坚持推进生态文明建设，加快形成生态文明制度体系，逐步健全主体功能区制度，加大推进节能减排、重大生态保护和修复工程，加强生态环境治理，积极参与和引导应对气候变化国际合作。基于此，改革开放 40 多年来，据不完全统计，中国出台的有关生态环境建设领域的法律法规政策达 80 多项，主要的法律法规政策如下。

（一）有关生态领域出台的主要政策决定

中国从 2006 中央人口资源环境工作座谈会开始，高度重视环境问题，出台了一系列重大生态环境政策。胡锦涛在中央人口资源环境工作座谈会上的讲话指出，要大力推进循环经济，建设资源节约型、环境友好型社会。习近平高度重视生态环境问题，将生态建设上升为国家战略。在党的十八届五中全会第二次全体会议上，习近平阐述新发展理念，强调坚持创新发展、协调发展、绿色发展、开放发展、共享发展，是关系中国发展全局的一场深刻变革；在 2018 年 5 月 18 日全国生态环境保护大会上，习近平提出新时代推进生态文明建设的原则，强调要加快构建生态文明体系，这次大会总结并阐述了习近平生态文明思想。

（二）有关生态领域颁布的主要法规

为了贯彻落实中国生态文明建设重大方针和战略，党中央和国务院颁布一系列重大改革决定，出台了一系列法规，已经形成了系统的生态建设的法规体系。2015 年，中共中央和国务院共同印发的法规有：《关于加快推进生态文明建设的意见》《生态文明体制改革总体方案》，明确了生态文明体制改革的“四梁八柱”；中办和国办共同印发了《环境保护督察方案（试行）》。2018 年，中共中央和国务院共同印发《关于全面加强生态环境保护 坚决打好污染防治攻坚战的意见》。

（三）有关生态领域出台的主要法律

为保障中国生态文明建设提供法律保障，全国人大颁布了一系列法律。一是生态建设总体立法，包括环境保护法和环境保护税法、资源保护法和资源税法。二是生态建设分领域立法，包括水法，矿产法，水、大气、固体废物、能源等污染防治和节约利用的法律。

六、党的建设领域

改革开放以来，中国深刻认识到一定要始终坚持加强和改善党的领导，积极应对在长期执政和改革开放条件下党面临的各种风险考验，持续推进党的建设新的伟大工程，保持党的先进性和纯洁性，保持党同人民群众的血肉联系。积极探索共产党执政规律、社会主义建设规律、人类社会发展规律，不断开辟马克思主义中国化新境界。一定要坚持党要管党、从严治党，净化党内政治生态，持之以恒正风肃纪，大力整治形式主义、官僚主义、享乐主义和奢靡之风，以零容忍态度严厉惩治腐败。基于此，改革开放 40 多年来，据不完全统计，中国出台的有关政治建设领域的法律法规政策达 50 多项，主要的法律法规政策如下。

（一）有关党建领域出台的主要政策决定

党的建设包括政治、纪律、思想、作风建设，是我党领导社会主义现代化的生命线。不同时期，我党都围绕国内外环境、主要任务和主要问题，提出党建工作的重大政策。习近平担任总书记以来，把全面加强党建设工作作为“四个全面”的重大保障，开始以党内法规的方式，大力加强党建工作，取得了重大成果。

（二）有关党建领域颁布的主要法规

我党已经颁发了两个党内法规制定工作五年计划，2013 年 11 月 5 日，中共中央印发《中央党内法规制定工作五年规划纲要（2013—2017 年）》，这在我们党历史上是第一次；2018 年 2 月 9 日，中共中央印发《中央党内法规制定工作第二个五年规划（2018—2022 年）》。在党内法规制定工作五年规划的安排下，我党已经制定和颁布了一系列党内法规（清单参见本书附件）。

七、军事建设领域

改革开放以来，中国深刻认识到，一定要始终坚持党对军队的绝对领导，不断推进国防和军队现代化，推进人民军队实现革命性重塑，推进武器装备取得历史性突破，推进治军方式的根本性转变，提高革命化现代化正规化水平，增强人民军队维护国家主权、安全、发展利益的能力。基于此，改革开放 40 多年来，据不完全统计，中国出台的有关军事建设领域的法律法规政策达 50 多项，主要的法律法规政策如下。

（一）有关军事领域出台的主要政策决定

围绕中国改革开放的主要任务，中国国防军队建设可以分为两个阶段。第一阶段是 1978—2012 年，中国国防军队建设主要维护和平与发展的世界主题，中国采取了军队裁员等政策。第二阶段是 2013—2018 年，围绕着世界百年未有之变局和中华民族复兴大局，中国大力加强国防军队建设，主要战略目标是保卫国家安全、维护国家主权和维护世界和平与发展。

（二）有关军事领域颁布的主要法规

围绕两个阶段的国防军队建设战略任务，中国分别制定了主要法规。第一阶段，裁军和军队管理规范化。第二阶段，通过军队管理体制改革，建立一支能打仗、打胜仗的军队。

（三）有关军事领域出台的主要法律

中国军事领域当前颁布的主要法律有十多件，主要包括国防法，现役军官服役、预备役军官、军人保险、英雄烈士保护、军事设施保护、国防交通、国防教育等主要法律。

八、外事工作领域

改革开放以来，中国深刻认识到，一定要始终坚持独立自主的和平外交政策，始终不渝走和平发展道路、奉行互利共赢的开放战略，坚定维护国际关系基本准则，维护国际公平正义。一定要实现由封闭半封闭到全方位开放的历史转变，积极参与经济全球化进程，积极推动建设开放型世界经济、构建人类命运共同体，促进全球治理体系变革，旗帜鲜明反对霸权主义和强权政治，为世界和平与发展不断贡献中国智慧、中国方案、中国力量，积极推动人类共同发展，使中国日益走近世界舞台中央，成为国际社会公认的世界和平的建设者、全球发展的贡献者、国际秩序的维护者。基于此，改革开放 40 多年来，据不完全统计，中国出台的有关外交建设领域的法律法规政策达 50 多项，主要的法律法规政策如下。

（一）有关外事领域出台的主要政策决定

新中国成立后开始制定并实施独立自主的和平外交政策，一直伴随着中国改革开放全过程。习近平总书记为核心的新一届党中央，提出了习近平外交思想。2018年6月22日，习近平在中央外事工作会议上讲话指出，把握国际形势要树立正确的历史观、大局观、角色观。当前，中国处于近代以来最好的发展时期，世界处于百年未有之大变局，两者同步交织、相互激荡。要深入分析世界转型过渡期国际形势的演变规律，准确把握历史交汇期中国外部环境的基本特征，统筹谋划和推进外交工作。这次会议总结并阐述了习近平外交思想。

（二）有关外事领域颁布的主要法规

中国外交领域颁布的主要法规，可以分为政治外交工作和经济外交工作，针对当前世界百年未有之大变局，中国更加重视安全外交工作。中国外交工作主要法规（清单参见本书附件）。

（三）有关外事领域出台的主要法律

2001年，中国加入世界贸易组织后，修改了一批涉外法律。2015年7月1日，十二届全国人大常委会第十五次会议通过《中华人民共和国国家安全法》。中国参与签订或加入了有关国际协议。

九、港澳台工作领域

改革开放以来，中国深刻认识到，一定要始终坚持推进祖国和平统一大业，实施“一国两制”基本方针。一定要坚持一个中国原则和“九二共识”，加强两岸经济文化交流合作，推动两岸关系和平发展，坚决反对和遏制“台独”分裂势力，牢牢掌握两岸关系发展主导权和主动权。大力增强海内外全体中华儿女的民族认同感、文化认同感。基于此，改革开放40多年来，据不完全统计，中国出台的有关港澳台领域的法律法规政策达30多项，主要的法律法规政策如下。

（一）有关港澳台领域出台的主要政策决定

中国在改革开放的历史过程中，确立了港澳台基本政策。1979年，全国人大常委会发表《告台湾同胞书》，正式提出实现和平统一的大政方针，呼吁两岸实现通航、通邮，发展贸易，互通有无，进行经济交流。1982 年 1 月 11 日，邓小平会见美国华人协会主席李耀滋，首次提出“一个国家，两种制度”概念，通过“一国两制”解决了香港、澳门回归祖国问题。

（二）有关港澳台领域颁布的主要法规

中国对香港、澳门的主要法规是基本一致的，而对台湾的法规是两岸协商确定的。中国对香港、澳门的主要法规：1984 年 12 月 19 日，中英两国政府在北京正式签署《中华人民共和国政府和大不列颠及北爱尔兰联合王国政府关于香港问题的联合声明》，1987 年 4 月 13 日，中葡两国政府在北京正式签署《中华人民共和国政府和葡萄牙共和国政府关于澳门问题的联合声明》，中国政府对香港、澳门恢复行使主权。2003 年 6 月 29 日，中央政府与香港特别行政区政府签署《内地与香港关于建立更紧密经贸关系的安排》；2003 年 10 月 17 日，中央政府与澳门特别行政区政府签署《内地与澳门关于建立更紧密经贸关系的安排》。中国对台湾的主要法规：1992 年 11 月，海峡两岸关系协会与台湾海峡交流基金会，就解决两岸事务性商谈中如何表述坚持一个中国原则的问题，达成各自以口头方式表述“海峡两岸均坚持一个中国原则”的共识，后被称为“九二共识”；2003 年 6 月 29 日，中央政府与香港特别行政区政府签署《内地与香港关于建立更紧密经贸关系的安排》。2010 年 6 月 29 日，海峡两岸关系协会与台湾海峡交流基金会在重庆签署《海峡两岸经济合作框架协议》。

（三）有关港澳台领域出台的主要法律

中国出台对港、澳的主要法律：1990 年 4 月 4 日，七届全国人大三次会议通过《中华人民共和国香港特别行政区基本法》《全国人民代表大会关于〈中华人民共和国香港特别行政区基本法〉的决定》《全国人民代表大会关于设立香港特别行政区的决定》；1993 年 3 月 31 日，八届全国人大一次会议通过《中华人民共和国澳门特别行政区基本法》《全国人民代表大会关于〈中华人民共和国澳门特别行政区基本法〉的决定》《全国人民代表大会关于设立中华人民共和国澳门特别行政区的决定》；2020 年 5 月 28 日，十三届全国人大三次会议通过《关于建立健全香港特别行政区维护国家安全的法律制度和执行机制的决定》。针对台湾统一问题，2005 年 3

月 14 日，十届全国人大三次会议通过《反分裂国家法》，明确国家绝不允许“台独”分裂势力以任何名义、任何方式把台湾从中国分裂出去。

中国通过改革基本确立了社会主义市场经济新体制，并依据生产力发展的需要不断完善上层建筑和意识形态，逐步建立起了社会主义法律体系。展望未来，在中国建设社会主义现代化新征程中，需要根据社会生产力发展需要、新的社会主要矛盾，持续有效推进法治国家建设：第一，中国顶层制度设计基本定型了，需要稳定一个时期，继续发挥促进社会生产力发展的作用；第二，推进法治国家建设，要警惕“左倾”和“右倾”思潮的干扰，把推进社会公平竞争作为基本方向；第三，严格遵守社会主义法律，要做到有法必依、执法必严。

第九章

中国改革存在的不足之处及未来改革任务

改革开放以来，中国经济发展取得了举世瞩目的成就，经济总量跃居世界第二，2020 年人均 GDP 达到 10520 美元，实现了第一个百年奋斗目标，在中华大地上全面建成了小康社会。但中国处于并将长期处于社会主义初级阶段的基本国情，决定了建设中国特色社会主义是十分漫长而艰辛的过程，是不断发现问题并解决问题的过程，是需要通过深化改革不断完善社会主义市场经济体制机制和法规体系的过程。从目前情况来看，中国经济存在的问题仍然较多，这些问题大多属于改革中出现的新问题，不仅制约中国经济长期可持续发展，而且也影响到社会和谐稳定，表明中国不少领域、不少环节的改革还不到位，必须通过深化改革，消除瓶颈制约，促进经济社会发展步入高质量和可持续发展的轨道，为实现中华民族伟大复兴提供完善的制度保障。

第一节 中国改革存在的不足之处

一、收入分配制度改革滞后：个人、行业、地区之间收入差距较大

社会主义的本质特征是维护社会公平、实现共同富裕。经过42年改革开放，尽管中国经济发展取得了辉煌成就，人们的收入普遍有了大的提高，生活水平普遍有了较大改善，但是收入差距不断拉大，距离共同富裕的目标还有很大差距。衡量收入差距的基尼系数达到0.46，处于较高水平。分析其原因，既有收入分配政策的影响，又有要素占有不合理的因素，随着财产性收入在居民收入中的比重不断提高，财产性收入差距越来越成为个人收入差距拉大的重要原因。

（一）国民收入在生产要素间分配不合理

改革开放初期，为了激发市场活力，调动投资者积极性，中国实行鼓励资本要素投入的分配政策，但是约束市场行为的法规政策却没有及时建立，市场行为没有完全被关进制度的“笼子”里，尤其是税收对市场行为没有发挥应有的调节作用，导致国民收入在要素间分配存在许多漏洞，矿权、股票、土地、房地产等要素交易存在市场暴利，金融行业利润率过高，出现“钱赚钱太容易、诚实劳动挣钱难”的状况，不仅拉大了贫富差距，导致产业空心化趋势，累积了一定程度的房地产泡沫，而且更为严重的是助长了社会投机行为，毒化了社会风气。例如，炒地、炒房和炒矿产资源牟利成为社会现象，一些人钻国家政策空子，蓄意囤积土地、房产和矿产资源，“低进高出”赚取巨额利润。与此同时，实体企业承担的税负和银行贷款利息沉重，企业利润过多地流向金融行业，特别是中小实体企业经营困难，实体经济陷入困境。

（二）城乡市场化程度不同导致财产增值速度相差悬殊

城乡居民拥有的财产权益不平等。城镇居民财产以商品住房为主，随着部分热点城市房价上涨，居民拥有的财富增值效应显现。农村居民的住房和承包地商品化、市场化程度低，享受不到城市居民所享受的工业化、城市化带来的不动产增值效应。目前，北、上、广、深等一线城市户均财产在500万元以上，二三线城市居

民的住房财产也在持续增值。农村土地只能由政府低价收购后，转变为建设用地高价出售。2020 年政府土地出让金收入高达 8.4 万亿元，很大程度上是农民集体财富的转移。农民住房尚未真正实现商品化，只允许在本村居民中转让，不能进入市场，失去了私有住房的市场价值和财产权。城乡居民在财产权益上的不平等成为导致城乡收入差距拉大的重要原因。进城农民工尽管为城市建设作出了重大贡献，但是由于他们的非城市户籍，使他们享受不到城市户籍人口所享受到的养老保险、医疗保险、子女入学入托政策、保障房政策等各种公共服务。这种户籍权益的不平等，也是造成城乡居民收入差距拉大的原因之一。由于远离家乡工作，不能照顾父母子女，影响到子女教育以致影响到劳动力的再生产。城乡居民收入比长期处于 2.7∶1 的水平，是很不合理的。韩国在工业化、城市化过程中，城乡居民收入比始终保持在 1∶0.9 左右，其经验值得学习借鉴。

（三）中国基尼系数已明显偏高，处于不合理状态

受要素占有机制不合理以及城乡居民收入差距大等因素的影响，中国贫富差距较大。据国家统计局的数据，目前中国基尼系数达到 0.46 的高危状态，而北欧国家大多在 0.2 左右。诚然，在经济快速成长时期，收入差距大一些是难以避免的。然而，贫富差距过大的状况与社会主义国家的本质属性格格不入，长此以往，不仅会导致社会“仇富”心态加剧，影响社会稳定，而且也必将制约中国共享发展和长期可持续发展，必须采取有效措施逐步扭转。

二、土地制度改革滞后：实现乡村振兴任务艰巨

我们党历来高度重视农村、农民和农业问题，把农村工作始终作为重中之重的工作来抓。经过全党上下的艰苦努力，截至 2020 年我们打赢了农村脱贫攻坚战，实现了 8000 万贫困人口脱贫目标，取得了举世瞩目的伟大成绩。然而，在肯定成绩的同时，我们必须清醒地看到，土地制度改革滞后等导致农业现代化进展缓慢，农业劳动生产率过低，缺乏国际竞争力；农村基础设施和公共服务落后于城市，巩固脱贫成果、建设美丽乡村任务艰巨。发展的不平衡、不充分集中体现在城乡之间发展不平衡和农业农村发展不充分，实现乡村振兴目标是摆在全党和全国人民面前十分紧迫的战略任务，也是未来 15 年中国经济增长亟待激发的最大新动能。

（一）农村土地制度改革滞后严重阻碍了农业现代化

中国目前的农地、林地所有权归村集体，承包权归农户，经营权允许转让。尽管《物权法》明确农户对承包的耕地、林地拥有用益物权，但是由于各种原因，土地经营权流转比例明显偏低，至今仅占30%左右。由于每户土地经营规模仅有10亩左右，而且平均分成七八个小块，这种碎片化的耕地严重制约了农业机械化和对先进技术的推广应用。特别在平原和浅丘陵地区，适宜大型农业机械和灌溉设备操作，从而大幅度提高作业效率，把大批农民从土地上进一步解放出来，从事第二、三产业。实践证明，在平原和浅丘陵地区，小农户经营已经成为发展先进生产力的严重障碍。美国家庭农场平均经营规模已达8000亩以上，是中国的1000倍。是继续固守小农户承包经营，还是鼓励发展规模化、集约化、社会化大农业，这个问题尖锐地摆在了农村土地制度改革面前。

（二）城乡分割的住房制度严重扭曲了城乡房地产业发展

在发达国家城市化进程中，都经历过城市郊区化的阶段。即随着城市人口的增加，住房价格升高，城市建成区必然向郊区扩散，以郊区较低的房价来抑制市区房价的上升。上海借助举办国际博览会的机会，提出实现城市郊区化、郊区城市化，从市区迁出300多万人到郊区居住，改善了城市分布结构，提高了城市的宜居性。然而，现行中国城乡实行两种不同的房地产制度，人为斩断了城乡房地产市场的联系。这种城乡分割的房地产市场带来了3个明显弊端：一是城市房价失去郊区房价的抑制机制，只能像脱缰之马，不断攀升；二是剥夺了农民享受不动产增值带来财产性收入的权利，拉大了城乡收入差距；三是产生了土地财政这一畸形的财政政策，政府靠土地出让金来弥补财政收支，犹如饮鸩止渴。建立城乡一体化的房地产市场，实现城乡要素的平等交换、自由流动，是社会主义市场经济的本质要求，是实施城乡融合发展战略的客观需要，对于加快乡村振兴、促进城镇化健康发展至关重要。

（三）城乡二元结构严重制约乡村振兴进程

新中国成立初期，为了集中资金进行工业化建设，我们实行了工农业产品价格剪刀差的办法，由农业为工业提供积累。由此形成了城乡二元结构的思维定式，按照这种思维定式制订的政策，往往优先考虑城市的发展需要，农业、农村则为城市的发展不断做贡献。改革40多年来，农村劳动力流入城市2.8亿人，农民工的工资远远低于城市职工的工资，而城市的技术人员很少流入农村。设在农村的金融机构，包括各类银行和信用社，一般都是存差，而城市的金融机构一般都是贷差，因为农村缺少投资机会，农村的资金大量流入城市，支持了城市的发展。城市的生产要素基本市场化了，农村的生产要素还处于半市场化状态，这是导致农村的生产要素源源不断流入城市的根本原因。

（四）乡村振兴需解决好农业、农村、农民问题

农业的突出问题是现代化水平低。发展规模化经营面临的主要障碍是转让人与承让人的利益分配问题。由于经营权转让费一般每亩500—1000元，负担过重，让承租人望而却步。尽管鼓励经营权转让的政策已经实施多年，但是进展不大。目前，70%的土地仍由承包人自己耕种或委托亲友耕种，甚至出现撂荒现象。出路有三：一是发展农业合作社，由合作社完成农业规模化、现代化任务；二是由转包人和承让人建立股份合作制企业，土地作价入股；三是实行土地托管制，将土地委托给大型农业公司经营。政府制定托管指导价。根据欧洲的经验，大多采用“家庭农场+合作社+公司”模式，家庭农场要达到一定规模，合作社负责农产品加工营销，各类专业公司提供全方位的专业化服务。中国应从实际出发，根据种植业和养殖业的不同情况，放手和鼓励农民创造出适应现代化需要的经营模式。统分结合的土地家庭联产承包责任制是中国农村的基本经济制度，需要随着生产力的发展不断完善。过去40多年，在“分”的层面上文章做得比较足，在“统”的层面上文章做得不够。许多地区的农村，集体经济薄弱，甚至成为集体经济空白村，各种专业合作社、专业服务公司没有发展起来，需要根据机械化、集约化经营的需要，重点予以支持和发展。

农村的突出问题主要是基础设施和公共服务落后。解决这一问题需要大量资金投入。资金从何而来？一是要靠财政转移支付，不断加大财政转移支付能力，通过人均公共财政支出的均等化实现人均公共服务的均等化。二是各级政府要把基础设施建设的重点逐步由城市转向农村，改变农村基础设施落后于城市的局面。三是把政府土地出让金逐步转变为撬动乡村振兴的杠杆。2020年，政府土地出让金创造新高，达到8.4万亿元，其中，经营性建设用地出让占80%以上，公益性建设用地出

让不足20%。这笔巨额资金在很大程度上是农村集体土地转移过来的。今后，随着允许农村集体经营性建设用地入市，并与城市国有土地同权同价，政府征用土地的制度应当加快改革。公益性建设用地可以继续由政府向农村征地，以保证交通、医院、学校、公园、绿地建设的用地需求。经营性建设用地包括商品住宅、经营性设施等用地需求，应逐步由农村集体经营性建设用地入市来满足供应，并通过供给方的竞争降低土地价格，从而抑制城市房价的上涨。农村集体经营性建设用地出让的收入应拿出一定比例用于农村基础设施建设。目前，规定城市土地出让金收入要拿出50%用于乡村振兴投入，这是一项非常好的政策，应当继续实行。随着农村宅基地制度改革的推进，集体经营性建设用地入市规模将逐步扩大，可用于农村基础设施建设的投资将逐步增加，改变农村基础设施落后的状况指日可待。随着农村基础设施的完善，农村将比城市更美丽、更宜居。

为了增加农民财产性收入，《中华人民共和国国民经济和社会发展第十四个五年规划和二〇三五年远景目标纲要》还提出，“提高农民土地增值收益分享比例”。如果城市建设新增用地逐步以农村集体经营性建设用地入市来满足，仅以去年政府土地出让金收入总额计算，即相当于全国平均每个农村人口约1.6万元，接近当年农村人均可支配收入1.7万元的水平。可见土地价值增值潜力之大。

农民的突出问题是如何培育职业农民队伍。依靠低效率、低收入的农业不可能把高素质的劳动力留在农村。必须通过发展高效率、高收入的农业来吸引高素质的劳动力，并通过培育高素质的职业农民队伍来推进农业的现代化。随着国内农产品价格与国际接轨和中国工业产能的大量过剩，在实现一定经营规模的情况下，投资农业和从事农业是可以取得较高回报和较高收入的。归根到底，必须用社会平均劳动生产率的标准来评价农业，兴办农业。目前，农业劳动生产率仅相当于社会平均劳动生产率的28%。我们通过组织一批规模化的农业经营单位，使从事农业的投资能够获得社会平均资本利润率，使从事农业经营的劳动者能够获得社会平均劳动生产率，从而使他们的收入达到全社会的平均水平，农民成为一个体面的职业，职业农民队伍才能建设起来。这样的范例在黑龙江省国营农场及其周围，在新疆建设兵团，在一大批实力强大的农业公司，如蒙牛、牧原等公司，我们已经看到了现代农业和职业农民队伍的榜样。

对于已经进城并有稳定工作和收入的农民工，应当由吸纳农民工的城市承担起农民工市民化的责任，除特大城市外，应当取消就地落户的限制，并为进城落户的农民工提供城市户籍人口所享有的各种公共服务。

三、产权制度改革滞后：企业发展活力不足

以公有制为主体、多种所有制经济共同发展是中国社会主义初级阶段的基本经济制度。这一基本经济制度充分激发了各种经济主体的市场活力，带动经济快速发展和经济竞争力的提高，涌现出众多优秀企业，表明中国社会主义基本经济制度具有强大的生机活力。国有企业和非国有企业在中国经济社会发展中具有特定的功能和作用，不可或缺、不可偏废。但从实际情况来看，中国国有企业和非国有企业发展均面临体制机制障碍，必须引起高度重视。

（一）国有企业存在改革不到位的问题

经过多年的艰难改革历程，中国国有企业基本上建立起现代企业制度，竞争力不断提高，在国家经济发展中发挥了十分重要的主导作用。然而，国有企业产权制度改革仍不完善，例如，十八届三中全会提出的国有资产以管资本为主的改革任务没有完成，国有企业股权混改任务推进迟缓，国有经济布局结构有待优化，国有经济在关系科技创新、粮食安全、网络安全、生态安全、新经济发展等关键领域的作用亟待加强。

（二）民营企业发展的政策环境有待改善

毫不动摇地巩固和发展公有制经济，毫不动摇地鼓励、支持和引导非公有制经济发展，使两者在社会主义现代化进程中相互促进、共同发展，是必须坚定不移长期坚持的基本方针。鼓励、支持和引导非公有制经济发展，有利于繁荣城乡经济、增加财政收入，有利于扩大就业、改善人民生活，有利于优化经济结构、促进经济发展。为了促进非公有制经济健康发展，党中央、国务院出台了一系列文件，要求为非公有制经济创造平等竞争、一视同仁的法治环境、政策环境和市场环境。各级各部门也出台了一系列配套政策和措施，极大地激活了广大民营企业的发展活力和创造力，在国民经济和社会发展中的作用越来越大。然而，必须重视的是，尽管中央三令五申要为民营企业发展创造良好环境，但是事实上民营企业在实际运行中仍然受到许多不公平对待。与国有企业相比，民营企业在政治待遇、司法办案、市场准入、金融环境等方面，均受到不同程度的歧视，社会上侵犯私人产权的现象时有

发生，需要引起高度重视。

（三）混合所有制企业爆发出勃勃生机和活力，但推广不力

华为、海尔、腾讯等体现国家竞争力的国际品牌企业都有一个共同特点：均得益于股权结构的不断调整和现代企业制度的不断完善，在产权清晰的基础上，建立了规范的股份制产权结构和科学的公司治理结构。从这些优秀企业的实践经验来看，通过发展混合所有制公司治理结构，企业在所有制关系、分配关系和劳动者关系上都发生了积极变化，不少企业通过实行员工持股制，形成了投资者与劳动者共同投资、共同所有的所有制结构，充分调动了企业员工的积极性和创造性，是未来企业产权制度改革的方向。然而，对于这种实践证明较为先进成功的企业产权治理模式，在广大民营企业中还没有普遍推广，中国目前大多数民营企业还是家族式管理模式，难以做大做强，即使做大做强了也难以长期延续，不少企业出现了“富不过三代”的现象。

四、科技体制改革滞后：科技创新能力不足，科技成果转化率低

科技在中国未来发展和国际竞争中的作用越来越重要。新一轮科技革命引发的新业态、新模式、新技术促进了新经济发展，成为未来经济增长的新动能，同时，也成为国际竞争的关键因素。然而，中国科技管理体制机制和法规政策还存在不少问题，导致科技成果向现实生产力转化率低，制约中国从科技大国向科技强国的转变，必须引起高度重视。

（一）科研体制改革不到位

一是政府科技管理力量分散。目前，已经形成各级各部门齐抓科技的局面，但政府负责推进科技项目落地的体制没有改革到位，科技项目落地的“最后一公里”不得力，导致研发成果推广应用困难。二是公共技术研究成为短板。科技研发分为基础理论研究、公共技术研究和应用技术研究，中科院和高校科研力量主要从事基础理论研究，公共技术研究主要由行业科研院所承担，应用技术研究主要由企业承担。目前的问题是，中国基础理论研究尽管体系庞大、人才众多，但是存在科技成果向应用转化不畅的问题；应用技术研究的研究成果主要分散在广大企业中，存在推广应用难的问题；公共技术研究主要由行业科研院所承担，但这些机构大多转制

为企业，例如，中国电科院成为隶属国家电网公司的下属科研机构，这些隶属央企的科研院所受制于企业，开展公共技术研究的职能大大削弱。总之，中国科研体系出现了基础研究成果向实用技术转化不畅、公共技术研究弱化、应用技术推广应用难、创新体系整体效能低的问题。

（二）科技成果产业化转化机制改革滞后

中国科技人员和科研成果等科技资源大多在大学和科研院所，他们是中国科技研发的国家队，研发经费以财政资金为主。目前存在的问题是，科技人员走向市场难，科研成果向市场转换难，导致科技资源浪费严重，众多科技成果束之高阁。以中科院为例，每年申请的科技专利上万个，但转换产生经济效益的只占 15%，而美国政府支持的科技研发项目转换率达到了 80% 以上。美国之所以有如此高的科技成果转换率，主要得益于有利于科技成果转化的《拜杜法案》，该法案规定政府支持的科技项目，研究人员可以得到 70% 的转让收益，政府得 30%。中国在科技成果转换中，科技人员只能得到 30% 左右的收益，政府得到 70%，制约了科技研发人员的积极性和创造性。

（三）国有企业创新动力不足

受国有企业机制僵化的影响，部分国有企业对行业公共技术研究动力不足，对新技术应用不感兴趣。有的国有企业对颠覆型技术和新模式新业态新技术不敏感甚至抵触，游离于科技革命浪潮之外，躺在国家垄断资源上“睡大觉”，不仅影响自身科技创新能力的提高，而且更为重要的是阻碍了科技成果的推广应用。例如，个别国家油气公司对新能源新技术就采取排斥打压态度，阻碍节能减排等新技术在油气领域的推广。再例如，国营企业研发投入占销售收入的比重明显偏低，研发成果数量低于民营企业。国有企业科技研发积极性不高的原因主要在产权制度上，企业决策人员缺乏与技术进步相联结的利益激励机制。企业增加研发投入，带来的是当年成本的增加和可分配利润的下降，增加了经营风险，而研究成果带来企业发展和利润增加一般需要 5 年左右的滞后期。因此，企业决策人员任期内的研发投入很可能是为其后任创造业绩。应允许混合所有制企业实行员工持股，特别是管理人员持股，并实行期股制，管理人员所持股份在任期之内和离任后的几年之内不允许出售。国内外的实践证明，这是建立企业研发投入长期激励机制的关键所在。华为公司的研发投入长期保持在销售收入的15%以上，员工持股制特别是高管持股起到了重要作用。健全对国有企业的考核机制，把企业无形资产的价值列入国有资产保值增值的考核范围之内，对调动国有企业科技研发的积极性也十分重要。

（四）民营企业创新成果推广难

民营科技企业高度重视技术创新，是中国科技创新的主力军，开发出了许多新技术，但受制于国家缺乏高效成熟的遴选机制和推广应用机制，导致许多真正优秀的技术“报国无门”，形成技术市场“劣币淘汰良币”的现象，导致不少创新型企业生存十分困难，不适应国家加快创新发展的需要。

五、金融体制改革滞后：直接融资比重过低

金融是国民经济的血液。防范和化解金融风险，关系到整个国民经济的安全稳定。改革开放以来，中国金融发展总体上健康稳定，金融风险始终处于可控范围，截至目前，中国银行M2已达200万亿元，外汇储备超过3万亿美元，已经成为世界金融大国。但中国金融体制改革滞后，资本市场和保险业发展滞后，一线城市房价过高，房地产业累积了一定泡沫，孕育着一定风险，必须引起高度重视。

（一）资金配置不合理，企业融资成本高

中国以间接融资为主的金融体制，导致企业资本金比例低，利息负担过重。中国资金价格与发达国家相比，要高出一倍以上，金融业净资产利润率比实体经济高出一倍以上。在目前上市企业500强中，银行的利润总额占50%以上。企业利润过度向银行集中，导致经济脱实向虚，大量资金在虚拟经济中空转，带来巨大潜在风险。金融业的高利率、高利润主要来自于垄断和行业壁垒，金融业进入门槛过高，阻碍了生产要素在行业之间的自由流动，对实体经济的发展极为不利。

（二）保险业和供应链金融应加快发展

保险业是社会安全网，又是资本市场重要的资金来源。中国保险业不发达，降低了社会安全感，影响了资本市场的发展。发达国家保费收入占GDP的比重为8%以上，中国仅为4%，中国人均保费支出仍低于发展中国家的平均水平。按照国际惯例，人均GDP达到一万美元时，保险业发展进入爆发期。重视和加快发展保险

业，是未来金融产业发展的重点。

随着数字经济的发展，借助大数据、区块链等现代信息技术发展供应链金融，是打破金融与实体经济的藩篱、优化信贷结构、提高银行信贷资金使用效率、促进金融与实体经济融合共生发展的有效手段，能够做到在防范各项风险的同时，支持实体经济的发展，创造金融与实体经济“双赢”的发展环境。应当采取有效措施鼓励和支持供应链金融的发展。

（三）高房价潜藏的金融风险亟待化解

由于中国商品房市场存在暴利机制，导致商业银行资金大量涌入。高房价带来的潜在风险必须给予高度警觉，采取综合措施逐步化解。目前，房地产行业一半以上的投资来源于银行贷款，如果房地产泡沫任其膨胀下去，必然会出现泡沫破灭，这将给银行乃至整个国家经济带来风险，形成灾难性后果。同时，商品房投资的高回报，吸引制造业企业纷纷从主业抽出资金介入房地产开发，导致制造业等实体产业空心化。大量资金投入商品房开发，造成供给过剩，空置率不断提高，带来社会资源的极大浪费。要研究借鉴德国和新加坡稳定房价的经验，吸取日本、中国香港制造房地产泡沫的教训，走出一条符合中国国情的房地产业健康发展之路。

六、文化体制改革滞后：文化产业发展不充分

文化产业是中国的支柱产业。受制于法制体制改革滞后的影响，中国文化产业发展潜力远没有发挥出来。从中国历史来看，每当一个新的朝代建立，经过 100 年左右的社会稳定和经济发展，必然出现一个文化创造繁荣时期。唐诗、宋词、汉赋就出现在这样的时期，创造了中国古代光辉灿烂的文化。新中国成立已经 70 多年，中国已经进入文化大发展、大繁荣的时期。要落实党中央关于文化体制改革的精神，为文化创新提供宽松的环境，鼓励各方面文化创新人才脱颖而出。要弘扬社会主义核心价值观，以优秀、生动、活泼的文化产品打动人，寓教于乐之中。要扩大文化产品出口，增强中国文化软实力。中国文物资源丰厚，是世界文物最多的国家，文博产业发展潜力巨大。目前，由于文博法制体制等方面的问题，造成大量珍贵文物尤其是民间文物保管失当，难以合法流通，文物经济、文化、艺术、历史价值没有得到有效挖掘，文博产业发展明显滞后。应当加快改革文博管理体制，完善文博法制，推动文物确权、确真、确价，促进文博市场化、金融化、产业化、国际

化，释放文博产业数以百万亿计的巨大市场潜力，为中国经济和文化发展提供新的增长动力。

七、公共管理体制改革滞后：制约政府行政效率

中国事业单位管理体制改革进程缓慢，存在机构重叠、人员膨胀、政事不分、职责不明、管理僵化、缺乏活力等弊端，制约了公共事业的发展。当前，随着中国社会主义市场经济的不断发展以及中国行政体制改革的逐渐深入，中国公共事业改革的浪潮已势不可挡。同时，中国司法体制也有待加快改革，克服以权谋私、违法犯罪、执法不严、徇私枉法等问题。

八、生态文明体制改革滞后：环境治理力度仍需加大

长期以来的粗放型增长，导致严重的环境污染，包括大面积雾霾天气、黑臭水体、垃圾污染和土地面源污染，威胁到人民健康。十八大以来，我们加大了环境治理力度，生态环境不断改善。然而，环境治理和生态修复的任务仍然十分艰巨。特别是实现 2030 年碳达峰、2060 年碳中和目标，必须继续加大治理力度。就水生态修复来讲，中国江河、湖泊污染仍然严重，生态修复治理难度依然很大。近年来，各级党委和政府将其作为政治任务来抓，实行湖长制、河长制，由主要领导负责，集中力量攻坚克难，取得了较好效果。应总结经验，建立污染防治机制，包括治理思路、成本分担、补偿机制、实施主体、技术应用等方面，继续加大投入力度，确保打赢蓝天、碧水、净土保卫战。

第二节 深化改革的必要性和重要性

改革是对生产关系和上层建筑的调整，使之适应生产力发展的要求，满足巩固经济基础的需要，以达到释放生产力的目的。当前和今后一个时期，中国仍处于非常重要的战略机遇期，面临到 2035 年基本实现社会主义现代化目标、2050 年前后建成社会主义现代化强国的繁重任务，同时，面对美国政府的围堵、打压，唯有继续坚持改革开放的基本国策不动摇，加快改革步伐，创新体制机制，才能挖掘增长潜力，保持可持续发展动能，确保实现中华民族伟大复兴的目标。

一、深化改革是增强经济增长动能的需要

预计“十四五”期间，中国具备年均6%左右的增长潜力，后十年具备年均5%左右的增长潜力，2020年中国GDP总量为14.73万亿美元，人均GDP达10520美元；2025年GDP总量可望达到20万亿美元，人均GDP达到14000美元，进入高收入国家行列；2035年GDP总量可望达到40万亿美元，人均GDP达到26000美元。中国未来经济发展预期前景要转变为现实，关键是要通过深化改革，挖掘潜在经济增长动能，同时促进经济发展步入高质量发展轨道。中国未来经济增长主要有4个方面的基本动能：一是改革科技管理体制，鼓励新科技革命引发的新业态、新模式、新技术、新产业等新经济发展，形成科技革命驱动型增长动能。二是加快农村土地制度改革，释放农村土地等要素资源活力，加快农村城镇化、农业现代化、农民市民化，形成强大的土地改革增长动能。三是加快文化管理制度改革，促进文化产业发展，努力使文化产业成为支柱产业。四是加快经济体制改革，促进经济发展方式从高耗低效的粗放型增长方式转向低耗高效的集约型增长方式，加快构建低碳型国民经济体系，提高国家竞争的硬实力和软实力，促进经济增长步入高质量发展轨道。

二、深化改革是应对日益尖锐的国际竞争的需要

随着中国经济快速发展和经济总量的不断增加，外加中国与美国国家治理模式的差异，美国不甘当“老二”，担心被超越，尤其担心世界治理主导权向中国转移，因此，必然从经济、外交、军事和政治等方面围堵中国。从目前情况来看，中美之争已经愈演愈烈，未来美国将通过贸易战等方式从经济上封锁中国，通过军事挑衅让中国陷入战争泥沼，通过国际组织从外交上孤立中国，试图使中国疲于应对，无暇顾及经济发展。对此我们必须高度重视，不可掉以轻心。应对美国挑战，关键是要做好自己的事情，正所谓“打铁还需自身硬”。我们必须站在中华民族伟大复兴的高度，采取更加积极有效的改革措施，破解制约经济发展的瓶颈，迅速提升内生发展动力，增强应对美国为首的西方霸权主义挑战的能力。为此，中国必须从过去依靠外需的外循环增长模式转向内外循环结合、以内部大循环为主的增长模式上。中国人均GDP仅为美国的1/6，还有很大的增长空间。关键在于扩大国内需求，拓展国内发展空间，增强国内产业链闭环能力，挖掘国内蛰伏的经济增长潜力，走上

外需与内需相结合、以内需为主的发展道路。为此，需要加大改革力度，加快消除体制机制障碍，促进城乡融合发展、实现乡村振兴，增加农民收入、扩大农村消费能力，促进东中西部协调发展，确保国民经济持续高质量发展。

三、深化改革是应对各类风险的需要

改革开放以来，中国创造了持续40多年高速发展的辉煌业绩，同时也集聚了不少风险。这些风险主要有：因美国打压可能引发战争的军事风险、粮食对外依存度过高可能引发的食品安全风险、环境破坏可能引发的生态安全风险、石油进口依存度过高可能引发的能源安全风险、房地产泡沫严重可能引发的金融安全风险、社会贫富差距过大可能引发的稳定安全风险等等，上述任何一个安全风险爆发，均有可能带来灾难性后果并破坏中国的战略机遇期，打断中国崛起的进程。要规避这些风险，只能通过深化改革，激发市场主体活力，提升科技创新能力，构建社会主义和谐社会。

四、深化改革是国家治理体系和治理能力现代化的需要

改革开放40多年是中国共产党不断完善治国理政模式的过程，我们党与时俱进、开拓创新，摸索出中国特色社会主义发展道路，按照“三个有利于”标准，推进国有企业改革，鼓励民营经济发展，发挥市场在资源配置中的决定性作用，激发了社会活力，调动了广大人民群众的积极性和创造性，实现了经济发展、社会进步、人民安居乐业。但近年来，国内“左倾”思想抬头，提出“国进民退”、消灭私有制等“极左”观点，尽管持这种观点的人很少，但是在国内思想界特别针对民营企业的发展却引起了混乱，对中国经济发展的影响不可小视。从历史经验来看，既要防左，又要防右，但左是主要危险。同时，“人民至上”的执政理念在一些地方没有认真贯彻，在防止腐败、维护社会公平、促进共享发展等方面工作不力，没有从法规、政策和机制方面做好“共享发展”的制度安排，这些均需要通过深化改革加以改变。

第三节　深化改革的目标、原则和内容

一、深化改革的目标

全面深化改革是一项复杂的系统工程。深化改革就是要从社会主义初级阶段这一基本国情出发，推进国家治理体系和治理能力现代化，使各方面的制度更加科学、更加完善，实现党、国家、社会各项事务治理制度化、规范化、程序化，不断巩固社会主义经济基础，构建和完善与经济基础相适应的上层建筑，不断完善与生产力发展相适应的生产关系。改革的总体目标是完善和发展中国特色社会主义制度、推进国家治理体系和治理能力现代化，改革内容主要包括经济体制、政治体制、文化体制、社会体制、生态文明体制和党的建设六大领域。六大改革既相互促进又相互制衡，构成结构复杂、关联紧密的庞大系统工程，只有整体推进、重点突破、协同配合，才能取得事半功倍之效。

二、深化改革需要遵循的原则

（一）必须坚持以习近平新时代中国特色社会主义思想为指导

习近平新时代中国特色社会主义思想是对毛泽东思想、邓小平理论、“三个代表”重要思想和科学发展观的继承和发展，是马克思主义与中国实际相结合的最新成果。要用习近平新时代中国特色社会主义思想武装全党，坚持和加强党的全面领导，坚持和完善中国特色社会主义制度，强化问题导向，把握正确改革策略和方法，持续优化经济治理方式，着力构建市场机制有效、微观主体有活力、宏观调控有度的经济体制，使中国特色社会主义制度更加巩固、优越性充分体现。

（二）必须坚持解放和发展生产力

牢牢把握社会主义初级阶段这一基本国情，牢牢扭住经济建设这一中心，发挥经济体制改革的牵引作用，协同推进政治、文化、社会、生态文明等领域改革，促进改革发展高效联动，进一步解放和发展社会生产力，不断满足人民日益增长的美

好生活需要。

（三）必须坚持和完善社会主义基本经济制度

坚持和完善以公有制为主体、多种所有制经济共同发展，以按劳分配为主体、多种分配方式并存，社会主义市场经济体制等社会主义基本经济制度，把中国特色社会主义制度与市场经济有机结合起来，为推动高质量发展、建设现代化经济体系提供重要的制度保障。

（四）必须坚持正确处理政府和市场的关系

坚持社会主义市场经济改革方向，更加尊重市场经济的一般规律，最大限度地减少政府对市场资源的直接配置和对微观经济活动的直接干预，充分发挥市场在资源配置中的决定性作用，更好地发挥政府作用，有效弥补市场失灵。

（五）必须坚持以供给侧结构性改革为主线

更多采用改革的办法，更多运用市场化、法治化手段，在巩固、增强、提升、畅通上下功夫，加大结构性改革力度，创新制度供给，不断增强经济创新力和竞争力，适应和引导有效需求，促进更高水平的供需动态平衡。

（六）必须坚持扩大高水平开放和深化市场化改革互促共进

坚定不移扩大开放，推动由商品和要素流动型开放向法制、规制、规则等制度型开放转变，吸收和借鉴国际成熟市场经济制度经验和人类文明有益成果，加快国内制度规则与国际接轨，以高水平开放促进深层次市场化改革。

三、深化改革的主要内容

（一）经济体制改革是全面深化改革的重点，应坚持以经济体制改革为牵引

全面深化改革必须立足于中国长期处于社会主义初级阶段这一最大实际，坚持发展才是解决中国所有问题的关键，紧扣中国社会主要矛盾变化，以经济建设为中心，发挥经济体制改革的牵引作用，推动生产关系同生产力、上层建筑同经济基础相适应，推动经济社会持续健康高质量发展。按照生产力决定生产关系、经济基础

决定上层建筑的唯物史观，在改革完善政治体制、文化体制、社会体制、生态文明体制和党的建设制度时，都不能脱离生产力发展水平，都要与经济体制改革相衔接，都要有利于促进生产力发展。例如，市场竞争机制是推动生产力发展的重要动力机制，但市场竞争也有局限性，容易拉大收入差距，影响社会公正，这就需要在完善社会主义市场经济体制的同时，通过完善政治体制、社会体制、文化体制等维护社会公正。当前，要把解决人民日益增长的美好生活需要和不平衡不充分发展之间的矛盾作为主攻方向，消除实现平衡而充分发展的制约因素，消除满足人民美好生活需要的体制机制障碍。要坚持把发展作为解决一切问题的基础和关键，贯彻新发展理念，按照高质量发展的要求，建设现代化经济体系。经济体制改革的核心问题是处理好政府与市场的关系，要通过深化改革，使市场在资源配置中起决定性作用，更好发挥政府作用，为经济持续健康发展提供体制机制保障。

（二）政治体制改革攸关社会前进方向，必须坚持走中国特色社会主义政治发展道路不动摇

方向决定道路，道路决定命运。方向偏了，一切皆错、满盘皆输。要通过深化政治体制改革，确保各项改革都牢牢把握中国特色社会主义正确方向，确保各项事业发展都始终坚持走中国特色社会主义道路。为此，应坚持和完善人民代表大会制度、中国共产党领导的多党合作和政治协商制度以及基层群众自治制度，健全人民当家作主的制度体系。其中，人民代表大会制度是坚持党的领导、人民当家作主、依法治国有机统一的根本政治制度安排，必须长期坚持、不断完善。社会主义协商民主是中国社会主义民主政治的特有形式和独特优势，要健全民主制度，丰富民主形式，拓宽民主渠道，保证人民当家作主落实到国家政治生活和社会生活之中。通过积极稳妥地推进政治体制改革，推进社会主义民主政治制度化、规范化、程序化，保证人民依法通过各种途径和形式管理国家事务，管理经济文化事业，管理社会事务，巩固和发展生动活泼、安定团结的政治局面。

（三）文化体制改革能够产生激励全党全国各族人民奋勇前进的强大精神力量，要为社会主义文化强国建设奠定制度基础

文化是一个国家、一个民族的灵魂，是国家凝聚力的黏合剂，能够产生激励全党全国各族人民奋勇前进的强大精神力量。文化兴国运兴，文化强民族强。应通过

深化文化体制改革，为社会主义文化强国建设奠定制度基础。为此，应大力完善文化管理体制，加快构建社会效益和经济效益相统一的文化体制机制。强化教育引导、实践养成、制度保障，把社会主义核心价值观融入社会发展的各个方面，转化为人们的情感认同和行为习惯。完善公共文化服务体系，深入实施文化惠民工程，丰富群众性文化活动。推进国际传播能力建设，讲好中国故事，提高国家文化软实力。

（四）社会体制改革直接决定保障和改善民生、促进社会公平正义的效果，要抓住关键环节，加大改革力度，解决人民最关心、最直接、最现实的利益问题

通过收入分配制度改革，保障收入分配公平公正，让人民共享改革发展的成果。要采取切实有效措施加快推进土地制度改革，切实解决“三农”问题，促进城乡融合发展。要把提高社会治理能力作为推进国家治理体系和治理能力现代化的重点，推进社会领域的制度创新，推进基本公共服务均等化，加快形成科学有效的社会治理体制，打造共建共治共享的社会治理格局，确保社会既充满活力又和谐有序。改革教育、就业、社会保障、医疗等体制机制，使各项公共服务与人民不断增长的美好生活需要和人口流动的社会状况相适应。通过社会体制改革，不断满足人民日益增长的美好生活需要，不断促进社会公平正义，使人民获得感、幸福感、安全感更加充实、更有保障、更可持续。

（五）生态文明体制改革的任务是建设美丽中国，要推动形成人与自然和谐发展的现代化建设新格局

我们要建设的现代化是人与自然和谐共生的现代化，既要创造更多物质财富和精神财富以满足人民日益增长的美好生活需要，又要提供更多优质生态产品以满足人民日益增长的优美生态环境需要。改革生态文明体制，要加快建立生态文明制度，健全国土空间开发、资源节约利用、生态环境保护的体制机制。实行最严格的源头保护制度、损害赔偿制度、责任追究制度，完善环境治理和生态修复制度，用制度保护生态环境；加快建立绿色生产和消费的法律制度和政策导向，建立健全绿色低碳循环发展的经济体系；健全自然资源资产产权制度，研究建立市场化、多元化生态补偿机制，改革生态环境监管体制等等。

（六）党的领导是中国特色社会主义制度的最大优势，必须毫不动摇坚持和完善党的领导，毫不动摇把党建设得更加坚强有力

办好中国的事情，关键在党。没有中国共产党，就没有中华民族伟大复兴。把党建设成为始终走在时代前列、人民衷心拥护、勇于自我革命、经得起各种风浪考验、朝气蓬勃的马克思主义执政党，是夺取新时代中国特色社会主义伟大胜利的根本保证。要紧紧围绕提高科学执政、民主执政、依法执政水平，深化党的建设制度改革，完善和落实民主集中制的各项制度，完善党的领导体制和执政方式，保持党的先进性和纯洁性。要加强和改善党对全面深化改革的领导，充分发挥各级党委总揽全局、协调各方的领导核心作用，最大限度凝聚改革共识，最大限度调动一切积极因素，形成改革合力。

第四节　未来改革的重点任务

一、加快推进收入分配制度改革

促进发展成果更多更公平惠及全体人民，逐步实现全体人民共同富裕，既是中国经济发展的重要目标，又是发挥中国社会主义制度优越性的必然要求。党的十九大报告进一步明确了逐步实现共同富裕的阶段性目标：到 2035 年，全体人民共同富裕迈出坚实步伐；到 21 世纪中叶，全体人民共同富裕基本实现。党的十九届五中全会提出全体人民共同富裕取得更为明显的实质性进展。为此，应围绕实现共同富裕目标，切实加大改革力度。

（一）通过完善所有制结构优化分配关系

中国是社会主义国家，以公有制为主体、多种所有制经济共同发展是必须长期坚持的方针，这一方针决定了在分配制度上必须坚持以按劳分配为主体、多种分配方式并存，把按劳分配和按生产要素分配结合起来，进而建立更加合理公平的分配关系。

（二）坚持促进全体人民共同富裕的政策导向

这就要持续增加城乡居民收入，不断缩小收入分配差距。进一步完善初次分配机制，坚持按劳分配原则，完善按要素分配的体制机制，统筹好按劳分配与按要素分配；进一步完善再分配机制，加大再分配调节力度，增加低收入者收入，调节过高收入，取缔非法收入；加快推进基本公共服务均等化，提高公共服务水平，完善社会保障，不断缩小收入差距，逐步实现全体人民共同富裕。实施扩大中等收入群体行动计划。探索通过土地、资本等要素使用权、收益权，增加中低收入群体的要素收入。多渠道增加城乡居民财产性收入，提高农民土地增值收益分享比例。

（三）强化“公平为先”的政策导向

实行鼓励诚实劳动和创新创业的政策，建立劳动者工资年度增长机制，建立企业职工最低工资年度增长机制，建立健全鼓励创新创业的政策支持体系等，形成有利于“大众创业、万众创新”的政策环境。以高校和职业院校毕业生、技能型劳动者、农民工等为重点，不断提高中等收入群体的比重。

（四）实行对财产性收益征收“利得税”政策

发挥税收在股票、房产、矿产、土地等要素交易收益分配中的调节作用，建议研究开征“利得税”，按照累进制征税做法，对股票交易、房产交易、矿权交易、土地交易等要素交易的收益进行征税，遏制矿权、股票、土地、房地产等领域的严重暴利行为，形成有利于要素市场健康发展的机制，为实体经济与虚拟经济和谐共生发展创造条件。

二、推进农村土地制度第二次改革

党的十八届三中全会通过的《中共中央关于全面深化改革若干重大问题的决定》对农村土地制度改革做出了三大突破，包括赋予农户对土地的承包权、宅基地的使用权、集体经营性建设用地的所有权以商品属性，具有了交换价值。这是继家庭联产承包制之后农村生产关系的又一次大的调整，是农村土地制度的第二次改革。如果说党的十一届三中全会开启了农村土地制度的第一次改革，以打破土地使用和分配上的大锅饭、满足人民温饱为特征，那么第二次改革则以赋予家庭对土地的财产权、允许土地流转，以适应农业现代化为主要特征。按照党中央的多次部署和试点经验，推进第二次土地制度改革，必将进一步释放农村的劳动力潜力和土地潜力，加快土地规模化、集约化经营进程，既能增加耕地，满足城市新增建设用地需求，又能有效缩小城乡居民收入差距，必将带来农村生产力的又一次大解放。实现这一目标，必将大幅度提高农业劳动生产率和土地产出率，增加农民收入。认真地、不折不扣地落实党的十八届三中全会关于农村土地制度改革的部署，是达到这一目标的根本举措。

（一）允许农户对土地的承包权抵押、担保、转让

对农村土地包括耕地、林地、草地等实行三权分置的改革，即所有权归村集体，承包权归农户，经营权放开。稳定所有权，落实承包权，搞活经营权。抓紧土地确权颁证工作。鼓励在不改变土地用途的前提下，推行土地经营权有偿转让，在条件成熟的地方推进土地承包权的转让。土地承包经营制度的改革将成为加快农业现代化的强大动力，推动农业由一个弱质产业转变为具有国际竞争力的产业，并拉动农用工业的发展。

（二）允许集体经营性建设用地与国有土地同权同价

要改革征地制度，缩小政府征地范围，建立城乡统一的建设用地市场，土地出让金应更多地让农民分享。允许农村集体组织依法并经过批准，利用集体经营性建设用地进行经营性项目建设。

（三）在农民自愿前提下允许利用多种方式实现土地规模化经营

加快农村土地集约化、规模化利用，是大势所趋，是解决三农问题的根本途径。在完善土地所有权、承包权、经营权分置办法的基础上，允许通过多种方式加快土地经营权上市流转，允许农民依法享有土地用益物权即“财产权”的转让收益，也就是在试点先行的基础上，允许农民承包地的经营权上市流转，让农民离土也离乡。土地流转要严格遵循农民自愿的原则，鼓励国有农场托管农民土地，发展集约化、规模化现代农业。要建立健全土地流转交易市场，对土地流转价格实行最低保护价机制，保护农民利益不受损害。严格规定土地用途，并实行严格的土地使用监管制度，严禁土地撂荒，对撂荒土地者实行高额罚款，甚至收回土地承包权和

使用权。要制定和完善相关的金融配套政策，允许企业以土地经营权抵押、担保获得银行贷款，以及上市融资、发行企业债券等方式筹措资金，用于现代农业开发和新农村建设。

三、加快农村住房制度改革

中国目前城乡建设共占地 22 万平方公里，其中，城镇占 5 万平方公里，农村占 17 万平方公里。改革开放 40 多年来，中国农村人口减少 2 亿多人，宅基地不减反增，土地资源浪费严重，潜力巨大。推进农村房地产的商品化、市场化，构建城乡一体化的房地产市场，势在必行。

（一）明确改革方向

住房作为城乡居民的重要消费品和私有财产，应当一视同仁地允许其进入市场。应当允许农民的住房与城市居民的住房一样上市交易。所谓上市，应当是全国统一的大市场。这是受宪法保护的私人财产权。要按照农民自愿、法律保障、循序渐进的原则，有步骤地推进农民住房商品化、市场化。鼓励农民工及其家属进城落户，成为市民，并为进城落户的农民通过市场自愿、有偿退出农村住房创造条件。

（二）完善宅基地流通政策

农村住房市场化改革已经严重落后于劳动力大规模流动的现实，导致大批农民工把辛辛苦苦挣来的血汗钱在老家建设无人居住的楼房，不仅造成农民工个人财富的巨大损失，而且也带来全社会资源的巨大浪费。在鼓励农民工进城购房的同时，应允许愿意回归田园生活的城市离退休人员到农村购房定居，并把自己在城市的住宅以较低的二手房价格卖给进城农民工。如此交换，各得其所，两全其美，何不乐哉？

（三）完善进城落户农民的配套政策

对进城落户的农村人口，应当与城市居民享有同等的就业、养老、医疗、住房、低保、子女入学入托等社会保障和公共服务。重庆市实行地票市场制度，对自愿退出农村房地产和集体经济收益的进城落户农民，每人赠送一笔安家费和 5 件“新衣服”：安家费，即对退出农村宅基地、房产和集体经济收益给予价值补偿，可拿到几十万元；5 件“新衣服”，即进城后可享受城市居民的养老保障、医疗保障、住房保障、子女入学入托政策和所有市民的公共服务。重庆作为西部城市，财力并不雄厚，尚能实行这些人性化的政策，其他沿海发达城市更有条件做到。

四、以户籍制度改革为手段加快农民市民化

城镇化是未来十几年中国经济发展的重要动力源泉。每增加一个城镇人口，需要增加基础设施投资 10 万元以上，每年增加 1000 万城镇人口，拉动城镇基础设施投资可达 1 万亿元以上。推进农民工市民化的重要环节在于户籍制度改革，应当全面放开建制镇和中小城市落户限制，合理确定大城市落户条件，适度控制特大城市人口规模。为此，要鼓励生产力布局向小城镇和中小城市扩散，以创造更多的就业机会。根据发达国家的经验，农产品加工增值幅度为农产品本身价值的 10 倍以上。农产品加工业完全可以布局在小城镇和小城市。“十四五”时期要重点抓好“三个一个亿”：东部抓紧解决一亿农民工的市民化，中西部再吸纳一亿农民工进城，城市抓好一亿人棚户区、城中村改造。紧紧抓住这三件事，对农民工和城市低收入人群是雪中送炭，并能加快城镇化进程，对稳增长将起到立竿见影的效果。

五、积极有序推进城镇化进程

未来中国的城市化和城镇化，将在 3 个层面同步展开：一是以北京为中心的环渤海都市群、以上海为中心的长三角都市群和以广州为中心的珠三角都市群，再经过 10 年左右的努力，这三大都市群的经济总量都将居于世界前列，成为拉动中国经济增长的三大引擎。二是以省会城市为中心，以周边地级市为节点，形成一批次区域城市群，在拉动省域经济发展方面将发挥重要作用。三是以县城、小城镇、新型居民社区为依托，形成就地城镇化的格局。在县域经济发达地区，这类城镇化模式已经出现。这 3 种类型的城镇化，都需要用高铁、高速公路等现代运输方式，把大大小小的城市连接起来，形成半小时生活圈和一小时商务圈。基于此，加快建设现代高铁网、高速公路网、航空网、水运网和移动互联网，是推进城镇化的前提条件，也是扩大内需、拉动经济发展的历史机遇。

六、加快以混合所有制为方向的企业产权制度改革

混合所有制企业是伴随生产社会化出现的股权社会化、多元化经济，有利于发

挥各类所有制经济的优势，有利于避免国有企业被内部人控制，有利于更多居民成为投资者，增加财产性收入，体现社会进步。发展混合所有制企业，既符合中国以公有制为主体、多种所有制经济共同发展的基本经济制度的要求，又创新和丰富了中国社会主义基本经济制度的有效实现形式，使中国基本经济制度发挥出更大的优越性，充满生机活力。

加快推进国有企业混合所有制改革。十八届三中全会通过的《中共中央关于全面深化改革若干重大问题的决定》提出："国有资本投资项目允许非国有资本参股"。这是增强国有经济活力的重要举措。当前，国有经济吸收民营经济入股，发展混合所有制经济，是国企改革的新任务，将增强国有企业的发展活力，实现互利双赢、共同发展，应当加大工作力度。

积极推进混合所有制企业实行员工持股制。华为等成功企业之所以长盛不衰、拥有国际竞争力，一个重要的原因就在于实行员工持股制。员工持股制企业包括核心层持股、骨干层持股和老员工持股3个层次。核心层包括董事长、副董事长、总经理、副总经理等十几个人。骨干层包括二级公司经理、职能部门负责人和技术、管理骨干等，约几百人。管理层持股在任职期间和离任后5年之内不允许出售。再加上老员工持股，把企业员工的物质利益与企业经营绩效紧紧捆绑在一起，能够充分调动他们的积极性，使他们不仅关心企业近期盈利，而且更关心企业长远发展，从而在科技研发上舍得增加投入。这类企业股权结构模式值得大力推广。企业实行员工持股，在公司治理模式上，不是人人有份，不能回到平均主义、吃大锅饭的老路，而是要建立激励机制，奖勤罚懒。职工能不能持股、持多少股，要根据员工对企业的贡献，由股东会决定。因此，必须建立严格的企业管理制度，实行财务透明制度，加强企业监管，避免企业被内部人控制。

鼓励企业实行按劳与按股权分红相结合的分配制度。混合所有制企业实行按劳分配与按资分配相结合，有利于促进企业员工共同富裕。在企业员工相互关系上，企业投资者、管理者和劳动者既有分工又有合作。他们既是劳动者，又是所有者，同时还在不同层次和不同程度上参与企业管理，其积极性、主动性和创造性都得到了发挥，很多企业正发展成为员工共商、共建、共享的利益共同体。

七、政府要为各类所有制企业营造公平竞争环境

将国家基本经济制度落实好，为各类企业创造公平、公正的发展环境，必须改

革企业管理制度，构建政府一视同仁的企业管理制度，对企业不以所有制论英雄，而是以对国家对人民贡献论英雄。对各类所有制企业不能有亲疏之分。为此，应当建立科学的评估体系，定期分级遴选国家企业，体现国家和地方经济竞争能力，参与国际和区域经济竞争，成为支撑国家经济发展和民族振兴的骨干力量，同时，按照对国家对区域贡献的大小，给予相匹配的政治待遇和支持政策。

构建科学的国家企业指标评价体系。国家企业评价指标体系应当包括：经济总量（销售收入、增加值），经济贡献（税收、就业人数），创新能力（科技投入、科技人才、科技产品、科技专利），发展能力（盈利、投资、负债），社会效益（公益、环保、碳汇），品牌效益（诚信、标准、质量）。

建立权威的国家企业评估遴选体制机制。各级党委和政府建立国家企业评价中心，建立数据采集库，立足科学评估模型，利用大数据、区块链和数据挖掘技术，定期给出国家企业评估报告和评估结果，对外公布。可以按照中央、省（自治区、直辖市）、地（市）和县（市），建立评估体系和机制。

建立权威高效的国家企业管理体制。对各类企业按照评估结果，明确一批优秀企业为中央级、省级、地市级、县级国家企业，建立优胜劣汰机制，初步建议中央级国家企业三年一评，省级两年一评，地市级和县级一年一评。各级党委政府设立企业管理委员会，负责对所辖国家企业的管理，对于列为国家企业的企业，要依法设立党委、派驻监事，在股东会决策中建立政府“金股”制度，对违背国家民族发展的重大事项拥有否决权，确保国家企业发展不偏离党和国家大政方针和发展理念。各级国家企业将作为中央级、省级、地市级、县级区域品牌企业，支撑经济发展，参与市场竞争。

赋予国家企业与贡献相匹配的政治待遇。各级国家企业的主要领导可以受到相应的政治待遇，如果国家企业的主要领导是党员，可以纳入同级党组织干部管理，具备条件的可以进入党委班子，但不参加日常活动，党委重大决策应当听取国家企业主要领导的意见。国家企业主要领导为非党员的，要纳入各级政协管理，参与各级政治协商。要充分调动国家企业参与社会治理的积极性，成为我们党发展经济、治理社会的重要依靠力量。

对国家企业加大政策支持力度。各级党委政府要充分依靠国家企业在发展经济、改善民生、美化环境以及促进社会进步中的重要作用，按照“重点企业无小事”的思路为其提供服务，随时解决其面临的各种问题。同时，要为各级国家企业发展创造必要的环境，在信贷支持、税收优惠、司法保护等方面给予强有力的支持，扶持国家企业尽快做大做强，成为代表国家和地方的品牌企业，在日益激烈的国际竞争中冲锋陷阵。

八、积极推进科技体制改革

针对中国当前科技体制存在的问题和适应国际竞争的需要，必须采取切实有效的改革措施，调动社会各方面的积极性和创造性，大力推进技术创新，提升科技自立自强能力。

（一）推广深圳等地科技创新经验

改革开放40多年，深圳经济发展取得巨大成功，主要得益于科技创新。深圳每年申请国际专利数量占全国申请量的46.9%，创新已经成为深圳经济增长的第一驱动力。深圳经验主要是经过多年坚持不懈的努力，培养了崇尚创新的文化氛围、鼓励创新的市场机制、宽容失败的社会环境、不拘一格的人才战略、面向全球的开放意识、一视同仁的扶持政策。建议全国各个城市推广深圳的经验，抓紧建立鼓励企业增加研发投入的激励机制，提高广大科技人员创新的积极性，加快科技成果的工程化、产业化。

（二）发挥企业研发投入和创新的主体作用

目前，中国已有一批创新型企业，其每年的国际专利申请量跻身世界前列，例如，华为公司2020年研发投入超过1000亿元，国际专利申请量连续多年居世界前两位。在全球企业国际专利申请量排名中，中国已有5家企业跻身前10名。但中国多数企业研发投入不到销售收入的2%，不少企业尚没有研发活动和技术专利。国家对技术创新的鼓励政策，企业利用得还不够充分。国有企业集中了大批优秀人才，创新的潜力亟待发挥。建议广大国有企业学习借鉴华为科技创新的做法和经验，抓紧建立国有企业技术创新激励机制，充分发挥国有企业在自主创新中的骨干带头作用。

（三）设立国家和省级产业技术研究院

中国科技管理体制僵化是长期存在的问题。受此制约，大批优秀科技成果难以及时推广，许多好的技术尤其是颠覆式技术过不了评审关，被扼杀在摇篮里，给社会带来极大的损失。加快科技管理体制改革是当务之急。政府科技管理部门必须从过去科技管理的“监管者”角色向科技服务的“店小二”转变，更多地发挥市场机制的作用，调动科技中介服务机构的作用，建立符合市场经济规律的科技成果甄别筛选机制和优秀科技成果推广应用机制，加快建立颠覆式技术成熟成果推广应用的体制机制和政策，为真正的好技术推广应用营造良好的政策环境。在这方面，江苏省在全国先走了一步，设立省级产业研究院，取得了较好的效果。建议国家和各省借鉴江苏省经验，设立国家和省级产业技术研究院，整合科技资源，以体制机制创新引领经济创新发展。

（四）创新科技政策法规

建议国家尽快出台类似美国《拜杜法案》的法规。美国在《拜杜法案》实行之前，科技成果转化率不高，特别是政府资助的科研成果，由于科技成果转让收入主要归政府，研发团队对科技成果向生产力转化的积极性不高。《拜杜法案》规定政府资助的科技成果转让收入全部归研发团队及其单位，单位为30%，研发团队为70%，充分调动了研发人员技术转化的积极性，技术成果转化率由15%很快提高到80%。我们应当借鉴这一经验，允许技术研发团队享受70%左右的权益，鼓励全国科研院所和大学加快研发成果产业化。

九、积极推进教育体制改革

十八届三中全会通过的《中共中央关于全面深化改革若干重大问题的决定》提出要坚持教育优先发展，促进教育公平，大力实施科教兴国战略和人才强国战略，全面实施素质教育，建设现代国民教育体系和终身教育体系。

强化各级政府提供教育公共服务的职责。保证教育经费增长幅度高于财政经常性收入增长幅度。坚持教育均衡化发展，公共教育资源向农村、中西部地区、贫困地区倾斜，缩小城乡、区域教育发展差距。鼓励有条件的省市率先实行高中阶段的义务教育，逐步推向全国。免除义务教育阶段学杂费，对家庭困难的学生免费提供课本和补助寄宿生生活费，保障农民工子女接受义务教育。

加大职业教育培训力度。技能型人才短缺是当前人才结构中的突出矛盾，其根源在于职业教育还没有得到应有的重视，发展滞后。必须加快发展职业教育，努力使劳动者人人有知识、个个有技能。高等教育要注重增强学生的实践能力、创造能力、就业能力、创业能力。要鼓励社会捐资助学，引导民办教育健康发展。规范学校收费项目和标准，坚决制止教育乱收费。

鼓励发展智慧教育。智慧教育是素质教育的重要内容，是教育发展的方向。智慧教育模式从多个维度进行探索，全方位启迪学生智慧、开发学生创新潜能、增强学生生活自信、促进学生全面发展。加快智慧教育模式推广应用，对于优化国家素质教育体系、完善社会和家庭教育、拓宽师范生就业渠道等均具有重要的价值。必须加大政策力度，营造良好环境，鼓励推广应用智慧教育模式，使其在国家教育体制改革中尽快发挥作用。

加大创新型人才培育。要把大学建设成为创新型人才的摇篮，建设成为科技创新的重要基地。第一，要有具备创新能力的老师和好的教育体制。为创办高水平、创新型大学，首先应当建立大学之间和学校内部的竞争机制，建立大学办学质量的第三方评估制度和教师的聘任制，鼓励社会办学、中外合作办学。第二，应以优厚待遇从全球选拔具有创新能力的师资，可先在少数学校试行，根据实际效果再逐步推广。第三，应建立大学与风险投资的对接机制。完善从天使投资到创业板市场的风险投资体系，实施创新全过程的跟踪服务。鼓励大学教师、大学生研发专利等科技成果，并以自己的成果创办高新技术公司。第四，从基础教育到大学教育都应从填鸭式、应试型教育转变为启发式、创新型教育，着力培养学生的创新思维。赋予大学在学科选择、教师选拔、教学内容、培养方法等方面的自主权。

十、加快金融体制改革释放资本潜力

发挥市场在资源配置中的决定性作用，关键在于优化资金配置。党的十八届三中全会通过的《中共中央关于全面深化改革若干重大问题的决定》针对性地提出要加快金融体制改革。

放宽金融准入，打破垄断经营。允许具备条件的民间资本依法发起设立中小型银行等金融机构，允许民间资本进入，增加竞争主体，降低企业融资成本，是改革金融体制的首要任务。

改革金融监管体制。为了解决监管难度增加的问题，要建立地方性监管机构，完善监管协调机制，界定中央和地方金融监管职责和风险处置责任。在加快利率市场化改革、形成充分竞争格局的同时，为防范出现垄断利益、寻租行为等潜在市场风险，要制定金融体制改革的周密配套方案，为利率市场化创造条件。

健全多层次资本市场体系。应积极发展企业债券市场，为企业提供方便多样的融资工具，提高直接融资的比重。一般认为，合理的债务率应当保持在40%—60%。但由于企业补充资本金的渠道不畅，中国企业债务率已由十几年前的70%左右上升到目前的80%以上，一些企业的债务率超过了风险警戒线。因此，扩大直接融资规模，提高企业资本金在融资总额中的比重，既有利于降低企业运营成本，又有利于增加居民财产性收入，应成为当前金融体制改革必须解决的重要问题。在现行资本市场结构中，债券市场与股票市场相比，显得更为滞后。为此，要强化对股市的监管，完善股票发行注册制，重振广大投资者对股市的信心，充分发挥股市在筹集资金、企业评价和财富分配方面的功能。同时，鼓励企业面向居民和各类基金，发展私募股权融资，通过多种渠道扩大企业股权融资。

改革外汇管理体制，提高外汇储备使用效益。要继续扩大海外投资，更好地利用全球资源和市场，打破发展瓶颈，增强创新能力，创造出口需求，转移过剩产能。有效利用外汇储备，为缓解经济下行压力、支撑经济持续健康发展做出贡献。要积极扩大人民币在国际贸易投资结算中的使用规模，加快实现人民币资本项目可兑换，稳步推进人民币国际化。为了防范资本项目放开后国外短期流动资金对国内的冲击，可研究开征托宾税。

十一、改革投融资体制释放民间投资潜力

解决当前需求不足的矛盾，从长远来看，靠的是消费增长；从近期来看，主要是靠增加投资。为了避免重回高投资、高消耗支撑高增长的老路，必须精准选择投资方向，优化投资结构，特别是鼓励民间投资增长，这就需要深化投融资体制改革。通过深化投融资体制改革，尽可能减少政府对项目的审批，将投资决策权交给企业，以充分激发民间投资的巨大活力。

（一）在公共服务类项目建设中推广特许经营权制度

目前，公共产品和公共服务供给不足，原因在于公共服务类项目建设主要依靠财政投资，由于财力不足，造成公共事业发展严重滞后。解决这一问题的途径就是通过实行特许经营权制度，给予企业一定的政策，吸引社会资金投入。公共服务类建设项目一般投资回收能力较差，可通过财政补贴等办法来解决。像城际高铁、城

市轨道交通等资金需求量大的项目，为了增强投资回收能力，避免项目运营长期亏损，背上财政包袱，可允许建设企业在沿线站点周围进行商业房地产开发，用商业收益弥补地铁运营亏损。其他如养老院、幼儿园、停车场等，只要给予一定的政策，使投资得到合理回报，吸引大批社会资金进入，就能迅速改变供给不足的局面。

（二）加快发展供应链金融

中国当前经济领域的一个重大问题就是金融与实体经济发展脱节，银行资金流向实体经济渠道堵塞。分析其原因，主要是金融市场存在严重的信用不对称难题，银行等金融机构为了规避贷款风险，需要企业资产抵押并支付较高的贷款成本以求绝对保险，进而带来实体企业融资难、融资贵等问题。

供应链金融，是基于大数据、云计算、区块链等互联网技术，在企业供、产、销各个环节构造以产品为主体、信用为基础的融资模式，较好地克服了信用不对称等问题，金融机构可以与企业建立战略性合作关系，对企业放心贷款，企业也可以获得低成本资金，变过去“锦上添花”的银企关系为“雪中送炭”，既保证了银行的利益，又解决了中小企业融资难、融资贵的问题，从而打破了金融与实体经济的藩篱，创造金融与实体经济“双赢”的发展环境。发展供应链金融对优化信贷结构、提高银行信贷资金使用效率也有重要作用，在防范各项风险的同时，支持实体经济发展。

从技术层面来看，供应链金融整合银行、资本市场、国际金融等金融手段，将实体企业上下游厂商对接起来，对企业材料供应、产品生产、市场销售及最终消费等环节提供全方位金融服务，形成银行金融与实体经济融合共生发展新机制。供应链金融拥有 3 个层次的内容：一是面向实体企业的供应链金融产品体系，包括保理、仓单、信用证、贴现融资、买方信贷、卖方信贷、应收账款质押融资、订单融资、证券化和基金等；二是面向市场交易的供应链金融产品交易体系，如资产证券化中心、智能化物联网保兑仓（流动资产银行）、跨国供应链等；三是基于互联网的供应链金融平台体系，包括基于大数据、区块链等互联网技术的大数据供应链金融中心、区块链供应链金融中心、消费供应链金融中心、共享供应链金融中心等等。实际上，20 世纪 90 年代实施的对实体企业封闭贷款，就是供应链金融支持实体经济发展的成功案例。建议加大工作力度，在试点的基础上尽快建立中国供应链金融体系。

（三）建立吸引社会资金投资环保产业的市场机制

水、空气、土地环境污染修复治理的难度很大，要想较短时间内在治理大气污染、水污染、垃圾处理、土地环境污染等方面取得明显成效，关键在于建立生态产品价值实现机制，落实“谁污染、谁付费”的原则，推行第三方治理制度。政府制定统一的排放标准和环境标准，并严格监督执行。污染排放企业按排放量缴费。政府或社会中介机构组织招标，选择有资质的企业进行治理。这样投资环保产业的企业有了合理回报，污染治理就可以取得事半功倍之效。

（四）用积极的财政政策和灵活的货币政策支持投资结构调整

中国政府负债率属于世界最低水平，发挥财政在扩大内需中的作用空间较大。应实行积极的财政政策和适度灵活的货币政策，通过减税、贴息、资本金补助等形式，引导银行贷款和社会资金投向鼓励类建设项目。银行应按照扩大内需的方向，实行定向宽松政策，必要时对重点建设项目实行点贷。通过有效引导投资，使资金投向更加符合供给侧结构调整的要求，提高投资的经济效益和社会效益。

十二、深化社会管理体制改革

创新社会管理体制，健全党委领导、政府负责、社会协同、公众参与的社会管理格局。要把政府同社会组织结合起来，更多地发挥社会组织的作用，建立新型社会管理体制。

（一）强化政府社会管理职能

要按照建设服务型政府的要求，深化行政管理体制改革，优化机构设置，更加注重履行社会管理和公共服务职能。以发展社会事业和解决民生问题为重点，优化公共资源配置，注重向农村、基层、欠发达地区倾斜，逐步形成惠及全民的基本公共服务体系。要改进服务方式，简化办事程序，减少和规范行政审批事项。推行政务公开，加快电子政务建设，推进公共服务信息化。推进政事分开，支持社会组织参与社会管理和公共服务。

（二）强化社区社会管理

社区是城乡居民生活的基层单位，是政府社会管理与社区自治组织、民间组织自我管理的结合点，促进社会和谐的各项政策归根到底要落实到社区。只有全面开展城市社区建设，积极推进农村社区建设，实现社区的和谐，构建社会主义和谐社会，才会有坚实的基础。要健全新型社区管理和服务体制，把社区建设成为管理有序、服务完善、文明祥和的社会生活共同体。要支持居（村）民委员会协助政府做好公共服务和社会管理工作，发挥驻区单位、社区民间组织、物业管理机构、专业合作组织在社区建设中的积极作用。要通过和谐社区建设，把构建社会主义和谐社会的重大任务真正落实到基层。

（三）充分发挥社会组织的作用

建立完善的社会管理体系，必须有发达的社会组织，这是现代社会管理的需要。因为随着生产社会化和市场经济的发展，人们的经济社会活动越来越多，社会交往的范围越来越大，对社会服务提出了更高的要求，人们的社会行为和诉求也需要加以规范和表达。满足这些需求，仅靠政府是远远不够的，必须大力发展各类社会组织，包括律师、公证、会计、审计、资产评估等机构和行业协会、学会、商会、基金会等社会团体，并发挥其功能。对各类社会组织要坚持培育发展和管理监督并重，完善有关政策，引导他们加强自身建设，提高自律性和诚信度，使之在构建和谐社会中发挥重要作用。

（四）妥善处理社会矛盾

要适应中国社会结构和利益格局的新变化，统筹协调各方面的利益关系，妥善处理社会矛盾。要形成科学有效的利益协调机制、诉求表达机制、矛盾调处机制、权益保障机制。正确把握最广大人民的根本利益、现阶段群众的共同利益和不同群体的特殊利益的关系，统筹兼顾各方面群众的利益。拓宽社情民意表达渠道，健全社会舆情汇集和分析机制，完善矛盾纠纷排查调处工作制度，把人民调解、行政调解和司法调解结合起来，更多地采用调解、教育、协商、疏导等办法，把矛盾化解在基层，解决在萌芽状态。要着重解决土地征收征用、城市建设拆迁、环境保护、企业重组改制和破产、涉法涉诉中群众反映强烈的问题，维护群众利益和社会稳定。

（五）充分发挥网络平台在改善社区治理中的重要作用

基层治理是社会稳定的压舱石。随着中国城镇化进程的快速推进，中国基层社区群体性事件不断发生，基层治理难度很大。尽快改变基层治理方式，提升治理能力，缓解社会矛盾，是十分紧迫的战略任务。“为村”是腾讯公司针对农村基层治理开发的软件平台，是“互联网＋社会治理”的成功范例，已在全国近2万个村级组织应用，实现了连接信息、连接情感、连接财富，在提升农村基层治理能力、化解社会矛盾、激发乡村发展动力等方面发挥了重要作用。加快推广“为村”平台，有利于构建新时代的党群关系，助力乡村振兴。

十三、深化房地产管理制度改革

城市房价过快上涨，极大地扭曲了经济关系，遏制了经济发展活力，任其下去，对国家经济安全也会带来影响，不可小视。必须下大决心改革房地产管理体制机制，坚决遏制城市房价过快上涨势头。

（一）建议由国家宏观管理部门统筹协调房价调控

目前，房价调控的主体责任由住建部负责，由于住建部是行业管理部门，在制定房价政策中难以从国家经济社会发展全局角度把控。国家发展和改革委员会是国家综合管理部门，在当前房价过快上涨、已经影响到经济社会发展全局的情况下，应当承担起综合管理职责，承担起房价调控主体责任。建议按照长短结合、标本兼治的思路，尽快从经济社会发展全局的高度，制定和实施房价调控的政策措施。

（二）把房价调控作为一项政治任务来抓

据分析，中国新增房贷占GDP的比重与美国历史最高点接近，表明房地产泡沫化风险已近在咫尺。房地产泡沫破灭对经济发展乃至社会稳定带来的灾难性后果是巨大的，有日本等国家的前车之鉴，我们不得不防。稳住并控制好一二线城市过高的房价，逐步消化过高房价导致的经济泡沫，是摆在我们面前的一大难题。鉴于房价问题不仅是房地产行业自身发展的问题，而且也是关系到经济发展全局和社会稳定的大事，同时考虑到房价调控涉及面广、牵扯利益关系复杂、政策执行难度大，需要各级各部门统一认识、形成工作合力。建议将房价调控作为一项政治任务来抓，严肃工作纪律，保障政令畅通，确保国家房价调控各项工作任务的顺利实施。

（三）改革房价调控体制机制

建议尽快开展全国房地产行业普查，摸清房地产行业的发展状况，摸清住房闲置状况，为宏观决策提供依据。在摸清底数的基础上，研究住房总量供需平衡思路，研究遏制房价上涨的长效机制和政策措施。从具体措施上来讲，建议：一是削弱地方政府对土地财政的依赖。建议按照费改税思路，规范土地收益中央和地方政府分享制度，达到削弱地方政府推动房价上涨的冲动。这一政策应当在成功试点的基础上，尽快在全国推广。二是借鉴德国模式，逐步建立房价最高限价政策。德国建立了科学的地产价格独立评估机制，对地价、房价、房租等实行“指导价”制度。制定并实施《联邦建筑法》，各地成立了“房地产公共评估委员会”，负责制订当地具有法律效力的“基准价”或者“指导价”。《联邦建筑法》规定，所有房地产交易有义务参照执行房地产指导价，但可在合理范围内浮动。德国最重要的是建立“执行威慑机制”，使“指导价”能够依法有效执行，《经济犯罪法》规定，如果地产商制订的房价超过“合理房价”20%为“超高房价”，将构成违法行为受到处罚，超过50%则为“房价暴利”，将触犯《刑法》构成犯罪，出售者将受到更高罚款，甚至最高被判处3年徒刑。同时，德国还利用不动产税、房屋交易税、差价盈利税、房屋不动产税、出租房屋资本利得税等一系列税收政策，压缩炒房者进行“低买高卖”的利润空间，遏制房地产商、炒房者获取超额收益。三是稀释居民在城市炒房的动能。加快制定农民住房流通管理政策，允许农民住房可以上市流通，按照商品房交易；加快农村清凉房地产开发，为居民提供夏天避暑环境，也为城市居民提供资金支出通道。四是发挥银行金融机构在房价调控中的关键作用。实施购房贷款差别化首付政策。根据目前房价水平，对北、上、深、广等一线城市实行最高首付政策，对二线城市实行高首付，对三线城市实行较低首付，对四线城市实行低首付。

十四、加快文博产业改革

建议按照“保护与利用并重、产业化发展优先”的原则，加快文博管理体制改革，构建文物艺术品确真、确权、确值体系，提升文物经济、文化、艺术、历史价值，推进文物艺术品从资源向资产和资本转化，促进文物艺术品市场化、金融化、国际化、产业化、标准化发展，着力盘活巨大的民间文物资源，把文博产业培植成为经济发展新的增长点。

强化法制建设。法制是文博产业发展的基础，必须构建起有利于文博产业发展的法制环境。鉴于文博产业发展在经济发展中的重要性，建议加强顶层设计，出台加快文博产业发展的指导性文件，尽快制定促进文博产业发展的制度规定和政策措施，明确文博产业发展的定位、部门职能和鼓励措施。

盘活民间文物资源。针对文物艺术品民间收藏量大面广、监管难度大的状况，建议设立社会文物保护利用管理协会，协助政府管理民间收藏行业，促进民间文物艺术品的创新发展。

建构“三确”体系。建议尽快建立各类文物大数据中心，这是文物确真、确权、确值“三确”体系的基础。依托律师事务所、文物鉴定机构和评估机构等第三方机构，构建三位一体的“三确”执行体系。加快规范民间艺术品鉴定、评估管理机制。依托律师事务所做好文物艺术品的“确权”。建立规范的民间文物艺术品保管备案机制，设立民间文物艺术品大数据智能化管理中心。设立文物艺术品鉴定协会和文物艺术品确权协会，协助政府分别负责文物确真和确权的行业监督管理和业务指导；设立文物艺术品资产评估协会，负责文物确值的行业监督管理和业务指导。

开展“确权”登记。摸清文物尤其是民间文物底数并明晰权属，是促进文博产业化发展的基本前提。建议实行文物收藏合法制度，严格执行民间收藏文物认证和备案制度，凡是未涉及刑事案件的文物，严格适用无罪推定和善意取得制度，其权属按照“谁登记属于谁”的原则办理，切实保障民间文物收藏者的法律地位和合法权益，打消民间收藏顾虑。建议开展全国文物登记普查活动，摸清中国文物资源及保存状况，并明晰其权属。

推进文博资源“四化”发展。文博资源的市场化、金融化、产业化、国际化，是将文博资源转化为资产。建议营造规范宽松的营商环境，鼓励文交所、拍卖公司、古玩城、旧货市场、画廊、文物商店、艺术品电商平台等文物艺术品经营机构的发展，建立和完善文物艺术品的标准流程、运营规则和技术手段，加快构建文物艺术品市场体系。

附件：

中国改革开放40年出台的法律法规政策等制度性文件清单

一、经济建设领域

（一）主要政策

1979年4月5—28日，中共中央召开工作会议，决定对国民经济实行“调整、改革、整顿、提高”的方针。

1979年9月，中国共产党十一届四中全会通过《关于加快农业发展若干问题的决定》。

1980年9月，中共中央印发《关于进一步加强和完善农业生产责任制的几个问题》，肯定了包产到户的社会主义性质。

1981年10月17日，中共中央、国务院作出《关于广开门路，搞活经济，解决城镇就业问题的若干决定》。

1982年12月10日，全国人大五届五次会议批准《中华人民共和国国民经济和社会发展第六个五年计划》。

1984年10月20日，中国共产党十二届三中全会通过《中共中央关于经济体制改革的决定》，提出有计划的商品经济。

1985年3月7日，邓小平出席全国科技工作会议，并作题为《改革科技是为了解放生产力》的讲话。邓小平在讲话中指出，现在要进一步解决科技和经济结合的问题。所谓进一步就是说，在方针问题、认识问题解决之后，还要解决体制问题。邓小平说：“经济体制、科技体制，这两方面的改革都是为了解放生产力。新的经济体制，应该是有利于技术进步的体制。新的科技体制，应该是有利于经济发展的体制。”他指出，双管齐下，长期存在的科技与经济脱节的问题，有可能得到比较好的解决。

1985年3月13日，中共中央作出《关于科学技术体制改革的决定》。该《决定》指出，现代科学技术是新的社会生产力中最活跃和决定性的因素，全党必须高度重视并充分发挥科学技术的巨大作用。同时，规定了当前科学技术体制改革的主要任务，对转变科技工作运行机制、调整科学技术系统的组织结构、改革科技人员管理制度等做出具体部署。

1985 年 9 月 23 日，中国共产党十二届四中全会通过《关于制定国民经济和社会发展第七个五年计划的建议》。1986 年 4 月 12 日，全国人大六届四次会议批准《中华人民共和国国民经济和社会发展第七个五年计划》。

1986 年 3 月 5 日，邓小平对王大珩、王淦昌、杨嘉墀、陈芳允 4 位科学家提出的《关于跟踪研究外国高技术发展的建议》作出批示。此后，邓小平又多次就发展高技术问题作出批示。11 月 18 日，中共中央、国务院转发《高技术研究发展计划纲要》。这个计划因邓小平首次批示的时间为 1986 年 3 月，又称“八六三”计划。

1988 年 9 月 5 日，邓小平在会见捷克斯洛伐克总统胡萨克时，提出了“科学技术是第一生产力”的著名论断。

1988 年 9 月 12 日，邓小平在听取工作汇报时，提出“两个大局”思想。指出，沿海地区要加快对外开放，使这个拥有两亿人口的广大地带较快地先发展起来，从而带动内地更好地发展，这是一个事关大局的问题。内地要顾全这个大局。反过来，发展到一定的时候，又要求沿海拿出更多力量来帮助内地发展，这也是个大局。那时沿海也要服从这个大局。

1990 年 3 月 3 日，邓小平同江泽民等谈话时提出，中国社会主义农业的改革和发展，从长远的观点看，要有两个飞跃。第一个飞跃，是废除人民公社，实行家庭联产承包为主的责任制。第二个飞跃，是适应科学种田和生产社会化的需要，发展适度规模经营，发展集体经济。

1990 年 4 月 12 日，中共中央政治局会议原则通过国务院提交的浦东开发开放方案。开放上海浦东新区的决定，使中国的对外开放出现了一个崭新的局面。

1990 年 12 月 24 日，邓小平同中央负责同志谈话时指出，我们必须从理论上搞懂，资本主义与社会主义的区分不在于是计划还是市场这样的问题。社会主义也有市场经济，资本主义也有计划控制。不要以为搞点市场经济就是资本主义道路。计划和市场都得要。

1990 年 12 月 30 日，中共十三届七中全会通过《关于制定国民经济和社会发展十年规划和“八五”计划的建议》。1991 年 4 月 9 日，全国人大七届四次会议批准《中华人民共和国国民经济和社会发展十年规划和第八个五年计划纲要》。

1991 年 11 月 29 日，中共十三届八中全会通过《关于进一步加强农业和农村工作的决定》。该决定指出，要把以家庭联产承包为主的责任制、统分结合的双层经营体制作为中国乡村集体经济组织的一项基本制度长期稳定下来，并不断充实完善。

1992 年 6 月 9 日，江泽民在中央党校省部级干部进修班上作《深刻领会和全面落实邓小平同志的重要谈话精神，把经济建设和改革开放搞得更快更好》的讲话，主张中国经济体制改革的目标使用“社会主义市场经济体制”这一提法。

1992年6月16日，中共中央、国务院作出《关于加快发展第三产业的决定》。

1992年10月12—18日，中国共产党第十四次全国代表大会举行，江泽民作《加快改革开放和现代化建设步伐，夺取有中国特色社会主义事业的更大胜利》的报告，党的历史上第一次明确提出了建立社会主义市场经济体制的目标模式。

1993年11月11—14日，中共十四届三中全会通过了《中共中央关于建立社会主义市场经济体制若干问题的决定》。

1995年5月6日，中共中央、国务院作出《关于加速科学技术进步的决定》，确定实施科教兴国战略。5月26日，江泽民在全国科学技术大会上指出，创新是一个民族进步的灵魂，是一个国家兴旺发达的不竭动力。我们必须在学习、引进国外先进技术的同时，坚持不懈地着力提高国家的自主研究开发能力。

1995年9月25—28日，中共十四届五中全会通过了《中共中央关于制定国民经济和社会发展“九五”计划和2010年远景目标的建议》。1996年3月17日，八届全国人大四次会议批准《中华人民共和国国民经济和社会发展“九五”计划和2010年远景目标纲要》。

1997年9月12—18日，中国共产党第十五次全国代表大会系统、完整地提出并论述了党在社会主义初级阶段的基本纲领：建设有中国特色社会主义的经济，就是在社会主义条件下发展市场经济，不断解放和发展生产力，第一次提出“非公有制经济是社会主义市场经济的重要组成部分”。

1998年10月14日，中共十五届三中全会通过《关于农业和农村工作若干重大问题的决定》，提出到2010年建设有中国特色社会主义新农村的奋斗目标。

1998年12月7日，江泽民在中央经济工作会议上讲话，提出扩大国内需求，把经济发展建立在主要依靠国内市场的基础上。

1999年9月22日，中共十五届四中全会通过《关于国有企业改革和发展若干重大问题的决定》。该决定指出，要从战略上调整国有经济布局，推进国有企业战略性改组，建立和完善现代企业制度，加强和改善企业管理，提高国有经济的控制力，使国有经济在关系国民经济命脉的重要行业和关键领域占支配地位。

2000年10月11日，中共十五届五中全会通过《关于制定国民经济和社会发展第十个五年计划的建议》。2001年3月15日，全国人大九届四次会议批准《中华人民共和国国民经济和社会发展第十个五年计划纲要》。

2003年10月14日，中共十六届三中全会通过《关于完善社会主义市场经济体制若干问题的决定》。

2005年10月11日，中共十六届五中全会通过《关于制定国民经济和社会发展第十一个五年规划的建议》。2006年3月14日，全国人大十届四次会议批准《中华人民共和国国民经济和社会发展第十一个五年规划纲要》。

2008年10月7日，中共中央政治局常委会会议专题听取有关国际金融危机情况和应采取应对措施的汇报。12月8—10日，中央经济工作会议提出，必须把扩大内需作为保增长的根本途径，把加快发展方式转变和结构调整作为保增长的主攻方向，把深化重点领域和关键环节改革、提高对外开放水平作为保增长的强大动力，把改善民生作为保增长的出发点和落脚点。

2008年10月12日，中共十七届三中全会通过《关于推进农村改革发展若干重大问题的决定》。

2010年10月18日，中共十七届五中全会通过《关于制定国民经济和社会发展第十二个五年规划的建议》。2011年3月14日，全国人大十一届四次会议批准《中华人民共和国国民经济和社会发展第十二个五年规划纲要》。

2011年5月27日，中共中央、国务院印发《中国农村扶贫开发纲要（2011—2020年)》。该纲要指出，到2020年，稳定实现扶贫对象不愁吃、不愁穿，保障其义务教育、基本医疗和住房。贫困地区农民人均纯收入增长幅度高于全国平均水平，基本公共服务主要领域指标接近全国平均水平，扭转发展差距扩大趋势。

2013年11月3—5日，习近平在湖南考察工作期间提出“精准扶贫”理念，强调抓扶贫开发，既要整体联动、有共性的要求和措施，又要突出重点、加强对特困村和特困户的帮扶。12月10日，习近平在中央经济工作会议上指出，扶贫工作要科学规划、因地制宜、抓住重点，提高精准性、有效性、持续性。

2014年6月30日，中共中央政治局会议审议通过《深化财税体制改革总体方案》。改革的目标是建立现代财政制度，重点是改进预算管理制度、深化税收制度改革、建立事权和支出责任相适应的制度。

2014年12月9日，习近平在中央经济工作会议上指出，中国经济正在向形态更高级、分工更复杂、结构更合理的阶段演化，经济发展进入新常态，这是中国经济发展阶段性特征的必然反映。

2015年10月12日，中共中央、国务院印发《关于推进价格机制改革的若干意见》。

2015年10月29日，中共十八届五中全会通过《关于制定国民经济和社会发展第十三个五年规划的建议》。2016年3月16日，全国人大十二届四次会议批准《中华人民共和国国民经济和社会发展第十三个五年规划纲要》。

2015年11月10日，习近平在中央财经领导小组会议上指出，要着力加强供给侧结构性改革。12月18日，习近平在中央经济工作会议上强调，推进供给侧结构性改革，是适应和引领经济发展新常态的重大创新。要实行宏观政策要稳、产业政策要准、微观政策要活、改革政策要实、社会政策要托底的总体思路，着力加强结构性改革，在适度扩大总需求的同时，去产能、去库存、去杠杆、降成本、补短板，推动中国社会生产力水平整体改善。

2015年12月7日，中共中央、国务院印发《关于打赢脱贫攻坚战的决定》。

2015年12月16日，习近平在第二届世界互联网大会开幕式上发表主旨演讲，提出推动互联网全球治理体系变革，应该坚持尊重网络主权、维护和平安全、促进开放合作、构建良好秩序的原则；强调网络空间是人类共同的活动空间，呼吁共同构建网络空间命运共同体。

2016年3月4日，习近平在看望参加全国政协十二届四次会议的民建、工商联委员并参加联组会时指出，非公有制经济在中国经济社会发展中的地位和作用没有变，鼓励、支持、引导非公有制经济发展的方针政策没有变，致力于为非公有制经济发展营造良好环境和提供更多机会的方针政策没有变。同时，强调要着力构建“亲”“清”新型政商关系。

2016年4月25日，习近平在安徽省凤阳县小岗村主持召开农村改革座谈会，指出新形势下深化农村改革，主线仍然是处理好农民和土地的关系。最大的政策，就是必须坚持和完善农村基本经营制度，坚持农村土地集体所有，坚持家庭经营基础性地位，坚持稳定土地承包关系。

2016年10月10日，习近平在全国国有企业党的建设工作会议上指出，要坚持党对国有企业的领导不动摇，坚定不移把国有企业做强做优做大。

2017年9月8日，中共中央、国务院印发《关于营造企业家健康成长环境 弘扬优秀企业家精神 更好发挥企业家作用的意见》。

2017年12月18日，习近平在中央经济工作会议上指出，推动高质量发展是当前和今后一个时期确定发展思路、制定经济政策、实施宏观调控的根本要求，必须加快形成推动高质量发展的指标体系、政策体系、标准体系、统计体系、绩效评价、政绩考核，创造和完善制度环境，推动中国经济在实现高质量发展上不断取得新进展。这次会议总结和阐述了习近平新时代中国特色社会主义经济思想。

2018年4月11日，中共中央、国务院印发《关于支持海南全面深化改革开放的指导意见》，赋予海南经济特区改革开放新使命，建设自由贸易试验区和中国特色自由贸易港。

2018年5月28日，习近平在中国科学院第十九次院士大会、中国工程院第十四次院士大会上指出，要充分认识创新是第一动力，矢志不移自主创新，着力增强自主创新能力。要以关键共性技术、前沿引领技术、现代工程技术、颠覆性技术创新为突破口，努力实现关键核心技术自主可控，把创新主动权、发展主动权牢牢掌握在自己手中。

2018年11月1日，习近平在主持召开民营企业座谈会时指出，我们强调把公有制经济巩固好、发展好，同鼓励、支持、引导非公有制经济发展不是对立的，而是有机统一的。公有制经济、非公有制经济应该相辅相成、相得益彰，而不是相互排斥、相互抵消。中国基本经济制度写入了宪法、党章，这是不会变的，也是不能变的。

（二）主要法规

1. 扶贫工作

1986年5月14日，国务院贫困地区经济开发领导小组第一次全体会议提出，争取在“七五”期间解决大多数贫困地区人民的温饱问题，并提出贫困地区实行新的经济开发方式的10点意见。

2004年1月31日，《国务院关于推进资本市场改革开放和稳定发展的若干意见》发布，“国九条”明确指出大力发展资本市场对中国实现21世纪头20年国民经济翻两番的战略目标具有重要意义。

2005年4月29日，国务院批准中国证监会发布《关于上市公司股权分置改革试点有关问题的通知》，宣布启动股权分置改革试点工作。

2006年2月13日，国务院印发《关于加快振兴装备制造业的若干意见》。指出大力振兴装备制造业，是树立和落实科学发展观，走新型工业化道路，实现国民经济可持续发展的战略举措。

2015年5月8日，国务院印发《中国制造2025》，提出通过“三步走”实现制造强国的战略目标。

2015年6月11日，国务院印发《国务院关于大力推进大众创业　万众创新若干政策措施的意见》。2016年和2017年，国务院办公厅确定了两批共120个双创示范基地。

2012年1月10日，国务院关于印发《扶贫开发工作考核办法（试行）》的通知。

2012年1月19日，国务院办公厅印发《国务院办公厅关于印发农村残疾人扶贫开发纲要（2011—2020年）》的通知。

2012年5月2日，教育部、国家发展改革委、财政部、人力资源社会保障部、国务院扶贫办印发《关于实施面向贫困地区定向招生专项计划的通知》。

2014年2月13日，中共中央办公厅、国务院办公厅印发《关于创新机制扎实推进农村扶贫开发工作的意见》。

2014年4月10日，中国人民银行、财政部、银监会、证监会、保监会、扶贫办、共青团中央发布《关于全面做好扶贫开发金融服务工作的指导意见》。

2014年7月8日，国务院扶贫办关于印发《全国扶贫开发信息化建设规划》的通知。

2014年8月8日，国务院扶贫开发领导小组印发《国务院扶贫开发领导小组关于改革财政专项扶贫资金管理机制的意见》。

2014年11月3日，国家能源局、国务院扶贫办印发《国家能源局　国务院扶贫办关于印发实施光伏扶贫工程工作方案的通知》。

2014年12月4日，国务院办公厅印发《国务院办公厅关于进一步动员社会各方面力量参与扶贫开发的意见》。

2014 年 12 月 15 日，国务院扶贫办、财政部、中国人民银行印发《关于创新发展扶贫小额信贷的指导意见》。

2015 年 2 月 5 日，国务院印发《国务院关于加快推进残疾人小康进程的意见》。

2015 年 2 月 17 日，国务院印发《国务院关于左右江革命老区振兴规划的批复》。

2015 年 2 月 28 日，国务院公布《中华人民共和国政府采购法实施条例》。

2015 年 12 月 7 日，全国妇联印发《全国妇联关于在脱贫攻坚战中开展“巾帼脱贫行动”的意见》。

2015 年 12 月 24 日，《国家能源局关于印发加快贫困地区能源开发建设　推进脱贫攻坚实施意见的通知》。

2015 年 12 月 30 日，国家民委印发《关于支持黔西南“星火计划、科技扶贫”实验区建设的意见》。

2016 年 1 月 18 日，全国工商联、国务院扶贫办、中国光彩会印发《全国工商联　国务院扶贫办　中国光彩会关于推进“万企帮万村”精准扶贫行动的实施意见》。

2016 年 1 月 28 日，共青团中央印发《关于共青团助力脱贫攻坚战的实施意见》。

2016 年 2 月 3 日，中共中央办公厅、国务院办公厅印发《关于加大脱贫攻坚力度支持革命老区开发建设的指导意见》。

2016 年 2 月 17 日，中共中央办公厅、国务院办公厅印发《省级党委和政府扶贫开发工作成效考核办法》。

2016 年 2 月 17 日，国土资源部印发《国土资源部关于用好用活增减挂钩政策　积极支持扶贫开发及易地扶贫搬迁工作的通知》。

2016 年 2 月 18 日，国务院印发《国务院关于进一步健全特困人员救助供养制度的意见》。

2016 年 3 月 25 日，国家发展改革委、国务院扶贫办、国家能源局、国家开发银行、中国农业发展银行印发《关于实施光伏发电扶贫工作的意见》。

2016 年 4 月 20 日，中共中央组织部、人力资源社会保障部等 9 部门印发《关于实施第三轮高校毕业生“三支一扶”计划的通知》。

2016 年 4 月 29 日，中共中央办公厅、国务院办公厅印发《关于建立贫困退出机制的意见》。

2016 年 5 月 16 日，审计署办公厅印发《审计署办公厅关于进一步加强扶贫审计促进精准扶贫精准脱贫政策落实的意见》。

2016 年 6 月 29 日，中国残联、财政部、中国人民银行、国务院扶贫办印发《关于加强康复扶贫贷款、扶贫小额信贷和财政贴息工作的通知》。

2016 年 7 月 26 日，人力资源社会保障部、国务院扶贫办印发《关于开展技能脱贫千校行动的通知》。

2016年9月12日，中国证监会印发《关于发挥资本市场作用　服务国家脱贫攻坚战略的意见》。

2016年10月17日，中共中央办公厅、国务院办公厅印发《脱贫攻坚责任制实施办法》。

2016年10月18日，国务院办公厅印发《贫困地区水电矿产资源开发资产收益扶贫改革试点方案的通知》。

2016年10月31日，国家发展改革委印发《全国“十三五”易地扶贫搬迁规划》。

2016年10月31日，中央网信办、国家发展改革委、国务院扶贫办联合发文，加快实施网络扶贫行动。

2016年11月23日，国务院扶贫办等16部门《关于促进电商精准扶贫的指导意见》。

2016年12月3日，国务院印发《“十三五”脱贫攻坚规划的通知》。

2016年12月7日，中共中央办公厅、国务院办公厅印发《关于进一步加强东西部扶贫协作工作的指导意见》。

2016年12月13日，人力资源和社会保障部、财政部、国务院扶贫办印发《关于切实做好就业扶贫工作的指导意见》。

2017年2月17日，财政部、国务院扶贫办印发《关于做好2017年贫困县涉农资金整合试点工作的通知》。

2017年3月1日，民政部、财政部、人力资源社会保障部、国家卫生计生委、保监会、扶贫办等部门印发《关于进一步加强医疗救助与城乡居民大病保险有效衔接的通知》。

2017年3月1日，国务院办公厅转发《民政部等部门〈关于做好农村最低生活保障制度与扶贫开发政策有效衔接指导意见〉的通知》。

2017年3月1日，中国残联、国务院扶贫办印发《贫困残疾人脱贫攻坚行动计划(2016—2020年)》。

2017年3月27日，财政部等6部门印发《中央财政专项扶贫资金管理办法》。

2017年4月27日，国土资源部再出“用地扶贫”新政策，省定贫困县增减挂钩节余指标允许在省域范围内流转使用。

2017年5月3日，国家发展改革委、国务院扶贫办印发紧急通知，部署易地扶贫搬迁安置点选址风险排查防范工作。

2017年7月3日，教育部、财政部印发《教育部　财政部关于进一步加强全面改善贫困地区义务教育薄弱学校基本办学条件中期有关工作的通知》。

2017年7月7日，财政部、农业部、国务院扶贫办印发《财政部　农业部　国务院扶贫办关于做好财政支农资金支持资产收益扶贫工作的通知》。

2017年8月8日，财政部、农业部、国务院扶贫办印发《民政部　财政部　国务院扶贫办关于支持社会工作专业力量参与脱贫攻坚的指导意见》。

2017 年 8 月 16 日，民政部办公厅印发《民政部办公厅关于开展脱贫攻坚志愿服务项目展示活动的通知》。

2017 年 8 月 16 日，国家公务员局、国务院扶贫办印发《关于开展行政机关公务员脱贫攻坚培训的意见》。

2017 年 8 月 16 日，人力资源社会保障部、财政部、国务院扶贫办印发《人力资源社会保障部　财政部　国务院扶贫办关于切实做好社会保险扶贫工作的意见》。

2017 年 9 月 8 日，财政部、国务院扶贫办发布《财政专项扶贫资金绩效评价办法》。

2017 年 9 月 9 日，住房城乡建设部、财政部、国务院扶贫办印发《住房城乡建设部　财政部　国务院扶贫办关于加强和完善建档立卡贫困户等重点对象农村危房改造若干问题的通知》。

2017 年 9 月 19 日，教育部办公厅发布《职业教育东西协作行动计划滇西实施方案（2017—2020 年）》。

2017 年 11 月 24 日，财政部印发《财政部关于提前下达 2018 年中央财政专项扶贫资金预算指标的通知》。

2017 年 11 月 27 日，中共中央办公厅、国务院办公厅印发意见，支持深度贫困地区脱贫攻坚。

2017 年 12 月 5 日，国务院扶贫开发领导小组印发《国务院扶贫开发领导小组关于广泛引导和动员社会组织参与脱贫攻坚的通知》。

2017 年 12 月 24 日，中共中央办公厅、国务院办公厅印发《关于加强贫困村驻村工作队选派管理工作的指导意见》。

2018 年 1 月 26 日，国家发改委等 6 部门印发《生态扶贫工作方案》。

2018 年 2 月 27 日，国务院办公厅印发《国务院办公厅关于推进社会公益事业建设领域政府信息公开的意见》。

2018 年 2 月 27 日，教育部、国务院扶贫办印发《深度贫困地区教育脱贫攻坚实施方案（2018—2020 年）》。

2018 年 3 月 4 日，国家旅游局印发《关于进一步做好当前旅游扶贫工作的通知》。

2018 年 3 月 19 日，国务院扶贫办印发《关于组织推荐金融支持旅游扶贫重点项目的通知》。

2018 年 3 月 23 日，国务院扶贫办印发《关于完善县级脱贫攻坚项目库建设的指导意见》。

2018 年 5 月 3 日，国务院办公厅印发《国务院办公厅关于对 2017 年落实有关重大政策措施　真抓实干　成效明显地方予以督查激励的通报》。

2018 年 5 月 14 日，国务院办公厅印发《国务院办公厅关于转发财政部、国务院扶贫办、国家发展改革委〈扶贫项目资金绩效管理办法〉的通知》。

2018 年 5 月 21 日，国务院办公厅印发《国务院办公厅关于调整国务院扶贫开发领导小组组成人员的通知》。

2018 年 6 月 6 日，工业和信息化部印发《关于推进网络扶贫的实施方案（2018—2020 年）》。

2018 年 6 月 14 日，中央网信办、国家发展改革委、国务院扶贫办、工业和信息化部联合印发《2018 年网络扶贫工作要点》。

2018 年 7 月 11 日，国务院扶贫办印发《国务院扶贫办关于扩大构树扶贫试点工作的指导意见》。

2018 年 8 月 20 日，《中共中央　国务院关于打赢脱贫攻坚战三年行动的指导意见》发布。

2018 年 11 月 19 日，国务院扶贫办、中央组织部等 13 个部门联合发布《关于开展扶贫扶志行动的意见》。

2. 财政/税收工作

1978 年 2 月 15 日，国务院印发《国务院批转国家计委、财政部〈关于改革商业部门简易建筑费开支办法〉的报告》。

1978 年 4 月 5 日，国务院印发《国务院批转商业部、国家计委、财政部〈关于加强酒类专卖管理工作的报告〉的通知》。

1978 年 8 月 5 日，国务院印发《国务院批转国家计委、交通部、财政部关于整顿公路养路费征收标准的报告》。

1978 年 9 月 29 日，国务院印发《国务院批转商业部、财政部、供销合作总社、国家劳动总局〈关于合作商店实行退休办法的报告〉的通知》。

1978 年 11 月 25 日，国务院印发《国务院批转财政部〈关于国营企业试行企业基金〉的规定》。

1979 年 7 月 13 日，国务院印发《国务院关于试行“划分收支、分级包干”财政管理办法的若干规定》。

1979 年 8 月 28 日，国务院印发《国务院批转国家计委、国家建委、财政部〈关于基本建设投资试行贷款办法报告〉的通知》。

1979 年 12 月 21 日，国务院印发《国务院批转关于使用国外贷款引进技术和进口设备的基本建设项目在外汇、财政、基建计划上的处理办法》。

1980 年 1 月 22 日，国务院印发《国务院批转国家经委、财政部〈关于国营工业企业利润留成试行办法〉的通知》。

1980 年 2 月 1 日，国务院印发《国务院关于实行“划分收支、分级包干”财政管理体制的通知》。

1980 年 5 月 5 日，国务院印发《国务院批转国家计委、财政部等部门〈关于第三次全国控制社会集团购买力座谈会的报告〉的通知》。

1980年5月14日，国务院印发《国务院批转民政部、国家劳动总局、财政部、教育部关于普通高等学校毕业生工资待遇问题的请示报告》。

1980年5月21日，国务院印发《国务院批转财政部、水利部〈关于特大抗旱经费使用范围的请示报告〉的通知》。

1980年5月29日，国务院印发《国务院批转财政部关于国家机关、企业、事业单位工作人员差旅费开支的规定》。

1980年6月5日，国务院印发《国务院批转水利部、财政部、国家水产总局关于水库养鱼和开展综合经营的报告》。

1980年6月21日，国务院印发《国务院批转国家经委、国家计委、财政部〈关于加强现有工业交通企业挖潜、革新、改造工作的暂行办法〉的通知》。

1980年7月2日，国务院印发《国务院批转财政部〈关于财政监察工作的几项规定〉的通知》。

1980年7月18日，国务院印发《国务院批转外专局、财政部、商业部〈关于对在华工作的外国文教专家给予优惠照顾的请示报告〉的通知》。

1980年8月26日，国务院印发《国务院批转财政部〈关于执行农业税起征点办法的情况〉报告》。

1980年12月30日，国务院印发《国务院批转财政部〈关于进出口商品征免工商税收的规定〉的通知》。

1981年1月26日，国务院印发《国务院关于平衡财政收支、严格财政管理的决定》。

1981年1月29日，国务院印发《国务院批转财政部〈关于压缩国营企业管理费的暂行规定〉的通知》。

1981年8月10日，国务院印发《国务院批转财政部〈关于机关、团体等单位所属宾馆、饭店、招待所征税的规定〉的通知》。

1981年8月12日，国务院印发《国务院批转财政部〈关于工业企业自销产品征收工商税和利润处理的规定〉的通知》。

1982年3月4日，国务院印发《国务院批转财政部〈关于清查偷漏欠税情况和加强税收工作的报告〉的通知》。

1982年3月20日，国务院印发《国务院办公厅转发国家计划委员会、财政部等部门〈关于继续控制社会集团购买力的报告〉的通知》。

1982年3月26日，国务院印发《国务院批转财政部〈关于严格财政管理 制止乱开减收增支口子的报告〉的通知》。

1982年4月1日，海关总署、财政部印发《海关总署、财政部关于中外合作开采海洋石油进出口货物征免关税和工商统一税的规定》。

1982年4月20日，国务院印发《国务院批转财政部〈关于在国营企业恢复财政驻厂员制度的报告〉的通知》。

1982年4月22日，国务院印发《国务院批转国家计委、财政部〈关于征收烧油特别税的报告〉的通知》。

1982年11月8日，国务院印发《国务院批转国家经济体制改革委员会、国家经济委员会、财政部〈关于当前完善工业经济责任制几个问题的报告〉的通知》。

1982年12月4日，国务院印发《国务院关于改进“划分收支、分级包干”财政管理体制的通知》。

1983年4月20日，国务院印发《国务院批转财政部〈关于建设银行机构改革问题的报告〉的通知》。

1983年4月22日，国务院印发《国务院批转劳动人事部、农牧渔业部、林业部、财政部〈关于加强农林第一线科技队伍的报告〉的通知》。

1983年4月24日，国务院印发《国务院批转财政部制定的〈关于国营企业利改税试行办法〉的通知》，将国营企业原来给国家上缴利润的办法，改为按国家规定的税种和税率向国家缴纳税金。

1984年9月18日，《国务院批转财政部〈关于在国营企业推行利改税第二步改革的报告〉的通知》。

1993年12月15日，国务院作出《关于实行分税制财政管理体制的决定》，确定从1994年1月1日起，改革地方财政包干体制，对各省、自治区、直辖市以及计划单列市实行分税制财政管理体制。

1997年2月19日，《国务院关于调整金融保险业税收政策有关问题的通知》。

2017年11月19日，国务院作出《关于废止〈中华人民共和国营业税暂行条例〉和修改〈中华人民共和国增值税暂行条例〉的决定》。营业税改征增值税改革全面完成。

3. 地区规划工作

（1）沿海地区：

1979年7月15日，中共中央、国务院批转广东省委、福建省委关于对外经济活动实行特殊政策和灵活措施的报告，决定在深圳、珠海、汕头和厦门试办特区。8月13日，国务院颁发《关于大力发展对外贸易　增加外汇收入若干问题的规定》，主要内容是扩大地方和企业的外贸权限，鼓励增加出口，办好出口特区。

1980年5月16日，中共中央、国务院批准《广东、福建两省会议纪要》，定名为“经济特区”。福建省和广东省成为全国最早实行对外开放的省份之一。

1984年4月，党中央和国务院决定进一步开放大连、秦皇岛、天津、烟台、青岛、连云港、南通、上海、宁波、温州、福州、广州、湛江、北海14个港口城市。逐步兴办起经济技术开发区。它们与深圳、珠海、汕头、厦门4个经济特区及海南岛由北到南连成一线，成为中国对外开放的前沿地带。

1985 年 2 月 18 日，中共中央、国务院批转《长江、珠江三角洲和闽南厦漳泉三角地区座谈会纪要》，决定在长江三角洲、珠江三角洲和厦漳泉三角地区开辟沿海经济开放区。

1987 年 12 月 1 日，深圳经济特区启动全国首次国有土地使用权拍卖。

1988 年 3 月 18 日，国务院印发《关于扩大沿海经济开放区范围的通知》。

2008 年 12 月 31 日，国务院批复《珠江三角洲地区改革发展规划纲要（2008—2020 年）》。

2009 年 12 月 31 日，国务院印发《关于推进海南国际旅游岛建设发展的若干意见》。

2016 年 8 月 8 日，国务院批复《平潭国际旅游岛建设方案》。

2013 年 8 月 17 日，国务院正式批准设立中国（上海）自由贸易试验区。

（2）西部地区：

1980 年 3 月 14—15 日，中共中央召开西藏工作座谈会，提出有计划、有步骤地使西藏兴旺发达、繁荣富裕起来。

1984 年 2 月，中央组织内地 9 省市为西藏援建 43 项重点工程。

1989 年 10 月，中共中央政治局常委会会议专题研究西藏工作，形成了关于西藏工作的 10 条意见，为西藏的建设和发展指明了方向。

1994 年 7 月 20—23 日，中共中央、国务院召开第三次西藏工作座谈会，作出中央政府关心西藏、全国各地支援西藏的重大决策，确定在西藏直接投资建设 62 项工程，15 个对口支援省（市）和中央各部委无偿援建 716 个项目，形成了国家直接投资西藏建设项目、中央政府实行财政补贴、全国进行对口支援的全方位支援西藏现代化建设的格局。

1996 年 3 月 19 日，中共中央政治局常委会会议专题研究新疆稳定工作。1997 年，中央开始从内地省市、国家机关和国有重要企业派出一批骨干力量到新疆工作。此后，对口支援新疆的力度不断加大。

1999 年 3 月 22 日，国务院印发《关于进一步推进西部大开发的若干意见》，提出了进一步推进西部大开发的 10 条意见。

1999 年 6 月 17 日，江泽民在西安主持召开国有企业改革和发展座谈会时指出，实施西部大开发，是一项振兴中华的宏伟战略任务。2000 年 10 月 26 日，国务院印发《关于实施西部大开发若干政策措施的通知》。

（3）东北地区：

2003 年 10 月 5 日，中共中央、国务院印发《关于实施东北地区等老工业基地振兴战略的若干意见》。

（4）中部地区：

2006 年 4 月 15 日，中共中央、国务院印发《关于促进中部地区崛起的若干意见》。

2013 年 8 月，习近平在北戴河主持会议研究河北发展问题时提出推动京津冀协同发展。2014 年 2 月 26 日，习近平主持召开座谈会听取京津冀协同发展专题汇报，明确提出实现京津冀协同发展是一个重大国家战略。2015 年 6 月 9 日，中共中央、国务院印发《京津冀协同发展规划纲要》。

2016 年 3 月 24 日，中共中央政治局常委会会议听取关于北京城市副中心和疏解北京非首都功能集中承载地有关情况的汇报，确定疏解北京非首都功能集中承载地新区规划选址并同意定名为“雄安新区”。

2017 年 3 月 28 日，中共中央、国务院发出通知，决定设立河北雄安新区。

2006 年 1 月 5 日，习近平在重庆召开的推动长江经济带发展座谈会上指出，推动长江经济带发展是国家一项重大区域发展战略，要坚持生态优先、绿色发展，共抓大保护、不搞大开发。5 月 30 日，中共中央、国务院印发《长江经济带发展规划纲要》。

（5）地区整体工作：

2010 年 12 月 21 日，国务院印发《全国主体功能区规划》。这是新中国成立以来第一个全国性国土空间开发规划。

2013 年 12 月 12 日，习近平在中共中央召开的首次城镇化工作会议上指出，城镇化是现代化的必由之路，推进城镇化要坚持以人为本、优化布局、生态文明、传承文化的基本原则。2014 年 3 月 12 日，中共中央、国务院印发《国家新型城镇化规划（2014—2020 年）》。

2015 年 8 月 1 日，国务院印发《全国海洋主体功能区规划》。

4. 内贸（商贸/流通/电商）工作

1981 年 7 月 5 日，国务院出台《关于制止商品流通中不正之风的通知》。

1982 年 6 月 17 日，国务院出台《关于疏通城乡商品流通渠道扩大工业品下乡的决定》。

1983 年 2 月 11 日，国务院印发《国务院批转国家经济体制改革委员会、商业部〈关于改革农村商品流通体制若干问题的试行规定〉的通知》。

1984 年 6 月 19 日，国务院印发《国务院批转商业部〈关于调整茶叶购销政策和改革流通体制意见的报告〉的通知》。

1984 年 7 月 19 日，国务院印发《国务院批转国家体改委、商业部、农牧渔业部〈关于进一步做好农村商品流通工作的报告〉的通知》。

1985 年 4 月 1 日，中国开始实行出口退税制度。

1990 年 11 月 10 日，国务院印发《国务院关于打破地区间市场封锁进一步搞活商品流通的通知》。

1991 年 10 月 28 日，国务院印发《国务院关于进一步搞活农产品流通的通知》。

1992 年 9 月 22 日，国务院印发《国务院批转国家体改委〈关于改革棉花流通体制意见〉的通知》。

1992年11月7日，国务院印发《国务院关于同意将商丘地区农村流通体制改革试验区列为全国农村改革试验区的批复》。

1993年2月15日，国务院印发《关于加快粮食流通体制改革的通知》。

1994年4月5日，国务院印发《国务院批转国家计委、国家经贸委关于改革原油、成品油流通体制意见的通知》。

1994年8月12日，国务院印发《国务院关于改革化肥等农业生产资料流通体制的通知》。

1997年9月16日，国务院办公厅印发《国务院办公厅转发国家计委关于进一步调整食糖生产和流通有关政策意见的通知》。

1998年5月10日，国务院印发《国务院关于进一步深化粮食流通体制改革的决定》。

1998年11月7日，国务院印发《国务院关于印发当前推进粮食流通体制改革意见的通知》。

1988年11月16日，国务院印发《国务院关于深化化肥流通体制改革的通知》。

1988年11月28日，国务院印发《国务院关于深化棉花流通体制改革的决定》。

1999年5月6日，国务院办公厅印发《国务院办公厅转发国家经贸委等部门关于清理整顿小炼油厂和规范原油成品油流通秩序意见的通知》。

1999年5月30日，国务院印发《国务院关于进一步完善粮食流通体制改革政策措施的通知》。

1999年10月11日，《国务院关于进一步完善粮食流通体制改革政策措施的补充通知》。

2000年6月10日，《国务院关于进一步完善粮食生产和流通有关政策措施的通知》。

2001年6月13日，国务院办公厅印发《国务院办公厅转发国家经贸委关于深化蚕茧流通体制改革意见的通知》。

2001年7月31日，国务院印发《国务院关于进一步深化棉花流通体制改革的意见》。

2004年5月23日，国务院印发《国务院关于进一步深化粮食流通体制改革的意见》。

2004年5月26日，国务院发布《粮食流通管理条例》。

2004年7月14日，国务院办公厅印发《国务院办公厅转发商务部等部门关于进一步做好农村商品流通工作意见的通知》。

2005年3月24日，国务院发布《疫苗流通和预防接种管理条例》。

2005年6月9日，国务院印发《国务院关于促进流通业发展的若干意见》。

2005年12月15日，《全国防控高致病性禽流感指挥部关于确保禽类及其产品正常流通秩序的通知》发布。

2006年5月13日，国务院印发《国务院关于完善粮食流通体制改革政策措施的意见》。

2008年12月30日，国务院办公厅印发《国务院办公厅关于搞活流通扩大消费的意见》。

2009年8月24日，国务院印发《国务院关于进一步深化化肥流通体制改革的决定》。

2011年12月13日，国务院办公厅印发《国务院办公厅关于加强鲜活农产品流通体系建设的意见》。

2012年8月3日，国务院印发《国务院关于深化流通体制改革加快流通产业发展的意见》。

2013年1月11日，国务院办公厅印发《国务院办公厅关于印发降低流通费用提高流通效率综合工作方案的通知》。

2013年5月30日，国务院办公厅印发《国务院办公厅关于印发深化流通体制改革加快流通产业发展重点工作部门分工方案的通知》。

2013年7月18日，国务院修订《粮食流通管理条例》。

2014年10月24日，国务院办公厅印发《国务院办公厅关于促进内贸流通健康发展的若干意见》。

2015年3月7日，国务院批复设立中国（杭州）跨境电子商务综合试验区。5月4日，国务院印发《关于大力发展电子商务加快培育经济新动力的意见》。2016年1月、2018年7月，国务院先后批复在天津、北京等34个城市设立跨境电子商务综合试验区。

2015年7月29日，国务院办公厅印发《国务院办公厅关于同意在上海等9个城市开展国内贸易流通体制改革发展综合试点的复函》。

2015年8月26日，国务院发布《国务院关于推进国内贸易流通现代化建设法治化营商环境的意见》。

2015年9月18日，国务院办公厅发布《国务院办公厅关于推进线上线下互动　加快商贸流通创新发展转型升级的意见》。

2016年2月16日，国务院修订《粮食流通管理条例》。

2016年4月15日，国务院办公厅发布《国务院办公厅关于深入实施“互联网+流通”行动计划的意见》。

2016年4月23日，国务院发布《国务院关于修改疫苗流通和预防接种管理条例的决定》。

2017年1月15日，国务院办公厅发布《国务院办公厅关于进一步加强疫苗流通和预防接种管理工作的意见》。

2017 年 1 月 24 日，国务院办公厅发布《国务院办公厅关于进一步改革完善药品生产流通使用政策的若干意见》。

5. 企业工作（国企/民企）

（1）国企工作：

1980 年 9 月 2 日，国务院批转国家经委《关于扩大企业自主权试点工作情况和今后意见的报告》，要求从 1981 年起把扩大企业自主权的工作在国营工业企业中全面推开。

1982 年 1 月 2 日，中共中央、国务院作出《关于国营工业企业进行全面整顿的决定》。指出要使企业的经济利益与企业生产经营成果好坏直接联系，把责、权、利三者统一起来。

1984 年 5 月 10 日，国务院印发《关于进一步扩大国营工业企业自主权的暂行规定》。

1986 年 7 月 12 日，国务院发布《国营企业实行劳动合同制暂行规定》《国营企业招用工人暂行规定》《国营企业辞退违纪职工暂行规定》和《国营企业职工待业保险暂行规定》。这是新中国成立以来劳动制度的一次重大改革。

1986 年 12 月 5 日，国务院印发《关于深化企业改革增强企业活力的若干规定》。全民所有制企业改革启动。该规定提出全民所有制小型企业可积极试行租赁、承包经营。全民所有制大中型企业要实行多种形式的经营责任制。各地可以选择少数有条件的全民所有制大中型企业进行股份制试点。

1988 年 6 月 9 日，中共中央、国务院印发《关于切实做好国有企业下岗职工基本生活保障和再就业工作的通知》。

1994 年 10 月 25 日，国务院印发《关于在若干城市试行国有企业破产有关问题的通知》。

1994 年 11 月 2—4 日，国务院召开全国建立现代企业制度试点工作会议，确定在企业开展以“产权清晰、权责明确、政企分开、管理科学”为特征的现代企业制度试点工作。

1995 年 3 月 25 日，国务院决定修改职工工作时间。自 5 月 1 日起，职工每周工作 40 小时。

2015 年 8 月 24 日，中共中央、国务院印发《关于深化国有企业改革的指导意见》。此后陆续出台有关加强国有企业党的建设、国有企业分类改革、发展混合所有制经济、完善国资监管体制、防止国有资产流失、完善法人治理结构等多个配套文件。

（2）民营企业/乡镇企业：

2005 年，国务院印发《关于鼓励支持和引导个体私营等非公有制经济发展的若干意见》，从放宽非公有制经济市场准入、加大对非公有制经济的财税金融支持等方面，提出36项政策措施。

2009年9月19日，国务院印发《关于进一步促进中小企业发展的若干意见》。

2012年4月19日，国务院印发《关于进一步支持小型微型企业健康发展的意见》。

2014年2月7日，国务院印发《注册资本登记制度改革方案》。

6. 三农（农业/农民/农村）工作

1982年1月1日，中共中央批转《全国农村工作会议纪要》，指出农村实行的各种责任制，包括小段包工定额计酬，专业承包联产计酬，联产到劳，包产到户、到组，都是社会主义集体经济的生产责任制，不同于合作化以前的小私有的个体经济，而是社会主义农业经济的组成部分。1982年家庭联产承包责任制确立。

1983年1月，中共中央第二个“一号文件”《当前农村经济政策的若干问题》正式发布。从理论上说明了家庭联产承包责任制“是在党的领导下中国农民的伟大创造，是马克思主义农业合作化理论在中国实践中的新发展”。

1984年1月1日，中共中央发布《关于一九八四年农村工作的通知》，即第三个“一号文件”。文件强调要继续稳定和完善联产承包责任制，规定土地承包期一般应在15年以上，生产周期长的和开发性的项目，承包期应当更长一些。

1984年10月13日，国务院发布《关于农民进入集镇落户问题的通知》，要求积极支持有经营能力和有技术专长的农民进入集镇经营工商业，并放宽其落户政策。

1985年1月，中共中央、国务院发布《关于进一步活跃农村经济的十项政策》，即第四个“一号文件”。取消了30年来农副产品统购派购的制度，对粮、棉等少数重要产品采取国家计划合同收购的新政策。

1985年5月，中共中央、国务院批准实施旨在依靠科学技术促进农村经济发展的“星火计划”。

1986年1月1日，中共中央、国务院下发《关于一九八六年农村工作的部署》，即第五个“一号文件”。

1997年4月15日，中共中央、国务院印发《关于进一步加强土地管理切实保护耕地的通知》，国家正式确立土地用途管理制度。2006年7月13日，国务院办公厅印发《关于建立国家土地督察制度有关问题的通知》，正式建立国家土地督察制度。

2000年3月2日，中共中央、国务院印发《关于进行农村税费改革试点工作的通知》。农村税费改革是继实行家庭承包经营以来的又一重大改革。

2003年12月31日，中共中央、国务院印发《关于促进农民增加收入若干政策的意见》，成为改革开放以来中央的第六个“一号文件”。

2005年1月30日，中共中央、国务院印发《关于进一步加强农村工作　提高农业综合生产能力若干政策的意见》，即第七个“一号文件”。

2005年12月31日，中共中央、国务院印发《关于推进社会主义新农村建设的若干意见》。

2006 年 1 月 31 日，国务院印发《关于解决农民工问题的若干意见》。

2006 年 2 月，中共中央、国务院印发《中共中央　国务院关于推进社会主义新农村建设的若干意见》，即第八个“一号文件”。

2007 年 1 月 29 日，中共中央、国务院印发《关于积极发展现代农业　扎实推进社会主义新农村建设的若干意见》，即中央第九个“一号文件”。

2007 年 7 月 11 日，国务院印发《关于在全国建立农村最低生活保障制度的通知》。

2008 年 1 月 30 日，中共中央、国务院印发《关于切实加强农业基础建设　进一步促进农业　发展农民增收的若干意见》，即第十个“一号文件”。

2008 年 6 月 8 日，中共中央、国务院印发《关于全面推进集体林权制度改革的意见》，规定林地的承包期为 70 年，承包期届满可以按照国家有关规定继续承包。

2008 年 11 月 5 日，国务院常务会议决定，自 2009 年 1 月 1 日起，在全国所有地区、所有行业推行增值税转型改革。

2009 年 2 月 1 日，中共中央、国务院印发《关于 2009 年促进农业稳定发展农民持续增收的若干意见》。

2010 年 1 月 31 日，中共中央、国务院印发《关于加大统筹城乡发展力度　进一步夯实农业农村发展基础的若干意见》。

2011 年 1 月 29 日，中共中央、国务院印发《关于加快水利改革发展的决定》，即第八个“一号文件”。

2012 年 2 月 1 日，中共中央、国务院印发《关于加快推进农业科技创新　持续增强农产品供给保障能力的若干意见》，即第九个“一号文件”。

2013 年 1 月 31 日，中共中央、国务院印发《关于加快发展现代农业，进一步增强农村发展活力的若干意见》。

2014 年 1 月 19 日，中共中央、国务院印发《关于全面深化农村改革　加快推进农业现代化的若干意见》。

2014 年 11 月 6 日，中共中央办公厅、国务院办公厅印发《关于引导农村土地经营权有序流转　发展农业适度规模经营的意见》。2016 年 10 月 22 日，中共中央办公厅、国务院办公厅印发《关于完善农村土地所有权　承包权　经营权分置办法的意见》。

2014 年 12 月 31 日，中共中央办公厅、国务院办公厅印发《关于农村土地征收、集体经营性建设用地入市、宅基地制度改革试点工作的意见》。

2015 年 2 月 1 日，中共中央、国务院印发《关于加大改革创新力度　加快农业现代化建设的若干意见》。

2015 年 11 月 2 日，中共中央办公厅、国务院办公厅印发《深化农村改革综合性实施方案》，确立农村改革的“四梁八柱”。

2015 年 11 月 29 日，中共中央、国务院发布《关于打赢脱贫攻坚战的决定》。

2016 年 1 月 27 日，中共中央、国务院印发《关于落实发展新理念　加快农业现代化实现全面小康目标的若干意见》。

2016 年 12 月 26 日，中共中央、国务院印发《关于稳步推进农村集体产权制度改革的意见》。农村集体产权制度改革向全国推开。

2017 年 2 月 5 日，中共中央、国务院印发《关于深入推进农业供给侧结构性改革 加快培育农业农村发展新动能的若干意见》。

2018 年 1 月 2 日，中共中央、国务院印发《关于实施乡村振兴战略的意见》。

2018 年 6 月 15 日，中共中央、国务院印发《关于打赢脱贫攻坚战三年行动的指导意见》。

2019 年 2 月 20 日，中共中央、国务院印发《关于坚持农业农村优先发展 做好“三农”工作的若干意见》。

7. 外贸外资工作

1983 年 8 月 1 日，国家外汇管理局出台《对侨资企业、外资企业、中外合资经营企业外汇管理施行细则》。

1983 年 9 月 3 日，国务院出台《关于加强利用外资工作的指示》。

1985 年 4 月 2 日，国务院出台《中华人民共和国经济特区外资银行、中外合资银行管理条例》。

1986 年 1 月 31 日，国务院办公厅印发《关于加强利用外资统计报告工作的通知》。

1986 年 8 月 5 日，国务院印发《关于上海市扩大利用外资规模的批复》。

1986 年 10 月 11 日，国务院发布《关于鼓励外商投资的规定》，鼓励外国投资者在中国境内举办中外合资经营企业、中外合作经营企业和外资企业。

1987 年 4 月 2 日，国务院印发《国务院关于天津市扩大利用外资 加快技术改造 增加出口创汇的批复》。

1988 年 6 月 9 日，国务院印发《国务院关于授权省、自治区直辖市、经济特区和计划单列市人民政府审批外资企业的通知》。

1990 年 9 月 8 日，中国人民银行印发《上海外资金融机构、中外合资金融机构管理办法》。

1990 年 12 月 12 日，对外经济贸易部印发《中华人民共和国外资企业法实施细则》。

1991 年 3 月 13 日，国务院印发《国务院关于加强外资企业重大项目审批工作的通知》。

1991 年 12 月 6 日，对外经济贸易部发布《关于〈中华人民共和国外资企业法实施细则〉若干条款的解释》。

1992 年 3 月 12 日，国务院办公厅印发《国务院办公厅关于外资金融机构常驻代表机构驻在期限问题的复函》。

1992 年 3 月 13 日，国务院印发《国务院关于广州市利用外资审批权限问题的批复》。

1994 年 1 月 11 日，国务院印发《国务院关于进一步深化对外贸易体制改革的决定》。

1994 年 2 月 25 日，《中华人民共和国外资金融机构管理条例》发布。

1994 年 5 月 28 日，国务院办公厅印发《国务院办公厅关于成立全国外资工作领导小组的通知》。

1995 年 12 月 25 日，国务院印发《国务院关于股份有限公司境内上市外资股的规定》。

2001 年 4 月 12 日，国务院印发《国务院关于修改中华人民共和国外资企业法实施细则的决定》。同日，出台《中华人民共和国外资企业法实施细则》。

2001 年 12 月 12 日，《中华人民共和国外资保险公司管理条例》发布。

2001 年 12 月 20 日，《中华人民共和国外资金融机构管理条例》发布。

2004 年 3 月 18 日，国务院印发《国务院关于进一步扩大商业领域利用外资工作的批复》。

2006 年 11 月 11 日，《中华人民共和国外资银行管理条例》发布。

2009 年 4 月 8 日，国务院常务会议决定在上海市和广东省广州、深圳、珠海、东莞 4 城市开展跨境贸易人民币结算试点。截至 2011 年 8 月，跨境贸易人民币结算境内地域范围扩大至全国。

2010 年 4 月 16 日，国务院印发《国务院关于进一步做好利用外资工作的若干意见》。

2010 年 8 月 18 日，国务院办公厅印发《贯彻落实国务院关于进一步做好利用外资工作若干意见部门分工方案》。

2013 年 5 月 30 日，《中华人民共和国外资保险公司管理条例》发布。

2014 年 2 月 19 日，《中华人民共和国外资企业法实施细则》发布。

2014 年 11 月 27 日，《中华人民共和国外资银行管理条例》发布。

2016 年 2 月 6 日，《中华人民共和国外资保险公司管理条例》发布。

2017 年 1 月 12 日，国务院印发《国务院关于扩大对外开放　积极利用外资若干措施的通知》。

2017 年 8 月 8 日，国务院印发《国务院关于促进外资增长若干措施的通知》。

2018 年 6 月 10 日，国务院印发《国务院关于积极有效利用外资　推动经济高质量发展若干措施的通知》。

8. 金融工作

1980 年 4 月 17 日，中国恢复在国际货币基金组织的合法席位。

1980 年 5 月 15 日，中国恢复在世界银行的合法席位。

1982 年 2 月 11 日，国务院印发《国务院批转中国人民银行〈关于国内保险业务恢复情况和今后发展意见的报告〉的通知》。

1983 年 9 月 1 日，《中华人民共和国财产保险合同条例》发布。

1984 年 11 月 3 日，国务院印发《国务院批转中国人民保险公司关于加快发展中国保险事业的报告的通知》。

1985 年 6 月 27 日，国务院办公厅出台《关于加强银行金融信贷管理工作的通知》。

1988 年 8 月 11 日，国务院印发《国务院批转中国人民银行关于控制货币、稳定金融几项措施报告的通知》。

1989 年 3 月 8 日，国务院印发《国务院关于调整省、自治区、直辖市金融、税务部门和部分海关领导干部管理体制问题的通知》。

1990 年 4 月 13 日，中国人民银行印发《境外金融机构管理办法》。

1990 年 9 月 8 日，中国人民银行印发《上海外资金融机构、中外合资金融机构管理办法》。

1992 年 3 月 12 日，国务院办公厅印发《国务院办公厅关于外资金融机构常驻代表机构驻在期限问题的复函》。

1993 年 12 月 25 日，国务院作出《关于金融体制改革的决定》，提出建立在国务院领导下，独立执行货币政策的中央银行宏观调控体系；建立政策性金融与商业性金融相分离，以国有商业银行为主体，多种金融机构并存的金融组织体系；建立统一开放、有序竞争、严格管理的金融市场体系。国务院批转国家税务总局《工商税制改革实施方案》，确定从 1994 年 1 月 1 日起实施新中国成立以来规模最大、范围最广泛、内容最深刻的一次税制改革。

1994 年 2 月 25 日，《中华人民共和国外资金融机构管理条例》发布。

1994 年 9 月 29 日，国务院印发《国务院批转中国人民银行关于加强金融机构监管工作意见的通知》。

1995 年 3 月 12 日，国务院办公厅印发《国务院办公厅转发中国人民银行关于 10 家金融机构违反“约法三章”处理情况通报的通知》。

1996 年 1 月 21 日，国务院印发《国务院关于坚决打击骗取出口退税　严厉惩治金融和财税领域违法乱纪行为的决定》。

1996 年 8 月 22 日，国务院印发《国务院关于农村金融体制改革的决定》。

1996 年 10 月 7 日，国务院办公厅印发《国务院办公厅关于浙江省兰溪市非法成立金融机构并引发挤兑事件的通报》。

1996 年 11 月 18 日，国务院印发《国务院批转中国人民银行〈关于进一步整顿金融秩序　严格控制货币投放的报告〉的紧急通知》。

1996 年 12 月 1 日，中国开始接受国际货币基金组织协定第八条款，实行人民币经常项目下的可兑换。外汇管理体制改革取得重大进展。中国银行股份有限公司和中国建设银行股份有限公司分别于 2004 年 8 月 26 日和 9 月 21 日成立。两家国有独资商业银行整体改制为国家控股的股份制商业银行。

1997年2月19日，国务院印发《国务院关于调整金融保险业税收政策有关问题的通知》。

1997年7月，在国际游资攻击和资本恐慌性出逃等因素的影响下，亚洲金融危机爆发。12月6日，中共中央、国务院发布《关于深化金融改革，整顿金融秩序，防范金融风险的通知》。

1998年6月5日，国务院印发《国务院关于在国有中小企业和集体企业改制过程中加强金融债权管理的通知》。

1998年7月13日，国务院出台《非法金融机构和非法金融业务活动取缔办法》。7月26日，国务院出台《关于〈非法金融机构和非法金融业务活动取缔办法〉第二十九条有关问题的紧急通知》。

1998年8月11日，国务院办公厅转发《中国人民银行整顿乱集资 乱批设金融机构和乱办金融业务实施方案的通知》。

1998年12月8日，国务院办公厅印发《国务院办公厅关于严禁违反规定强令企事业单位在指定金融机构存款的通知》。

1999年2月22日，国务院出台《金融违法行为处罚办法》。

2000年3月15日，国务院出台《国有重点金融机构监事会暂行条例》发布。

2000年11月10日，国务院出台《金融资产管理公司条例》。

2001年4月12日，国务院办公厅印发《国务院办公厅转发人民银行关于企业逃废金融债务有关情况报告的通知》。

2001年11月23日，国务院出台《金融机构撤销条例》。

2001年12月20日，《中华人民共和国外资金融机构管理条例》发布。

2002年3月9日，国务院办公厅印发《国务院办公厅关于成立贯彻落实全国金融工作会议专题工作小组的通知》。

2005年7月21日，经国务院批准，中国人民银行宣布：自当日起，中国开始实行以市场供求为基础、参考一篮子货币进行调节、有管理的浮动汇率制度。人民币汇率形成更富弹性的汇率机制。

2006年6月15日，国务院印发《国务院关于保险业改革发展的若干意见》。

2006年12月26日，国务院印发《国务院关于推进国有商业银行股份制改革 深化金融体制改革工作的报告》。

2008年10月26日，国务院印发《国务院关于加强金融宏观调控情况的报告》。

2008年12月8日，国务院办公厅印发《国务院办公厅关于当前金融促进经济发展的若干意见》。

2008年12月24日，国务院印发《国务院关于积极采取措施 应对国际金融危机确保国民经济平稳较快发展情况的报告》。

2009 年 4 月 14 日，国务院印发《国务院关于推进上海加快发展现代服务业和先进制造业建设国际金融中心和国际航运中心的意见》。

2009 年 9 月 30 日，国务院办公厅印发《国务院办公厅关于应对国际金融危机保持西部地区经济平稳较快发展的意见》。

2011 年 1 月 8 日，国务院出台《非法金融机构和非法金融业务活动取缔办法》。

2011 年 11 月 11 日，国务院印发《国务院关于清理整顿各类交易场所　切实防范金融风险的决定》。

2013 年 6 月 27 日，国务院印发《国务院关于农村金融改革发展工作情况的报告》。

2013 年 7 月 1 日，国务院办公厅印发《国务院办公厅关于金融支持经济结构调整和转型升级的指导意见》。

2013 年 8 月 8 日，国务院办公厅印发《国务院办公厅关于金融支持小微企业发展的实施意见》。

2013 年 8 月 15 日，国务院印发《国务院关于同意建立金融监管协调部际联席会议制度的批复》。

2014 年 4 月 20 日，国务院办公厅印发《国务院办公厅关于金融服务“三农”发展的若干意见》。

2014 年 6 月 24 日，国务院印发《国务院关于加强金融监管防范金融风险工作情况的报告》。

2015 年 8 月 11 日，中国人民银行决定改革完善人民币兑美元汇率中间价报价机制，明确中间价报价参考前一天收盘价。2016 年 2 月，形成“收盘汇率＋一篮子货币汇率变化”的人民币兑美元汇率中间价形成机制。

2015 年 9 月 1 日，国务院办公厅印发《国务院办公厅关于促进金融租赁行业健康发展的指导意见》。

2015 年 11 月 4 日，国务院办公厅印发《国务院办公厅关于加强金融消费者权益保护工作的指导意见》。

2015 年 12 月 31 日，国务院印发《国务院关于印发推进普惠金融发展规划（2016—2020 年）的通知》。

2016 年 4 月 12 日，国务院办公厅印发《国务院办公厅关于印发互联网金融风险专项整治工作实施方案的通知》。

2016 年 7 月 5 日，《中共中央、国务院关于深化投融资体制改革的意见》出台，新一轮投融资体制改革全面展开。

2018 年 3 月 18 日，国务院办公厅印发《国务院办公厅关于全面推进金融业综合统计工作的意见》。

2018 年 6 月 30 日，《中共中央　国务院关于完善国有金融资本管理的指导意见》出台，明确对国有金融资本实行统一授权管理，建立健全国有金融资本管理的“四梁八柱”。

2018 年 10 月 24 日，国务院印发《国务院关于 2017 年度金融企业国有资产的专项报告》。

2010 年 1 月 2 日，国务院印发《国务院关于试行社会保险基金预算的意见》。

2012 年 3 月 30 日，《机动车交通事故责任强制保险条例》发布。

2012 年 11 月 12 日，《农业保险条例》发布。

2012 年 12 月 27 日，《机动车交通事故责任强制保险条例》发布。

9. 科技创新工作

1985 年 2 月 20 日，中国第一个南极考察站——长城站在南极乔治王岛建成。此后，中国又陆续建成南极中山站、昆仑站、泰山站。

1988 年 5 月 3 日，国务院作出《关于深化科技体制改革若干问题的决定》，鼓励科研机构发展成新型的科研生产经营实体、兴办高新产业开发区、发展高新技术产业，支持发展不同所有制形式的科技机构。在各种政策措施的引导下，科技界以空前的热情投入到经济建设主战场。

1988 年 8 月，国务院批准实施旨在发展高新技术产业的“火炬计划”。

1988 年 9 月 14—27 日，中国自行研制的导弹核潜艇在东海海域进行水下发射运载火箭试验并取得成功。

1988 年 10 月 16 日，中国第一座高能加速器——北京正负电子对撞机对撞成功。24 日，邓小平在视察正负电子对撞机工程时指出，中国必须发展自己的高科技，在世界高科技领域占有一席之地。

1992 年 3 月 8 日，国务院颁布《国家中长期科学技术发展纲领》，提出动员和吸引大部分科技力量投身于国民经济建设主战场。

1997 年 6 月 4 日，国家科技领导小组第三次会议决定制定和实施《国家重点基础研究发展规划》。随后，科技部组织实施国家重点基础研究发展计划（又称“九七三计划”）。

1999 年 8 月 20 日，中共中央、国务院作出《关于加强技术创新，发展高科技，实现产业化的决定》。23 日，江泽民在全国技术创新大会上讲话指出，必须把以科技创新为先导，促进生产力发展的质的飞跃，摆在经济建设的首要地位。

2001 年 2 月 9 日，国务院作出《关于 2000 年度国家科学技术奖励的决定》。自 2000 年起设立国家最高科学技术奖。

2006 年 1 月 26 日，中共中央、国务院作出《关于实施科技规划纲要 增强自主创新能力的决定》，提出增强自主创新能力，努力建设创新型国家。

2010 年 10 月 10 日，国务院作出《关于加快培育和发展战略性新兴产业的决定》。提出用 20 年时间，使节能环保、新一代信息技术等战略性新兴产业整体创新能力和产业发展水平达到世界先进水平。

2012年7月2日，中共中央、国务院印发《关于深化科技体制改革　加快国家创新体系建设的意见》，指出促进科技与经济的紧密结合，建立企业主导产业技术研发，创新的体制机制。

2015年1月6日，国务院印发《关于促进云计算创新发展　培育信息产业新业态的意见》。8月31日，国务院印发《促进大数据发展行动纲要》。

2015年3月13日，中共中央、国务院印发《关于深化体制机制改革　加快实施创新驱动发展战略的若干意见》。

2015年7月1日，国务院印发《关于积极推进“互联网+”行动的指导意见》。

2016年1月18日，中共中央、国务院印发《国家创新驱动发展战略纲要》。

2016年9月25日，国务院印发《关于加快推进“互联网+政务服务”工作的指导意见》。

2017年7月8日，国务院印发《新一代人工智能发展规划》。

（三）主要法律

1980年8月，全国人大五届第十八次会议决定，批准国务院提出的在深圳、珠海、汕头和厦门设立经济特区，由此开始了沿海城市改革开放的新时代。

1986年12月2日，六届全国人大常委会第十八次会议通过《中华人民共和国企业破产法（试行）》，2006年8月27日，十届全国人大常委会第二十三次会议通过《中华人民共和国企业破产法》。

1988年4月13日，第七届全国人民代表大会通过《关于建立海南省经济特区的决议》，建立了海南经济特区。海南成为中国面积最大的经济特区。

1993年3月29日，八届全国人大一次会议通过《中华人民共和国宪法修正案》，肯定家庭联产承包为主的责任制是社会主义劳动群众集体所有制经济。

2000年10月31日，九届全国人大常委会第十八次会议修正《中华人民共和国外资企业法》，通过《全国人民代表大会常务委员会关于修改〈中华人民共和国外资企业法〉的决定》。

2005年12月29日，十届全国人大常委会第十九次会议通过《关于废止中华人民共和国农业税条例的决定》，新中国实施了近50年的农业税条例被依法废止，一个在中国延续两千多年的税种宣告终结。

2016年9月，十二届全国人大常委会第二十二次会议通过《关于修改〈中华人民共和国外资企业法〉等4部法律的决定》，包含《中华人民共和国中外合资经营企业法》《中华人民共和国中外合作经营企业法》《中华人民共和国台湾同胞投资保护法》。探索对外商投资实行准入前国民待遇加负面清单的管理模式，对不涉及国家规定准入特别管理措施的外商投资企业设立及变更的事项，由逐案审批制改为备案制管理。外资管理体制实现重大变革。

2017 年 12 月 30 日，中共中央印发《关于建立国务院向全国人大常委会报告国有资产管理情况制度的意见》。2018 年 10 月，十三届全国人大常委会第六次会议审议了《国务院关于 2017 年度国有资产管理情况的综合报告》和《国务院关于 2017 年度金融企业国有资产的专项报告》。这是国务院首次按照“全口径、全覆盖”标准向全国人大常委会报告国有资产管理情况。

1980 年 9 月 10 日，五届全国人大三次会议通过《中华人民共和国中外合资经营企业所得税法》《中华人民共和国个人所得税法》。

1981 年 12 月 13 日，五届全国人大第四次会议通过《中华人民共和国经济合同法》。

1984 年 3 月 12 日，六届全国人大常委会第四次会议通过《中华人民共和国专利法》。

1986 年 4 月 12 日，六届全国人大第四次会议通过《中华人民共和国外资企业法》。

1988 年 3 月至 4 月，《中华人民共和国全民所有制工业企业法》《中华人民共和国中外合作经营企业法》发布。

1988 年 6 月 26 日，九届全国人大常委会第三次会议通过《中华人民共和国专属经济区和大陆架法》。

1991 年 4 月 9 日，七届人大第四次会议通过《中华人民共和国外商投资企业和外国企业所得税法》。

1992 年 11 月 7 日，七届人大常委会第二十八次会议通过《中华人民共和国海商法》。

1993 年 2 月 22 日，七届人大常委会第三十次会议通过《中华人民共和国商标法》。

1993 年 2 月 22 日，七届人大常委会第三十次会议通过《中华人民共和国产品质量法》。

1993 年 7 月 2 日，八届全国人大常委会第二次会议通过《中华人民共和国农业法》。

1993 年 7 月 2 日，八届全国人大常委会第二次会议通过《中华人民共和国科学技术进步法》。

1993 年 9 月 2 日，八届人大常委会第三次会议通过《中华人民共和国反不正当竞争法》。

1993 年 10 月 31 日，八届人大常委会第四次会议通过《中华人民共和国消费者权益保护法》。

1994 年 7 月 5 日，八届人大常委会第八次会议通过《中华人民共和国劳动法》。

1994 年 8 月 31 日，八届人大常委会第九次会议通过《中华人民共和国审计法》。

1995 年 2 月 28 日，八届人大常委会第十次会议通过《中华人民共和国税收征收管理法》。

1996 年 10 月 29 日，八届全国人大常委会第二十二次会议通过《中华人民共和国乡镇企业法》。

1997 年 2 月 23 日，八届人大常委会第二十四次会议通过《中华人民共和国合伙企业法》。

1998 年 12 月 29 日，九届人大常委会第六次会议通过《中华人民共和国证券法》。

1999 年 3 月 15 日，九届人大第二次会议通过《中华人民共和国合同法》。

1999 年 8 月 30 日，九届人大常委会第十一次会议通过《中华人民共和国个人独资企业法》。

2001 年 4 月 28 日，九届人大常委会第二十一次会议通过《中华人民共和国信托法》。

2002 年 6 月 29 日，九届全国人大常委会第二十八次会议通过《中华人民共和国中小企业促进法》。2017 年 9 月 1 日，十二届全国人大常委会第二十九次会议通过修订后的《中华人民共和国中小企业促进法》。

2002 年 8 月 29 日，九届人大常委会第二十九次会议通过《中华人民共和国农村土地承包法》。

2003 年 10 月 28 日，十届人大常委会第五次会议通过《中华人民共和国道路交通安全法》。

2004 年 8 月 28 日，十届人大常委会第十一次会议通过《中华人民共和国公司法》。

2006 年 4 月 29 日，十届人大常委会第二十一次会议通过《中华人民共和国农产品质量安全法》。

2006 年 8 月 27 日，十届全国人大常委会第二十三次会议通过《中华人民共和国企业破产法》。

2007 年 3 月 16 日，十届全国人大五次会议通过《中华人民共和国物权法》。

2007 年 3 月 16 日，十届全国人大五次会议通过《中华人民共和国企业所得税法》。

2007 年 6 月 29 日，十届人大常委会第二十八次会议通过《中华人民共和国劳动合同法》。

2007 年 6 月 29 日，十届人大常委会第二十八次会议通过《中华人民共和国个人所得税法》。

2007 年 8 月 30 日，十届全国人大常委会第二十九次会议通过《中华人民共和国反垄断法》和《中华人民共和国就业促进法》。

2007 年 12 月 29 日，十届人大常委会第三十一次会议通过《中华人民共和国劳动争议调解仲裁法》。

2008 年 8 月 29 日，十一届人大常委会第四次会议通过《中华人民共和国循环经济促进法》。

2008年10月28日，十一届人大常委会第五次会议通过《中华人民共和国企业国有资产法》。

2009年2月28日，十一届人大常委会第七次会议通过《中华人民共和国食品安全法》。

2009年6月27日，十一届人大常委会第九次会议通过《中华人民共和国农村土地承包经营纠纷调解仲裁法》。

2010年10月28日，十一届人大常委会第十七次会议通过《中华人民共和国社会保险法》。

2011年2月25日，十一届人大常委会第十九次会议通过《中华人民共和国车船税法》。

2018年8月31日，十三届人大常委会第五次会议通过《中华人民共和国电子商务法》。

二、政治建设领域

（一）主要政策

1. 政治领导工作

1980年8月18日，在中央政治局扩大会议上，邓小平发表《党和国家领导制度的改革》的讲话，为中国政治体制的改革指明了方向。

1984年5月31日，六届全国人大第二次会议通过《中华人民共和国民族区域自治法》。2001年2月28日，九届全国人大常委会第二十次会议通过修订后的《中华人民共和国民族区域自治法》，明确规定民族区域自治是国家的一项基本政治制度。

1986年12月30日，邓小平在同几位中央负责同志谈话时指出，要旗帜鲜明地坚持四项基本原则，反对资产阶级自由化。

1987年1月28日，中共中央发布《关于当前反对资产阶级自由化若干问题的通知》。

1987年10月25日至11月1日，中国共产党第十三次全国代表大会举行。大会通过《沿着有中国特色的社会主义道路前进》的报告，阐述了社会主义初级阶段理论，提出了党在社会主义初级阶段的基本路线，制定了到21世纪中叶分三步走、实现现代化的发展战略。

2008年1月15日，胡锦涛在中共十七届中央纪委二次全会上讲话指出，要着力加强以完善惩治和预防腐败体系为重点的反腐倡廉建设。

2012年12月4日，中共中央政治局会议通过《十八届中央政治局关于改进工作作风、密切联系群众的八项规定》。

2013年1月22日，习近平在中共十八届中央纪委二次全会上讲话指出，要坚持“老虎”“苍蝇”一起打，既坚决查处领导干部违纪违法案件，又切实解决发生在群众身边的不正之风和腐败问题；要加强对权力运行的制约和监督，把权力关进制度的笼子里。

2013年6月28日，习近平在全国组织工作会议上讲话，明确提出信念坚定、为民服务、勤政务实、敢于担当、清正廉洁的好干部标准。

2014年9月5日，习近平在庆祝全国人民代表大会成立60周年大会上讲话中指出，世界上不存在完全相同的政治制度，也不存在适用于一切国家的政治制度模式。中国特色社会主义政治制度之所以行得通、有生命力、有效率，就是因为它是从中国的社会土壤之中生长起来的，未来要继续茁壮成长，也必须深深扎根于中国的社会土壤。坚定中国特色社会主义制度自信，首先要坚定对中国特色社会主义政治制度的自信，增强走中国特色社会主义政治发展道路的信心和决心。

2015年1月16日，中共中央政治局常委会召开会议，专门听取全国人大常委会、国务院、全国政协、最高人民法院、最高人民检察院党组工作汇报。这成为实现党中央集中统一领导的一项制度性安排。

2015年4月10日，中共中央办公厅印发《关于在县处级以上领导干部中开展“三严三实”专题教育方案》。从4月底开始，在县处级以上领导干部中不分批次、不划阶段、不设环节开展“三严三实”专题教育，着力解决“不严不实”问题。

2015年6月26日，习近平在中共十八届中央政治局第二十四次集体学习时讲话指出，铲除不良作风和腐败现象滋生蔓延的土壤，根本上要靠法规制度。要把法规制度建设贯穿到反腐倡廉各个领域、落实到制约和监督权力各个方面，推动形成不敢腐、不能腐、不想腐的有效机制。

2015年8月3日，中共中央颁发《中国共产党巡视工作条例》，明确规定党的中央和省、自治区、直辖市委员会实行巡视制度，建立专职巡视机构，对所管理的地方、部门、企事业单位党组织进行巡视监督，实现巡视全覆盖、全国一盘棋。2017年7月1日，中共中央颁发修订后的《中国共产党巡视工作条例》。

1979年10月19日，邓小平在对各民主党派和全国工商联代表讲话时指出，统一战线已经发展成为全体社会主义劳动者、拥护社会主义的爱国者和拥护祖国统一的爱国者的最广泛的联盟。

2006年7月10日，胡锦涛在全国统战工作会议上讲话指出，政党关系、民族关系、宗教关系、阶层关系、海内外同胞关系是政治领域和社会领域中涉及党和国家工作全局的一些重大关系，也是统一战线需要全面把握和正确处理的重大关系。

2015年5月18日，习近平在中央统战工作会议上讲话指出，要巩固和发展最广泛的爱国统一战线，为实现“两个一百年”奋斗目标、实现中华民族伟大复兴的中国梦提供广泛力量支持。同日，中共中央颁发《中国共产党统一战线工作条例（试行）》。

2. 法治工作

1978年12月，党的十一届三中全会胜利召开。三中全会公报明确指出："为了保障人民民主，必须加强社会主义法制，使民主制度化、法律化，使这种制度和法律具有稳定性、连续性和极大的权威，做到有法可依，有法必依，执法必严，违法必究。""要忠实于法律和制度，忠实于人民利益，忠实于事实真相；要保证人民在自己的法律面前人人平等，不允许任何人有超于法律之上的特权。"这是改革开放之初我们党的文件正式重申"法律面前人人平等"这一重要原则。

1979年9月9日，中共中央颁布《中共中央关于坚决保证刑法、刑事诉讼法切实实施的指示》，强调刑法等七部法律通过后，"它们能否严格执行，是衡量中国是否实行社会主义法治的重要标志"。这是新中国成立以来党和国家重要文件中第一次使用"法治"这一概念。

1980年11月22日，作为党中央机关报的《人民日报》，应中央领导同志要求撰写并以"特约评论员"名义发表的《社会主义民主和法制的里程碑》一文，总结了对林彪、江青反革命集团的审判，最后强调指出："对林彪、江青反革命集团的审判，是中国民主和法制发展道路上的一个引人注目的里程碑。它充分体现了以法治国的精神，坚决维护了法律的权威，认真贯彻了社会主义民主和法制的各项原则，在国内外引起了强烈反响，具有除旧布新的重大意义。"这是最早提出"以法治国"的重要文献。

1996年3月，八届全国人大第四次会议通过《国民经济和社会发展"九五"计划和2010年远景目标纲要》，将"依法治国"作为一项基本方针确立下来，明确提出了"依法治国，建设社会主义法治国家"的重要任务。

1997年9月，党的第十五次全国代表大会提出了"依法治国，建设社会主义法治国家"的重大战略任务。十五大报告概括了依法治国的基本内涵，指出，"依法治国，就是广大人民群众在党的领导下，依照宪法和法律规定，通过各种形式和途径管理国家事务、管理经济文化事业、管理社会事务，保证国家各项工作都依法进行，逐步实现社会主义民主的制度化、法律化，使这种制度和法律不因领导人的改变而改变，不因领导人看法和注意力的改变而改变。"十五大报告还对依法治国的重大意义作了如下概括："依法治国，是党领导人民治理国家的基本方略，是发展社会主义市场经济的客观要求，是社会文明进步的重要标志，是国家长治久安的重要保证。"从此，依法治国被提升到了治国"基本方略"的战略高度。

1999年3月，在九届全国人大第二次会议上，"依法治国，建设社会主义法治国家"被正式写入宪法修正案。

2002年11月，党的十六大报告把依法治国作为社会主义民主政治建设的重要内容和目标，强调："发展社会主义民主政治，最根本的是要把坚持党的领导、人民当家做主和依法治国有机统一起来。党的领导是人民当家做主和依法治国的根本保证，人民当家做主是社会主义民主政治的本质要求，依法治国是党领导人民治理国家的基本方略。”

2004 年 9 月 16—19 日，党的十六届四中全会通过《中共中央关于加强党的执政能力建设的决定》，把“提高依法执政水平”作为发展社会主义民主政治能力的重要内容，明确提出“依法执政是新的历史条件下党执政的一个基本方式”“全党同志特别是领导干部要牢固树立法制观念，坚持在宪法和法律范围内活动，带头维护宪法和法律的权威”。

2007 年 10 月，党的十七大明确提出“全面落实依法治国基本方略，加快建设社会主义法治国家”的战略任务，强调“依法治国是社会主义民主政治的基本要求”“坚持依法治国基本方略，树立社会主义法治理念，实现国家各项工作法治化”“提高党科学法治执政、民主执政、依法执政水平”。

2011 年 3 月，十一届全国人大第四次会议宣布：以宪法为统帅，以宪法相关法、民法商法等多个法律部门的法律为主干，由法律、行政法规、地方性法规等多个层次的法律规范构成的中国特色社会主义法律体系已经形成，中国依法治国取得重大进步。

2012 年 11 月，党的十八大继续强调“全面推进依法治国”“推进科学立法、严格执法、公正司法、全民守法，坚持法律面前人人平等，保证有法必依、执法必严、违法必究。”十八大报告把“依法治国基本方略全面落实，法治政府基本建成，司法公信力不断提高，人权得到切实尊重和保障”作为全面建成小康社会的重要目标。

2014 年 10 月，党的十八届四中全会审议通过了《中共中央关于全面推进依法治国若干重大问题的决定》，确定了全面推进依法治国的总目标是“建设中国特色社会主义法治体系，建设社会主义法治国家”，强调指出“必须坚持中国共产党的领导，坚持人民主体地位，坚持法律面前人人平等，坚持依法治国和以德治国相结合，坚持从中国实际出发”；“坚持依法治国、依法执政、依法行政共同推进，坚持法治国家、法治政府、法治社会一体建设，实现科学立法、严格执法、公正司法、全民守法，促进国家治理体系和治理能力现代化。”

2019 年 10 月，党的十九届四中全会通过了《中共中央关于坚持和完善中国特色社会主义制度、推进国家治理体系和治理能力现代化若干重大问题的决定》。全会提出，坚持和完善中国特色社会主义制度、推进国家治理体系和治理能力现代化的总体目标是，到我们党成立一百年时，在各方面制度更加成熟、更加定型上取得明显成效；到 2035 年，各方面制度更加完善，基本实现国家治理体系和治理能力现代化；到新中国成立一百年时，全面实现国家治理体系和治理能力现代化，使中国特色社会主义制度更加巩固，优越性充分展现。

2020 年 11 月 16—17 日，中央全面依法治国工作会议召开，明确习近平法治思想在全面依法治国工作中的指导地位。习近平法治思想内涵丰富、论述深刻、逻辑严密、系统完备，就主要方面来看，就是习近平总书记在会议上重要讲话中精辟概括的“十一个坚持”：（1）要坚持党对全面依法治国的领导；（2）坚持以人民为中心；（3）要坚持中国特色社会主义法治道路；(4) 要坚持依宪治国、依宪执政；(5) 要坚持在法治轨道上推进国家治理体系和治理能力现代化；(6) 要坚持建设中国特色社会主义法治体系；(7) 要坚持依法治国、依法执政、依法行政共同推进，法治国家、法治政府、法治社会一体建设；(8) 要坚持全面推进科学立法、严格执法、公正司法、全民守法；(9) 要坚持统筹推进国内法治和涉外法治；(10) 要坚持建设德才兼备的高素质法治工作队伍；(11) 要坚持抓领导干部这个“关键少数”。这次会议明确，未来法治中国建设，要以解决法治领域突出问题为着力点。(1) 立法：积极推进国家安全、科技创新、公共卫生、生物安全、生态文明、防范风险、涉外法治等重要领域立法，健全国家治理急需的法律制度、满足人民日益增长的美好生活需要必备的法律制度。(2) 法治政府建设：用法治给行政权力定规矩、划界限，规范行政决策程序，加快转变政府职能。推进严格规范公正文明执法。(3) 司法：深化司法责任制综合配套改革，加强司法制约监督，健全社会公平正义法治保障制度。(4) 普法：要在针对性和实效性上下功夫，特别是要加强青少年法治教育，不断提升全体公民法治意识和法治素养。

（二）主要法规

1. 行政/体制工作

1983 年 10 月 12 日，中共中央、国务院发出《关于实行政社分开　建立乡政府的通知》，建立乡、镇政府和各种合作经济形式的工作在全国展开，人民公社体制废除。

2003 年 2 月 24—26 日，中共十六届二中全会举行，通过《关于深化行政管理体制和机构改革的意见》。3 月 10 日，十届全国人大第一次会议批准根据该意见形成的《国务院机构改革方案》。

2004 年 3 月 22 日，国务院印发《全面推进依法行政实施纲要》。

2008 年 2 月 25—27 日，中共十七届二中全会举行，通过《关于深化行政管理体制改革的意见》和《国务院机构改革方案》。3 月 15 日，十一届全国人大第一次会议批准《国务院机构改革方案》。

1993 年 3 月 5—7 日，中共十四届二中全会举行，通过《关于党政机构改革的方案》。

2011 年 6 月 8 日，中共中央办公厅、国务院办公厅印发《关于深化政务公开　加强政务服务的意见》。该意见指出，要坚持保障人民群众的知情权和监督权，加大推进政务公开力度，把公开透明的要求贯穿于政务服务各个环节。

2013 年 2 月 26—28 日，中共十八届二中全会举行，通过《国务院机构改革和职能转变方案》。3 月 14 日，十二届全国人大第一次会议批准《国务院机构改革和职能转变方案》。

2013 年 3 月 20 日，国务院全体会议提出，要坚决落实向社会承诺的“约法三章”，即本届任期内，政府性的楼堂馆所一律不得新建，财政供养的人员只减不增，“三公”经费只减不增。

2013 年 4 月 24 日，国务院常务会议为适应职能转变新要求，决定先行取消和下放 71 项行政审批事项。截至 2017 年年底，国务院围绕协同推进简政放权、放管结合、优化服务（简称“放管服”）改革，先后取消和下放国务院部门行政审批事项的比例达 44%，彻底终结非行政许可审批，清理规范国务院部门行政审批中介服务事项达 74%。工商登记前置审批事项压减 87%。中央设立的行政事业性收费项目减少 72%，政府性基金减少 30%，政府定价的经营服务性收费项目大幅压缩。部门设置职业资格削减 70%。中国营商环境明显改善，营商便利度世界排名明显提升。

2014 年 9 月 21 日，国务院印发《关于加强地方政府性债务管理的意见》，部署加强地方政府性债务管理。

2014 年 12 月 31 日，中共中央办公厅印发《关于加强中央纪委派驻机构建设的意见》。2015 年 11 月 20 日，中共中央办公厅印发《关于全面落实中央纪委向中央一级党和国家机关派驻纪检机构的方案》，实现对中央一级党和国家机关派驻纪检机构全覆盖。2018 年 10 月 21 日，中共中央办公厅印发《关于深化中央纪委国家监委派驻机构改革的意见》。

2015 年 12 月 28 日，国务院办公厅印发《国务院部门权力和责任清单编制试点方案》。到 2017 年，31 个省区市均已公布省市县三级政府部门权力清单和责任清单。

2016 年 11 月，中共中央办公厅印发《关于在北京市、山西省、浙江省开展国家监察体制改革试点方案》。2017 年 10 月 23 日，中共中央办公厅印发《关于在全国各地推开国家监察体制改革试点方案》，部署在全国范围内深化国家监察体制改革的探索实践，完成省、市、县三级监察委员会组建工作，实现对所有行使公权力的公职人员监察全覆盖。2017 年 11 月 4 日，十二届全国人大常委会第三十次会议通过《关于在全国各地推开国家监察体制改革试点工作的决定》。

2018 年 2 月 26—28 日，中共十九届三中全会举行，通过《关于深化党和国家机构改革的决定》和《深化党和国家机构改革方案》，决定组建中央全面依法治国委员会、中央审计委员会等机构。3 月 17 日，十三届全国人大第一次会议批准国务院机构改革方案。

2. 政协工作

1979 年 6 月 15 日，邓小平在全国政协五届二次会议上讲话，分析中国社会阶级状况和统一战线内部结构的变化，明确指出，新时期统一战线和人民政协的任务，就是要调动一切积极因素，努力化消极因素为积极因素，团结一切可以团结的力量，同心同德，群策群力，维护和发展安定团结的政治局面，为把中国建设成为现代化的社会主义强国而奋斗。

1989 年 12 月 30 日，中共中央制定《关于坚持和完善中国共产党领导的多党合作和政治协商制度的意见》，指出“长期共存、互相监督、肝胆相照、荣辱与共”是中国共产党同各民主党派合作的基本方针，明确中国共产党领导的多党合作和政治协商制度是中国的一项基本政治制度。

1999年，江泽民在庆祝中国人民政治协商会议成立50周年大会上讲话指出，人民政协50年不平凡的发展历程，可以归结为两大主题：团结和民主。这两大主题应该继续贯穿于人民政协的全部工作中。

2005年2月18日，中共中央印发《关于进一步加强中国共产党领导的多党合作和政治协商制度建设的意见》。

2005年3月4日，胡锦涛在参加全国政协十届三次会议民革、台盟、台联界委员联组讨论时，提出新形势下发展两岸关系的四点意见。

2014年9月21日，习近平在庆祝中国人民政治协商会议成立65周年大会上讲话指出，社会主义协商民主，是中国社会主义民主政治的特有形式和独特优势，是中国共产党的群众路线在政治领域的重要体现。在中国社会主义制度下，有事好商量，众人的事情由众人商量，找到全社会意愿和要求的最大公约数，是人民民主的真谛。人民政协是统一战线的组织，是多党合作和政治协商的机构，是人民民主的重要实现形式。

2015年1月5日，中共中央印发《关于加强社会主义协商民主建设的意见》，对新形势下开展政党协商、人大协商、政府协商、政协协商、人民团体协商、基层协商、社会组织协商等作出全面部署，推进社会主义协商民主广泛多层制度化发展。

3. 统战工作

（1）少数民族工作：

1987年4月17日，中共中央、国务院批转中央统战部、国家民委《关于民族工作几个重要问题的报告》，阐述新时期民族工作总的指导思想和根本任务。

1993年11月7日，江泽民在全国统战工作会议上讲话指出，要继续巩固和发展社会主义的民族关系，坚持和完善民族区域自治制度，加快民族地区的经济发展和社会进步；要全面、正确地贯彻执行党的宗教政策，依法加强对宗教事务的管理，积极引导宗教与社会主义社会相适应。

2003年3月4日，胡锦涛在参加全国政协十届一次会议少数民族界委员联组讨论时指出，各民族共同团结奋斗、共同繁荣发展是新世纪新阶段民族工作的主题。

2004年1月5日，中共中央印发《关于进一步繁荣发展哲学社会科学的意见》。

2005年5月31日，中共中央、国务院作出《关于进一步加强民族工作 加快少数民族和民族地区经济社会发展的决定》。

2014年9月28日，习近平在中央民族工作会议暨国务院第六次全国民族团结进步表彰大会上讲话指出，加强中华民族大团结，长远和根本的是增强文化认同，建设各民族共有精神家园，积极培养中华民族共同体意识，强调要加强各民族交往交流交融。

（2）宗教事务工作：

1982 年 3 月 31 日，中共中央印发《关于中国社会主义时期宗教问题的基本观点和基本政策》。

2001 年 12 月 10 日，江泽民在全国宗教工作会议上讲话指出，中国信仰各种宗教的群众有 1 亿多，他们也是建设有中国特色社会主义的积极力量。要全面贯彻党的宗教信仰自由政策，依法管理宗教事务，积极引导宗教与社会主义社会相适应，坚持独立自主自办的原则，巩固和发展党同宗教界的爱国统一战线。

2004 年 7 月 7 日，国务院常务会议通过《宗教事务条例》。2017 年 6 月 14 日，国务院常务会议通过修订后的《宗教事务条例》。

2016 年 4 月 22 日，习近平在全国宗教工作会议上讲话指出，积极引导宗教与社会主义社会相适应，一个重要的任务就是支持中国宗教坚持中国化方向。做好党的宗教工作，关键是要在“导”上想得深、看得透、把得准，做到“导”之有方、“导”之有力、“导”之有效，牢牢掌握宗教工作的主动权。

（3）新疆西藏民族自治工作：

2000 年，江泽民在中共十五届五中全会闭幕后的讲话中结合新疆的历史和现实，全面阐述打击民族分裂势力、宗教极端势力、恐怖势力，维护新疆稳定的各项工作。强调保持民族地区、边疆地区稳定和发展，是一个很大的政治、很重要的大局，对国家长治久安和社会政治稳定具有十分重要的意义。

2014 年 5 月 28 日，习近平在第二次中央新疆工作座谈会上讲话指出，要围绕社会稳定和长治久安这个总目标，坚持依法治疆、团结稳疆、长期建疆，努力建设团结和谐、繁荣富裕、文明进步、安居乐业的社会主义新疆。

2015 年 8 月 24 日，习近平在中央第六次西藏工作座谈会上讲话指出，必须坚持治国必治边、治边先稳藏的战略思想，坚持依法治藏、富民兴藏、长期建藏、凝聚人心、夯实基础的重要原则。必须全面正确贯彻党的民族政策和宗教政策，把维护祖国统一、加强民族团结作为工作的着眼点和着力点，不断增进各族群众对伟大祖国、中华民族、中华文化、中国共产党、中国特色社会主义的认同。

（4）民主制度建设工作：

1991 年 3 月 23 日，江泽民在参加七届全国人大第四次会议、全国政协七届四次会议党员负责同志会议上讲话指出，人民通过选举、投票行使权利和人民内部各方面在选举和投票之前进行充分协商，尽可能就共同性问题取得一致意见，是中国社会主义民主的两种重要形式。两种形式比一种形式好，更能真实体现社会主义社会人民当家做主的权利。

（三）主要法律

1979 年 7 月 1 日，五届全国人大第二次会议通过了提交大会审议的七部法律：《中华人民共和国刑法》《中华人民共和国刑事诉讼法》《中华人民共和国地方各级人民代表大会和地方各级人民政府组织法》《中华人民共和国全国人民代表大会和地方各级人民代表大会选举法》《中华人民共和国人民法院组织法》《中华人民共和国人民检察院组织法》《中华人民共和国中外合资经营企业法》。通过了《关于政府工作报告的决议》《关于1979年国民经济计划、1978年国家决算和1979年国家预算的决议》《关于修正宪法若干规定的决议》《关于人大常委会工作报告的决议》《关于最高人民法院工作报告和最高人民检察院工作报告的决议》。

1982年3月8日，五届全国人大常委会第二十二次会议通过《关于国务院机构改革问题的决议》。这是改革开放以来首次对国务院机构实行大范围裁减、合并。

1982年12月4日，五届全国人大第五次会议通过并公布施行经全面修改后的《中华人民共和国宪法》。这是中华人民共和国的现行宪法。规定，加强人民代表大会制度，扩大全国人大常委会的职权；恢复设立国家主席；国家设立中央军事委员会，中央军事委员会实行主席负责制；国务院实行总理负责制；国家在必要时得设立特别行政区；改变农村人民公社“政社合一”的体制，设立乡政权。此后，为适应改革开放和社会主义现代化建设的需要，中国分别于1988年、1993年、1999年、2004年、2018年先后5次对宪法进行修改。

1987年11月24日，六届全国人大常委会第二十三次会议通过《中华人民共和国村民委员会组织法（试行）》。1998年11月4日，九届全国人大常委会第五次会议通过《中华人民共和国村民委员会组织法》。

1989年4月4日，七届全国人大第二次会议通过《中华人民共和国行政诉讼法》。

2000年3月15日，九届全国人大第三次会议通过《中华人民共和国立法法》。2015年3月15日，十二届全国人大第三次会议通过《全国人民代表大会关于修改〈中华人民共和国立法法〉的决定》。

2006年8月27日，十届全国人大常委会第二十三次会议通过《中华人民共和国各级人民代表大会常务委员会监督法》。

2010年3月14日，十一届全国人大第三次会议通过《关于修改〈中华人民共和国全国人民代表大会和地方各级人民代表大会选举法〉的决定》。由此，全国实行城乡按相同人口比例选举人大代表。

2018年1月18—19日，中共十九届二中全会举行，通过《关于修改宪法部分内容的建议》。3月11日，十三届全国人大第一次会议通过宪法修正案。

1979年7月1日，五届人民代表大会第二次会议通过《中华人民共和国刑法》《中华人民共和国刑事诉讼法》《中华人民共和国地方各级人民代表大会和地方各级人民政府组织法》《中华人民共和国全国人民代表大会和地方各级人民代表大会选举法》《中华人民共和国人民法院组织法》《中华人民共和国人民检察院组织法》《中华人民共和国中外合资经营企业法》。

1982年12月4日，五届人大第五次会议颁布《中华人民共和国宪法》。中国分别于1988年、1993年、1999年、2004年、2018年先后5次对宪法进行修改。

1984年5月31日，六届全国人大第二次会议通过《中华人民共和国民族区域自治法》。

1986年4月12日，六届人大第四次会议通过《中华人民共和国民法通则》。

1987年11月24日，六届全国人大常委会第二十三次会议通过《中华人民共和国村民委员会组织法（试行）》。1998年11月4日，九届全国人大常委会第五次会议通过《中华人民共和国村民委员会组织法》。

1989年4月4日，七届全国人大第二次会议通过《中华人民共和国行政诉讼法》。

1989年12月26日，七届人大常委会第十一次会议通过《中华人民共和国城市居民委员会组织法》。

1992年4月3日，七届人大第五次会议通过《中华人民共和国全国人民代表大会和地方各级人民代表大会代表法》。

1997年12月29日，八届人大常委会第二十九次会议通过《中华人民共和国防震减灾法》。

2000年3月15日，九届全国人大第三次会议通过《中华人民共和国立法法》。

2003年8月27日，十届人大常委会第四次会议通过《中华人民共和国行政许可法》。

2005年4月27日，十届全国人大常委会第十五次会议通过《中华人民共和国公务员法》。

2006年8月27日，十届全国人大常委会第二十三次会议通过《中华人民共和国各级人民代表大会常务委员会监督法》。

2007年8月30日，十届人大常委会第二十九次会议通过《中华人民共和国突发事件应对法》。

2009年12月26日，十一届人大常委会第十二次会议通过《中华人民共和国侵权责任法》。

2011年6月30日，十一届人大常委会第二十一次会议通过《中华人民共和国行政强制法》。

2014年11月1日，十二届人大常委会第十一次会议通过《中华人民共和国反间谍法》。

2015年12月27日，《中华人民共和国反恐怖主义法》发布。

2016年4月28日，十二届人大常委会第二十次会议通过《中华人民共和国境外非政府组织境内活动管理法》。

2016年11月7日，十二届人大常委会第二十四次会议通过《中华人民共和国网络安全法》。

2017 年 6 月 27 日，十二届人大常委会第二十八次会议通过《中华人民共和国国家情报法》。

2018 年 3 月 20 日，十三届人大常委会第一次会议通过《中华人民共和国监察法》。

三、文化建设领域

（一）主要政策

1979 年 10 月 30 日，邓小平在中国文学艺术工作者第四次代表大会上致祝词，指出要在建设高度物质文明的同时，建设高度的社会主义精神文明。

1985 年 3 月 7 日，邓小平在全国科技工作会议上讲话指出，我们在建设具有中国特色的社会主义社会时，一定要坚持发展物质文明和精神文明，坚持“五讲四美三热爱”，教育全国人民做到有理想、有道德、有文化、有纪律。这四条里面，理想和纪律特别重要。

1986 年 1 月 17 日，邓小平在中共中央政治局常委会会议上讲话指出，搞四个现代化一定要有两手，只有一手是不行的。要一手抓建设，一手抓法制。经济建设这一手我们搞得相当有成绩。但风气如果坏下去，会在另一方面变质。抓精神文明建设，抓党风、社会风气好转，必须狠狠地抓，一天不放松地抓，从具体事件抓起。

1986 年 9 月 28 日，中共十二届六中全会通过《关于社会主义精神文明建设指导方针的决议》，阐明社会主义精神文明建设的战略地位、根本任务和基本指导方针；指出现阶段中国各族人民的共同理想是建设有中国特色的社会主义，把中国建设成为高度文明、高度民主的社会主义现代化国家。

1996 年 10 月 10 日，中共十四届六中全会通过《关于加强社会主义精神文明建设若干重要问题的决议》。该决议指出，社会主义社会是全面发展、全面进步的社会，社会主义现代化事业是物质文明和精神文明协调发展的事业。

1997 年“十五大”提出党在社会主义初级阶段的基本纲领。建设有中国特色社会主义的文化，就是以马克思主义为指导，以培育有理想、有道德、有文化、有纪律的公民为目标，发展面向现代化、面向世界、面向未来的，民族的科学的大众的社会主义文化。这次会议把邓小平理论作为党的指导思想写入了党章。

2006 年 10 月，党的十六届六中全会第一次明确提出了“建设社会主义核心价值体系”的重大命题和战略任务，明确提出了社会主义核心价值体系的内容，并指出社会主义核心价值观是社会主义核心价值体系的内核。学界对社会主义核心价值观的概括开始深入探讨。

2007 年 10 月，党的十七大进一步指出了“社会主义核心价值体系是社会主义意识形态的本质体现。”

2011年10月，党的十七届六中全会强调，社会主义核心价值体系是“兴国之魂”，建设社会主义核心价值体系是推动文化大发展大繁荣的根本任务。

2011年10月18日，中共十七届六中全会通过《关于深化文化体制改革推动社会主义文化大发展大繁荣若干重大问题的决定》。该决定指出“坚持中国特色社会主义文化发展道路，建设社会主义文化强国。”

2012年11月，中共十八大报告明确提出“三个倡导”，即“倡导富强、民主、文明、和谐，倡导自由、平等、公正、法治，倡导爱国、敬业、诚信、友善，积极培育社会主义核心价值观”，这是对社会主义核心价值观的最新概括。

2013年8月19日，习近平在全国宣传思想工作会议上讲话指出，要巩固马克思主义在意识形态领域的指导地位，巩固全党全国人民团结奋斗的共同思想基础。党性和人民性从来都是一致的、统一的。要坚持正确政治方向，树立以人民为中心的工作导向。

2013年12月，中共中央办公厅印发《关于培育和践行社会主义核心价值观的意见》，该意见指出，富强、民主、文明、和谐，自由、平等、公正、法治，爱国、敬业、诚信、友善，这24个字是社会主义核心价值观的基本内容，与中国特色社会主义发展要求相契合，与中华优秀传统文化和人类文明优秀成果相承接，是我们党凝聚全党全社会价值共识作出的重要论断。

2014年2月27日，习近平在中央网络安全和信息化领导小组第一次会议上讲话指出，努力把中国建设成为网络强国，强调要把握好网上舆论引导的时、度、效，使网络空间清朗起来。

2014年10月15日，习近平主持召开文艺工作座谈会，强调只有牢固树立马克思主义文艺观，真正做到了以人民为中心，文艺才能发挥最大正能量。

2016年4月19日，习近平主持召开网络安全和信息化工作座谈会，强调要建设网络良好生态，发挥网络引导舆论、反映民意的作用；树立正确的网络安全观，增强网络安全防御能力和威慑能力。

2016年5月17日，习近平主持召开哲学社会科学工作座谈会，提出要着力构建中国特色哲学社会科学，在指导思想、学科体系、学术体系、话语体系等方面充分体现中国特色、中国风格、中国气派；强调坚定中国特色社会主义道路自信、理论自信、制度自信，说到底是要坚定文化自信，文化自信是更基本、更深沉、更持久的力量。2017年3月5日，中共中央印发《关于加快构建中国特色哲学社会科学的意见》。

2016年11月30日，习近平在中国文联第十次全国代表大会、中国作协第九次全国代表大会上讲话指出，中华民族生生不息绵延发展、饱受挫折又不断浴火重生，都离不开中华文化的有力支撑。中华文化独一无二的理念、智慧、气度、神韵，增添了中国人民和中华民族内心深处的自信和自豪。

2017年10月18日，习近平同志在十九大报告中指出，要培育和践行社会主义核心价值观。要以培养担当民族复兴大任的时代新人为着眼点，强化教育引导、实践养成、制度保障，发挥社会主义核心价值观对国民教育、精神文明创建、精神文化产品创作生产传播的引领作用，把社会主义核心价值观融入社会发展各方面，转化为人们的情感认同和行为习惯。坚持全民行动、干部带头，从家庭做起，从娃娃抓起。深入挖掘中华优秀传统文化蕴含的思想观念、人文精神、道德规范，结合时代要求继承创新，让中华文化展现出永久魅力和时代风采。

2018 年 8 月 21 日，习近平在全国宣传思想工作会议上讲话指出，中国特色社会主义进入新时代，必须把统一思想、凝聚力量作为宣传思想工作的中心环节。做好新形势下宣传思想工作，必须自觉承担起举旗帜、聚民心、育新人、兴文化、展形象的使命任务。

（二）主要法规

1985 年 6 月 9—15 日，首次全国法制宣传教育工作会议通过《关于向全体公民基本普及法律常识的五年规划》。至 2018 年，共实施 7 个五年普法规划。

2005 年 12 月 23 日，中共中央、国务院印发《关于深化文化体制改革的若干意见》。

（三）主要法律

2018 年 3 月 11 日，第十三届全国人民代表大会第一次会议通过《中华人民共和国宪法修正案》，将“国家提倡爱祖国、爱人民、爱劳动、爱科学、爱社会主义的公德”修改为“国家倡导社会主义核心价值观，提倡爱祖国、爱人民、爱劳动、爱科学、爱社会主义的公德”。

1984 年 3 月 12 日，六届人大常委会第四次会议通过《中华人民共和国专利法》。

1990 年 9 月 7 日，七届人大常委会第十五次会议通过《中华人民共和国著作权法》。

2011 年 2 月 25 日，十一届人大常委会第十九次会议通过《中华人民共和国非物质文化遗产法》。

2016 年 12 月 25 日，十二届人大常委会第二十五次会议通过《中华人民共和国公共文化服务保障法》。

四、社会建设领域（医疗、健康、教育、住房、社保、就业、公益等）

（一）主要政策

1977 年，邓小平亲自主持恢复文革中断的高考制度。这年的高考在冬天举行，据说有570万到1000万人报名，最后在全国录取了27.3万人。

1983年10月1日，邓小平为景山学校题词：教育要面向现代化，面向世界，面向未来。

1985年5月19日，邓小平在全国教育工作会议上讲话指出，我们国家，国力的强弱，经济发展后劲的大小，越来越取决于劳动者的素质，取决于知识分子的数量和质量。一个10亿人口的大国，教育搞上去了，人才资源的巨大优势是任何国家比不了的。有了人才优势，再加上先进的社会主义制度，我们的目标就有把握达到。

1985年5月27日，中共中央作出《关于教育体制改革的决定》，阐明教育体制改革的措施、步骤和目的，提出有步骤地实行九年制义务教育，大力发展职业技术教育，改革高等学校招生计划和毕业生分配制度，扩大高等学校办学自主权。

2003年12月19日，胡锦涛在全国人才工作会议上讲话指出，落实好人才强国战略，必须树立适应新形势新任务要求的科学人才观，使中国由人口大国转化为人才资源强国。26日，中共中央、国务院作出《关于进一步加强人才工作的决定》。

2006年10月8—11日，党的十六届六中全会通过了《中共中央关于构建社会主义和谐社会若干重大问题的决定》。

2011年7月5日，中共中央、国务院印发《关于加强和创新社会管理的意见》。

2012年8月17日，中共中央组织部等11个部门联合发出通知，启动国家高层次人才特殊支持计划（简称“国家特支计划”或“万人计划”）。

2014年3月19日，中共中央办公厅、国务院办公厅印发《关于深化司法体制和社会体制改革的意见》。改革的重点是完善司法人员分类管理制度、完善司法责任制、健全司法人员职业保障、推动省以下地方法院检察院人财物统一管理等。

2015年12月20日，习近平在中央城市工作会议上讲话指出，要坚持人民城市为人民，尊重城市发展规律，统筹空间、规模、产业，统筹规划、建设、管理，统筹改革、科技、文化，统筹生产、生活、生态，统筹政府、社会、市民，着力提高城市发展持续性、宜居性。

2018年9月10日，习近平在全国教育大会上讲话指出，教育是国之大计、党之大计。要坚持改革创新，以凝聚人心、完善人格、开发人力、培育人才、造福人民为工作目标，培养德智体美劳全面发展的社会主义建设者和接班人，加快推进教育现代化、建设教育强国、办好人民满意的教育。

（二）主要法规

1. 教育和人才培养工作

1993年2月13日，中共中央、国务院印发《中国教育改革和发展纲要》。该纲要指出，到20世纪末，中国要实现基本普及九年义务教育，基本扫除青壮年文盲。2000

年年底，如期实现“两基”目标。2011年年底，全面完成普及九年义务教育和扫除青壮年文盲战略任务，中国加速从人口大国向人力资源强国迈进。

1993年7月1日，国家教委印发《关于重点建设一批高等学校和重点学科点的若干意见》，提出面向21世纪重点建设100所大学和一批重点学科点的计划，简称“211工程”。1998年5月，教育部决定努力建设若干所世界一流大学和一批国际知名的高水平研究型大学，简称“985工程”。

1999年6月13日，中共中央、国务院作出《关于深化教育改革 全面推进素质教育的决定》。该决定提出，全面推进素质教育，培养适应21世纪现代化建设需要的社会主义新人。

2005年12月24日，国务院印发《关于深化农村义务教育经费保障机制改革的通知》。2015年11月25日，国务院印发《关于进一步完善城乡义务教育经费保障机制的通知》。

2006年4月29日，全国人民代表大会常务委员会发布《关于加强法制宣传教育的决议》。

2008年6月5日，国务院印发《国家知识产权战略纲要》。

2010年7月8日，中共中央、国务院印发《国家中长期教育改革和发展规划纲要(2010—2020年)》。

2013年10月21日，习近平在欧美同学会成立100周年庆祝大会上提出支持留学、鼓励回国、来去自由、发挥作用的新时期留学人员工作方针。

2015年10月24日，国务院印发《统筹推进世界一流大学和一流学科建设总体方案》。

2017年8月1日，中共中央办公厅、国务院办公厅印发《关于深化教育体制机制改革的意见》。

2018年11月7日，中共中央、国务院印发《关于学前教育深化改革规范发展的若干意见》。该意见指出，推进学前教育普及普惠安全优质发展，更好实现幼有所育。

2. 医疗卫生健康工作

1979年8月28日，国务院印发《中华人民共和国食品卫生管理条例》。

1985年，医疗卫生系统开启了改革历程。核心思路是：放权让利，扩大医院自主权；政策为药品可加价15%，以弥补政府投入之不足。

1985年4月25日，国务院印发《国务院批转卫生部〈关于卫生工作改革若干政策问题的报告〉的通知》。

1987年6月29日，国务院印发《国务院关于发布医疗事故处理办法的通知》。

1988年12月27日，《医疗用毒性药品管理办法》发布。

1989年1月15日，国务院印发《国务院批转国家教委等部门〈关于深化改革鼓励教育科研卫生单位增加社会服务意见〉的通知》。

1991 年 1 月 17 日，国务院印发《国务院批转卫生部等部门〈关于改革和加强农村医疗卫生工作请示〉的通知》。

1992 年 5 月 4 日，国务院办公厅印发《国务院办公厅发布关于进一步做好职工医疗制度改革工作的通知》。

1992 年 9 月，卫生部根据国务院意见，提出医院要“以工助医”“以副补主”。

1994 年 2 月 26 日，《医疗机构管理条例》发布。

1994 年 11 月 18 日，国务院印发《国务院关于江苏省镇江市、江西省九江市职工医疗保障制度改革试点方案的批复》。

1996 年 5 月 5 日，国务院办公厅印发《国务院办公厅转发国家体改委等四部委关于职工医疗保障制度改革扩大试点意见的通知》。

1997 年 1 月 15 日，中共中央、国务院作出《关于卫生改革与发展的决定》。该决定指出，新时期卫生工作的方针是：以农村为重点，预防为主，中西医并重，依靠科技与教育，动员全社会参与，为人民健康服务，为社会主义现代化建设服务。

2000 年 1 月 4 日，国务院出台《医疗器械监督管理条例》。

2000 年 2 月 21 日，国务院办公厅印发《国务院办公厅转发国务院体改办等部门〈关于城镇医药卫生体制改革的指导意见〉的通知》。

2000 年 5 月 20 日，国务院办公厅印发《国务院办公厅转发劳动保障部、财政部关于实行国家公务员医疗补助意见的通知》。

2000 年 6 月 13 日，中共中央、国务院印发《关于促进小城镇健康发展的若干意见》。

2000 年，改革逐渐向纵深发展，触及体制性、机制性、结构性等深层次问题。2000 年 3 月，国务院办公厅转发八部委的《关于城镇医药卫生体制改革的指导意见》，俗称医改“十四条”；2001 年 5 月，国务院办公厅转发四部委的《关于农村医药卫生体制改革的指导意见》。

2001 年 5 月 24 日，国务院办公厅印发《国务院办公厅转发国务院体改办等部门〈关于农村卫生改革与发展指导意见〉的通知》。

2001 年 8 月 4 日，国务院办公厅印发《国务院办公厅关于印发〈在京中央国家机关公务员医疗补助暂行办法〉的通知》。

2002 年 4 月 4 日，国务院发布《医疗事故处理条例》。

2002 年 10 月 19 日，中共中央、国务院作出《关于进一步加强农村卫生工作的决定》。

2003 年 6 月 16 日，国务院发布《医疗废物管理条例》。

2003 年 9 月 29 日，国务院办公厅印发《国务院办公厅关于转发发展改革委、卫生部〈突发公共卫生事件医疗救治体系建设规划〉的通知》。

2003 年 12 月 19 日，国务院印发《国务院关于全国危险废物和医疗废物处置设施建设规划的批复》。

2004年1月13日，国务院办公厅印发《国务院办公厅转发卫生部等部门〈关于进一步做好新型农村合作医疗试点工作指导意见〉的通知》。

2004年3月22日，国务院印发《国务院法制办公室对〈卫生部关于医疗事故处理条例第六十条有关问题的函〉的答复》。

2004年8月9日，国务院办公厅印发《国务院办公厅关于做好2004年下半年新型农村合作医疗试点工作的通知》。

2004年9月20日，国务院办公厅印发《国务院办公厅转发卫生部等部门〈关于进一步加强精神卫生工作指导意见〉的通知》。

2005年3月14日，国务院办公厅印发《国务院办公厅转发民政部等部门〈关于建立城市医疗救助制度试点工作意见〉的通知》。

2005年9月8日，国务院办公厅印发《国务院办公厅关于增补和调整国务院新型农村合作医疗部际联席会议成员的复函》。

2006年2月11日，国务院印发《国务院关于发展城市社区卫生服务的指导意见》。

2006年2月26日，《国家突发公共事件医疗卫生救援应急预案》发布。

2007年5月21日，国务院印发《国务院批转卫生事业发展“十一五”规划纲要的通知》。

2007年7月10日，国务院印发《关于开展城镇居民基本医疗保险试点的指导意见》，旨在逐步建立以大病统筹为主的城镇居民基本医疗保险制度。

2007年12月26日，国务院印发《国务院关于城乡医疗卫生体制改革和加强食品药品安全监管情况的报告》。

2008年6月23日，国务院办公厅印发《国务院办公厅关于进一步做好地震灾区医疗卫生防疫工作的意见》。

2008年10月25日，国务院办公厅印发《国务院办公厅关于将大学生纳入城镇居民基本医疗保险试点范围的指导意见》。

2009年3月17日，中共中央、国务院印发《关于深化医药卫生体制改革的意见》。该意见指出，实行政事分开、管办分开、医药分开、营利性和非营利性分开，建设覆盖城乡居民的基本医疗卫生制度。

2009年3月18日，国务院印发《国务院关于印发医药卫生体制改革近期重点实施方案（2009—2011年）的通知》。

2009年7月22日，国务院印发《国务院办公厅关于印发医药卫生体制五项重点改革2009年工作安排的通知》。

2010年4月6日，国务院办公厅印发《国务院办公厅关于印发医药卫生体制五项重点改革2010年度主要工作安排的通知》。

2010年11月19日，国务院办公厅印发《国务院办公厅关于印发建立和规范政府办基层医疗卫生机构基本药物采购机制指导意见的通知》。

2010 年 11 月 26 日，国务院办公厅印发《国务院办公厅转发发展改革委卫生部等部门〈关于进一步鼓励和引导社会资本举办医疗机构意见〉的通知》。

2010 年 12 月 10 日，国务院办公厅印发《国务院办公厅关于建立健全基层医疗卫生机构补偿机制的意见》。

2010 年 12 月 22 日，国务院印发《国务院关于深化医药卫生体制改革工作情况的报告》。

2011 年 1 月 8 日，《医疗废物管理条例》发布。

2011 年 2 月 13 日，国务院办公厅印发《国务院办公厅关于印发医药卫生体制五项重点改革 2011 年度主要工作安排的通知》。

2011 年 7 月 5 日，国务院办公厅印发《国务院办公厅转发发展改革委财政部卫生部〈关于清理化解基层医疗卫生机构债务意见〉的通知》。

2012 年 1 月 12 日，国务院办公厅印发《国务院办公厅关于转发卫生部等部门全国地方病防治“十二五”规划的通知》。

2012 年 3 月 14 日，国务院印发《国务院关于印发“十二五”期间深化医药卫生体制改革规划暨实施方案的通知》。

2012 年 4 月 14 日，国务院办公厅印发《国务院办公厅关于印发深化医药卫生体制改革 2012 年主要工作安排的通知》。

2012 年 10 月 8 日，国务院印发《国务院关于印发卫生事业发展“十二五”规划的通知》。

2013 年 6 月 9 日，国务院办公厅印发《国务院办公厅关于印发国家卫生和计划生育委员会主要职责内设机构和人员编制规定的通知》。

2013 年 7 月 18 日，国务院办公厅印发《国务院办公厅关于印发深化医药卫生体制改革 2013 年主要工作安排的通知》。

2013 年 7 月 24 日，国务院办公厅印发《国务院办公厅转发卫生计生委等部门〈关于切实履行国际卫生条例（2005）加快推进公共卫生应急核心能力建设指导意见〉的通知》。

2014 年 3 月 17 日，《医疗器械监督管理条例》发布。

2014 年 5 月 13 日，国务院办公厅印发《国务院办公厅关于印发深化医药卫生体制改革 2014 年重点工作任务的通知》。

2014 年 7 月 8 日，国务院办公厅印发《国务院办公厅关于同意国家人口和计划生育委员会兼职委员制度调整为国家卫生和计划生育委员会计划生育兼职委员制度的函》。

2014 年 12 月 23 日，国务院印发《国务院关于进一步加强新时期爱国卫生工作的意见》。

2015年3月6日，国务院办公厅印发《国务院办公厅关于印发全国医疗卫生服务体系规划纲要（2015—2020年）的通知》。

2015年4月21日，国务院办公厅印发《国务院办公厅转发民政部等部门〈关于进一步完善医疗救助制度全面开展重特大疾病医疗救助工作意见〉的通知》。

2015年4月26日，国务院办公厅印发《国务院办公厅关于印发深化医药卫生体制改革2014年工作总结和2015年重点工作任务的通知》。

2015年6月4日，国务院办公厅印发《国务院办公厅关于转发卫生计生委等部门全国精神卫生工作规划（2015—2020年）的通知》。

2015年8月9日，国务院印发《国务院关于改革药品医疗器械审评审批制度的意见》。

2015年11月18日，国务院办公厅印发《国务院办公厅转发卫生计生委等部门〈关于推进医疗卫生与养老服务相结合指导意见〉的通知》。

2015年12月17日，国务院印发《国务院关于同意建立药品医疗器械审评审批制度改革部际联席会议制度的批复》。

2015年12月22日，国务院印发《国务院关于深化医药卫生体制改革工作进展情况的报告》。

2016年1月3日，国务院印发《关于整合城乡居民基本医疗保险制度的意见》，提出整合城镇居民基本医疗保险和新型农村合作医疗，建立统一的城乡居民基本医疗保险制度。

2016年2月3日，国务院印发《国务院关于整合调整餐饮服务场所的公共场所卫生许可证和食品经营许可证的决定》。

2016年2月6日，重新修订《医疗机构管理条例》，同日重新修订《中华人民共和国国境卫生检疫法实施细则》。

2016年4月21日，国务院办公厅印发《国务院办公厅关于印发深化医药卫生体制改革2016年重点工作任务的通知》。

2016年6月21日，国务院办公厅印发《国务院办公厅关于促进和规范健康医疗大数据应用发展的指导意见》。

2016年8月19—20日，全国卫生与健康大会举行。10月17日，中共中央、国务院印发《“健康中国2030”规划纲要》。

2016年12月27日，国务院印发《国务院关于印发“十三五”深化医药卫生体制改革规划的通知》。同日，发布《国务院关于印发“十三五”卫生与健康规划的通知》。

2017年1月19日，国务院办公厅印发《国务院办公厅关于印发生育保险和职工基本医疗保险合并实施试点方案的通知》。

2017年3月1日，《城市市容和环境卫生管理条例》修正公布。

2017 年 4 月 23 日，国务院办公厅印发《国务院办公厅关于推进医疗联合体建设和发展的指导意见》。

2017 年 4 月 25 日，国务院办公厅印发《国务院办公厅关于印发深化医药卫生体制改革 2017 年重点工作任务的通知》。

2017 年 5 月 4 日，国务院作出关于修改《医疗器械监督管理条例》的决定，同日，重新修订《医疗器械监督管理条例》。

2017 年 5 月 16 日，国务院办公厅印发《国务院办公厅关于支持社会力量提供多层次多样化医疗服务的意见》。

2017 年 6 月 20 日，国务院办公厅印发《国务院办公厅关于进一步深化基本医疗保险支付方式改革的指导意见》。

2018 年 4 月 2 日，国务院印发《国务院关于在海南博鳌乐城国际医疗旅游先行区暂停实施医疗器械监督管理条例有关规定的决定》。

2018 年 4 月 25 日，国务院办公厅印发《国务院办公厅关于促进“互联网 + 医疗健康”发展的意见》。

2018 年 7 月 18 日，国务院办公厅印发《国务院办公厅关于改革完善医疗卫生行业综合监管制度的指导意见》。

2018 年 7 月 19 日，国务院办公厅印发《国务院办公厅关于印发医疗卫生领域中央与地方财政事权和支出责任划分改革方案的通知》。

2018 年 7 月 31 日，《医疗纠纷预防和处理条例》公布。

2018 年 8 月 20 日，国务院办公厅印发《国务院办公厅关于印发深化医药卫生体制改革 2018 年下半年重点工作任务的通知》。

2018 年 10 月 12 日，国务院办公厅印发《国务院办公厅关于调整全国爱国卫生运动委员会组成人员的通知》。

2018 年 12 月 21 日，国务院印发《国务院关于在海南博鳌乐城国际医疗旅游先行区暂时调整实施〈中华人民共和国药品管理法实施条例〉有关规定的决定》。

2018 年 12 月 23 日，国务院印发《国务院关于生育保险和职工基本医疗保险合并实施试点情况的总结报告》。

2018 年 12 月 24 日，国务院印发《国务院关于财政医疗卫生资金分配和使用情况的报告》。

2019 年 3 月 2 日，国务院发布修订《化妆品卫生监督条例》。同日，国务院发布修订《中华人民共和国国境卫生检疫法实施细则》和《中华人民共和国国境口岸卫生监督办法》。

2019 年 3 月 6 日，国务院办公厅印发《国务院办公厅关于全面推进生育保险和职工基本医疗保险合并实施的意见》。

2019 年 4 月 23 日，国务院发布修改《公共场所卫生管理条例》。

2019年5月23日，国务院办公厅印发《国务院办公厅关于印发深化医药卫生体制改革2019年重点工作任务的通知》。

3. 住房和城镇规划建设工作

1981年1月12日，国务院办公厅印发《国务院办公厅转发国家计委等单位关于安排军队退休干部住房建设的报告的通知》。

1982年12月31日，国务院办公厅印发《国务院办公厅转发教育部、城乡建设环境保护部、全国教育工会关于全国改善城市中、小学教职员工住房条件经验交流会情况的报告的通知》。

1986年11月29日，国务院办公厅印发《国务院办公厅转发关于烟台、唐山、蚌埠、常州、江门五城市住房制度改革试点工作会议纪要的通知》。

1987年6月4日，国务院办公厅印发《国务院办公厅关于调整国务院住房制度改革领导小组成员的通知》。

1987年7月20日，国务院印发《国务院给山东省人民政府的批复关于同意烟台市城镇住房制度改革试行方案》。

1987年10月4日，国务院印发《国务院给安徽省人民政府的批复关于同意蚌埠市城镇住房制度改革试行方案》。

1988年1月11日，国务院印发《国务院给河北省人民政府的批复关于同意唐山市城市住房制度改革试行方案》。

1988年2月25日，国务院印发《关于在全国城镇分期分批推行住房制度改革的实施方案》。同日，国务院办公厅印发《国务院办公厅关于转发国务院住房制度改革领导小组鼓励职工购买公有旧住房意见的通知》。

1988年6月25日，国务院办公厅印发《国务院办公厅关于调整国务院住房制度改革领导小组成员的通知》。

1991年3月6日，国务院印发《关于批准国家高新技术产业开发区和有关政策规定的通知》，决定继1988年批准北京市新技术产业开发试验区之后，在各地已建立的高新技术产业开发区中，再选定武汉东湖新技术开发区等26个开发区作为国家高新技术产业开发区。

1991年6月7日，国务院印发《国务院关于继续积极稳妥地进行城镇住房制度改革的通知》。

1991年11月23日，国务院办公厅印发《国务院办公厅转发国务院住房制度改革领导小组关于全面推进城镇住房制度改革意见的通知》。

1992年9月19日，国务院办公厅印发《国务院办公厅转发国家教委等部门〈关于“八五”期间解决城市中小学教职工住房问题意见〉的通知》。

1993年9月18日，国务院办公厅印发《国务院办公厅关于调整国务院住房制度改革领导小组组成人员通知》。

1993 年 12 月 31 日，国务院办公厅印发《国务院办公关于制止低价出售公有住房问题的通知》。

1994 年 7 月 18 日，国 1 务院作出《关于深化城镇住房制度改革的决定》，明确城镇住房制度改革的基本内容，其中包括把住房实物福利分配的方式改变为以按劳分配为主的货币工资分配方式、建立住房公积金制度等。该《决定》的出台，开启了城镇住房商品化的大门，标志着中国全面推进住房市场化改革的确立，其最大意义在于稳步推进公有住房的出售，通过向城镇职工出售原公有住房，逐步完成了中国住房私有化的进程。

1995 年 2 月 6 日，国务院办公厅印发《国务院办公厅关于转发国务院住房制度改革领导小组国家安居工程实施方案的通知》。

1995 年 3 月 10 日，国务院办公厅印发《国务院办公厅转发国家教委等部门〈关于加快解决教职工住房问题意见〉的通知》。

1996 年 8 月 8 日，国务院办公厅印发《国务院办公厅转发国务院住房制度改革领导小组〈关于加强国有住房出售收入管理意见〉的通知，《〈关于加强住房公积金管理意见〉的通知》，以及《〈关于加强住房出售收入管理意见〉的通知》。

1998 年 4 月 10 日，国务院办公厅印发《国务院办公厅关于制止违反规定突击分房和低价出售公有住房问题的紧急通知》。

1998 年 7 月 3 日，国务院印发《国务院关于进一步深化城镇住房制度改革加快住房建设的通知》。正是由于此文件废除了住房实物分配的制度，确立了商品房的市场主体地位。

1998 年 7 月 13 日，国务院办公厅印发《国务院办公厅转发教育部等部门〈关于加快普通高等学校筒子楼改造改善青年教师住房条件意见〉的通知》。

1998 年 9 月 18 日，国务院办公厅印发《国务院办公厅转发建设部等部门〈关于支持科研院所、大专院校、文化团体和卫生机构利用单位自用土地建设经济适用住房若干意见〉的通知》。

1998 年 10 月 25 日，国务院印发《国务院批转国家计委〈关于加强房地产价格调控加快住房建设意见〉的通知》。

1999 年 4 月 3 日，《住房公积金管理条例》发布。2002 年 3 月 24 日，国务院重新修订《住房公积金管理条例》。2002 年 5 月 13 日，国务院发布《国务院关于进一步加强住房公积金管理的通知》。

2005 年 3 月 26 日，国务院办公厅印发《国务院办公厅关于切实稳定住房价格的通知》。

2005 年 5 月 9 日，国务院办公厅印发《国务院办公厅转发建设部等部门〈关于做好稳定住房价格工作意见〉的通知》。

2006 年 5 月 24 日，国务院办公厅印发《国务院办公厅转发建设部等部门〈关于调整住房供应结构稳定住房价格意见〉的通知》。

2007 年 8 月 7 日，国务院印发《国务院关于解决城市低收入家庭住房困难的若干意见》。

2008 年 7 月 10 日，国务院办公厅印发《国务院办公厅关于印发住房和城乡建设部主要职责内设机构和人员编制规定的通知》。

2011 年 4 月 19 日，国务院印发《国务院批转住房城乡建设部等部门〈关于进一步加强城市生活垃圾处理工作意见〉的通知》。

2011 年 10 月 25 日，国务院印发《国务院关于城镇保障性住房建设和管理工作情况的报告》。

2013 年 1 月 1 日，国务院办公厅印发《国务院办公厅关于转发发展改革委、住房城乡建设部绿色建筑行动方案的通知》。

2015 年 8 月 10 日，国务院印发《国务院关于开展农村承包土地的经营权和农民住房财产权抵押贷款试点的指导意见》。

2015 年 12 月 24 日，中共中央、国务院印发《关于深入推进城市执法体制改革改进城市管理工作的指导意见》。2016 年 2 月 6 日，中共中央、国务院印发《关于进一步加强城市规划建设管理工作的若干意见》。

2016 年 5 月 17 日，国务院办公厅印发《国务院办公厅关于加快培育和发展住房租赁市场的若干意见》。

2017 年 3 月 18 日，国务院办公厅印发《国务院办公厅关于转发国家发展改革委住房城乡建设部生活垃圾分类制度实施方案的通知》。

2018 年 12 月 23 日，国务院印发《国务院关于全国农村承包土地的经营权和农民住房财产权抵押贷款试点情况的总结报告》。

2019 年 3 月 24 日，国务院重新修订《住房公积金管理条例》。

4. 城乡社会保障工作

1985 年 6 月 1 日，国务院印发《国务院批转国家物价局关于价格改革出台情况及稳定物价措施的报告》。

1986 年 7 月 12 日，国务院印发《国营企业职工待业保险暂行规定》。

1989 年 2 月 16 日，国务院办公厅印发《国务院办公厅关于加强保险事业管理的通知》。

1991 年 6 月 26 日，国务院印发《国务院关于企业职工养老保险制度改革的决定》。

1997 年 7 月 16 日，国务院印发《国务院关于建立统一的企业职工基本养老保险制度的决定》。

2005 年 12 月 3 日，国务院印发《国务院关于完善企业职工基本养老保险制度的决定》。

1992 年 4 月 30 日，国务院印发《国务院关于铁路旅客意外伤害保险问题的批复》。

1992年11月14日，国务院办公厅印发《国务院办公厅关于中国太平洋保险公司和中国平安保险公司业务范围的复函》。

1993年4月12日，国务院印发《国有企业职工待业保险规定》。

1993年10月15日，国务院印发《国务院关于企业职工养老保险统筹问题的批复》。

1994年2月28日至3月3日，国务院召开全国扶贫开发工作会议，部署实施“国家‘八七’扶贫攻坚计划”，要求力争在20世纪末最后的7年内基本解决全国8000万贫困人口的温饱问题。

1995年3月1日，国务院印发《国务院关于深化企业职工养老保险制度改革的通知》。

1995年10月19日，国务院办公厅印发《国务院办公厅转发民政部〈关于进一步做好农村社会养老保险工作意见〉的通知》。

1997年2月18日，国务院印发《国务院批转财政部〈关于对企业职工养老保险基金　失业保险基金开展专项财务检查情况报告〉的通知》。

1997年5月28日，国务院印发《国务院批转卫生部等部门〈关于发展和完善农村合作医疗若干意见〉的通知》。

1997年7月16日，国务院印发《国务院关于建立统一的企业职工基本养老保险制度的决定》。

1997年9月2日，国务院印发《国务院关于在全国建立城市居民最低生活保障制度的通知》。

1998年12月14日，国务院印发《国务院关于建立城镇职工基本医疗保险制度的决定》。

1998年8月6日，国务院印发《国务院关于实行企业职工基本养老保险省级统筹和行业统筹移交地方管理有关问题的通知》。

1998年12月14日，国务院印发《国务院关于建立城镇职工基本医疗保险制度的决定》。

1999年1月22日，《社会保险费征缴暂行条例》发布。同日，国务院发布《失业保险条例》。

2001年5月24—25日，中央扶贫开发工作会议举行。会议指出，党中央、国务院确定的在20世纪末基本解决农村贫困人口温饱问题的战略目标已基本实现。会议明确了今后十年扶贫开发工作的大政方针和主要任务。

2001年6月13日，国务院印发《中国农村扶贫开发纲要（2001—2010年）》。

2002年9月12日，江泽民在全国再就业工作会议上讲话，提出就业是民生之本。30日，中共中央、国务院印发《关于进一步做好下岗失业人员再就业工作的通知》，提出实施积极的就业政策。

2003 年 4 月 27 日，国务院印发《工伤保险条例》。

2005 年 12 月 3 日，国务院印发《国务院关于完善企业职工基本养老保险制度的决定》。

2006 年 3 月 21 日，国务院印发《机动车交通事故责任强制保险条例》。

2006 年 9 月 6 日，国务院印发《国务院关于同意上海市、河南省、天津市、山西省、湖北省、湖南省、山东省、新疆维吾尔自治区做实企业职工基本养老保险个人账户试点实施方案的批复》。

2007 年 5 月 9 日，国务院办公厅印发《国务院办公厅关于成立国务院城镇居民基本医疗保险部际联席会议的通知》。

2007 年 7 月 10 日，国务院印发《国务院关于开展城镇居民基本医疗保险试点的指导意见》。

2008 年 3 月 14 日，国务院印发《国务院关于印发事业单位工作人员养老保险制度改革试点方案的通知》。

2008 年 10 月 25 日，国务院办公厅印发《国务院办公厅关于将大学生纳入城镇居民基本医疗保险试点范围的指导意见》。

2009 年 7 月 24 日，国务院办公厅印发《国务院办公厅关于成立国务院新型农村社会养老保险试点工作领导小组的通知》。

2009 年 9 月 1 日，国务院印发《关于开展新型农村社会养老保险试点的指导意见》。

2009 年 12 月 28 日，国务院办公厅印发《国务院办公厅关于转发人力资源社会保障部、财政部〈城镇企业职工基本养老保险关系转移接续暂行办法〉的通知》。

2010 年 12 月 20 日，国务院印发《国务院关于修改〈工伤保险条例〉的决定》。

2011 年 4 月 17 日，国务院办公厅印发《国务院办公厅关于调整成立国务院新型农村和城镇居民社会养老保险试点工作领导小组的通知》。

2011 年 6 月 7 日，国务院印发《关于开展城镇居民社会养老保险试点的指导意见》。至 2012 年 7 月 1 日，中国基本实现社会养老保险制度全覆盖。

2011 年 6 月 7 日，国务院印发《国务院关于开展城镇居民社会养老保险试点的指导意见》。

2014 年 2 月 21 日，国务院印发《关于建立统一的城乡居民基本养老保险制度的意见》。

2014 年 8 月 10 日，国务院印发《国务院关于加快发展现代保险服务业的若干意见》。

2014 年 10 月 27 日，国务院办公厅印发《国务院办公厅关于加快发展商业健康保险的若干意见》。

2015 年 1 月 3 日，国务院印发《关于机关事业单位工作人员养老保险制度改革的决定》。

2015 年 3 月 20 日，国务院印发《国务院关于同意存款保险制度实施方案的批复》。

2015 年 7 月 28 日，国务院办公厅印发《国务院办公厅关于全面实施城乡居民大病保险的意见》。

2015 年 8 月 17 日，国务院印发《国务院关于基本养老保险基金投资管理办法》。

2016 年 1 月 3 日，国务院印发《国务院关于整合城乡居民基本医疗保险制度的意见》。

2016 年 11 月 4 日，中共中央、国务院印发《关于完善产权保护制度依法保护产权的意见》。

2017 年 1 月 19 日，国务院办公厅印发《国务院办公厅关于印发生育保险和职工基本医疗保险合并实施试点方案的通知》。

2017 年 6 月 20 日，国务院办公厅印发《国务院办公厅关于进一步深化基本医疗保险支付方式改革指导意见》。

2017 年 6 月 29 日，国务院办公厅印发《国务院办公厅关于加快发展商业养老保险的若干意见》。

2018 年 5 月 30 日，国务院印发《国务院关于建立企业职工基本养老保险基金中央调剂制度的通知》。

2018 年 12 月 23 日，国务院印发《国务院关于生育保险和职工基本医疗保险合并实施试点情况的总结报告》。

2019 年 3 月 2 日，《机动车交通事故责任强制保险条例》修改。

2019 年 3 月 6 日，国务院办公厅印发《国务院办公厅关于全面推进生育保险和职工基本医疗保险合并实施的意见》。

2019 年 3 月 24 日，《社会保险费征缴暂行条例》修订。

2019 年 4 月 1 日，国务院办公厅印发《国务院办公厅关于印发降低社会保险费率综合方案的通知》。

5. 人口与户籍工作

1980 年 9 月 25 日，中共中央发出《关于控制中国人口增长问题致全体共产党员、共青团员的公开信》，提倡一对夫妇只生育一个孩子。国家正式把“计划生育”确定为基本国策。

2011 年 2 月 26 日，国务院办公厅印发《关于积极稳妥推进户籍管理制度改革的通知》。指出要落实放宽中小城市和小城镇落户条件的政策，引导非农产业和农村人口有序向中小城市和建制镇转移，逐步实现城乡基本公共服务均等化。

2011 年 9 月 17 日，国务院印发《中国老龄事业发展“十二五”规划》。

2013 年 12 月 21 日，中共中央、国务院印发《关于调整完善生育政策的意见》，提出“单独两孩”的政策。

2015年12月31日，中共中央、国务院印发《关于实施全面两孩政策改革完善计划生育服务管理的决定》。

2014年7月24日，国务院印发《关于进一步推进户籍制度改革的意见》。指出全面放开建制镇和小城市落户限制，有序放开中等城市落户限制，合理确定大城市落户条件，严格控制特大城市人口规模，到2020年努力实现1亿左右农业转移人口和其他常住人口在城镇落户。

（三）主要法律

1980年9月10日，五届人大第三次会议通过《中华人民共和国婚姻法》。

1985年6月18日，全国人民代表大会常务委员会通过《关于设立国家教育委员会和撤销教育部的决定》。

1986年4月12日，六届人大四次会议通过《中华人民共和国义务教育法》。并于2006年、2015年、2018年分别重新修正。

1986年4月12日，六届人大四次会议通过《中华人民共和国民法通则》。

1987年1月22日，六届人大常委会第十九次会议通过《全国人民代表大会常务委员会关于加强法制教育维护安定团结的决定》。

1990年12月28日，七届人大常委会第十七次会议通过《中华人民共和国残疾人保障法》。

1989年12月26日，七届人大常委会第十一次会议通过《中华人民共和国城市居民委员会组织法》。

1991年3月2日，七届人大常委会第十八次会议通过《全国人民代表大会常务委员会关于深入开展法制宣传教育的决议》。

1991年4月9日，七届人大第四次会议通过《中华人民共和国民事诉讼法》。

1991年9月4日，七届人大常委会第二十一次会议通过《中华人民共和国未成年人保护法》。

1992年4月3日，七届人大常委会第十一次会议通过《中华人民共和国妇女权益保障法》。

1992年4月3日，七届人大第五次会议通过《中华人民共和国工会法》。

1994年7月5日，八届人大常委会第八次会议通过《中华人民共和国劳动法》。2007年6月29日，十届人大常委会第二十八次会议通过《中华人民共和国劳动合同法》。2012年12月28日，十一届人大常委会第三十次会议通过《关于修改〈中华人民共和国劳动合同法〉的决定》。

1995年3月18日，八届人大三次会议通过《中华人民共和国教育法》。

1996年5月15日，八届人大常委会第十九次会议通过《中华人民共和国职业教育法》，同时通过《全国人民代表大会常务委员会关于继续开展法制宣传教育的决议》。

1998 年 8 月 29 日，九届人大常委会第四次会议通过《中华人民共和国高等教育法》。

2001 年 4 月 28 日，九届人大常委会第二十一次会议通过《全国人民代表大会常务委员会发布关于进一步开展法制宣传教育的决议》，同日通过《中华人民共和国国防教育法》。

2001 年 8 月 31 日，九届人大常委会第二十三次会议通过《全国人民代表大会常务委员会发布关于设立全民国防教育日的决定》。

2001 年 12 月 29 日，九届人大常委会第二十五次会议通过《中华人民共和国人口与计划生育法》，2016 年 1 月 1 日，修改后的《中华人民共和国人口与计划生育法》正式实施，国家明确提倡一对夫妻生育两个子女。

2002 年 12 月 28 日，九届人大常委会第三十一次会议通过《中华人民共和国民办教育促进法》，2013 年 6 月 29 日，修正《中华人民共和国民办教育促进法》，并于 2016 年、2018 年再次修正。

2007 年 6 月 29 日，十届人大常委会第二十八次会议通过《中华人民共和国劳动合同法》。

2007 年 12 月 29 日，十届人大常委会第三十一次会议通过《中华人民共和国禁毒法》。

2009 年 8 月 27 日，十一届人大常委会第十次会议通过修订《中华人民共和国教育法》。

2009 年 12 月 26 日，十一届人大常委会第十二次会议通过《中华人民共和国侵权责任法》。

2010 年 10 月 28 日，十一届人大常委会第十七次会议通过《中华人民共和国社会保险法》。

2010 年 10 月 28 日，十一届人大常委会第十七次会议通过《中华人民共和国涉外民事关系法律适用法》。

2011 年 4 月 22 日，十一届人大常委会第二十次会议通过《全国人民代表大会常务委员会关于进一步加强法制宣传教育的决议》。

2017 年 3 月 15 日，十二届人民代表大会第五次传说会议通过《中华人民共和国民法总则》。

五、生态建设领域

（一）主要政策

2005 年 3 月 12 日，胡锦涛在中央人口资源环境工作座谈会上讲话指出，要大力推进循环经济，建设资源节约型、环境友好型社会。

2015年4月25日，中共中央、国务院印发《关于加快推进生态文明建设的意见》。

2015年8月30日，中共中央办公厅、国务院办公厅印发《环境保护督察方案（试行)》，部署对各地开展环境保护督察工作。

2015年9月18日，中共中央、国务院印发《生态文明体制改革总体方案》，明确了生态文明体制改革的“四梁八柱”。

2015年10月29日，习近平在中共十八届五中全会第二次全体会议上阐述新发展理念，强调坚持创新发展、协调发展、绿色发展、开放发展、共享发展，是关系中国发展全局的一场深刻变革。

2018年5月18日，习近平在全国生态环境保护大会上讲话提出新时代推进生态文明建设的原则，强调要加快构建生态文明体系。这次大会总结并阐述了习近平生态文明思想。

2018年6月16日，中共中央、国务院印发《关于全面加强生态环境保护 坚决打好污染防治攻坚战的意见》。

（二）主要法规

1981年2月24日，国务院印发《国务院关于在国民经济调整时期加强环境保护工作的决定》。

1982年9月17日，国务院办公厅转发城乡建设环境保护部《关于福建省晋江地区狠刹乱占耕地建房风的简报的通知》。

1982年11月8日，国务院印发《国务院批转城乡建设环境保护部等部门〈关于审定第一批国家重点风景名胜区的请示〉的通知》。

1983年3月4日，国务院办公厅印发《国务院办公厅转发城乡建设环境保护部关于迅速采取措施防止房屋倒塌事故的报告的通知》。

1983年12月31日，国务院召开第二次全国环境保护会议，明确提出环境保护是中国的一项基本国策。1984年5月8日，国务院通过《关于环境保护工作的决定》。

1983年12月29日，《中华人民共和国海洋石油勘探开发环境保护管理条例》发布。

1984年5月8日，国务院印发《国务院关于环境保护工作的决定》。

1985年12月18日，国务院办公厅印发《国务院办公厅转发国家气象局〈基准气候站观测环境保护规定〉的通知》。

1986年7月30日，国务院办公厅印发《国务院办公厅转发城乡建设环境保护部、中央爱国卫生运动委员会〈关于处理城市垃圾改善环境卫生面貌报告〉的通知》。

1987年5月26日，国务院办公厅印发《国务院办公厅转发城乡建设环境保护部

〈关于加强城市环境综合整治报告〉的通知》。

1990年5月11日，国务院办公厅印发《国务院办公厅转发国务院环境保护委员会〈关于积极发展环境保护产业若干意见〉的通知》。

1990年8月1日，国务院办公厅印发《国务院办公厅转发国务院机构改革办公室〈对环境保护局、国家海洋局有关海洋环境保护职责分工意见〉的通知》。

1990年12月5日，国务院印发《国务院关于进一步加强环境保护工作的决定》。

1992年3月7日，国务院办公厅印发《国务院办公厅关于调整国务院环境保护委员会组成人员的通知》。

1992年7月30日，国务院印发《国务院批转国家环境保护局〈关于中国中、低水平放射性废物处置的环境政策〉的通知》。

1993年3月12日，国务院印发《国务院关于开展加强环境保护执法 检查严厉打击违法活动的通知》。

1993年7月12日，国务院印发《国务院办公厅关于调整国务院环境保护委员会组成人员的通知》。

1994年1月10日，《地震监测设施和地震观测环境保护条例》发布。

1994年2月25日，国务院办公厅印发《国务院办公厅关于印发国家环境保护局职能配置、内设机构和人员编制方案的通知》。

1994年3月25日，国务院常务会议通过《中国21世纪议程》，确定实施可持续发展战略。

1996年8月3日，国务院印发《国务院关于环境保护若干问题的决定》。

1998年1月，全国林业计划会议宣布，自1998年起，国家将实施以调减木材产量、保护资源、分流人员、提高效益为主要内容的国有林区天然林保护工程。2000年10月，中国全面实施天然林资源保护工程。

1998年6月23日，国务院办公厅印发《国务院办公厅关于印发国家环境保护总局职能配置内设机构和人员编制规定的通知》。

1998年11月29日，国务院印发《建设项目环境保护管理条例》。

2000年11月26日，国务院印发《国务院关于印发全国生态环境保护纲要的通知》。

2000年12月21日，国务院印发《国务院关于印发国家环境保护总局〈全国生态环境保护纲要〉的通知》。

2001年12月26日，国务院印发《国务院关于国家环境保护“十五”计划的批复》。

2002年1月10日，国务院西部开发办公室召开退耕还林工作电视电话会议，确定在过去两年试点工作的基础上，全面启动退耕还林工程。

2002年12月14日，国务院发布《退耕还林条例》。

2005 年 12 月 3 日，国务院印发《国务院关于落实科学发展观加强环境保护的决定》。

2007 年 6 月 3 日，国务院印发《中国应对气候变化国家方案》。这是中国第一部应对气候变化的全面的政策性文件，也是发展中国家颁布的第一部应对气候变化的国家方案。

2007 年 11 月 13 日，国务院印发《国务院办公厅转发环保总局等部门〈关于加强农村环境保护工作意见〉的通知》。

2007 年 11 月 22 日，国务院印发《国务院关于印发国家环境保护“十一五”规划的通知》。

2008 年 1 月 12 日，国务院办公厅印发《国务院办公厅转发环保总局等部门〈关于加强重点湖泊水环境保护工作意见〉的通知》。

2008 年 7 月 10 日，国务院办公厅印发《国务院办公厅关于印发环境保护部主要职责内设机构和人员编制规定的通知》。

2009 年 2 月 27 日，国务院办公厅印发《国务院办公厅转发环境保护部等部门〈关于实行“以奖促治”加快解决突出的农村环境问题实施方案〉的通知》。

2009 年 4 月 25 日，国务院办公厅印发《国务院办公厅转发环境保护部等部门〈重点流域水污染防治专项规划实施情况考核暂行办法〉的通知》。

2010 年 5 月 11 日，国务院办公厅印发《国务院办公厅转发环境保护部等部门〈关于推进大气污染联防联控工作改善区域空气质量指导意见〉的通知》。

2010 年 12 月 31 日，中共中央、国务院作出《关于加快水利改革发展的决定》。

2011 年 1 月 12 日，国务院印发《关于实行最严格水资源管理制度的意见》。

2011 年 10 月 17 日，国务院印发《国务院关于加强环境保护重点工作的意见》。

2011 年 10 月 25 日，国务院印发《国务院关于环境保护工作情况的报告》。

2011 年 12 月 15 日，国务院印发《国务院关于印发国家环境保护“十二五”规划的通知》。

2012 年 8 月 21 日，国务院办公厅印发《国务院办公厅关于印发国家环境保护“十二五”规划重点工作部门分工方案的通知》。

2012 年 8 月 29 日，《气象设施和气象探测环境保护条例》发布。

2013 年 1 月 5 日，国务院办公厅印发《国务院办公厅关于转发环境保护部“十二五”主要污染物总量减排考核办法的通知》。

2013 年 1 月 23 日，国务院办公厅印发《国务院办公厅关于印发近期土壤环境保护和综合治理工作安排的通知》。

2013 年 9 月 10 日，国务院印发《大气污染防治行动计划》。

2015 年 4 月 2 日，国务院印发《水污染防治行动计划》。2016 年 5 月 28 日，国务院印发《土壤污染防治行动计划》。

2016年2月6日，《气象设施和气象探测环境保护条例》修订。

2016年4月22日，中国签署气候变化《巴黎协定》。

2016年4月25日，国务院印发《国务院关于2015年度环境状况和环境保护目标完成情况的报告》。

2016年11月24日，国务院印发《国务院关于印发“十三五”生态环境保护规划的通知》。

2017年4月24日，国务院印发《国务院关于2016年度环境状况和环境保护目标完成情况与研究处理环境保护法执法检查报告及审议意见情况的报告》。

2017年7月16日，国务院印发《国务院关于修改〈建设项目环境保护管理条例〉的决定》。

2017年11月1日，国务院印发《国务院关于草原生态环境保护工作情况的报告》。

2017年12月22日，国务院印发《国务院关于环境保护税收入归属问题的通知》。

2017年12月25日，《中华人民共和国环境保护税法实施条例》发布。

2018年4月25日，国务院印发《国务院关于2017年度环境状况和环境保护目标完成情况的报告》。

2018年9月12日，国务院办公厅印发《国务院办公厅关于开展生态环境保护法规、规章、规范性文件清理工作的通知》。

2019年4月21日，国务院印发《国务院关于2018年度环境状况和环境保护目标完成情况的报告》。

（三）主要法律

1979年9月13日，五届人大常委会第十一次会议原则通过《中华人民共和国环境保护法（试行）》。

1982年8月23日，五届人大常委会第二十四次会议通过《中华人民共和国海洋环境保护法》。并分别于1999年、2013年、2016年、2017年重新修订。

1984年5月11日，六届人大常委会第五次会议通过《中华人民共和国水污染防治法》。

1986年3月19日，六届人大常委会第十五次会议通过《中华人民共和国矿产资源法》。

1987年9月5日，《中华人民共和国大气污染防治法》发布。

1989年12月26日，七届人大常委会第十一次会议通过《中华人民共和国环境保护法》，并于2014年修订。

1996年10月29日，八届人大常委会第二十二次会议通过《中华人民共和国环境噪声污染防治法》。

1995 年 10 月 30 日，中华人民共和国主席令第五十八号公布《中华人民共和国固体废物污染环境防治法》，并于 2020 年修订。

1997 年 8 月 29 日，八届人大常委会第二十七次会议通过《中华人民共和国防洪法》。

2001 年 8 月 31 日，九届人大常委会第二十三次会议通过《中华人民共和国防沙治沙法》。

2002 年 10 月 28 日，九届人大常委会第三十次会议通过《中华人民共和国环境影响评价法》。

2003 年 6 月 28 日，十届人大常委会第三次会议通过《中华人民共和国放射性污染防治法》。

2005 年 2 月 28 日，十届人大常委会第十四次会议通过《中华人民共和国可再生能源法》。

2007 年 10 月 28 日，十届人大常委会第三十次会议通过《中华人民共和国节约能源法》。

2016 年 12 月 25 日，十二届人大常委会第二十五次会议通过颁布《中华人民共和国环境保护税法》，并于 2018 年修正。

2018 年 7 月 10 日，十三届人大常委会第四次会议通过《全国人民代表大会常务委员会关于全面加强生态环境保护　依法推动打好污染防治攻坚战的决议》。

2018 年 8 月 31 日，十三届人大常委会第五次会议通过《中华人民共和国土壤污染防治法》。

2019 年 8 月 26 日，十三届人大常委会第十二次会议通过《中华人民共和国资源税法》。

六、党的建设领域

（一）主要政策

1979 年 3 月 30 日，邓小平在党的理论工作务虚会上作《坚持四项基本原则》的讲话指出，必须在思想政治上坚持四项基本原则：第一，必须坚持社会主义道路；第二，必须坚持无产阶级专政（后表述为人民民主专政）；第三，必须坚持共产党的领导；第四，必须坚持马列主义、毛泽东思想。这是实现四个现代化的根本前提。如果动摇了四项基本原则中的任何一项，那就动摇了整个社会主义事业和整个现代化建设事业。

1980 年 2 月 29 日，中共十一届五中全会通过《关于党内政治生活的若干准则》。

1980 年 3 月 19 日，邓小平在同中央负责同志谈《关于建国以来党的若干历史问题的决议》的起草问题时指出，中心的意思应该是三条：第一，确立毛泽东的历史地位，坚持和发展毛泽东思想。这是最核心的一条。第二，对新中国成立30年来历史上的大事，要进行实事求是地分析，包括一些负责同志的功过是非，要做出公正的评价。第三，对过去的事情做个基本的总结。其中最重要、最根本、最关键的，还是第一条。

1980年8月18日，邓小平在中共中央政治局扩大会议上作《党和国家领导制度的改革》的讲话，指出领导制度、组织制度问题更带有根本性、全局性、稳定性和长期性，对现行制度存在的各种弊端必须进行改革。

1981年6月27日，中共十一届六中全会通过《关于建国以来党的若干历史问题的决议》，对新中国成立32年来党的重大历史事件特别是“文化大革命”作出正确总结，实事求是地评价毛泽东的历史地位，充分论述毛泽东思想作为党的指导思想的伟大意义。29日，全会选举胡耀邦为中央委员会主席，邓小平为中央军委主席。

1982年1月13日，邓小平在中共中央政治局扩大会议上的讲话提出的，干部队伍革命化、年轻化、知识化、专业化的“四化”方针。

1982年2月20日，中共中央作出《关于建立老干部退休制度的决定》。

1983年10月11日，中共十二届二中全会通过《关于整党的决定》。这次整党的任务是统一思想、整顿作风、加强纪律、纯洁组织。

1984年12月3日，中共中央、国务院作出《关于严禁党政机关和党政干部经商、办企业的决定》。

1989年6月16日，邓小平在同几位中央负责同志谈话时指出，任何一个领导集体都要有一个核心，没有核心的领导是靠不住的。并指出，我们要一手抓改革开放，一手抓惩治腐败，把这两件事结合起来。

1989年6月23—24日，中共十三届四中全会举行，通过《关于赵紫阳同志在反党反社会主义的动乱中所犯错误的报告》，选举江泽民为中央委员会总书记。

1989年7月27—28日、8月28日，中共中央政治局举行全体会议，通过《关于近期做几件群众关心的事的决定》《关于加强宣传、思想工作的通知》和《关于加强党的建设的通知》。

1990年3月12日，中共十三届六中全会通过《关于加强党同人民群众联系的决定》。

1993年8月21日，江泽民在中共十四届中央纪委二次全会上讲话指出，惩治腐败，要作为一个系统工程来抓，标本兼治，综合治理，持之以恒。

1994年9月28日，中共十四届四中全会通过《关于加强党的建设几个重大问题的决定》，把党的建设提到新的伟大工程的高度。

1998年11月21日，中共中央印发《关于在县级以上党政领导班子、领导干部中深入开展以“讲学习、讲政治、讲正气”为主要内容的党性党风教育的意见》。

2000年2月25日，江泽民在广东考察工作听取省委工作汇报时，明确提出“三个代表”要求。

2001年9月26日，中共十五届六中全会通过《关于加强和改进党的作风建设的决定》，提出作风建设“八个坚持、八个反对”的要求。

2002年12月5—6日，胡锦涛带领中共中央书记处成员到河北省平山县西柏坡学习考察，重温毛泽东关于“两个务必”的重要论述。

2004年9月16—19日，中共十六届四中全会举行，通过《关于加强党的执政能力建设的决定》。

2004年11月7日，中共中央印发《关于在全党开展以实践“三个代表”重要思想为主要内容的保持共产党员先进性教育活动的意见》。

2008年9月14日，中共中央印发《关于在全党开展深入学习实践科学发展观活动的意见》。2008年9月至2010年2月，全党分批开展了这一活动。

2009年9月18日，中共十七届四中全会通过《关于加强和改进新形势下党的建设若干重大问题的决定》。

2013年5月9日，中共中央印发《关于在全党深入开展党的群众路线教育实践活动的意见》。

2013年11月18日，中共中央、国务院颁发《党政机关厉行节约反对浪费条例》。依据这一条例，党政机关经费管理、国内差旅、因公临时出国（境）、培训、公务接待、公务用车、会议活动、办公用房、基层党建活动、资源节约等方面的党内法规和规范性文件相继出台。

2014年6月26日，习近平在中共中央政治局常委会会议听取巡视情况汇报时的讲话指出，巡视作为党内监督的战略性制度安排，不是权宜之计，要用好巡视这把反腐“利剑”。

2015年1月8日，中共中央印发《关于加强和改进党的群团工作的意见》。

2015年1月13日，习近平在中共十八届中央纪委五次全会上讲话指出，党的纪律是刚性约束，政治纪律更是全党在政治方向、政治立场、政治言论、政治行动方面必须遵守的刚性约束。在所有党的纪律和规矩中，第一位的是政治纪律和政治规矩。

2015年7月6日，习近平在中央党的群团工作会议上讲话指出，党的群团工作是党通过群团组织开展的群众工作。

2015年12月9日，中共中央印发《关于加强和改进新形势下党校工作的意见》。

2015年12月25日，中共中央印发《关于建立健全党和国家功勋荣誉制度的意见》，对党和国家功勋荣誉表彰制度进行整体设计。

2016年2月19日，习近平主持召开党的新闻舆论工作座谈会，指出在新的时代条件下，党的新闻舆论工作要把坚持正确的政治方向放在第一位。

2016年2月24日，中共中央办公厅印发《关于在全体党员中开展“学党章党规、学系列讲话，做合格党员”学习教育方案》。

2017年3月20日，中共中央办公厅印发《关于推进“两学一做”学习教育常态化制度化的意见》。

2018 年 6 月 29 日，习近平在主持中共中央政治局第六次集体学习时讲话指出，党的政治建设是党的根本性建设，要把党的政治建设摆在首位，以党的政治建设为统领。

2018 年 7 月 3 日，习近平在全国组织工作会议上讲话指出，党的力量来自组织，党的全面领导、党的全部工作要靠党的坚强组织体系去实现。

（二）主要法规

1995 年 2 月 9 日，中共中央颁发《党政领导干部选拔任用工作暂行条例》。2014 年 1 月 14 日，中共中央颁发修订后的《党政领导干部选拔任用工作条例》。

1996 年 4 月 5 日，中共中央印发《中国共产党地方委员会工作条例（试行）》。2015 年 12 月 25 日，中共中央印发《中国共产党地方委员会工作条例》。

1997 年 3 月 28 日，中共中央颁发《中国共产党党员领导干部廉洁从政若干准则（试行）》。2010 年 1 月 18 日，中共中央颁发《中国共产党党员领导干部廉洁从政若干准则》。

2005 年 1 月 3 日，中共中央印发《建立健全教育、制度、监督并重的惩治和预防腐败体系实施纲要》。

2013 年 11 月 5 日，中共中央印发《中央党内法规制定工作五年规划纲要（2013—2017 年）》。编制中央党内法规制定工作五年规划，这在我们党历史上是第一次。

2018 年 2 月 9 日，中共中央印发《中央党内法规制定工作第二个五年规划（2018—2022 年）》。

2015 年 6 月 11 日，中共中央颁发《中国共产党党组工作条例（试行）》。

2015 年 10 月 18 日，中共中央颁发《中国共产党廉洁自律准则》和《中国共产党纪律处分条例》。2018 年 8 月 18 日，中共中央颁发修订后的《中国共产党纪律处分条例》。

2016 年 7 月 8 日，中共中央颁发《中国共产党问责条例》。

2016 年 10 月 27 日，中共十八届六中全会通过《关于新形势下党内政治生活的若干准则》和《中国共产党党内监督条例》。

2016 年 12 月 13 日，中共中央印发《关于加强党内法规制度建设的意见》。

七、军事建设领域

（一）主要政策

1980 年 5 月 18 日，中国向太平洋预定海域发射的第一枚运载火箭获得圆满成功。

1981 年 8 月 27 日至 9 月 25 日，全军高级干部集训，重点研究战争初期方面军防御战役的组织与实施。邓小平在演习结束后举行的阅兵式上讲话指出，必须把我军建设成为一支强大的现代化、正规化的革命军队。

1982 年 10 月 12 日，中国首次利用潜艇从水下向预定海上目标区发射运载火箭获得成功。

1984 年 4 月 8 日，中国首次成功发射试验通信卫星“东方红 2 号”。中国成为世界上第五个掌握卫星通信能力的国家。

1985 年 5 月 23 日至 6 月 6 日，中央军委召开扩大会议。邓小平在会上宣布：中国人民解放军减少员额 100 万。会议作出军队建设指导思想实行战略性转变的重大决策，以自己的实际行动维护世界的和平。

1985 年 6 月 4 日，邓小平在中央军委扩大会议上讲话指出，党的十一届三中全会以后，我们对国际形势的判断有变化，对外政策也有变化，这是两个重要的转变。第一个转变，改变了原来认为战争的危险很迫近的看法。第二个转变，改变了针对苏联霸权主义的威胁实行的“一条线”战略。

1990 年 4 月，中国政府首次向联合国停战监督组织派遣 5 名军事观察员，开启中国参加联合国维和行动的序幕。1992 年 4 月，中国政府首次向联合国柬埔寨临时权力机构派出 400 人的维和工程兵大队，开创我军成建制参加联合国维和行动的先河。

1990 年 12 月 1 日，江泽民在全军军事工作会议上提出“政治合格、军事过硬、作风优良、纪律严明、保障有力”的军队建设“五句话”总要求。

1993 年 1 月 13—19 日，中央军委扩大会议制定新时期积极防御的军事战略方针，要求把军事斗争准备的基点放在打赢现代技术特别是高技术条件下的局部战争上。

1997 年 9 月 12 日，江泽民在中共十五大报告中宣布：在 20 世纪 80 年代裁减军队员额 100 万的基础上，中国将在今后 3 年内再裁减军队员额 50 万。2003 年 9 月 1 日，江泽民在出席庆祝国防科学技术大学成立 50 周年大会时宣布：在“九五”期间裁减军队员额 50 万的基础上，2005 年前我军再裁减员额 20 万。

1997 年 12 月，中央军委召开扩大会议，提出“打得赢”“不变质”两个历史性课题。会议制定了国防和军队现代化建设“三步走”的发展战略。

1998 年 7 月，中共中央做出决定，军队、武警部队、政法机关一律不再从事经商活动。

1999 年 8 月 24 日，中共中央转发《关于改革开放和发展社会主义市场经济条件下军队思想政治建设若干问题的决定》，并发出通知指出，重视思想政治建设是我们党和军队的特有优势。党绝对领导下的人民军队，必须把思想政治建设摆在军队各项建设的首位，充分发挥政治工作生命线的作用。

2004 年 6 月，中央军委扩大会议提出，必须明确把军事斗争准备的基点放到打赢信息化条件下的局部战争上。

2004 年 12 月 24 日，胡锦涛在中央军委扩大会议上讲话，提出新世纪新阶段人民解放军的历史使命：为党巩固执政地位提供重要力量保证，为维护国家发展的重要战略机遇期提供坚强安全保障，为维护国家利益提供有力战略支撑，为维护世界和平与促进共同发展发挥重要作用。

2006年2月16日，中央军委印发《关于军队和武警部队全面停止有偿服务活动的通知》。指出，计划用3年左右的时间，分步骤停止军队和武警部队一切有偿服务活动。

2007年8月1日，胡锦涛在庆祝中国人民解放军建军80周年暨全军英雄模范代表大会上讲话指出，在80年的顽强奋斗中，人民解放军培育和形成了优良革命传统，集中起来就是听党指挥、服务人民、英勇善战。2008年12月24日，胡锦涛在中央军委扩大会议上讲话，提出忠诚于党、热爱人民、报效国家、献身使命、崇尚荣誉的当代革命军人核心价值观。

2013年3月11日，习近平在出席十二届全国人大一次会议解放军代表团全体会议时讲话指出，建设一支听党指挥、能打胜仗、作风优良的人民军队，是党在新形势下的强军目标。

2014年4月15日，习近平在中央国家安全委员会第一次会议上讲话指出，要坚持总体国家安全观，以人民安全为宗旨，以政治安全为根本，以经济安全为基础，以军事、文化、社会安全为保障，以促进国际安全为依托，走出一条中国特色国家安全道路。

2014年10月30日至11月2日，全军政治工作会议在福建古田举行。10月31日，习近平在讲话中阐明新的历史条件下党从思想上政治上建设军队的重大问题，强调军队政治工作的时代主题是紧紧围绕实现中华民族伟大复兴的中国梦，为实现党在新形势下的强军目标提供坚强政治保证；当前最紧要的是把理想信念、党性原则、战斗力标准、政治工作威信四个带根本性的东西在全军牢固立起来。

2014年12月30日，中共中央转发《关于新形势下军队政治工作若干问题的决定》。

2015年3月12日，习近平在十二届全国人大三次会议解放军代表团全体会议上明确提出，把军民融合发展上升为国家战略。

2015年11月24日，习近平在中央军委改革工作会议上讲话指出，要全面实施改革强军战略，坚定不移走中国特色强军之路，建设同中国国际地位相称、同国家安全和发展利益相适应的巩固国防和强大军队。

2017年7月30日，庆祝中国人民解放军建军90周年阅兵在朱日和联合训练基地举行。习近平检阅部队。8月1日，习近平在庆祝中国人民解放军建军90周年大会上讲话指出，党对军队的绝对领导是中国特色社会主义的本质特征，是党和国家的重要政治优势，是人民军队的建军之本、强军之魂。要坚持政治建军、改革强军、科技兴军、依法治军，全面提高国防和军队现代化水平，把人民军队建设成为世界一流军队。

2018 年 8 月 17 日，习近平在中央军委党的建设会议上讲话强调，全面加强新时代我军党的领导和党的建设工作，为开创强军事业新局面提供坚强政治保证。

（二）主要法规

1981 年 12 月 3 日，中共中央、国务院、中央军委作出《关于恢复新疆生产建设兵团的决定》。

1983 年 4 月 5 日，中国人民武装警察部队总部在北京成立。

1986 年 8 月 10 日，解放军总参谋部、总政治部、总后勤部发出通知，规定预备役部队正式列入人民解放军建制序列。

1988 年 4 月 27 日，中央军委颁发《中国人民解放军文职干部暂行条例》。实行文职干部制度在人民解放军的历史上是第一次，是对军队干部制度的一项重大改革。

1988 年 7 月 1 日，七届全国人大常委会第二次会议通过《中国人民解放军军官军衔条例》，人民解放军实行新的军衔制。

1988 年 12 月 17 日，《中国人民武装警察部队实行警官警衔制度的具体办法》颁布，武警部队实行警官警衔制。这是军队革命化现代化正规化建设的一项重大举措。

1988 年 9 月 23 日，国务院、中央军委颁布《中国人民解放军现役士兵服役条例》，确定实行新的士兵军衔制度，志愿兵的军衔称士官。1993 年 4 月 27 日、1999 年 6 月 30 日、2010 年 7 月 26 日，国务院、中央军委先后三次修订《中国人民解放军现役士兵服役条例》。

1999 年 10 月 8 日，中央军委颁布《中国人民解放军联勤条例》。2000 年 1 月 1 日，全军按区域保障与建制保障相结合、通用保障与专用保障相结合，以军区为基础的联勤新体制正式启动。

2005 年 6 月 23 日，国务院、中央军委颁布《中国人民解放军文职人员条例》，决定在全军实行文职人员制度。2017 年 9 月 27 日，国务院、中央军委颁发新修订的《中国人民解放军文职人员条例》。

2014 年 4 月 10 日，中央军委印发《关于贯彻落实军委主席负责制建立和完善相关工作机制的意见》。

2015 年 11 月 23 日，中央军委印发《领导指挥体制改革实施方案》。2016 年 2 月 29 日，全军按新的领导指挥体制运行。

2015 年 11 月 28 日，中央军委印发《关于深化国防和军队改革的意见》指出，牢牢把握军委管总、战区主战、军种主建的原则，以领导管理体制、联合作战指挥体制改革为重点，协调推进规模结构、政策制度和军民融合深度发展改革。

2015 年 12 月 31 日，习近平向中国人民解放军陆军、火箭军、战略支援部队授予军旗并致训词。此后，习近平又先后向东部战区、南部战区、西部战区、北部战区、中部战区授予军旗并发布训令，向武汉联勤保障基地和无锡、桂林、西宁、沈阳、郑州联勤保障中心，向军事科学院、国防大学、国防科技大学等授予军旗并致训词。

2016 年 5 月 1 日，中共中央、国务院、中央军委印发《关于经济建设和国防建设融合发展的意见》。2017 年 1 月 22 日，中共中央政治局会议决定设立中央军民融合发展委员会。

2017 年 11 月 2 日，中央军委印发《关于全面深入贯彻军委主席负责制的意见》。

2017 年 12 月 14 日，中共中央作出《关于调整中国人民武装警察部队领导指挥体制的决定》，明确武警部队归中央军委建制，不再列国务院序列。2018 年 1 月 10 日，习近平向武警部队授旗并致训词。

2018 年 8 月 11 日，中共中央印发《军民融合发展战略纲要》。

（三）主要法律

1988 年 9 月 5 日，七届全国人大常委会第三次会议通过《中国人民解放军现役军官服役条例》。2000 年 12 月 28 日，九届全国人大常委会第十九次会议通过《中华人民共和国现役军官法》。

1990 年 2 月 23 日，七届人大常委会第十二次会议通过《中华人民共和国军事设施保护法》。

1992 年 2 月 25 日，七届全国人大常委会第二十四次会议通过《中华人民共和国领海及毗连区法》。

1995 年 5 月 10 日，八届人大常委会第十三次会议通过《中华人民共和国预备役军官法》。

1997 年 3 月 14 日，八届全国人大五次会议通过《中华人民共和国国防法》。

2001 年 4 月 28 日，九届人大常委会第二十一次会议通过《中华人民共和国国防教育法》。

2010 年 2 月 26 日，十一届人大常委会第十三次会议通过《中华人民共和国国防动员法》。

2012 年 4 月 27 日，十一届人大常委会第二十六次会议通过《中华人民共和国军人保险法》。

2016 年 9 月 3 日，十二届人大常委会第二十二次会议通过《中华人民共和国国防交通法》。

2018 年 4 月 27 日，十三届人大常委会第二次会议通过《中华人民共和国英雄烈士保护法》。

八、外交工作领域

（一）主要政策

1979 年 1 月 1 日，中美两国正式建立外交关系，28 天后，邓小平应邀访美。这是新中国成立后，中国领导人对美国的首次访问。

1984 年 5 月 29 日，邓小平在会见巴西总统菲格雷多时说："现在世界上问题很多，有两个比较突出。一是和平问题。现在有核武器，一旦发生战争，核武器就会给人类带来巨大的损失。二是南北问题。这个问题在目前十分突出。发达国家越来越富，相对的是发展中国家越来越穷。南北问题不解决，就会对世界经济的发展带来障碍。"

2013 年 3 月 23 日，习近平在俄罗斯莫斯科国际关系学院发表演讲，强调人类越来越成为你中有我、我中有你的命运共同体，呼吁各国共同推动建立以合作共赢为核心的新型国际关系。2015 年 9 月 28 日，习近平在纽约联合国总部出席第 70 届联合国大会一般性辩论并发表讲话，提出携手构建合作共赢新伙伴，同心打造人类命运共同体。2017 年 1 月 18 日，习近平在日内瓦万国宫出席"共商共筑人类命运共同体"高级别会议并发表主旨演讲，主张共同推进构建人类命运共同体伟大进程，坚持对话协商、共建共享、合作共赢、交流互鉴、绿色低碳，建设一个持久和平、普遍安全、共同繁荣、开放包容、清洁美丽的世界。

2013 年 10 月 24 日，习近平在周边外交工作座谈会上讲话指出，要坚持与邻为善、以邻为伴，坚持睦邻、安邻、富邻，突出体现亲、诚、惠、容的理念，为中国发展争取良好的周边环境，使中国发展更多惠及周边国家，实现共同发展。外交工作要坚持正确义利观，有原则、讲情谊、讲道义，多向发展中国家提供力所能及的帮助。

2018 年 6 月 22 日，习近平在中央外事工作会议上讲话指出，把握国际形势要树立正确的历史观、大局观、角色观。当前，中国处于近代以来最好的发展时期，世界处于百年未有之大变局，两者同步交织、相互激荡。要深入分析世界转型过渡期国际形势的演变规律，准确把握历史交汇期中国外部环境的基本特征，统筹谋划和推进外交工作。这次会议总结并阐述了习近平外交思想。

（二）主要法规

1. 对外政治工作

1985 年 3 月 28 日，邓小平在会见外宾时指出，改革是中国的第二次革命。

1989 年年初，东欧波兰等国家和苏联先后发生社会动荡，至 20 世纪 90 年代初，苏联和东欧的南斯拉夫、罗马尼亚、波兰、匈牙利、保加利亚、民主德国、捷克斯洛伐克、阿尔巴尼亚等社会主义国家的政治和经济制度发生根本性变化。苏联等国家解体。民主德国并入联邦德国。第二次世界大战结束后形成的世界格局发生重大变化。

1989 年 5 月 16 日，邓小平会见来访的苏联最高苏维埃主席团主席、苏共中央总书记戈尔巴乔夫，中苏关系实现正常化。

1989 年 9 月 4 日，邓小平在同几位中央负责同志谈话时指出，中国肯定要沿着自己选择的社会主义道路走到底。只要中国不垮，世界上就有 1/5 的人口在坚持社会主义。我们对社会主义的前途充满信心。对于国际局势，要冷静观察，稳住阵脚，沉着应付。要埋头实干，做好一件事，我们自己的事。

1989 年 10 月 31 日，邓小平在会见美国前总统尼克松谈到美国对华制裁问题时指出，结束过去，美国应该采取主动，也只能由美国采取主动。要中国来乞求，办不到。哪怕拖一百年，中国人也不会乞求取消制裁。邓小平强调，人们支持人权，但不要忘记还有一个国权。谈到人格，但不要忘记还有一个国格。

1991 年 5 月 16 日，中苏两国签署《中苏国界东段协定》。

1994 年 9 月 3 日，中俄两国签署《中俄国界西段协定》。

2004 年 10 月 14 日，中俄两国签署《中俄国界东段补充协定》。至此，两国边界线走向全部确定。

2013 年 3 月 25 日，习近平在坦桑尼亚尼雷尔国际会议中心发表演讲，阐述了真实亲诚的对非政策理念。

2017 年 11 月 30 日至 12 月 3 日，中国共产党与世界政党高层对话会在北京举行。习近平在出席对话会开幕式发表主旨讲话时指出，不同国家的政党应该增进互信、加强沟通、密切协作，探索在新型国际关系的基础上建立求同存异、相互尊重、互学互鉴的新型政党关系，搭建多种形式、多种层次的国际政党交流合作网络，汇聚构建人类命运共同体的强大力量。

2018 年 9 月 3—4 日，中非合作论坛北京峰会举行。习近平提出，中非要携手打造责任共担、合作共赢、幸福共享、文化共兴、安全共筑、和谐共生的中非命运共同体。会议通过《关于构建更加紧密的中非命运共同体的北京宣言》和《中非合作论坛——北京行动计划（2019—2021 年）》。

2018 年 9 月 26 日，习近平在黑龙江考察时讲话指出，现在国际上单边主义、贸易保护主义上升，我们必须坚持走自力更生的道路。中国要发展，最终要靠自己。

2. 对外经济工作

2001 年 6 月 15 日，中国、俄罗斯、哈萨克斯坦、吉尔吉斯斯坦、塔吉克斯坦、乌兹别克斯坦 6 国元首共同签署《上海合作组织成立宣言》，在中国、俄罗斯、哈萨克斯坦、吉尔吉斯斯坦、塔吉克斯坦 5 国元首会晤机制基础上正式建立上海合作组织，并将中国提出的以互信、互利、平等、协商、尊重多样文明、谋求共同发展为基本内容的“上海精神”写入成立宣言。2004 年 1 月，上海合作组织秘书处在北京成立。

2001 年 10 月 21 日，亚太经合组织第九次领导人非正式会议在上海举行。江泽民主持会议并讲话指出，只有使国际社会的广大成员都受益，经济全球化才能顺利地推进，世界经济才能持续稳定地发展。

2001 年 11 月 10 日，在卡塔尔首都多哈举行的世界贸易组织第四届部长级会议以全体协商一致的方式，审议并通过中国加入世界贸易组织的决定。12 月 11 日，中国正式成为世界贸易组织成员，中国对外开放进入新的阶段。

2006 年 11 月 4—5 日，中非合作论坛北京峰会举行。胡锦涛主持峰会并在开幕式上讲话指出，在发展中非关系中要始终坚持真诚友好、平等相待、相互支持、共同发展的正确原则。峰会通过《中非合作论坛北京峰会宣言》和《中非合作论坛——北京行动计划（2007—2009 年）》。

2008 年 11 月 15 日，胡锦涛出席在美国华盛顿举行的二十国集团领导人首次峰会并发表讲话，提出对国际金融体系要进行必要的改革。

2009 年 6 月 16 日，胡锦涛出席在俄罗斯叶卡捷琳堡举行的金砖国家（中国、俄罗斯、巴西、印度）领导人首次正式会晤并发表讲话。2010 年 12 月，南非作为正式成员加入金砖国家合作机制，金砖国家正式扩为五国。

2010 年 1 月 1 日，中国—东盟自由贸易区正式全面启动。在此前后，中国还相继与智利、冰岛、瑞士、韩国、澳大利亚、格鲁吉亚等签署自贸协定。2015 年 12 月 6 日，国务院印发《关于加快实施自由贸易区战略的若干意见》。

2013 年 9 月 7 日、10 月 3 日，习近平分别在哈萨克斯坦纳扎尔巴耶夫大学、印度尼西亚国会发表演讲，先后提出共同建设“丝绸之路经济带”和“21 世纪海上丝绸之路”，即“一带一路”倡议。

2014 年 5 月 21 日，亚洲相互协作与信任措施会议第四次峰会在上海举行。习近平主持并发表讲话，强调积极倡导共同、综合、合作、可持续的亚洲安全观，搭建地区安全和合作新架构，努力走出一条共建、共享、共赢的亚洲安全之路。

2014 年 7 月 15 日，在巴西举行的金砖国家领导人第六次会晤宣布，成立金砖国家新开发银行并将总部设在中国上海，建立金砖国家应急储备安排。

2014 年 11 月 8 日，习近平在北京主持加强互联互通伙伴关系对话会并发表讲话指出，我们要建设的互联互通，应该是基础设施、制度规章、人员交流三位一体，应该是政策沟通、设施联通、贸易畅通、资金融通、民心相通五大领域齐头并进；宣布中国出资成立丝路基金。

2014 年 11 月 11 日，亚太经合组织第二十二次领导人非正式会议在北京举行。习近平主持会议并发表讲话，倡导共建互信、包容、合作、共赢的亚太伙伴关系。会议决定启动亚太自由贸易区（FTAAP）进程。

2014 年 11 月 28 日，习近平在中央外事工作会议上讲话指出，中国必须有自己特色的大国外交。要在总结实践经验的基础上，丰富和发展对外工作理念，使对外工作有鲜明的中国特色、中国风格、中国气派。

2014 年 12 月 2 日，中共中央、国务院印发《丝绸之路经济带和 21 世纪海上丝绸之路建设战略规划》。2015 年 3 月 28 日，经国务院授权，国家发展改革委、外交部、商务部联合发布《推动共建丝绸之路经济带和21世纪海上丝绸之路的愿景与行动》。

2015年5月13日，国务院印发《关于推进国际产能和装备制造合作的指导意见》。该意见指出，要充分发挥企业市场主体作用，坚持以市场为导向，按照商业原则和国际惯例，积极开展国际产能和装备制造合作。

2016年9月3日，习近平出席在浙江杭州举行的二十国集团工商峰会开幕式并发表主旨演讲，提出建设创新、开放、联动、包容型世界经济，强调全球经济治理应该以平等为基础，更好反映世界经济格局新现实。4—5日，以“构建创新、活力、联动、包容的世界经济”为主题的二十国集团领导人第十一次峰会在杭州举行，习近平全程主持会议。

2017年1月17日，习近平出席达沃斯世界经济论坛2017年年会开幕式并发表主旨演讲，发出支持经济全球化的时代强音，强调经济全球化是社会生产力发展的客观要求和科技进步的必然结果，要适应和引导好经济全球化，消解经济全球化的负面影响，让它更好惠及每个国家、每个民族，实现经济全球化进程再平衡。

2017年5月14—15日，首届“一带一路”国际合作高峰论坛在北京举行。习近平出席开幕式并发表主旨演讲，强调要将“一带一路”建成和平之路、繁荣之路、开放之路、创新之路、文明之路。15日，高峰论坛举行领导人圆桌峰会，习近平全程主持会议。

2017年9月3—5日，金砖国家领导人第九次会晤在福建厦门举行。习近平主持会晤并发表讲话，强调要积极推动全球经济治理改革，提高新兴市场国家和发展中国家的代表性和发言权，为解决南北发展失衡、促进世界经济增长提供新动力。

2018年6月9—10日，上海合作组织青岛峰会举行。10日，习近平主持会议并发表讲话，强调要提倡创新、协调、绿色、开放、共享的发展观，践行共同、综合、合作、可持续的安全观，秉持开放、融通、互利、共赢的合作观，树立平等、互鉴、对话、包容的文明观，坚持共商共建共享的全球治理观，不断改革完善全球治理体系，推动各国携手建设人类命运共同体。

2018年11月5—10日，首届中国国际进口博览会在上海举行。5日，习近平出席开幕式并发表主旨演讲时指出，中国国际进口博览会是迄今为止世界上第一个以进口为主题的国家级展会，是中国推动建设开放型世界经济、支持经济全球化的实际行动；宣布增设中国上海自由贸易试验区的新片区、在上海证券交易所设立科创板并试点注册制、支持长江三角洲区域一体化发展并上升为国家战略。

（三）主要法律

1994年5月12日，八届人大常委会第七次会议通过《中华人民共和国国家赔偿法》。

2001 年，中国加入世界贸易组织后，修改了一批涉外法律。

2015 年 7 月 1 日，十二届全国人大常委会第十五次会议通过《中华人民共和国国家安全法》。

九、港澳台工作领域

（一）主要政策

1979 年全国人大常委会发表《告台湾同胞书》，正式提出实现和平统一的大政方针，呼吁两岸实现通航、通邮，发展贸易，互通有无，进行经济交流（后被称为通航、通邮、通商“三通”）。

1981 年 9 月 30 日，全国人大常委会委员长叶剑英向新华社记者发表谈话，进一步阐述关于台湾回归祖国、实现祖国和平统一的九条方针政策。

1982 年 1 月 11 日，邓小平会见美国华人协会主席李耀滋，首次提出“一个国家，两种制度”概念。

1983 年 6 月 26 日，邓小平会见美国新泽西州西东大学教授杨力宇，提出实现大陆和台湾和平统一的六条方针。

1995 年 1 月 30 日，江泽民在中共中央台湾工作办公室等单位举办的新春茶话会上，就现阶段发展两岸关系、推进祖国和平统一进程的若干重要问题提出八项主张。

（二）主要法规

1982 年 9 月 24 日，邓小平会见英国首相撒切尔夫人，阐述中国政府对香港问题的基本立场。指出，主权问题不是一个可以讨论的问题。1997 年中国将收回香港。如果在 15 年的过渡时期内香港发生严重的波动，中国政府将被迫不得不对收回的时间和方式另作考虑。如果说宣布要收回香港就会像夫人说的“带来灾难性的影响”，那我们要勇敢地面对这个灾难，做出决策。香港继续保持繁荣，根本上取决于中国收回香港后实行适合于香港的政策。

1984 年 12 月 19 日，中英两国政府在北京正式签署《中华人民共和国政府和大不列颠及北爱尔兰联合王国政府关于香港问题的联合声明》，确认中国政府于 1997 年 7 月 1 日对香港恢复行使主权。

1987 年 4 月 13 日，中葡两国政府在北京正式签署《中华人民共和国政府和葡萄牙共和国政府关于澳门问题的联合声明》，确认中国政府于 1999 年 12 月 20 日对澳门恢复行使主权。

1992 年 11 月，海峡两岸关系协会与台湾海峡交流基金会，就解决两岸事务性商谈中如何表述坚持一个中国原则的问题，达成各自以口头方式表述“海峡两岸均坚持一个中国原则”的共识，后被称为“九二共识”。1993 年 4 月 27—29 日，海协会会长汪道涵和台湾海基会董事长辜振甫在新加坡举行会谈并签订《汪辜会谈共同协议》等四项协议。这是海峡两岸授权民间机构领导人的第一次会谈。

1994 年 8 月 31 日，八届全国人大常委会第九次会议决定，港英最后一届立法局、市政局和区域市政局、区议会于 1997 年 6 月 30 日终止。由香港特别行政区筹备委员会根据《全国人民代表大会关于香港特别行政区第一届政府和立法会产生办法的决定》，负责筹备成立香港特别行政区的有关事宜，规定香港特别行政区第一届立法会的具体产生办法，组建香港特别行政区第一届立法会。

1997 年 6 月 30 日午夜至 7 月 1 日凌晨，中英两国政府香港政权交接仪式在香港举行，宣告中国政府对香港恢复行使主权，中华人民共和国香港特别行政区成立。交接仪式后，举行中华人民共和国香港特别行政区成立暨特区政府宣誓就职仪式。中国人民解放军驻港部队于 7 月 1 日零时开始履行香港防务职责。

1999 年 12 月 19 日午夜至 20 日凌晨，中葡两国政府澳门政权交接仪式在澳门举行，宣告中国政府对澳门恢复行使主权，中华人民共和国澳门特别行政区成立。交接仪式后，举行中华人民共和国澳门特别行政区成立暨特区政府宣誓就职仪式。中国人民解放军驻澳部队于 20 日零时开始履行澳门防务职责。

2003 年 6 月 29 日，中央政府与香港特别行政区政府签署《内地与香港关于建立更紧密经贸关系的安排》。

2003 年 10 月 17 日，中央政府与澳门特别行政区政府签署《内地与澳门关于建立更紧密经贸关系的安排》。

2005 年 4 月 29 日，胡锦涛在北京同中国国民党主席连战举行正式会谈。会后双方共同发布《两岸和平发展共同愿景》。这是 60 年来国共两党主要领导人的首次会谈。

2006 年 4 月 15 日，中共中央台办受权宣布和通报大陆方面将进一步采取的促进两岸交流合作、惠及台湾同胞的 15 项政策措施。

2007 年 7 月 1 日，胡锦涛在庆祝香港回归祖国 10 周年大会暨香港特别行政区第三届政府就职典礼上讲话指出，“一国两制”是完整的概念。“一国”是“两制”的前提，没有“一国”就没有“两制”。“一国”和“两制”不能相互割裂，更不能相互对立。“一国”就是要维护中央依法享有的权力，维护国家主权、统一、安全。“两制”就是要保障香港特别行政区依法享有的高度自治权，支持行政长官和特别行政区政府依法施政。

2010 年 6 月 29 日，海峡两岸关系协会与台湾海峡交流基金会在重庆签署《海峡两岸经济合作框架协议》。

2014 年 2 月 18 日，习近平在会见中国国民党荣誉主席连战时提出，两岸双方应秉持“两岸一家亲”理念，共圆中华民族伟大复兴的中国梦。

2015 年 11 月 7 日，习近平同台湾方面领导人马英九在新加坡会面，就进一步推进两岸关系和平发展交换意见。这是1949年以来两岸领导人的首次会晤。

2015年11月27日、28日，《〈内地与香港关于建立更紧密经贸关系的安排〉服务贸易协议》《〈内地与澳门关于建立更紧密经贸关系的安排〉服务贸易协议》分别签署，内地与香港、澳门服务贸易自由化基本实现。

2017年7月1日，习近平出席庆祝香港回归祖国20周年大会暨香港特别行政区第五届政府就职典礼并发表讲话指出，中央贯彻“一国两制”方针坚持两点：一是坚定不移，不会变、不动摇；二是全面准确，确保“一国两制”在香港的实践不走样、不变形，始终沿着正确方向前进。同日，习近平出席在香港举行的《深化粤港澳合作推进大湾区建设框架协议》签署仪式。建设粤港澳大湾区成为国家战略。

2018年2月28日，国务院台办、国家发展改革委发布《关于促进两岸经济文化交流合作的若干措施》。该措施共31条，其中12条涉及加快给予台资企业与大陆企业同等待遇，19条涉及逐步为台湾同胞在大陆学习、创业、就业、生活提供与大陆同胞同等待遇。

2018年11月12日，习近平在会见香港澳门各界庆祝国家改革开放40周年访问团时讲话指出，40年改革开放，港澳同胞是见证者也是参与者，是受益者也是贡献者。港澳同胞同内地人民一样，都是国家改革开放伟大奇迹的创造者。国家改革开放的历程就是香港、澳门同内地优势互补、一起发展的历程。对香港、澳门来说，“一国两制”是最大的优势，国家改革开放是最大的舞台，共建“一带一路”、粤港澳大湾区建设等国家战略实施是新的重大机遇。

（三）主要法律

1990年4月4日，七届全国人大三次会议通过《中华人民共和国香港特别行政区基本法》《全国人民代表大会关于〈中华人民共和国香港特别行政区基本法〉的决定》《全国人民代表大会关于设立香港特别行政区的决定》。

1993年3月31日，八届全国人大一次会议通过《中华人民共和国澳门特别行政区基本法》《全国人民代表大会关于〈中华人民共和国澳门特别行政区基本法〉的决定》《全国人民代表大会关于设立中华人民共和国澳门特别行政区的决定》。

2005年3月14日，十届全国人大三次会议通过《反分裂国家法》，明确国家绝不允许“台独”分裂势力以任何名义、任何方式把台湾从中国分裂出去。

2020年5月28日，十三届全国人大三次会议通过《关于建立健全香港特别行政区维护国家安全的法律制度和执行机制的决定》。

参考文献

1. 习近平：在庆祝中国共产党成立100周年大会上的讲话［DB/OL］. cpc. people. com. cn/n1/2021/0701/c64094－32146278. html.

2. 习近平：在庆祝改革开放40周年大会上的讲话［DB/OL］. http：//www. xinhuanet. com/politics/leaders/2018－12/18/c_1123872025. htm.

3. 将全面深化改革进行到底（习近平新时代中国特色社会主义思想学习纲要⑧）——关于新时代坚持和发展中国特色社会主义的根本动力［N］. 人民日报，2019年7月31日第7版. 郑新立等著. 横空出世看深圳——深圳调研报告［M］. 北京：中国财政经济出版社，2020年. 郑新立.《郑新立交集》第十六卷［M］. 北京：中国社会科学出版社，2016年.

4. 郑新立. 确保今年8%增长速度存在的问题和建议［M］.《郑新立文集》第七卷. 北京：中国社会科学出版社，2016年.

5. 郑新立主编. 发展计划学［M］. 北京：中国计划出版社，1999年.

6. 郑新立. 深化改革以不断推动结构转换和经济发展［J］. 学习时报，2019年1月30日第1版.

7. 郑新立. 关于设立由我主导的亚洲基础设施投融资机构的建议［M］.《郑新立文集》第十五卷. 北京：中国社会科学出版社，2016年.

8. 郑新立主编. 中国支柱产业振兴方略［M］. 北京：中国计划出版社，1995年.

9. 郑新立. 奇迹是如何创造的［M］. 北京：商务印书馆，2018年.

10. 郑新立. 深化改革以不断推动结构转换和经济发展［J］. 学习时报，2019年1月30日第1版.

11. 郑新立、刘森. 学习习近平关于完善农村双层经营体制重要论述的几点思考［J］. 农村工作通讯，2020年第7期.

12. 郑新立. 中国宏观经济管理体制的改革［M］.《郑新立文集》第七卷，北京：中国社会科学出版社，2016年，第359－366页.

13. 郑新立. 郑新立论消费［M］. 北京：中国旅游出版社，2021年.

14. 郑新立. 波澜壮阔　彪炳史册的70年［J］. 红旗文稿，2019/15.

15. 郑新立. 21世纪初的中国经济［M］. 北京：社会科学文献出版社，2005年.

16. 郑新立主编．现代政策研究全书［M］．北京：中国经济出版社，1991 年．

17. 郑新立、周喜安．中国：21 世纪的工业化［M］．北京：经济科学出版社，2003 年．

18. 郑新立．经济体制六大改革［M］．北京：中共中央党校出版社，1995 年．

19. 郑新立．乘势而上的中国经济［M］．北京：中国计划出版社，2004 年．

20. 郑新立、徐伟、綦鲁明．从计划到市场——中国计划投资体制改革 40 年［M］．广州：广东经济出版社，2017 年．

21. 徐伟．中国开放型经济需求管理［M］．北京：中国经济出版社，2011 年．

22. 郑永年．亚洲新秩序［M］．广州：广东人民出版社，2018 年．

23. 张睿亮．“一带一路”与中国时代和亚洲世纪的开启［J］．阿拉伯世界研究，2016 年第 1 期．

24.《中共中央关于推进农村改革发展若干重大问题的决定》，2008 年 10 月 12 日中国共产党第十七届中央委员会第三次全体会议通过．

25. 充分发挥我国社会主义政治制度优越性——关于发展社会主义民主政治和依法治国［N］．人民日报，2014 年 7 月 8 日第 9 版．

26. 梅永红．科技体制改革的难点与出路［N］．学习时报，2010 年 5 月 3 日第 7 版．

27. 董洪亮．育才兴国的制度保障——中国教育体制改革综述［N］．人民日报，2010 年 7 月 11 日第 4 版．

28. 温家宝．关于发展社会事业和改善民生的几个问题［J］．求是，2010 年第 7 期．

29. 姚华平．我国社会管理体制改革 30 年［J］．社会主义研究，2009 年第 6 期．

30. 吴亚平．改革开放 30 年投资的基本经验［J］．中国投资，2009 年第 1 期．

31. 邢伟．明确社会体制改革的目标和主要任务［DB/OL］．http：//www. cssn. cn/glx/glx_wlx/201310/t20131029_739823. shtml.

32. 周红云．中国社会管理体制改革：现状、原因与方向［DB/OL］．http：//www. prcfe. com/web/meyw/2010 – 12/20/content_715753. htm.

33. 王梦奎．社会主义市场经济体制的首个总体设计［N］．经济日报，2013 年 11 月 7 日第 6 版．

34. 国家统计局．新中国 50 年系列分析报告之六：乡镇企业异军突起［DB/OL］．http：//www. stats. gov. cn/ztjc/ztfx/xzg50nxlfxbg/200206/t20020605_35964. html.

35. 苏海南，刘秉泉．我国工资分配制度改革 30 年回顾与展望［DB/OL］．www. acftu. org/template/10041/file. jsp? aid = 80788.

36. 樊纲．两种改革成本和两种改革路径［J］．经济研究，1993 年第 1 期．

37. 林毅夫、蔡昉、李周．中国的奇迹：发展战略与经济改革［M］．上海：上海人民出版社，2002 年．

38. 国家统计局：新中国 50 年系列分析报告之六：乡镇企业异军突起［DB/OL］．

http：//www. stats. gov. cn/ztjc/ztfx/xzg50nxlfxbg/200206/t20020605_35964. html.

39. 习近平．共同构建人类命运共同体［J］．求是，2021 年第 1 期．

40. 中共中央宣传部．习近平总书记系列重要讲话读本（2016 年版）［M］．北京：学习出版社、人民出版社出版，2016 年．

41. 中国国际经济交流中心、美国哥伦比亚大学、阿里研究院、社会科学文献出版社．可持续发展蓝皮书：中国可持续发展评价报告［M］．北京：社会科学文献出版社，2020 年．

42. 程志强．促进世界和平与发展的中国方案［N］．人民日报，2020 年 4 月 2 日第 9 版．

43. 兰德公司报告．中国的大战略：趋势、发展轨迹和长期竞争．2020 年 9 月．

44. 基辛格．新世界秩序取决于中美两国共识．在英国皇家国际事务所研讨会上的发言，2021 年 3 月 25 日．

45. 理查德·哈斯．全球大国的新协调机制［J］．外交事务，2021 年 3 月 23 日．

46. 史蒂芬·沃尔特．世界可能想要中国的规则．美国华盛顿《外交政策》网站，2021 年 5 月 4 日．

47. 阎学通．数字时代的中美竞争战略［J］．世界政治研究，2019 年第 2 期．

48. 高尚全．中国改革新论［M］．北京：人民出版社，2012 年．

49. 吴晓波．历代经济变革得失［M］．浙江：浙江大学出版社，2013 年．

50. 诸大建、陈海云、许杰、张超、臧漫丹．可持续发展与治理研究——可持续性科学的理论与方法［M］．上海：同济大学出版社，2015 年．

51. 赫尔曼·达利、小约翰·柯布．为了共同的福祉——重塑面向共同体，环境和可持续未来的经济［M］．北京：中央编译出版社，2017 年．

52. 李拯．中国的改革哲学［M］．北京：中信出版集团，2018 年．

53. 亚历山大·季诺维耶夫著，侯艾君、葛新生、陈爱茹译．俄罗斯共产主义的悲剧［M］．北京：新华出版社，2004 年．

54. 谢·格拉济耶夫著，佟宪国、刘淑春译．俄罗斯改革的悲剧与出路——俄罗斯与新世界秩序［M］．北京：经济管理出版社，2003 年．

55. 大卫·科兹、弗雷德·威尔著，曹荣湘、孟鸣岐等译．来自上层的革命——苏联体制的终结［M］．北京：中国人民大学出版社，2002 年．

56. 中国政策科学研究会与中国社会科学院 21 世纪马克思主义高等研究院主办．北欧社会民主党治理模式对我国经济社会发展的启示研讨会论文．2019 年 6 月．

57. 帕拉格·康纳．亚洲世纪：世界即将亚洲化［M］．北京：中信出版集团，2019 年．

58. 施展．枢纽：3000 年的中国［M］．南宁：广西师范大学出版社，2018 年．

59. 施展．溢出：中国制造未来史［M］．北京：中信出版集团，2020 年．